字三字合用。如諺語 가 為琴柱。힉 為炬之類。終聲二字三字合用。如諺語 흙 為土。낛 為釣。ᄃᆞᆰㅐ 為酉時之類。其合用並書自左而右。初中終三聲皆同。文與諺雜用則有因字音而補以中終聲者。如孔子ㅣ 魯ㅅ사ᄅᆞᆷ 之類諺語平上去入。如활 為弓而其聲平。ᄒᆞᆯ 為石而其聲

겨레문화 22

우리 국어학사

박 종 국 지음

세종학연구원

머 리 말

조선 초기 훈민정음이 창제되기 전에 우리나라에도 우리말의 기록이 있었다. ≪삼국사기≫나 ≪삼국유사≫에는 물론, 수많은 금석문화재를 비롯하여 선비들의 문집 등에 많은 기록이 있다. 그러나 이 기록들의 대부분은 우리말의 기록이 아닌 한문이며, 또 우리말의 기록이라 해야 아주 적을 뿐 아니라, 그것마저 한자를 빌어 썼기 때문에 그 글자로서 체계가 잘 서지 않아서 이것을 그 당시의 말로 돌이키기에는 보통 어려운 일이 아니다.

그러므로 우리 겨레의 말이 기록되기 시작한 진정한 시기는 우리말 표기에 맞는 고유문자 훈민정음 곧 한글 창제 이후로 보아야 한다. 이 때부터 겨레의 주체적인 문화 생활이 여기에서 시작되었으니, 진정한 국어학·국문학이 여기에서 시작되었다 하겠다. 다시 말하면, 우리말의 음운 이론과 문자 창제의 과학과 철학 이론 풀이를 통하여 우리 음운 체계와 문자 체계를 확립한 저술 ≪훈민정음≫(원본)은 우리 국어학사에 출발이 되는 것이다. 때문에 훈민정음 창제 반포는 진정한 우리 국어학의 출발이라 해도 과언이 아니다. 그러나 우리 국어학사에서 우리의 시대 상황을 고려한 문화사의 입장에서 볼 때 한자의 음과 새김을 빌어 국어를 표기하는 방법을 안출하여 고유어를 표기하던 시기인 훈민정음 창제 이전 국어학을 언급하지 않을 수 없다.

우리나라에서 우리 학자에 의해 국어학사에 관한 책이 처음으로 저술되어 나오기는 한결 김윤경 선생님의 ≪조선문자급어학사≫(1938)와 외솔 최현배 선생님의 ≪한글갈≫(1942)이다. 강압적인 압박이 심한 일제 강점기 때 이 두 책이 저술되어 나옴으로써 이 두 분 선생님의 학문적인 업적이 기반이 되어 광복 후 오늘날에는 십여 종이 넘는 국어학사가 발행되었다.

  내가 국어학에 관심을 두기는 대학 학부 시절 앞의 두 스승님의 가르침을 받기 시작하면서부터였다. 그러나, 학부 생활을 마치고, 그 뒤 현재까지 몸 담고 있는 「세종대왕기념사업회」의 업무와, 오랜 기간은 아니지만 「문교부」 및 「민족문화추진회」의 일 겸직 등으로 시간이 여일치 않아 국어학에 관한 연구를 소홀히 하였지만 한글운동과 국학진흥을 위하여는 게을리 하지 않았으니, 1961년도부터 한글날과 세종날기념행사며, 1962년 4월 문교부에 「한글전용특별심의회」를 설치하여 1963년까지 운영한 관리 업무며, 민족문화 추진을 위한 1965년 민족문화추진회 설립 준비와 창립 간사로서 운영의 일이며, 한글 전용과 국학진흥을 위한 고전국역사업의 계획 입안 추진(1966)이며, 조선왕조실록 국역사업의 계획 입안 추진(1967)이며, 세종대왕기념관 건립(1968~1970) 등이 그것이다.

  국어학에 다시 힘을 기울이게 된 것은 우여곡절 끝에 필자가 계획 작성한 「고전국역사업」이 민족문화추진회에서 1966년 하반기부터 착수하게 되고, 「조선왕조실록국역사업」이 세종대왕기념사업회에서 1968년 1월부터 실시하게 됨에 따라 느낀 바 있어, 학부시절의 전공을 되살려 우리 토박이 말본 용어 중심의 ≪말본사전≫을 엮기 시작하면서부터라 하겠다. 이렇게 보면 수십 년의 기간이 되지만 그 깨침이 아직도 여리어 국어학사다운 우리 국어학사를 저술한다는 것은 무리한 일이라 생각한다.

  그러나, 1976년에 ≪훈민정음≫을 풀이해 내고(정음사 발행), 1980년에는 ≪말본사전≫을 지어 내면서부터(정음사 발행) 선배·동료·친지·후배 교수들의 권유로 대학과 교육대학원에서 국어학사·국어사·일반국어 등의 과목을 맡아 강의를 하게 되면서 힘에 겨운 일이나 역대 선지자들이 닦은 국어학에 대한 연구서를 조사·분석·정리하지 않으면 안 되게 되었다. 이렇게 하여 준비된 자료를 교재삼아 매학기 학생들에게 강의를 하고 보니, 학기마다 강의를 듣는 학생들에게 교재 마련에 번잡과 불편을 주는 것 같아 미안한 생각이 들어 궁리하던 참에 주위에서 유인하여 쓰는 것보다 단행본으로 발간하여 교재로 쓰는 것이 더 낫지 않느냐는 권고도 있고 하여 부끄러움을 무릅쓰고 1994년에 ≪국어학사≫란 이름으로 인쇄하여 책으로 내었다.

  이 책에 엮어진 내용은 서론 외에 본론을 서론에서 밝힌 시대 구분에 따라 크게 네 시기로 시대 구분하여 시대순에 따라, 첫째, 훈민정음 창제 이전 국어학, 둘째 조선조 국어학, 셋째 근대 국어학, 넷째 현대 국어학 등으로 나누어 요강 형식으로 서술하였는데, 경우에 따라서는 학자의 구체적인 이력 소개와 언어관 및 비평을 더하였다. 그리고 학문 연구 성질 및 학설 체계에 따라 간혹 발간된 저서의 시대순을 바꾸어 다루기도 하였으나, 주로 조선조 국어학과 근대 국어학에 역점을 두고 기술하였다.

  이 책은 대학 교재용으로 펴낸 것이라 보완할 책이지만, 여러 해 전부터 한 책도 구할 수 없이 되어 국내에서 많이 요구하여 왔으나 응하지 못하게 되어 그동안 미안하게 여겨 왔다.

  그리하여 지난 2006년 훈민정음 반포 560돌 한글날을 기해 새로 내어 보려고 기획하여 추진하였으나, 다른 일 때문에 시간이 허락되지 않아서 늦추어오다가 그로부터 5년 뒤인 오늘에 와서야 늦었지만 565돌 한글날 기념으로 새로 짜서 ≪우리 국어학사≫란 제호를 붙여 새로 내게 되었다.

  이 새 책 ≪우리 국어학사≫는 서론·본론 각 장의 본문에 잘못된 것을 바로 잡고, 일부 보완하였으며, 특히 본론 중 제4장 근대국어학에 있어서는 당초보다 두 분의 말본 체계를 더 정리 수록하였다. 또 이 책에는 자료편을 신설하여 15, 16세기 초 국어학의 문헌인 ≪용비어천가≫ 서·전·발, ≪동국정운≫서, ≪홍무정운역훈≫서·범례, ≪사성통해≫서, ≪훈몽자회≫인·범례, ≪신증유합≫서·발 등을 역주하여 실고, 「우리 말본책 보기틀」을 작성하여 실었다. 이렇게 하여 막상 상재하게 되니, 역시 부끄럽기 금할 길이 없다.

  그리고 이 책을 지어내는 데는 과거의 학문적인 업적에 힘입은 바 적지 않다. 특히 앞의 두 스승님의 저서와 본문 뒤에 붙인 여러 선배·동료 학자들의 저서에서 힘입어 된 것이다. 이 자리를 빌어 깊이 고마움의 말씀을 드린다.

  끝으로 이 ≪우리 국어학사≫를 냄에 있어, 먼저 이 책을 「겨레문화 제22호」로 발행하도록 해 준 한국겨레문화연구원에 감사드린다. 또 이 책을 새로 냄에 있어 나의 내자와 나의 딸인 세종학연구원 대표 은화의 협력이 컸기에 고맙게 생각한다.

2011년 10월 9일 565돌 한글날

동교동 문원재에서 지은이 박 종 국 적음

차 례

□ 머리말 ·· 3

Ⅰ. 서설

1. 국어학과 국어학사 ··· 19
2. 국어학사의 기술태도 ··· 22
3. 국어학사의 시대구분 ··· 25

Ⅱ. 훈민정음 이전 국어학

1. 개관 ··· 35
2. 전해지지 않은 고대문자 ··· 38
    (1) 삼황내문(三皇內文) ·· 38
    (2) 신지비사문(神誌秘詞文) ··· 38
    (3) 법수교비문(法首橋碑文) ··· 40
    (4) 왕문문(王文文) ·· 41
    (5) 고구려 문자(高句麗文字) ·· 41
    (6) 신라 문자(新羅文字) ·· 42
    (7) 백제 문자(百濟文字) ·· 43
    (8) 발해 문자(渤海文字) ·· 44
    (9) 고려 문자(高麗文字) ·· 44

3. 차자표기체계의 창출 ·· 46
   (1) 홀로이름씨의 표기 ·· 47
      (1-1) 땅이름의 표기 ·· 49
      (1-2) 사람이름의 표기 ·· 50
      (1-3) 벼슬이름의 표기 ·· 51
   (2) 서기체(誓記體) 표기 ··· 51
   (3) 이두식(吏讀式) 표기 ··· 53
      (3-1) 경주남산신성비문(慶州南山新城碑文) ············ 54
      (3-2) ≪직해대명률(直解大明律)≫ ····························· 55
      (3-3) ≪양잠경험촬요(養蠶經驗撮要)≫ ····················· 56
   (4) 향찰식(鄕札式) 표기 ··· 57
   (5) 구결식(口訣式) 표기 ··· 61

Ⅲ. 조선조 국어학

1. 개관 ― 진정한 우리 국어학의 출발 ― ································ 71
2. 훈민정음 창제 ··· 73
   (1) 훈민정음 창제의 동기와 경위 ································ 74
      (1-1) 창제의 동기 ·· 74
      (1-2) 창제의 경위와 반포 ·· 86
      (1-3) 창제의 반대론자 ·· 98
   (2) 훈민정음 제작의 원리와 조직 ······························ 106
      (2-1) 훈민정음 본문의 내용 해설 ·························· 106

(2-2) 제작의 원리와 조직 ··· 115
　　　　(2-2-1) 닿소리 제작의 원리와 조직 ······························ 116
　　　　(2-2-2) 홀소리 제작의 원리와 조직 ······························ 125
　　　　(2-2-3) 맞춤법[合字法] ·· 132
(3) ≪훈민정음≫ 해설 ·· 141
(4) 훈민정음 낱자[字母]의 이름 ·· 152
(5) 훈민정음 이름의 변천 ·· 156
(6) 훈민정음 글자체 ·· 165
　　(6-1) 훈민정음 반포체 ·· 167
　　(6-2) 훈민정음 실용체 ·· 169
(7) 훈민정음의 기원설 ··· 171
　　(7-1) 고전 기원설(古篆起原說) ·· 171
　　(7-2) 범자 기원설(梵字起原說) ·· 174
　　(7-3) 몽고 파스파문자 기원설(蒙古八思巴文字起原說) ············ 174
　　(7-4) 그 밖의 기원설 ·· 178
(8) 훈민정음 반포 직후의 보급책 ··· 178
　　(8-1) 세종의 훈민정음 보급책 ··· 178
　　　(8-1-1) 문학적 방면에 관한 노력 ― ≪용비어천가≫·≪석보
　　　　　　상절≫·≪월인천강지곡≫ ― ··································· 179
　　　(8-1-2) 조선 한자음의 표준음 제정과 중국음 표기 체계의 확
　　　　　　립 ― ≪동국정운≫·≪홍무정운역훈≫ ― ·················· 184
　　　(8-1-3) 정치적 방면의 실용 장려 ······································ 185
　　　(8-1-4) 한문 문헌의 번역 ··· 186
　　(8-2) 세조의 훈민정음 보급책 ··· 187

        (8-3) 성종의 훈민정음 보급책 ·· 188
  3. 국어학 연구의 침체시기 ·· 189
    (1) 연산주의 악정과 훈민정음 ·· 191
      (1-1) 훈민정음 사용 금지령 ·· 191
      (1-2) 금지령의 동기 ·· 192
    (2) 반절과 ≪훈몽자회≫ ·· 195
      (2-1) 민간에 보존된 정음·반절 ·· 195
      (2-2) 반절에 대한 기원설 ·· 197
      (2-3) 최세진의 ≪훈몽자회≫ ··· 199
  4. 국어학 연구의 재흥시기 ·· 207
    (1) 17세기말·18세기의 국어학 ·· 208
      (1-1) 최석정의 ≪경세훈민정음도설(經世訓民正音圖說)≫ ······· 208
      (1-2) 박성원의 ≪화동정음통석운고≫ 범례 ······························ 211
      (1-3) 신경준의 ≪훈민정음운해≫ ·· 214
      (1-4) 홍계희의 ≪삼운성휘≫ 범례 ·· 225
      (1-5) 이사질의 ≪훈음종편(訓音宗編)≫ ···································· 227
      (1-6) 금영택의 ≪만우재집(晚寓齋集)≫ ···································· 230
      (1-7) 황윤석의 『화음방언자의해』와 『자모변(字母辨)』 ············· 231
      (1-8) 홍양호의 『경세정운도설서(經世正韻圖說序)』 ·················· 237
    (2) 19세기의 국어학 ··· 239
      (2-1) 정동유의 ≪주영편(晝永編)≫ ·· 239
      (2-2) 유희의 ≪언문지(諺文志)≫ ··· 243
      (2-3) 석범(石帆)의 ≪언음첩고(諺音捷考)≫ ······························ 259
      (2-4) 이규경의 『언문변증설(諺文辨證說)』 ································ 262

(2-5) 정윤용의 ≪자류주석(字類註釋)≫ ·············· 263
　　　(2-6) 강위의 ≪동문자모분해(東文字母分解)≫ ·············· 265
　　　(2-7) 노정섭의 『광견잡록(廣見雜錄)』 ·············· 268
　　　(2-8) 권정선의 ≪음경(音經)≫ ·············· 271

IV. 근대 국어학

1. 개관 ·············· 277
2. 갑오경장과 한글 운동 ·············· 280
　　(1) 유길준의 ≪서유견문≫ ·············· 282
　　(2) 교과서 편찬과 학교 교육 ·············· 285
　　　(2-1) 교과서 편찬 ·············· 285
　　　(2-2) 학교 교육 ·············· 285
　　(3) 신문과 잡지 ·············· 286
　　　(3-1) 신문 ·············· 286
　　　(3-2) 잡지 ·············· 287
　　(4) 기독교 ·············· 288
　　(5) 지석영의 『신정국문(新訂國文)』 ·············· 288
　　(6) 국문연구소(國文硏究所) ·············· 292
3. 말본갈의 등장 ·············· 294
　　(1) 리봉운의 ≪국문졍리≫ ·············· 296
　　(2) 최광옥의 ≪대한문전(大韓文典)≫ ·············· 298
　　　(2-1) 국어학의 민족주의 ·············· 298
　　　(2-2) 홀소리(단음)에 대한 인식 ·············· 299

　　　　(2-3) 품사의 분류 ·· 303
　　　　(2-4) 문장의 구성요소 ·· 307
　　(3) 유길준의 《대한문전(大韓文典)》 ·· 309
　　　　(3-1) 민족주의 배경의 《대한문전》 ···································· 310
　　　　(3-2) 음운과 글자의 구별 ·· 312
　　　　(3-3) 홑소리(단음)에 대한 인식 ·· 313
　　　　(3-4) 어음의 몽수(蒙受) 및 축약(縮約) ······························ 316
　　　　(3-5) 품사의 분류 ·· 317
　　　　(3-6) 분석주의 언어관 ·· 322
　　　　(3-7) 문장의 본원(本原)과 기본문 ······································ 325
4. 말본 연구의 발전 ··· 332
　　(1) 주시경의 《국어문법》과 말본 체계 확립 ····························· 332
　　　　(1-1) 주시경의 생애와 언어관 ·· 332
　　　　(1-2) 《국어문법》과 분석적 체계 확립 ······························ 335
　　　　(1-3) 주시경 말본 체계의 계승 ·· 347
　　(2) 주시경 이후의 말본 체계 ··· 347
　　　　(2-1) 분석적 체계 ·· 348
　　　　(2-2) 절충적 체계(준종합적 체계) ······································ 349
　　　　(2-3) 종합적 체계 ·· 350
　　(3) 최현배의 《우리말본》과 현대말본 체계의 확립 ··················· 350
　　　　(3-1) 최현배의 생애와 언어관 ·· 350
　　　　(3-2) 《우리말본》의 말본관 ·· 354
　　　　(3-3) 말소리갈 ·· 359
　　　　(3-4) 씨갈과 절충적(준종합적) 체계 확립 ························ 372

```
        (3-5) 월갈[文章論] ·································································· 397
        (3-6) ≪우리말본≫의 마무리 ··········································· 416
    (4) 김두봉의 ≪조선말본≫과 분석적 체계 ······························· 419
        (4-1) ≪조선말본≫과 ≪깁더조선말본≫의 벼리 ················ 420
        (4-2) 소리[語音] ······························································· 421
        (4-3) 씨[詞] ······································································ 425
        (4-4) 월[文] ······································································ 427
    (5) 김윤경의 ≪나라말본≫과 분석주의 체계 확립 ················· 428
        (5-1) 김윤경의 생애와 언어관 ········································· 428
        (5-2) ≪나라말본≫과 분석적 체계 확립 ·························· 430
    (6) 정렬모의 ≪신편고등국어문법≫과 종합적 체계 ··············· 442
        (6-1) 이론적 및 기술적 방법 ··········································· 443
        (6-2) 말본의 속법칙과 겉법칙(양면성) ···························· 444
        (6-3) 말본갈의 범주 ························································· 444
        (6-4) 감말논(단독논과 상관논) ········································· 445
    (7) 박승빈의 ≪조선어학≫과 분석주의 ···································· 452
        (7-1) 박승빈의 생애 ························································· 452
        (7-2) ≪조선어학≫과 분석주의 ········································ 453
    (8) 정인승의 ≪표준중등말본≫·≪표준고등말본≫과 절충적 체계 461
        (8-1) 정인승의 생애 ························································· 461
        (8-2) ≪표준중등말본≫·≪표준고등말본≫과 절충적 체계 ····· 463
    (9) 이희승의 ≪초급국어문법≫·≪새고등문법≫과 절충적 체계 ··· 468
        (9-1) 이희승의 생애 ························································· 468
        (9-2) ≪초급국어문법≫·≪새고등문법≫과 절충적 체계 ········ 469
```

5. 그 밖의 여러 분야 … 472
    (1) 고어 연구 … 472
    (2) 국어학사 … 475
        (2-1) 김윤경의 ≪조선문자급어학사≫ … 475
        (2-2) 최현배의 ≪한글갈≫ … 478
    (3) 옛말 사전 … 487
    (4) 방언 연구 … 488
    (5) 국어사전의 편찬 … 488
        (5-1) ≪큰사전(조선말큰사전)≫ 이전의 사전 편찬 … 489
        (5-2) ≪큰사전(조선말큰사전)≫ 편찬 … 491
        (5-3) 서양인들의 사전 편찬 … 493
    (6) 문자의 개혁운동 … 494
    (7) 그 밖의 연구 … 495
6. 한글 맞춤법 … 496
    (1) 총독부의 철자법 규정 … 496
        (1-1) 보통학교용 언문 철자법(제1회) … 497
        (1-2) 보통학교용 언문 철자법 대요(제2회) … 497
        (1-3) 언문 철자법(제3회) … 498
    (2) 조선어학회의 「한글 마춤법 통일안」 … 499
        (2-1) 조선어학회의 창립 … 499
        (2-2) 「한글 마춤법 통일안」 제정 … 501
7. 광복 직후의 국어정책 … 507
    (1) 교과서 편찬 … 508
    (2) 국어 교원 양성 … 509

(2-1) 국어 교원 긴급 양성 …………………………………… 509
　　　(2-2) 세종중등국어교사양성소 ………………………………… 510
　　(3) 미군정청의 문자 언어 정책 …………………………………… 511
　　(4) 한글맞춤법통일안 개정 및 미군정청 채택 ………………… 513
　　　(4-1) 한글맞춤법통일안 개정 ………………………………… 513
　　　(4-2) 미군정청의 「한글맞춤법통일안」 채택 …………… 514
　　(5) 사정한 표준말 ………………………………………………… 515
　　(6) 외래어 표기법 ………………………………………………… 515

Ⅴ. 현대 국어학

1. 개관 ……………………………………………………………… 523
2. 현대 국어학 연구의 흐름 …………………………………… 525

♧자료편♧

□ 15, 16세기 초 국어학의 문헌 역주 ……………………………… 531
　용비어천가서(龍飛御天歌序) ……………………………………… 533
　진용비어천가전(進龍飛御天歌箋) ………………………………… 537
　용비어천가발(龍飛御天歌跋) ……………………………………… 541
　동국정운서(東國正韻序) …………………………………………… 544
　홍무정운역훈서(洪武正韻譯訓序) ………………………………… 557
　홍무정운역훈범례(洪武正韻譯訓凡例) …………………………… 565

사성통해서(四聲通解序) ·· 569
  훈몽자회인(訓蒙字會引) ·· 575
  훈몽자회범례(訓蒙字會凡例) ·· 577
  신증유합서(新增類合序) ·· 582
  신증유합발(新增類合跋) ·· 583
□ 우리 말본책 보기틀 ·· 585
□ 참고문헌 ··· 593
□ 찾아내기 ··· 600

I. 서설

1. 국어학과 국어학사

2. 국어학사의 기술태도

3. 국어학사의 시대 구분

Ⅰ. 서설

1. 국어학과 국어학사

　「국어학(國語學)」은 국어를 연구 대상으로 하는 학문이다.[1] 국어는 자기 나라의 언어를 말함이니, 한국 사람에 있어서는 한국말을 가리키는데, 한국말은 이 지구상에서 쓰이고 있는 3천이나 되는 언어들 가운데의 하나이다. 여기에서 국어 곧 한국말이란 국가를 배경으로 국민이 쓰는 공통어인 대중말(표준말)이라는 뜻이 아니고, 중국말, 몽고말, 영어, 불란서말, 독일말들과 같이 이 세계에 현존하여 있는 개별 언어를 뜻한다. 개별언어라고 해서 일반 언어와 별개의 것은 아니고 어디까지나 일반 언어의 범주 속에 들어 있는 것이다. 그러므로 국어학은 일반언어학을 배경으로 하여, 국어의 과학적 인식, 새 발견 및 기술을 목적으로 하는 동시에 그 본질 한계를 밝혀 그 자체가 포함하고 있는 개별성, 곧 한국말스런 성격을 연구하여 밝히는 과학(학문)이며, 한국말스런 성격을 가진 언어가 그 대상이 되는 것이다.

　「국어학사(國語學史)」는 국어학의 한 분야인데, 「우리말 연구사」, 「국어 연구사」, 「한국어학사」, 「국어학 연구사」라고도 한다. 간혹 국어사(國語史)와 혼동할 수도 있으나, 국어사는 국어란 언어의 진화사(進化史)이

---

[1] 허웅 : 《국어학》(샘문화사, 1983. 8. 20) 21쪽 참고.

며, 국어학사는 학문의 발달사(發達史)로서 엄격히 구별되어야 한다. 국어사는 개별적인 어느 언어에도 존재할 것이나, 국어학사는 문화의 발달 정도에 따라 존재하지 않는 나라도 있을 수 있다.

국어 연구사 곧 국어학사에 대하여 김석득님은

"역대 국어학자들이 이룩한 우리 말과 글에 대한 학술적 연구를 분석하여, 그 학맥을 모색하는 학문이라 할 수 있다. 그러므로 엄격히 말하면, 우리 말과 글에 대한 교육 및 정책적인 문제와 같은 것은, 학문의 이론이 없는 비학술적인 것이므로, 국어 연구사에서 제외되어야 한다. 왜냐하면, 이론이 없는 것은 과학(학문)으로 다루기 어렵기 때문이다."[2]

라고 말하였고, 이숭녕님은

"문자제정(훈민정음제정) 이후에 제기된 언어에 대한 새로운 인식과 각 학자의 업적을 연구하여 하나의 연구사를 엮는 학문이다."[3]

라고 하였으며, 김민수님은

"국어학은 국어를 연구한 학문이며, 그 학문의 역사가 국어학사이다."[4]

라고 하였고, 강신항님은

"언어학으로서의 국어학의 연구사를 뜻하며, 우리나라 학문사의 하나로서의 위치를 차지한다. 그러므로 우리가 종래 취해 왔던 태도, 즉 국어학 관계의 서지 해제, 표기법의 변천, 언어정책에 관한 사항

---

2) 김석득 : ≪우리말연구사≫(정음문화사, 1983. 12. 30) 9쪽 참고.
3) 이숭녕 : ≪사상계(思想界)≫ 1956년 5월호에 연재된 그의 「국어학사」참고.
4) 김민수 : ≪신국어학사≫(전정판)(일조각, 1982. 8. 30 중판) 4쪽 참고.

등까지 포함시켜 온 태도는 국어학사의 내용에서 제거되어야 한다고 생각한다. 따라서, 언해된 서적들의 표기법에 대한 고찰이나 훈민정음 창제 동기 및 목적에 대한 지나친 천착, 정음청, 언문청, 간경도감 등에 관한 설치 전후 경위 설명 등등은 국어학사와는 별도로 고찰되어야 한다고 본다."5)

라고 하였다. 이와 같은 의견을 종합하여 볼 때 국어학사는 국어학의 한 분야가 되고, 국어학은 종래 포함한 언어학과 직결되는 방향의 연구 이외의 것, 곧 언어학 분야와 관계가 다소 먼 문헌적 방향의 연구와 국어 정책론 및 국어 교육론 등을 배제한 국어를 대상으로 한 연구를 의미하며, 「갈」[學]인 이상 그것은 어디까지나 하나의 과학으로 기술되어야 한다는 것을 알겠다. 따라서 국어학사는 국어학을 연구해 내려온 역사를 더듬는 일로서 한마디로 말하여 국어 연구의 학설사, 또는 우리말 연구사라고 말할 수 있다.

그러나, 우리는 고대로부터 근대화 이전까지 새로운 서양식 방법론에 의한 국어학6)을 우리 선조들에게서 기대할 수 없음은 물론, 지금도 우리는 갑오경장 이후에 끌어들인 서양학풍(국제학풍)의 영향 밑에서 국어학의 건설을 위하여 노력하고 있는 형편이라고 하겠으므로, 우리가 「국어학사」란 "국어를 과학적으로 연구한 학술사이다." 라고 뜻매김한다면, 엄격한 뜻에서 우리의 국어학사는 아직 일러 말할 단계가 아니거나, 굳이 말한다면 갑오경장 이후인 근대화 이후부터의 연구사 일부만이 가능하다고 할 수 있겠다.

그러면, 우리 선조들은 국어에 대한 관심도가 어떠하였던가? 우리 선

---

5) 강신항 : ≪국어학사≫(보성문화사, 1983. 2. 15) 15~16쪽 참고.
6) 국어학은 국어를 대상으로 한 언어과학이며, 거기에 반드시 일정한 이론과 체계가 있어야 한다.

조들은 그 연구 방법이나 태도가 서양의 학풍인 실증적 연구가 아니더라도 우리 한국적 특성과 동양적 특성을 가지고 그 나름대로 기술하였으니, 여기에는 옛사람들의 언어관이나 언어의식이 반영된 기록도 있고, 실용적인 한자 차용이나 단편적인 언어분석에 대한 견해도 있으며, 특히 중고와 중세 및 근세에 와서는 서양식으로 체계화된 것은 아니라도 음운(音韻) 및 문자에 대한 연구가 전개 되었다. 이러한 조상들의 관심이나 연구는 그 방법이야 어떻든, 하나도 버리지 못할 우리의 역사요, 소중한 과거의 전통이다. 따라서, 우리는 우리의 과거를 되돌아보아 현재를 파악하고 나아가서는 우리의 문화적 유산을 계승한다는 뜻에서도 우리의 국어학사에 포함되는 것이 당연하다고 여긴다.

외솔 최현배님은 ≪한글갈≫의 머리말에서,

"이 책은 「훈민정음(訓民正音)」에 관한, 일체의 역사적 문제와 한글에 관한 일체의 이론적 문제를 크고 작고 망라하여, 이를 체계적으로 논구하여, 그 숨은 것을 들어내며, 그 어두운 것을 밝히며, 그 어지러운 것을 간추리어, 써 정연한 체계의 한글갈[正音學]을 세워, 우로는 신경준(申景濬), 유희(柳僖)의 유업을 잇고, 아래론 주시경(周時經) 스승의 가르침의 유지를 이루고자 하였다."[7]

라고 하였다.

2. 국어학사의 기술태도

국어학사는 앞장에서 말한 바와 같이 언어학으로서의 국어학의 연구사를 뜻하며, 우리나라 학문사의 하나로서의 위치를 차지한다. 그러므로

---

7) 최현배 : ≪한글갈≫(정음사, 1942. 4. 30), 머리말은 1940년 경진 동짓날 지은 것으로 되어 있다.

우리가 종래에 취해 왔던 서술 태도, 곧 언어학 분야와 관계가 다소 먼 문헌학적 방향의 연구8)와 국어 정책론9) 및 국어 교육론10) 등등을 포함시켜온 태도는 국어학사의 내용에서 배제하여 국어학사와는 별도로 고찰하는 것이 이상적이라고 보나, 우리의 지금까지의 전통적 기술 태도가 그러하지 못하고 있음을 볼 때 그리 쉬운 일은 아니다.

한편 우리 국어학사의 학술적 역사는 매우 짧은 편이나, 김윤경님의 ≪조선문자급어학사(朝鮮文字及語學史)≫(1938)11), 최현배님의 ≪한글갈(正音學)≫(1942)12), 소창진평(小倉進平)님의 ≪조선어학사(朝鮮語學史)≫(1922) 등 일련의 학문적인 실적이 기반이 되어 해방 후 지금까지 10여 종의 교재(教材)가 편찬되었는데, 특히 국어학사의 기틀을 마련해 준 광복 전의 논저인 이 삼대 저서에서는 그 논술 태도와 방법론스런 차이로 말미암아 내용에 있어서 많은 차이가 있다. 그러나 이 삼대 저술은 우리 국어 연구사상 길이 남을 명저들이다. 해방 뒤 나온 국어학사의 편

---

8) 고전의 역주, 금석문(金石文)의 해독, 서지 해제, 특수 어휘의 수집, 국어학사의 연구 등이 포함된다.
9) 국어전반의 불합리한 문제들을 연구하며, 국어순화·대중말(표준말)·한글 맞춤법·외래어 표기법·글자 등의 문제를 다룬다.
10) 국민에게 바른 국어를 학습시키기 위한 방안을 연구하며, 언어·문학에 관한 교육의 이념·내용·방법 등을 개선하는 문제를 다룬다.
11) ≪조선문자급어학사≫는 국어학사에 해당하지만 이 책은 자체가 국어 연구 사상 없어서는 안 될 금자탑이다.
12) ≪한글갈≫은 국어 연구의 역사에서는 없어서는 안 될 역사적인 연구 및 중세 음운론의 학설서로서, 특히 「이론편」은 훈민정음의 연구와, 이에 따른 15세기 음운론에 해당하며, 이는 곧 ≪훈민정음 해례(訓民正音解例)≫ 이래 전 조선조를 걸쳐서 연구한 음운 연구에 발전적인 (≪우리말본≫의 「소리갈」과 함께) 맥을 잇는다 하겠다.

술 태도를 보면, 대개 크게 두 가지로 나누어 말할 수 있으니, 이를 보이면 다음과 같다.

첫째는 국어학사의 대상을 넓게 잡아서 국어 정책론이든, 국어 교육론이든, 국어운동이든 우리 국어학 발전 과정에서 야기된 문제는 모두 대상으로 포함시키는 태도이니, 여기에는 고대 원시 사회에 있어서의 언어에 대한 신앙심(信仰心)부터 시작하여 현대의 국어순화, 대중말(표준말), 한글맞춤법, 외래어 표기법, 글자 등까지 포함된다.

둘째는 국어학사의 기술 범위를 순전히 학술 연구사로 국한 시키는 태도이니, 이런 견지에서는 국어학사는 훈민정음 창제 이후 현대에 이르기까지 제시된 언어에 대한 새로운 인식과 각 학자의 연구 업적을 연구하여 하나의 연구사를 엮는 것이므로, 여기에는 국어 정책론이나 국어 교육론 등은 포함되지 않는다.

이 두 가지의 논술 방법을 비교해 보면, 전자보다 후자의 방법이 비교적 바른 기술 태도라고 생각한다. 그러므로, 우리가 국어학사를 기술함에 있어서 이 후자의 방법을 따르는 것이 좋을 것이다. 우선 이 방법에 따른다면 우리의 국어학사의 기원은 적어도 국어학의 업적이 뚜렷이 나타난 조선조 초기 세종대왕의 훈민정음(訓民正音) 창제 때부터라고 하겠다.

그러나, 우리는 우리 고유문자인 훈민정음의 창제 이전을 버릴 수 없다. 그래서, 현재 우리 학계는 국어학사의 서술의 기점을 아직 통일하지 못하고 있으니, 그 서술의 기점을 보면, 15세기에 고유문자가 창제되고 한자음에 관한 정리가 수행된 시기부터 잡는 경우와, 이미 그 이전부터 존재하였던 국어에 대한 반성과 언어생활의 합리화 방안에 대한 탐색까지 포함시키는 경우, 그리고 19세기말에 서양식 언어학으로 국어연구가 시작된 이후부터 기술하는 견해가 있다. 그런가하면 우리는 아직도 우리 조상의 업적을 완전히 파악하고 이해하는 단계에 이르지 못하였다는 사실이다. 우리에게는 아직도 재검토하고 다시 연구해야 할 과제들이 많다. 이러한 단계에서 종래 우리 기술의 전통을 무시하고 오직 서양식 체제에 따라 기술한다는 것은 바른 자세가 아니므로 필자는 우리 국어학 연구의 특수 사정을 생각하여 15세기 우리 고유문자 창제 이전의 국어학사부터 기술하되, 이를 「훈민정음 이전 국어학」이라 하여 당시 표기법을 중심으로 약술하고, 훈민정음 창제 이후는 국어학의 연구사를 기술하기로 한다.

특히 우리가 국어학사의 연구를 위해서 주의하여야 할 일은 무엇보다도 학자와 학설(學說) 및 그 학설이 실린 문헌 자료의 삼대 조건을 중시해야 한다는 것이다. 학자는 알 수 있으나 학설이 전해지지 않는다든지, 학문적인 업적은 있으나 학자가 누군지 불분명하다든지, 또 이들이 입증될 문헌 자료가 없다든지 하는 것은 조건(條件)으로 갖추어진 것이 아니다. 그러나, 이러한 세 가지 조건은 「훈민정음 이전 국어학」에서는 적용하기 어려운 문제들이다.

3. 국어학사의 시대구분

국어학사의 시대 구분은 국어학사를 기술하는 학자의 사관(史觀)의 차이에 따라 달라지기 때문에 아직 확립되어 있지 않다. 국어학사는 정치사(政治史)와 완전히 무관한 것은 아니지만, 이에 종속될 것은 아니기 때문에 그 시대 구분도 정치사와는 떠나서 독자적인 관점에서 이루어지지 않으면 안 된다.

오늘날 우리는 일반적으로 「현대」와 대립되는 개념으로 「고대」라는 말을 쓰고 있는데, 특히 이 중 고대를 시대별로 세분할 필요가 있을 경우에는 왕조(王朝)와 왕대(王代)를 따서 가르기도 하였다. 현대와 고대의 양분법(兩分法)은 역사적 연구 이전의 것이요, 왕조의 이름을 따서 구분한 것은 정치사적인 구분이어서 국어학의 사적 기술에서는 비판을 면하기 어렵다.

이렇게 놓고 볼 때 국어학의 역사적 기술에 있어서 우선 고려되어야 할 것은 왕조사적(王朝史的) 시대 구분은 과감히 탈피할 일이라고 여겨지나 국어학사의 시대 구분이 그리 쉬운 일이 아니어서 이를 탈피하지 못하고 있는 것도 사실이다.

지금까지 우리나라 학자들이 국어학사의 시대 구분을 시도한 것은 학자에 따라 차이가 있는데, 그 주장을 추려 보면 다음과 같다.

① 김윤경(金允經), ≪조선(한국)문자급어학사≫(초판 1938, 4판 1954)

    이 책에서는 「훈민정음 창제 이전의 문자」와 「훈민정음」으로 양대분(兩大分)하였으며, 신저 ≪새로지은 국어학사≫(1963)에서는 다음과 같이 구분하였다.

    1. 훈민정음 이전의 글자
    2. 훈민정음(세종조~연산조)
    3. 박해 받은 훈민정음(연산조~갑오경장)
    4. 한글의 부흥과 새 연구(갑오경장~현재)

② 방종현(方鍾鉉), ≪훈민정음통사(訓民正音通史)≫(1948)

    I. 훈민정음 이전
    II. 훈민정음 이후
        1. 제1기 : 훈민정음시대(세종 25~연산군 11)
        2. 제2기 : 언문시대(중종 22~고종 30)

(1) 전반기(중종 22~선조 25)
　　　(2) 후반기(선조 26~고종 30)
　　3. 국문시대(갑오 1894~경술 1910)
　　4. 한글시대(경술 1910~을유 1945)

③ 김형규(金亨奎), ≪국어학사(國語學史)≫(상 1954, 하 1955. 개제재판 ≪국어사≫)

　　1. 신라시대
　　2. 고려시대
　　3. 선조초기(鮮朝初期, 훈민정음~세조조)
　　4. 선조중기(성종조~임진란)
　　5. 선조후기(임진란~경종조)
　　6. 선조말기(영조조~갑오경장)
　　7. 현대(갑오경장~현재)

④ 김민수(金敏洙), ≪신국어학사(新國語學史)≫(1964)

　제1기의 국어학(훈민정음 창제 이전=1443 이전)········문자 차용 시대
　　　　　　　　　　　　　　　　　　　　　　　　　　　(文字借用時代)
　제2기의 국어학(훈민정음~임진란=1443~1592≒150)····문자 확립 시대
　　　　　　　　　　　　　　　　　　　　　　　　　　　(文字確立時代)
　제3기의 국어학(임진란~갑오경장=1592~1894≒300)····운학 배경 시대
　　　　　　　　　　　　　　　　　　　　　　　　　　　(韻學背景時代)
　제4기의 국어학(갑오경장~민족해방=1894~1945≒50)····국어 운동 시대
　　　　　　　　　　　　　　　　　　　　　　　　　　　(國語運動時代)
　제5기의 국어학(민족해방~현재=1945~1964≒20)········신국어학 시대
　　　　　　　　　　　　　　　　　　　　　　　　　　　(新國語學時代)

　다시 각 시대의 사적 성격으로 보아 다음과 같이 볼 수 있다고 하였다.

제1기 : 문자 차용 시대 ┐‥사전국어학사(史前國語學史)┐
제2기 : 문자 확립 시대 ┘   ├ 구시대 국어학사
　　　　　　　　　　　　‥고대국어학사(古代國語學史)┘
제3기 : 운학 배경 시대 ┐
제4기 : 국어 운동 시대 ├‥현대국어학사(現代國語學史) — 신시대 국어학사
제5기 : 신국어학 시대 ┘

　이는 1982년 중판 발행한 ≪신국어학사≫(전정판)에서는 시대구분을 다음과 같이 대폭 수정하였다.

　1. 전통국어학(傳統國語學) ⋯ 삼국시대~갑오경장(1~1894, 약 1,900년)
　　　1) 고대(古代) ⋯⋯⋯⋯⋯⋯⋯⋯ 삼국시대~고려통일(1~936, 약 950년)
　　　2) 중세전기(中世前期) ⋯ 고려통일~훈민정음(936~1443, 약 500년)
　　　3) 중세후기(中世後期) ⋯ 훈민정음~임진왜란(1443~1592, 약 150년)
　　　4) 근세(近世) ⋯⋯⋯⋯⋯⋯⋯⋯ 임진왜란~갑오경장(1592~1894, 약 300년)
　2. 근대국어학(近代國語學) ⋯ 갑오경장~조국광복(1894~1945, 약 50년)
　3. 현대국어학(現代國語學) ⋯⋯⋯⋯ 조국광복~현재(1945~현재, 약 40년)

⑤ 강신항(姜信沆), ≪개정판 국어학사≫(1983)

제1기 훈민정음 창제 이전 : 국어 의식의 발아 및 한자음훈차표기 시대(漢字音訓借表記時代)

제2기 훈민정음 창제 이후 : 중국운학 및 송학(宋學)에 입각한 국어 고찰 시대

제3기 개화기 이후 : 국어에 대한 새 인식 및 서구 언어학 이론에 입각한 국어 고찰 시대

제4기 8·15 이후 : 개별 언어학으로서의 국어학 건설 시대

⑥ 김석득(金錫得), ≪우리말연구사≫(1983)

　첫째, 조선조 국어학 ⋯ 1446년 훈민정음해례~갑오경장
　둘째, 근대 국어학 ⋯⋯⋯ 갑오경장~1950년 전까지
　세째, 현대 국어학 ⋯⋯⋯ 1950년~1980년대 현재까지

⑦ 서병국(徐炳國), ≪신강국어학사(新講國語學史)≫(1983)

1. 훈민정음 창제 이전의 국어학
2. 훈민정음 창제 이후의 국어학
    (1) 중국운학을 배경한 국어학
        제1기 : 훈민정음의 창제(조선 초기〈1392〉~예종〈1469〉)
        제2기 : 국어학의 침체와 새 문자의 보편화(성종〈1470〉~현종〈1674〉)
        제3기 : 실학의 발흥과 운학의 재흥(숙종〈1675〉~갑오경장〈1894〉)
    (2) 서구 언어학을 배경한 국어학
        제4기 : 서구학풍의 도입과 국어학의 발전
                        (갑오개혁〈1894〉~8·15광복〈1945〉)
        제5기 : 신국어학의 발전(광복 이후~현재)

⑧ 유창균(兪昌均), ≪국어학사(國語學史)≫(1987. 11 개정판)

제1기 : 언어의식의 전개(국어에 대한 반성과 차자표기법의 형성)
제2기 : 운학적 연구가 기준이 된 시대
    (1) 초기 - 훈민정음의 창제와 언어정책(조선조 건국에서 성종)
    (2) 중기 - 최세진의 등장과 서경덕의 황극경세성음해(연산군~현종)
    (3) 후기 - 실학적 학풍(숙종~갑오경장)
제3기 : 근대 언어학이 기준이 된 시대
    (1) 초기 - 국어운동과 국어학(갑오경장~조선어학회까지)
    (2) 중기 - 규범문법의 성립과 국어의 수호(조선어학회~8·15)
    (3) 후기 - 새 국어학의 건립(8·15~6·25)
제4기 : 구조주의와 변형생성이론의 전개(6·25~현대)

유님이 개정판을 내면서 쓴 유님의 머리말에 의하면, 1958년에 처음으로 ≪국어학사(國語學史)≫를, 1968년에 일부 내용을 바꾸어 ≪신고국어학사(新稿國語學史)≫를, 이번에 보다 많이 수정을 가하여 ≪國語學史≫라고 하여 내놓은 것이라 하였다(형설출판사, 1993. 2. 20 발행).

⑨ 김형주(金亨柱), ≪국어학사(國語學史)≫(1990)

1. 훈민정음 창제 이전의 국어학 … 국어에 대한 의식 및 반성
2. 훈민정음 창제 이후의 국어학 … 훈민정음 해례~갑오경장
3. 근대국어학 … 갑오경장~1945년(8·15해방)
4. 현대국어학 … 1945년~1980년대 현재까지

　이상에서 보인 바와 같이 그간 여러 학자들이 시도한 국어학사의 시대 구분법은 2분법, 3분법, 4분법, 5분법, 7분법 등 다양하게 적용하고 있음을 알게 된다.
　그리고 그 시대 구분의 기본을 글자에 두거나, 연구의 경향에 두거나, 혹은 학풍을 위주로 하여 시기를 나눈 것이라 하겠다. 그러므로 같은 학자의 학설이 연구가 거듭될수록 시대 구분도 달라지고 있음을 보여 준다. 또 시대의 호칭도 다양하게 표기하고 있음을 알겠다.
　그런데 최현배님은 국어학사의 시대 구분을 앞에 든 사람들과 같이 하지 않고, 주목할 사항을 내세워 기술하고 있음이 특이함으로 여기에 참고로 밝혀두고자 한다.[13]

1. 한글 창제 시기 : 세종 원년(1419)에서 세조 말년(1468)까지 한 50년 동안 (15세기)
2. 한글 정착 시기 : 성종 원년(1470)에서 선조 임진왜란 전(1591)까지 한 120년 동안(16세기)
3. 한글 변동 시기 : 선조 임진왜란(1592)에서 경종 말년(1724)까지 한 130년 동안(17세기)
4. 한글 간편화 시기 : 영조 원년(1725)에서 고종 갑오경장 전(1893)까지 한 170년 동안(18, 19세기)

---

13) 최현배 : 《고친 한글갈》, 저자의 「고친 판의 머리말」은 1960년 5월 15일 세종대왕의 탄생을 기념하면서 노고산방에서 적음으로 되어 있는데, 이 고침판의 발행은 1971년 1월 10일로 되어 있음.

5. 한글 각성 시기 : 고종 갑오경장(1894)에서 8·15 해방 전(1944)까지 한 50년 동안(20세기 전반)
6. 한글 대성 시기 : 8·15 해방(1945)에서 무궁한 미래까지

그러면 필자는 현시점에서 국어학사의 시대 구분을 어떻게 해야 할 것인가? 반만 년의 유구한 역사에 비해서 연한은 짧다고 하겠지만 엄밀한 의미에서 본다면, 우리나라에서 우리말에 적합한 글자인 훈민정음이 창제한 이래, 최초로 연구된 학문은 15세기 문자 음운을 다루는 국어학이었으니, 우리의 국어학사의 기원은 국어학의 업적이 뚜렷이 나타난 시기인 ≪훈민정음 해례≫가 나온 세종 28년(1446)부터라고 해야 가장 올바른 태도라 하겠다. 그러나 우리의 시대 상황을 고려한 문화사의 입장에서 볼 때 한자의 형(形)·음(音)·훈(訓) 세 요소를 잘 살려서 국어를 표기하는 방법을 안출하여 고유어 표기를 하던 시기인 훈민정음 창제 반포 이전을 제거해 버릴 수 없다. 그것은 이 시기에 나타난 양상들이 직·간접으로 고유문자 창제 이후 시대의 연구와 인과 관계를 가지고 있기 때문이다. 그러므로 필자는 훈민정음 창제 이전 시기도 시대 구분에 포함시켜 다음과 같이 네 시기로 가르어 베풀기로 한다.

1. 훈민정음 이전 국어학
2. 조선조 국어학
3. 근대 국어학
4. 현대 국어학

1. 훈민정음 이전 국어학 : 이 시기는 고조선 시대에서 조선 세종 28년(1446) ≪훈민정음 해례≫가 나오기 전까지인데, 이 시대는 훈민정음이 아닌 우리의 고대문자가 있었다고 내외 사승에 이름만 기록되어 전

할 뿐 어떠한 글자인지 실제 전하지 않는 시기로서, 다만 중국에서 한자를 도입 우리말 표기의 방법을 개발 이두(吏頭)와 구결(口訣)이란 글자를 만들어 쓰던 때, 곧 한자음훈표기 시대이다.

2. 조선조 국어학 : 이 시기는 훈민정음이 창제(세종 25년) 되고 그 해설서인 ≪훈민정음 해례≫가 나온 조선 세종 28년(1446)에서 고종 31년(1894) 갑오경장 전까지인데, 이 시대는 우리의 고유문자인 훈민정음이 창제 반포됨으로 우리말의 정확한 정체(正體)가 드러남은 물론 국어의 연구가 본격적으로 학문으로서 등장하여 실천에 옮기게 된다.

3. 근대 국어학 : 이 시기는 조선조 말 고종 31년(1894) 갑오경장에서 1945년 광복 후 정규 4년제 대학과정에서 국어학을 전공한 신진학자들이 배출되려는 무렵인 1950년까지인데, 이 시대는 새 학문의 사조(思潮) 위에 인간의 정신과학으로서 구체적인 뿌리를 박게 되었으니, 이와 같이 구체적으로 뿌리박음은 「말본갈」이라는 새로운 연구 대상의 출현에서부터 시작되어 이론적 체계를 가지는 학문으로 굳어져 현대 국어학의 발전기를 맞게 되는 시기이다. 다만, 민족적으로 볼 때에는 굴욕적인 수모(受侮)를 당한 때가 있기도 한 시기이기도 하다.

4. 현대 국어학 : 이 시기는 1948년 대한민국이 수립될 무렵부터 국내 정규 4년제 대학과정에서 국어국문학을 전공하고 배출된 이들과 미국을 비롯한 서구 각국에 유학 후 귀국하기 시작할 무렵인 1950년에서 1990년 현재는 물론 미래까지인데, 이 시대는 전통국어학을 기반으로 하고, 새로 도입된 구조주의 언어학이론과 변형생성언어이론이 국어 연구의 새로운 이론으로 전개 정착되어 가는 시기이라 하겠다.

II. 훈민정음 이전 국어학

1. 개관

2. 전해지지 않은 고대문자

3. 차자표기체계의 창출

II. 훈민정음 이전 국어학

1. 개관

우리 겨레는 겨레 형성의 초기부터 우리말을 사용해 왔으나, 고조선 시대에 관한 기록물이 전하고 있지 않는다. 그러나 삼국시대부터의 우리말에 관한 기록은 문헌이나 금석 문화재 등에 다소 전하고 있다.

국어학사에 있어서 이 시기는 요원한 옛날부터 우리말을 소리대로 적을 수 있는 글자인 훈민정음이 창제되기 전까지의 시대이다. 고조선(古朝鮮)을 비롯하여 부여(扶餘)・예(濊)・옥저(沃沮)・삼한(三韓 : 馬韓, 辰韓, 弁韓) 등의 원시시대와, 고구려, 백제, 신라, 가야 등 사국과 발해, 고려를 거쳐 15세기 조선 초 세종대왕에 의해 훈민정음이 창제 되고 ≪훈민정음 해례(訓民正音解例)≫가 나오기 전까지의 시기로, 국어가 직접 학문의 대상이 되지 못한 국어 의식이 싹튼 시대로서, 특히 한자(漢字)・한문(漢文)과의 접촉에서 국어에 대한 반성과 의식은 더 뚜렷해졌던 것으로 보인다. 우리 조상들이 표기 수단을 가지고 있지 않았던 이 때에, 유일한 표기 문자인 한자를 도입 습득하게 됨에 따라 처음으로 문자 생활을 이해하게 되고, 그것을 이용한 우리말 표기의 방법을 개발하게 되었다. 우리말 표기의 방법은 소리[音]와 새김[訓, 釋]을 이용한 홀로이름씨(고유명사)의 표기에서, 차츰 이두(吏頭)·구결(口訣)·향찰(鄕札)로 발전하게 되었다고 하겠다. 이 단계에서 한자의 구성법을 이용해서 새로운 글자를 만들기도 하고, 혹은 중국음을 국어에 적응시키기 위하여 음성적 대용(代用)의 규칙을 관습화하기도 하였다. 그리고 더 나아가 구결(口訣)의 약자를 고안하는 단계까지 이르게 되었다. 그러나, 워낙 언어 구조가 다른 이민족어(異民族語)의 표기 문자를 사용하여 국어를 표기하는 것이었으므로, 국어의 표기상 이루 말할 수 없는 곤란을 겪게 되고, 이러한 과정에서 국어에 대한 인식을 갖게 되었던 것으로 보인다. 특히 향찰에 나타나는 실사(實辭 : 의미부)와 허사(虛辭 : 형태부)에 대한 표기 방식의 차이는 국어의 구조에 대한 인식을 전제하고 있다.

그렇다면 현 단계에서 우리가 말할 수 있는 그 당시의 국어학의 상황은 어떠한가. 삼국시대부터 고려까지의 상황을 대강 간추려 보면 이러하다.

≪삼국사기≫에 신라의 설총(薛聰)이 방언(方言)으로써 구경(九經)을 읽었다는 기록이 보이고, ≪삼국유사≫에는 그가 방언으로서 중국과 외국의 방속물명(方俗物名)을 알고 있었고, 육경(六經)과 문학(文學)을 훈해(訓解)하였다는 기록이 보이는데, 이로써 미루어 보면 설총은 상당한 국어학의 지식을 가졌던 것으로 생각되나, 그의 국어학에 대한 구체적인 기록이 남아 있지 않음은 매우 유감스런 일이다.

또 신라의 위홍(魏弘)과 대구 화상(大矩和尙)이 향가를 모아 엮었다는 ≪삼대목(三代目)≫도, 그 표기법의 정리에는 상당한 정도의 국어학의 지식이 필요했으리라 생각되나, 이것마저도 전하지 않고 있다.

≪삼대목≫은 전하지 않으나, ≪삼국유사≫에는 향찰로 표기된 14수의 향가(鄕歌)가 전해 있고, ≪균여전(均如傳)≫에도 11수의 향가가 적혀

있어 지금 우리는 모두 25수의 향가를 볼 수 있게 되었고, 또 많은 숫자는 아니지만 이두식 표기로 된 금석 자료가 있어 그나마 다행이나, 이 해독(解讀)이 어려울 뿐 아니라, 해독이 되었다 하더라도 그 당시의 언어 체계를 아는 데는 많은 부족한 점을 안고 있다. 그 당시의 사람이름·땅이름·벼슬이름·나라이름의 표기에서 얻을 수 있는 말의 자료도 극히 단편적이다.

고려 때에 내려와서는 이두나 구결식 표기로 된 수십 점의 금석 자료와, 중국인에 의해 된 어휘집인 ≪계림유사(鷄林類事)≫와 ≪조선관역어(朝鮮館譯語)≫, 그리고 우리 조상에 의해 이두식 표기로 된 어휘집인 한약서 ≪향약구급방(鄕藥救急方)≫ 정도가 있을 뿐이므로 그 당시의 우리말의 모습을 체계적으로 파악하는 데는 큰 도움이 되지 않는다.

이렇게 보아 오면 신라나 고려 시대에 있어서는 우리말 연구의 문헌은 물론 찾아 볼 수 없거니와, 그 때의 우리말 연구의 자료가 될 만한 문헌도 구하기 어렵다는 것, 특히 그 때의 국어를 체계적으로 파악하는 데 도움이 될 만한 자료는 거의 없다는 것을 알 수 있다.

결국 이 시기는 한자의 도입과 그것을 통한 국어 표기의 연구 및 국어에 대한 재인식의 시대라고 말할 수 있다. 그러므로, 여기에서는 「차자표기체계(借字表記體系)」에 대하여 중점적으로 다루고, 그리고 물증 자료가 아직까지 발견되지 않아 그 내용이 어떠한 것인지 알기는 어려우나, 한자가 들어오기 전이나 후에 한문글자가 아닌 고대문자가 있었다고 주장하는 학자가 있을 뿐만 아니라 고대의 글이 있었다는 기록이 내외 사승(史乘)에 전하므로 이를 저버릴 수 없어 이 문제도 아울러 간략히 다루되, 순서상 먼저 기술하기로 한다.

2. 전해지지 않은 고대문자

우리나라는 아득한 예부터 한문 글자가 아닌 우리 고유의 고대글자가 있어 사용했다는 기록이 단편적으로 보이는데, 이 기록된 것들을 밝히기로 한다.[1]

(1) 삼황내문(三皇內文)

현대 중국학자도 한문과 중국의 문화의 근원은 「동이(東夷)」에 있다고 말하거니와, 고대 중국 문헌에도 이것을 증거한다.

진(晋)나라의 도가(道家) 갈홍(葛洪)이 동진 초(東晉初)에 지은 ≪포박자(抱朴子)≫에는,

"황제(黃帝 : 중국 고대의)가 동쪽으로 청구(靑邱 : 靑丘, 韓國)에 이르러 풍산(風山)을 지나다가 자부선생을 만나 「삼황내문(三皇內文)」을 받았다[黃帝東到靑邱 過風山 見紫府先生 受三皇內文]."

라고 하였다.

(2) 신지비사문(神誌秘詞文)

≪증보문헌비고(增補文獻備考)≫ 제246권 예문고(藝文考) 5 잡찬류(雜纂類)의 도서명에 「신지비사(神誌秘詞)」라는 기록이 있고, 조선 선조(宣祖) 때 한학자 권문해(權文海)가 지은 ≪대동운부군옥(大東韻府群玉)≫ 권지13에,

---

[1] 이 자료는 김윤경님의 ≪한국문자급어학사≫(동국문화사, 1954. 12)와 ≪새로지은 국어학사≫(을유문화사, 1963. 3)에 나타나는 고대의 문자를 중심으로 하여 밝힌다.

"신지는 단군 때 사람으로 스스로 선인(仙人)이라 불렀다[神誌 檀君時人 自號仙人]."

라고 하였으며, ≪태종실록(太宗實錄)≫ 권제17 태종 9년(1409) 윤 4월 13일(을묘)조 건원릉 비문(健元陵碑文)에,

"……서운관의 옛 장서(藏書)인 비기(秘記)에 구변진단지도(九變震檀之圖)2)란 것이 있는데, 건목득자(建木得子 : 李氏를 이르는 말임)라는 말이 있다. 조선이 곧 진단(震檀)이라고 한 설(說)은 수천 년 전부터 내려오는 것으로, 지금에 와서는 증험되었으니, 하늘이 유덕(有德)한 이를 돌보아 돕는다는 것은 진실로 징험이 있는 것이다……[……書雲觀舊藏秘記 有九變震檀之圖 建木得子 朝鮮卽震檀之說 出自數千載之前 由今乃驗 天之 眷佑有德 信有徵哉……]."

라고 하였는데, 이에 대한 설명을 ≪용비어천가(龍飛御天歌)≫ 권제3 제15장(章) 본문에 「구변지국(九變之局)」이 나오는데 이를 주석하기를,

"국(局)은 도국(圖局)이다. 판국이 아홉번 변하는 그림[九變圖局]은 <단군 때 사람> 신지(神誌)가 만든 도참(圖讖 : 豫言書類)의 이름이니, 이것은 동국(東國 : 우리나라) 역대의 정도(定都)가 아홉번 변할 것을 말하고, 아울러서 본조(本朝 : 朝鮮朝)가 천명을 받아 도읍을 세울 것을 말함이다[局圖局也 九變圖局 神誌所撰圖讖之名也 言東國歷代定都凡九變其局 幷言本朝受命建都之事]."

라고 하였다. ≪삼국유사≫ 권제3 보장봉로(寶藏奉老) 보덕이암(普德移庵)조에,

---

2) 구변진단지도(九變震檀之圖) : 아홉번 변하는 진단(震檀)의 그림. 「진단(震檀)」은 조선을 말함이다.

"또, 살피건대 「신지비사(神誌秘詞)」의 서문(序文)에 이르기를, 소문(蘇文 : 벼슬 이름) 대영홍(大英弘)이 서문을 쓰고, 또 주(注)를 달았다[又按神誌秘詞序云 蘇文大英弘序 幷注]."

라고 하였다. ≪세조실록(世祖實錄)≫ 권제7 세조 3년(1457) 5월 26일(무자)조에,

"팔도관찰사에게 유시(諭示)하기를, 「고조선비사(古朝鮮秘詞)」·「대변설(大辯說)」·「조대기(朝代記)」……등의 문서는 마땅히 사처(私處)에 간직해서는 안 되니, 만약 간직한 사람이 있으면 진상하도록 허가하고, 자원하는 서책을 가지고 회사(回賜)할 것이니, 그것을 관청·민간 및 사사(寺社)에 널리 효유(曉諭)하라[諭八道觀察使曰 古朝鮮秘詞 大辯說朝代記……等 文書 不宜藏於私處 如有藏者 許令進上 以自願書 冊回賜 其廣諭公私及寺社]."

라고 한 기록이 나타남을 보아, 이 책은 귀한 책이 분명한데, 또 그때까지 있었기에 임금이 걷어들이라는 명령을 내렸을 것이라고 생각된다.

그리고 ≪예종실록(睿宗實錄)≫·≪성종실록(成宗實錄)≫에도 같은 명령을 내린 기록이 있는 것으로 보아 「신지비사」가 조선 전기까지 전하였던 것을 알 수 있으며, 이것은 단군시대에 글이 있었던 것을 증거하는 것이라 보겠다.

(3) 법수교비문(法首橋碑文)

조선 선조(宣祖) 23년(1590) 윤두수(尹斗壽)에 의하여 편간(編刊)된 원지(原誌) ≪평양지(平壤誌)≫에,

"평양 법수교(法首橋)에 옛 비문(碑文)이 있는데, 언문도, 범문도,

전문(篆文)도 아닌 글로서 사람이 깨달아 알 수가 있다[平壤法首橋有 古碑 非諺非梵非篆 人莫能曉].”

라고 하였고, 또,

"선조(宣祖) 16년(1583) 2월에 법수교(法首橋)에 묻힌 석비(石 碑)를 캐내어 본즉 세 조각으로 잘렸는데, 그 비문은 예자(隷字)가 아니고 마치 범서(梵書)와 같았다. 혹은 말하기를, 이는 단군 때 신지 (神誌)가 썼다는 것이 이것이라고 하였다. 세월이 오래 되어 없어졌 다[癸未(宣祖26年)二月 掘覓石碑之 埋于法首橋者出 而示之則折爲三 段 碑文非隷字 如梵書樣 或謂此是檀君時 神誌所書云 歲久遺失]."

라고 하였으니, 이 기록들로 보아 고대 조선에 글이 있었다고 추측할 수 있다.

(4) 왕문문(王文文)

≪문화유씨보[柳文化譜]≫에,

"왕문(王文)이 쓴 글자는 전문(篆文)과 같기도 하고, 부적[符]과 같기도 하다. 왕문은 곧 수긍(受兢)의 아버지다[王文書文字 而如篆如 符 文卽受兢之父]."

라고 하였다. 김윤경님은 왕문(王文)은 서기전 12세기 즈음의 부여인(夫 餘人)이므로 부여의 글을 이름이라 생각된다고 하였다.

(5) 고구려 문자(高句麗文字)

≪삼국사기≫ 권제20 고구려본기 제8 영양왕(嬰陽王) 11년(600)조에,

"태학박사(太學博士 : 敎授) 이문진(李文眞)을 시켜서 고사(古史 ; 옛 역사)를 줄여 신집(新集) 5권으로 만들었다. 국초(國初)에 글자가 있어서 어떤 사람이 역사 1백 권을 기록하여 ≪유기(留記)≫라 하였던 것인데, 이 때에 이르러 산수(刪修 ; 깎아 고침) 하였다[詔大學博士李文眞 約古史 爲新集五卷 國初始用文字 時有人記事一百卷 名曰留記 至是刪修]."

라고 하였다. 김윤경님은 이 기록에 나타난 국초의 문자(文字)를 한문(漢文) 글자가 아닌 다른 글자로 보고 말하기를,

"이 같이 국초부터 문자가 있어서 역사를 적었던 것이다. 부여에 문자가 있었다면 고구려도 있었을 것은 틀림없는 일이다."

라고 하였다.

(6) 신라 문자(新羅文字)

중국 당(唐)나라 요사렴(姚思廉)이 지은 ≪양서(梁書)≫ 신라전(新羅傳)에,

"그 절하는 법과 행동하는 것이 고구려와 서로 비슷했다. 글자가 없어서 나무에 새김으로써 통신을 삼았으며, 말은 백제로 하여금 소통되었다[其拜及行 與高句麗相類 無文字 刻木爲信 語音待百濟以後通焉]."

라고 하였다. 김윤경님은, 여기 "문자가 없다"고 함은 한자(漢字)가 없음을 말하는 것이고, "나무에 새긴" 기록이라 함은 신라의 문자를 말하는 것이라 하겠다고 하였다. 또 말하기를, 22대(서기500~514) 지증 마립간(智證麻立干) 때 신라 왕이라 일컫게 되고, 진흥왕(眞興王) 때 이사

부(異斯夫)의 아룀으로 거칠부(渠柒夫)로 하여금 문사를 모아 국사를 편찬하였다 하니, 그 이전 국사는 무슨 다른 글로 적어 왔던 것을 알 수 있다. 무슨 고대문자(「향찰(鄕札)」이라 생각됨)를 쓰다가 진흥왕(眞興王) 시대에 와서 한문과 이두(吏讀=향가와 그의 순수비(巡狩碑)에 보임)를 쓰게 된 것이라 하겠다. 경덕왕(景德王) 때(서기 742~765)는 땅 이름까지 한자로 고쳐버리게 되었던 것이라고 하였다.

그리고 그는 또 신라의 고유한 문자로 「향찰(鄕札)」을 들고 있으니, 향찰에 대한 기록으로는, 고려 문종(文宗) 29년(1075)에 혁련정(赫連挺)이 엮은 ≪균여전(均如傳)≫에,

 "향찰은 마치 범서(梵書)를 내리 편 것과 비슷하다[鄕札似梵書連布]."

라고 하였다.

(7) 백제 문자(百濟文字)

≪삼국사기≫ 권제24 백제본기 제2 근초고왕(近肖古王) 30년(375)조에,

 "고기(古記)에 이르기를, 백제는 개국 이래로 문자 기록이 아직 없었다가, 이때 고흥(高興) 박사를 만나게 되어 비로소 기록[書記]이 생겼다[古記云 百濟開國已來 未有以文字記事 至是 得博士高興 始有書記]."

라고 하였고, ≪신당서(新唐書)≫에는,

 "백제는 글자와 기록이 있었다[百濟有文字籍記]."

라고 하였다. 이 두 문헌의 기록을 보면 모순되어 보이는데, 이에 대하여 김윤경님은, 중국 사람의 문자 기사가 없다 한 것은 문자가 없었다

는 것이 아니고 문자로 적은 기사가 없다는 것으로 보아야 한다고 하
였다.

(8) 발해 문자(渤海文字)

중국 진(晋)나라 유향(劉昫)이 착수하여 고조(高祖) 5년(940)에 장소원
(張昭遠)이 완성한 ≪구당서(舊唐書)≫에,

"풍속이 고구려와 거란[契丹]과 같고 자못 글자와 기록[書記]이
있었다[風俗與高句麗及契丹 頗有文字及書記]."

라고 하였고, ≪고려사(高麗史)≫ 권1 세가(世家) 권제1 태조 1(太祖一)
태조 8년(925) 9월조에,

"발해는 본래 속말 말갈(粟末靺鞨 : 粟末部)인 바, 당(唐)의 무후
(武后) 때에 고구려인 대조영(大祚榮)이 달아나 요동(遼東)을 보유
(保有)하니 예종(睿宗)이 발해군왕(渤海郡王)으로 봉하였으므로 스스
로 발해국이라 칭하고 부여(扶餘)·숙신(肅愼) 등 십여 국을 아울러
다 차지하였다. 문자(文字)·예악(禮樂)·관부제도(官府制度)가 있었
다[渤海 本粟末靺鞨也 唐武后時 高句麗人大祚榮走保遼東 睿宗封爲渤
海郡王 因自稱渤海國 幷有扶餘肅愼等十餘國 有文字禮樂官府制度]."

라고 하였다.

(9) 고려 문자(高麗文字)

조선 영·정조(英正祖) 때의 학자 이덕무(李德懋)의 ≪청장관전서(靑莊
館全書)≫ 「청비록(淸脾錄)」에 전하는 기록을 보면, 광종(光宗) 때 사람
장유(張儒 : 호는 晉山, 나중 顯宗 때 戶部尙書의 이름)가 나라의 사명을

띠고 중국의 강남(江南, 吳의 錢越氏時代)에 가 있을 때에, 일찍 고려에서 어느 호사자(好事者)가 그 때 악부(樂府)의 「한송정곡(寒松亭曲)」을 비파[琵]의 밑바닥에 새기어 바다에 흘리어 보낸 것이 그곳에 표착(漂着)되었는데, 강남의 사람들이 이것을 보아도 알아낼 수가 없으므로, 이것을 장유(張儒)에게 가지고 와서 물으므로 그는 이것을 다음과 같이 한시(漢詩)로 번역하기를,

달 밝은 한송정 밤에	月白寒松夜
물결이 잔잔한 경포대 가을이러라.	波安鏡浦秋
슬피 울며 가고 또 오는 것은	哀鳴來又去
믿음직한 한 갈매기러라.	有信一沙鷗

라고 하였다 하는 바, 「한송정곡(寒松亭曲)」의 원문은 고려 고유의 문자로 적은 것이었음을 살필 수가 있다. 또 고려 주조(鑄造)의 「원우통보(元祐通寶)」의 뒤쪽에 있는 글자 "ㅗ"는 현재 쓰는 한글의 "오"와 유사함을 보아도 김윤경님은 고려의 고유 문자를 사용함이 있음을 알겠다라고 하였다. 또 신경준(申景濬)님은,

"동방의 옛 속용 문자가 있다[東方舊有俗用文字]."

라고 한 바가 있으니, 이러한 것들은 종합해 볼 때 고려 고유의 문자가 있었던 것을 알 수 있다.

이상과 같은 문자설은 이 밖의 문헌에서도 더 찾아 낼 수가 있으나, 이러한 기록을 뒷받침할만한 글자의 흔적을 지금까지 찾아내지 못하고 있어 이 고대문자설은 그다지 신빙성이 없다고 하겠다. 그런데, 근자(1964년경)에 들어와서 우리나라의 선사시대(先史時代) 문화에 대한 연

구와 유물 발굴이 활발해짐에 따라 나타나는 암각(岩刻) 등을 단순히 암각화(岩刻畵)로 보느냐. 아니면 그림글자[繪畵文字]로 보느냐에 따라 달라질 수 있는바, 이것도 고대문자가 있었다고 하는 것에 대한 가능성을 보여주는 것의 하나이니, 우리의 고대문자가 없었다고 단정하여 말하기는 아직 이르다고 생각된다.

3. 차자표기체계의 창출

훈민정음이 창제되기 이전 고유문자를 가지지 못한 우리나라에 이질적인 언어체계를 표기하기 위하여 중국에서 만들어진 한자·한문의 도입이 어느 시대이었는지는 정확히 알 수 없으나, 우리나라는 중국과 접경하여 있는 나라이므로 한(韓)·한(漢) 양 민족의 접촉은 일찍부터 있었을 것이고, 따라서 한자의 전래도 늦어도 고조선 시대인 서력기원전 2, 3세기경에 시작하여, 전래된 한문은 일부 특수층에서 쓰이다가 시대가 지남에 따라 점증하여 갔을 것이다. 국내에는 학교가 생기고, 중국 유학생의 내왕이 있다가, 6, 7세기경에는 중국과의 외교문서가 오고 갔으며, 명문(銘文)·탑기(塔記)·작품 등의 기록이 이미 등장하고 있었으니, 이 무렵에는 한자의 사용이 크게 일반화되어 있었다고 여겨진다.

한자의 전래로 문자생활을 시작하였다고 여겨지는 우리 선민(先民)들이 국어에 대한 인식 내지 반성은 어느 때부터일까? 이는 아마도 한자와의 접촉에서 시작되었다고 할 수 있다. 원래 한자는 표의(表意)를 위주로 하고, 고립어(孤立語)인 중국말 표기에 알맞도록 마련된 것인데, 형태가 다른 첨가어(添加語)인 한국말 표기에는 그대로 적용될 수는 없었다. 그래서, 여기에 우리 조상들은 희미하고 막연하기는 하나마 국어에 대하여 의식하고, 또 반성할 기회를 갖게 되었던 것이다. 중국말과 한국말은 본질적으로 언어체계가 다를뿐더러 모든 면에 있어서 같지 않다. 이에 한자를 가지고 우리말을 표기하기 위하여 여러 가지 방법을 강구하지 않으면 안 되었던 것이다. 이리하여 중국어법(中國語法)을 완전히 무시하고 순전히 한자만을 차용(借用)하여 우리말 어순(語順)에 맞도록 한자를 나열한다거나, 또는 한자가 지니고 있는 음(音 : 소리)과 훈(訓 : 새김)을 적의 이용하여 우리 의사 표현에 힘쓴다거나, 혹은 중국의 문장(文章)을 읽을 때 중국말에서는 거의 그 발달을 보지 못하였던 허사(虛辭)만을 국어식(國語式)으로 삽입(挿入)하되, 이것도 한자 음・훈(音訓)을 차용하는 등 여러 가지의 우리말을 표기하는 방안이 실현되었다.

한자가 도입되었을 때, 문자생활에 두 갈래의 반응이 일어났다고 여겨지니, 하나는 구문(構文)이 전혀 다른 한문을 중국체계(中國體系) 그대로 흡수 소화하려는 것이요, 다른 하나는 자국어와 표기체의 불합치에서 오는 차이점을 자각하고, 새로운 표기법 강구(講究), 곧 고유어 표기의 특별한 방식의 연구를 꾀하는 일이라 하겠다. 우리 조상들은 드디어 국어의 음운조직(音韻組織)과 형태상(形態上)의 차이를 발견하고, 고유어(固有語)에 맞는 표기체계, 곧 한자의 음(音)・훈(訓)을 빌려서 국어를 표기하는 방법을 안출(案出)하여 고유어 표기의 난관 극복을 시도하였으니, 이것이 이른바 차자표기법(借字表記法) 곧 차자표기체계(借字表記體系)의 창출이다.

(1) 홀로이름씨의 표기

한자의 차용(借用) 과정을 생각해 보면, 전래된 한문은 일부 특수층에서 쓰이다가 한자의 차용단계(借用段階)로 들어가겠는데, 처음에는 음독

(音讀)으로 익힌 한문을 그대로 사용하였으니, 이것은 외국말인 한문의 차용이었다. 다만, 이 한문은 한 단계로만 그치지 않고 줄곧 사용되면서, 그 뒤 오랜 기간에 걸쳐서 현재까지 방대하고 진귀한 문헌을 남겨 주었다.

그러나 한자차용(漢字借用) 첫 단계로서 한자의 음·훈(音訓)을 이용하여 우리말로 발음하던 사람이름·땅이름·벼슬이름들인 홀로이름씨를 기록하는 것이니, 이는 외래문자(外來文字)의 소화 과정에서 초보적인 문자 이용이며, 자기 나라 글자를 가지지 못한 경우의 외래문자 흡수과정에서 일어나는 자연발생스러운 경향이라 하겠다.

한자·한문에 의한 사상(思想)·감정(感情)의 표현과 더불어 부닥친 또 하나의 어려움은 홀로이름씨(고유명사)의 표기에 있었다고 본다. 의미 곧 내용을 나타내기보다도 음성형태에 중점을 두는 홀로이름씨의 표기는 어려운 일이었겠는데, 우리 옛 조상들은 한자의 음훈차표기(音訓借表記)로써 이를 해결하였다. 한자는 표의문자이며 복잡한 음절 구조(音節構造)를 가지고 있고, 반면에 우리 어음(語音)은 음절 조직이 단순하다. 이러한 것을 서로 조화시킨다는 것은 그리 쉬운 일이 아닌데, 이를 해결한 것으로 보아 그 당시 우리 조상들은 표기 이전에 양자의 구조적 차이를 인식하였던 것으로 생각된다. 우리의 홀로이름씨를 한자로 표기하려면, 먼저 홀로이름씨를 낱내(음절)로 분석할 줄 아는 능력을 갖추어야 하고, 그 다음에는 분석된 음형태(音形態)에 가장 가까운 한자를 거기에 비교시켜야 하는 것이다. 이때도 분석된 홀로이름씨 소리(고유명사음)의 형태와 한자의 표음이 꼭 비교된다면 문제는 간단하지만 그 대응(對應)의 보기가 발견되지 않을 때는 그것은 부득이 암시적으로 밖에 표현될 수 없는 것이다.

그래서 음차(音借)에 있어서는 원칙적으로 동일한 음절조직(音節組織)으로 된 한자음을 이용하여야 되는 것인데, 실제로 표기된 보기로 보면, 현재의 우리 눈으로 볼 때, 표음(表音)스런 표기 속에 표훈(表訓)스런 표기가 끼어 있음을 볼 수 있다. 이런 것은 음운체계(音韻體系)나 음절구조의 차이 때문에 부득이 표훈스런 표기를 이용하지 않을 수 없다는 것을 의미한다.

(1-1) 땅이름의 표기

고조선은 요원하여 말할 수 없고, 고구려·백제·신라 등 삼국이 각각 특색 있는 표기 방법을 창출해 내었는지 알 수 없으나, 추측컨대 대동소이한 공통점이 있었을 것이므로, 비교적 자료가 풍부한 신라의 표기체계를 중심으로 고찰하기로 한다. 고유식(固有式) 지명과 한당식(漢唐式) 개정 지명의 보기를 ≪삼국사기≫(1145년)나 ≪삼국유사≫(1285년)에서 삼국의 땅이름을 찾아 보이면, 음훈차표기체계(音訓借表記體系)의 대강을 짐작할 수 있게 한다.

특히 신라가 삼국을 통일한 뒤 제35대 경덕왕(景德王) 16년(757)에는 국내의 땅이름을 모두 한자어식 이름으로 바꾸었다. ≪삼국사기≫ 권제34, 35, 36 지리지를 보면 땅이름이 바뀌기 전의 이름과 바뀐 이름을 대비하여 적었고, 권제37 지리지에는 옛 땅이름을 다시 정리해 기록하였는데, 이 속에서 우리는 많은 삼국 각 나라의 낱말을 찾아낼 수가 있으니, 그 일부를 보이면 다음과 같다.

신 라 어	대 응 한 자	출 전
吉同郡	永同郡	삼국사기 권제34
推火郡	密城郡	삼국사기 권제34
史勿縣	泗水縣	삼국사기 권제34
巨老縣	鵝州縣	삼국사기 권제34

백 제 어	대 응 한 자	출 전
大山縣	翰山縣	삼국사기 권제36
舌林郡	西林郡	삼국사기 권제36
所夫里郡	扶餘郡	삼국사기 권제36
豆仍只縣	燕岐縣	삼국사기 권제36

고 구 려 어	대 응 한 자	출 전
沙熱伊縣	淸風縣	삼국사기 권제35
買尸達縣	蒜山縣	삼국사기 권제35
夫斯達縣	松山縣	삼국사기 권제35
達乙省縣	高烽縣	삼국사기 권제35
波旦縣	海曲縣	삼국사기 권제35

(1-2) 사람이름의 표기

삼국시대의 사람 이름도 역시 한자의 음·훈을 빌어 적었는데, 성(姓)을 쓰지 않은 것이 대부분이다.

신　라 : 阿達羅, 阿音夫, 異次頓, 居柒夫, 斯多含
백　제 : 阿芳, 莫古解, 國智牟, 斯由, 昆支, 貴須
고구려 : 阿蘭弗, 阿道, 菸支留, 左可盧, 乙豆智, 蓋蘇文

(1-3) 벼슬이름의 표기

　伊伐湌(伊罰干, 于伐湌, 角干, 角粲, 舒發翰, 舒弗邯), 波珍湌(海干, 破彌干), 大阿湌, 酒多.

　이와 같이 신라 사람들은 한자의 음·훈을 적당히 이용하여 홀로이름씨가 가진 음성적 특징을 살리려고 노력하였던 것이다.
　이 차자표기법은 이러한 홀로이름씨의 표기에서부터 출발하여 점차 그 범위를 넓혀간 것이다.

　그러나, 어떻든 삼국시대에 우리 조상들이 이러한 표기 수단을 쓸 수 있었다는 것은, 그들이 중국말과 한국말의 음운조직의 차이를 확실히 인식하고 있었다는 근거인 것이다.

(2) 서기체(誓記體) 표기

　신라 사람들은 중국말의 말본을 완전히 무시하고 글자는 한자를 빌었으되, 한자의 음이나 훈을 이용하는 것이 아니라 뜻글자인 한자를 빌어 우리말의 어순(語順)에 맞도록 한자를 나열하는 방식인 우리말 어순식(語順式)의 한문체를 창안하여 사용하였으니, 이는 향가(鄕歌) 표기체인 향찰 표기 체계(鄕札表記體系)와 다른 「임신서기체(壬申誓記體)」 또는 「서기체(誓記體)」이다.
　신라 지식인들이 이런 방식을 창안하여 문장 구성에 적용하였다는 것은 벌써 그 당시 한문의 문장구성법(文章構成法)과 우리말의 문장구성법에 차이가 있음을 인식한 증거인 것이다. 그리고 그 당시 지식인들은 사상·감정을 자국의 언어 형식으로 표현해보고자 하는 욕구며, 또 이 방법의 강구(講究)는 국어인식의 정도가 한 걸음 더 진전을 보인 것이라 하겠다.

　이 「서기체」는 국치시대인 1940년 5월 경주군(慶州郡) 견곡면(見谷面) 김척리(金尺里)에 있는 석장사지(石丈寺址) 뒤 언덕에서 발견되어 현재 경주 박물관에 소장된 「임신서기석(壬申誓記石)」에 적힌 한문체(漢文體)이다.

　이 「임신서기석명(壬申誓記石銘)」(진흥왕 13년〈552〉 혹은 진평왕 34년〈612〉)3)의 한문체로 된 전문(全文)을 보이고 이를 현대말로 옮겨보면 다음과 같다.

　　"壬申年六月十六日　二人幷誓記　天前誓　今自三年以後　忠道執持　過失无誓　若此事失　天大罪得誓　若國不安大亂世　可容行誓之　又別先辛未年七月卄二日大誓　詩尙書禮傳倫得誓三年 ; 임신년 6월 16일에 두 사람은 함께 맹세하고 기록하여 하느님 앞에 맹세한다. 지금으로부터 3년 이후에 충도를 지키며[忠道執持], 잘못이 없기를 맹세한다. 만일 이 일을 어기면 하느님께 큰 죄를 얻을 것이라고 맹세한다. 만일 나라가 불안하고 크게 어지러운 세상이면 가히 받아들여 행할 것을 맹세한다. 또 따로 앞서 신미년 7월 22일에 크게 맹세하였다. 시(時)·상서(尙書)·예기(禮記)·좌전(左傳, 혹은 春秋傳)을 차례로 습득할 것을 맹세하여 3년으로 한다."

　여기서 보아 아는 바와 같이 이 「서기체」는 이두(吏讀)나 향찰체(鄕札體)처럼 한자의 음이나 훈을 빌어 우리말의 의미부나 형태부를 표기하는 것도 아니고, 다만 한자를 우리말과 같은 어순으로 배열하여 의사를 표시하였으니, 곧 신라어화(新羅語化)의 한문이라고 할 수 있다. 그러므

---

3) 이병도(李丙燾)「壬申誓記石에 대하여」서울대학교 논문집(인문, 사회학과) 제5집 (1957. 4. 15) 1~7쪽 및 동 필자 ≪성기집(成己集)≫「논문편」(정화출판문화사, 1983. 8. 1) 130~135쪽 참고.

로 이 한자 차용 표기 방식은, 한자를 빌어 우리말 자체를 표기한 것이 아님을 알 수 있는 바, 향찰과는 구별된다.

(3) 이두식(吏讀式) 표기

이두도 한자의 음과 훈(새김)을 빌려 우리말을 표기하던 차자표기법의 하나인데, 조선조 초기에서부터 차자표기 일체를 가리켜 이두(吏讀)라고 하여 왔다. 당시에는 이두와 구결(口訣 : 토)을 제하고는 차자표기를 가리키는 이름이 세분되어 있지 않았기 때문이다. 그리하여 일찍이 우리나라의 학자들은 향가(鄕歌)를 표기하는 표기법도 이두라고 하여, 향가를 「이두문학」이라고 하기도 하였다. 20세기 초기부터 이 개념이 통렴화되어 현재까지도 향찰(鄕札)과 구별하지 않고 이두라고 불린다. 그러나 고려 문종(文宗) 29년(1075)에 나온 ≪균여전(均如傳)≫에서 향가와 같은 완전한 우리말의 문장을 향찰(鄕札)이라 불렀던 사실이 밝혀지면서 향찰과 이두를 구별하여야 된다는 견해가 대두되어, 오늘날 우리 학계는 종전대로 향찰과 이두를 동일시하는 견해와, 향찰·이두·구결 등 모두를 동일시하는 견해, 그리고 향찰과 이두를 구별하려는 견해로 나누어져 있다.4)

그러나 필자는 향찰과 이두가 문체·용도·표기법상 차이가 있기 때문에 여기에서는 협의의 이두라 하여 편의상 향찰과 구별하기로 한다. 광의의 이두에는 구결도 포함되나, 이 역시 협의의 이두와는 구별된다. 이두가 쓰인 글은 한문의 개조가 있는 데 반하여 구결은 한문의 순서는

---

4) 장지영·장세경 : ≪이두사전≫(정음사, 1976), 남풍현 : ≪차자표기법연구(借字表記法研究)≫(단국대학교 출판부, 1981), 필자 졸저 ≪세종대왕과 훈민정음≫(세종대왕기념사업회, 1984) 51~60쪽 참고.

그대로 두고 한문의 독해에 도움을 주기 위하여 토(입겿)만 단 것이다. 곧 이두체는 실사(實辭)는 그대로 한문식 어휘로써 만족하되, 그 사이사이에 한자들의 음과 훈을 이용하여 형태부를 나타내서 국어의 문장구성법처럼 기록하는 문체이니, 구결이 음독자(音讀字) 중심인데 반해 이두는 훈독자(訓讀字) 중심이다.

이두문체에서는 향찰문(鄕札文)과 구결문(口訣文)이 파생한 것이라고 하기도 하는데, 이 이두문체는 삼국시대에 발달하기 시작하여 통일신라시대에는 성립되어 고려시대를 거쳐 조선 초기에 내려옴으로써 더욱 발달하였는데, 조선 초기 ≪직해대명률(直解大明律)≫에 이르러 그 체계가 완성되고, 훈민정음이 창제된 이후에도 관공서와 민간에서 쓰여져 19세기말 갑오경장 때까지 계승되어온 것이다.

현존하는 이두체는 신라 눌지왕(訥祇王) 35년(451) 경주 서봉총은합우(瑞鳳塚銀合杅), 지증왕(智證王) 4년(503) 포항 냉수리비(冷水里碑), 진평왕(眞平王) 13년(591) 경주 남산신성비(慶州南山新城碑), 성덕왕(聖德王) 24년(725) 평창(平昌) 상원사종기(上院寺鐘記), 경덕왕(景德王) 4년(745) 대마도(對馬島) 무진사종기(无盡寺鐘記), 경덕왕(景德王) 17년(758) 김천(金泉) 갈항사석탑(葛項寺石塔) 등의 금석문(金石文)을 비롯하여 많은 자료가 남아 있으니, 여기에서는 진평왕 13년 신해(辛亥 : 591)에 건립된 「경주 남산신성비문」의 일부와 조선 태조(太祖) 4년(1395)에 발간된 ≪직해대명률≫의 글 일부, 태종(太宗) 15년(1415)에 한상덕(韓尙德)이 잠서(蠶書)를 번역한 ≪양잠경험촬요(養蠶經驗撮要)≫의 일부를 인용하고, 이를 현대말로 옮겨보기로 한다.

(3-1) 경주남산신성비문(慶州南山新城碑文)

3. 차자표기체계의 창출 55

　경주 남산신성비는 신라 진평왕(眞平王) 13년(591)에 경주 남산에 성을 쌓고 세운 기념비를 이름이다. 남산신성(南山新城)이라는 이름은 ≪삼국사기≫ 문무왕(文武王) 3년 1월조에 비로소 보이지만, ≪삼국유사≫ 문호왕 법민조(文虎王法敏條)의 기사에, 「별본(別本)에 말하기를, 건복(建福) 8년 신해년(辛亥年)에 남산성을 쌓았는데 둘레가 2,850보(步)였다[別本云 建福八年辛亥 築南山城 周二千八百五十步].」라고 하였으니, 신해년은 진평왕 13년(591)에 비정할 수가 있기 때문에 이 비석은 591년에 세워졌다고 할 수 있다. 또한 이두체로 된 비문에 의하면 축조 후 3년 이내에 붕파(崩破)되면 벌받을 것을 서약하고 있으니, 그 비문의 일부를 보이면 다음과 같다.

　　"辛亥年二月十六日　南山新城作節(디위)　如法以(으로)作　後三年崩破者(는)　罪敎(이신)事爲(하야)聞敎(이샤)令(시켜)　誓事之(이오) : 신해년 2월 26일 남산신성(南山新城)을 만들제 법대로 만들었다. 후 3년 붕파(崩破)는 죄주실 것을 명령하여 맹서하오."5)

(3-2) ≪직해대명률(直解大明律)≫

　≪직해대명률≫은 중국 명나라의 형법전 ≪대명률(大明律)≫을 이두체로 알기 쉽게 직해한 것인데, 이 책은 조선 태조 4년(1395) 2월에 발간한 것으로 추정된다. 현재 원간본은 전하지 않고, 오늘날 전해오는 판본은 홍문관본(弘文館本)·비변사본(備邊司本)·규장각본(奎章閣本)을 비롯하여 일본에 건너가 있는 내각문고본과 탁종암본 등이 있다. ≪대명률≫은 조선 전시대에 걸쳐 우리나라 형법의 보통법(일반법)으로서 적용

---

5) 이 원문과 번역문은 김민수(金敏洙)님이 풀이한 ≪신국어학사≫(일조각, 1982) 44쪽에서 거의 그대로 옮겨 쓴 것이다.

되었다. 당시는 이 직해한 ≪대명률≫을 따로 이름을 붙이지 않고 그대로 ≪대명률≫이라고 불렀으며, 후대에는 ≪직해대명률≫이라고 부르다가 국치시대에 ≪대명률직해≫라고 부르게 되어 오늘날 일부에서는 그대로 쓰이고 있다. 이 ≪직해대명률≫은 ≪대명률≫을 원문 그대로 직해한 것이 아니고 우리의 실정에 맞도록 하였기 때문에 우리 고유의 용어와 표현이 적지 않다. 여기에서는 ≪직해대명률≫과 ≪대명률≫의 내용 일부를 다음과 같이 보이기로 한다.

"凡僧人<u>等亦</u>(들이) 聚妻妾<u>爲在乙良</u>(ᄒᆞ건으란, 하거들랑) 杖八十遣(ᄒᆞ고) 還俗<u>爲弥</u>(ᄒᆞ며) 女家罪同遣(고, ᄒᆞ고) 離異<u>爲乎矣</u>(ᄒᆞ오되) 寺院住持<u>亦</u>(이, 가) 知情<u>爲在乙良</u>(하거들랑) 罪同齊(ᄒᆞ라, ᄒᆞ다) 僧人<u>亦</u>(이) 妄稱親族及奴子<u>等乙</u>(들을) 委爲(ᄒᆞ여, ᄒᆞ야, ᄒᆞ고) 求婚<u>爲如可</u>(ᄒᆞ다가) 自聚爲妻妾<u>爲在乙良</u>(하거들랑) 犯奸<u>以</u>(로, 으로) 論<u>爲乎事</u>(ᄒᆞ온일) <대명률직해> ＝ 凡僧道聚妻妾者 杖八十還俗 女家同罪離異 寺觀住持 知情與同罪 不知者不坐 若僧道假托親屬或僮僕 爲名求聚 而道僧自占者 以奸論 <대명률>

무릇 중들이 장가들거든 장 80을 치고 환속하며, 여자집도 같은 죄를 주고, <중과 여자는> 떼어버리되, 절의 주지가 그 사정을 알았다면 또한 같은 죄를 준다. 중이 그 친족이나 종들의 이름을 빙자하여 구혼하다가 자기가 장가들거든 범간한 죄로 다스릴 일 <대명률직해 풀이>"

(3-3) ≪양잠경험촬요(養蠶經驗撮要)≫

≪양잠경험촬요≫는 조선 초기 우대언(右代言) 한상덕(韓尙德)이 태종(太宗)의 명을 받아 원(元)나라의 농서인 ≪농상집요(農桑輯要)≫에서 양

잠에 관한 부분을 이두로 번역한 것을 경상도 관찰사인 안등(安騰)이 주선하여 태종 15년(1415) 경주에서 간행한 책이다. 현재 원간본은 전하지 않고, 16세기 중간본의 후쇄본으로 보이는 책이 전한다. 이 책의 번역문은 원문에 충실하기보다는 독자의 이해를 위하여 부연한 부분이 많으므로 우리나라에서 독자적으로 편찬한 최초의 농서라 하겠다. 이 책의 내용 일부를 보이면 다음과 같다.

"蠶矣(의) 本性段(은, 는) 熱物是乎等用良(이온들쓰아, 이온 바로써) 種子亦(이, 가) 在紙時乙良(으란, 을랑, 인즉) 極寒爲只爲(하도록) 使內齊(시킨다, 행하여라) 蠶亦(이, 가) 初出爲去等(하거든) 極暖爲只爲(하도록) 看飼爲齊(한다) 眠時及起時乙良(을랑) 不寒不熱爲只爲使內齊(하도록 시킨다) 大眠後乙良(을랑) 通凉爲只爲使內齊(하도록 시킨다)

누에의 본성은 열물(熱物)이온 바로써 종자(種子)가 종이에 있을 때는 아주 서늘하도록 하여라. 누에가 처음 나오거든 아주 따스하도록 간사(看飼)한다. 잠잘 때나 일어날 때는 차지도 않고 덥지도 않게 하도록 할 것이다. 큰잠 자고 난 후는 통량(通凉)하도록 할 것이다."

(4) 향찰식(鄕札式) 표기

우리말을 차자(借字)로 완벽하게 기록할 수 있었던 표기법이나, 표기한 문장이 향찰이다. 곧 향찰은 차자 표기법 가운데 가장 발달한 표기법이다. 한자·한문의 도입으로 인해 우리말에 대하여 반성하게 되었고, 이것을 계기로 우리말을 소리대로 표기하고자 하는 노력이 시도되었다. 그리하여 그 최초의 시도가 앞에서 말한 홀로이름씨의 표기였다고 할 수 있겠고, 다음 노력이 한자·한자 사이에 삽입하는 형태요소의 표기법에 있었다고 할 것 같으면, 그 마지막 노력은 향가의 문장과 같이 우리말을 차자로 완벽하게 표기할 수 있는 표기법의 완성에 있었다고 하겠다.

홀로이름씨의 표기법이나 형태요소 표기법은 한문과 우리말의 일부분의 표기에 그치는 것이고, 이것을 이용한 우리말 그대로의 표기는 되지 못하였던 것이다. 그리하여 당시 식자들은 연구 끝에 한자의 음이나 훈을 빌어서 우리말의 의미부인 실사(實辭)까지를 표기하는 방법인 향찰체(鄕札體)를 완성하였던 것이다.

이 향찰체는 홀로이름씨나 형태요소의 표기에만 그치는 것이 아니라 한자의 음과 훈을 최대로 이용하여 우리말의 실사(實辭)나 허사(虛辭: 형태부)나 할 것 없이 그대로 표기하는 방식으로 그 당시 식자들은 우리말을 소리 그대로 옮겨야 할 경우에는 이 향찰을 통하여 문자 생활을 하였던 것이다.

향찰이라는 이름은 고려 문종(文宗) 29년(1075)에 나온 《균여전(均如傳)》에 실린 최행귀(崔行歸)의 역시(譯詩) 서문(序文)에 비로소 나타난다. 이 서문은 고려 초의 고승(高僧) 균여대사(均如大師)와 같은 때의 최행귀가 균여대사가 지은 작품 「보현십원가(普賢十願歌)」를 한시로 번역하면서 쓴 것으로, 향찰은 문맥상으로 보아 향언(鄕言) 곧 신라말로 적은 문장을 가리킨 것으로 해석 된다. 당악(唐樂)에 대한 향악(鄕樂), 당언(唐言)에 대한 향언(鄕言), 당인(唐人)에 대한 향인(鄕人)의 경우와 같이 당문(唐文, 漢文)에 대한 상대적인 뜻으로 향찰(鄕札)이란 명칭이 일찍부터 사용된 것으로 추측된다. 그러므로 향가(鄕歌)는 이 향찰로 적은 노래를 뜻한다.

앞에서도 언급한 바와 같이 20세기에 들어와서 초기학자들은 모든 차자표기를 「이두(吏讀)」라고 하여 「향찰(鄕札)」이라는 개념을 따로 구별하지 않았다. 그런데 최근에 와서는 신라시대의 차자표기법은 「향찰」, 고려시대 이후의 차자표기법은 「이두」라고 하여 구별하는 견해도 있다. 그러나 향찰과 이두는 문체·용도·표기법에 있어서 차이가 있으므로 이를 「이두」를 광의의 이두와 협의의 이두로 하위분류함과 같이 구별한다. 또 이두는 고려시대에 와서 갑자기 향찰을 대신한 것이 아니라 향찰식 표기법이 발달하기 이전에 이미 존재하였고, 향찰이 발달한 이후에도 공존하여 쓰였으므로, 이들을 시대의 차이에 따라 구분하는 것은 비록 이름의 발생 연대에 차이가 있다 하더라도 실재하였던 사실과는 맞지 않는다고 하겠다.

그리고 차자표기법의 발달 과정에서, 차자표기법의 순서를 홀로이름씨나 단편적인 낱말의 표기에서 발생하기 시작하여 이두―구결―향찰의 순서로 발달된 것으로 보는 견해도 있으나, 이도 아직 더 연구되어야 할 문제이다.

향찰의 기록으로 현재 전하여 오는 것은 주로 그 유명한 25수의 신라 향가(鄕歌)이다. 이 향가 중 가장 오랜 것은 서동(薯童)이 지은 「서동요(薯童謠)」(4구체)와 융천사(融天師)가 지은 「혜성가(彗星歌)」(10구체)로 진평왕대(眞平王代, 579~632)의 것이다. 이러한 사실로 보아 향찰은 6~7세기 전후에 발달하여 신라 향가 14수 가운데 「도솔가(兜率歌)」·「제망매가(祭亡妹歌)」·「찬기파랑가(讚耆婆郞歌)」·「안민가(安民歌)」·「도천수관음가(禱千手觀音歌)」 등 5수가 지어진 경덕왕대(景德王代, 742~765) 무렵에 그 전성기에 달했으며, 균여대사의 「보현십원가」 11수로 그 명맥이 고려에 이어졌으나 점차 쇠퇴하였다. 고려 예종(睿宗)이 15년(1120)

에 지은 「도이장가(悼二將歌)」 1수가 그 마지막 일례가 된다 하겠다. 이 밖에 고려 고종(高宗) 때(1236년경)에 대장도감(大藏都鑑)에서 간행된 ≪향약구급방(鄕藥救急方)≫에 나타난 향약과 병에 대한 우리말[鄕名]의 표기도 향찰에 속한다. 또 고려 의종(毅宗) 때(1146~1170)에 정서(鄭敍)가 지은 「정과정곡(鄭瓜亭曲)」도 그 형태가 10구체 향가와 흡사하다고 보아 향가의 범위에 넣고 있는 이도 있다. 이러한 자료들로 볼 때 향찰이 늦어도 13세기까지는 존재하고 있었다고 하겠다.

여기에서는 ≪삼국유사≫에 전하는 경덕왕 때 충담사(忠談師)가 지은 「찬기파랑가」 (10구체) 1수와 헌강왕 때 처용이 지은 「처용가(處容歌)」 (8구체) 1수에 대한 해독(양주동님의 풀이)의 보기를 들어보기로 한다.

咽嗚爾處米	열치매
露曉邪隱月羅理	나토얀 ᄃᆞ리
白雲音逐于浮去隱安支下	힌구름 조초 떠가는 안디하
沙是八陵隱汀理也中	새파른 나리여히
耆郎矣兒史是史藪邪	耆郎이 즈ᅀᅵ 이슈라
逸烏川理叱磧惡希	일로 나리ㅅ 지벽히
郎也持以支如賜烏隱	郎이 디니다샤온
心未際叱肹逐內良齋	ᄆᆞᅀᆞ미 ᄀᆞᆺ홀 좇누아져
阿耶栢史叱枝次高支好	아으 잣ㅅ가지 노파
雪是毛冬乃乎尸花判也	서리 몯누올 花判여

　　　　　　　　　　　　　　　　　　　　　　　　〈찬기파랑가〉

東京明期月良	시ᄇᆞᆯ 불기 ᄃᆞ래
夜入伊遊行如可	밤드리 노니다가

```
入良沙寢矣見昆              드러사 자리 보곤
脚烏伊四是良羅              가르리 네히어라
二肹隱吾下於叱古            둘흔 내해엇고
二肹隱誰支下焉古            둘흔 뉘해언고
本矣吾下是如馬於隱          본뒤 내해다마른
奪叱良乙何如爲理古          아사늘 엇디ᄒ릿고
                                           〈처용가〉
```

(5) 구결식(口訣式) 표기

 차자표기법의 하나인 구결(口訣)을 전통적인 개념으로 말하면, 한문을 우리말로 읽을 때에 한문의 낱말 또는 귀절 사이에 들어가는 우리말이다. 토(吐)나 입겿(입곁, 입겻)이라고도 한다. 15세기 중엽에 「무릇 독서를 할 때에 우리말의 마디로써 구두(句讀)하는 것을 통속으로 토라 이른다」[6]라고 한 것이라든지, ≪능엄경언해(楞嚴經諺解)≫ 발문 번역에 「上쌍이 입겨츨 ᄃᆞᄅ샤」(세조 7년<1467> 9월)라고 한 것을 김수온(金守溫)의 발문에는 「구결을 친히 달다[親加口訣](세조 7년 10월)라고 한 것이나, 「임금이 구결을 정하다」(≪원각경언해≫ 첫머리)라고 한 기록들이 그것을 말한다.

 그런데 1973년 12월에 충남(忠南) 서산(瑞山) 문수사(文殊寺)의 불상복장유물 속에서 고려 충목왕(忠穆王) 2년(1346) 이전의 문헌으로 추정되는 목판본 ≪구역인왕경(舊譯仁王經)≫ 상권의 낙장(2, 3, 11, 14, 15의 5장뿐임)이 발견되면서 구결(口訣)에 대한 새로운 개념이 제기되었다. 이 새로운 구결 자료인 ≪구역인왕경≫을 보면 한문의 문장구조와 우리말

---

6) 「凡讀書以諺語節句讀者 俗謂之吐」(≪세종실록≫ 권제40 세종 10년 윤 4월 18일<기해>조, 1428).

의 문장구조의 차이를 극복하기 위한 두 가지 중요한 표기 원칙을 보여
준다. 곧 하나는 어순의 차이를 드러내기 위하여 구결이 오른쪽 뿐 아
니라 왼쪽에도 적혀 있는데 오른쪽 구결은 종래 알려진 것과 같이 먼저
순서에 따라 읽어 내려가도록 되어 있다. 또 하나 왼쪽 구결은 순서에
서 읽기를 보류했던 부분인데, 이는 오른쪽 구결아래 「·」(圈點)과 같은
부호를 써 이 경우 다시 왼쪽 구결로 거슬러 올라가 읽도록 되어 있다.
이렇게 되면 한문의 문장 구조는 국어의 문장구조로 바뀌며, 조선조의
문헌에서 볼 수 있는 언해와 접근하게 된다. 이와 같은 방법으로 불경
이 읽혀졌다는 사실로 미루어 구결은 석독(釋讀)을 위해서도 사용되었으
며, 유서 일반에서 보여주는 전통적인 구결인 음독구결(音讀口訣)과 더
불어 신라시대까지 거슬러 올라갈 수 있으리라 생각된다. 이것이 곧 음
독구결과 병행한 석독구결(釋讀口訣)의 단계라고 할 수 있다. 학계에서
는 훈독(訓讀)의 자료인 ≪구역인왕경≫의 기재(인쇄된 한문의 행간에
약자로 표기된 붓글씨)를 훈독구결(訓讀口訣) 또는 석독구결, 전통적인
구결을 음독구결 또는 순독구결(順讀口訣)이라 구별하여 부르기도 한다.
그러므로 오늘날 구결은 전통적인 뜻으로 해석하는 협의의 개념과 한문
의 훈독을 지시하는 표기까지 확대하여 파악하는 광의의 개념을 갖게
되었다. 그리고 우리가 참고로 알아두어야 할 일은 고려 충숙왕 때 신
득청(申得淸)이 지은 시가 ≪역대전리가(歷代轉理歌)≫를 첨가시켜 구결
을 사용형식으로 보아 석독구결·음독구결·문형구결 등 세 가지로 나
누어 말하는 학자도 있다[7]는 일이다.

구결이 생긴 시기에 대하여는 여러 가지 설이 있으나, 조선 헌종(憲

---

7) 안병희:≪중세국어 구결의 연구≫(일지사, 1978 재판), 필자 앞든 책
60~65쪽, 박병채 : ≪국어발달사≫(세영사, 1990) 115~118쪽 참고.

宗) 때의 학자 이규경(李奎景)이 지은 ≪오주연문장전산고(五洲衍文長箋散稿)≫ 경사편(經史編) 경전류(經傳類) 3 경전잡설(經傳雜說) 경서구결본국정운변증설(經書口訣本國正韻辨證說)에서 미루어 보아 ≪삼국사기≫ 권제46 열전(列傳) 제6 설총조에 나오는 「우리말[方言]로 구경을 해독하여 후생을 훈도하였다[以方言讀九經 訓導後生]」는 것이나, 성종(成宗) 15년(1484)에 서거정(徐居正)·정효항(鄭孝恒) 등이 엮은 ≪동국통감(東國通鑑)≫ 권10 경덕왕 6년조에 나오는 「우리말[方言]로써 구경을 강독하며 후학을 훈도하였다[以方言講九經 訓導後學]」는 것이나,[8] ≪증보문헌비고≫ 권243 예문고 2 역대저술에 나오는 「신라 설총이 우리말[方言]로 구경(九經)을 풀이하고, 또 이어(俚語)로 이찰(吏札)을 지어 관부(官府)의 공부(公簿)에 사용하도록 하였다」라고 한 것은 모두 다 구결(口訣)로 구경을 풀이했거나 강독했다고 할 수 있다. 이러한 기록으로 볼 때 이 구결은 이두(吏讀)의 발달 과정에서 우리 조상들이 한문을 배워 글자 생활을 해냄에 있어 그 글의 뜻을 알기 쉽게 파악하기 위하여 한자의 이두식 용법과 비슷한 보조 방법으로 생긴 것이므로 한문 원전을 해독하기 시작할 때 발상되었다고 생각되니, 삼국시대부터 여러 사람에 의하여 발달하기 시작하여 고려 말 조선 초 언해 사업이 착수되기 전에 확립된 것으로 생각된다. 이 구결은 「훈민정음」이 창제되고 난 뒤로는 대개 훈민정음으로 표기되는데, 어떤 책에는 옛 버릇을 고치지 못하고서 종전 그대로 한자를 빌어 토를 표기하기도 하였다. 이 글자는 이두와 마찬가지로 19세기말 갑오경장 때까지 쓰여져 왔다.

현전하는 구결 자료는 15세기 이후의 문헌에서 많이 찾을 수가 있는

---

8) 최현배 : ≪고친 한글갈≫(정음사, 1971) 98쪽, ≪국역동국통감 2≫(세종대왕기념사업회, 1996. 11. 30) 120쪽 참고.

데, 그 구결의 내용을 보면, 한문 글자 정자를 빌어 사용하기도 하고, 한자를 줄여서 새로운 글자인 부호 같은 약자를 만들어 쓰기도 하며, 훈민정음이 창제된 뒤에는 주로 이것을 한글로 바꾸어 썼으나, 종전과 같이 한자를 빌어 쓰기도 하였다. 그 예문을 각각 들어 보면 다음과 같다.

① 한자 정자를 빌어 쓴 구결 보기
≪동몽선습(童蒙先習)≫에서,
 "天地之間萬物之中厓(애, 에) 唯人伊(이) 最貴爲尼(ᄒᆞ니) 所貴乎人者隱(는, 은) 以其有五倫也羅(라) 是故奴(로) 孟子伊(이, ㅣ) 曰 父子有親爲旀(ᄒᆞ며) 君臣有義爲旀(ᄒᆞ며) 夫婦有別爲旀(ᄒᆞ며) 長幼有序爲旀(ᄒᆞ며) 朋友有信是羅 爲時尼(이라 ᄒᆞ시니) 人而不知有五常則其違禽獸伊(이) 不遠矣里羅(리라)"

위의 보기 글은 거의 다 한문 글자의 음을 빌어서 표기 하였으나 훈(訓, 釋, 새김)을 취한 것도 몇 자(「爲, 是」) 있다.

② 한자를 약자로 만들어 쓴 구결 보기
≪훈의소학강보(訓義小學講譜)≫에서,
 "小學之方卩(은, 隱) 灑掃應對ソ厼(ᄒᆞ며, 爲彌<旀>) 入孝出恭ソㄱ(ᄒᆞ야, 爲也) 動罔或悖匕(니, 尼) 行有餘力소ホ(이어든, 是於等) 誦詩讀書ソ厼(ᄒᆞ며, 爲彌<旀>) 詠歌舞蹈ソ厼(ᄒᆞ며, 爲彌<旀>) 思罔或逾ᄉ匕ᄉ(이니라, 是尼羅)"

위의 보기 글의 약자들은 대개 한문 글자의 갓머리[冠]·한쪽 변(邊)·받침[脚]을 따서 줄인 것인데, 간혹 정자인 온 몸 그대로 쓰기도 하였다.[9]

3. 차자표기체계의 창출   65

③ 훈민정음으로 바꾸어 쓴 구결 보기
≪경민편(警民編)≫에서,
 "父如天ᄒᆞ시고 母如地라 劬勞生我ᄒᆞ샤 辛勤乳哺ᄒᆞ시며 艱難養育ᄒᆞ시니 父母恩德은 昊天罔極이로다 祖父母ᄂᆞᆫ 生我父母ᄒᆞ시니 與父母無異라 是故로 善事父母ᄒᆞ야 孝順無違ᄒᆞ면 鄕里稱善ᄒᆞ며 國有褒賞이니라"
≪동문선습(童文先習)≫에서,
 "天地之間萬物之衆에 唯人이 最貴ᄒᆞ니 所貴乎人者ᄂᆞᆫ 以其有五倫也ㅣ라 是故로 孟子ㅣ 曰 父子有親ᄒᆞ며 君臣有義ᄒᆞ며 夫婦有別ᄒᆞ며 長幼有序ᄒᆞ며 朋友有信이라ᄒᆞ시니 人而不知有五常 則其違禽獸ㅣ 不遠矣리라."

위의 보기 글에서 한글로 쓰인 것, 곧 밑줄 친 부분이 모두 다 한문의 토인 구결이다.

이와 같이 유서 일반에서 보여주는 음독구결은 유학 정신의 정통성과 학습상 독송의 필요성에서 석독(훈독)으로 인한 원전 훼손의 혼란을 피하기 위하여 불경(불전)에서 사용한 석독은 인위적으로 배제하여 종래 일반적으로 알려진 대로 제한된 음독구결만을 원칙으로 사용해 온 것이라고 볼 수 있다. 이 음독구결은 한문의 순서는 그대로 두고 독송의 편의를 위하여 국어의 걸림씨나 풀이씨 등 한문 귀절의 단락을 짓는데 사용되었다. 그리고 같은 차자 체계이면서도 구결이 이두나 향찰과 다른 점은 한자를 정자 그대로 차용했을 뿐 아니라 때로는 한자의 약체(略體)를 만들어 사용했으며, 훈민정음이 창제된 뒤에는 한자 대신 훈민정음으로 바꾸어 쓰기도 했다는 점이다.

---

9) 필자 앞든 책 67~70쪽 참고.

우리의 선조들은 한문 글자를 이용한 이두·향찰·구결이라는 국어의 표기 문자를 창안하여 사용함으로써 어느 정도 우리의 의사를 기록하고 송독에 많은 편의를 주었다. 그러나, 이러한 문자 생활의 차자 방법이 고려 초기에 와서는 쇠퇴하게 되었으니, 그렇게 쇠퇴하게 된 까닭은 다른 이유도 있겠지만 광종(光宗) 9년(958)에 와서 과거제도(科擧制度)에 한문을 필수 과목으로 결정한데 따른 영향이 컸다 하겠다. 당시의 대다수의 식자들은 나라에서 정한 과거제도에 따라 국가와 겨레의 장래는 장차 어찌 되든 간에 이중 노력의 힘이 드는 그때까지의 문자 생활 방법을 바꾸어 현실에 급급한 나머지 우선 손쉬운 방법으로 한자 차자법은 버리고 한문 하나만을 열심이 배워 문자 생활도 하고 필요에 따라 과거시험에도 응할 수 있게 되었기 때문이다. 그러므로 삼국시대에서 보여주었던 자주적이던 한자 수용 태도는, 이 고려시대에 와서 거의 사라지고 (뜻있는 식자들은 계속 수용하였지만), 입말[口語]로는 토박이말을 쓰고 글말[文語]로는 차자 방법이 아닌 한문을 쓰는 기형적인 이중 언어 생활을 한 불우했던 시기가 바로 이 시기라 하겠다. 이 여파로 우리말에는 큰 변동이 일어났으니, 오늘날 우리말에 잠식해 들어와 있는 그 수많은 한자말(외래말)들은 고려시대로부터 활발해진 한문 보급의 영향에서 온 결과라고 할 수 있다.

그러나 지금까지 말한 차자표기 방법이나, 한문을 이용한 문자 생활이 아무리 부자연하고 비과학적인 방법이었어도 우리 문화 발전에 끼친 공은 말할 것 없고, 우리말에 맞는 글자는 예부터 뜻글자가 아니고 소리글자이니, 우리에게는 뜻글자 말고 소리글자가 절대로 필요하다는 데에 대한 산 증거가 되는 데 값이 있으며, 그보다 더 중요한 것은 우리 겨레 누구나 다 말하는 대로 글을 써야 하겠다는 정신과 생각이 싹트게 하는 데 자극을 주어, 마침내 우리말을 표기하기에 적합한 소리글자인 「훈민정음」을 창제해 낼 필요성을 자아내게 해준 데에 있다고 하겠다.

Ⅲ. 조선조 국어학

1. 개관

2. 훈민정음 창제

3. 국어학 연구의 침체시기

4. 국어학 연구의 재흥시기

III. 조선조 국어학

1. 개관
— 진정한 우리 국어학의 출발 —

조선조 국어학의 시기는 조선시대 전후기를 통하여 거의 전체 기간에 해당하는 15세기 중엽 훈민정음이 창제되고 ≪훈민정음해례≫가 나온 때부터 19세기 말인 갑오경장 이전까지 448년간을 일컫는다.

태조 이성계(李成桂)가 고려를 조선으로 환국시킨 지 27년째 되는 해에 임금이 된 세종대왕은 즉위 즉시 학문연구기관인 집현전을 설치하여 인재를 양성하는 한편 고제도를 연구 검토케하여 정치와 문물제도를 정리 행정 체제를 확립하고, 국민정신 교화에 힘쓰셨으며, 과학문명의 원천인 인쇄술의 발달을 꾀하는 한편, 우리 고유의 글자「훈민정음(訓民正音)」을 창제 반포함으로써 국어 생활 전반에 적지 않은 영향을 주었으며, 경제・정치・사회・과학・교육・음악・외교・국방 등 모든 분야에 있어 영구 불멸의 치적을 남기시었으니, 대왕의 위업은 우리 배달겨레의 역사에서 가장 커다란 광휘를 피워내어, 그야말로 국태민안 문화 찬란의 황금시대를 나타내었다.

세종대왕의 훈민정음 창제는 세계 인류 문자사 상 획기적인 사건으로서 진정한 우리 국어학사의 출발이다. 특히 세종조 한글의 학술적 연구 업적 중 과학과 철학적 이론 풀이를 토대하여 우리 음운 체계와 문자 체계를 확립한 훈민정음의 해설서인 《훈민정음》과 우리나라 한자음 체계를 세운 《동국정운(東國正韻)》, 중국음 체계를 정리한 《홍무정운역훈(洪武正韻譯訓)》은 세종조의 큰 언어학적 연구 업적이다.

세종이 돌아가시고 문종을 거쳐 단종 때 정변(政變)으로 세조 이후는 어학연구가 부진 상태에 있었으나 한문 문헌의 번역 사업만은 성종(成宗) 때까지 그런대로 이어져 갔다.

연산군조에 이르러 훈민정음 사용 금지령과 계속되는 사화(士禍)와 당쟁, 그리고 임진왜란과 병자호란이라는 양대 국난으로 큰 타격을 받게 되었다. 이러한 여파에 따른 국어학 연구의 침체의 시기는 상당히 오래 계속되었다.

특히 두 큰 국난의 쓰라린 경험을 겪은 우리의 조상들에게는 그동안 중국을 통해 받은 서구의 과학스런 사고방식과 청(淸)나라의 고증학(考證學)의 영향을 받아 우리 사회 현실(퇴폐한 경제·정치·사회 등)에 대하여 자아(自我)를 반성하고 인식하려는 기풍이 일어나, 조선 초부터 추상적이고 관념적인 철리(哲理)를 연구하는 데에만 열중하던 경학(經學)에뿐 아니라, 다른 여러 방면에도 미쳐, 국어학에서는 문자와 음운에 대한 연구가 재연되고 국어에 대한 관심이 높아져가면서 자리를 잡아가다가, 한말에 이르러 민족적 자각과 함께 훈민정음이 국자로서 우리 문자 생활의 주도적 자리를 잡아가게 되었으며, 국어학 연구 방법에 있어서도 서양 학풍을 받아들이게 된다.

이 시기는 우리말의 완전한 표기를 위한 훈민정음이 창제되고 국어의 연구가 본격적 학문으로서 등장하여 실천에 옮긴 시대로서, 국어학의 대상은 대체로 음성 및 글자의 생성과 구조에만 국한하였으며, 음성 및 글자의 연구는 ≪훈민정음해례≫가 어디까지나 소리에 대한 과학적인 관찰과 기술이 앞서고, 동양철학의 형이상학이 이를 뒷받침하고 있는데 비해, 동양철학인 형이상학에 기반을 두고 훈민정음의 소리의 원리를 설명한 연구이었다.

2. 훈민정음 창제

세종대왕은 나라를 다스리기 32년 동안 문치와 무치에 고루 힘을 기울여 경제·정치·사회·과학·교육·의약·음악·외교·국방 문제 등 여러 면에서 나라와 겨레를 위하여 남겨 놓으신 치적은 허다하지마는, 그 중에서도 으뜸가는 것은 일반 언중(一般言衆)의 공기(空器)로서 제나라 글자를 갖지 못하고 한자를 빌어쓰는 궁색한 글자 생활을 영위해오던 우리 겨레를 한문화의 굴레에서 벗어난 언어 생활과 일치하는 정상적인 언어 문자 생활을 하도록 마련하여 준 고유문자인 훈민정음의 창제 및 반포이다. 더구나 이 글자 창제의 본의가 겨레 문화의 독립과 민중 생활의 자유를 위함에 있었으니, 그 의의는 말할 것도 없거니와 세종대왕 자신의 독창[1]으로 당대에 이루어졌으니 인류의 문자사 상 그 유래를 찾아볼 수 없는 일이고, 또 세계 문자 발달 계단으로 보아 훈민정음은 그 최고 계단에 딸린 것으로 가장 좋은 소리바탕 글자이다.

---

1) 「훈민정음」은 「象形而字倣古篆」이라 하여 자형(字形)은 고전(古篆)에서 온 것이라 하나, 「正音之作 無所祖述 而成於自然」이라는 독창(獨創)으로서 된 것임(정인지의 훈민정음 해례 서문).

(1) 훈민정음 창제의 동기와 경위

(1-1) 창제의 동기

한자 차용에 실패한[2] 우리 겨레의 문자 생활의 나아갈 길은 두 가지 중의 한 가지를 택하는 수밖에 없었을 것이다. 하나는 한자 아닌 다른 글자를 차용하는 것이고, 다른 하나는 우리말에 적합한 새로운 글자를 만들어 내는 일이었을 것이다.

그런데 중국 문화에 심취(心醉)된 그 당시의 우리나라 학자 대다수의 생각에는 중국 이외의 다른 나라들은 모두 문화적으로 그리 높게 평가하지 않고 있었다.[3] 그러므로 한문자 아닌 다른 글자를 차용한다는 것은 생각조차 할 수 없는 일이니, 이를 해결할 방법은 새로운 글자를 만들어 내는 길이다. 우리는 이 길을 관찰해 보기로 한다.

---

[2] 신라와 고려 초기에 성행하던 향가 표기 등에서는 비록 한자를 빌어 쓴 것이지만 우리말을 모두 다 표기하던 향찰 혹은 이두가 조선 초에 발간된 ≪직해대명률≫ 등의 문헌에서는 그 표기하는 범위가 좁아지더니, 한문의 토(吐)인 구결에 이르러서는 다시 한자 차용의 범위가 이두보다 더 좁아진다. 그러면서 한문 글자의 약체로써 부호 같은 새로운 글자, 곧 약자를 만들어 내었으나 이 글자는 다른 글자들과 같이 일반화하지는 못하고 말았던 것이다. 우리의 조상들은 한문 글자에서 탈바꿈한 일종의 새 글자(향가 표기 글자, 이두, 구결)를 만들어 내기는 하였으나, 이것은 지극히 국한된 범위에서만 쓰였고, 우리말을 기록하는 일반화한 하나의 문자 체계를 이룩하지 못하고 말았다.

[3] 최만리(崔萬理) 등의 훈민정음 창제 반대 상소문의 한 조항에 의하면, 우리나라 주위의 글자를 만들어 쓰는 나라, 이를테면, 몽고・서하(西夏)・여진(女眞)・일본・서번(西蕃) 등을 오랑캐라 하고 있으니, 그들의 눈으로는 이러한 겨레의 문화를 높게 평가하기는커녕 아주 얕잡아 보고 있었던 것이다. — ≪세종실록≫ 권제103 세종 26년 음력 2월 20일(경자)조 참고.

2. 훈민정음 창제 75

훈민정음 제정의 동기와 취지는 세종대왕의 ≪훈민정음≫ 서문과 정인지의 훈민정음 해례 서문에 명료하게 기록되어 있으므로, 이에 대하여 먼저 간략하게 말하고 다음에는 창제의 동기를 몇 가지로 나누어 말해 보고자 한다.

이 두 서문은 ≪세종실록≫ 권제113 세종 28년(1446) 음력 9월 29일 (갑오) 그믐조에도 나오는데, 세종대왕의 서문은 글자를 만드신 당사자인 본인이 직접 창제의 취지를 밝힌 것이고, 정인지의 서문은 세종이 글자를 만들 때에 보필한 사람들에게 명하여 「훈민정음」에 대한 해설서를 만들게 하니, 여러 가지 해설과 보기를 지어 그 대강을 서술하고서 이 해설서 편찬에 참여했던 집현전 학사 7인과 돈녕부 주부(敦寧府注簿) 1인, 계 8인을 대표하여 쓴 것으로, 세종대왕의 서문을 좀 더 구체적으로 상세하게 부연한 것이다. 그러므로 내용상으로는 별 차이가 없다. 그러나 여기에 나오는「꼴을 본뜨되 글자는 옛날의 전자(篆字)를 모방하고 [象形而字倣古篆]」와 「그 깊은 근원과 정밀(精密)한 뜻의 신묘함 같은 것은 신들이 능히 발휘(發揮 ; 펴 나타냄)할 수 있는 바가 아니다[若其淵源精義之妙 則非臣等之所能發揮也].」라는 데에 대하여는 별도로 깊이 살펴야 할 대목이다. 그러므로 여기에서는 이 문제에 대하여는 다루지 않기로 한다.

훈민정음 서문에서 세종대왕은 다음과 같이 말씀하였다.

"國之語音 異乎中國 與文字不相流通 故愚民有所欲言 而終不得伸其情者 多矣 予 爲此憫然 新制二十八字 欲使人人易習 便於日用耳"<훈민정음 원본에서>

"나랏말쏘미 듕귁(中國)에 달아 문쭝(文字)와로 서르 스뭇디 아니

훌씨 이런 젼추로 어린 빅셩(百姓)이 니르고져 훓배 이셔도 ᄆᆞᄎᆞᆷ내 제 ᄠᅳ들 시러 펴디 몯훓 노미 하니라 내 이를 윙(爲)ᄒᆞ야 어엿비 너겨 새로 스믈 여듧 쫑(字)를 ᄆᆡᇰᄀᆞ노니 사ᄅᆞᆷ마다 ᄒᆡ여 수ᄫᅵ니겨 날로 ᄡᅮ메 뼌한(便安)킈 ᄒᆞ고져 훓 ᄯᆞᄅᆞ미니라" <훈민정음 언해본에서>

"우리나라 말이 중국말에 <대하여> 달라, 한자와는 서로 <잘> 통하지 아니한다. 이런 까닭으로 어리석은 백성이 하소하고자(말하고자) 하는 바가 있어도 마침내 제 뜻을 <글자로> 표현해 내지 못하는 사람이 많은지라. 내가 이를 위하여 딱하게(가엾이) 여기어, 새로 스물여덟 글자를 만드노니, 사람마다 하여금 쉬이 익혀서 날마다 쓰기에 편하게 하고자 할 따름이니라." <훈민정음 서문 풀이>

이 글은 지극히 간단하나, 문자 창제의 이유가 다 나타나 있으니, 그 내용을 좀 더 세밀하게 풀어 말하면 다음과 같이 크게 넷으로 나눌 수 있다[4].

첫째, 우리 배달겨레는 중국 민족과 다르기 때문에, 우리말도 또한 중국말과 같지 아니하다.

둘째, 말이 이미 다르니, 중국 문자인 한문 글자를 가지고는 우리 겨레의 언어 생활과 일치하는 정상적인 언어 문자 생활을 하지 못한다.

셋째, 우리 배달겨레에게는 우리말에 알맞은 글자가 없기 때문에, 민중이 하고 싶은 말이 있어도 끝내 제 뜻을 적어내어 표현하지 못하는 사람이 많다. 이는 딱한 일이니, 이래서야 백성이 잘 살 수가 없으며, 나라가 잘 될 수 없다.

---

4) 이 내용은 최현배님의 글 ≪외솔 최현배 박사 고희 기념 논문집≫(1968년 10월) 27~28쪽을 참고하여 첨삭한 것이다.

넷째, 이제 내가 새 글자 28자를 만들어 내노니, 이 글자가 백성의 언어 문자 생활의 편리 향상과 나라의 문명 발전에 큰 힘이 되기를 바랄 뿐이다.

이 서문의 내용을 중심으로 해서 그 제작 동기를 말해 보고자 한다.

첫째, 국가주의의 발로라 하겠다. 세종대왕은 중국에 대해 「나」 자신이 누구라는 것을 분명히 깨우쳐 주고 있다. 세종은 어디까지나 우리말에 중점을 두었다는 것이다. 다시 말하면, 우리말이 주체가 됨은 말할 것 없고 중국보다 우위에 두고 있다는 것이다. 그 당시의 우리나라 정세로 보아 국내적으로는 양반 계급에 있는 한학자들이 한문을 숭상하고 있음은 물론 명(明)나라에 대하여는 극히 저자세였고, 게다가 선진문화의 흡수에서인지 중국에 대한 모화사상(慕華思想)에 심취되어 있을 때였다. 당시의 집현전 부제학 최만리 등의 훈민정음 창제 반대 상소문을 보면 알 수 있는데, 그 상소문의 일부를 보이면 다음과 같다.

"우리 조정에서 조종(祖宗) 이래로 지성스럽게 중국을 섬기어 한결같이 중화의 제도를 준행하였는데, 이제 글을 같이하고 법도를 같이 하는[同文同軌] 때를 당하여, 언문을 창작하심은 보고 듣기에 놀랍습니다. 설혹 말하기를, 언문은 모두 옛 글자를 본뜬 것이고 새로 된 글자가 아니라 하지만, 글자의 형상은 비록 옛 전문(篆文)을 모방하였을지라도 소리로써 글자를 합하는 것이 모두 옛 것에 반대되니, 실로 의거할 데가 없습니다. 만약 <언문을 제작하였다는 사실이> 중국으로 흘러 들어가서 혹시라도 비난하는 일이 있다면 어찌 사대 모화에 부끄럽지 않겠습니까?

역대의 중국이 모두 우리나라는 기자(箕子)의 남긴 풍속이 있다 하고, 문물과 예악이 중화와 비슷하다 하였는데, 이제 따로 언문을 만듦은 중국을 버리고 스스로 이적(夷狄)과 같아지려는 것이어서 이른 바 소합향(蘇合香)을 버리고 당랑환(螳螂丸)을 취함이니, 어찌 문명의 큰 손해가 아니겠습니까?"5)

또 정인지의 훈민정음 해례 서문을 보면 우리말을 "방언 이어(方言 俚語)"라고 표현하고 있다.

이러한 상황 속에서 세종대왕이 우리말은 중국말과 다르다는 것을 서두에 내세우고 있다는 것은 높이 평가되어야 한다. 이러한 표현은 세종대왕의 높은 이상과 투철한 슬기와 강한 주체성과 굳은 의지와 뚜렷한 국가관이 없이는 말할 수 없는 것이다. 또 대왕이 내 나라 글자가 없음을 무한히 원통하게 생각하셨다는 것은 ≪보한재집(保閒齋集)≫ 권11 부록 행장(行狀)이나, ≪증보문헌비고(增補文獻備考)≫ 권108 악고(樂考)19 훈민정음편을 보면 알 수 있으니, 여기에는,

"여러 나라가 다 제나라 말소리를 기록할 글자를 가지고 제나라 말을 기록하고 있는데, 홀로 우리나라만이 글자가 없어 임금께서 언문 자모 28자를 만드셨다"

라고 되어 있다6). 이러한 여러 가지 기록으로 볼 때 대왕의 문자 창제의 동기는 세종의 국가주의에 기인하였다고 할 수 있다.

둘째, 민본주의의 발로라 하겠다. 세종대왕은 훈민정음 서문에서,

---

5) ≪세종실록≫ 권제103 세종 26년 음력 2월 20일(경자)조 참고.
6) ①≪保閒齋集≫ 卷十一 附錄 行狀(姜希孟撰)「…上以本國音韻 與華語 雖殊 其牙舌脣齒喉淸濁高下 未嘗不與中國同 列國皆有國音之文 以記國語 獨我國無 之御製諺文 字母二十八字…」②≪增補文獻備考≫ 卷一百八 樂考九十 訓民正音,「本朝世宗二十八年 御製訓民正音 上以爲諸國各製文字 以記其國之方言 獨我國無之 遂製字母二十八字 名曰諺文…」

"어리석은 백성[愚民]이 하소하고자(말하고자) 할 바가 있어도 마침내 제 뜻을 <글자로> 표현해내지 못하는 사람이 많은 지라, 내 이를 딱하게 여기어 새로 스물여덟 자를 만드노니, 사람마다 하여금 쉬이 익혀서 날로 씀에 편하게 하고자 할 따름이다."

라고 하였다. 그리고 새로 만든 글자의 이름을「훈민정음(訓民正音)」이라고 하였다. 여기서「훈민(訓民)」이란 뜻은「백성을 가르친다」는 말이다[7]. 백성을 위한 정치에 있어서 중요한 것은 가난을 없애는 일도 중요하지만 그보다 오히려 더 중요한 것은 무식을 없애는 일이다. 무식을 없애기 위해서는 가르쳐야 하는데, 어리석은 백성[愚民]을 가르치기 위하여는 글자가 쉬워야 한다. 이것이 바로 세종대왕의 훈민 정신(訓民精神)이자 민본 정신(民本精神)의 나타남이며, 민본주의(民本主義)는 오늘날의 민주주의(民主主義)와 통하는 것이다. 정인지의 훈민정음 해례 서문에 나타나 있는 그 몇 도막을 현대말로 풀이해 보이면 다음과 같다.

"우리나라의 예악(禮樂)과 문장(文章)이 중국에 견줄 만하나, 다만 방언과 이어가 이와 같지 않다. 글(한문)을 배우는 이는 그 뜻의 깨닫기 어려움을 근심하고, 옥사를 다스리는 이는 그 곡절(曲折)의 통하기 어려움을 괴롭게 여겼다. 옛날 신라의 설총이 처음 이두(吏讀)를 지어서, 관부(官府)와 민간에서 오늘에 이르기까지 쓰고 있으나, 모두 한자를 빌어쓰는 것이어서, 혹은 걸리고 혹은 막히어, 다만 비루하고 무계할 뿐만 아니라, 언어의 사이에 있어서는 능히 그 만분의 일도 달하지 못할 것이다. … <훈민정음> 스물여덟 자를 가지고 전환(轉換)이 무궁하고, 간단하고도 요긴하며, 정묘하고도 두루 통하

---

[7] 《훈민정음 언해본》에서 주석하기를, "訓은 ᄀᆞᄅ칠 씨오, 民은 百姓이오."라고 하였다.

80   Ⅲ. 조선조 국어학

므로, 슬기로운 사람은 하루 아침에 깨칠 것이요, 어리석은 사람도 열흘 안에 배울 수 있느니라. 이것을 가지고 글(한문)을 풀이하면, 가히 그 뜻을 알 수 있고, 이로써 송사(訟事)를 들으면, 가히 그 정상(情狀)을 알 수 있다."

이 정인지 서문의 글과 같이 우리말과 다른 중국 글자인 한자로써 민중의 정상적인 문자 생활이란 기대하기 어려운 것은 물론 사법(司法)의 공평도 기하기 어려웠던 것이다. 그러므로 세종대왕은 온 백성이 정상적인 글자 생활을 영위할 수 있도록 하였으니, 다시 말하면 어려운 한문은 특권 계층에 있는 사람만이 쓰는 것이므로 만민이 평등하게 씀으로써 상하 귀천을 막론하고 안락한 생활을 누리게 하도록 한 것이다.

세종대왕의 이러한 백성을 사랑하는 정신은 비단 여기에서만 볼 수 있는 것이 아니다. 그분의 말씀과 여러 가지 이룩한 업적에서 얼마든지 찾아볼 수 있는 바, 그 몇 가지만 더 들어보면 이러하다.

세종대왕은 일찍이 말씀하기를,

"임금의 직책은 하늘을 대리하여 만물을 다스리는 것이다. 따라서 만물이 제 위치를 얻지 못하여도 오히려 매우 상심(傷心)할 것인데, 하물며 사람의 경우에는 어떠하겠는가? 진실로 차별하지 않고 만물을 다스려야 할 임금이 어떻게 양민(良民)과 천인(賤人)을 구별해서 다스릴 수 있겠는가?"[8]

라고 하였다. 또 말씀하기를,

"비록 사리(事理)를 아는 사람이라 할지라도 법률을 참고해야만 죄의 경중을 알게 되거늘, 하물며 어리석은 백성[愚民]이야 어찌 범

---

8) 《세종실록》 권제37 세종 9년 음력 8월 29일(갑진)조 참고.

죄한 바가 크고 작음을 알아서 스스로 고치겠는가? 비록 백성들로 하여금 다 율문을 알게 할 수는 없더라도 따로 이 큰 죄의 조항만이라도 뽑아 적고, 이를 이두로 번역하여서 민간에게 반포하여, 어리석은 남녀[愚夫愚婦]들로 하여금 범죄를 피할 줄 알게 함이 어떻겠는가?"9)

라고 하였다. 이 말에서 세종대왕은 인도주의적인 분이라는 것을 알 수 있지만, 이와 같이 대왕은 일반 백성은 물론 인격이 무시된 천인(賤人)이나 노비(奴婢), 그리고 죄수(罪囚)에게까지 미치지 않은 데가 없었다. 대왕은 ≪삼강행실도≫를 편찬 반포하는 교지(敎旨)에서 다음과 같이 말하고 있다.

"오직 오전(五典)을 돈독히 하여 오교(五敎 : 五倫)를 펴는 도리에 대해서 밤낮으로 마음을 다하고 있으니, 한편 생각하면 어리석은 백성[愚民]이 추향(趨向)에 어두운데, 따라서 본받을 바도 없었다. 그래서 유신(儒臣)에게 명하여, 고금(古今)의 효자・충신・열녀 중에서 뛰어나게 본받을 만한 자를 가려서 편집(編輯)하되 일에 따라 그 사실을 기록하고 아울러 시찬(詩贊)을 덧붙이게 하였으나, 그래도 어리석은 남녀[愚夫愚婦]들이 쉽게 이해하지 못할 것을 염려하여 그림을 그려서 붙이고, 이름을 ≪삼강행실(三綱行實)≫이라 하여 이를 인쇄해서 널리 반포하는 바이다."10)

여기에서 놀라지 않을 수 없는 일은 권채(權採)의 서문에도 있듯이 그림을 먼저 내걸고 행적의 기록은 그 뒤에 붙였다는 일이다. 이것은 곧 오늘날의 화집(畵集)이나 도록(圖錄)처럼 그림이 주(主)이고 글이 종(從)으로 된 것이니, 어리석은 백성들이 글(당시 한자)은 모르나 그림을 통

---

9) ≪세종실록≫ 권제58 세종 14년 음력 11월 7일(임술)조 참고.
10) ≪삼강행실도≫・≪세종실록≫ 권제64 세종 16년 음력 4월 27일(갑술)조 참고.

해서 글의 내용을 파악하도록 하고, 그 다음에 글을 읽도록 하자는 뜻이 있었던 것이라 할 수 있다.

세종은 처음 해시계인 앙부일구(仰釜日晷)를 만들어 한양의 혜정교(惠政橋)와 종묘(宗廟) 앞에 설치하여 일영(日影)을 관측하였는데, 어리석은 백성[愚氓]을 위한 공중시계로 삼기 위하여 글씨 대신 시신(時神)을 그려 넣음으로써 글을 모르더라도 시간을 알 수 있게 하였다.11)

또 대왕은 조세제도(租稅制度)를 정할 때 온 백성의 민의(民意)를 파악하기 위하여 먼저 전국 팔도(八道)의 관민(官民)에게 공법(貢法)에 대한 가부를 조사하였는데, 가(可)가 98,657인이고, 불가(不可)가 74,149인이었다.12) 세종의 이러한 민주적 여론조사는 민주 정치의 표본이라 할 수 있다.

그리고 ≪제가역상집(諸家曆象集)≫이 이루어졌을 때 쓴 이순지(李純之)의 발문(跋文)에는,

"제왕의 정치는 역법과 천문으로 때를 맞추는 것보다 더 큰 것이 없는데, 우리나라 일관(日官)들이 그 방법에 소홀하게 된 지가 오래인지라, 세종 15년(1433) 가을에 우리 전하께서 거룩하신 생각으로 모든 의상(儀象)과 구루(晷漏)의 기계며, 천문(天文)과 역법(曆法)의 책을 연구하지 않은 것이 없어서, 모두 극히 정묘하고 치밀하시었다.…더욱이 전하께서 하늘을 공경하고 백성에게 힘쓰시는 정사가 극치에 이르지 않은 것이 없음을 볼 수 있을 것이다."13)

라고 하였다.

---

11) ≪세종실록≫ 권제66 세종 16년 음력 10월 2일(을사)조, ≪세종실록≫ 권제77 세종 19년 음력 4월 15일(갑술)조 참고.
12) ≪세종실록≫ 권제49 세종 12년 음력 8월 10일(무인)조 참고.
13) ≪세종실록≫ 권제107 세종 27년 음력 3월 30일(계묘)조 참고.

이러한 여러 가지 사실로 미루어 볼 때 대왕의 정치는 백성을 본위로 한 민본주의를 실현하기 위한 정책이었던 것이다. 그러므로, 세종대왕이 새 글자를 제정한 것도 이 민본주의에 기인한 것이라 할 수 있다.

셋째, 겨레 문화주의의 발로라 하겠다. 정인지(鄭麟趾)의 훈민정음 해례 서문 가운데,

"우리말이 서로 같지 않아 한문을 배워 본 이는 모두가 다 그 뜻을 깨우치기 어려움을 걱정하기 때문에 스물여덟 글자를 만들었다."

고 함을 보아서도 엿볼 수 있으나, 다음 사항들을 볼 때에 더욱 확실해진다.

세종대왕이 왕자 시절부터 학문을 좋아했음은 너무나 잘 아는 사실이다. 그리하여 임금이 되실 때에는 그 어느 누구에게도 떨어지지 않을 정도의 상당한 학문적 바탕을 지니게 되었다. 즉위하심에 이르러서도 내전(內殿)에서는 말할 것도 없고, 부지런히 경연(經筵)에 나아가 군왕(君王)의 도(道)와 학문의 폭을 넓히었으니, 경적(經籍)이나 사기(史記) 할 것 없이 통달하지 않음이 없었다.

대왕은 즉위하자 2년도 안 되어 학문연구 기관인 집현전(集賢殿)을 확충, 대궐 안에 설치하고14) 유망한 젊은 학자들로 그 직임을 채웠으니, 이는 장차 긴요하게 쓸 인재를 양성하는 것이 그 가장 중요한 계획이었기 때문이다. 그리하여 대왕은 집현전과 그 관원에게 여러 가지 특전을 주고 생활에 구애 없이 하며, 사가독서(賜暇讀書) 등을 통하여 오로지 학문에만 전념하게 하였다. 심지어 집현전의 관원은 다른 관서와는 달리 타관서로의 전임이 거의 허락되지 않았다. 세종대왕은 집현전관(集賢

---

14) ≪세종실록≫ 권제7 세종 2년 음력 3월 16일(갑신)조 참고.

殿官)에 대하여 말씀하기를,

"학술을 전업으로 하여, 종신토록 이에 종사할 것을 스스로 기약하라."15)

고 하였다. 집현전은 세종 2년(1420) 음력 3월에 설치되어 세조 2년 (1456) 음력 6월 폐지될 때까지 37년간 존속하면서 많은 학자를 길러내게 되었다. 실록의 기록에 의하면, 당시 집현전에 재직한 경력을 가진 학자의 수는 무려 95인이나 되는데,16) 이는 바로 세종대왕 자신이 학문을 숭상하고 있다는 입증인 것이기도 하다. 그렇기 때문에 상당한 수준의 학문을 지닌 대왕과 더불어 경사(經史)를 논한 집현전관(集賢殿官)이었던 경연관(經筵官)의 학문도 당대 최고의 수준이 아닐 수 없었으니, 대왕의 학문과 학자들의 학문은 다 같이 함께 발전할 수 있었다.

또 하나는 세종 시대에 편찬 저술된 문헌들을 통해서도 대왕의 학문수준을 평가할 수 있는 바, 문화주의에 기인되었다 하지 않을 수 없다. 세종은 즉위한 직후 고제도를 정비하여 행정 체제를 바로잡음과 아울러 학자들로 하여금 다각적으로 연구를 하게 함으로써 어느 방면 할 것 없이 각 분야에 걸쳐 편찬·저술물이 어느 시기보다도 많이 나왔을 뿐 아니라 그 출판물의 수준도 세계 최고 수준의 것이었으니, 그 문헌들 중에서 현재 우리가 어느 정도 밝힐 수 있는 것만도 복간 및 중간된 책들을 합쳐 3백 30여 종이 된다.17) 이러한 출판물들은 곧 경제·정치·사

---

15) 《세종실록》 권제63 세종 16년 음력 3월 20일(정유)조 참고.
16) 필자의 졸저 《세종대왕과 훈민정음》(세종대왕기념사업회 1984. 12. 30) 85쪽 및 109쪽 참고, 필자의 졸저 《겨레의 큰 스승 세종성왕》(세종학연구원 2008. 1. 10) 27쪽~31쪽 참고.
17) 필자의 윗 책 13~24쪽, 손보기 : 《세종시대에 엮어지고 펴낸 책》(세종대왕기념사업회, 1986. 10. 20) 참고.

상·문화·과학 기술 등의 총정리의 결과라 할 수 있으니, 국가의 정치 기반이, 이 정리 과정인 편찬 사업을 통하여 더욱 다져졌고 당대의 문화를 한 단계 높은 수준으로 끌어올려 놓을 수가 있었다고 할 수 있다.

이러한 문화 발전은 어디까지나 세종대왕의 겨레 문화주의의 발로로 인한 인정(仁政)으로 이룩된 결과라고 하지 않을 수 없다.

세종대왕은 그의 이러한 생각을 글자로 승화시키기 위하여 있는 힘과 정성을 다하여 몸소 연구에 골몰해 이룩하게 된 것이다. 그런데 어떤 사람은 훈민정음이 우리나라 한자음이나 중국말의 소리를 적기 위해서 만들기 시작한 것이라는 억지의 주장을 하기도 하나, 이와 같은 견해는 본말(本末)을 전도한 확대 해석에서 나온 것이므로 가당찮은 생각이다.

훈민정음은 앞에서 말한 세 가지의 동기에서 기인되었다 할 수 있는 바, 이는 세종대왕의 훈민정음 서문과 최만리 등의 훈민정음 창제 반대 상소에 대한 힐문(詰問)에서 명확히 밝힌 바와 같이 우리말을 우리 온 백성이 자유자재로 적어낼 수 있도록 해주기 위하여 만들어낸 것이다. 물론 당시 선진 문화의 섭취, 세계 문화에의 참여라는 면에서 명(明)나라와의 외교 정책상 중국어 통역관의 양성은 국가의 중요한 정책의 하나로 등장되었으며, 그밖에 범어(梵語)·몽고어(蒙古語)·거란어(契丹語)·여진어(女眞語) 등도 배웠던 것이다. 그리고 세종대왕을 비롯한 왕자[18]나 집현전 학사들이 문헌의 여러 기록으로 보아 학문에 대한 상당한 지식을 갖추고 있었기 때문에 중국 성운학(聲韻學)에 대한 이론을 도입하여 훈민정음의 내용면에서 언어 철학적인 분석을 꾀한 것은 사실이다. 그렇다고 ≪홍무정운역훈≫이나 ≪동국정운≫을 들어 그것이 마치

---

18) 세자(世子 : 文宗)와 진양대군 유(晉陽大君瑈 : 首陽大君, 世組) 및 안평대군 용(安平大君瑢)을 말함이다.

훈민정음을 만든 발로의 새로운 면이라고 주장할 수 없다. 다만 중국어 음운(音韻)을 체계적으로 연구한 그 결정으로 볼 수 있으니, 이는 민족 문화 계발(啓發)을 위한 언해 사업(諺解事業)의 기초 작업임과 동시에 훈민정음을 교육시키기 위한 세종대왕의 속셈도 내포되어 있다고 볼 수 있다. 중종 때 최세진(崔世珍)님이 지은 ≪훈몽자회≫는 어린이 교육을 위한 한자 교본이 틀림없으나, 그 책의 범례(凡例)를 풀이해 보면 다음과 같다.

"무릇 변두리 고을 밖의 사람들은 반드시 언문(諺文)을 이해하지 못하는 이가 많으므로, 지금 언문 자모까지 병저(幷著)하여 언문을 먼저 배운 다음에 자회(字會)를 배우게 하면 아마 가르쳐준 도움이 있을 것이다. 그 문자(한자)를 알지 못하는 이도 모두 언문을 배워서 글자를 알게 되면 비록 스승의 가르침이 없더라도 장차 글을 알 수 있는 사람이 될 것이다."

이 범례의 말은 곧 교본은 한자 교본이나 훈민정음을 배우도록 하는 데도 목적을 둔 것이라고 할 수 있으니, 이것으로 미루어 볼 때 앞 두 책의 편찬도 새로 창제한 글자를 가르치고자 하는 데 속셈이 있었다 하여도 과언이 아니라고 생각한다.

이리하여 세종대왕과 그를 도운 왕자와 집현전 학사들은 훈민정음이란 새 글자를 만들어내었던 것이다.

(1-2) 창제의 경위와 반포

훈민정음은 앞에서 말한 취지와 동기에서 만들어졌다고 할 수 있으나, 어떠한 과정을 거쳐 만들어졌는지에 대하여는 문헌에 나타난 기록이 미미하여 명확하게 말할 수 없다. 그러나 세종대왕이 남긴 여러 가지 행적을 통하여 알아볼 수가 있다.

　세종은 호학(好學)의 임금으로서 즉위하자마자 곧 학술연구기관인 집현전을 궁중에 설치하여 장래가 유망한 소장학자들을 뽑아 오직 학문만 몰두하게 하고[19] 교육기관인 성균관·사부학당·종학·향교 등을 적절히 운영함으로써 수많은 학자·정치가를 배출하게 되었고, 그것이 바로 세종조의 찬란한 문화를 초래하게 한 원동력이 되었다고 하겠다. 훈민정음의 제정도 이러한 연구 활동과 교육의 분위기에서 세종대왕의 높은 이상과 슬기로 이룩된 소산이라 볼 수 있다.

　그런데 당시 집현전관(集賢殿官)의 일 가운데 가장 중요한 직무는 경연(經筵)과 서연(書筵)의 담당이었다. 원래 경연은 임금의 유교적 교양과 치도(治道)를 함양하기 위하여 경서(經書)와 사기(史記) 등을 강론(講論)하는 자리이고, 서연은 왕세자의 교육을 위한 자리인데, 이처럼 중요한 경연과 서연을 집현전관이 거의 도맡다시피 한다는 것은 집현전의 구실의 중요성을 인정할 수 있다.

　정인지의 말과 같이 하늘이 내신 세종대왕[20]은 이러한 자문기관을 배경으로 하여 극비리에 원대한 포부를 갖고 새 글자 창제의 계획을 세웠을 것이다. 어떤 사람은 최만리 등의 훈민정음 창제 반대 상소문에 「모두 빨리 이루는 것을 힘쓴다[皆務速成][21]」는 말을 들어 세종대왕은 모든 일을 추진함에 있어 정력적(精力的)이며 급진적(急進的)인 성격의 소유

---

19) ≪세종실록≫ 권제7 세종 2년 음력 3월 16일조와 ≪세종실록≫ 권제34 세종 8년 음력 12월 11일조 및 ≪세종실록≫ 권제63 세종 16년 음력 3월 20일조 참고.
20) 정인지의 훈민정음 해례 서문에, 「天縱之聖」이라고 하였다.
21) ≪세종실록≫ 권제103 세종 26년 음력 2월 20일(경자)조 참고.

자였다고 하나, 여기에서 급진적인 성격이라고 하는 것은 좀 잘못된 견해라고 생각된다. 원래 대왕은 항상 모든 일을 처리할 때 마치 살얼음위를 걷는 것처럼 조심하고 신중을 기하였다. 세종은 일찍이 말씀하기를,

"대개 그 일을 쉽게 여기고 하면 일을 이루지 못하나, 그 일을 어렵게 여기고 하는 이는 일을 반드시 이룬다."[22]

라고 하였고, 또 말씀하기를,

"모든 일을 두려워하고 조심하면 실수가 적은 법이다."[23]

라고 하였으며, 대왕은 또 말씀하기를,

"무슨 일이든지 전력을 다해 다스린다면 이루어지지 않는 것이 없을 것이다."[24]

라고 하였을 뿐 아니라, 세종 일대의 모든 눈부신 업적은 세종대왕이 이렇듯 신중과 전력을 다한 결과 이루어진 소산이라고 하겠다.

이를테면, 함길도 지역의 여진을 정벌하고 육진(六鎭)을 개척할 때에도 문무백관으로 하여금 그 의견을 모두 밀봉(密封)해서 올리게 하여 그 글을 밤새워가면서 모두 친히 읽고 그 중요한 의견에는 주필(朱筆)을 가(加)하여 이를 종합하게 한 다음, 다시 중신(重臣) 회의를 열어 그 방책을 결정하고서, 김종서(金宗瑞) 등을 보내어 세종 후반기(1423~1450)에 거의 20여 년 동안 꾸준히 대업(大業)을 추진하여, 마침내 두만강을 경계로 한 땅을 개척하는 데 성공하였던 것이다.

또 조세제도(租稅制度)를 확정지을 때에도 전제상정소(田制詳定所)를

---

22) 《세종실록》 권제38 세종 9년 음력 12월 8일(신유)조 참고.
23) 《세종실록》 권제38 세종 9년 음력 11월 17일(신축)조 참고.
24) 《세종실록》 권제49 세종 12년 음력 9월 11일(기유)조 참고.

설치하여, 조세제도에 대한 찬반(贊反)을 직접 전국 팔도(八道)의 관민(官民)에게 물어서 여론을 국정에 그대로 반영하였으며, 그 실행 과정에서도 각 도에서 두 고을씩 골라 2, 3년 동안 면밀히 실험을 한 다음에, 전분육등법(田分六等法)·연분구등법(年分九等法)의 54등급의 조세법을 확립하여 전국적으로 실시하였던 것이다.

이러한 사실로 보아 훈민정음의 창제도 사전에 충분한 조사와 연구가 상당한 기간 동안 진행되었던 것으로 추측할 수 있으며, 또 훈민정음을 창제한 뒤에도 3년 동안 여러 방면으로 실험을 해 보고서 마침내 반포하여 널리 쓰도록 권장하였음을 보아도 알 수 있다.

이렇듯 세종시대에는 정책 수립에 신중을 기하여 시행 착오를 범하지 아니하였다.

그렇다면 세종대왕이 새 글자 창제에 대하여 생각하게 된 것이 과연 어느 때부터이냐가 문제인데, 이에 대하여 어떤 사람은 ≪삼강행실도≫를 펴면서 내린 교지문의 말을 들어 세종 16년(1434) 때부터 새 글자 창제의 기운이 싹트기 시작했다고 하고, 또 어떤 사람은 세종 24년(1442) 1, 2월로 말하기도 한다. 그러나 세종대왕은 앞에서도 말한 바와 같이 신중을 기하여 일을 처리하는 분이기 때문에 상당히 오래 전부터라고 생각된다. 세종이 ≪효행록(孝行錄)≫ 편찬을 명하는 기록을 보면 다음과 같다.

"이제 세상 풍속이 박악(薄惡)하여 심지어는 자식이 자식 노릇을 하지 않는 자도 있으니, ≪효행록≫을 간행하여 이로써 어리석은 백성[愚民]들을 깨우쳐 주려고 생각한다. 이것은 비록 폐단을 구제하는 급무가 아니지만, 그러나 실로 교화하는 데 가장 먼저 해야 할 것이니, 전에 편찬한 24인의 효행에다가 또 20여 인의 효행을 더 넣고, 고려와 삼국시대의 사람으로 효행이 특이(特異)한 자도 또한 모두 수집하여 한 책을 편찬해 이루도록 하되, 집현전에서 이를 주관하라."25)

이 글은 원래 세종 10년(1428)에 진주(晉州)의 김화(金禾)라는 사람이 아버지를 살해한 사건이 일어나서 대왕에게까지 상문(上聞)된 일이 있었는데, 세종은 이 사실을 듣고 깜짝 놀라고 또 책임을 느껴 드디어 여러 신하를 소집하여 효제(孝悌)를 돈독히 하고 풍속을 두텁게 이끌도록 할 방책을 논하게 하니, 판부사(判府事) 변계량(卞季良)이 아뢰기를, ≪효행록(孝行錄)≫(고려 권부(權溥) 지음) 등의 서적을 널리 반포하여 국민들이 항상 읽게 하는 것이 좋겠다고 청하였는데, 대왕은 세종 10년(1428) 음력 10월 3일 경연에 나아가 직제학 설순(偰循)에게 그와 같이 말씀한 것이다.

또 대왕은 세종 14년(1432) 음력 11월 7일 정사를 볼 때 좌우 근신(近臣)에게 말씀하기를,

"비록 사리(事理)를 아는 사람이라 할지라도 법률(法律)을 참고해야만 죄의 경중을 알게 되거늘, 하물며 어리석은 백성[愚民]이야 어찌 범죄한 바가 크고 작음을 알아서 스스로 고치겠는가? 비록 백성들로 하여금 다 율문을 알게 할 수는 없더라도 따로 이 큰 죄의 조항만이라도 뽑아 적고, 이를 이두로 번역하여서 민간에 반포하여, 우부우부(愚夫愚婦)들로 하여금 범죄를 피할 줄 알게 함이 어떻겠는가?"

라고 하였다. 이에 대하여 당시 이조판서가 아뢰기를,

"신은 폐단이 일어나지 않을까 두렵습니다. 간악한 백성들이 진실로 율문을 알게 되면, 죄의 크고 작은 것을 헤아려서 두려워하고 꺼

---

25) ≪세종실록≫ 권제42 세종 10년 음력 10월 3일(신사)조 참고.

리는 바가 없이 법을 제 마음대로 농간하는 무리가 이로부터 일어날 것입니다."

라고 반론을 폈다. 이에 대왕은 다시 말씀하기를,

"그렇다면 백성으로 하여금 알지 못하고 죄를 범하게 하는 것이 옳겠느냐? 백성에게 법을 알지 못하게 하고, 그 범법한 자를 벌주게 되면, 조사모삼(朝四暮三)의 술책에 가깝지 않겠는가? 더욱이 조종(祖宗)께서 율문을 읽게 하는 법을 세우신 것은 사람마다 모두 알게 하고자 함이니, 경 등은 고전을 상고하여서 의논하여 아뢰라"

하고, 또 이조판서가 물러가니, 대왕은 말씀하기를,

"이조판서의 생각에는 백성들이 율문을 알게 되면 쟁송(爭訟)이 그치지 않을 것이요, 윗사람을 능멸하는 폐단이 점점 있게 될 것이라 하나, 모름지기 세민(細民)으로 하여금 금법(禁法)을 알게 하여 두려워서 피하게 함이 옳겠다."

하고, 드디어 집현전에 명하여 예전에 백성으로 하여금 법률을 익히게 하던 일을 상고하여 아뢰게 하였다.[26]

또 말씀하기를,

"삼대(三代 : 夏·殷·周)의 정치가 훌륭하였던 것은 다 인륜(人倫)을 밝혔기 때문이다. 후세(後世)에서는 교화(敎化)가 점점 쇠퇴하여져서, 백성들이 군신(君臣)·부자(父子)·부부(夫婦)의 큰 인륜에 친숙하지 아니하고, 거의 다 타고난 천성에 어두워서 항상 각박(刻薄)한 데에 빠졌다. 간혹 훌륭한 행실과 높은 절개가 있어도, 풍속·습관에 옮겨져서 사람으로서 보고 듣는 자의 마음을 흥기(興起)시키

---

26) ≪세종실록≫ 권제58 세종 14년 음력 11월 7일(임술)조 참고.

지 못하는 일 또한 많다. 내가 그 중 특별히 남달리 뛰어난 것을 뽑아서 그림과 찬(讚)을 만들어 중앙과 지방에 나누어 주고, 우부우부(愚夫愚婦)까지 다 쉽게 보고 느껴서 분발하게 되기를 바란다. 그렇게 하면, 또한 백성을 교화하여 풍속을 이루는 한 길이 될 것이다."27)
하였다.

이상의 기록들을 보고나, ≪농사직설≫·≪삼강행실도≫ 등을 볼 때 대왕은 글 모르는 백성을 교도(敎導)하기 위하여 갖은 방안을 강구하였으니, 이를테면 그림을 그려 글보다 앞에 넣기도 하고 이두(吏讀)로 번역도 하였던 것이다. 그러나 이러한 방법도 대왕이 생각하는 바에 도저히 따르지 못하니, 우리말에 적합한 새 글자를 만들어내는 수밖에 없었다고 생각하였을 것이다. 이렇게 보는 이유의 또 하나는 세종대왕께서 최만리 등의 훈민정음 창제 반대 상소문을 보시고 나서 최만리 등에게 하신 말씀 중에,

"전번에 김문(金汶)이 아뢰기를, '언문을 제작함에 불가할 것은 없습니다.' 하였는데, 지금은 도리어 불가하다 하고, 또 정창손(鄭昌孫)은 말하기를, '≪삼강행실(三綱行實)≫을 반포한 뒤에도 충신·효자·열녀의 무리가 나옴을 보지 못하였고, 사람이 행하고 행하지 않는 것은 단지 사람의 자질(資質) 여하에 있을 뿐입니다. 어찌 꼭 언문으로써 번역한 뒤에라야 사람들이 모두 본받을 것입니까?' 하였으니, 이들의 말이 어찌 선비의 이치를 알고 하는 말이냐? 심히 쓸모없는 용속(庸俗)한 선비이다."

---

27) 이 글은 ≪세종실록≫ 권제56 세종 14년 음력 6월 9일(병신)조에 나오는 권채(權採)의 ≪삼강행실도≫ 서문에 실린 것인데, 여기에서는 세종대왕이 세종 13년(1431)에 측근 신하에게 하신 말씀이라고 하였다.

하였다. 이보다 앞서 대왕이 정창손에게 하교하기를,

"내가 만일 언문으로 ≪삼강행실≫을 번역하여 민간에 반포하면 우부우부가 모두 쉽게 깨달아서 충신·효자·열녀가 반드시 무리로 나올 것이다."

하였는데, 정창손이 이 말을 계달하였기 때문에 이제 이러한 하교가 있은 것이다.28)

≪삼강행실도≫ 편찬의 시작은 앞에서 말한 ≪효행록≫ 편찬과도 관계가 있다고 하겠으니, 세종대왕께서 설순(偰循)에게 ≪효행록≫ 편찬의 지시를 할 때부터 생각해야 된다. 또 공교롭게도 대왕이 훈민정음 서문에서 백성들을 「우민(愚民)」이라고 표현하였는데, 이때부터 「우민(愚民)」·「우맹(愚氓)」·「우부우부(愚夫愚婦)」란 용어가 눈에 많이 띄기 시작한다.

그렇다면 그때의 학문 수준은 어떠하였는지 이에 대하여 잠깐 살펴보고자 한다.

대왕은 세종 5년(1423)에 이미 경사(經史)에 널리 통하였을 뿐 아니라 한어(漢語)의 청탁(淸濁)과 고하(高下)의 구분도 정확하였다. 세종 7년(1425) 음력 10월에는 ≪성리대전(性理大全)≫의 인쇄를 서둘러 세종 9년(1427) 음력 7월에 완성시킨 다음, 먼저 이 ≪성리대전≫을 시독(試讀)한다. 그리고 세종 11년(1429) 음력 9월부터는 역학(譯學)도 중시(重視)하였다 하니, 이때는 시기적으로 보아서 세종의 학문 지식이 가장 익어 있을 때라고 할 수 있다.

집현전 학사들의 학문도 마찬가지로 상당히 진척된 때였다고 할 수

---

28) ≪세종실록≫ 권제103 세종 26년 음력 2월 20일(경자)조 참고.

있으니, 세종 10년(1428) 음력 4월 어느 날 우리나라 학자들이 명나라 사신에게 ≪성리대전어록(性理大全語錄)≫을 묻는데 대답하지 못했다 하며,29) 편찬 사업도 세종 10년경부터 본격적으로 행해지고 있다는 것을 보아 알 수 있다.

이러한 여러 가지 사항들을 감안해 볼 때 세종대왕께서 우리말에 적합한 새 글자를 만들어 내어야 하겠다는 생각을 갖게 된 것은 적어도 세종 10~15년경으로 가정해 볼 수 있다.

그러나 대왕은 이때부터 새 글자 창제를 위하여 사전에 충분한 조사와 준비를 하였을 것이니, 그 기간이 적어도 몇 해는 걸렸을 것이다. 그리하여 세종은 준비된 모든 자료를 가지고 본격적인 연구에 착수하였을 것이다. 그래서인지 세종21년(1439) 음력 3월부터는 경연(經筵)에 나아가신 기록이 보이지 않는다.

다음에는 훈민정음 창제자들에 대하여 말하고자 한다. 세종대왕의 ≪훈민정음≫ 서문30)이나 최만리 등의 훈민정음 반대 상소문에 대한 힐문(詰問)에서는 대왕 스스로 훈민정음을 지었다는 것을 보여주고 있고,31) 또 정인지의 훈민정음 해례 서문32)과 최만리 등의 훈민정음 반대 상소문을 비롯한 당시의 문헌들은 한결같이 세종대왕이 몸소 지은 것이라 하였다. 그런데 어떤 사람은 세종대왕은 언어 정책 수립에 그쳤고, 연구

---

29) ≪세종실록≫ 권제40 세종 10년 음력 4월 16일(무진)조 참고.
30) 「내 이를 딱하게 여기어 새로 스물여덟 글자를 만드노니, 사람마다 하여금 쉬이 익혀서 날로 씀에 편하게 하고자 할 따름이다.」
31) ≪세종실록≫ 권제103 세종 26년 음력 2월 20일조 참고.
32) 「계해년 겨울에 우리 임금께서 처음 28자를 창제하시어 간략하게 보기와 뜻[例義]을 들어 보이시고, 이름을 훈민정음이라 하시었다[癸亥冬 我殿下創制 正音二十八字 略揭例義以示之 名曰訓民正音].

는 신숙주를 비롯한 집현전 학사들이 했다고 엉뚱한 추측도 하나, 오늘날 우리 학계는 일반적으로 세종대왕이 집현전 학사들의 도움을 받아 창제하였다고 기술하고 있다.

세종대왕이 집현전 학사들의 도움을 받았다는 생각은 주로 ≪훈민정음 원본≫ 및 이와 관련된 문헌인 ≪동국정운≫·≪용비어천가≫·≪홍무정운역훈≫ 등에 학자들의 이름이 자주 나오기 때문에서이다.

그러나 세종 25년(1443) 음력 12월 이전에 훈민정음 창제의 일을 도와주었다는 학자들은 보이지 않는다. 그렇다고 왕자들이 도와주었다는 기록도 나타나지 않는다. 그러나 세자(世子)에게 서연(書筵)에서 중국어[中國語音]를 가르치도록 하고,33) 진양대군(晉陽大君 : 수양대군) 유(瑈)와 안평대군(安平大君) 용(瑢)에게 금중(禁中)에서 강독(講讀)하도록 하는 기록34)과 「세종이 날마다 세자와 더불어 세 차례씩 같이 식사를 하는데, 식사를 마친 뒤에는 대군(大君) 등에게 책상 앞에서 강론하게 하고, 나도 또한 진양대군에게 공부를 가르쳐 준다.」35)고 한 기록이 나오는 것으로 보아, 세종대왕께서 훈민정음을 창제할 때 옆에서 도와준 사람이 있다면 세자와 두 대군이 아니겠는가 하고 추측해볼 뿐이다. 그런데 훈민정음이 창제되었다고 세상에 처음 알려진 지 한 달 보름만인 세종 26년(1444) 음력 2월 16일 대왕이 집현전 교리(集賢殿校理) 최항(崔恒), 부교리(副校理) 박팽년(朴彭年), 부수찬(副修撰) 신숙주(申叔舟), 이선로(李善老), 이개(李塏), 돈녕부 주부(敦寧府注簿) 강희안(姜希顔) 등에게 명하여 의사청(議事廳)에 나아가 언문으로 운회(韻會)를 번역하게 하였는데, 동궁(東宮)과 진양대군 유(瑈) 및 안평대군 용(瑢)으로 하여금 그 일을

---

33) ≪세종실록≫ 권제80 세종 20년 음력 3월 19일(계묘)조 참고.
34) ≪세종실록≫ 권제92 세종 23년 음력 1월 10일(무신)조 참고.
35) ≪세종실록≫ 권제83 세종 20년 음력 11월 23일(계묘)조 참고.

관장하게 하였다. 여기에서 생각하여야 할 것은 세자와 두 대군으로 하여금 이 일을 관장하게 하였다는 사실이다.

왜 하필이면 훈민정음으로 번역하는 최초의 사업에 아들들로 하여금 관장하도록 하였을까? 이에 대하여는 두 가지로 생각해볼 수 있다. 첫째는 훈민정음이 아직 완성되어 반포되기 전에 착수한 일이니, 이 일이 완성되어 백성에게 반포되기까지는 철저히 비밀리에 일을 진행시켜야만 하였기 때문이고, 둘째는 세종께서 훈민정음을 몸소 만들 때 옆에서 일일이 도운 사람이 다른 누구보다도 이 세 아들들이니까 훈민정음의 제자 원리 등의 내용을 잘 아는 이는 대왕 외에 이들이 좀 낫기 때문이 아닌가 여겨진다. 이렇게 생각 하고서, 최만리 등의 훈민정음 반대 상소문과 이 상소문에 대한 세종의 꾸짖음이나, 이 대왕의 꾸짖음에 대한 최만리 등의 답변을 놓고 볼 때 세자가 훈민정음 창제에 깊이 관여하고 있음이 보이며, 또 신숙주의 ≪홍무정운역훈≫ 서문에,

"문종공순대왕이 동궁에 있을 때부터 성인의 자질을 가지고 성인을 도와 참여해서 성운(聲韻)을 정하였다[文宗恭順大王 自在東邸 以聖輔聖 參定聲韻]."

라고 하였으니, 더욱 그러하다. 또 성삼문의 ≪직해동자습(直解童子習)≫ 서문에,

"우리 세종과 문종께서 이것을 걱정하시고 이미 훈민정음을 만드시니, 천하의 소리는 <이것으로> 비로소 적지 못할 것이 없게 되었다 [我世宗文宗慨念於此 旣作訓民正音 天下之聲 如無不可書矣]."36)

---

36) ≪대동야승(大東野乘)≫ 권지22 해동잡록 4(海東雜錄四) 동자습서(童子習序) 참고.

2. 훈민정음 창제   97

라고 하였으니, 이는 너무나 지나칠 정도로 문종과 함께 만든 것이라 표현하고 있다.

이러한 여러 가지 기록을 감안해 보면, 세종대왕이 훈민정음을 몸소 지을 때 직접적으로 제일 많이 도운 이는 세자이고, 다음은 진양대군과 안평대군이요, 그 다음이 집현전 학사들과 돈녕부 주부 강희안들이라고 말할 수 있다.

세종대왕은 새 글자 창제의 윤곽이 거의 잡혀질 무렵 ≪용비어천가≫를 짓고자 세종 24년(1442) 음력 3월 1일 경상도와 전라도 관찰사에게 고려 우왕(禑王) 6년(1380) 음력 9월에 태조 이성계가 왜구를 소탕할 때의 여러 사실을 조사하여 보고하라는 전지(傳旨)를 내리고, 동년 동월 2일에는 예문관 제학(藝文館提學) 안지(安止)와 직집현전(直集賢殿) 남수문(南秀文)에게 태조의 잠저시절부터의 행적(行跡)을 조사 기록하도록 지시하였다.

드디어 노력 끝에 세종 25년(1443) 음력 12월에 훈민정음이 만들어지게 되었다.[37]

세종대왕은 이 새 글자를 만들어 놓고도 이를 경홀(輕忽)히 백성에게 반포하지 않고 좀 더 완벽을 기하기 위하여 세종 26년(1444) 초부터 더욱 그 연마에 힘쓰시었다. 첫째 관리 10여 인을 모아 가르쳐 익히게 하고, 둘째 운회(韻會)를 번역하게 하고, 셋째 ≪용비어천가≫를 짓게 하는 등이 바로 그것이다.

그리고 한편으로 대왕은 안질을 고치기 위하여 세종 26년(1444) 음력

---

37) ≪세종실록≫ 권제102 세종 25년 음력 12월 30일(경술)조 참고, 필자의 졸저 ≪겨레의 큰 스승 세종성왕≫(세종학연구원, 2008. 1. 10) 51쪽 주26) 참고.

2월 28일부터 음력 5월 7일까지의 사이에 청주(淸州) 초수리(椒水里)에 다녀오실 때에도 다른 공무의 일은 거의 의정부(議政府)에 맡기고 훈민정음의 다듬질의 일만은 행재소(行在所)까지 가지고 가시어 손질하시었다.

그 뒤 세종대왕은 훈민정음 28자가 완전하게 다듬어지어 완성됨에 집현전 대제학(集賢殿大提學) 정인지를 비롯한 집현전 학사 7인과 돈녕부 주부 강희안들에게 이에 대한 자세한 풀이를 붙이게 하여, 백성에게 반포하기는 세종 28년(1446) 음력 9월 상한에 가서 하였다.[38]

(1-3) 창제의 반대론자

세종대왕의 슬기와 창조적 역량에 의하여 이룩된 훈민정음의 창제는 겨레 문화의 위대한 창조로서 우리 겨레의 보배요 영구한 자랑인 것이다. 이와 같이 자랑스런 글이 만들어짐으로써 우리말은 옷을 입게 되었고, 배달겨레 모두가 쉽게 배워 글 아는 사람이 될 수 있는 길이 트이게 된 것이다. 이로써 민족의 주체적인 문화 생활이 시작되었으며, 민족 문화 발달의 원동력이 된 것이다.

그러나 좋은 일에는 의례 방해가 있는 법인가 보다. 훈민정음 반포 시행에 이르기까지는 여러 가지의 파란 곡절이 있었으니, 집현전 부제학 최만리를 비롯한 일부 보수파 등의 행동으로 보아 알 수 있다.

≪세종실록≫ 제 103권 세종 26년(1444) 음력 2월 20일조에 의하면, 집현전 부제학 최만리 등이 상소하기를, 언문을 제작하신 것이 지극히

---

[38] 훈민정음 반포일에 대하여는 필자의 앞든 책(≪세종대왕과 훈민정음≫) 98~100쪽을 참고.

신묘하여 만물을 창조하시고 지혜를 운전하심이 천고에 뛰어나시오나, 신들의 구구한 좁은 소견으로는 오히려 의심되는 것이 있다 하면서 6개조의 장문을 들어 반대하였는데, 그 상소문은 다음과 같다.

1) 우리 조정에서 조종 이래로 지성스럽게 중국과 돈독히 하여, 한결같이 중화(中華)의 제도를 준행하였는데, 이제 동문 동궤(同文同軌 ; 글을 같이하고 법도를 같이함)의 때를 당하여 언문을 창작하신 것은 보고 듣기에 놀라움이 있습니다. 설혹 말하기를, 언문은 모두 옛 글자를 본받은 것이고 새 글자가 아니라 하지만, 글자의 형상은 비록 옛 전문(篆文)을 본받았을지라도 소리[音]로써 글자를 합하는 것이 모두 옛 것에 반대되니 실로 의거할 데가 없사옵니다. 만일 중국에라도 흘러 들어가서 혹시라도 비난하여 말하는 자가 있사오면, 어찌 중국과 돈독히 하고 중화를 사모하는 데에 부끄러움이 없사오리까?

2) 예로부터 구주(九州 ; 중국 전토)의 안에 풍토는 비록 다르오나 지방의 말에 따라 따로 문자를 만든 것이 없사옵고, 오직 몽고(蒙古)·서하(西夏)·여진(女眞)·일본(日本)과 서번(西蕃)의 종류가 각각 그 글자가 있으되, 이는 모두 이적(夷狄)의 일이므로 족히 말할 것이 없사옵니다. 옛글(전해오는 고전)에 말하기를, 화하(華夏)를 써서 오랑캐를 변하게 한다 하였고, 화하가 오랑캐로 변한다는 것은 듣지 못하였습니다. 역대 중국이 모두 우리나라를, 기자(箕子)의 유풍이 있다 하고, 문물과 예악을 중화에 견주어 말하기도 하는데, 이제 따로 언문을 만드는 것은 중국을 버리고 스스로 이적과 같아지려는 것으로서, 이른바 소합향(蘇合香)을 버리고 당랑환(螳螂丸)을 취함이오니, 어찌 문명의 큰 흠절이 아니오리까?

3) 신라 설총(薛聰)의 이두(吏讀)는 비록 거칠고 촌스러우나, 모두 중

국에서 통행하는 글자를 빌어서 토[語助]에 사용하였기에, 문자(한자)와 원래 서로 분리된 것이 아니므로, 비록 서리(胥吏)나 복례(僕隸)의 무리에 이르기까지라도 반드시 익히려 하면, 먼저 몇 가지 책의 글을 읽어서 대강 문자를 알게 된 연후라야 이두를 쓰게 되옵는데, 이두를 쓰는 자는 모름지기 문자에 의거하여야 능히 의사를 통하게 되기 때문에, 이두로 인하여 문자를 알게 되는 자가 자못 많사오니, 또한 학문을 일으키는 데에 한 도움이 되었습니다. 만약 우리나라가 원래부터 문자를 알지 못하여 결승(結繩)하는 세상이라면 잠깐 언문을 빌어서 한 때 쓰게 함은 오히려 가할 것입니다. 그래도 바른 의견을 고집하는 자는 반드시 말하기를, 언문을 시행하여 임시 방편을 하는 것보다는 차라리 더디고 느릴지라도 중국에서 통용하는 문자를 익혀서 길고 오랜 계획을 세움만 같지 못하다고 할 것입니다. 하물며 이두는 행함이 수천 년이나 되어 부서 기회(簿書期會) 등의 일에 아무런 지장이 없사온데, 어찌 예로부터 쓰여 오는 폐단 없는 글을 고쳐서 따로 거칠고 상스러운 무익한 글자를 만드시옵니까? 만약에 언문을 행하게 되면, 관리된 자가 오로지 언문만을 익히고 학문은 돌보지 않아서 문자와 관리는 관계 없는 것이 될 것입니다. 진실로 관리된 자가 언문으로써 영달하게 되면, 후진들도 모두 이러한 것을 보고 생각하기를, 27자의 언문으로도 족히 세상에 입신(立身)할 수 있다고 할 것이오니, 무엇 때문에 고심 노사(苦心勞思)하여 성리(性理)의 학문을 궁구할 것이겠습니까? 이렇게 되오면 수십 년 뒤에는 문자(한문)를 아는 자가 반드시 적어져서, 비록 능히 언문으로써 관리의 사무[吏事]를 다루어 낸다 하더라도, 성현의 문자를 알지 못하면, 학문이 없고 담에 맞대고 선 것처럼 사리의 옳고 그름에 어두울 것이오니, 한갓 언문에 능숙한들 장차 무엇에 쓸 것입니까? 우리나라에서 오래 쌓아 내려온 우문(右文 ; 학문을 숭상함)의 교화가 점차로 땅을 쓸어

버린 듯이 없어질까 두렵습니다. 전의 이두가 비록 문자에 벗어나지 않는 것이라 할지라도, 유식한 사람은 오히려 이것을 얕보고서 이문(吏文)으로써 바꾸려고 생각하였는데, 하물며 언문은 문자(한문)와 조금도 관계 없이, 오로지 항간(시장거리)의 속된 말에나 쓰이는 것이 아니겠습니까? 가령 언문이 전조(前朝) 때부터 있었다 하여도, 오늘날의 문명한 정치에 변로지도(變魯至道 ; 선왕(先王)의 유풍만 있고 행하여지지 않던 노(魯)나라를 변하여 도(道)에 이르게 한다는 뜻)하려는 뜻으로서 오히려 그대로 물려받을 수 있겠습니까? 반드시 고쳐 새롭게 하자고 의논하는 자가 있을 것으로서, 이는 환하게 알 수 있는 이치이옵니다. 낡음(옛것)을 싫어하고 새로움을 좋아함은 예나 이제나 두루 있는 우환이온데, 이제 이 언문은 새롭고 기이한 한 가지 기예(技藝)에 지나지 못하는 것으로서, 학문에 손해가 있고 정치에 이로움이 없으므로, 아무리 되풀이하여 생각하여도 그 옳은 것을 볼 수 없사옵니다.

  4) 만일에 말하기를, 「형살(刑殺)에 대한 옥사(獄辭) 같은 것을 이두와 문자로써 적으면, 글의 이치[文理]를 알지 못하는 어리석은 백성이 한 글자의 차이로 혹 억울한 죄를 입을 것이로되, 이제 언문으로써 바로 그 말을 적어서 읽어 듣게 하면, 비록 지극히 어리석은 사람이라도 모두 쉽게 깨쳐 억울함을 입을 이가 없을 것이다.」라고 한다면, 예로부터 중국은 말과 글이 같아도 옥송(獄訟) 사이에 원왕(冤枉 ; 억울하게 잘못됨)한 것이 심히 많습니다. 가령 우리나라로 말하더라도 옥에 갇혀 있는 죄수로서 이두를 아는 자가 친히 초사(招辭)를 읽고서 허위인 줄을 알면서도 매를 견디지 못하여 그릇 굴복하는 자가 많사오니, 이는 초사의 글 뜻을 알지 못하여 원통함을 당하는 것이 아님이 명백합니다. 만약 그러하오면, 비록 언문을 쓴다 할지라도 무엇이 이보다 다르오리까? 이

는 곧 형옥(刑獄)의 공평하고 공평하지 못함이 옥리(獄吏)의 어떠하냐에 있고, 말과 글의 같고 같지 않음에 있지 않은 것을 알 수 있으니, 언문으로써 옥사(獄辭)를 공평하게 한다는 것은 신들은 그 옳은 줄을 알 수 없사옵니다.

  5) 무릇 일의 공을 세움에는 가깝고 빠름을 귀하게 여기지 않사온데, 우리나라의 근래에 조치하는 것이 모두 빨리 이루는 것을 힘쓰니, 두렵건대, 다스림의 본체가 아닌가 하옵니다. 설령 언문을 할 수 없어서 만드는 것이라 한다면, 이것은 풍속을 변하여 바꾸는 큰 일이므로, 마땅히 재상으로부터 아래로는 백료(百僚)에 이르기까지 함께 의논하되, 나라 사람이 모두 옳다 하여도 오히려 선갑(先甲) 후경(後庚)하여 다시 세 번을 더 생각하고, 제왕(帝王)에게 물어서 어그러지지 않고, 중국에 상고하여 부끄러움이 없으며, 백세(百世)라도 성인(聖人)을 기다려 의혹됨이 없는 뒤에라야 가히 행할 수 있는 것이옵니다. 이제 널리 여러 사람의 의견을 캐지 아니하고, 갑자기 아전의 무리[吏輩] 10여 인으로 하여금 가르쳐 익히게 하며, 또 가볍게 옛사람이 이미 만들어 놓은 운서(韻書)를 고치어 터무니없는 언문을 붙여 공장(工匠) 수십 인을 모아 이를 새겨 급하게 널리 펴려 하시니, 이 일에 대한 천하 후세의 공론[公議]이 어떠하겠습니까? 또 이번 청주(淸州) 초수(椒水)에 거둥하시려는 데에도 특히 연사가 흉년인 것을 염려하시어 호종하는 모든 일을 힘써 하시므로, 앞날에 비하면 10에 8, 9는 줄어들었고, 계품하는 공무까지도 또한 의정부에 맡기시어, 언문 같은 것은 국가의 급하고 부득이하게 기한에 마쳐야 할 일도 아니온데, 어찌 이것만은 행재(行在)에서 급급하게 하시어 성궁(聖躬)을 조섭하시는 때에 번거롭게 하시렵니까? 신들은 더욱 그 옳음을 알지 못하겠나이다.

2. 훈민정음 창제   103

　6) 선유(先儒)가 이르기를, 「여러 가지 완호(玩好)는 대개 지기(志氣)를 빼앗는다.」 하였고, 「서찰(書札) 같은 것은 선비의 하는 일에 가장 가까운 것이나, 외곬으로 그것만 좋아하면 또한 자연히 지기(志氣)가 상실된다.」 하였습니다. 이제 동궁(東宮)이 비록 덕성이 성취되었다 할지라도 아직은 성학(聖學)에 잠심(潛心)하시어 더욱 그 이르지 못한 것을 궁구해야 할 것입니다. 언문이 설사 유익하다 이를지라도 특히 문사(文士)의 육예(六藝)의 하나일 뿐이옵니다. 하물며 나라 다스리는 이치에 만에 하나도 이로움이 없사온데, 정력을 갈고 생각을 들이어 날이 맞도록 때를 보내오니, 참으로 현 시점에서 시급한 학문을 닦는데 손실되옵니다. 신들이 모두 먹글[文墨]의 보잘 것 없는 재주로 시종(侍從)에 대죄(待罪 ; 근무한다는 말을 낮추어 말함)하고 있으므로, 마음에 생각한 바가 있어 감히 입 다물어 잠잠하지 못하고 삼가 폐부(肺腑)를 다하와 우러러 성총을 번독하나이다.

　이 상소문의 내용을 요약하면, ① 사대 모화의 도리에 부끄러운 일이다. ② 글자를 만들어 쓰는 것은 오랭캐[夷狄]가 되려는 일이다. ③ 쉬운 언문을 배움으로써 입신한다면 어렵게 한문을 배울 사람이 없어질 것이다. ④ 억울한 죄를 없앤다 하나, 중국은 말과 글이 같아도 옥송(獄訟) 사이에 원왕(冤枉)한 것이 심히 많다. ⑤ 여론을 무시한 독단이다. ⑥ 동궁(東宮)의 성학(聖學)에 방해가 된다는 말이다.

　요새도 한글만 쓰게 되면 동양 문화권에서 동떨어진다 하여 한글 전용을 반대하는 케케묵은 정신과 사상을 가진 사람들이 있는데, 이것은 최만리 일파의 사고방식과 조금도 다름이 없는 생각이다.

　그렇지만 마음이 어지신 세종대왕은 이 장황한 상소문을 읽어 보시고

최만리들에게 이르기를,

"너희들이 언문이 음(音)으로써 글자를 합한 것이 모두 옛 것에 어그러진다 하였는데, 설총(薛聰)의 이두(吏讀)도 역시 음이 다르지 않으냐? 또 이두를 제작한 참뜻이 백성을 편안하게 하려 함이 아니겠느냐? 만약 그것이 백성을 편안하게 한 것이라면, 이제 언문도 또한 백성을 편안하게 함에 있지 아니하냐? 너희들이 설총이 한 일은 옳다 하면서, 군상(君上)의 하는 일은 그르다 하는 것은 무엇이냐? 또 네가 운서(韻書)를 아느냐? 사성 칠음(四聲七音)의 자모(字母)가 몇이나 있느냐? 만약 내가 그 운서를 바로 잡지 아니하면 누가 이를 바로 잡을 것이냐? 또 너희들의 상소에, '신기한 한 재주[新奇一藝]'라고 하였으니, 내 늘그막에 소일하기가 어려워서 서적으로 벗을 삼을 뿐인데, 어찌 옛 것을 싫어하고 새 것을 좋아하여 이 일을 하는 것이겠느냐? 또는 전렵(田獵)으로 매사냥을 하는 예도 아닌데 너희들의 말은 너무 지나침이 있다. 또 내가 나이 늙어 나라의 서무(庶務)는 세자에게 오로지 맡겼으니, 비록 작은 일일지라도 참예하여 결정함이 마땅하거늘, 하물며 언문이겠느냐? 만약 세자로 하여금 항상 동궁(東宮)에만 있게 한다면, 환관(宦官)에게 일을 맡길 것이냐? 너희들이 시종(侍從)하는 신하로서 내 뜻을 환히 알면서도 이러한 말을 함이 옳으냐?"

라고 하시었다. 최만리들이 이에 대하여 대답하기를,

"설총(薛聰)의 이두는 비록 한자와 음이 다르다 하나, 한자의 음에 의하고 새김[釋]에 의하여 토[語助]와 문자가 원래 서로 떠나지 않사온데, 이제 이 언문은 모든 글자를 합하고 병서(並書)하나 그 음과 새김을 변하게 하고 글자의 형상도 아닙니다. 또 '신기한 한 재주'라 하온 것은 다만 문세(文勢)에 인하여 이 말을 한 것이옵고,

다른 뜻이 있어 그러한 것은 아니옵니다. 동궁은 공사(公事)라면 비록 세미한 일일지라도 참결(參決)하시지 않을 수 없사오나, 급하지 아니한 일에야 무엇 때문에 온종일 심려하시옵니까?"39)

라고 아뢰니, 세종대왕께서 다시 말하기를,

"전번에 김문(金汶)이 아뢰기를, '언문을 제작함에 불가할 것은 없습니다.' 하였는데, 지금은 도리어 불가하다 하고, 또 정창손(鄭昌孫)은 말하기를, '≪삼강행실(三綱行實)≫을 반포한 뒤에도 충신·효자·열녀의 무리가 나옴을 보지 못하였고, 사람이 행하고 행하지 않는 것은 단지 사람의 자질(資質) 여하에 있을 뿐입니다. 어찌 꼭 언문으로써 번역한 뒤에라야 사람들이 모두 본받을 것입니까?' 하였으니, 이들의 말이 어찌 선비의 이치를 알고 하는 말이냐? 심히 쓸모 없는 용속(庸俗)한 선비이다."40)

하셨다. 세종대왕께서 다시 하교하기를,

"내가 너희들을 부른 것은 처음부터 죄주려 한 것이 아니고, 다만 상소문 안에 한두 말을 물으려 하였을 뿐인데, 너희들이 사리를 돌아보지 않고 말을 바꾸어서 대답하니, 너희들의 죄는 벗어나기 어렵다."41)

하고, 드디어 부제학(副提學) 최만리(崔萬理)·직제학(直提學) 신석조(辛碩祖)·직전(直殿) 김문(金汶)·응교(應敎) 정창손(鄭昌孫)·부교리(副校理) 하위지(河緯地)·부수찬(副修撰) 송처검(宋處儉)·저작랑(著作郞) 조근(趙瑾)을 의금부(義禁府)에 회부하였다가 이튿날에 명하여 석방하였는데, 오직 정창손만은 파직시키고, 인하여 의금부에 전지하기를,

---

39) ≪세종실록≫ 권제103 세종 26년 2월 20일(경자)조 참고.
40) ≪세종실록≫ 권제103 세종 26년 2월 20일(경자)조 참고.
41) ≪세종실록≫ 권제103 세종 26년 2월 20일(경자)조 참고.

"김문이 전후의 말을 바꾸어 계달한 사유를 국문(鞫問)하여 아뢰라."

하였다.

이같이 하여 세종대왕은 보수 세력 일파의 강력한 반대론자들을 억압하고, 동궁과 수양대군과 안평대군들의 세 아들을 비롯한 혁신 세력의 학자들의 협조를 받아 초지일관하는 신념으로 훈민정음을 더욱더 갈고 닦고 다듬어 마침내 반포하기에 이른 것이다.

(2) 훈민정음 제작의 원리와 조직

(2-1) 훈민정음 본문의 내용 해설

훈민정음을 만든 원리와 풀이는 ≪훈민정음≫ 원본에 자세하게 나타나 있다.

이 원본은 ≪훈민정음 해례본≫이라고도 부르는데, 전문이 예를 보인 123 어휘(종성해 4, 합자해 25, 용자례 94)와 한글 낱자들을 제외하고는 모두 한문 문장으로 된 목판본이다.

이 ≪훈민정음≫ 원본은 처음에 훈민정음 그것의 본문을 싣고, 그 다음에는 훈민정음 반포 당시의 집현전 대제학(集賢殿大提學) 정인지들이 풀이한 해례편(解例篇)으로 다섯 가지 풀이와 한 가지의 용례로 되어 있는 바, 제자해(制字解)·초성해(初聲解)·중성해(中聲解)·종성해(終聲解)·합자해(合字解)·용자례(用字例)가 그것이다. 그리고 맨 끝은 정인지의 훈민정음 해례 서문으로 되어 있다.

훈민정음의 본문은 첫머리에 새 글자의 반포문격인 세종대왕의 서문과 글자의 음가와 글자의 운용 등 세 조각으로 구분할 수 있다. 그런데 언해본인 ≪세종어제훈민정음≫에는 이 3개 부분 외에 우리 말과 글에는 아무 소용이 없는 치음자(齒音字)에 관한 규정이 첨가되어 있는데, 이는 곧 치음을 표기하는 치음자(ㅈㅊㅉㅅㅆ)를 치두음자(齒頭音字 : ᅎ ᅔ ᅏ ᄼ ᄽ)와 정치음자(正齒音字 : ᅐ ᅕ ᅑ ᄾ ᄿ)로 따로 제자(制字)해서 중국어의 자음을 기록할 때 사용하도록 하는 규정이다. 이것은 훈민정음이 창제 반포된 지 얼마 후에 덧붙인 부분이라고 생각된다.

첫째 조각인 서문은, ① 우리말이 중국말과 다르므로 한자로 표시할 수 없다. ② 우리 고유의 글자가 없어서 생활의 불편이 매우 크다. ③ 이러한 뜻에서 새 글자를 만들었으니, 일상생활에 편리하게 쓰라는 훈민정음 창제 취지의 글이다.

둘째 조각인 글자의 음가에서는 새로 만든 28자를 따로따로 들어 그 음가를 풀이하되, 한자의 음으로써 대조하였다. 곧 먼저 초성(初聲 : 닿소리) 글자를 들어 말하기를,

ㄱ은 어금닛소리[牙音]이니, "군(君군)"자의 처음 나는 소리(첫소리 : 초성)와 같으며, 나란히 쓰면[並書] "뀨(虯끃)"자의 처음 나는 소리와 같다.42)

라고 하였다. 이런 식으로 초성(닿소리) 17자(ㄱㅋㆁㄷㅌㄴㅂㅍㅁㅈㅊㅅㆆㅎㅇㄹㅿ)와 "ㄱㄷㅂㅈㅅㆆ"을 나란히 쓴 "ㄲㄸㅃㅉㅆㆅ"의 소리를 설명하였는데, 이 초성은 그 조음 위치에 따라 크게는 오음(五音), 작게는 칠음(七音)으로 나누어져 있다. 그러나 여기에서 초성 낱자의 이름

---

42) 「ㄱ牙音 如君字初發聲 並書 如虯字初發聲」(본문)

이 무엇인지는 언급하지 않았다.

이 소리들을 그 나는 자리에 따라 인용된 한자와 아울러 보이면 다음과 같다.

  어금닛 소리[牙音] : ㄱ(君) ㄲ(虯) ㅋ(快) ㆁ(業)
  혓 소 리[舌音] : ㄷ(斗) ㄸ(覃) ㅌ(呑) ㄴ(那)
  입 술 소 리[脣音] : ㅂ(彆) ㅃ(步) ㅍ(漂) ㅁ(彌)
  잇 소 리[齒音] : ㅈ(卽) ㅉ(慈) ㅊ(侵) ㅅ(戌) ㅆ(邪)
  목구멍 소리[喉音] : ㆆ(挹) ㅎ(虛) ㆅ(洪) ㅇ(欲)
  반 혓소리[半舌音] : ㄹ(閭)
  반 잇소리[半齒音] : ㅿ(穰)

여기에서 반혓소리 "ㄹ"은 혓소리 "ㄷㅌㄴ"과 같은 자리에서 나되, 혀끝이 완전히 폐쇄되지 않는 점이 혓소리와 다르므로 반혓소리[半舌音]라 했으며, 반잇소리 "ㅿ"은 잇소리 "ㅈㅊㅅ"과 같은 자리에서 나되, 그 성질이 좀 다르므로 반잇소리[半齒音]라 한 것이다.

다음에 중성(中聲 : 홀소리) 글자를 들어 말하기를,

  ·는 "툰(呑)"자의 가운뎃소리 같다.[43]

라고 하였다. 이와 같은 방법으로 중성 11자(· ㅡ ㅣ ㅗ ㅏ ㅜ ㅓ ㅛ ㅑ ㅠ ㅕ)를 설명하였을 뿐, 초성에서처럼 어떠한 관점에 따른 분류를 하고 있지는 않다.

이 글자들에 인용된 한자들을 보이면 다음과 같다.

---

[43] 「· 如呑字中聲」(본문)

2. 훈민정음 창제   109

・(吞) ㅡ(卽) ㅣ(侵)

ㅗ(洪) ㅏ(覃) ㅜ(君) ㅓ(業)

ㅛ(欲) ㅑ(穰) ㅠ(戌) ㅕ(彆)

이 중성 글자들을 설명하기 위하여 인용된 한자들도 초성에서 쓴 글자를 그대로 다시 사용하고 있다.

셋째 조각인 글자의 운용에서는 훈민정음 28자(초성 17자, 중성 11자)의 낱자를 어떻게 합쳐서 말을 적는가 하는 운용법을 말한 것인데, 이를 자세히 설명하면 다음과 같다.

첫째, 종성법(終聲法)에 대한 규정인데, 종성(끝소리)은 초성(첫소리) 글자를 그대로 갖다 쓰도록 했다. 그러나 ≪훈민정음≫ 해례 종성해에서는 초성 중 "ㄱㆁㄷㄴㅂㅁㅅㄹ"의 여덟 글자만으로 종성에 쓰는 데 충분하다고 하였다.44)

둘째, 연서법(連書法)에 대한 규정인데, 입술가벼운소리[脣輕音]는 입술소리[脣音] 밑에 "ㅇ"을 이어쓴다 했다. 이것은 곧 초성이나 종성에 23초성 글자 이외의 글자가 쓰이는 일에 대한 설명으로, 입술소리(ㅂㅍㅃㅁ) 아래 "ㅇ"을 이어써서 "ㅸㆄㅹㅱ"로 적도록 하는 것을 말함이다.

언해본 ≪훈민정음≫에서는 「순경음」을 "입시울 가ᄇᆡ야ᄫᆞᆯ 소리"라 하였고, 「연서(連書)」의 「연(連)」은 "니슬씨"라 하였으며, 「연서(連書)」

---

44) 「ㄱㆁㄷㄴㅂㅁㅅㄹ八字可足用也」 음운론상 ㄱ과 ㅋ, ㄷ과 ㅌ, ㅂ과 ㅍ, ㅅ과 ㅈ・ㅊ 등은 끝소리[終聲, 받침]에서는 분별이 잘 되지 않는 것이다. 이 원칙은 그 후 많은 문헌 표기에 적용 되어 왔다.

는 "니서쓰면"이라 하였다.

셋째, 병서법(並書法)에 대한 규정인데, 초성이나 종성에 다른 초성 글자 두셋을 합해 쓸 때에는 나란히 쓰도록[並書]하고 있다.

「병서」란 말을 언해본 ≪훈민정음≫에서는 주석하기를 "ᄀᆞᆯ바쓸씨"라 하였다.

「병서」에는 "각자병서(各自並書)"와 "합용병서(合用並書)"가 있다.

넷째, 부서법(附書法)에 대한 규정인데, 초성과 중성이 합해질 때에는 그 놓이는 자리가 일률적이 아니고 두 가지로 구분되어 정해지니, 중성 가운데 "ㆍ ㅡ ㅗ ㅜ ㅛ ㅠ"는 초성의 아래에 붙여 쓰고, "ㅣ ㅏ ㅓ ㅑ ㅕ"는 초성의 오른쪽에 붙여 쓰도록 하였다.

「부서」라는 말을 언해본 ≪훈민정음≫에는 "부텨쓰고"라 하였다.

다섯째, 성음법(成音法)에 대한 규정인데, "무릇 글자는 모름지기(마땅히) 어울려야 소리[音 : 音節]가 된다."고 45) 하였다. 이 말을 다시 말하면, 대체로 글자는 초·중·종(初中終) 삼성(三聲)이 합해야 낱내[音節]가 된다는 뜻이다. 그런데 이에 대하여 ≪훈민정음≫ 해례에서는 이를 구체적으로 설명하고 있으니, 「합자해(合字解)」에서는 "초·중·종의 세 소리[三聲]가 합하여 글자를 이룬다."라고 하였고, 「종성해(終聲解)」에서는 "ㅇ은 소리가 맑고 비었으니, 반드시 종성에 쓰지 아니하여도 중성(中聲)이 소리(낱내)를 이룰 수 있다."47)라고 하였다. 여기에서 볼 때 ≪훈민정음≫ 본문(예의)에 규정한 원칙을 해례에 나타난 합자해의 풀이와

───────────────

45) 「凡字必合而成音」(본문)
46) 「初中終三聲 合而成字」(합자해)
47) 「ㅇ聲淡而虛 不必用於終 而中聲可得成音也」(종성해)

종성해의 풀이를 비교해 볼 때 서로 상반된다고 하겠으니, 합자해의 풀이는 역리적(易理的) 원리 원칙에 의한 규정이라 한다면, 종성해의 풀이는 청취 지각적 허용 규정이라 하겠다. 말의 소리는 어디까지나 청각적 존재이기 때문이다.48)

여섯째, 사성법(四聲法)에 대한 규정인데, 이는 오늘날의 말로 한다면 성조 표기에 대한 규정이라고 하겠다. 초·중·종성이 한데 합해지면 여기 소리의 높낮이가 나타나는데, 그것을 둥근 점[圈點]으로써 표기하도록 하였으니, 왼쪽에 한 점을 찍으면 "거성(去聲)"을 말함이요, 두 점을 찍으면 "상성(上聲)"을 말함이요, 점이 없으면 "평성(平聲)"을 말함이요, "입성(入聲)"은 점을 찍기는 한가지이나 촉급(促急)하다고 하였다.

이 사성(四聲)은 한자의 평(平)·상(上)·거(去)·입(入)의 사성(四聲)을 모방하여, 우리말의 소리를 구별한 것이다. ≪강희자전(康熙字典)≫의 설명에 의하면, "평성(平聲)"은 평평하여 높지도 낮지도 않고, "상성(上聲)"은 높아 매우 세차고, "거성(去聲)"은 분명하여 힘없이 멀고, "입성(入聲)"은 짧고 받아 급히 걷어 감춘다 하여, 글자의 네 귀에 둥근 점으로써 그 글자가 사성(四聲)의 어느 것임을 표시하였으니, 곧 평성은 ⊡, 상성은 ⊡, 거성은 ⊡, 입성은 ⊡로 하였다.49)

언해본 ≪훈민정음≫에서는 「평성(平聲)」을 "뭇눗가볼 소리"라 하였으니, 이는 곧 가장 낮은 소리란 뜻이요, 「상성(上聲)」은 "첫서미 눗갑

---

48) 문효근 : 「훈민정음의 음절 생성 규정의 이해—凡字必合而成音에 대하여」
≪국어교육론총≫ 제1집 창간호(연세대학교, 1981.9) 156~158쪽 참고.
49) 최현배 : 앞든 책 369쪽 참고.

고 냉즁(乃終)이 노폰 소리"라 하였으니, 이는 곧 낮은 데에서 높은 데로 오르는 소리란 뜻이요, 「거성(去聲)」은 "뭇노폰 소리"라 하였으니, 이는 곧 가장 높은 소리란 뜻이요, 「입성(入聲)」은 "샐리 긋듣는 소리"라 하였으니, 이는 곧 끝을 빨리 닫는 소리란 뜻이다. 입성은 ㄱㄷㅂㅅ 따위의 종성(받침)으로 되어 빨리 끝나는 소리를 뜻함이다.

최세진(崔世珍)님은 ≪훈몽자회(訓蒙字會)≫에서

"평・상・거・입(平上去入) 넉 자는 사람이 평지(平地)로부터 올라[上] 다녀가아[行去] 도로 들어옴[入]과 같은 뜻이라"

하였다.50)

이제 이러한 입장에서 사성(四聲)을 그림으로 풀이하면 다음과 같이 된다.

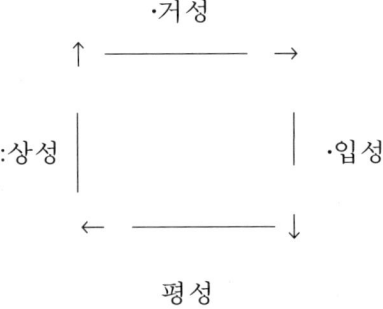

한자의 사성(四聲)의 구별은 새로 지은 훈민정음에도 적용하여 평성은

---

50) 「平上去入 如人自平地升上行去還入之意, 평:샹・거・입:네・즈・는 사・ᄅ・미 평・디・로 브・터 올・아 ᄃ・녀가 도로・드・러・옴과 ・ᄀ・튼 ᄠ디・라」

점을 찍지 않고, 상성은 두 점, 거성은 한 점을 글자(낱내, 音節)의 왼쪽에 찍기로 한 것이다.51) 그리고 입성에 관하여는 ≪훈민정음≫ 본문에 "입성은 점 더함은 한가지로되 촉급(促急)하다."52)라고만 하였으므로, 이 글귀의 뜻이 매우 모호하여, 입성(入聲)은 몇 점을 찍는다는 것인지 분명하지 않다. 그런데 이 문제는 ≪훈민정음≫ 해례 종성해(終聲解)와 합자해(合字解)를 보면 분명히 밝힐 수가 있다.

≪훈민정음≫ 해례 종성해에,

"소리에는 느리고 빠름[緩急]의 다름이 있으므로 평성·상성·거성은 그 종성(終聲 : 끝소리)이 입성의 촉급(促急)함과 같지 않은 것이다. 불청불탁(不淸不濁 : ㅇㄴㅁㅇㄹ△)의 글자는 그 소리가 세지 않으므로, 종성에 쓰면 평성·상성·거성에 마땅하고, 전청(全淸 : ㄱㄷㅂㅈㅅㆆ)과 차청(次淸 : ㅋㅌㅍㅊㅎ)과 전탁(全濁 : ㄲㄸㅃㅉㅆㆅ)의 글자는 그 소리가 세므로 종성에 쓰면 입성에 마땅한 것이다. 그러므로 ㅇㄴㅁㅇㄹ△의 여섯 자는 평성·상성·거성의 종성(끝소리, 받침)이 되고, 그 나머지는 모두 입성의 종성(받침)이 된다. 그러나 ㄱㅇㄷㄴㅂㅁㅅㄹ의 여덟 자만으로 넉넉히 쓸 수 있는 것이다."

라고 하였다. 여기에서 여덟 종성만 가지고 말한다면 우리말의 입성(入聲)은 ㄱㄷㅂㅅ들의 받침(종성)으로 된 것인데, 이들의 받침 자체는 본래 촉급(促急)한 소리이지마는, 이러한 끝소리로 된 말의 소리는 반드시 모두 촉급하지는 아니하여, 어떤 것은 평성과 비슷하니 그런 것은 점이 없게 하고, 어떤 것은 상성과 비슷하니 그런 것은 두 점을 찍고, 어떤 것은 거성과 비슷하니 그런 것은 한 점을 찍으라는 말이 ≪훈민정음≫

---

51) 최현배 : 앞든 책 369~370쪽 참고.
52) 「入聲加點同而促急」

해례 합자해에 나타나 있다. 그 글에,

"우리말의 평·상·거·입(平上去入)의 예를 들면, 「활」은 「궁(弓)」이고 평성이며, 「:돌」은 「석(石)」이고 상성이며, 「·갈」은 「도(刀)」이고 거성이며, 「·붇」은 「필(筆)」이고 입성인 것과 같다.

　무릇 글자(낱내, 音節)의 왼쪽에 한 점을 찍으면 거성이고, 두 점을 찍으면 상성이며, 점이 없으면 평성이다. 중국 자음(字音: 한자음)의 입성은 거성과 서로 비슷하나, 우리말의 입성은 일정하지 않아서, 혹은 평성과 비슷하여 「긷」이 「주(柱)」가 되고, 「녑」이 「협(脅)」이 되는 것과 같고, 혹은 상성과 비슷하여 「:낟」이 「곡(穀)」이 되고, 「:깁」이 「증(繒)」이 되는 것과 같으며, 혹은 거성과 비슷하여 「·몯」이 「정(釘)」이 되고, 「·입」이 「구(口)」가 되는 따위와 같아, 그 점을 찍는 것은 평·상·거성의 경우와 같은 것이다."

라고 하였다.

　우리말의 끝소리(종성) "ㄹ"은 한자의 끝소리 "ㄹ"과 같지 아니하니, 한자음의 끝소리 "ㄹ"은 그것이 본래 "ㄹ"에 영모(影母) "ㆆ"을 더한 "ㅭ"(ㄷ)으로서 입성에 속하지만, 우리말 끝소리의 반혓소리 "ㄹ"은 ≪훈민정음≫ 해례 종성해(終聲解)에서 말한 바와 같이 그것이 불청불탁(不淸不濁)의 소리로서 "끝소리(받침)에 쓰면, 평성·상성·거성에 맞다[用於終則宜於平上去].」" 하였으니, 이는 바로 우리말의 "ㄹ"이 입성이 아님을 말한 것이다.

　그런데 사성점의 표시를 글자(낱내글자)의 왼쪽에 찍은 것은, 만약 오른쪽에 찍을 것 같으면 자형이 다른 글자로 될 염려가 있기 때문에서이니, 이를테면,

　　　기 → 가·갸 → 가갸, 이 → 아·야 → 아야

와 같이 된다.

이 ≪훈민정음≫에서 규정된 한글의 사성점 치기는 그 뒤 중종조(中宗朝) 말까지는 일반적으로 좇아 행하여지고, 명종조(明宗朝)부터는 얼마만큼 해이(懈弛)해지기 시작하여, 선조조(宣祖朝) 임진년(壬辰年 : 선조 25년)까지는 부분적으로 좇아 행하여졌으나, 그 뒤에는 거의 완전히 폐지되었다.

(2-2) 제작의 원리와 조직

훈민정음 제작의 대원리(大原理)는 ≪훈민정음 해례≫ 제자해(制字解) 첫머리에 나타나 있으니, 그 글에,

"하늘과 땅의 이치는 하나의 음양(陰陽)과 오행(五行)일 뿐이다. 곤(坤)과 복(復)의 사이가 태극(太極)이 되고, 동(動)과 정(靜)이 있은 뒤에 음양이 되는 것이다. 무릇 하늘과 땅 사이에 삶을 받은 무리로서 음양을 버리고 어찌 하리오? 그러므로 사람의 말소리[聲音]에는 모두 음양의 이치가 있거늘 돌이켜보건대 사람이 살피지 못했을 뿐이다.

이제 정음(正音 : 訓民正音)을 지음도 처음부터 지혜로써 경영(經營)하고 힘써 찾은 것이 아니라, 다만 그 말소리를 따라 그 이치를 다하였을 뿐이다. 이치가 이미 둘이 아닌데, 어찌 하늘과 땅, 그리고 귀신과 더불어 그 쓰임을 같이 하지 않을 수 있겠는가?

정음(훈민정음) 스물여덟 글자는 각각 그 꼴을 본떠서 만들었다[正音二十八字 各象 其形而制之]."

라고 대원칙을 세웠다. 여기에서 우리는 진리 탐구의 길을 생각하게 되는데, 진리는 먼 곳에 있는 것이 아니라 가까운 곳에 있는 법이다. 훈민

정음 제자의 원리도 먼 곳에서 찾은 것이 아니라 아주 가깝고도 평범한 곳에서 찾았음을 알겠다. 그렇다면 그 가깝고도 평범한 데에서 찾은 원리란 무엇인가? 그 원리는 곧 그 꼴을 본뜬 상형 원리(象形原理)를 적용하였다고 하였다. 그리고 이 원리는 천지의 모든 도리가 음양 오행의 이치로 지배되어 있으니, 사람의 말소리[聲音]도 역시 그러하기 때문에 만유(萬有)의 법칙인 역리(易理)에서 구하겠다는 것을 넌지시 나타내고 있다.

그런데 그 낱자를 만든 방법에 대하여는 본 제자해에 자세히 나타난다.

(2-2-1) 닿소리 제작의 원리와 조직

훈민정음 해례 제자해에서, 훈민정음 28자는 각각 그 꼴을 본떠서 만들었다고 하고, 이어 닿소리[初聲] 17 글자를 만든 방법을 설명하고 있다. 곧 제자해에서,

"초성(初聲)은 무릇 17자인데, 어금닛소리[牙音] 'ㄱ'은 혀뿌리가 목구멍을 막는 꼴을 본뜬 것이요, 혓소리[舌音] 'ㄴ'은 혀가 윗잇몸에 붙는 꼴을 본뜬 것이요, 입술소리[脣音] 'ㅁ'은 입의 꼴을 본뜬 것이요, 잇소리[齒音] 'ㅅ'은 이의 꼴을 본뜬 것이요, 목구멍소리[喉音] 'ㅇ'은 목구멍의 꼴을 본뜬 것이다."

라고 하였으니, 여기에서 닿소리, 곧 초성은 발음기관(음성기관)의 모양을 본떠서 만들었음을 알 수 있다.

초성은 그 나는 자리에 따라 크게 다섯 가지, 곧 오음(五音)으로 나누고, 각 종류의 소리 가운데에서 가장 연한 소리를 적는 글자를 기본 글

자로 정하여, 이 소리를 낼 때의 발음기관의 모양을 본떠서 기본글자를 만들었다.

어금닛소리[牙音]는 "ㄱㅋㆁ"인데, 그 가운데에서 "ㄱ"글자를 먼저 만들었다. "ㄱ"소리는 뒤혓바닥을 여린입천장에 올려붙이고 거기를 막아 내는 소리인데, 제자해에서는 "혀뿌리가 목구멍을 막는다."고 설명하였다.

혓소리[舌音]는 "ㄴㄷㅌ"인데, 그 가운데에서 "ㄴ"글자를 먼저 만들었다. "ㄴ"소리는 혀끝을 윗잇몸에 붙여서 내는데, 제자해에서는 "혀가 윗잇몸에 붙는다."고 설명하였다.

입술소리[脣音]는 "ㅁㅂㅍ"인데, 그 가운데에서 "ㅁ"글자를 먼저 만들었다. "ㅁ"소리를 낼 때에는 입술이 닫겨지므로 이때의 입의 모양을 본떠서 "ㅁ"글자를 만들었다. 제자해에서 "입의 꼴을 본뜬 것이다."라고 설명한 것도 같은 말이다.

잇소리[齒音]는 "ㅅㅈㅊ"인데, 그 가운데에서 "ㅅ"글자를 먼저 만들었다. "ㅅ"소리는 혀끝을 웃니 뒤쪽에 가까이 접근시켜 거기에서 갈이소리[摩擦音]를 내는 것이므로 이[齒]의 꼴을 본떠서 만들었다. 제자해에서는 "이의 꼴을 본떴다."고 설명하였다.

목구멍소리[喉音]는 "ㅇㆆㅎ"인데, 그 가운데에서 "ㅇ"글자를 먼저 만들었다. "ㅇ"은 소리 없는(영) 글자이다. 제자해에서는 이 "ㅇ" 소리도 "ㆆㅎ"과 같이 소리가 있는 것으로 생각하고 목구멍에서 나는 것으로 해석하여 "목구멍의 꼴을 본떴다."고 설명하였다.

이리하여 만들어진 기본글자 "ㄱㄴㅁㅅㅇ"의 5글자를 가지고 나머지 초성 글자를 만들어내었는데, 제자해에서는 그 만든 방법에 대하여 설명하기를,

" 'ㅋ'은 'ㄱ'에 비하여 소리가 좀 세게 나는 고로 획(畵)을 더한 것이다. 'ㄴ'에서 'ㄷ', 'ㄷ'에서 'ㅌ', 'ㅁ'에서 'ㅂ', 'ㅂ'에서 'ㅍ', 'ㅅ'에서 'ㅈ', 'ㅈ'에서 'ㅊ', 'ㅇ'에서 'ㆆ', 'ㆆ'에서 'ㅎ'으로 함도 그 소리에 좇아 획(畵)을 더하는 뜻은 다 같되, 오직 'ㆁ'은 다르게 하였다. 반혓소리[半舌音] 'ㄹ'과 반잇소리[半齒音] 'ㅿ'도 또한 혀[舌]와 이[齒]의 꼴을 본뜬 것이로되 그 본[體]을 달리하였으니, 획을 더하는 뜻은 없다."

라고 하였다. 여기에서 볼 때 닿소리(초성)는 먼저 소리나는 자리에 따라 어금니[牙]·혀[舌]·입술[脣]·이[齒]·목구멍[喉] 등 오음(五音)으로 나누어 상형 원리(象形原理)를 적용하여서 그 기본글자 하나씩을 만들고, 각 소리에 속한 소리들은 이 다섯 기본글자를 바탕으로 획을 더해가는 방식으로 하여 만들었음을 알 수 있다. 다만 어금닛소리의 "ㆁ"만은 다르게 하였다고 말하고, 이어 반혓소리 "ㄹ"과 반잇소리 "ㅿ"도 꼴을 본뜬 것은 같으나 획을 더하는 뜻은 없다 하였으니, 기본글자에 가획 원리(加畵原理)를 적용하지 않았다는 것을 알 수 있다.

닿소리는 발음기관을 본떠서 만들었는데, 초성글자 중 기본글자에 가획 원리를 적용하여 만들어진 9글자(ㅋ, ㄷㅌ, ㅂㅍ, ㅈㅊ, ㆆㅎ)에 대하여 자세히 설명하면 다음과 같다.

"ㅋ" 소리는 어금닛소리(아음)인데, 제자해에서 말한 바와 같이 어금닛소리의 기본글자인 "ㄱ"보다는 그 소리가 조금 세다. 그러므로, "ㄱ"에 한 획을 더하여 "ㅋ"자를 만들었다. 제자해에서는 또 가획 원리의 전개를 나무의 성장 과정에 비겨 말하였으니,

" 'ㄱ'은 나무의 바탕이 생긴 것[成質]이고, 'ㅋ'은 나무의 성히 자

란 것[盛長]이며, 'ㄲ'은 나무의 늙고 단단한 것[老壯]이니, 그러므로, 이들에 이르러서는 다 어금니에서 꼴을 본뜬 것이다."
라고 하였다.

"ㄷㅌ" 소리는 혓소리(설음)인데, 혓소리의 기본글자인 "ㄴ"보다는 "ㄷ"이 매우 세다. 그리고 "ㅌ"은 "ㄷ"보다 세다. 그러므로, "ㄴ"에 한 획을 더하여 "ㄷ"을 만들고, "ㄷ"에 한 획을 더하여 "ㅌ"을 만들었다. 제자해에서 "ㄴ"은 불청불탁(不淸不濁)이므로 그 소리가 가장 세지 않다고 하였고, "ㄷ"은 전청(全淸), "ㅌ"은 차청(次淸)이라 하였다.

"ㅂㅍ" 소리는 입술소리(순음)인데, 입술소리의 기본글자인 "ㅁ"보다는 "ㅂ"이 매우 세다. 그리고 "ㅍ"은 "ㅂ"보다 세다. 그러므로, "ㅁ"에 한 획을 더하여 "ㅂ"을 만들고 "ㅂ"에 한 획을 더하여 "ㅍ"을 만들었다. 제자해에서 "ㅁ"은 불청불탁이므로 그 소리가 가장 세지 않다고 하고, "ㅂ"은 전청, "ㅍ"은 차청이라 하였다. 그런데 여기 그 자형들에 있어서 한 획을 더한 사실이 "ㅋ"이나 "ㄷㅌ"처럼 그렇게 분명하지 않은 것은 어색한 글자가 됨을 피하여 좀 더 균형 잡히고 모양 있는 글자를 만들기 위하여 "ㅁ"의 꼴을 조금 바꾼 것으로 추측된다.

"ㅈㅊ" 소리는 잇소리(치음)인데, 잇소리의 기본글자인 "ㅅ"보다는 "ㅈ"이 세다. 그리고 "ㅊ"은 "ㅈ"보다 세다. 그러므로, "ㅅ"에 한 획을 더하여 "ㅈ"을 만들고, "ㅈ"에 한 획을 더하여 "ㅊ"을 만들었다. 제자해에서 "ㅅㅈ"은 비록 모두 전청이지만 "ㅅ"은 "ㅈ"에 비하여 소리가 세지 않으므로 역시 글자를 만듦에는 시초가 된 것이라 하고, "ㅊ"은 차청이라 하였다.

"ㆆㅎ" 소리는 목구멍소리(후음)인데, 목구멍소리의 기본글자인 "ㅇ"

은 불청불탁으로 그 소리가 가장 세지 않을 뿐만 아니라 거의 소리 없는 것이다. 그런데 "ㆆ"과 "ㅎ"은 어느 편이 더 센지 판단하기 곤란하나, 제자해에서는 "ㆆ"은 전청이고, "ㅎ"은 차청이라 하였다. 이 제자해에서 다른 소리에 있어서는 전청(ㄱㄷㅂㅈㅅ)이 차청(ㅋㅌㅍㅊ)보다 모두 약하므로, 목구멍소리에 있어서도 "ㅎ"을 "ㆆ"보다 센 소리라 한 것 같다. 그러므로, "ㅇ"에 한 획을 더하여 "ㆆ"을 만들고 "ㆆ"에 한 획을 더하여 "ㅎ"을 만들었다.

이리하여 닿소리(초성) 17자 가운데 14글자가 만들어졌는데, 나머지 세 글자인 "ㆁㄹㅿ"은 제자해에서 가획 원리(加畫原理)를 적용하지 않았다고 하였으니, 예외적으로 만들었다고 하겠다. 그러나, 이 세 글자 중 "ㄹㅿ"은 오늘날의 안목으로 볼 때 혓소리(설음)의 기본글자인 "ㄴ", 잇소리(치음)의 기본글자인 "ㅅ"에 대한 가획 글자로 볼 수 있으니, "ㄹ"은 "ㄴ"에 두 획을 더한 것이고, "ㅿ"은 "ㅅ"의 밑에 한 획을 더하여 만든 것이라 하겠다.

그리고 "ㆁ"은 그 소리남이 다른 어금닛소리(아음)와 비슷하면서 또 목구멍소리 "ㅇ"과도 비슷하기 때문에 그 모양을 좀 달리하여 "ㆁ"으로 한 것이다. 제자해에서,

"어금닛소리의 'ㆁ'은 비록 혀뿌리가 목구멍을 닫아 소리의 기운이 코로 나오지만, 그 소리가 'ㅇ'과 서로 비슷하여 운서(韻書)에서도 '의(疑)'자 <첫소리>와 '유(喩)'자 <첫소리>를 서로 섞어 씀이 많으므로 이제 또한 목구멍의 꼴을 본뜨되, 어금닛소리의 글자를 만드는 시초로는 삼지 아니하였다."

라고 하였다.

이상과 같이 닿소리(초성) 17자는 각 갈래의 기본 소리(기본글자)로서 제작한 것이 분명하며, 그 나는 자리에서 발음기관(음성기관)의 꼴을 본 뜬 과학적인 체계를 수립하였음을 알 수 있다.

이제 이 닿소리(초성) 17자를 한 틀로 보이면 다음과 같다.

구 분	나는자리 (오음)	어금닛소리 (아음)	헛소리 (설음)	입술소리 (순음)	잇소리 (치음)	목구멍소리 (후음)
① 기본글자 ② 청 탁		ㄱ 전청	ㄴ 불청불탁	ㅁ 불청불탁	ㅅ 전청	ㅇ 불청불탁
① 1획 더한글자 ② 청 탁		ㅋ 차청	ㄷ 전청	ㅂ 전청	ㅈ 전청	ㆆ 전청
① 2획 더한글자 ② 청 탁			ㅌ 차청	ㅍ 차청	ㅊ 차청	ㅎ 차청
① 이체(異體) ② 청 탁		ㆁ 불청불탁 ※ㅇ과도 비슷하여 모양을 좀 달리함	ㄹ(반헛소리) 불청불탁 ※2획더한글자		ㅿ(반잇소리) 불청불탁 ※1획더한글자	

닿소리 17자를 성질상(性質上)으로 나열하여 보면, 다음과 같다.

첫째, ≪훈민정음≫ 본문에 나타난 각 갈래[種別]의 첫째의 글자들인 "ㄱㄷㅂㅈㆆ"은 맑은 소리[淸音]요, 터짐소리[破裂音]요, 또 예사소리[平音]인데, 제자해에서는 전청(全淸)이라 하였다. 이때는 전청에 이 다섯 글자 외에 "ㅅ"을 더 포함시켰다.

둘째, ≪훈민정음≫ 본문에 나타난 각 갈래(종별)의 가운데의 글자들인 "ㅋㅌㅍㅊㅎ"은 그 첫째 소리에 목갈이소리[喉頭摩擦音] "ㅎ"을 더하여 만든 거센소리[激音] 또는 숨띤소리[有氣音]인데, 제자해에서는 차청(次淸)이라 하였다. 곧 어금닛소리의 "ㅋ"은 "ㄱ"에 "ㅎ"을 더하여 만든 거센소리이고, 혓소리 "ㅌ"은 "ㄷ"에 "ㅎ"을 더하여 만든 거센소리이고, 입술소리 "ㅍ"은 "ㅂ"에 "ㅎ"을 더하여 만든 거센소리이고, 잇소리 "ㅊ"은 "ㅈ"에 "ㅎ"을 더하여 만든 거센소리이며, 목구멍소리 "ㅎ"은 그 스스로가 거센소리이니, 모든 갈래(종별)의 가운데의 소리의 공통음이다.

셋째, ≪훈민정음≫ 본문에 나타난 각 갈래(종별)의 맨끝의 "ㆁㄴㅁㅅㅇㄹㅿ"은 앞의 첫째, 둘째가 짧은소리이고 맑은소리[淸音]임에 대하여 "ㅅ" 말고는 느린소리이고 흐린소리[濁音]인데, 제자해에서는 "ㅅ"만 제외하고 불청불탁(不淸不濁)이라 하였다.

훈민정음은 또 닿소리(초성) 17자 외에 모든 예사맑은소리[平淸音], 곧 전청음(全淸音 : ㄱㄷㅂㅈㅅ)을 나란히 쓰면[並書] 된소리, 곧 전탁(全濁)이 됨을 규정하되, 다만 목구멍소리에서만 거센소리, 곧 숨띤소리(ㅎ)로써 전탁(ㆅ)을 만든다고 규정하였다. 이 된소리는 현대 국어 음운론에서는 대개 한 독립된 음소(音素)로 보는 것이 상례이다. 전탁에 대하여 제자해에서 설명하기를,

"전청(全淸)을 나란히 쓰면 전탁(全濁)이 되는데, 이는 전청의 소리가 엉기면 전탁이 되기 때문이다[全淸並書則爲全濁 以其全淸之聲凝則爲全濁也]."

라고 이유를 말하고, 또 설명하기를,

"오직 목구멍소리만이 차청으로 전탁이 되는 것은 대개 'ㆆ'은 소리가 깊어서 엉기지 아니하고, 'ㅎ'은 'ㆆ'보다 소리가 얕으므로 엉기어서 전탁이 되기 때문이다."

라고 하였다. "ㆆ"에는 된소리가 있을 수 없다. 그것은 "ㆆ" 자체가

된소리의 자질이 될 수 있기 때문이다53). 그러므로, "ㆅ"만이 된소리의 짝을 가질 수 있는 것이다. 병서법(並書法) 규정에 의하여 이룩된 전탁은 6자이니, 이를 보이면 다음과 같다.

①전청의 글자를 병서하여 만든 글자 : ㄲ ㄸ ㅃ ㅉ ㅆ
②차청의 글자를 병서하여 만든 글자 : ㆅ

이상에서 말한 훈민정음 닿소리(초성)의 기본 음소(基本音素) 17자와 전탁음(全濁音) 6자를 합한 23초성을 나는 자리(조음 위치)와 청탁(淸濁)으로 구분하여 한 틀로 보이면 다음과 같다.

나는 자리\청탁	전청	차청	전탁	불청불탁	계
어금닛소리	ㄱ	ㅋ	ㄲ	ㆁ	4
혓소리	ㄷ	ㅌ	ㄸ	ㄴ·ㄹ	5
입술소리	ㅂ	ㅍ	ㅃ	ㅁ	4
잇소리	ㅅ·ㅈ	ㅊ	ㅆ·ㅉ	ㅿ	6
목구멍소리	ㆆ	ㅎ	ㆅ	ㅇ	4
계	6	5	6	6	23

※ ≪동국정운≫에서도 훈민정음의 초성 23체계와 같이 초성으로는 23자모로 하였다.

또 연서법(連書法)에 의하여 입술가벼운소리[脣輕音] 글자를 만들었는데, 입술가벼운소리의 표기 방법에 대하여 제자해에서 설명하기를,

" 'ㅇ'을 입술소리(ㅂㅃㅍㅁ) 밑에 이어쓰면[連書] 곧 입술가벼운

---

53) 허웅 : ≪한글과 민족문화≫(세종대왕기념사업회, 1974. 12. 15) 82쪽 및 116쪽 주 24번 참고. 또는 ≪개고신판 국어음운학≫(정음사, 1965) 18~19쪽 참고.

소리가 되는 것은, 가벼운소리[輕音]는 입술이 잠시 붙고 목구멍소리가 많은 까닭이다."

라고 하였다. 이 제자해 설명에 따라 만들어진 입술가벼운소리의 글자는 "ㅸㆄㅹㅱ" 등 4자이다.

훈민정음 초성에서 앞에서 말한 23자(기본음소 17, 전탁음 6)와 입술가벼운소리 4자를 합한다면 닿소리(자음)는 모두 27자 체계로 조직되었다 하겠다.

훈민정음에 정식으로 규정된 바는 없으나, 실제에 있어서는 예사흐린소리[平濁音], 곧 불청불탁(不淸不濁)의 음도 각각 제 글자로 나란히 써서[各自並書] 전탁(全濁)으로 쓰는 일이 있었으니, "ㅥ ㆀ"와 같은 두 글자가 그것이고, 또 기본음소의 두 글자나 세 글자를 합용병서(合用並書)하여 된 것도 있으니, "ㅳ ㅄ ㅄ ㅽ ㅅ ㅺ ㅼ ㅆ ㅴ ㅵ"와 같은 10자가 그것이다.

이 각자병서(各自並書)와 합용병서(合用並書)로 된 글자들은 ≪훈민정음≫ 본문 글자의 운용에서

"첫소리를 아울러 쓰려면 나란히 쓴다. 끝소리도 마찬가지이다[初聲合用則並書 終聲同]."

라는 병서규칙에 적용한 것인데, ≪훈민정음≫ 해례 합자해(合字解)에는 첫소리의 두 글자나 세 글자를 합용병서한 어휘의 보기와 각자병서한 어휘의 보기를 보이고 있다.

그리고 ≪훈민정음≫ 해례 제자해에서는 사람의 말소리[聲音]를 음양(陰陽) 오행(五行)의 이치에 근본을 두고 소리(성음)와 계절(季節)의 운

행, 소리와 음악[五音], 그리고 방위(方位)에 결부시켜 설명하였는데, 이들의 관계를 한 틀로 보이면 다음과 같다.

구분 성음(오음)	오행	계절	음악(오음)	방위(오방)
어금닛소리[牙音]	나무[木]	봄[春]	각(角)	동(東)
혓소리[舌音]	불[火]	여름[夏]	치(徵)	남(南)
입술소리[脣音]	흙[土]	늦여름[季]	궁(宮)	중앙(中央)
잇소리[齒音]	쇠[金]	가을[秋]	상(商)	서(西)
목구멍소리[喉音]	물[水]	겨울[冬]	우(羽)	북(北)

(2-2-2) 홀소리 제작의 원리와 조직

훈민정음 스물여덟 글자 가운데 홀소리[中聲, 母音]는 11자인데, 이 홀소리도 앞의 대원칙에서 밝힌 바와 같이 꼴을 본떠서 만들었다. 그러나, 글자의 역리적(易理的) 생성의 설명은 닿소리[初聲, 子音]에서 보다 이 홀소리 글자(낱자)의 생성에서 더욱 두드러지게 나타난다.

훈민정음 창제 당시의 홀소리 11자를 자형의 간단함과 복잡함을 따라 갈라 보면, 홀소리의 계열은 다음과 같이 세 계단으로 갈라진다.

① ㆍ ㅡ ㅣ (기본글자)

② ㅗ ㅏ ㅜ ㅓ (초출자)

③ ㅛ ㅑ ㅠ ㅕ (재출자)

이 위의 세 계열에서 첫째 계열이 가장 간단한데, 이 첫째 계열의 " ㆍ ㅡ ㅣ " 세 글자(낱자)에 대하여 훈민정음 해례 제자해에서 설명하기를,

" ㆍ '는 … 하늘이 자시(子時)에서 열리는 것이다. 꼴이 둥긂은

하늘을 본뜬 것이다. 'ㅡ'는 … 땅이 축시(丑時)에서 열리는 것이다. 꼴이 평평함은 땅을 본뜬 것이다. 'ㅣ'는 … 사람이 인시(寅時)에서 생긴 것이다. 꼴이 섬[立]은 사람을 본뜬 것이다.

하늘[天]과 땅[地]과 사람[人]을 본떠서 삼재(三才)의 이치[道]가 갖추어졌다. 그러나, 삼재는 만물의 앞이 되는데, 하늘은 또 삼재의 시작이 되나니, 'ㆍ ㅡ ㅣ' 석자가 여덟 글자(ㅗ ㅏ ㅜ ㅓ ㅛ ㅑ ㅠ ㅕ)의 머리가 되며, 'ㆍ'는 또 석자의 우두머리가 되는 것이다."

라고 하였다. 여기에서 "ㆍ ㅡ ㅣ"의 세 글자는 만물의 앞[先]이요, 머리[首]인 하늘[天]ㆍ땅[地]ㆍ사람[人]의 꼴을 본떠 만들었는데54), 이 세 글자는 하늘ㆍ땅ㆍ사람에서 본을 떠 삼재(三才)의 이치를 갖춘 것이라는 것과 이 세 자가 나머지 여덟 글자(둘째 계열의 글자와 셋째 계열의 글자)의 머리가 된다는 것을 알겠다. 그런데 하늘ㆍ땅ㆍ사람[天地人] 가운데서도 하늘[天]이 시간의 최초인 자시(子時)에 제일 먼저 생겼고, 땅[地]이 축시(丑時)에 두 번째로 생겼으며, 사람[人]이 인시(寅時)에 세 번째로 생겼다고 하였으니, "ㆍ ㅡ ㅣ"의 글자 중에서도 "ㆍ"가 우두머리가 됨을 알 수 있다. 그러므로, 이 세 글자(낱자)가 만들어지는 순서도 가장 간단한 꼴인 "ㆍ"를 맨 먼저 두고, 그 "ㆍ"가 가로로 퍼져서 "ㅡ"가 되고, 세로로 늘어나서 "ㅣ"가 되었다고 할 수 있으니, 이는 발생적인 면으로 보거나, 청취적인 면으로 보거나, 이 세 글

---

54) "ㆍ"소리를 표기하는 글자는 하늘을 본떠 둥글게 하고, "ㅡ"소리를 표기하는 글자는 땅을 본떠서 평평하게 하고, "ㅣ"소리를 표기하는 글자는 사람을 본뜨되, 그 서있는 모양으로 하였다.

자의 차례는 "· → ㅡ → ㅣ"가 되든지 그 반대가 되는 수밖에 없는데, 생긴 시간의 순서로 보아 이 기본 홀소리글자의 생긴 순서는 "· → ㅡ → ㅣ"가 된다고 말할 수 있다55). 이 기본 홀소리글자가 기본이 되어 나머지 여덟 글자인 둘째 계열과 셋째 계열의 글자는 한 번 닫고 한 번 여는[一闔一闢]56) 방법으로 생성하여 나가는 바, 이를 설명하면 다음과 같다.

둘째 계열의 글자인 "ㅗ ㅏ ㅜ ㅓ"는 제자해에 의하면 "첫째 계열의 글자인 "· ㅡ ㅣ"가 서로 위아래와 좌우로 합하여서 된 것이다57)." 라고 하였다. 또 제자해에서는,

"이 ㅗ ㅏ ㅜ ㅓ는 하늘과 땅에서 시작하여 처음 나옴[初出]이 된다[ㅗ ㅏ ㅜ ㅓ 始於天地 爲初出也]."

라고 하였다.

셋째 계열의 글자인 "ㅛ ㅑ ㅠ ㅕ"는 둘째 계열의 "ㅗ ㅏ ㅜ ㅓ"가 기본이 되어 거기에 다시 한 점(한획)을 더하여 된 것이다. 제자해에,

" 'ㅛ'는 'ㅗ'와 더불어 같되 'ㅣ'에서 일어나고, 'ㅑ'는 'ㅏ'와 더불어 같되 'ㅣ'에서 일어나고, 'ㅠ'는 'ㅜ'와 더불어 같되 'ㅣ'에서 일어나고, 'ㅕ'는 'ㅓ'와 더불어 같되 'ㅣ'에서 일어나는 것이다."

---

55) 허웅 : ≪한글과 민족문화≫(세종대왕기념사업회, 1974. 12. 15) 93쪽, 김석득 : 앞든 책 55~56쪽 참고.
56) "이 아래 여덟 소리는 한 번 닫고 한 번 연다[此下八聲一闔一闢]"-≪훈민정음≫ 제자해 참고.
57) ≪훈민정음≫ 제자해 참고.

라고 하였다. 또 제자해에서는,

"이 'ㅗㅏㅜㅓ'는 'ㅣ'에서 일어나서 사람을 겸함이니, 재차 나옴[再出]이 된다[ㅗㅏㅜㅓ 起於ㅣ而兼乎人 爲再出也]."

라고 하였다. 이러한 현상으로 볼 때 훈민정음의 홀소리(중성)는 모두 "ㆍ"가 바뀌어 번진 것이라 할 수 있으며, 또는 "ㆍ ㅡ ㅣ" 세 글자의 얽힘이라 할 수 있으니, 그 세 소리에 대한 설명은 지극히 간단하나, 그 방법은 매우 과학적이다. 제자해에,

"'ㆍ'는 혀가 오그라지고 소리가 깊다. … 'ㅡ'는 혀가 조금 오그라지고 소리가 깊지도 않고 얕지도 않다. … 'ㅣ'는 혀가 오그라지지 않고 소리가 얕다."

라고 하였다. 이 설명은 두 방면으로 홀소리의 성질을 설명한 것인데, 현대의 우리들로서도 놀랄 만큼 간결하고도 요령 있는 방법이다. 한편으로는 홀소리를 내는 데 결정적인 작용을 하는 혀의 모양을 설명하고, 한편으로는 그것을 들었을 때의 인상을 설명한 것이니, 한편은 발생음성학(Physiological phonetics)적인 설명이고, 한편은 청취 음성학(auditory phonetics)적인 설명이다[58].

이제 이 홀소리(중성) 11자를 한 틀로 보이면 다음과 같다.

---

58) 현대 음성학의 연구 방법은 세 방면을 취한다. 발생적인 면의 연구와 청취의 면의 연구와 공기 진동의 모습을 연구하는 면(음향 음성학)인데, 셋째 방법은 현대 물리학의 기계 없이는 불가능한 일이다. 그러므로, 그 당시의 학자들은 그들로서 할 수 있는 두 가지 방면으로 소리 연구를 했음을 우리는 이 설명으로써 알 수 있다.

2. 훈민정음 창제

구분	자형(字形)	발음상태	음감(音感)	상형(象形)	동출음(同出音)	기음(起音)
기본자(基本字)	·	혀가 오그라짐[舌縮]	소리가 깊음[聲深]	천원(天圓)		
	ㅡ	혀가 조금 오그라짐[舌小縮]	소리가 깊지도 않고 얕지도 않음[聲不深不淺]	지평(地平)		
	ㅣ	혀가 오그라지지 않음[舌不縮]	소리가 얕음[聲淺]	인립(人立)		
초출자(初出字)	ㅗ ㅏ ㅜ ㅓ	입을 오므림[口蹙] 입을 벌림[口張] 입을 오므림[口蹙] 입을 벌림[口張]		·ㅡ 합 ㅣ· 합 ㅡ· 합 ·ㅣ 합	· · ㅡ	
재출자(再出字)	ㅛ ㅑ ㅠ ㅕ			··ㅡ 합 ㅣ·· 합 ㅡ·· 합 ··ㅣ 합	ㅗ ㅏ ㅜ ㅓ	ㅣ ㅣ ㅣ ㅣ

훈민정음에서는 홀소리가 밝음[陽]과 어두움[陰]으로 나누어지는데, "ㅗ ㅏ ㅛ ㅑ"와 같이 둥근 것이 위와 밖(오른쪽)에 있는 것은 밝은 홀소리[陽性母音]에 해당되고, "ㅜ ㅓ ㅠ ㅕ"와 같이 둥근 것이 아래와 안쪽(왼쪽)에 있는 것은 어두운 홀소리[陰性母音]에 해당된다. 그리고 기수(奇數)에 밝은 홀소리를, 우수(偶數)에 어두운 홀소리를 배합시키는 한편, 기수는 하늘[天]에, 우수는 땅[地]에 배합시켰는데, 방위와 오행 및 위수(位數)와의 관계를 한 틀로 보이면 다음과 같다.

방위[五方]	오행	위수(位數)		비고
		정위(定位)	성수(成數)	
북(北)	물[水]	ㅗ 天一	ㅠ 地六	①하늘[陽]
남(南)	불[火]	ㅜ 地二	ㅕ 天七	②땅[陰]
동(東)	나무[木]	ㅏ 天三	ㅕ 地八	
서(西)	쇠[金]	ㅓ 地四	ㅑ 天九	
중(中)	흙[土]	· 天五	ㅡ 地十	

다만 이 보기틀에서 "ㅣ"만이 홀로 자리[位]와 수(數)가 없음은 홀소리(중성)의 가운데(중간)이기 때문이다. 즉 "ㅣ"는 무위수(無位數)이다. 제자해에서,

"'ㅣ'만이 홀로 자리와 수[位數]가 없음은, 대개 사람은 무극(無極)의 참[眞]과 이오(二五 : 음양과 오행)의 정기가 묘하게 합하여 엉긴 것이며, 진실로 한정된 자리[定位]와 이루어진 수[成數]로써 논할 수 없기 때문이다. 이는 곧 가운뎃소리(홀소리, 중성)의 가운데(중간)이니, 또한 스스로 음양 오행 방위의 수(數)가 있는 것이다."

라고 하였다. 여기에서 "ㅣ"는 중간홀소리[中性母音]임을 말한 것이라 하겠으니, 홀소리 11자를 홀소리어울림[母音調和]의 관점에 의해 갈라 보면 다음과 같이 세 가지로 나누어진다.

  밝은 홀소리 : ㆍ ㅗ ㅏ ㅛ ㅑ
  어두운홀소리 : ㅡ ㅜ ㅓ ㅠ ㅕ
  중간 홀소리 : ㅣ

그런데 이 홀소리들은 현대 음운학의 이론으로 그 당시의 홑홀소리[單母音]와 겹홀소리[複母音, 重母音]로 나누어 말하면,

  홑홀소리 : ㆍ ㅡ ㅣ ㅗ ㅏ ㅜ ㅓ (7자)
  겹홀소리 : ㅛ ㅑ ㅠ ㅕ (4자)

와 같다고 하겠다[59].

---

59) 오늘날 홑홀소리는 "ㅏ ㅓ ㅗ ㅜ ㅡ ㅣ ㅐ ㅔ ㅚ"의 9자(ㅟ를 포함하면 10자)이고, 겹홀소리는 "ㅑ ㅕ ㅛ ㅠ ㅒ ㅖ ㅘ ㅙ ㅝ ㅞ ㅟ ㅢ"의 12자(ㅟ

2. 훈민정음 창제 131

　그러나, 이상의 홀소리 11자는 앞에서도 말한 바와 같이 기본글자인 "·　ㅡ　ㅣ" 세 자를 바탕으로 하여 음양의 대립으로 배합하여 전개시킨 것으로, 홀소리의 기본 음소(基本音素)로서 체계화한 것이다.

　또 중성해(中聲解)에서는 홀소리의 기본음소 11자, 곧 일자 중성(一字中聲)을 기본으로 하여 이들을 합용병서(合用並書)함으로써 18개의 이음 글자[異音字]인 겹홀소리를 다음과 같이 더 만들어내었다.

　　이자합용중성(二字合用中聲) : ㅘ ㆇ ㅝ ㆊ ㆍㅣ ㅢ ㅚ ㅐ ㅟ ㅔ
　　　　　　　　　　　　　　　ㆉ ㅒ ㆌ ㅖ (14자)

　　삼자합용중성(三字合用中聲) : ㅙ ㅞ ㆈ ㆋ (4자)

　이상과 같이 훈민정음 홀소리로 일자 중성인 기본음소 11자와 이자 중성(二字中聲) 14자, 삼자 중성(三字中聲) 4자를 모두 합한다면 29자가 되어 홀소리 체계[母音體系]는 모두 29자로 조직되었다고 할 수 있으나, 이 중에서 겹홀소리 "ㆇ ㆊ"(이자 중성)와 "ㆈ ㆋ"(삼자 중성)의 4자는 국어를 표기하는 데에는 사용되지 않고(다만, 이자 중성 중 "ㆊ"는 여진말을 표기할 때 쓰여진 일이 있으니, 용비어천가 제4장 원문 주석 협주에 "奚關城"을 "휀잣"이라 하였음〈용비어천가 권제1 : 8장 앞면 참고〉), 그 당시의 우리 한자음의 표준음(標準音)을 제정한 ≪동국정운≫이나, 당시의 중국음을 표기한 ≪홍무정운역훈≫에서만 쓰여 있으니, 우리의 훈민정음은 우리말만을 표기하기 위해서 만들어진 것이 아니라, 다른 나라나 어떤 겨레의 말이라도 다 표기할 수 있는 체계로

─────────────
를 홑홀소리에 넣으면 11자)이다.

구상되었음을 알 수 있다.

(2-2-3) 맞춤법[合字法]

훈민정음은 앞에서 설명한 바와 같이 과학적으로 조직된 닿소리(초성) 17자, 홀소리(중성) 11자, 모두 28자로 모든 말을 표기하게 되어 있다.

그런데 한 낱내(음절) 글자를 이루려면 초성·중성·종성이 어울려야 (합해져야) 되는데, 이 원칙 규정은 ≪훈민정음≫ 본문 글자의 운용 부문에서 밝히고 있으니, 그 기록에는,

"무릇 글자는 모름지기 어울려야(합해져야) 소리(글자)가 된다[凡字必合而成音]."

라고 하였다. 이 본문에 나타난 낱내글자를 이루는 원칙을 ≪훈민정음≫ 해례에서는 좀 더 소상하게 말해주고 있는데, 합자해(合字解)에 나오는 기록과 종성해(終聲解)에 나오는 기록이 서로 상반되고 있다. 합자해에서는,

"초성·중성·종성의 세 소리[三聲]가 합하여 글자를 이룬다[初中終三聲合而成字]."

라고 하여, 훈민정음 제자의 원리와 원칙에 의해, 글자는 반드시 합해야만 소리[낱내]를 이룬다고 하였다. 종성해에서는,

"또한 'ㅇ'은 소리가 맑고 비어서 반드시 종성에 쓰지 아니하여도 중성이 소리(낱내)를 이룰 수 있다[且ㅇ聲淡而虛 不必用於終 而中聲可得成音也]."

라고 하여, "ㅇ"은 소리가 없으므로(영) 종성에 쓰이지 않아도 소리(글자)를 이룰 수 있다고 하였다. 여기에서 합자해의 기록은 훈민정음

제자의 원리에 의한 낱내 만들기의 원칙이므로 역리적 원리 원칙에 의한 규정이라 말할 수 있고, 종성해의 기록은 말의 소리(speech sound)는 어디까지나 청각적 존재이기 때문에 청취 지각적 허용 규정이라 말할 수 있다[60].

이러한 두 가지 방법은 초·중·종성의 세 소리가 어울려서 만드는 방법(오늘날은 이 두 가지 방법 외에 중성 하나만으로 만드는 방법 하나가 더 첨가된다)으로 하나하나의 낱내 글자가 이룩되는데, 그 이룩된 낱내 글자가 그야말로 거의 무한한 행렬 집합식(行列集合式)이니, 훈민정음 28자의 제자원리(制字原理)만이 과학적이 아니라 그 낱내가 생성(生成)되는 제자 원리도 과학적이라 할 수 있다.

초성에 대하여 ≪훈민정음≫ 해례 초성해(初聲解)에서는,

"정음의 초성은 곧 운서(韻書)의 자모(字母)이다. 소리[音聲]가 이로 말미암아 나므로 말하기를 모(母)라고 한 것이다. 어금닛소리 '군(君)'자의 초성은 'ㄱ'이니, 'ㄱ'이 '군'과 더불어 '군'이 된다[正音初聲 卽韻書之字母也 聲音由此而生 故曰母 如牙音君字初聲是ㄱ ㄱ與군 而爲군]."

라고 하고, 또 다른 초성들도 모두 이러한 방법으로 쓰인다고 하였다.

중성에 대하여 중성해(中聲解)에서는,

"중성은 글자의 운[字韻]의 가운데 있어서 초성·종성과 합하여 음(音)을 이루는 것이다. '툰(呑)'자의 중성은 'ㆍ'이니, 'ㆍ'가 'ㅌ'과 'ㄴ'사이에 있어서 '툰'이 됨이라. '즉(卽)'자의 중성은 'ㅡ'이니, 'ㅡ'가 'ㅈ'과 'ㄱ'의 사이에 있어서 '즉'이 됨이라. '침(侵)'자의 중성은

---

60) 문효근 : 앞든 논문 156~158쪽 참고.

'ㅣ'이니, 'ㅣ'가 'ㅊ'과 'ㅁ'의 사이에 있어서 '침'이 되는 따위와 같은 것이다."

라고 하고, 홍(洪)·땀(覃)·군(君)·업(業)·욕(欲)·샹(穰)·슗(戌)·볋(彆) 자도 모두 이와 같다고 하였다.

종성에 대하여 종성해(終聲解)에서는,

"종성은 초성과 중성에 이어서 글자의 운[字韻]을 이루는 것이다. '즉(卽)'자의 종성은 'ㄱ'이니, 'ㄱ'이 '즈'의 끝에 있어서 '즉'이 되고, '홍(洪)'자의 종성은 'ㆁ'이니, 'ㆁ'이 'ᅘᅩ'의 끝에 있어서 '홍'이 되는 따위와 같은 것이다. 혓소리·입술소리·잇소리·목구멍소리도 다 같은 것이다."

라고 하였다. 그리고 초성 글자는 원칙적으로 모두 종성으로 쓸 수 있는 것으로 규정하였으니, 그 설명은,

"소리에는 느리고 빠름의 다름이 있으니, 그러므로, 평성·상성·거성은 그 종성이 입성의 빠름[促急]과 같지 않은 것이다. 불청불탁의 글자는 그 소리[聲]가 세지 않으므로 <이것이> 종성에 쓰이면 평성·상성·거성에 맞으며, 전청과 차청과 전탁의 글자는 그 소리가 세므로 <이것이> 종성에 쓰이면 입성에 마땅한 것이다. 그러므로, 'ㆁㄴㅁㅇㄹㅿ'의 여섯 글자는 평성·상성·거성의 종성이 되고, 그 나머지는 모두 입성의 종성이 된다."

라고 하였다. 그러나, 초성 글자 중에서도 "ㄱㆁㄷㄴㅂㅁㅅㄹ"의 여덟 글자만으로 종성에 쓰는데 충분하다고 하였으니, 그 설명은,

"그러나, 'ㄱㆁㄷㄴㅂㅁㅅㄹ'의 여덟 글자로 넉넉히 쓸 수 있는 것이다. 이화(梨花)는 '빗곶'으로 'ㅈ'이 되고, 호피(狐皮)는 '엿의갗'으

2. 훈민정음 창제   135

로 'ㅊ'이 되지만 'ㅅ'자로 두루 쓸 수 있으므로 다만 'ㅅ'자만 쓰는 것
과 같다."

라고 하였다.

훈민정음 해례 합자해(合字解)에서는 이 초·중·종 삼성의 글자들이 합치는 방법을 설명하고 있다.

훈민정음은 초성과 중성이 어우르게 될 때에는 어떤 중성은 초성 아래에 있고 어떤 것은 초성의 오른쪽에 붙게 되는데, 이 규칙을 다음과 같이 규정하였다.

① 중성의 둥근 것과 가로 퍼진 글자인 "· ㅡ ㅗ ㅛ ㅜ ㅠ"는 초성 아래 붙여 쓴다. 이에 대하여 합자해에서는,

"중성의 둥근 <글자>와 가로 퍼진 <글자>는 초성의 아래에 있으니, '· ㅡ ㅗ ㅛ ㅜ ㅠ'가 이것이다."

라고 하였다. 보기를 들면 "ᄀᆞ느도됴무뷰" 등과 같다.

② 중성의 세로로 퍼진 글자인 "ㅣ ㅏ ㅑ ㅓ ㅕ"는 초성의 오른쪽에 붙여 쓴다. 이에 대하여 합자해에서는,

"세로로 퍼진 <글자>는 초성 <글자>의 오른쪽에 있으니 'ㅣ ㅏ ㅑ ㅓ ㅕ'가 이것이다."

라고 하였다. 보기를 들면, "기나댜러며" 등과 같다.

③ 이 밖에 종성은 초성·중성의 아래에 놓이도록 규정하였으니, 합자해에,

"종성 <글자>는 초성 <글자>·중성 <글자>의 아래에 있다. '군(君)'자의 'ㄴ'은 '구'의 아래에 있고, '업(業)'자의 'ㅂ'은 'ㅓ'의 아래에 있는 따위와 같다."
라고 하였다.

초성이나 중성이나 종성에 두세 소리가 겹쳐지는 일이 있으니, 이러한 경우에는 두세 글자를 그 자리에서 가로로 나란히 쓰도록[並書] 되었는데, 이 규칙을 다음과 같이 규정하였다.

① 초성을 둘이나 셋 어울려 쓰려면 나란히 쓴다[合用並書]. 이에 대하여 합자해에서는,

"초성의 두 글자나 세 글자를 어울려 쓰는 데에는 나란히 쓰는 것이니, 우리말의 '·짜'가 지(地)가 되고, '딱'이 척(隻)이 되고, '·쁨'이 극(隙)이 되는 따위와 같은 것이다[初聲二字三字合用並書 如諺語·짜爲地 딱爲隻 ·쁨爲隙之類]."
라고 하였다.

② 같은 초성을 어울려 쓰려면 나란히 쓴다[各自並書]. 이에 대하여 합자해에서는,

"각각 제 글자로 나란히 쓰는 것[各自並書]은, 우리말의 '·혀'가 설(舌)이 되고, '혀'가 인(引)이 되고, '괴·여'가 아애인(我愛人)이 되고, '괴·쎠'가 인애아(人愛我)가 되고, '소·다'가 복물(覆物)이 되고, '쏘·다'가 사지(射之)가 되는 따위와 같은 것이다[各自並書 如諺語·혀爲舌而·혀爲引 괴·여爲我愛人而괴·쎠爲人愛我 소·다爲覆物而쏘·다爲射之之類]."
라고 하였다.

③ 중성(中聲)을 둘이나 셋 어울려 쓰려면 나란히 쓴다. 이에 대하여 합자해에서는,

"중성의 두 글자나 세 글자를 어울려 쓰는 것은, 우리말의 '과'가 금주(琴柱)가 되고, '홰'가 거(炬)가 되는 따위와 같은 것이다[中聲二字三字合用 如諺語·과爲琴柱 ·홰爲炬之類]."

라고 하였다.

④ 종성(終聲)을 둘이나 셋 어울려 쓰려면 나란히 쓴다. 이에 대하여 합자해에서는,

"종성의 두 글자나 세 글자를 어울려 쓰는 것은, 우리말의 '홁'이 토(土)가 되고, '낛'이 조(釣)가 되고, '둛·뻬'가 유시(酉時)가 되는 따위와 같은 것이다[終聲二字三字合用 如諺語홁爲土 ·낛爲釣 둛·뻬爲酉時之類]."

라고 하였다.

⑤ 초성·중성·종성을 둘이나 셋 어울려 나란히 쓰는[合用並書] 차례는 각각 왼쪽에서 오른쪽으로 간다. 이에 대하여 합자해에서는,

"그 어울려 쓰고 나란히 쓰는 데[合用並書]에는 왼쪽에서 오른쪽으로 하니, 초성·중성·종성의 세 소리가 다 같은 것이다[其合用並書 自左而右 初中終三聲皆同]."

라고 하였다.

그런데 원칙적으로 한 낱내(한 글자의 소리)는 초성·중성·종성의 세 소리가 어울려야 발음이 되는 것이며, 따라서 이 소리를 적기 위해서는 이 세 글자를 합해야 된다고 하였는데, 여기에 그 원칙에서 벗어나는 일이 또 하나 있으니, 그것은 한문과 국어를 섞어 쓸 때 한자의 자음(字

音)에 따라 중성이나 종성으로 깁는(보충하는) 일이 있다는 것이다. 이에 대하여 합자해에서는,

"한자와 우리 글자를 섞어 쓸 적에는 자음(字音 : 한자음)에 따라서 <우리글의> 중성이나 종성으로써 깁는(보충하는) 일이 있으니, '孔子ㅣ魯ㅅ:사룸' 따위와 같은 것이다[文與諺雜用則有因字音而補以中終聲者 如孔子ㅣ魯ㅅ:사룸之類]."

라고 하였다. 여기에 나타나는 것과 같이 임자자리토씨[主格助詞] "ㅣ"와 사잇소리 "ㅅ" 따위처럼 글자(낱자) 하나가 단독으로 쓰이는 경우를 말하는 것이다. 이것은 소리를 바로 표기하기 위하여 따로 떼어서 써 넣은 것인데, 이러한 표기법은 "무릇 글자는 모름지기 어울려야 소리를 이룬다[凡字必合而成音]."고 하는 규정과 "초·중·종의 세 소리가 합하여야 글자를 이룬다[初中終三聲合而成字]."는 규정에서 보는 바와 같이 "성음(成音)·성자(成字)"의 구성 요소는 될지언정 단독으로 "성음(成音)·성자(成字)"가 되지 못한다는 것이다. "孔子ㅣ魯ㅅ:사룸"의 "子"와 "魯"는 그 소리가 "중"와 "롱"이기 때문에 "ㅇ종성"으로 끝나는 낱내[音節]이다. "子"와 "魯"와 같은 "ㅇ종성"의 한문 글자에 "ㅣ"와 "ㅅ"이 뒤따를 경우, 축약되어 "성음(成音)·성자(成字)"를 이룬다는 것이다. "ㅣ"와 "ㅅ" 등은 뒷소리보다는 앞소리에 관계된 것이다.

요컨대 "중성이나 종성으로써 보충한다[補以中終聲]."고 하는 규정은, 훈민정음의 제자의 원리에서 본다면 아무래도 청취 지각적 허용 규정의 처리라 할 수 있다. 그것은 "ㅣ"와 "ㅅ"을 한데 묶어 "子"와 "魯"(ㅇ종성으로 끝나므로)를 깁는다 했으니, 결국 "魯ㅅ"의 "ㅅ"이 한 낱내의 끝소리가 되듯이 "子ㅣ"의 "ㅣ" 역시 그 낱내

에서는 끝소리가 될 수밖에 없는 것이다61).

훈민정음 창제 당시에도 국어에 성조 표기를 하였는데, 이 소리의 높 낮이를 중국말의 성조를 적는 갈말[述語]인 사성(四聲) 그대로 따서 평성(平聲)·상성(上聲)·거성(去聲)·입성(入聲)이라 하고, 그 표기 방법은 글자의 왼쪽에 둥근 점으로써 하였는데, 왼쪽에 한 점을 찍으면 거성, 두 점을 찍으면 상성, 점이 없으면 평성이다. 한문의 입성은 거성과 같이 한 점을 찍으나, 국어의 입성은 앞에서 말한 바와 같이 정함이 없어서 평성·상성·거성으로 갈리는데, 다만 빠르다[促急]. 보기를 들면,

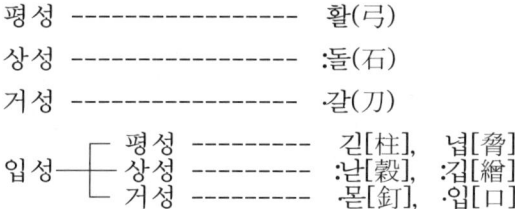

과 같은 것이다. 합자해에서는 이 사성에 대하여 설명하기를,

"평성은 편안하고 부드러우니 봄[春]이라 만물이 서서히 자라고, 상성은 부드럽고도 들리니 여름[夏]이라 만물이 점차 무성하고, 거성은 들리고 씩씩하니 가을[秋]이라 만물이 무르익으며, 입성은 빠르고 막히니 겨울[冬]이라 만물이 드러나지 않게 감추어지는 것이다."

라고 하였다. 이 설명으로는 어떠한 소리를 나타내고 있는지 설명이 좀 모호하나 언해본 《훈민정음》에서는 이 소리에 대한 설명이 매우 똑똑하니, 평성은 "·뭇ᄂᆞᆺ가ᄫᆞᆫ 소리(가장 낮은 소리)", 상성은 "·처서·미 ᄂᆞᆺ : 갑·고 : 냉쥼(乃終)·이 노·폰 소·리(처음이 낮고 나중이 높은 소리)",

---

61) 문효근 : 앞든 논문 158~161쪽 참고.

거성은 "·뭇노·푼 소·리(가장 높은 소리)", 입성은 "섈·리긋듣는 소·리 (빨리 끊는 소리)"라고 하였다.

그리고 국어에는 실제적으로 쓸데없으나 합자해의 끝에 세 가지의 붙임이 있으니, ① 한자음을 적는데 "ㆆ" 초성을 썼지만 초성의 "ㆆ"과 "ㅇ"은 서로 비슷하여 우리말에서는 통용할 수 있다[62]는 것, ② 반혓소리[半舌音]에도 가볍고 무거운 두 소리가 있지마는 운서(韻書)의 자모(字母)는 오직 하나뿐이고, 또 국어에서 비록 가볍고 무거운 소리를 나누지 않더라도 다 소리를 이룰 수 있다. 만일 이를 갖추어 쓰려면, 입술가벼운소리[脣輕音]의 보기에 따라 "ㅇ"을 "ㄹ" 아래에 이어써서 반혀가벼운소리[半舌輕音]가 되게 하는 것이니, 혀가 조금 위읫몸에 붙게 하는 것이다[63]. ③ "· ㅡ" 소리가 "ㅣ" 소리에서 일어나는 것(곧 겹홀소리 ㅣ ㅢ)은 국어에서는 쓰임이 없다. 그러나, 아이들의 말이나 변두리 시골[邊野]의 말에 간혹 있으니, 마땅히 두 글자를 합하여 쓰되 "ㄱㅣㄱ" 따위와 같은 것이다. 이것은 먼저 세로로 긋고 뒤에 가로로 긋는 것이 다른 글자와 같지 아니한 것이다[64].

여기에서 우리는 앞에서도 말한 바와 같이 훈민정음 창제자들의 표기 목표가 우리 대중말(표준말)에만 그 대상이 있었던 것이 아니라, 다른 나라의 언어는 말할 것도 없고 바람 소리나 짐승의 울음소리까지도 다 적어낼 수 있는 통일된 체계를 구상하였다는 것을 알 수 있다. 정인지의 ≪훈민정음≫ 해례 서문에,

---

[62] "終聲之ㆆ與ㅇ相似 於諺可以通用也"(합자해) 참고.
[63] "半舌有輕重二音 然韻書字母唯一 且國語雖不分輕重 皆得成音 若欲備用 則依脣輕例 ㅇ連書ㄹ下 爲半舌輕音 舌乍附上腭"(합자해) 참고.
[64] "·ㅡ起ㅣ聲 於國語無用 兒童之言 邊野之語 或有之 當合二字而用 如ㄱㅣㄱ 之類 其先縱後橫 與他不同"(합자해) 참고.

"쓰는 데마다 갖추어지지 아니함이 없고, 가는 데마다 통달하지 아니함이 없다. 비록 바람 소리와 학의 울음·닭의 울음·개의 짖는 소리라도 다 가히 적을 수 있다[無所用而不備 無所往而不達 雖風聲鶴唳 雞鳴狗吠 皆可得而書矣]."

라고 하였다. 여기에서 우리는 훈민정음이 얼마나 평이하고 실용적인 글자의 기능을 가지고 있는가를 알 수 있다.

(3) ≪훈민정음≫ 해설

이 책은 훈민정음이 창제된 지 거의 3년 만인 세종 28년(1446) 음력 9월 상한(上澣)에 가서 발행하여 백성들에게 반포한 ≪훈민정음(訓民正音)≫인데, 책 이름을 ≪훈민정음≫ 외에 ≪훈민정음원본(訓民正音原本)≫ 또는 ≪훈민정음해례본(訓民正音解例本)≫이라 한다. 이 책은 수백 년 동안 자취를 감추었다가 1940년 7월경에 세상에 다시 모습을 나타내 현재 간송미술관(澗松美術館)에 간수되어 있는데, 전문이 예를 보인 123어휘(종성해4, 합자해25, 용자례94)와 한글 낱자들을 제외하고는 모두 한문 문장으로 된 목판본이다. 이 ≪훈민정음≫의 차례는 첫째 훈민정음 그것의 본문(本文)이고, 둘째 정인지들이 풀이한 해례(解例)이며, 셋째 정인지의 해례 서문으로 되어 있는 바, 이 각 편의 내용을 간략하게 살펴보면 다음과 같다.

본문(本文)인 일명 예의편(例義篇)에는,
1) 「훈민정음」이라는 내제 하에 새 글자를 만들게 된 목적과 취의(趣義)를 밝힌 선포문격인 세종대왕의 서문이 실려 있다.
2) 새로 만든 글자인 닿소리[初聲, 子音]의 기본 음소(基本音素) 17자 및

병서(並書) 6자(ㄲㄸㅃㅉㅆㆅ : 각자병서)를 포함한 23자와 홀소리[中聲, 母音] 11자의 음가(音價)를 규정하였다.
3) 새로 만든 훈민정음 28자의 여러 가지 운용법(運用法)을 말하였으니, ㉮ 종성(終聲)에는 다시 초성 글자를 쓴다고 규정하고, ㉯ 순경음(脣輕音) 되는 법을 규정하고, ㉰ 병서(並書)를 규정하고, ㉱ 새로 만든 중성 글자가 초성 글자와 결합할 때의 위치를 규정하고, ㉲ 무릇 글자는 합해야 소리를 이룬다는 규정, ㉳ 거성(去聲)·상성(上聲)·평성(平聲)·입성(入聲) 등 사성(四聲)의 표시법이 설명되어 있다.

해례편(解例篇)은 제자해(制字解)·초성해(初聲解)·중성해(中聲解)·종성해(終聲解)·합자해(合字解)·용자례(用字例)로 나뉘어져 있다.

첫째, 제자해(制字解)에는,
1) 새 글자를 만든 대원리(大原理)를 설명하였다.
2) 초성(기본음소) 17자(ㄱㅋㆁ, ㄷㅌㄴ, ㅂㅍㅁ, ㅈㅊㅅ, ㆆㅎㅇ, ㄹ, ㅿ)를 만든 방법이다.
3) 초성(기본음소) 17자를 다음과 같이 오행(五行)·계절(季節)·오음(五音)에 결부시켰다.

성음	오행	계절	오음
어금닛소리[牙音]	나무[木]	봄[春]	각(角)
혓소리[舌音]	불[火]	여름[夏]	치(徵)
입술소리[脣音]	흙[土]	늦여름[季夏]	궁(宮)
잇소리[齒音]	쇠[金]	가을[秋]	상(商)
목구멍소리[喉音]	물[水]	겨울[東]	우(羽)

4) 초성 23자(기본음소 17자, 병서 6자)를 다음과 같이 청탁(淸濁)으로

2. 훈민정음 창제   143

분류하고, 전탁(全濁)과 순경음(입술가벼운소리)이 되는 방법과 음가를 설명하고 있다.

   전청(全淸)   ㄱㄷㅂㅈㅅㆆ
   차청(次淸)   ㅋㅌㅍㅊㅎ
   전탁(全濁)   ㄲㄸㅃㅉㅆㆅ
   불청불탁(不淸不濁) ㆁㄴㅁㅇㄹㅿ

5) 중성은 11자(ㆍ ㅡ ㅣ ㅗ ㅏ ㅜ ㅓ ㅛ ㅑ ㅠ ㅕ)인데, 그 중에 기본 글자인 세 홀소리(ㆍ ㅡ ㅣ)의 음가(音價)와 천·지·인(天地人) 삼재(三才)를 상형했다는 것을 밝히고 있다.

6) 기본 글자(기본 홀소리) ㆍ ㅡ ㅣ 를 배합하여 초출자(初出字)인 홑 홀소리[單母音] 4자(ㅗ ㅏ ㅜ ㅓ)를 만든 이유와 그 음가를 밝히고 있다.

7) 홀소리 글자 중 재출자(再出字) 4자(ㅛ ㅑ ㅠ ㅕ)는 각각 초출자인 ㅗ ㅏ ㅜ ㅓ와 혀의 위치나 혀의 높낮이가 같으나, 다만 이들은 모두 기본 홀소리의 하나인 ㅣ자와 결합된 겹홀소리[重母音, 複母音]임을 밝히고 있다.

8) 초출자 ㅗ ㅏ ㅜ ㅓ, 재출자 ㅛ ㅑ ㅠ ㅕ를 만든 까닭을 밝히고 있다.

9) 홀소리의 배열을 음·양(陰陽)으로 나누어 설명하였는데, 특히 초출자와 재출자에 대하여 말하였다. 그리고 「ㆍ」가 이 여덟 소리(초출자와 재출자)에 다 있는 것은 양이 음을 거느려 만물에 두루 흐르는 것과 같은 것이고, 재출자(ㅛ ㅑ ㅠ ㅕ)가 모두 사람을 겸한 것은 사람이 만물의 영장이 되어 능히 음양에 참여하기 때문이라 하였다.

10) 기본 홀소리 세 글자(· ㅡ ㅣ)는 하늘·땅·사람에서 본을 따 삼재(三才)의 이치를 갖춘 것이다. 그리고 이 세 글자는 이를 배합한 ㅗ ㅏ ㅜ ㅓ ㅛ ㅑ ㅠ ㅕ 여덟 글자의 근원이 되는데, 「·」는 이 세 글자 중에서도 우두머리가 된다 하였다.

11) 홀소리를 음양(陰陽) 오행(五行)과 위수(位數)65)에 결부시켜 설명하였다.

12) ㅣ 홀소리만이 홀로 자리[位]와 수(數)가 없는 것은 사람[人]을 본뜬 것으로, 사람은 만물을 생성하는 근원이기 때문임을 밝히고, 이 ㅣ 홀소리는 곧 홀소리(가운데소리)의 가운데(중간)이니, 스스로 음양(어두움·밝음) 오행(五行) 방위의 수(數)가 있다고 말하였다.

---

65) 위(位)는 자리, 수(數)는 하늘에서 정한 운명, 곧 정명(定命). ≪주역(周易)≫ 계사전 상(繫辭傳上)에 「하늘은 一, 땅은 二, 하늘은 三, 땅은 四, 하늘은 五, 땅은 六, 하늘은 七, 땅은 八, 하늘은 九, 땅은 十이다. 천수(天數)도 다섯이고, 지수(地數)도 다섯이다. 다섯 자리가 서로 얻어서 합하는 것이 있으니, 천수는 二十五요, 지수는 三十이다. 무릇 천지(天地)의 수가 五十五이니[하도(河圖)의 수(數)이니], 이것이 (하도의 수가) 변화를 이루어 귀신(鬼神)의 조화(造化)를 행하는 것이다[天一地二 天三地四 天五地六 天七地八 天九地十 天數五 地數五 五位相得 而各有合 天數二十有五 地數三十 凡天地之數 五十有五 此所以成變化 而行鬼神也].」라고 하였다. 이 ≪주역≫ 계사에서는 1부터 10까지의 수에서 기수(奇數)를 하늘(天), 우수(偶數)를 땅(地)에 배합하였는데, 1에서 5까지는 정위(定位)라 하고, 6에서 10까지는 성수(成數)라 하며, 위수(位數)는 1에서 10까지를 통틀어 일컫는 말이다. 훈민정음 해례에서는 이 위수관(位數觀)을 도입하여 양(陽)인 기수에 밝은 홀소리[陽性母音]를, 음(陰)인 우수에 어두운 홀소리[陰性母音]를 배합시켰다. 홀소리를 음양(陰陽) 오행(五行)과 위수(位數)와의 배합을 한 보기틀로 보이면 다음과 같다.

13) 음과 양은 하늘의 이치이고, 강(剛 : 단단함)과 유(柔 : 부드러움)는 땅의 이치라 하였다.

14) 모든 홀소리를 심·천(深淺 : 깊고 얕음)과 합·벽(闔闢 : 닫히고 열림)으로 설명하였다. 곧

    심천(深淺)에 대하여는,

      심(深) : ㆍ ㅗ ㅛ ㅑ

      불심불천(不深不淺) : ㅡ ㅜ ㅓ ㅠ

      천(淺) : ㅣ

    합벽(闔闢)에 대하여는,

      합(闔) : ㅗ ㅜ ㅛ ㅠ

      벽(闢) : ㅏ ㅓ ㅑ ㅕ

라고 하였다.

15) 모든 닿소리를 허·실(虛實 : 비고 참), 양·체(颺滯 : 날리고 맞닥침), 경·중(輕重 : 무겁고 가벼움)으로 설명하였다.66)

16) 첫소리[初聲]와 끝소리[終聲]가 낱내[音節]의 부음(副音)으로 동일성

오방(五方)	오행(五行)	정위(定位)	성수(成數)
북(北)	물[水]	ㅗ 天 一	ㅠ 地 六
남(南)	불[火]	ㅜ 地 二	ㅛ 天 七
동(東)	나무[木]	ㅏ 天 三	ㅕ 地 八
서(西)	쇠[金]	ㅓ 地 四	ㅑ 天 九
중(中)	흙[土]	ㆍ 天 五	ㅡ 地 十

※ ㅣ 만이 홀로 자리[位]와 수(數)가 없다.
66) 허(虛)는 목구멍소리[喉音], 실(實)은 어금닛소리[牙音], 양(颺)은 혓소리[舌音], 체(滯)는 잇소리[齒音], 경중(輕重)은 입술소리[脣音]의 경중을 말함이다.

(同一性)임을 땅[地]의 도리에 비겨 설명하였다.

17) 초·중·종성이 합하여 낱내를 이루는 것을 동·정(動靜 : 움직임과 고요함)에 비겨 설명하였는데, 사람은 동정(動靜)을 겸하였다고 하였다.

18) 음양 오행을 오상(五常)67)과 오장(五臟)68)에 결부하여 설명하였다.

19) 첫소리와 하늘, 끝소리와 땅, 가운뎃소리[中聲]와 사람을 결부시켜 설명하였다.

20) 대개 자운(字韻)의 요점(要點)은 중성에 있으니, 초성과 종성이 합하여 소리[音]를 이루는 것이라 하였다.

21) 첫소리·끝소리를 건(乾)에 비겨, 건(乾)은 곧 하늘인데, 음·양(陰陽)으로 나뉨을 말하였다.

22) 네 철[四時]인 춘·하·추·동(春夏秋冬)을 원·형·이·정(元亨利貞)69)에 대비하고 이들이 순환함을 가리켜 말하였다.

　둘째, 초성해(初聲解)에는,

1) 훈민정음의 초성은 곧 운서(韻書)의 자모(字母)라고 규정하고, 성음(聲音)이 이로부터 나므로 이르되 모(母)라 하였다.

---

67) 여기에서는 인·의·예·지·신(仁義禮智信)의 다섯 가지 덕(德)을 말함인데, 오상(五常)은 하늘에 배속된다.

68) 간장·심장·비장·폐장·신장[肝心脾肺腎]을 말함인데, 오장(五臟)은 땅[地]에 배속된다.

69) 정(貞)은 겨울[冬]을 말함이고, 원(元)은 봄[春]을 말함인데, ≪성리대전(性理大全≫ 이기편(理氣篇) 주자(朱子 : 朱熹)의 말에 「한 해로 말하면 춘·하·추·동(春夏秋冬)의 네 계절[四季節]이 있고, 건도[乾道 : 천리(天理)의 유행(流行)]로 말하면 원·형·이·정(元亨利貞)의 네 성능[四性能]이 있다 [以一歲言之 有春夏秋冬 以乾言之 有元亨利貞].」라고 하였고, 또 「정(貞)이 끝나면 다시 원(元)이 생(生)하는데, 그 무궁(無窮)함이 이와 같다[貞復生元 無窮如此].」라고 하였는데, 이 말에 근거하여 이른 말이라 하겠다.

2) "어금닛소리[牙音] 군(君)자의 첫소리[初聲]는 ㄱ이니, ㄱ이 ㅜㄴ과 더불어 군(君)이 됨이라. 이와 같은 방법으로 다른 초성(어금닛소리 : ㅋㄲㆁ, 혓소리 : ㄷㅌㄸㄴ, 입술소리 : ㅂㅍㅃㅁ, 잇소리 : ㅈㅊㅉㅅㅆ, 목구멍소리 : ㆆㅎㆅㅇ, 반혓소리 : ㄹ, 반잇소리 : ㅿ)들도 된다."70)고 설명하고 있다.

셋째, 중성해(中聲解)에는,
1) 중성은 자운(字韻)의 가운데에 있어71) 첫소리와 끝소리를 합하여 소리[音]를 이루는 것이라 하고, 이의 보기[例]를 보이고 있다.
2) 두 글자 합용[二字合用]의 규정과 한 글자 중성[一字中聲]에 ㅣ가 합한 글자 10개(ㆎ ㅢ ㅚ ㅐ ㅟ ㅔ ㆉ ㅒ ㆌ ㅖ) 및 두 글자 중성[二字中聲]에 ㅣ가 합한 글자 4개(ㅙ ㅞ ㅙ ㆃ)를 설명하고 있다.

넷째, 종성해(終聲解)에는,
1) 종성은 첫소리와 가운뎃소리를 이어서 자운(字韻)72)을 이루는 것이라 하고, 이의 보기를 보이고 있다.
2) 종성은 닿소리에 따라 느리고 빠름[緩急]이 다르므로 평성·상성·거성과 입성은 다르다고 말하였다.

---

70) 첫소리[初聲]인 닿소리[子音]는 17자이나 각자병서(各自並書)한 전탁음(全濁音) 6자를 합하면 23자가 된다. 이 23자모 체계는 ≪동국정운≫에서 채택한 23자모와 일치한다.
71) 첫소리[初聲]와 끝소리[終聲]는 닿소리로 낱내[音節] 형성에서 버금음[副音]이 되는데, 가운뎃소리[中聲]는 홀소리로서 낱내의 으뜸음[主音]이 된다는 뜻이다.
72) 여기에서 말하는 자운(字韻)이란 낱내[音節]라는 뜻이다. 흔히 말하는 운(韻)이란 한 낱내에서 첫소리[初聲]를 제외하고 홀소리로 시작하여 발음되는 부분을 말한다.

3) 불청불탁(不淸不濁)의 글자는 그 소리[聲]가 세지 않으므로 끝소리에 쓰면 평성·상성·거성에 맞으며, 전청(全淸)·차청(次淸)·전탁(全濁)의 글자는 그 소리[聲]가 세므로 끝소리에 쓰면 입성에 마땅한 것이니, ㆁㄴㅁㅇㄹㅿ의 여섯 글자는 평성·상성·거성의 끝소리[終聲]가 되고, 그 나머지는 모두 입성의 끝소리가 된다.[73]

4) 그러나 ㄱㆁㄷㄴㅂㅁㅅㄹ의 여덟 자만으로 종성을 넉넉히 쓸 수 있다.[74]하였다.

5) ㅇ은 소리가 맑고 비었으니, 반드시 종성에 쓰지 아니하여도 종성이 음(音)을 이룰 수 있다 하고[75], ㄷㄴㅂㅁㅅㄹ자의 받침(끝소리) 쓰기의 보기를 보였다.

6) 오음(五音)의 느리고 빠름[緩急]이 각각 절로 상대가 된다 하였다.

7) 반혓소리[半舌音]「ㄹ」은 우리말에나 쓰이지 한자음에서는 쓰이지 않는다 하였다.

8) 그리고 순수 우리말로 된 4개 낱말의 보기를 들었다.

---

73) 중국음에서는 끝소리[終聲]가 k, t, p인 글자를 입성(入聲)이라고 해 왔으므로, 훈민정음 해례 편찬자들도 그 이외의 끝소리는 모두 평·상·거성(平上去聲)이 됨을 말한 것이다.

74) 국어의 닿소리는 첫소리[初聲]에서는 ㄱ과 ㅋ, ㄷ과 ㅌ, ㅂ과 ㅍ, ㅅ과 ㅈ·ㅊ 등이 분별되나 끝소리[終聲]에서는 중화 작용(中和作用)을 일으켜 음운론상 ㄱ과 ㅋ, ㄷ과 ㅌ, ㅂ과 ㅍ, ㅅ과 ㅈ·ㅊ 등이 분별되지 않는다. 훈민정음 본문(예의)에서는 「終聲復用初聲」이라고 하였으나, 해례(解例) 종성해(終聲解)에서는 「八字可足用也」라고 하였다. 이 팔종성(八終聲) 및 칠종성(七終聲)은 그 후 한글 맞춤법 통일안이 제정되기 전까지 많은 문헌에 표기되어 왔다.

75) 동국정운식(東國正韻式) 한자음 표기에서는 가운뎃소리[中聲]로 끝난 한자음에 ㅇ받침[終聲]을 표기했으나(문헌: ≪석보상절≫), ≪월인천강지곡≫의 문장, 그리고 순수한 우리 말 표기에서는 ㅇ받침(끝소리)을 쓰지 않았다.

2. 훈민정음 창제   149

　다섯째, 합자해(合字解)에는,
1) 초성·중성·종성의 세 소리가 합하여야 낱내[音節]를 이룬다는 원칙을 말하였다.
2) 초성·중성·종성이 합하여 낱내를 이룰 때 각각 쓰는 위치를 구체적으로 말하였다.
3) 병서(並書)의 규정, 합용병서(合用並書)와 각자병서(各自並書)의 서법(書法)을 말하였다.
4) 한문자와 우리 글자를 섞어 쓸 때 한자 음에 따라서 중성(곧 ㅣ)이나 종성(곧 ㅅ)으로 보충하는 일이 있음을 보기를 들어 말하였다.
5) 우리말의 평성·상성·거성·입성을 보기를 들어 보였다.
6) 우리말의 사성(四聲)인 평성·상성·거성·입성의 표시는 글자의 왼쪽에 점을 찍어 표시한다 하였다.
7) 중국 한자음의 입성은 거성과 서로 비슷하나, 우리말의 입성은 일정하지 않아서 혹은 평성과 비슷하며 혹은 상성과 비슷하며 혹은 거성과 비슷하다 하고, 이를 하나하나 보기를 들어 설명하되 그 점을 찍는 것은 평·상·거성의 경우와 같다고 말하였다.
8) 사성(四聲)의 성조(聲調)를 설명하였다.76)
9) 초성의 ㆆ과 ㅇ은 서로 비슷하니 우리말에서는 통용할 수 있다고 하였다.
10) 반혓소리[半舌音]에는 가볍고 무거운[輕重] 두 소리[二音]가 있으나 운서(韻書)의 자모(字母)는 한 가지뿐이고, 또 우리나라 말에는 가벼운 소리와 무거운 소리를 가르지 아니하나 다 소리를 이룰 수 있다. 입술 가벼운소리[脣輕音]의 보기에 따라 「ㅇ」을 「ㄹ」아래에 이어쓰면[連書]

---

76) 여기에서는 중국음의 전통적인 사성(四聲)의 성조(聲調)를 설명하는 말을 그대로 인용하고 있다.

반혀가벼운소리[半舌輕音]가 되니, 이는 반혓소리 「ㄹ」도 경중(輕重)이 있음이라 하였다.

11) ㆍ ㅡ 가 ㅣ에서 일어나는 소리[聲, 곧 겹홀소리 ㅣ ㅢ]는 우리나라 말에서는 쓰임이 없으나 아이들의 말이나 변야(邊野)의 말에서 혹 들을 수 있다고 하였다.

12) 그리고 순수 우리말로 된 25개의 낱말의 보기를 들었다.

여섯째, 용자례(用字例)에는, 실지 말을 표기하는 보기를 든 것으로서 초성에 34개 낱말, 중성에 44개 낱말, 종성에 16개 낱말, 도합 94개 낱말을 훈민정음으로 제시하고 있다.

정인지의 해례 서문에는,
1) 천지자연의 소리가 있으면 반드시 천지자연의 글이 있는 법이라는 말을 서두에서 밝히고 있다.
2) 각 나라마다 제각기 제 말에 맞는 글자가 있어야 한다는 것을 말하였다.
3) 우리나라는 예악(禮樂) 문장(文章)이 중국과 견줄 만하나, 한자는 우리 글자가 아니므로 한자를 가지고는 우리말을 적을 수 없다는 것을 말하였다.
4) 신라 설총(薛聰)이 지었다는 이두(吏讀)도 한문 글자를 빌어쓴 것이므로 한자 못지않게 불편하여 훈민정음을 새로 만들었다는 이유를 설명하였다.
5) 정음(正音) 스물여덟 자는 세종대왕께서 세종 25년(1443) 겨울(음력 12월)에 창제하시었는데, 간략한 보기와 뜻을 들어 보이고, 이름을 「훈민정음(訓民正音)」이라 하였다고 하였다.
6) 훈민정음은 꼴을 본뜨되 글자는 옛날의 전자(篆字)를 모방하고 소리

[聲]를 따라서 음(音)을 일곱 가락[七調]⁷⁷⁾에 어울리게 하니, 삼극(三極 : 三才)의 뜻과 이기(二氣 : 陰陽)의 묘함이 다 포괄되어 있다 하였다.
7) 훈민정음은 평이하고 실용적인 글자의 기능을 가지고 있다는 우수성을 여러 각도에서 설명하였다.
8) 세종대왕의 명에 따라 훈민정음 해례 편찬에 참여한 학자는 정인지(鄭麟趾)·최항(崔恒)·박팽년(朴彭年)·신숙주(申叔舟)·성삼문(成三問)·이개(李塏)·이선로(李善老)와 강희안(姜希顔)을 포함하여 8인이라 말하였다.
9) 이 해례는 세종대왕의 명에 따라 자세히 해석을 가하였으므로 스승이 없어도 훈민정음을 스스로 깨닫게 하였으나, 그 깊은 근원과 정밀한 뜻의 묘한 것에 있어서는 편찬자들인 자기들은 능히 나타낼 수가 없다고 하였다.
10) 세종대왕은 하늘이 내신 성인(聖人)으로 제도(制度)와 베푸심이 모든 임금에 뛰어나셨다고 하였다.
11) 세종대왕이 훈민정음을 지으심은 자연에서 이룩하신 창제라 말함과 동시에 세종의 영명한 성덕(聖德)을 기리었다.
12) 끝에 가서 이 해례 서문은 정인지 자신이 세종 28년(1446) 음력 9월 상한(上澣)에 삼가 썼다고 하였다.

이 책을 「해례본」이라 부르는 것은 「실록본」이나 「언해본(주해본)」 등의 다른 진본(珍本)에서는 찾아볼 수 없는 해례(解例)가 실려 있기 때문이다. 그런데 이 책은 발견 당시 표지부터 책의 첫머리 두 장이 낙장(落張)되어 있어 이 낙장된 부분을 보사(補寫)하였는데, 붓으로 쓸 때 실수

---

77) 음악의 일곱 가지 소리[七音]를 말함이니, 곧 궁(宮)·상(商)·각(角)·치(徵)·우(羽)·반상(半商)·반치(半徵)이다.

로 세종대왕의 서문 끝부분인, 「편어일용이(便於日用耳)」를 「편어일용의(便於日用矣)」라고 하여 「이(耳)」자를 「의(矣)」자로 잘못 썼고, 또 구두점(句讀點)도 두 군데나 잘못 찍었다.

그리고 해례편 중성해(中聲解) 결(訣) 서두에 「모자지음(母字之音)」을 「매자지음(每字之音)」의 오자(誤字)로 보기도 하나, 「모자(母子)」란 「자모자(字母字)」로 보면 될 것이다.

이 ≪훈민정음≫의 본문(本文)의 언해(諺解)가 세조 5년(1459)에 발간된 ≪월인석보(月印釋譜)≫ 권두(卷頭)에 실려 전한다. 이 언해본에는 본문(本文) 외에 치두·정치음(齒頭正齒音)의 규정이 덧붙여 있다. 이 언해본의 원간본은 1972년 1월에 발견되어 현재 서강대학교 도서관에 소장되어 있다. 이 서강대학교 소장본과 같은 판으로 보는 박씨본[朴勝彬님 소장본]이 있는데 이 책은 현재 고려대학교 아세아문제연구소 육당문고(六堂文庫)에 소장되어 있다. 이 밖에 선조 원년(1568)에 복각(覆刻)한 희방사본(喜方寺本) 등이 있다.78)

(4) 훈민정음 낱자[字母]의 이름

훈민정음 각 낱자[字母]의 이름에 대하여는 훈민정음 제정 당시의 어떤 문헌에도 나타난 바 없어 그 당시 낱자의 이름이 무엇이었는지 도무지 알 수 없다. 아마 ≪훈민정음≫ 원본에도 명시되지 않은 것으로 보아 세종대왕께서 훈민정음 28자를 만들어내시기만 하고, 그 각 낱자의 이름은 짓지 아니한 것이 아닌가 생각된다.

---

78) 그 밖의 판본(版本)에 대하여는 필자의 졸저 ≪세종대왕과 훈민정음≫(세종대왕기념사업회, 1984. 12. 31) 174~197쪽 또는 ≪훈민정음종합연구≫(세종학연구원, 2007. 3. 30) 261~273쪽 참고.

2. 훈민정음 창제　153

　그런데 한글의 각 낱자의 이름이 문헌에 처음 나타나기는 중종 22년 (1527)에 만들어진 최세진(崔世珍)님의 ≪훈몽자회(訓蒙字會)≫인데, 이 책은 훈민정음이 창제 반포된 지 82년 만의 일이다.

　≪훈몽자회≫에서는 훈민정음 28자를, 「ㆆ」자를 없애고 27글자라 정하고,[79] 닿소리[子音] 열여섯 자에 있어서는, 초성·종성에 두루 쓰이는 여덟 글자, 초성에만 쓰이는 여덟 글자의 두 갈래로 나누고, 홀소리[母音]에 있어서는 중성에만 쓰이는 열한 자라고만 하고 가르지 않았다. 이리하여 닿소리·홀소리 모두 합하여 세 갈래로 나누어 낱자의 이름을 각각 붙이었으니(사실은 낱자의 발음법이다), 이 ≪훈몽자회≫ 범례(凡例)에 기록된 것을 옮겨 적으면 다음과 같다.

```
諺文字母[俗所謂反切二十七字]
　初聲終聲通用八字
ㄱ其役　ㄴ尼隱　ㄷ池末　ㄹ梨乙　ㅁ眉音　ㅂ非邑　ㅅ時衣　ㆁ異凝
　末衣兩字只取本字之釋俚語爲聲
　其尼池梨眉非時異八音用於初聲
　役隱末乙音邑衣凝八音用於終聲
　初聲獨用八字
ㅋ箕　ㅌ治　ㅍ皮　ㅈ之　ㅊ齒　ㅿ而　ㅇ伊　ㅎ屎
　箕字亦取本字之釋俚語爲聲
　中聲獨用十一字
ㅏ阿　ㅑ也　ㅓ於　ㅕ余　ㅗ吾　ㅛ要　ㅜ牛　ㅠ由　ㅡ應 [不用終聲]
ㅣ伊 [只用中聲]·思[不用初聲]
```

---

[79] 「諺文字母　俗所謂反切二十七字」(훈몽자회 범례) 참고.

이제 ≪훈몽자회≫ 범례에 나타난 그 각 낱자의 이름을 보면, 초성(첫소리)·종성(끝소리)에 두루 쓰이는 여덟 글자(ㄱㄴㄷㄹㅁㅂㅅㅇ)는 그 초성으로 쓰인 보기 하나와 종성으로 쓰인 보기 하나를 따서 두 낱내[音節]인 두 자 이름을 짓고, 초성으로만 쓰이는 여덟 자(ㅋㅌㅍㅈㅊㅿㆁㅎ)는 그 초성으로 쓰인 보기 하나만을 따서 한 낱내인 외자 이름을 지었다. 이를테면, 초성·종성에 두루 쓰이는 ㄱ을 「기역(其役)」이라 이름지은 것은, 「기(其)」는 ㄱ이 초성으로 쓰이는 본보기의 하나로 든 것이요, 「역(役)」은 ㄱ이 종성(받침)으로 쓰이는 본보기의 하나로 든 것이다. 초성으로만 쓰이는 ㅋ은 다만 「키[箕]」의 외자로 지었으니, 이는 그것이 초성으로만 쓰이니까 두 자 이름을 지을 필요가 없다고 생각함에서 나온 것이다. 그리고 중성 글자는 제가 가진 음가(音價)가 제 이름이 되었으니, 이도 역시 종성으로만 쓰이는 것과 같이 한 낱내인 외자 이름이다.

이 ≪훈몽자회≫ 이후 학자들에 따라 낱자의 배열순과 이름을 다르게 붙이기도 하였으나, 대체로 최세진님의 ≪훈몽자회≫에 나타난 이름이 종래 세간에 쓰여 왔다.

그리하여 우리가 오늘날 부르고 있는 낱자의 이름은 최세진님의 ≪훈몽자회≫에서 설정한 것에 따라 정한 것이라 할 수 있는데, ≪훈몽자회≫ 범례에서 닿소리 가운데 초성에만 쓰이는 여덟 자라 한 것도 모두 초성과 종성에 두루 쓰이는 다른 여덟 글자와 마찬가지로 받침(종성)으로 쓰이기 때문에 조선어학회(한글학회의 전 이름)에서 「한글 맞춤법 통일안」을 제정할 때에 닿소리는 14자, 홀소리는 10자라 하여 한글의 낱자를 모두 24자로 정하고, 각 낱자의 이름도 모두 두 낱내인 두 자 이름을 붙이었다.

2. 훈민정음 창제

조선어학회에서 제정하여 1933년 10월 29일에 발표한 「한글 맞춤법 통일안」의 낱자 이름과 배열 순서는 다음과 같다.

닿소리(자음)14자 : ㄱ기역 ㄴ니은 ㄷ디귿 ㄹ리을 ㅁ미음 ㅂ비읍 ㅅ시옷 ㅇ이응 ㅈ지읒 ㅊ치읓 ㅋ키읔 ㅌ티읕 ㅍ피읖 ㅎ히읗

홀소리(모음)10자 : ㅏ아 ㅑ야 ㅓ어 ㅕ여 ㅗ오 ㅛ요 ㅜ우 ㅠ유 ㅡ으 ㅣ이

그리고 이들 낱자로써 적을 수가 없는 소리는 두개 이상의 낱자를 어울러서 적는다 하고 ㄲ ㄸ ㅃ ㅆ ㅉ ㅐ ㅒ ㅔ ㅖ ㅘ ㅙ ㅚ ㅝ ㅞ ㅟ ㅢ의 16자를 붙임으로 보였는데, 이 낱자들 가운데 닿소리에 해당되는 된소리[병서자] 다섯 자의 이름은 다음과 같이 정하였다.

ㄲ쌍기역 ㄸ쌍디귿 ㅃ쌍비읍 ㅆ쌍시옷 ㅉ쌍지읒

이와 같이 조선어학회에서 「한글 맞춤법 통일안」을 제정할 때 이름지은 한글의 각 낱자 이름은 한글 맞춤법과 함께 「한글 맞춤법 통일안」 발표 당시부터 민간의 언론기관·출판기관·문인 기타 전 대중의 지지 속에 부르게 되고 그대로 쓰게 되었으며, 1945년 8월 15일 해방 뒤에는 미군 정부에서 「한글 맞춤법 통일안」을 채용하게 되었고, 1948년 8월 15일 우리 정부가 서자 곧 이 「한글 맞춤법 통일안」을 그대로 채용하니, 한글의 낱자 이름도 조선어학회에서 지은 그대로 완전히 확정되어 지금까지 그대로 부르고 있다.

그런데 두 개 이상의 낱자를 어울러서 적은 낱자 가운데 홀소리에 해당되는 병서자 11자의 이름도 1988년 1월 19일자로 문교부에서 확정 고시(문교부 고시 '88-1)한 「한글 맞춤법」에서 정하였으니, 그 이름은 다음과 같다.

ㅐ애 ㅒ얘 ㅔ에 ㅖ예 ㅘ와 ㅙ왜 ㅚ외 ㅝ워 ㅞ웨 ㅟ위 ㅢ의

(5) 훈민정음 이름의 변천

훈민정음(訓民正音)의 창제 반포는 우리 역사를 통하여 영원히 잊을 수 없는 뜻깊은 일이다. 그러나 역사의 진전에는 반드시 해방꾼이 있게 마련이다. 우리말을 적는 우리 글자인 훈민정음의 이름에도 예외는 아니었다. 「훈민정음」으로부터 시작하여 오늘의 「한글」에 이르기까지 온갖 수모를 겪어 왔다. 이제 그 여러 가지로 불리어진 이름을 차례대로 살펴보고자 한다.

훈민정음(訓民正音)이란 세종대왕이 창제한 그 당시는 물론 적어도 그 뒤 세종 재위 동안에는 정부에서 사용한 공식 이름이었던 것이다. ≪세종실록≫ 권제102 세종 25년(1443) 음력 12월 30일 그믐조에,

"이달에 임금이 친히 언문 28자를 지었는데…, 이것을 훈민정음이라고 이른다[是月 上親制諺文二十八字… 是謂訓民正音]."

라고 하였고, 동 실록 권제113 세종 28년(1446) 음력 9월 29일 그믐조에,

"이달에 훈민정음이 이루어졌다. … 계해년(1443년) 겨울에 우리 임금께서 정음 28자를 처음으로 만드시어 간략하게 보기와 뜻[例義]을 들어 보이시고, 이름을 훈민정음이라 하시었다[是月訓民正音成… 癸亥冬 我殿下 創製正音二十八字 略揭例義以示之 名曰訓民正音]."

라고 하였는데, 여기의 앞의 훈민정음은 글자를 만든 원리를 풀이한(곧 반포용으로 펴낸) 책의 이름을 말함이고, 뒤의 훈민정음은 창제된 글자의 이름을 말함이다. 동 실록 권제114 세종 28년 음력 12월 26일조에,

"이조에 전지하여, 금후로는 이과(吏科)와 이전(吏典)의 취재(取材) 때에는 훈민정음도 아울러 시험해 뽑게 하되, 비록 의리(義理)는

2. 훈민정음 창제

통하지 못하더라도 능히 합자(合字)하는 사람은 뽑게 하라고 하였다[傳旨吏曹 今後吏科及吏典取材時 訓民正音並令試取 雖不通義理 能合字者取之]."

라고 하였고, 동 실록 권제116 세종 29년(1447) 음력 4월 20일조에,

"이조에 전지하여, 정통(正統) 9년(1444, 세종 26년) 윤 7월의 교지(敎旨)에, … 먼저 훈민정음을 시험하여 입격(入格)한 이에게만 다른 시험을 보게 할 것이며, 각 관아의 관리 시험에도 모두 훈민정음을 시험하도록 하라고 하였다[傳旨吏曹 正統九年閏七月敎旨…始先試訓民正音 入格者許試他才 各司吏曹取才者 並試訓民正音]."

라고 하였다. 또 세조 5년(1459)에 발간된 ≪월인석보≫ 첫머리에 붙어 있는 언해본도 「훈민정음」으로 되어 있다.

이상 문헌의 기록으로 보아 그 당시 정부에서 부른 공식 명칭은 정음(正音)이나 언문(諺文)이 아닌 「훈민정음」이었음을 알 수 있다.

훈민정음이란 말은, 언해본인 ≪세종어제훈민정음≫에 주석하기를,

"訓은 ᄀᆞᄅ칠 씨오 民은 百姓이오 音은 소리니 訓民正音은 百姓 ᄀᆞᄅ치시는 正ᄒᆞᆫ 소리라."

라고 하였으니, 이는 곧 「백성을 가르치는 바른 소리」란 뜻이다. 소리와 글자의 개념은 엄연히 다르지마는, 창제된 글자가 한자(漢字)처럼 뜻을 나타내는 뜻글자가 아니고 소리를 적는 소리글자이다. 음(音)은 머릿속에 저장된(갈무리된, 기억된) 사람의 말소리이므로 글자를 미루는 것이니, 소리[音]는 곧 글자인 것이다.

원본인 ≪훈민정음≫ 해례본이나 ≪훈민정음≫ 언해본은 바로 이 이름을 그대로 쓴 책들이고, 그 밖에도 여러 문헌에서 이 명칭은 많이 쓰

여지고 있다.

  훈민정음을 줄여서 「정음(正音)」이라고도 하는데, 이 이름은 정인지의 훈민정음 해례 서문에,

    "정음 스물여덟 자[正音二十八字]"

라고 하였고, ≪석보상절≫ 서(序)에,

    "쏘 正音으로써 곧 因ᄒ야 더 翻譯ᄒ야 사기노니[又以正音으로 就加譯解ᄒ노니]."

라고 하였으며, ≪월인석보≫ 서(序)에,

    "두 글워를 어울워 釋譜詳節을 밍ᄀ라 일우고 正音으로 翻譯ᄒ야 사름마다 수비 알에 ᄒ야[爰合兩書ᄒ야 撰成釋譜詳節ᄒ고 就譯以正音ᄒ야 俾人人이 易曉케ᄒ야]."

라고 하였다.

  언문(諺文)이란 이름은 훈민정음 창제 때부터 최근까지 쓰이던 것으로 아직까지 나이 많은 늙은이에게서 들을 수 있다. 세종 시대의 문헌을 보면, ≪세종실록≫ 권제102 세종 25년 음력 12월 30일 그믐조에,

    "언문 스물여덟 자[諺文二十八]."

란 말이 나오고, 동 실록 권제103 세종 26년 음력 2월 16일조에,

    "집현전 교리(集賢殿校理) 최항(崔恒), 부교리(副校理) 박팽년(朴彭年), 부수찬(副修撰) 신숙주(申叔舟)·이선로(李善老)·이개(李塏), 돈녕부 주부(敦寧府主簿) 강희안(姜希顔) 등에게 명하여 의사청(議事廳)에 나아가 언문(諺文)으로 운회(韻會)를 번역하게 하였다"

고 하였다. 또 동 실록 권제103 세종 26년 음력 2월 20일자 기록인 집

2. 훈민정음 창제

현전 부제학 최만리 등의 상소문에, 「언문(諺文)」이라는 낱말이 무려 21개나 나오며, 동 실록 권제114 세종 28년 음력 10월 10일조에,

"임금이 대간(臺諫)의 죄를 일일이 들어 언문으로 써서, 환관(宦官) 김득상(金得祥)에게 명하여 의금부와 승정원에 보이게 하였다"

고 하였고, 동 실록 권제119 세종 30년(1448) 음력 3월 28일조에,

"상주사(尙州使) 김구(金鉤)를 역마로 불렀다. 김구는 상주사가 된 지 반 년도 못 되었는데, 집현전에서 어명을 받들어 언문으로 사서(四書)를 번역하게 하였다."

고 하였으며, 동 실록 권제121 세종 30년 음력 7월 27일조에,

"좌의정 하연(河演) 등을 빈청(賓廳)에 불러, 환관 김득상과 최읍(崔浥)으로 하여금 언문서(諺文書) 두어 장을 가지고 오게 한 뒤, 사신(史臣)을 물리치고 비밀히 의논하였다."

고 하였고, 동 실록 권제114 세종 28년 음력 11월 8일조에는,

"언문청(諺文廳)을 설치하였다."

고 하였다. 그리고 또 ≪훈민정음해례≫ 합자해(合字解)나 종성해(終聲解)에도,

"한자[文]와 우리 글자[諺]를 섞어 쓸 적에는 한자음[字音]에 따라서 중성이나 종성으로써 깁는 일이 있으니, 「孔子ㅣ」「魯ㅅ:사룸」따위와 같은 것이다[文與諺雜用則有因字音而補以中終聲者 如孔子ㅣ魯ㅅ:사룸之類]." --- 합자해

"첫소리 ㆆ과 ㅇ은 서로 비슷하여 우리말에서는 두루 쓰이는 것이다[初聲之ㆆ與ㅇ相似 於諺可以通用也]." --- 합자해

"ㅅ은 우리말[諺語]로 「·옷[衣]」의 종성(끝소리)이 되며, ㄹ은 우리 말로 「:실[絲]」의 종성이 되는 따위와 같은 것이다[ㅅ如諺語·옷爲衣 ㄹ 如諺語:실爲絲之類]." --- 종성해

라고 하였다. 이러한 것으로 보아 「언(諺)」이란 「우리글」, 「우리말」의 뜻으로 쓰인 것을 알 수 있다.

언문(諺文)과 비슷한 이름으로 「언서(諺書)」라고도 했으니, 이 이름은 한문을 「진서(眞書)」라고 부른 데 대하여 우리글을 「언서(諺書)」라 한 것이다. 문헌에 나타나기는 이수광(李晬光 : 1563~1628)의 ≪지봉유설(芝峰類說)≫에,

"우리나라 글자[諺書]의 자양(字樣)은 모두 범자를 본받은 것이다[我國諺書字樣 全倣 梵字]."

라고 하였다. 또 「언자(諺字)」라고 한 기록도 있으니, ≪세종실록≫ 권제 126 세종 31년 음력 10월 5일조에,

"어떤 사람이 언자(諺字)로 벽 위에다 쓰기를, 하 정승(河政丞: 河演)아, 또 공사를 망령되이 하지 말라[人有以諺字書壁上曰 河政丞 且休妄公事]."

고 하였고, 이익(李瀷)의 ≪성호사설(星湖僿說)≫ 제16권 인사문 언문에,

"우리나라의 언자(諺字)는 세종 28년인 병인년에 처음 지었다[我東諺字 刱於世宗朝 丙寅]."

고 하였으며, 이규경(李圭景)의 ≪오주연문장전산고(五洲衍文長箋散稿)≫에,

"천하 만국에 각각 그 나라의 글[書]이 있으나 … 모두가 우리나라 언자(諺字)의 간이(簡易)하고 이효(易曉)함만 같지 못한 것이다

[天下萬國 各有其國之書…俱不如我 東諺字之簡易易曉也])80).''

라고 하였다. 그런데 이 「언자(諺字)」라는 이름은 문헌에만 나타나 있을 뿐 입말[口語]로는 별로 쓰인 것 같지 않다.

반절(反切)이란 연산주(燕山主) 이후부터 민간에 전하여 유행되기도 하였는데, 문헌의 기록으로는 최세진(崔世珍)님의 ≪훈몽자회≫ 범례(凡例) 중에,

"언문자모(諺文字母) 속소위반절이십칠자(俗所謂反切二十七字)."

라고 하였다. 또 이규경(李圭景)의 ≪오주연문장전산고≫ 제17집 경사편(經史編) 경전류(經傳類) 2 소학(小學) 훈고(訓詁) 반절 번뉴 변증설(反切翻紐辨證說)에서는 「번절(翻切)」이라 한 것을 볼 수 있다.81) 이는 훈민정음을 반절식(번절식)으로 맞추어 쓰임에서 생긴 이름인 듯하다.82) 「반절」이란 한자의 두 자음(字音)을 반씩 따서 한자음을 표시하는 방식을 뜻한다. 이를테면, 「동(東)」자의 음은 「덕(德)」의 초성 「ㄷ」과 「홍(紅)」의 중성과 종성 「옹 : ㅗ ㅇ」을 합쳐서 「동(東)」이 되는 것이므로 「德紅反」 또는 「德紅切」이라고 표시하였다.

「암클」이란 이름으로 쓰여지기도 하였으니, 이것은 선비가 아닌 부녀자들이나 쓰는 글이란 뜻에서 나온 말인 듯하다.

「창살글자」라고 불리어졌다고도 하는데 이는 세종대왕께서 창살을 보고 만드셨다고 하는데서 나온 말이다.

「중글」이란 이름도 있는데, 이는 절간의 승려들이 한글을 가지고 불

---

80) 최현배 : 앞든 책 51쪽에서 다시 인용한 것이다.
81) 필자 앞든 책 ≪세종대왕과 훈민정음≫ 171쪽 주18 참고.
82) 필자 윗 책 ≪세종대왕과 훈민정음≫ 172쪽 주19 참고.

경도 번역하고, 신도들에게 교리도 가르쳤다고 하여 「중들의 글자」란 뜻에서 비롯된 듯하다.

「상말글」이란 이름도 있는데, 이는 한문은 양반이 쓰는 글이고 한글은 상놈들이나 쓰는 글이란 뜻에서 생긴 이름인 듯하다.

「국문(國文)」이란 이름으로 쓰였다. 앞에서 본 바와 같이 우리 글자는 지난날 멸시를 당하면서 수세기 동안 푸대접을 받았다. 그러다가 근대화의 물결이 일기 시작한 고종 31년(1894) 음력 6월 22일(양력 7월 24일) 갑오경장(甲午更張) 이후 공문서와 고시에 한글 쓰기의 법제화가 되었는데, 그 첫 단계 때에는 외국의 나라 이름·땅 이름·사람 이름은 한글로 적기로 한 법령이 갑오년 음력 7월 9일에 공포되어 실시되었으며, 이 법령에 「국문(國文)」이라고 쓰이었다. 이때의 모든 법령에는 「국문」 또는 「본국문(本國文)」으로만 사용되었다.[83] 이 이름은 뒤에 말본책 이름에도 사용되었으니, 리봉운(李鳳雲)의 ≪국문정리(國文正理)≫와 주시경(周時經)의 ≪국문문법(國文文法)≫(필사) 등이 그것이다.

「가갸글」이란 이름으로 쓰여지기도 하였는데, 이 이름은 한글의 차례벌림 「가갸거겨고교구규그기」로 되었다고 해서 부르게 된 것이다. 더구나 오늘날 우리가 「한글날」이라 이름하여 기념하는 최초의 한글날의 이름은 「가갸날」이라 정하여 1926년 음력 9월 29일(양력 11월 4일) 처음 기념식을 올리고 1927년까지 「가갸날」로 계속되다가 1928년도부터 「가갸날」을 「한글날」로 고쳤다.

또 「아문(我文)」·「본문(本文)」·「우리글」·「조선글」·「한국글」·「배달글」·「한자(韓字)」란 이름으로 쓰이기도 하였다.

---

[83] 이응호 : ≪개화기의 한글 운동사≫(성청사 1975. 2) 10쪽, 101쪽 참고.

2. 훈민정음 창제   163

　이상과 같이 우리나라 글자인 훈민정음의 이름은 여러 가지 이름으로 다양하게 불리다가 「한글」이란 이름으로 통일되었다.

　「한글」이란 이름은 훈민정음 창제 반포 이후 세종대왕의 정신을 그대로 이어 받아 우리 말글 연구와 그 보급 및 계몽에 가장 큰 업적을 남긴 주시경(周時經)님이 지어 쓰기 시작한 데에서 비롯된 것이나, 현재 남아 있는 최초의 기록으로는 ≪한글모죽보기≫에 「배달말글몯음[朝鮮言文會]」을 「한글모」라 한 기록(1913년 4월)이 있고, 신문관(新文館) 발행의 어린이 잡지 ≪아이들보이≫(1913년 9월 5일 창간)의 끝에 가로글씨 제목으로 「한글」이란 것이 있다.84) 이 이름이 일반화하게 된 것은 「한글학회」 전신인 「조선어연구회」(1921년 12월 3일 창립)에서 1927년 2월 8일 창간한 기관지 ≪한글≫을 발행한 데 이어 또 훈민정음 반포 8주갑(週甲) 병인년(丙寅年 : 1926) 음력 9월 29일을 반포 기념일로 정하여 「가갸날」로 명명한 뒤, 1928년에는 「가갸날」을 「한글날」85)로 고쳐 부르게 되면서부터이다. 그러나 공식으로 인정받기는 1946년 10월 9일 「한글날」이 공휴일로 제정되면서부터라 하겠다. 그런데 이 「한글날」은 1991년 10월 9일부터 공휴일에서 제외되어 법정기념일로만 되었다가 2005년 국경일로 제정되어 이 해 12월 29일 법률 제7771호로 공포되었다.

　「한글」이란 말의 「한」은 「바르다」・「하나」・「큰」・「으뜸」이라는 뜻이다.

　「한글」에 대하여 최현배님은 ≪한글의 바른 길≫(우리말 1937년 2월 8일) 제1장 「한글 운동(運動)」의 유래에서,

---

84) 최현배 : 앞든 책 52쪽 및 필자 지음 ≪말본사전≫ 668쪽 참고.
85) 한글학회편 ≪한글학회 50년사≫ 6~8쪽 및 필자 지음 윗 책 668~669쪽 참고.

"한글의 「한」은 「一」이요, 「대(大)」이요, 또 「정(正)」이며, 「글」은 곧 소리글이니, 한글은 곧 훈민정음(訓民正音)을 뜻하는 것이다. 그리하여, 「한글」로서 종래(從來)에 나즈리보고서 부르던 이름 「언문(諺文)」을 대신하는 순 조선말이다.

첫째, 한글은 바른 글(正音)이니, 모든 것이 법에 맞도록 정리(整理)되어야 할 것이요, 다음에 한글은 큰 글이니, 늙은이나 젊은이나, 사내나 계집이나, 어른이나 어린이나, 귀(貴)한 사람이나 천(賤)한 사람이나, 다 마찬가지로 이 글을 알아야 할 것이요, 끝으로, 한글은 하나된 글이니, 세계(世界)에서 첫째가는 글이요, 또 조선에서는 한가지로 쓰혀야 할 것이다. 이러하여, 정리(整理)와 보급(普及)과 통일(統一)의 세 가지는 실(實)로 한글의 근본의(根本義)가 되는 것이니, 한글 운동(運動)은 실(實)로 이 한글의 근본의(根本義)를 실현(實現)하게 하는 운동(運動)이다."

라고 하였다.

한글에 대하여 이윤재(李允宰)님은 말하기를,

"역사를 상고하면 조선 고대 민족이 환족(桓族)이며, 나라 이름이 환국(桓國)이었습니다. 「환」의 말뜻은 곧 「한울」입니다. 조선 사람의 시조 단군(檀君)이 한울로써 명칭이 된 것입니다. 그래서 「환」은 「한」과 같은 소리로 「한울」의 줄인 말이 되었고, 그만 「한」이란 것이 조선을 대표하는 명칭이 된 것입니다. 고대에 삼한(三韓)이란 명칭도 이에서 난 것이요, 근세에 한국(韓國)이란 명칭도 또한 이에서 난 것입니다. 또 「한」이란 말의 뜻으로 보아도 「크다[大]」・「하나[一]」라 「한울[天]」이란 말로 된 것입니다. 이러한 의미로 우리글을 「한글」이라 하게 된 것입니다. 한글의 「한」이란 겨레의 글, 「한」이란 나라의 글, 곧 조선의 글이란 말입니다."[86)]

라고 하였다. 이러한 것으로 볼 때 「한글」이란 우리글을 「언문(諺文)」 등 여러 이름으로 낮추어 부른 데 대해, 정당한 우리말 표기 글자란 뜻으로 권위를 세워 준 이름이다. 그러므로 이 「한글」이란 이름은 세종대왕께서 처음 글자를 지으시고 「훈민정음」이라 명명하신 정신과 통하는 것이다.

위에서 말한 바와 같이 여러 가지 이름으로 불리어졌으나, 정부에서 공식으로 정하여 부른 이름은 「훈민정음」・「국문」・「한글」이라 하겠다.

(6) 훈민정음 글자체

우리나라 한글 글씨는 훈민정음이 창제된 때부터 비롯되니, 한글 글씨의 역사는 오백 사십 팔년 전부터라 하겠고, 훈민정음 글자체의 본 꼴은 ≪훈민정음≫ 원본에 나타내 보이는 한글의 낱자(자모)와 낱내 글자들의 글자체라 하겠다.

세종대왕은 원래 호학(好學)의 임금으로서 경사(經史)와 음운학(音韻學)뿐 아니라 예술 분야에도 남달리 뛰어나신 분이라 글자를 창제할 때에 다른 나라 글자를 참고하지 아니하였다고는 할 수 없는 일이다. 그러므로 인도의 옛적의 팔리(Pali)글자・범자(梵字)・서장글자[西藏文字]・몽고의 파스파 글자[八思巴文字]・한자(漢字) 그 밖에 여러 가지의 글자가 한글 창작의 참고 재료가 되었을는지 모른다. 그 중에서도 한자의 옛 글자가 본보기가 되었다 함은 사승(史乘)이 이를 증명하고 있다.[87]

---

86) 이윤재(李允宰):「한글 강의(一講 : 한글의 말뜻)」≪신생(新生)≫ 2권 9호(1929년 9월 1일) 14쪽 - 이응호:≪개화기의 한글 운동사≫ 13쪽에서 다시 인용하였다.
87) 최현배 : 앞든 책 631쪽 참고.

≪세종실록≫ 권제102 세종 25년 음력 12월 30일 그믐조에,

"그 글자는 옛날의 전자[古篆]를 모방하였다[其字倣古篆]."

라고 하였고, 정인지의 ≪훈민정음≫ 해례 서문에,

"꼴을 본뜨되 글자는 옛날의 전자[古篆]를 모방하였다[象形而字倣古篆]."

라고 하였으니, 꼴 본뜸이 제자의 원리이고, 고전 모방은 제이차적 의도, 혹은 부수적 결과라고 할 수 있다.88)

그러므로 모양이 몇몇 글자(낱자)를 빼어 놓고는 대개가 직선과 직선과의 교차(홀소리 글자만은 그 근본에서는 직선과 둥근 점과의 교차)인데, 흔히는 직각스런 교차로 되면서 그 글자의 선획이 굵게 모가 져 있으며, 그 닿소리 글자(자음 글자)와 홀소리 글자(모음 글자)가 서로 맞춰 이루어진 낱내 글자(음절 글자)는 간단하거나 복잡함을 막론하고 항상 정사각형 안에 균형 있게 미적인 감각을 보이면서 짜여져 있다. 또 낱소리 글자를 가지고 낱내 글자를 만들도록 되었을 뿐 아니라 글씨 쓰는 방식에서 범서(梵書)와 몽고(蒙古) 문자가 왼쪽으로 돌아서 오른쪽을 향하는데 반하여 훈민정음은 한자와 같이 오른쪽으로 돌아서 왼쪽으로 향하고 있으니,89) 이는 한자를 모방하되 한문 서체(漢文書體) 중에서도 예술성이 강한 전자체(篆字體)의 선획을 모방하였다고 할 수 있다.

서체의 변천상을 살피기 위해서는 문헌과 금속물 및 간찰 등을 통하여 아는 방법이 있겠으나 공교롭게도 한글 창제 당시의 한글 글씨 관계 자료로 현존하는 것이 문헌 밖에 없으므로 필자는 문헌만을 자료로 삼

---

88) 최현배 : 앞든 책 628쪽 참고.
89) 필자 앞든 책 172~173쪽 주28 참고.

2. 훈민정음 창제   167

아 살피기로 한다.

훈민정음 창제 이후 세종대왕 당시 발간된 문헌으로서 현존하는 한글 문헌은 각판본(刻板本)인 ≪훈민정음≫을 비롯하여 ≪용비어천가≫·≪석보상절≫·≪월인천강지곡≫·≪동국정운≫ 등이다. 따라서 한글 글씨의 뿌리는 이들 책에서 찾을 수밖에 없는데, 그들 책에 실려 있는 글씨체는 두 종류로 분류할 수 있으니, 필자는 이를 「훈민정음 반포체」와 「훈민정음 실용체」라 부르기로 한다. 그리고 이 글씨체의 설명에 앞서 서체의 변천 과정을 틀로 보이고 그 표에 따라 글자체 별로 약술하고자 한다.

한글 글자체의 변천 도표는 다음과 같다.

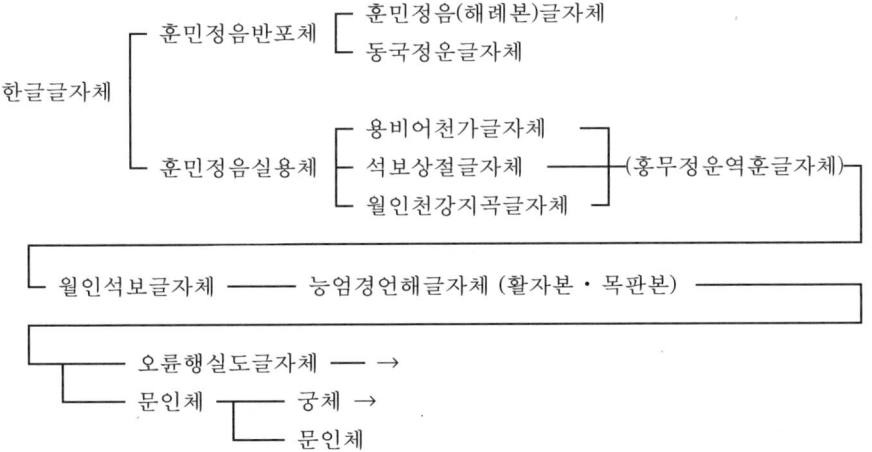

(6-1) 훈민정음 반포체

오늘날까지 알려진 훈민정음 판본(板本)⁹⁰⁾은 크게 나누어 한문본(漢文本)과 언해본(諺解本)이 있다 하겠으나, 여기에서 말하는 반포체(頒布體)란 한문본 중에서 실록본(實錄本)이 아닌 ≪훈민정음 해례본≫에 실린 한글 낱자(자모)와 낱내 글자(음절문자)들의 글자체를 말함이다. 이 글자체는 훈민정음 반포 당시의 글자체로서 우리 글자인 한글 글자체의 효시라 할 수 있다. 그런데 이와 같은 자양(字樣)과 글자체는 세종대왕 당시 우리나라 한자음의 정리를 위하여 편찬 발간한 운서(韻書)인 ≪동국정운≫의 낱자 및 낱내 글자의 자체 형식과 동일하니, 그 판각(板刻)의 동일성을 짐작할 수 있으므로, 원본 ≪훈민정음≫의 글자체는 제작 당시의 모든 원칙과 정신을 다 포용한 훈민정음 글자에 대한 완전한 자체의 규범을 보여주는 판본형(板本型)이라 부를 수가 있다.

훈민정음의 글자 체계가 낱내 글자를 이루는 구조에서 볼 때, 앞에서 말한 바와 같이 몇 낱자를 빼어놓고는 대개 직선된 선획(線畫)의 직각이 되는 교차나 원점(圓點)의 부가로 이루어지는 자체이기 때문에, 사람이 눈으로 보기에는 결자(結字)로 된 전획(篆畫)의 뼈대가 한문 서체에서 아름다움을 자랑하는 전자체(篆字體)의 미(美)를 다분히 지닌 서격(書格)을 드러내 보이고 있으므로 한글 서체상으로 볼 때에 진수(珍秀)하다 하겠다. 다만, 이 판본형은 서각(書刻)할 때 필력(筆力) 그대로 살리지 않고 인쇄 활자로서의 구실을 다하기 위하여 각(刻)에 충실하였기 때문에 필체(筆體)가 원형대로 살아나지 않고 도식화(圖式化) 되어 좀 생동감이 저하되었음과 글자를 붓으로 쓰거나 판각(板刻)하기에는 여간 불편한 것이 아니라는 생각이 드나, 인쇄체로서의 예술미란 한문 어느 글자체의 글자보다도 격조 높은 체라 말할 수 있다.

---

90) 훈민정음의 판본에 대하여는 필자 앞든 책 174~197쪽 참고.

(6-2) 훈민정음 실용체

훈민정음을 창제 반포할 때에 창제자인 세종대왕과 창제자시 도운 이들은, 또 글자 창제의 뜻을 살려 서예(書藝)로서의 예술성을 살리면서 실용적인 면을 고려하지 않을 수 없었을 것이라 여겨진다. 그리하여 연구 끝에 실용 자체(實用字體)의 판본형(板本型)을 하나 더 고안해 내게 되었던 것이다. 그 원형을 보이는 판본(板本)으로는 ≪용비어천가≫와 ≪석보상절≫ 및 ≪월인천강지곡≫들이 바로 그것이다.

이 문헌들에서는 한글체가 일부 실용적인 방향으로 변하여, 반포체의 판본인 ≪훈민정음≫이나 ≪동국정운≫에서는 소릿점[聲點, 傍點]과 홀소리 글자「ㅗ ㅏ ㅜ ㅓ ㅛ ㅑ ㅠ ㅕ」들까지도「·」형을 지키고 있었던 것이, 이들 문헌에서는 소릿점과 홀소리 글자「·」단독 글자만이 원형(圓形)이고, 그 밖에 초출자(初出字)·재출자(再出字)는 모두「ㅗ ㅏ ㅜ ㅓ ㅛ ㅑ ㅠ ㅕ」자와 같이 선획화(線畵化) 되었다.

이 한글체는 반포체의 정신과 서예로서의 예술미를 살리면서 인쇄를 위한 활자로서의 구실도 생각하였기 때문에 글자를 붓으로 쓰거나 각수(刻手)가 판각(板刻)하는데 있어서도 많은 불편을 덜게 되었다고 본다. 이 체도 인쇄를 위하여 만든 활자체이므로 도식화(圖式化) 되어 좀 생동감이 저하된 느낌은 드나 반포체와 함께 아주 격조 높은 한글체라 하겠다.

또한 ≪용비어천가≫·≪석보상절≫·≪월인천강지곡≫에서 소릿점과「ㄱㄴㄷㄹㅁㅂㅅㆁㅇㅿ돌숣죽」의 글자와 같이 홀소리 글자인「·」자 단독만이라도 권점(圈點)을 유지하던 것이 단종(端宗) 3년(1455)에 간행된 ≪홍무정운역훈≫에서는 소릿점과 홀소리 글자「·」가 권점(圈點)에서 비점형(批點形)의 사선(斜線)으로 바뀌어지고, 모든 닿소리와 홀소리 글자의 선획이 거의 완전한 실용자체인 한문의 예서(隸書)·해서체(楷書體)의 형식으로 흐려졌다. ≪홍무정운역훈≫ 이후인 세조(世祖) 5년 (1459)에 발간된 ≪월인석보≫는 ≪홍무정운역훈≫의 자형(字形)을 답습하여 소릿점과 홀소리 글자 「·」가 비점형으로 됨은 물론 모든 낱자(자모) 자체가 다음 보기와 같이 좀 더 실용 자체(實用字體)로 되었다.

ㄱㄴㄷㄹㅁㅂㅅㅇㅅ들슬죽…

이 ≪월인석보≫의 자형(字形)은 그 뒤 세조 7년(1461)에 발간된 ≪능엄경언해≫(을해자본)와 동왕 8년(1462)에 발간된 ≪능엄경언해≫(목판본)로 이어지게 된 것이다.

≪능엄경언해≫의 자형은 이후 소릿점과 함께 그대로 인쇄물에 답습되어 오다가 연산주(燕山主) 때에는 정음(正音) 서적을 불태우기도 하고 언문(諺文)을 쓰지 못하게 하고, 심지어는 쓰는 것을 알면서도 고발하지 않는 사람까지도 죄를 주었으니, 이 사건은 국어(國語)·국자(國字)는 물론 인쇄문화와 한글 서체(書體) 발전에 큰 영향을 미치게 된 것으로 판단된다.

중종조(中宗祖)에 이르러 국어·국자의 연구가 문인(文人)들에 의해 다시 일기 시작함에 한문체인 행서(行書)·초서체(草書體) 형식의 문인체(文人體)가 생겨나고, 또 한호(韓濩)에 의해 우리 고유의 궁체(宮體)가 싹트다가 임진(壬辰)·병자호란(丙子胡亂)의 큰 국난을 맞아 결정적인 타격을 받게 되니, 이 양난 이후부터 우리글에 소릿점이 없어질 뿐 아니라 우리 문화의 모든 분야에 있어서 침체의 시기는 상당히 계속된다.

그러다가 실학사상(實學思想)이 대두한 숙종조(肅宗祖)를 거쳐 영정조(英正祖)에 이르러 국문학(國文學)이 발양(發揚)되니 이때에 이르러 늦게나마 뜻있는 선각 학자나 서예가 및 교육자들에 의해 한글의 문자적 가치는 물론, 그 한글 글자체의 조형적인 아름다움과 예술적 창조성을 인정받아 사랑을 받으며 갈고 닦여져 궁체(宮體)와 문인체(文人體) 같은 예술 서체를 이룩함과 아울러 출판물의 인쇄활자도 현대화 되면서 광복을 맞게 되었던 것이다.

우리 국민들은 광복과 더불어 인식도 달라져, 한글은 당당하게 제자리를 잡게 됨으로써 60년이 지난 현재의 학술서나 신문, 잡지 등 각종 출판물에 있어서 한글 전용화에 이르렀음은 물론, 서예 분야에 있어서도 순수한 한국서예인 한글서예도 거의 주름을 잡을 정도로 자리 잡게 되었음으로 한글 서예인이 수천 명에 달할 뿐만 아니라 한글서예 작품도 판본체・궁체・문인체・문인화・전각 등으로 나누어 전시회를 개최하게 되었으며, 21세기 최첨단 정보기기에 걸맞는 다양한 인쇄활자체도 개발되어 활용화되고 있다.

(7) 훈민정음의 기원설

세종대왕에 의해 제정 및 반포된 훈민정음, 곧 한글의 글자 모양이 어떠한 원리에 의해서 초성(初聲 : 닿소리) 17자, 중성(中聲 : 홀소리) 11자가 저러한 꼴로 만들어졌는지, 이에 대하여는 그동안 옛날부터 여러 학자들이 관심을 갖고 여러 가지 자기네들 나름대로 설명을 붙여 왔으니, 이를 하나하나 살펴보고자 한다.

(7-1) 고전 기원설(古篆起原說)

≪세종실록≫ 제102권 세종 25년(1443) 음력 12월 30일 그믐 조에,

"이달에 임금이 몸소 언문(諺文) 28자(字)를 지었는데, 그 글자는 고전(古篆)을 모방하였고, 초성(初聲)・중성(中聲)・종성(終聲)으로

나누어 합한 연후에야 글자를 이룬다. 무릇 문자(文字)에 관한 것과 우리말에 관한 것을 모두 쓸 수 있고, 글자는 비록 간단하고 요약되었지마는 전환(轉換)하는 것이 무궁하니, 이것을 훈민정음(訓民正音)이라고 이른다."

라고 하고, 정인지의 ≪훈민정음≫ 해례 서문에서도

"글자는 고전을 모방하였다[字倣古篆]."

라고 하였으니, 이는 훈민정음이 중국 옛 글자인 고전(古篆)을 본받았음을 말해 주는 유력한 고전 기원설이다.

세종대왕 때 집현전 부제학 최만리 등의 훈민정음 반대 상소문에서도,

"설혹 말하기를, 언문(諺文)은 모두 옛 글자를 본받은 것이고 새로 된 글자가 아니라 하지만, 글자의 형상은 비록 옛 전자(篆字)를 모방하였다 할지라도 소리로써 글자를 합하는 것이 모두 옛 것에 반대되니, 실로 의거할 때가 없사옵니다.[91]"

라고 하였으니, 이는 중국 옛 글자를 모방하였음을 시인하는 것이라 할 수 있다.

이덕무(李德懋 : 1741~1793)도 그의 ≪청장관전서(靑莊館全書)≫ 제54권 훈민정음(訓民正音) 조에,

"훈민정음에 초성(初聲)·종성(終聲)이 통용되는 8자는 다 고전(古篆)의 형상이다. ㄱ「고문(古文)의 급(及)자에서 나온 것인데, 물건들이 서로 어울림을 형상한 것이다.」 ㄴ「익(匿)자에서 나온 것인데, 은(隱)과 같이 읽는다.」 ㄷ「물건을 담는 그릇 모양인데, 방(方)자와

---

91) ≪세종실록≫ 권제103 세종 26년 2월 20일조 참고.

같이 읽는다.」 ㄹ「전서(篆書)의 기(己)자이다.」 ㅁ「옛날의 위(圍)자이다.」 ㅂ「전서의 구(口)자이다.」 ㅅ「전서의 인(人)자이다.」 ㅇ「옛날의 원(圓)자이다.」 또 ㅣ「위 아래로 통하는 것이니, 고(古)와 본(本)의 번절이다.」 **번절(翻切)**「세속에서는 언문(諺文)으로 반절(反切)이라 하여 반(反)자를 배반한다는 반(反)자로 읽고 반절(反切)의 반(反)자 음(音)이 번(翻)인 줄은 알지 못한다. 1행(行)에 각각 11자이다.」 모두 14행(行)인데 글자를 좇아 횡(橫)으로 읽으면 「가(可)·나(拿)·다(多)·라(羅)의 유(類)와 같다.」 자연히 범주(梵呪)와 같다. 대체로 글자의 획은 전주(篆籒)보다 더 좋은 것이 없으니, 성인(聖人)이 아니면 어떻게 여기에 참여할 수 있었겠는가?"

라고 하여 고전 기원설을 세웠으나, ≪세종실록≫의 글이나 정인지의 ≪훈민정음≫ 해례 서문에서는 구체적으로 이러한 설명이 전혀 없으니, 이 이덕무님의 설명은 믿을 수가 없다. 훈민정음 초성의 「ㄹ」과 전서(篆書)의 「기(己)」가 글자 모양이 비슷하고, 「ㅅ」과 전서의 「인(人)」이 글자 모양이 비슷하다고 해서, 바로 그것을 모방하였다고 단정하여 말하기는 어려운 일이다. 이는 단순한 우연의 일치에 불과하여 유기적 관련성이 없으므로 그 일치에 아무 의미를 발견할 수 없다.

그러므로 ≪세종실록≫에 나타난 글이나 정인지의 ≪훈민정음≫ 해례 서문의 글의 뜻은 훈민정음이 바로 고전(古篆) 글자에서 왔다는 것이 아니라, 꼴을 본떠서[象形] 글자를 만들어 놓았는데 그 상형(象形)한 것이 고전의 글자와 비슷한 모양이 되었다는 것으로 해석해야 한다고 생각한다.[92]

---

92) 허웅 : ≪한글과 민족문화≫ 66쪽 참고.

(7-2) 범자 기원설(梵字起原說)

성현(成俔 : 1439~1504)은 ≪용재총화(慵齋叢話)≫ 제7권에서,

"세종께서 언문청(諺文廳)을 설치하여 신숙주(申叔舟)·성삼문(成三問)들에게 명하여 언문(諺文)을 짓게 하니, 초·종성(初終聲)이 8자, 초성(初聲)이 8자, 중성(中聲)이 12자였다. 그 글 자체는 범자(梵字)에 의해서 만들어졌으며, 우리나라와 다른 나라의 어음 문자(語音文字)로써 표기하지 못하는 것도 모두 막힘없이 기록할 수 있었다."

라고 하여, 글 자체는 범자(梵字)에 의해서 만들어졌다고 최초로 말하였고, 이수광(李睟光 : 1563~1628)은 ≪지봉유설(芝峰類說)≫에서,

"우리나라 언서(諺書)는 글자 모양이 전적으로 범자를 본떴다[我國諺書字樣全倣梵字]."

라고 하여, 역시 범자 기원설을 주창하였다. 황윤석(黃胤錫 : 1729~1791)은 ≪운학본원(韻學本源)≫에서,

"우리 훈민정음의 연원(淵源)은 대저 여기에 근본하였으되, 결국 범자의 범위 내에서 벗어나지 않는다."

라고 하였다. 이능화(李能和)는 ≪조선불교통사(朝鮮佛敎通史)≫(1932년간)에서 언문(諺文) 글자법[字法]이 원래 범자(梵字)에 근원한 것임을 말하고, 범자(梵字)와 언문 글자[諺字]의 꼴과 소리가 서로 비슷한 것 몇 가지를 들어 보이었다.

(7-3) 몽고 파스파문자 기원설(蒙古八思巴文字起原說)

2. 훈민정음 창제

이익(李瀷 : 1681~1763)은 ≪성호사설(星湖僿說)≫ 제16권 인사문(人事門) 언문(諺文) 조에서,

"우리나라의 언문 글자는 세종조 28년(병인년)에 지었다. 대개 소리가 있으면 이에 대한 글자가 없는 것이 없다. 사람들은 말하기를, 창힐(倉頡)과 태사주(太史籒) 이후로 처음 있는 일이라 하였다.

원(元)나라 세조(世組) 때에 파스파(八思巴)가 불씨(佛氏)의 유교(遺敎)를 얻어 몽고(蒙古)의 글자를 만들었는데, 평·상·거·입(平上去入)의 네 가지 음운(音韻)으로써 순(脣)·설(舌)·후(喉)·치(齒)·아(牙)·반순(半脣)·반치(半齒) 등 칠음(七音)의 모자(母字)로 나누어 무릇 소리가 있는 것은 하나도 빠뜨림이 없었다.

무릇 중국의 글자는 형상을 주장하므로 사람들이 손으로 전하고 눈으로 볼 수 있는데, 몽고의 글자는 소리를 주장하므로 사람들이 입으로 전하고 귀로 듣게 되어 있다. 그러나 형상이 전혀 없으니, 또 어찌 능히 없어지지 않겠는가? 이제 그 자세한 내용을 얻어 볼 길이 없는 것이다.

만약 규례를 미루어 문자를 만들었더라면 천하 후세에까지 통용되어 우리나라의 언문(諺文)과 같은 공효가 있었을 것이니, 생각컨대, 명(明)나라 초엽에는 반드시 그 법규가 남아 있었을 것이다.

우리나라에서 언문을 처음 지을 때에는 궁중[禁中]에 관서를 차리고 정인지(鄭麟趾)·성삼문(成三問)·신숙주(申叔舟) 들에게 명하여 찬정(撰定)하게 하였다.

이때에 명나라의 학사(學士) 황찬(黃瓚 : 원문에는 이름자가 鑽자로 되어 있음)이 죄를 짓고 요동으로 귀양 왔었는데, 성삼문들로 하여금 가서 묻게 하였으니, 왕복이 무릇 13차에 이르렀다는 것이다. 그러나 추측하건대, 이제 언문이 중국의 문자와 판이하게 다른데 황

찬과 무슨 관련이 있었겠는가?

이때는 원나라가 멸망한 지 겨우 79년이니, <몽고의 문자가> 반드시 남아 있었을 것이며, 황찬이 우리에게 전한 것은 아마도 이것(몽고 문자) 밖에 다른 것은 없었을 것이다.

살피건대, 고려 충렬왕(忠烈王) 때 공주(公主 : 고려로 시집온 원나라 세조의 딸)가 <조비(趙妃)의> 총애를 투기하여 위굴글자[畏吾兒字]로 편지를 써서 원나라로 보냈는데, 이것은 남들이 알지 못하게 하고자 함이다. ≪사기(史記)≫에는, 「위굴의 글자는 곧 회골(回鶻)의 글이다.」라고 하였다.

우신행(于愼行)은, 송(宋)나라 가정(嘉定) 3년(1210)에 위굴국[畏吾兒國]이 몽고(蒙古)에 항복했으니, 이것은 당(唐)나라 때의 고창(高昌) 땅이요, 감주(甘州)에 있는 서역(西域) 나라 이름이며, 불교를 신앙하는 자다. 파스파의 전한 바에 이미 불교에 의거하여 몽고의 글자를 지어 원나라 시대에 통용했다고 하였으니, 공주(公主)가 사용한 글자는 이 글이 아니고 무엇이겠는가? 그런즉 이제 언문자[諺字]는 꼴은 다르지만 뜻은 같았을 것이다.

무릇 중국의 문자는 소리[音]는 있으나 문자로써 형용할 수 없는 것이 반이 넘는다. 입술과 혀와 목구멍과 이를 여닫아 맑고 흐린 음성이 입에 따라 다른데, 무슨 까닭으로 이를 형용하는 문자가 혹은 있고 혹은 없는가?

이제 언문은 반・절(反切 : 두 글자의 음을 따서 한 음을 이루는 것)이 무릇 14모음이며, 모음만 있고 절(切)은 없는 것이 또한 네 가지이니, 세속에서 이른바 입성(入聲)이 이것이다. 그 혀를 윗잇몸에 붙이는 한 가지 소리는 우리나라에도 또한 글자가 없으며, 침(侵)・담(覃)・염(鹽)・함(咸) 4운(韻)은 진(眞)・문(文) 등과 절(切)이 동일하다.

　우리나라의 이른바 입성(入聲)이 중국에는 없는데, 다만 아(兒)·이(二) 두 자가 있으며, 소(蕭)·효(爻)·우(尤) 3운(韻)은 모두 한 자에 두 음이 되니, 이는 이해할 도리가 없다.

　생각컨대, 오호(五胡)의 난리 후에 원위(元魏)를 거쳐 중국의 음이 북방의 음으로 모두 변하여 그런 것이 아니겠는가? 우리나라의 습속이 서도(西道)에 흐린 음성이 많고, 도성 가운데 반촌(泮村 : 성균관(成均館)을 중심으로 그 근처에 있는 동네를 일컫는 말)이 또한 그러하며, 북도의 백성이 제주로 옮겼으므로, 그 음성이 북도와 비슷하니, 이로써 증험할 수 있다.

　서역(西域)의 문자는 음성[音]이 갖춰지지 않은 것이 없으나, 옥(屋)·옥(沃) 이하 입성(入聲) 17운(韻) 밖에는 아마 별다른 음성이 없을 것이니, 황찬에게서 얻은 것이 이와 같은 유이다. 그런즉 이것이 파스파(八思巴)의 끼친 뜻임을 또 알 수 있는데, 후일에 나온 것이 더욱 공교하다고 할 만하다.

　다만 그 글자의 꼴이 전혀 의의(意義)가 없고 오직 1점 2점으로써 분별하는데, 1점은 모두 혀끝에서 나와 정음(正音)이 되고, 2점은 모두 혀의 우편에서 나와 편음(偏音)이 되는 것이다. 그러나 그 처음의 범례는 이제 상고할 길이 없다."

라고 하여, 몽고 문자 기원설을 세웠다. 유희(柳僖 : 1773~1837)는 ≪언문지(諺文志)≫에서,

　"훈민정음 15초성(初聲)은 우리나라 세종대왕이 사신(詞臣)에게 명하여 몽고 문자의 모양에 의하여 지은 것으로 명(明)나라 학사(學士)인 황찬(黃瓚)에게 질문하여 제작한 것이다."

라고 하고, 또 같은 책 끝에서,

"언문(諺文)은 비록 몽고 문자[蒙古字]에서 기원(起原)하여 우리 나라에서 이루어진 것이지만 실로 세간에서 가장 정묘(精妙)한 작품이다."

라고 하여, 훈민정음의 몽고 글자 기원설을 인정하고 있다.

(7-4) 그 밖의 기원설

서장문자(西藏文字) 기원설, 팔리(Pali) 문자 기원설, 고대 문자(古代文字) 기원설, 상형(象形) 기원설, 태극사상(太極思想) 기원설, 악리(樂理) 기원설 등이 있다.93)

이상과 같이 한글의 근원이 어디에 있는가 하는 문제가 그렇게도 구구하여 정론이 없었는데, 다행히 1940년 7월에 경상북도 안동군 와룡면 주하리 이한걸(李漢杰)님의 집에서 훈민정음을 반포하던 그때의 원본인 ≪훈민정음≫ 해례본이 나타나게 되자 훈민정음의 제자 원리는 한결 명백하게 되었다.

(8) 훈민정음 반포 직후의 보급책

(8-1) 세종의 훈민정음 보급책

세종대왕은 비범한 창의와 부단의 열성과 확호(確乎)한 신념으로써 고유문자인 훈민정음을 창제 반포하셨다. 그러나, 백세(百世)를 통찰하시며 전체를 달관(達觀)하시는 자애(自愛)의 눈과 명철(明哲)의 슬기는 다만

---

93) 최현배 : 앞든 책 604~633쪽, 김윤경 : ≪한국문자급어학사≫ 207~243쪽 참고.

그 창제 및 반포로써 만족하지 아니하시고, 훈민정음의 타고난 천직(天職)과 이상을 이루어 내게 하고자 이 훈민정음의 건전한 피어남을 위하여, 보수주의자들의 반대를 무릅쓰고 훌륭한 보급책을 세웠다.

(8-1-1) 문학적 방면에 관한 노력—≪용비어천가≫·≪석보상절≫·≪월인천강지곡≫—

세종대왕은 궁중에 언문청(諺文廳:正音廳이라고도 함)을 설치하여[94] 그 당시의 언어학자로 하여금 훈민정음을 연구하게 하는 한편, 훈민정음을 아직 반포하기도 전에 권제(權踶)·정인지(鄭麟趾)·안지(安止) 등에게 명하여 ≪용비어천가(龍飛御天歌)≫를 짓게 하였는 바, 세종 27년 (1445) 4월 5일(무신)에 완성하여 올리니, 이를 판에 새겨 발행하기를 명하였다.[95] ≪용비어천가≫는 조선 건국의 위대함과 그 어려웠음을 그리고, 그것이 천명에 의해 이루어졌다는 점을 강조하고 있다. 여기에서는 제1장과 제2장의 가사를 보이기로 한다.

  海東 六龍이 ᄂᆞᄅᆞ샤 일마다 天福이시니 古聖이 同符ᄒᆞ시니 --- 제1장
  [해동(海東:우리나라)의 여섯 성인이 날으시어서, 〈그 행동하신〉 일마다 천복(天福)이시니, 〈그러므로〉 고성(古聖)이 동부(同符)하시니.]
  불휘 기픈 남ᄀᆞᆫ ᄇᆞᄅᆞ매 아니 뮐ᄊᆡ 곶 됴코 여름 하ᄂᆞ니
  ᄉᆡ미 기픈 므른 ᄀᆞᄆᆞ래 아니 그츨ᄊᆡ 내히 이러 바ᄅᆞ래 가ᄂᆞ니 --- 제2장
  [뿌리가 깊은 나무는 바람에 아니 흔들리므로, 꽃 좋고 열매도 많으니, 샘이 깊은 물은 가물음에 아니 그치므로, 내가 이루어져 바다에 이르니.]

≪용비어천가≫는 전 10권 125장으로 되어 있는데,[96] 아직 훈민정음

---

94) ≪세종실록≫ 권제114, 세종 28년(1446) 11월 8일(임신)조 참고.
95) ≪세종실록≫ 권제108 참고.

을 반포도 하기 전에 이러한 거대한 시(詩)를 지어 새 글자로 표기한 것으로 보면, 대왕은 이 글자에 대해 얼마나 자신을 가졌던가를, 그리고 이 정책에 대해 얼마나 신념을 가지고 추진했던가를 우리는 알 수 있다.

세종 28년(1446) 3월 24일(신묘), 바로 훈민정음 반포 5, 6개월을 앞두고 왕비(王妃) 소헌왕후(昭憲王后)가 수양대군(首陽大君) 제택(第宅)에서 별세하였다.[97] 대왕은 매우 슬퍼하여, 그 명복을 빌기 위하여 수양대군(세조) 등에게 석가모니의 가보(家譜)를 편찬하라 하였다. 수양대군은 부왕의 명을 받들고 세종 29년(1447) 7월 25일(을묘) ≪석보상절(釋譜詳節)≫을 만들어 바쳤는데,[98] 이것이 정음(正音)으로 된 최초의 산문 문헌이다.

세종대왕은 새로 만든 정음으로써, 먼저 ≪용비어천가≫를 짓게 하여, 운문의 표본을 보이고, 다시 이어 ≪석보상절≫을 만들게 하여, 산문의 표본을 보였으니, 이로써 이 글자는 완전히 실용 단계에 들어가게 된 것이다.

세종 25년(1443) 12월에 완성시켜, 불과 1년 6개월도 안 된 27년(1445)에는 ≪용비어천가≫를 짓고, 그 2년 뒤인 세종 29년(1447)에는 다시 ≪석보상절≫을 만들었으니, 대왕이 이 글자의 완성을 위하여 얼마나 정력을 쏟았는지 가히 짐작할 수 있다.

처음 글자를 만들어 쓴 겨레의 문장이라고는 도저히 생각할 수 없는,

---

96) ≪용비어천가≫ 해제에 대하여는 필자의 졸고 「용비어천가 해제」(≪세종학연구≫ 4. 65~70쪽, 세종대왕기념사업회, 1989. 12)와 필자의 졸저 ≪한글문헌 해제≫(세종대왕기념사업회, 2003. 9. 30) 250쪽을 참고.
97) ≪세종실록≫ 권제111 참고.
98) 석보상절 서(釋譜詳節序)에 「정통 12년(正統十二年) 7월 25일에 수양대군(首陽大君) 휘(諱) 서(序)ᄒᆞ노라」라고 하였다.

유창하고도 아름다운 문체로 서술되어 있으니, 당시의 문화 수준을 가히 짐작할 수 있다.

　세종대왕은 수양대군 등이 지어 바친 ≪석보상절≫을 보고, 종교적 감응을 이기지 못하여, 이 내용을 노래로 불렀으니, 이것이 바로 ≪월인천강(月印千江：月印千江之曲)≫이다(세종 29년에 된 것으로 생각됨). 우선 이 책 이름부터가 약간 기이한데, 그 설명을 보면, 「부처가 백억 세계에 화신(化身)하여 교화(敎化)하심이 달이 일천 강에 비치는 것과 같으니라.」[99]라 하고 있다. 달은 부처의 본체를 비유한 것이고, 일천 강은 백억 세계를 비유했으며, 강에 비친 달그림자는 부처의 화신을 비유한 것이다. ≪월인천강지곡≫은 상·중·하의 세 권으로 되었으며, 지금 남아 있는 것은 그 중의 상권 하나뿐이다.

　그러나 세조 5년(1459)에 나온 ≪월인석보(月印釋譜)≫[100]에 들어 있는 월인천강곡의 부분으로써, 그 나머지를 대강 짐작할 수 있으니, 모두 600곡(曲)에 가까운 거대한 노래이었던 것으로 추측된다.

　≪월인천강지곡≫은 앞에서도 말한 바와 같이, ≪석보상절≫을 받아 보신 대왕이 그 내용을 노래로 읊은 것인데, ≪석보상절≫과 ≪월인천강지곡≫을 비교해 보면 그 글 쓰는 방법에 두 가지의 큰 차이가 있음을 발견하게 된다.

　첫째, ≪석보상절≫에는, 임자씨(체언)와 토, 또는 풀이씨(용언)의 줄기(어간)와 씨끝(어미)를 구별한 데가 보이지 않는다. 그러나 ≪월인천강지

---

99) 월인석보(月印釋譜) 권1에 「부톄 百億 世界예 化身ᄒ야 敎化ᄒ샤미 ᄃᆞ리 즈믄 ᄀᆞᄅᆞ매 비취요미 곧ᄒ니라」라고 하였다.
100) 어제월인석보 서(御製月印釋譜序)에 「천순 3년(天順三年) 기묘(己卯) 7월 7일 서(序)」라고 하였다.

곡≫에 있어서는 「일이시나, 눈에, 무슴을(마음을)」과 같이, 그것을 구별하여 표기한 보기가 많이 보인다. 이것은 현대식 맞춤법에 가까와진 방법이다.

둘째, ≪석보상절≫에서는 한자어는 모든 한자로 쓰되, 그 밑에 ≪동국정운(東國正韻)≫에서 제정한 한자음을 달아 놓았다. 그 보기를 들어 보면,

如영來링, 太탱子중, 時씽節졇, 妻청眷권

과 같이 표기되어 있는데, ≪월인천강지곡≫에서는 한자와 훈민정음의 자리를 바꾸어, 정음을 크게 본문으로 쓰고, 그 밑에 작은 글자로 한자를 달아 놓았다. 그리고 이 경우에 종성(終聲)의 「ㅇ」은 아주 없애 버리었다. 그 보기를 들어 보면,

셰世존尊, 즈子식息, 남男녀女, 즁衆싱生

과 같이 표기되었다.

이 두 가지 사실은 우리에게 매우 중요한 일을 일깨워 준다.

그 첫째, 맞춤법을 현대 맞춤법에 가깝도록 했다는 것은, 세종대왕의 문법적인 언어 분석의 지식이 다른 사람(이를테면, ≪용비어천가≫나 ≪석보상절≫의 작자)들보다 앞서 있었다는 것을 보여 주는 것이다. 다른 사람들은 「눈에」의 두 말이 따로 떨어진 다른 말임을 잘 인식하지 못하고서 그저 발음대로 「누네」로 적었는데, 대왕은 이것을 「눈」과 「에」의 두 말로 분명히 분석해 내고서, 적는 데에도 이러한 분석 방법을 반영시키고 있는 것이다.

뿐만 아니라, 대왕은 풀이씨의 줄기와 씨끝도 분명히 분석하여 보이고 있으니, 이를테면,

안아, 안ᄋ시니이다 <기 241>, 즈ᄋ며 <기 423>, 담아 <기 4> …
와 같고, 또 「ㅈ ㅌ ㅍ ㅿ」 따위 받침까지 사용하고 있다.

   낮과 <기 16>, 곶 우희 <기 211>, 세 낱 붚 <기 40>,
   딮동 <기239>, 깊거다 <기 249>, ᄀᆞᆶ업슬씨 <기 26> …

  이것은 바로 현대 맞춤법 그대로이다. 한글학회[101]에 의해 1933년 10월 29일에 가서야 비로소 정리된 우리나라 맞춤법의 기반이 이미 세종대왕 때에 대왕에 의하여 만들어진 것이다. 그런데도 우리나라 사람들은 근 500년 동안을, 이 위대한 선각자의 뒤를 따라 그것을 계승 발전시키기는커녕, 갈수록 퇴보만 거듭하여 왔으니, 우리는 정말 못난 후손들이었다.

  그 둘째, ≪용비어천가≫에서는 한자어는 한자만으로 표기하고 거기에다 훈민정음으로 음을 달지 않았는데, ≪석보상절≫에서는 한자에다 죄다 정음으로 음을 달아, 올바른 한자의 음을 일반이 알도록 하였다.

  그런데 ≪월인천강지곡≫에 이르러서는 이러한 표기 방법에도 한 큰 혁신이 일어나고 있다.

  ≪월인천강지곡≫에서 한자의 음을 앞에 크게 본문으로 내세우고, 그 밑에 한자를 조그마하게 달아 두었다는 것은, 한자어 표기마저 훈민정음으로 해야겠다는 투철한 신념을 가지지 않았다면 가능한 일이 아니다. 한자를 그 밑에 달아 둔 것은, 말하자면 오늘날 괄호 안에다 넣어 둔 셈이다.

---

101) 한글학회의 이름이 고쳐진 순서를 보이면, 「조선어 연구회」(1921. 12. 3~1931. 1. 10) → 「조선어 학회」(1931. 1. 10~1949. 9. 5) → 「한글학회」(1949. 9. 5~현재)와 같다.

여기에 우리는 대왕의 이 글자에 대한 자신의 정도를 알 수 있다. 거듭 말하거니와 대왕은 한자어마저 정음으로 표기하려 했던 것이다.

이것은 바로 한글 전용의 정신이다. 500여 년 전, 세종대왕은 이미 한글 전용의 자세와 신념을 가지고 있었던 것이다.

그런데 훈민정음이 창제 반포된 지 500년 하고도 반세기가 다 되도록 아직까지 한글 전용의 시비가 그칠 줄을 모르고 있으니, 이 얼마나 안타까운 일인가?

≪용비어천가≫·≪석보상절≫·≪월인천강지곡≫은 우리글로 된 우리말 표기의 최초의 문헌들인데, 이것은 모두 문학적으로도 가치 있는 시가(詩歌)와 산문이다. 따라서 우리는 여기에서 진정한 민족의 문학에 접할 수 있게 된 것이다.

(8-1-2) 조선 한자음의 표준음 제정과 중국음 표기 체계의 확립—≪동국정운≫·≪홍무정운역훈≫—

세종대왕은 한자음 정리 통일에 손을 대기 시작하여, 세종 29년(1447) 9월에 ≪동국정운(東國正韻)≫을 완성시키고,[102] 그 다음 해인 세종 30년(1448) 10월 17일(경오)에는 이를 각도와 성균관 및 사부학당(四部學堂)에 반사하였다.[103] 그리하여 ≪석보상절≫에서부터 모든 한자에는 훈민정음으로 음을 달게 되었다.

이제 ≪동국정운≫의 음운 체계를 대충 살펴보면 다음과 같다.

첫째, 초성으로는 23자모(字母 : 초성을 나타내는 한자)로 결정하였으

---

102) ≪세종실록≫ 권제117 참고. 필자의 졸저 ≪한글문헌 해제≫(세종대왕기념사업회, 2003. 9. 30) 84~87쪽을 참고.
103) ≪세종실록≫ 권제122 참고.

니, 이것은 결국 훈민정음의 초성 체계와 같다.

 어금닛소리에 : ㄱ ㅋ ㆁ ㄲ
 혓 소 리 에 : ㄷ ㅌ ㄴ ㄸ
 반 혓 소 리 에 : ㄹ
 입 술 소 리 에 : ㅂ ㅍ ㅁ ㅃ
 잇 소 리 에 : ㅈ ㅊ ㅅ ㅉ ㅆ
 반 잇 소 리 에 : ㅿ
 목구멍소리에 : ㆆ ㅎ ㅇ ㆅ

와 같이 23 초성을 쓰고 있다.

 둘째, 종성으로서는, ㄱ ㆁ ㄹ ㄴ ㅂ ㅁ ㅇ ㅸ 들이 쓰이고 있다.

 세째, 중성으로서는 순국어의 음운과 특이한 점을 별로 발견할 수 없으나, 한자「詮(쳔), 慧(ᆒ)」에 쓰인「ᆑ, ᆒ」가 보인다.

 또 세종대왕은 중국말을 부려 쓸 줄 알게 하기 위하여 ≪홍무정운역훈(洪武正韻譯訓)≫을 편찬하게 하였는데,[104] 이것이 단종 3년(1455) 중춘(仲春)에 가서 비로소 간행되었다.[105]

 이리하여 우리나라 역사상 최초로 중국어의 정확한 발음을 표기한 운서가 생겨나게 된 것이다.

(8-1-3) 정치적 방면의 실용 장려

 세종대왕은 세종 28년(1446) 10월 10일(갑진),

---

104) ≪세종실록≫ 권제103, 세종 26년(1444) 2월 16일(병신) 조 참고.
105) 홍무정운역훈 서(洪武正韻譯訓序) 참고.

"대간(臺諫)의 잘못[罪]을 일일이 들어 언문(諺文)으로 적어 환관(宦官) 김득상(金得詳)으로 하여금 의금부(義禁府)와 승정원(承政院)에 보내 보이게 하였다."106)

라고 하였으니, 이는 세종대왕께서 훈민정음을 9월에 반포하시고, 그 다음달 10월에 몸소 이를 정무의 실제에 사용하실 뿐 아니라, 백관들도 이를 알아보도록 하셨으니, 이는 곧 공문서에 훈민정음을 썼음을 알겠다. 또 세종대왕은 세종 28년(1446) 12월 26일(기미), 이조(吏曹)에 전지(傳旨)하기를,

"금후로는 이과(吏科)와 이전(吏典)의 취재(取材) 때에는 훈민정음(訓民正音)도 아울러 시험해 뽑게 하되, 비록 의리(義理)는 통하지 못하더라도 능히 합자(合字)하는 사람은 뽑게 하라."107)

고 하였으니, 이는 곧 과거(科擧) 과목에 훈민정음을 넣었음을 알겠다.

(8-1-4) 한문 문헌의 번역

세종대왕은 훈민정음으로써 유교 경전인 사서(四書) 등을 번역하게108) 하는 한편, 불교 경전도 문종과 세조에게 번역하게 하였다109)

이 밖에 경제적 방면에도 훈민정음을 실용하였다 하니, 이는 곧 세종조의 별돈[別錢] 「효뎨례의」 돈의 주조이다.110) 이 정음으로 된 「효뎨례의(孝悌禮義)」를 주조하였다는 것은 정음을 돈처럼 소중히 여기라 함이

---

106) ≪세종실록≫ 권제114 참고.
107) ≪세종실록≫ 권제114 참고.
108) ≪세종실록≫ 권제119, 세종 30년 3월 28일(계축)조 참고.
109) ≪남명집언해(南明集諺解)≫ 하권에 실린 한계희(韓繼禧) 발문과 강희맹(姜希孟) 발문 참고.
110) 최현배 : 앞든 책 65쪽 참고.

요, 각층 사회로 쉬지 않고 돈처럼 널리 돌아 널리 퍼지라 함이요, 정음으로 「효데례의」를 백성에게 가르치어 국민도덕을 고취하고자 함에 있다 하겠다.

(8-2) 세조의 훈민정음 보급책

세조는 부왕의 유교(遺敎)를 받들어 먼저 세종 때에 만들어졌던 ≪석보상절≫과 ≪월인천강지곡≫을 합하여, 새로 책을 엮어 이름을 ≪월인석보≫라 하여 발간하는 한편, 간경도감(刊經都監)을 두어서 여러 가지 불교 경전을 국역하여 간행하였으니,111) 그 간행된 불교 경전을 들어 보면,

≪능엄경언해(楞嚴經諺解)≫(세조 7, 8), ≪묘법연화경언해(妙法蓮華經諺解)≫(세조 9), ≪선종영가집언해(禪宗永嘉集諺解)≫(세조 10), ≪아미타경언해(阿彌陀經諺解)≫(세조 10), ≪금강반야바라밀경언해(金剛般若波羅蜜經諺解)≫(세조 10), ≪반야심경언해(般若心經諺解)≫(세조 10), ≪원각경언해(圓覺經諺解)≫(세조 11), ≪몽산화상법어약록언해(蒙山和尙法語略錄諺解)≫(세조 13), ≪사법어언해(四法語諺解)≫(세조 13), ≪목우자수심결언해(牧牛子修心訣諺解)≫(세조 13)

등이니, 실로 방대한 불경이 우리말로 번역되었던 것이다.

그리고, 세조 때에는, 급한 병에 대한 응급 치료의 방법(민간요법)을 기술한 ≪구급방언해(救急方諺解)≫를 출판하였다(세조 12). 또 세조는 훈민정음을 과거 과목에 넣기도 하였으니(세조 5년), 곧 문과(文科) 초장(初場)에 훈민정음과 ≪동국정운≫을 넣어 세종의 정책을 계승하였다.

---

111) 필자 졸고 「남명집언해 해제」(≪세종학연구≫ 3, 81~85쪽, 1988. 12. 31) 참고.

(8-3) 성종의 훈민정음 보급책

성종도 세종의 유교(遺敎)에 따라 세조가 번역하다 다 이루지 못한 일을 계속 이어받아, 불교 경전인 ≪금강경삼가해(金剛經三家解)≫(성종 13), ≪남명집언해(南明集諺解)≫(성종 13), ≪오대진언(五大眞言)≫(성종 16) 등을 간행하기에 이르렀다. 이러한 불경의 번역 사업은 세종대왕의 영묘한 도리[神道]를 문종과 세조를 비롯한 성종의 지극한 충성과 효도[大忠 大孝]로 계술(繼述)함이라 하겠다.

한편 민중 교화를 위하여서는 수신서의 국역도 중요하였다.

이미 세종대왕 때(세종 16년)에, 부자·군신·부부 사이의 떳떳한 도리[삼강(三綱)]를 권장하기 위하여 ≪삼강행실도(三綱行實圖)≫를 3권 3책으로 펴내었는데, 이것은 훈민정음이 되기 전에 만든 것이라 그림과 한문만으로 기록되었던 것이다.

성종 때(성종 12년)에 이르러 이것을 한 책으로 줄여 정음으로 언해하여 일반 대중의 교화에 도움이 되게 하였다.

여자의 수신서로는 ≪내훈(內訓)≫이 있다. 나라가 일어나고 망하는 것이나, 한 집안이 잘 되고 못 되는 것이나, 남편이 성공하고 성공하지 못하는 것은, 여자의 힘에 달려 있는 경우가 많은데, 우리나라 여자들은 성인의 도리를 닦을 기회가 적으니, 이래서야 나라나 집안이 잘 되어 갈 리 없는 일이다.

성종의 생모(生母)인 덕종비(德宗妃) 소혜왕후(昭惠王后 : 인수대비(仁粹大妃))는 이러한 상황을 염려하여, ≪소학(小學)≫·≪열녀(烈女)≫·≪여교(女敎)≫·≪명감(明鑑)≫의 네 책에서 부녀 훈육(婦女訓育)에 필요한 대목을 친히 가려 7장(章)으로 나누어 엮어서 ≪내훈≫이라 부르고, 이를 한문 모르는 사람도 알 수 있게, 정음으로 번역해서 널리 펴내었으니, 이것이 성종 6년(1475)이었다.

성종은 또 중국 문학의 정확한 이해와 보급을 위해서, 당(唐)나라 두보(杜甫)의 시(詩)를 모조리 번역하게 하였으니, 이것이 ≪분류두공부시언해(分類杜工部詩諺解)≫인데, 모두 25권으로 성종 12년(1481)에 완성하여 출판된 것이다.

성종 24년(1493)에는 음악의 원리를 기술한 ≪악학궤범(樂學軌範)≫을 저술하였는데, 이 책에는 「동동(動動)」・「정읍사(井邑詞)」・「정과정(鄭瓜亭)」・「처용가(處容歌)」 등 고려 및 조선 초기의 가요가 정음으로 기록되어 있으니, 이것은 구전해 오던 가요가 우리글로 정착된 것으로서, 이 또한 국문학사상의 특기할 일이다. 특히 국문가사에는 방점이 없는 것이 주목된다.

이 밖에 ≪연주시격(聯珠詩格)≫(성종 14), ≪황산곡시집(黃山谷詩集)≫(성종 14)과 의약서인 ≪향약집성방(鄕藥集成方)≫(성종 19)을 번역하여 펴내었는데, 이 책들은 아깝게도 지금 전해지지 않고 있다.

3. 국어학 연구의 침체시기

세종대왕은 훈민정음의 제작과 그 해설서를 짓게 하여 훈민정음을 반포로써 만족하지 아니하시고, 이 훈민정음의 건전한 피어남을 위하여 용의주도(用意周到)한 보급책을 세워 보급 발전에 노력하신 바, 언어와 문학적 방면을 위시하여 조선 한자음의 정리, 중국음 표기 체계의 확립, 한문 문헌의 번역 등 학술적인 것으로부터 정치적 방면의 실용 장려 등에 이르기까지 미치지 않은 데가 없었다.

세종이 승하(세종32년 2월 17일)하고 문종을 거쳐 단종 때에 정변(政變)으로 인한 많은 집현전 학사들의 소실과 학술기관인 집현전(集賢殿)의 폐지(세조 2년 6월 2일 사육신 사건 발생, 동왕 동년 동월 6일〈갑진〉집현전을 파함), 당시 정권 교체에 따른 한학자들의 득세로 인한 지도자의 새로운 국어 정책의 부재 등으로 세조 이후는 실제적인 어학연구가 부진 상태에 있었으며, 다만 한문 문헌의 번역만은 성종조까지 그런대로 계속 간행되었으니, 한문 문헌의 번역만이라도 계속된 까닭은 세종대의 훈민정음 보급 방안의 일환으로 이미 착수하였거나, 계획하였던 관계로 언해서가 그런대로 간행되었던 것이다. 그러나 16세기에 들어서면서부터 그 보급에 더 큰 장애가 생겨났으니, 연산주(燕山主)의 훈민정음 사용 금지가 바로 그것이다.112) 그리하여 그 영향이 17세기말까지 계속되다가 실학(實學)의 영향을 받아 국어학에서도 문자(文字)와 음운(音韻)에 대한 연구가 다시 일어났다.

그러한 상황 속에서도 외교 관계상 중국말을 비롯한 인접 이웃나라말

---

112) 훈민정음의 보급지연의 이유를 이와 같은 사실을 인정하지 않고 다음과 같은 이유만을 들고 있는 이도 있으나, 이는 전체를 보는 각도가 다른데서 빚어진 결과라고 하겠다.
① 당시의 지식층에게는 신문자 훈민정음이 그렇게 절실한 문제가 아니었다. 그들에게는 훈민정음이 아니라도 능히 의사를 표시할 수 있는 한문이 있었다.
② 당시의 유학자들은 신문자 훈민정음을 그저 한자음을 올바르게 표기할 수 있는 주음문자(注音文字) 정도로 밖에 인식하고 있지 않았으며, 한자학습(漢字學習)이나 중국자음학습(中國字音學習)을 돕는 보조문자처럼 여긴 면이 짙었던 사실이다.
③ 신문자 훈민정음은 창제되면서부터 불경번역(佛經飜譯)에 이용되어 당시 불교를 구수(仇讐)와 같이 여기고 있던 유학자들에게 더욱 환영을 받지 못한 것으로 보인다. 이리하여 모처럼만에 국어 자체의 표기문자가 생겼건만 그 보급은 지지부진이었던 것이라고 하였다.

3. 국어학 연구의 침체 시기   191

의 교육은 꾸준히 계속되었다. 외국말에 있어서도 특히 중국말 교육만은 더 신경을 썼기 때문에 이 분야에 관한 업적은 여럿이 있으나, 그 중에서도 중종(中宗) 때에 중국어 학자인 최세진(崔世珍)님의 여러 업적은 교육적 차원에서 큰 공헌이라 하겠으며, 뜻있는 선비들에 의해 시가문학이 발전된 것이나, 명맥만이나 이은 언해 사업(초간은 주로 실용적인 문헌이고, 중간이나 복간이 위주임)은 다행이라 하겠다.

(1) 연산주의 악정과 훈민정음

훈민정음이 창제 반포된 뒤 세종대왕의 훌륭한 보급 정책과 세종 이후의 임금들이 세종의 정신을 어느 정도 이어 받아 그런대로 자라나고 피어나다가 연산주(燕山主) 때에 이르러 박해와 구축(驅逐)을 당하게 되었다.

성종(成宗)의 맏아들로 태어난 연산주 융(㦕)은 즉위 후 초기에는 녹도(鹿島)에 침입한 왜구를 격퇴하고, 문신(文臣)의 사가독서(賜暇讀書)를 복행(復行)하며, 상평창(常平倉)을 설치하여 빈민을 구제하는 등의 업적을 이룩하였으나, 후기에 와서는 음탕하고 방자함이 아주 심하여, 조금도 문정(文政)에 뜻을 두지 아니하게 되었다.

(1-1) 훈민정음 사용 금지령

연산주는 즉위 초기에는 비교적 원만하게 정치를 하였으나, 후기에 와서, 특히 연산주 10년(1504)에는 훈민정음에 대하여 비상한 폭압을 가하였으니, 그 일부를 보이면 다음과 같다.

《연산군일기》 권52, 10년 4월 1일(임진) 조에는,

 "또 전교하기를, 대궐 문 안에 언문이 들락거리지 못하게 하되, 병

조에서 검문 핵실하도록 하라."113)

라고 하였고, ≪연산군일기≫ 권54, 10년 7월 20일(무신) 조에는,

"전교하기를, 어제 예궐하였던 정부(政府)・금부(禁府)의 당상(堂上)을 부르라. 또 앞으로는 언문을 가르치지도 말고 배우지도 말며, 이미 배운 이도 쓰지 못하게 하며, 모든 언문을 아는 자를 한성(漢城)의 오부(五部)로 하여금 적발하여 고하게 하되, 알고도 고발하지 않는 이는 이웃 사람을 아울러 죄주라. 어제 죄인을 붙잡는 절목(節目)을 성 안에는 이미 통유(通諭)하거니와, 성 밖 및 외방에도 통유하라."114)

라고 하였으며, ≪연산군일기≫ 권54, 10년 7월 22일(경술) 조에는,

"전교하기를, 언문을 쓰는 이는 「기훼제서율(棄毁制書律)」로, 알고도 고하지 않는 이는 「제서유위율(制書有違律)」로 논단하고 조사(朝士)의 집에 있는 언문으로 구결(口訣 : 토) 단 책은 다 불사르되, 한어(漢語)를 언문으로 번역한 따위는 금하지 말라."115)

라고 하였다. 이와 같은 연산주의 언문 사용 금지령은 국어학의 연구는 물론 보급 지연에 많은 영향을 주었다. 연산주가 훈민정음 사용을 금하게 한 까닭은 그의 생모 윤씨(尹氏)의 참혹한 죽음이 원인이라 하겠다.

(1-2) 금지령의 동기

---

113) 「又傳曰 闕門內 諺文母得出入 令兵曹檢核」
114) 「傳曰 其召作日詣闕政府禁府堂上 且今後諺文勿敎勿學 已學者 亦令不得行用 凡知諺文者 令漢城五府 摘告其知而不告者 幷隣人罪之 昨日捕罪人節目 城內則已通諭 城外及外方亦諭之」
115) 「傳曰 諺文行用者 以棄毁制書律 知而不告者 以制書有違論斷 朝士家所藏 諺文口訣書冊 皆焚之如飜譯漢語諺文之類 勿禁」

연산주 융을 낳은 생모 숙의(淑儀) 윤씨(尹氏)는 증좌의정(贈左議政) 윤기무(尹起畝)의 딸이며, 성종 7년(1476) 병신년에 연산주를 낳았고, 이 해 8월에 왕비로 책봉되었다. 처음에 윤비(尹妃)가 원자(元子) 연산주를 낳아 임금(성종)의 사랑이 두터워지자 교만하고 방자하여 여러 원(媛)들(良家의 嚴氏와 鄭氏)을 투기(妬忌)하고 성종에게도 공손하지 못하였다. 어느 날 하루는 임금의 얼굴에 손톱자국이 났으므로 인수대비(仁粹大妃 : 成宗의 母后, 德宗의 妃, 곧 昭惠王后)가 크게 노하시여 임금을 격동(激動)시켜 외정(外廷 ; 임금이 국정을 듣는 곳. 外朝)에 보이니, 대신(大臣) 윤필상(尹弼商) 등은 임금의 뜻을 받들어 의견을 아뢰어 윤비(尹妃)를 폐하여 사제(私第)로 내치도록 하였다.

　윤씨가 폐위(廢位)된 후에 임금 성종은 항상 정음[諺文]으로써 그 죄를 써서 내시와 승지(承旨)를 보내어 날마다 장막을 사이에 두고 읽어드려 그가 허물을 고치고 중궁(中宮)에 복위되기를 바랐으나 윤씨가 끝내 허물을 고치지 않고 있다함을 듣고, 마침내 성종은 13년(1482) 8월 16일(임자)에 좌승지 이세좌(李世佐)에게 명하여 윤씨를 그 집에서 사사(賜死)하게 하였다. 그 때 윤씨가 눈물을 닦아 피 묻은 수건을 그 어머니 신씨(申氏)에게 주면서 하는 말이, "우리 아이[元子]가 다행히 목숨이 보전되거든 이것으로써 나의 원통함을 말해 주고, 또 나를 거둥하는 길 옆에 장사하여 임금의 행차를 보게 해 주시오."라고 유촉(遺囑)하였다.

　연산주가 즉위한 뒤 인수대비가 세상을 떠나자 윤씨의 어머니 신씨는 나인(內人)들과 서로 통하여 연산주의 생모(生母) 윤씨가 비명으로 죽은 원통함을 가만히 호소하고, 또 그동안 몰래 간직하였던 수건을 올리니 임금은 일찍이 자순대비(慈順大妃)를 친어머니인 줄로만 알고 있다가, 10년(1504) 갑자년 봄 임금(연산주)은 이 말을 듣고 깜짝 놀라며 매우 슬퍼하였다. 시정기(時政記)를 보고 성을 내어 분하게 여겨 부왕 성종 때에 폐후 및 사약의 일에 관계한 대신과 심부름을 한 사람을 모두 대역죄(大逆罪)로 추죄(追罪)하되 팔촌까지 연좌(緣坐)시켰으니, 그때에 사약을 가져갔던 승지 이세좌(李世佐)의 친족(親族)도 연좌되어 화를 입었다.

이때에 채수(蔡壽)는 언문을 알지 못하였으므로 홀로 죽음을 면하였다.

또 그 뒤 연산주의 음란과 포악이 한참일 때 어떤 사람이 언문으로 그 나쁜 점을 써서 거리에 붙였다. 어떤 사람이 이것을 고하니 연산주는 이것은 그 당시 죄를 입은 사람의 친족들이 한 짓이라 하고 귀양간 사람을 다 잡아다 곤장을 치고 참혹하게 고문하였다. 이때 신수영(愼守英)이 연산주에게 총애를 받아 권세를 부렸는데, "익명서(匿名書)로 조정을 비방한 것은 죄를 지은 자들이 마음에 불평을 품고 원망한 것입니다." 하여 드디어 갑자년에 사화(士禍)가 있었다는 등 이상의 기록도 ≪연려실기술≫ 제6권 성종조고사본말(成宗朝故事本末)과 연산조고사본말(燕山朝故事本末) 조에 보인다.

이상의 기록에 보임과 같이 연산주는 그 주색과 살육의 폭정을 항의한 범인을 정음 필적으로 찾으려 하다가 찾지 못하니까 그 분풀이를 훈민정음에다 쏟았던 것이다.

그리하여 앞에서 말함과 같이 처음에는 정음문이 궁궐 문 안에만 나듦을 금하더니, 나중에는 정음을 가르치지도 배우지도 못하게 할 뿐만 아니라 사용 금지령을 내려 쓰는 자와 쓰는 것을 알고도 고하지 않는 자도 벌을 주게 함과 아울러 정음 번역 서류를 모두 모아 불사르게 하였다.

그처럼 존중과 장려하여 오던 훈민정음이 반포된 지 59년 만에 지도자를 잘못 만나 박해와 구축을 당하게 되었으니, 그 뒤 이로 인한 우리 민족문화 발전의 저해란 이루 말할 수 없다.

(2) 반절과 ≪훈몽자회≫

(2-1) 민간에 보존된 정음·반절

연산주는 법령으로 훈민정음의 사용을 금하고, 정음으로 번역한 문헌들을 모두 모아 불태워 없애는 등 훈민정음 박해정책을 썼으나, 연산주가 몰려난 후에는 자연히 그의 혹독하였던 박해정책도 흐지부지 되고 말았다.

그러나 중종반정(中宗反正, 연산주 12년, 1506) 이후에도 연산주의 언문 사용 금지령은 정식으로 취소된 일이 없었고, 또한 연산주의 그릇된 언어정책은 갑오경장 때까지 시정되지 않았다. 임금이나 중신 가운데에도 세종대왕의 적극적이었던 보급 정책을 계승하고자 애쓴 이가 나오지 않았다. 이것은 연산주의 폭정과 비교할 수 있는 시책이었다.

당시 국정을 좌우하던 지배계급은 거의가 모화사상(慕華思想)에 젖은 한학자들이었다. 아마도 그들은 연산주를 반대하였으나, 연산주의 훈민정음 탄압 정책에는 대다수가 찬성하였을는지도 모른다.

그 뿐만 아니라, 그 뒤의 임금들은 훈민정음을 장려하지 않았다.
따라서 훈민정음에 대한 일반인의 태도는 한심스러운 것이었다. 곧 그들은 이른바「문장」이라고 하면 한문에 능한 자를 말하는 것이며, 훈민정음 따위는 무식한 사람들이나 부녀자가 배워 쓸 것, 또는 비천한 계급층에서나 쓸 것으로 생각하게 되었다. 그리하여 한문에는 석학(碩學)으로 이름이 났으나 훈민정음에는 그 발음도 제대로 알지 못하는 괴상한 현상까지 나타나게 되었다.

그리하여 어느 사이에 훈민정음은 반절(反切)이란 이름으로 겨우 민간

196   Ⅲ. 조선조 국어학

에 전해진 채 명맥을 잇게 되었다. 이것은 ≪훈몽자회(訓蒙字會)≫ 범례에 「언문자모(諺文字母)」를 풀이하기를, 「속에 이른바 반절 27자」116)라고 한 것을 보아 알 수 있다. ≪훈몽자회≫가 나던 해인 중종(中宗) 22년(1527) 이전에 벌써 「반절(反切)」이란 이름으로 독특한 배열법이 유행되었는데, 그것은 다음과 같다.117)

```
ㄱ ㄴ ㄷ ㄹ ㅁ ㅂ ㅅ ㅇ
가 갸 거 겨 고 교 구 규 그 기 ㄱ
나 냐 너 녀 노 뇨 누 뉴 느 니 ㄴ
다 댜 더 뎌 도 됴 두 듀 드 디 ㄷ
라 랴 러 려 로 료 루 류 르 리 ㄹ
마 먀 머 며 모 묘 무 뮤 므 미 ㅁ
바 뱌 버 벼 보 뵤 부 뷰 브 비 ㅂ
사 샤 서 셔 소 쇼 수 슈 스 시 ㅅ
아 야 어 여 오 요 우 유 으 이 ㅇ
카 캬 커 켜 코 쿄 쿠 큐 크 키 ㅋ
타 탸 터 텨 토 툐 투 튜 트 티 ㅌ
파 퍄 퍼 펴 포 표 푸 퓨 프 피 ㅍ
자 쟈 저 져 조 죠 주 쥬 즈 지 ㅈ
차 챠 처 쳐 초 쵸 추 츄 츠 치 ㅊ
ᄼ ᄽ ᄾ ᄿ 소 쇼 수 슈 스 싀 ᄾ
아 야 어 여 오 여 우 유 으 이 ㆁ
하 햐 허 혀 호 효 후 휴 흐 히 ㅎ
```

---

116)「俗所謂反切二十七字」
117) 김윤경 : ≪새로지은 국어학사≫(을유문화사, 1963. 3. 25) 69~70쪽 참고.

(2-2) 반절에 대한 기원설

훈민정음을 반절이란 이름으로 부르게 된 것은 어느 때 누구의 고안인지 알기 어려우나, 그 기원에 대하여 그 시대를 ≪훈몽자회≫가 나오기 이전으로 추정하는 이와 영조(英祖) 이후라 보는 두 가지가 있다.

(2-2-1) ≪훈몽자회≫ 이전 설

조선 말기의 학자이자 광무 11년(1907) 국문연구소(國文硏究所) 위원을 지낸 바 있는 어윤적(魚允迪 : 1868~1935)님은 불교의 승려의 손으로 되었다고 보아 그 시기를 ≪훈몽자회≫ 이전으로 추정하였다. 곧,

"정음이 이 조선 천지에서 발붙일 수가 없었다. 지금과 같이 외국으로 망명할 수도 없고 할 수 없이 심산궁곡으로 피란을 갔다. 산중에는 자연 승려에게 의탁하니, 승려는 한역의 불경이 난해하고 법서의 진언이 알기 어려워 정음으로써 번역하였다. 인도 범문은 그 철자법의 2합, 3합 하는 것이 정음과 비슷하고, 종성 8자가 있어 음을 전화한다. 승려가 범문을 의거하여 정음 17초성을 다 종성으로 쓰는 보기를 생략하여 ㄱ, ㄴ, ㄷ, ㄹ, ㅁ, ㅂ, ㅅ, ㅇ 8자만 뽑아내어 8종성을 만드니 이로부터 정음의 진리가 매몰되었다. 지금 소위 반절 가, 나, 다, 라의 배행 합자도 동시에 승려의 손에서 만들어진 것으로 안다. 정음이 만들어진 지 85년 중종 정해(丁亥, 서기1527)에 최세진이 훈몽자회를 찬술할 때에 권수에 게재하여 간포하니 이것이 정음의 교과서가 되었다."[118]

---

[118] 어윤적(魚允迪) 저 「정음제정반포일」(동아일보 1926. 12. 30 소재) - 김윤경 ≪새로지은 국어학사≫ 71쪽 참고.

198　Ⅲ. 조선조 국어학

라고 하였다.

(2-2-2) ≪삼운성휘≫ 이후 설

국어학자이자 사학자인 권덕규(權悳奎 : 1890∼1950)님은 반절의 생긴 시대를 영조(英祖) 이후라 보았다. 곧,

"반절의 배열법은 어느 때 누구의 만든 것인지 알 수 없으나, 대개의 규모는 훈몽자회례(訓蒙字會例)와 비슷하고 'ㅘ ㅝ'를 끝에 붙임과 'ㅣ'를 자음 줄에 넣은 것은 삼운성휘례(三韻聲彙例)와 비슷한즉 그 만든 때는 영조 뒤라 할 것이다. ≪언문지(諺文志)≫에 부녀언문(婦女諺文) 범례(凡例)에 ㆁ이 「어(魚)」 모인 줄을 모르고 갈라 읽어 「이(異)」라 「행(行)」이라 하니, 그 갈라서 「이(異)」라 함은 글자 우방(右旁)에 거듭하는 「ㅣ」로 잘못 앎이요, 그 「행(行)」이라 함은 코로 소리내는 버릇의 잘못이라 하였으나 실상(實狀)은 삼운성휘에 「횡(橫)」, 「색(色)」들의 본 중성(中聲) 밖의 「ㅣ」는 「침(侵)」의 중성 「ㅣ」와 다르다 함을 좇음이요, ㆁ의 꼴을 갈라 「이(異)」라 「행(行)」이라 함이 아닌 듯 하며, 그 반절(反切)이라 이름함은 문자의 갈래와 문자의 뜻을 모르고 함부로 취함이러라.119)"

라고 하였다.

그런데 필자의 생각은 배열 순서(별이는 법)의 다소 변경은 있으나, 그 근본은 ≪훈몽자회≫ 이전에 유행되던 반절에서 온 것이라 보면 ≪훈몽자회≫ 범례에 「언문자모」를 풀이하기를, 「속소위반절이십칠자(俗所謂反切二十七字)」라고 한 사실을 미루어 보아 적어도 ≪훈몽자회≫가 간

---

119) 권덕규(權悳奎) : ≪조선어문경위(朝鮮語文經緯)≫(광문사, 1923. 5. 25) 197∼198쪽 참고.

행되기 이전인 중종 22년 이전이라 보는 것이 타당하다고 본다.

(2-3) 최세진의 ≪훈몽자회≫

(2-3-1) 최세진의 저술

중국어・운서(韻書) 연구의 대가 최세진(崔世珍)님의 자(字)는 공서(公瑞)이고, 본관은 괴산(槐山)이다. 세조 14년(1468)에 사역원정(司譯院正) 최정발(崔正潑)의 아들로 태어나 매우 정력적으로 저술에 힘을 기울여 무려 25종이나 되는 방대한 책을 내어 우리말 연구와 교육에 큰 공헌을 하고, 중종 37년(1542) 2월 10일 75세를 일기로 돌아갔다.

그는 중국말과 운서 연구의 대가일 뿐만 아니라 이문(吏文)에 있어서도 당대 독보적인 존재로 중국과의 외교문서 작성과 사신(使臣)의 내방(來訪)에 중요한 구실을 담당하였다.

그리고 특히 그의 저서 가운데에서 운학(韻學)과 역학(譯學)에 관한 저술은 뒷날 이 방면의 연구를 하는 학자에게 끼친 영향이 적지 않았다.

여기에 그에 의해서 된 저서, 번역・언해서 및 진헌서(進獻書) 등의 문헌을 들어 보이면 다음과 같다.

<1> ≪번역노걸대(飜譯老乞大)≫

본래 ≪노걸대≫는 ≪박통사(朴通事)≫와 함께 중국말을 배우는 학습서인데, 이 ≪번역노걸대≫는 ≪노걸대≫의 원문에 훈민정음으로 중국어의 정음(正音)과 속음(俗音)을 달고 번역한 책이다. 이 책은 중종 12년(1517)경에 간행한 것으로 여겨지는데, 상・하권 2권 2책의 목판본이다.

<2> ≪번역박통사(飜譯朴通事)≫

≪노걸대≫와 함께 사역원(司譯院)의 학습서인데, 이 ≪번역박통사≫ 역시 ≪박통사≫의 원문에 훈민정음으로 중국어의 정음과 속음을 달고 우리말로 뜻을 새긴 책이다. 중종 12년(1517)경에 간행한 것으로 생각된다. 모두 을해자본으로 상·중·하 3권이다.

<3> ≪노박집람(老朴集覽)≫

중종 12년(1517)경에 ≪노걸대≫와 ≪박통사≫에서 난해(難解)한 어구(語句)와 홀로이름씨 등을 뽑아 해설을 붙인 책인데, 설명은 한문으로 되었으나, 훈민정음으로 된 보기도 있다. 이 책은 1책으로 되었는데, 내용은 자해(字解 : 單字解·累字解)와 노걸대집람(老乞大集覽) 및 박통사집람(朴通事集覽) 등의 3부로 되어 있다.

<4> ≪사성통해(四聲通解)≫

이 책은 중국어의 운서(韻書)다. 이 운서는 자해(字解)가 없는 신숙주(申叔舟)님의 ≪사성통고(四聲通攷)≫를 더 깁고 보태었다고 하나 ≪홍무정운역훈≫의 음계(音系)와 거의 같은 음계를 나타내고 있다. 체재는 한자는 낱자(자모) 순으로 배열하여 훈민정음으로 표음(表音)하고 자세한 자석(字釋)을 달고 있다. 간행 연도는 편찬자의 서문(序文)에 따라 중종 12년(1517) 11월로 추정된다. 모두 상·하 2권 2책이다.

<5> ≪속첨홍무정운(續添洪武正韻)≫

이 책도 중종 때 최세진님의 편찬으로 여겨지는 운서(韻書)의 하나인데, ≪홍무정운≫의 결함을 보완하기 위해 편찬된 것이다. ≪홍무정운역훈≫과 꼭 같이 소운(小韻)의 대표자(代表字)에 훈민정음으로 표음(表音)하였다. 원간본은 상·하 2권 2책인 듯하나, 현재 상권 1책이 전한다. ≪속첨홍무정운역훈≫이란 후대에 붙인 이름이다.

3. 국어학 연구의 침체 시기 201

<6> ≪훈몽자회(訓蒙字會)≫

이 책은 중종 22년(1527)에 된 한자 학습서인데, 뒤에 별도로 다룬다.

<7> ≪운회옥편(韻會玉篇)≫

이 책은 중종 32년(1537) 12월경에 편찬되었는데 ≪사성통해≫의 보편(補篇)이라 하겠다. 송(宋)나라 황공소(黃公紹)가 지은 ≪고금운회(古今韻會)≫에 수록되어 있는 글자를 가지고 자획별(字畵別)로 분류해 놓은 것이다.

<8> ≪이문집람(吏文輯覽)≫

이 책은 편찬자의 서문(序文)에 따라 중종 34년(1539) 7월로 추정되는데, 이문(吏文)의 해석에 때때로 훈민정음이 나온다.

<9> ≪소학편몽(小學便蒙)≫

이 책은 ≪중종실록≫에 따라 중종 32년(1537) 12월로 추정되는데, 내편(內篇)·외편(外篇)으로 된 ≪소학≫을 유(類)대로 뽑아서 4권으로 나누어 만든 어린이용 학습서이다.[120]

이 밖에 번역·언해서로서, 훈민정음으로 번역한 ≪세자친영의주(世子親迎儀註)≫와 ≪책빈의주(冊嬪儀註)≫[121] 및 ≪여훈(女訓)≫[122], 언해한 ≪효경(孝經)≫·≪소학(小學)≫[123] 등이 있으며, 진헌서(進獻書)로서 ≪성학심법(聖學心法)≫(4부)[124], ≪황극경세서집람(皇極經世書集覽)≫[125], ≪대

---

120) ≪중종실록≫ 권제86, 중종 32년 12월 15일(경신)조 참고.
121) ≪중종실록≫ 권제50, 중종 19년 2월 28일(계해)조 참고.
122) ≪중종실록≫ 권제73, 중종 27년 9월 12일 (정사)조 참고.
123) 언해한 연대는 미상이나 ≪중종실록≫ 권제90, 중종 34년 5월 17일(갑신)조에 나옴.
124) ≪중종실록≫ 권제41, 중종 16년 1월 26일(기묘)조 참고.

유대주의(大儒大奏議)≫(2권)와 ≪황극경세서설(皇極經世書說)≫(12권)[126], ≪경성도지(京城圖志)≫(1책)·≪여효경(女孝經)≫(1책)·≪지도(地圖)≫(1축)[127] 등이 있다.

(2-3-2) ≪훈몽자회≫와 그 범례

≪훈몽자회≫는 최세진님이 중종 22년(1527)에 어린이들의 한자(漢字) 학습을 위하여 지어 간행한 한자 학습서이다. 편저자는 그 당시 보급되어 한자 학습에 사용된 ≪천자문(千字文)≫·≪유합(類合)≫의 내용이 일상생활과 거리가 먼 고사(故事)와 추상적인 것으로 짜여져 있어 어린이들이 익히기에는 부적당하므로 이를 비판하고, 교육의 진전을 위하여 새·짐승·풀·나무 등의 이름과 같이 우리 생활 주변에서 흔히 볼 수 있는 사물에 관한 글자, 곧 실자(實字)를 위주로 교육할 것을 주장하여 지은 책이다. 상·중·하 3권 1책으로 되어 있는데, 각 권에 한자 1,120자씩 모두 3,360자가 수록되어 있다.

한자의 배열은 상권에는 천문(天文)·지리(地理)·화품(花品)·초훼(草卉)·수목(樹木)·과실(菓實)·화곡(禾穀)·소채(蔬菜)·금조(禽鳥)·수축(獸畜)·인개(鱗介)·곤충(昆蟲)·신체(身體)·천륜(天倫)·유학(儒學)·서식(書式) 등 16문으로, 중권에는 인류(人類)·궁택(宮宅)·관아(官衙)·기명(器皿)·식찬(食饌)·복식(服飾)·주선(舟船)·거여(車輿)·안구(鞍具)·군장(軍裝)·채색(彩色)·포백(布帛)·금보(金寶)·음악(音樂)·질병(疾病)·상장(喪葬) 등 16문으로 나누어 수록하였는데, 주로 전실자(全實字)들이고, 하권에는 잡어(雜語) 1문으로 되었는데 반실반허자(半實半虛

---

125) ≪중종실록≫ 권제70, 중종 25년 12월 20일(병자)조 참고.
126) ≪중종실록≫ 권제90, 중종 34년 5월 17일(갑신)조 참고.
127) ≪중종실록≫ 권제95, 중종 36년 6월 17일(임신)조 참고.

字)를 수록하였다.

 그리고 ≪훈몽자회≫에 수록된 한자에 대하여 각 글자마다 새김[訓]·자음(字音)·주석(註釋)을 붙여 놓은 것이 전체의 7할 정도이고, 새김과 자음만으로 된 것이 3할 정도인데, 한자의 새김[訓]은 옛말 연구에 귀중한 자료가 되며, 자음 표기는 우리나라 한자음 연구의 좋은 자료가 된다. 주석의 내용을 보면 한자의 자체(字體)에 관한 것, 자음과 의미에 관한 것, 용례(用例)에 관한 것 등이 있다. 특히 중국 속어에 관한 설명이 적지 않게 들어 있다.128)

 이 책의 상권 첫머리에 「훈몽자회인(訓蒙字會引)」과 「범례(凡例)」 및 「훈몽자회목록(訓蒙字會目錄)」이 실려 있는데, 그 가운데에 「범례」의 내용이 우리 문자사의 중요한 기록이다.

 ≪훈몽자회≫ 범례를 보면, 먼저 우리글을 배워 알고, 다음으로 자회(字會)를 깨치게 함이 그 목적이었으니, 범례 제 9조에,

"무릇 변경과 시골 사람은 언문(諺文)을 알지 못하는 자가 반드시 많기 때문에, 이제 언문의 자모(字母)를 아울 지어서[幷著] 먼저 언문을 배우고 다음으로 자회(字會)를 배우게 하면, 깨우쳐 가르치는 유익이 거의 있을 것이다. 문자(文字)를 통하지 못하는 자도 모두 언문을 배워서 글자를 알면 비록 스승의 가르침이 없을 지라도 장차 글[文]을 통하는 사람이 될 수 있을 것이다."

라고 하였다.

---

128) ≪훈몽자회(訓蒙字會)≫, 최현배 : ≪고친 한글갈≫, 방종현 : 「훈몽자회고(訓蒙字會攷)」(≪동방학지≫ 1. 1954), 이기문 : 「훈몽자회연구(訓蒙字會硏究)」(한국문화연구총서 5, 서울대학교 한국문화연구소, 1971) 참고.

또 그 범례의 말미에 「언문자모(諺文字母)」라 하여 그 당시의 훈민정음 체계와 용법에 대한 간단한 설명이 붙어 있으니, 이것이 비록 이론적 설명은 빠졌지마는, 우리 문자 교육의 암흑기에 있어서 문자 쓰기의 실제적 방면에서 볼 때 최세진님의 문자 정리는 우리 문자사의 중요한 기록이다. 이에 그 내용을 정리해 보면 다음과 같다.

첫째, 「언문자모(諺文字母)」는 「속소위반절이십칠자(俗所謂反切二十七字)」라고 주석하였다.

둘째, 첫소리와 끝소리에 두루 쓰는 여덟 글자[初聲終聲通用八字]

   ㄱ 其役 ㄴ 尼隱 ㄷ 池末 ㄹ 梨乙
   ㅁ 眉音 ㅂ 非邑 ㅅ 時衣 ㆁ 異凝

末衣 두 글자는 우리말로 읽을 것이다[末衣兩字 只取本字之釋俚語爲聲]
其尼池梨眉非時異 여덟 소리는 첫소리에 쓰고[其尼池梨眉非時異八音用於初聲]
役隱末乙音邑衣凝 여덟 소리는 끝소리에 쓴다[役隱末乙音邑衣凝八音用於終聲]

셋째, 첫소리에만 홀로 쓰는 여덟 글자[初聲獨用八字]

   ㅋ 箕 ㅌ 治 ㅍ 皮 ㅈ 之
   ㅊ 齒 ㅿ 而 ㅇ 伊 ㅎ 屎

箕 글자도 우리말로 읽을 것이다[箕字亦取本字之釋俚語爲聲]

넷째, 가운뎃소리에만 쓰는 열 한 글자[中聲獨用十一字]

   ㅏ 阿 ㅑ 也 ㅓ 於 ㅕ 余 ㅗ 吾 ㅛ 要 ㅜ 牛
   ㅠ 由 ㅡ 應[不用終聲] ㅣ 伊[只用中聲] ㆍ 思[不用初聲]

다섯째, 첫소리와 가운뎃소리를 합용하여 글자를 만든 보기[初中聲合用作字例]

   가 갸 거 겨 고 교 구 규 그 기 ᄀᆞ

「ㄱ」 첫소리에다 「ㅏ」 가운뎃소리를 합하면 「가」의 글자가 되니 「가(家)」

자 소리이다. 또 「ㄱ」 끝소리를 합하면 「가ㄱ」의 글자가 되니 「각(各)」자 소리이다. 나머지도 마찬가지다[以ㄱ[其]爲初聲 以ㅏ[阿]爲中聲合ㄱㅏ爲字 則가此家字音也 又以ㄱ[役]爲終聲合가ㄱ爲字 則각此各字音也 餘倣此]

여섯째, 첫소리·가운뎃소리·끝소리의 세 소리를 합용하여 글자를 만든 보기[初中終三聲合用作字例]

간肝 갇笠 갈刀 감枾 갑甲 갓皮 강江

「ㄱ」「ㅋ」이하 각 음(音)으로 첫소리를 삼고, 「ㅏ」이하 각 음으로 가운뎃소리를 삼아 글자를 만들면 「가」「갸」같은 보기의 글자가 176자가 되고, 「ㄴ」이하 7음(七音)으로 끝소리를 삼아 글자를 만들면 「간(肝)」이하 「강(江)」들의 7자(七字)가 된다. 오직 「ㅇ」 첫소리는 세속에서 「ㅇ」자 음과 비슷하게 부르므로 세속에서 쓰는 첫소리는 다 「ㅇ」음을 쓴다. 만약 윗자에 「ㅇ」음 끝소리가 있으면 아랫자는 반드시 「ㅇ」음 첫소리를 쓴다. 「ㅇ」자의 음은 코움직임 소리요, 「ㅇ」자의 음은 목구멍 가운데의 가볍고 빈 소리다. 그런고로 처음은 좀 다르나 대체는 같다. 한음(漢音)의 「ㅇ」음 첫소리는 혹은 「ㄴ(尼)」음에 돌아가고 혹은 「ㅇ」, 「ㅇ」가 서로 혼동된다.

무릇 자음(字音)의 높낮이는 모두 글자의 곁에 점(點)이 있고 없음과, 많고 적음으로 표준을 삼는다. 평성(平聲)은 점이 없고, 상성(上聲)은 두 점, 거성(去聲)·입성(入聲)은 모두 한 점이다. 평성은 낮고 평탄하며, 상성은 세고 나중이 들리며, 거성은 맑고 멀며, 입성은 곧고 빠르다. 언문으로 새긴 말[諺解]도 같다.

이상 ≪훈몽자회≫ 범례에 나타난 훈민정음의 정리에 대한 평과 그 역사적 의의를 말하면 다음과 같다.

첫째, 「언문자모」를 세속에서 이른바 반절(反切) 27자라 부른다는 일이다. 「속소위(俗所謂)」란 말로써 세상에서 정음을 반절(反切)이라 이미 부르고 있었음을 알게 한다.

둘째, 한글 자모의 이름(실제는 발음법)을 처음 지었다는 것은 글자와 국어 교육상 지대한 영향을 준 시발점을 이루었다.

　세째, 한글 자모의 배열 순서가 ≪훈민정음≫의 순서와 다르다. ≪훈민정음≫에서는 초성(닿소리)의 순서는 조음 위치별에 따라 가른 아설순치후(牙舌脣齒喉)의 오음(五音)에 따른 순서로 배열하였는데, ≪훈몽자회≫ 범례에서는 입열기의 간극(aperture)이 큰 데서 작은 데로 나아가고 있다. 조음 음성적인 면에서는 이치에 타당하나, 문자의 시각적인 면에서는 ≪훈민정음≫의 차례보다 뒤진다. 중성(홀소리)의 차례는 기본음 제자 원리에 따라 「·ㅡㅣㅗㅏㅜㅓㅛㅑㅠㅕ」로 배열하였으나, ≪훈몽자회≫의 배열 순서는 오늘날의 배열 순서대로 되었다. 오늘날 한글 맞춤법은 최세진 ≪훈몽자회≫의 순서와 비슷하니, ≪훈몽자회≫의 자모 차례는 역사적인 금을 그어준 셈이 된다.

　네째, ≪훈민정음≫의 28자 중 「ㆆ」음이 빠진 27자로 하고 있다. 그러나, 그 삭제된 이유에 대한 이론적 논급이 전혀 없음은 유감이다.

　다섯째, 종성(받침)을 8자로 제한한 것은 ≪훈민정음≫에 초성 17자를 전부 종성에 통용하게 규정한 훈민정음의 원칙에 큰 변혁을 일으켜서 어음대로 적기가 어렵게 되었고, 또 맞춤법 상으로 볼 때 이론이 결여된 것이 되어 그 뒤 문자 정리기에 혼란을 가져오게 한 요인이 되기도 하였다. ≪훈민정음≫ 해례 종성해에서는 8종성으로 충분하다고 하였으나 이것은 원칙은 아니었다. 그러나, 그 당시 이러한 편법으로 말미암아 급히 널리 우리글을 보급하는 데 당장의 편리한 기능을 발휘하였다는 의의는 있다.

　여섯째, 사성(四聲)에 있어서 거성(去聲)과 입성(入聲)의 점 더하기를 같은 한 점으로 본 것은 이해하기 어렵다.

이상으로 볼 때 ≪훈몽자회≫ 범례는, 학문적 이론을 전개한 학설이라기보다는 그 당시 언문자모(諺文字母 : 反切二十七字)를 정리하여 당장의 급한 문자 교육과 그 보급의 편의를 가져오는 데 큰 구실을 담당하였다고 보아야 한다. 그러므로 그의 국어에 관한 공적은 국어 교육에 있고, 이러한 국어 교육의 절실한 요구는, 그의 실용주의에 입각한 것이라고 결론지을 수 있겠다.129)

4. 국어학 연구의 재흥시기

훈민정음이 창제되고 그 해설서인 ≪훈민정음해례≫가 나온 이래 국어학의 연구는 16세기 17세기의 공백기를 거치게 된다. 그리고 겨우 17세기말, 18세기에 들어와서 당시의 실학사상(實學思想)으로 말미암아 다소 연구(주로 문자와 음운에 관한 연구)가 재연되었다. 따라서 조선조 15세기 국어학의 학맥은 17세기말, 18세기에 이어진다고 할 수 있다.

17세기말에서 갑오경장 이전까지의 국어학은 17세기말에 이루어진 최석정(崔錫鼎)의 ≪경세훈민정음도설(經世訓民正音圖說)≫에서부터 시작이 된다. 그리고 18세기의 중엽에 와서 박성원(朴性源)의 ≪화동정음통석운고(華東正音通釋韻考)≫ 범례(凡例), 신경준(申景濬)의 ≪훈민정음운해(訓民正音韻解)≫, 홍계희(洪啓禧)의 ≪삼운성휘(三韻聲彙)≫ 범례(凡例), 이사질(李思質)의 ≪훈음종편(訓音宗編)≫, 금영택(琴榮澤)의 ≪만우재집(晩寓齋集)≫, 황윤석(黃胤錫)의 ≪화음방언자의해(華音方言字義解)≫와 ≪자모변(字母辨)≫, 홍양호(洪良浩)의 「경세정운도설서(經世正韻圖說序)」 등을 거쳐 19세기의 정동유(鄭東愈)의 ≪주영편(晝永編)≫, 유희(柳僖)의 ≪언문지(諺文志)≫, 석범(石帆)의 ≪언음첩고(諺音捷考)≫, 이규경

---

129) 김석득 : 앞든 책 65쪽 참고.

(李圭景)의 「언문변증설(諺文辨證說)」, 정윤용(鄭允容)의 ≪자류주석(字類註釋)≫, 강위(姜瑋)의 ≪동문자모분해(東文字母分解)≫, 노정섭(盧正燮)의 「광견잡록(廣見雜錄)」 등에 이른다.

(1) 17세기말·18세기의 국어학

(1-1) 최석정의 ≪경세훈민정음도설(經世訓民正音圖說)≫

15세기 국어학의 학맥을 최초로 이어준 명곡(明谷) 최석정(崔錫鼎, 인조 24~숙종 41)님은 양명학자(陽明學者) 최명길(崔鳴吉)의 손자로서 숙종(肅宗) 때의 경학자(經學者) 겸 음운학자(音韻學者)인데, 관직으로는 부제학(副提學)·이조판서(吏曹判書)·좌의정(左議政)·대제학(大提學)·영의정(領議政) 등을 지냈다.

최석정에 의해 숙종 4년(1678)에 된 운학서인 ≪경세훈민정음도설≫[130]은 ≪훈민정음해례≫ 이래 문자 음운(文字音韻)에 관한 학적인 최초의 연구서이다.

그 내용은 훈민정음과 운도(韻圖)와 비판으로 구분된다. 그리고 최석정은 성(聲)을 초중종성(初中終聲)으로 나누었고, 운(韻)을 평상거입(平上去入)으로 나누었으며, 음(音)은 개발수폐(開發收閉)로 나누었으니, 이는 모두 역학의 사상팔괘(四象八卦)의 수와 유사하다고 하였던 것이다.

≪경세훈민정음도설≫에서 초성에 관한 것은 건책(乾冊) 십칠성분배초

---

[130] 이 책은 ≪경세정운(經世正韻)≫이라고도 하는데, 건곤(乾坤) 2책의 사본으로 전한다. 그 사본인 원본은 일본 경도대학 중앙도서관(京都大學中央圖書館) 하합문고(河合文庫)에 소장되어 있으며, 우리나라에서는 1968년 8월에 연세대학교 인문과학연구소에서 ≪經世訓民正音圖說≫이란 이름으로 영인해 냈다.

성도(十七聲分配初聲圖)131)와 성분청탁도(聲分淸濁圖)132)에 나타나고, 중성에 관한 것은 십일음취상팔괘도(十一音取象八卦圖)133)와 음분벽흡도(音分闢翕圖)134)에 나타나며, 종성에 대하여는 종성십륙(終聲十六)이라

---

131) 「십칠성분배초성도」를 소개하면 다음과 같다.

ㄱ君	ㅋ快	ㆁ業	牙音	角
ㄷ斗	ㅌ呑	ㄴ那	舌音	徵
ㅂ彆	ㅍ漂	ㅁ彌	脣音	宮
ㅈ卽	ㅊ侵	ㅅ戌	齒音	商
ㆆ挹	ㅎ虛	ㅇ欲	喉音	羽
		ㄹ閭	半舌音	
		ㅿ穰	半齒音	

이 「십칠성분배초성도」는 ≪훈민정음≫의 17초성 분배와 같다.

132) 「성분청탁도」에서는, 17초성을 부연하여 청탁(淸濁)으로 나눈 정성(正聲：初聲) 24와, 된소리의 음양교합설(陰陽交合說)로 나누어 볼 수 있다. 그의 청탁도(淸濁圖)는

一淸	二濁	三淸	四濁
ㄱ君	ㄲ虯	ㅋ快	ㆁ業
ㄷ斗	ㄸ覃	ㅌ呑	ㄴ那
ㅂ彆	ㅃ步	ㅍ滂	ㅁ彌
ㅈ卽	ㅉ慈	ㅊ侵	
ㆆ虛	ㆅ洪	ㆆ挹	ㅇ欲
ㅅ戌	ㅆ邪	ㄹ閭	ㅿ穰

≪훈민정음≫의 청탁(淸濁) 배열과 상당한 차이가 있다.

이와 같이 최석정은 초성에 대하여 24 바른소리[正聲二十四]를 주장하고 있다. 실제는 23임(17 + 二濁音 6 = 23)이다. 그리고 그는 ≪훈민정음≫의 순경음(脣經音)은 정성(正聲)이 될 수 없다고 부인하고 있다.

133) 중성에 대하여, 최석정은 「중성 열한 자는, 태극 음양(양의) 팔괘의 모양이다[中聲十一字 太極兩儀八卦之象也]」라고 하여, 중성자의 기원을 「역(易)」의 이치에 두고 있다. 그리고 팔괘도(八卦圖)에서 보면, 중성 글자의 이름이 「ㅏ阿ㅑ也ㅓ於ㅕ與ㅗ烏ㅛ要ㅜ于ㅠ由ㅡ應ㅣ伊·兒」로 명시되어 있다.

하여 다음과 같이 배열시켜 놓았다.

終聲十六

牙音	ㅇ凝	ㄱ億	
舌音	ㄴ隱	ㄹ乙	ㄷ得
脣音	ㅁ音	ㅂ邑	
齒音	ㅿ而	ㅅ思	ㅈ叱
喉音	ㅇ矣	ㆆ益	

二合

舌牙	ㄺ乙億
舌脣	ㄼ乙邑
舌齒	ㄽ乙思
舌喉	乙益

최석정은 위의 종성을 변해하여 다음과 같이 말하고 있다. 곧 그는,

"무릇 글자에는 초·중·종(初中終) 삼성(三聲)이 있으며, 그것은 삼재(三才)를 본뜬 것이다. 초성(初聲:正聲)은 24성이요, 중성(中聲:正音)은 32음이다. 이른바 종성(終聲)은 초성 모든 글자에서, 차

---

134) 「음분벽흡도」란, 중성을 열고 닫음에 따라 분류한 「중성 분류도」를 말한다.

一闢 ㅏ阿ㅑ也ㅓ於ㅕ ㅐ阿伊ㅒ也伊ㅔ於伊ㅖ與伊
二翕 ㅘ烏阿ㅙ要也ㅝ於ㆊ由與 ㅙ烏阿伊ㅙ要也伊ㅞ于伊ㆊ由與伊
三闢 ㆍ兒ㅣ伊兒ㅡ應ㅢ伊應 ㆍㅣ兒伊 伊兒伊ㅢ應伊 伊應伊
四翕 ㅗ烏ㅛ要ㅜ于ㅠ由 ㅚ烏伊ㅚ要伊ㅟ于伊ㆌ由伊

위를 최석정은 정음 삼십이(正音三十二)라 하였다. 그는 초성(初聲)을 정성(正聲), 중성(中聲)을 정음(正音)이라 하였다.

청음(次淸音) 및 순탁음(純濁音)의 글자를 제한 종성 12글자를 얻을 수 있다. 또 둘 합한[二合] 글자로 4개가 있으니, 종성은 모두 16이 되는 것이다."

라고 하였다. 위에 보인 바 그의 종성십륙(終聲十六)과 그 변해에서, 그는 단종성(單終聲) 12글자(ㅇㄱㄴㄹㄷㅁㅂㅿㅅㅈㆁㆆ)와 둘 합한 종성[二合終聲] 4글자(ㄺ ㄼ ㅩ ㅭ) 모두 16 글자의 종성을 주장하였음을 알 수 있다.

이는 ≪훈민정음해례≫의 팔종성편법(八終聲便法)과 ≪훈몽자회≫ 범례의 팔종성법(八終聲法)에 대한 거부라고 할 수 있다. 특히 둘 합한 글자[二合之字]의 끝소리(받침) 가능설은, 맞춤법상 낱내 위주 표기에서 형태소(形態素) 단위 표기인 표의적 표기에로 발전시키는 계기를 만들어 주었다고 할 수 있다.

또 단종성(單終聲) 및 둘 합한 종성[二合終聲]에 대한 발음법이 비록 한자로 명시되어 있다고는 할지라도, 그 당시 단순자음이나 복합자음의 발음법과 그 음가를 충분히 엿보게 할 수 있는 중요한 기술이라 할 수 있다.

이 ≪경세훈민정음도설≫의 종성설은 ≪훈민정음해례≫ 이래 학문적으로 발전한 새로운 학설로서 국어학사상에 그 중요한 의의를 갖는다고 할 수 있는 것이다.

(1-2) 박성원의 ≪화동정음통석운고≫ 범례

≪화동정음통석운고(華東正音通釋韻考)≫는 한학자이자 음운학자인 포암(圃菴) 박성원(朴性源, 숙종 23~영조 43)님이 영조 23년(1747)에 지은 2권 1책으로 된 운서인데, 표지에 쓰인 대로 흔히 ≪화동정음(華東正

音)≫이라 약칭한다. 또는 정조 11년(1787)에 정조(正祖)의 「어제정음통석서(御製正音通釋序)」를 책머리에 얹어 내각(內閣)에서 간행한 바 있으므로 ≪정음통석(正音通釋)≫이라 부르기도 한다. 이 두 책은 서로 차례가 조금 다르다.

「화동정음통석운고서(華東正音通釋韻考序)」에서 박성원은 우리나라 한자음이 혼란되어 있음을 부끄러이 여기고 이를 바로잡고자 한다고 하였다. 그리하여 그는 고려 이래로 전래하는 ≪삼운통고(三韻通考)≫를 택하여 우리나라 최세진(崔世珍)이 찬한 ≪사성통해(四聲通解)≫의 음(音)에 따라 글자 밑에 중국음[華音]을 달고 또 자서(字書)를 넓게 수집하여 중국음에 따라 우리나라 한자음[東音]의 오음 청탁(五音淸濁)을 바로 잡았으므로 책 이름을 ≪화동정음통석운고≫라 한다고 하였다. 곧 본문에서 그 중국음과 우리나라 한자음을 표기한 것을 보면 한자음이 같은 대표 한자마다 「東[동, 둥]」과 같이 오른쪽에는 중국음을 표기하고 왼쪽에는 우리나라 한자음을 표기하였다.

그리고 이 책의 본문 앞의 범례(凡例)와 같이 권말(卷末)의 「언문초중종삼성변(諺文初中終三聲辨)」에서는 주로 국문자에 관하여 언급한 것이 있으므로 국어학사상의 고찰 대상이 되는 것이다. 그 범례를 보면 다음과 같다.

    五音初聲[五音合二變 爲七音]
  角[牙音] ㄱㅋㅇ
  徵[舌音] ㄷㅌㄴ   (變徵[半舌音] ㄹ [洪武韻 作半徵半商]
  商[齒音] ㅈㅊㅅ
  羽[脣音] ㅂㅍㅁㅇ
  宮[喉音] ㅇㅎ   變宮[半喉音] ㅿ [洪武韻 作半商半徵]

一. 모든 언문 글자 초성에는 각각 오음(五音)의 갈림이 있다. 각 글자는 초성으로 그 어느 음인가를 안다.

一. 모든 글자는 다 초·중·종 삼성(三聲)이 있는데, 반드시 이 삼성이 합한 뒤에 한 자를 이룬다. 초성 「ㄷ」, 중성 「ㅜ」, 종성 「ㅇ」를 합하면 「둥」이 된다. 곧 「東」자의 음이다. 나머지도 같다.

一. ㅇㆁㆆ 이 셋은 소리가 서로 근사하게 나기 때문에 반드시 따로 만들 필요가 없다. 각(角), 우(羽), 궁(宮) 삼음(三音)에 각각 이 초성이 있기 때문에 그 음(音)에 따라 글자 모양을 조금씩 변하여 소속을 구별하였다.

一. 자음의 청탁(淸濁)은 권점(圈點)을 곁에 찍어 이것으로 구별하는데 전청(全淸)은 ○, 차청(次淸)은 ◐, 불청불탁(不淸不濁)은 ◑, 전탁(全濁)은 ●으로 표시한다.···

一. 언자(諺字) 주(註)의 오른 쪽은 중국음[華音]이요, 왼쪽은 우리 나라 한자음[我音]이다.···

一. 중국음의 「슈」는 「수」「우」의 간음(間音)이요, 「붜」는 「부」「우」의 간음이다. 다른 중·종성도 이 초성이 있는데 다 이와 같다. 「윗」는 「이」「우」의 거듭소리[重音]요, 「홪」는 「하」「오」의 거듭소리다. 다른 초성도 이 같은 종성이 있는데 다 이와 같다.

이것을 보면, 첫째, 초성의 오음 배열 순서(五音配列順序)가 ≪훈민정음≫의 그것과 달리 상(商)·우(羽)가 바뀌고, 둘째, 궁(宮)의 「ㆆ」자 대신 우(羽)의 「ㆁ」자를 새로 만들고, 세째, ≪훈민정음≫의 반설음(半舌音) 「ㄹ」자를 「변치반설음(變徵半舌音)」이라 하고, 반치음(半齒音) 「ㅿ」자를 「변궁반후음(變宮半喉音)」이라 한 것이 특징이라 할 수 있다.

그 밖에 「ㄹ」을 「홍무운작반치반상(洪武韻作半徵半商)」이라 하고, 「ㅿ」

을 「홍무운작반상반치(洪武韻作半商半徵)」라 함은 잘못 본 것 같다. ≪홍무정운(洪武正韻)≫에는 「ㄹ」을 반치(半徵), 「ㅿ」을 반상(半商)이라 하였다.

또 「ㆆㅇㆁ자 셋은 소리가 서로 근사하게 나기 때문에 반드시 따로 만들 필요가 없다」함은 그 각 소리 값을 잘못 앎이니, 바른 이론이라 할 수 없다.

그리고 그의 독특한 새 글자 「ㅇ」의 소리값은 무엇일까? 「ㅇ」을 유희(柳僖)는 ≪언문지(諺文志)≫에서 미모(微母)라 하여 「ㅱ」과 같이 보았고, 주시경(周時經)은 ≪조선어문전음학(朝鮮語文典音學)≫에서 가벼운 입술소리[脣輕音] 「ㅱ」으로 보았다. 최현배(崔鉉培)님도 ≪한글갈≫에서 유희와 주시경의 견해와 같이 가벼운 입술소리 「ㅱ」의 바뀐 꼴임이 틀림없다고 하였다.

또 권말의 「언문초중종삼성변」에는 최세진 찬술의 ≪훈몽자회≫ 범례에서 언급한 「초성종성통용팔자」, 「초성독용팔자」, 「중성독용십일자」를 각각 말하고 있는데, 그 내용을 보면 ≪훈몽자회≫ 범례에 나오는 것과 다른 것은 「ㅇ」자와 「ㆁ」자를 혼동하여 「ㅇ」자를 「이응(異凝)」, 「ㆁ」자를 「이(伊)」라고 하였다.

(1-3) 신경준의 ≪훈민정음운해≫

실학파(實學派) 음운학자인 신경준(申景濬, 숙종 38~정조 5)님은 세종 때의 대학자였던 신장(申檣)의 아드님인 신숙주의 아우 신말주(申末舟)의 10세손인 진사 신내(申淶)의 아들로서 자(字)는 순민(舜民)이고, 호는 여암(旅庵)이다. 신경준님은 음운학자이나, 중국 역학(易學)에도 매우 조예가 깊었다. 훈민정음이 창제 반포된 지 305년 만인 영조 26년(1750)

에 이룩된 그의 ≪훈민정음운해(訓民正音韻解)≫(1책으로 된 필사본)는 일명 ≪훈민정음도해(訓民正音圖解)≫라고도 하는데,135) 이 운해(韻解)는, 독자적인 음운학적, 역학적인 연구를 한 것으로, 15세기 ≪훈민정음해례(訓民正音解例)≫로부터 17세 말 최석정의 ≪경세훈민정음도설(經世訓民正音圖說)≫에 이어진 국어학의 학맥을, 다시 18세기 중엽으로 이어 주고 있는 것이다.136)

이제, 이 ≪훈민정음운해≫에 대하여 최현배님이 평가한 것을 보면 다음과 같다.

「훈민정음」은 세종대왕의 높으신 덕과 밝으신 슬기와 깊으신 연구로 말미암아 창작된 것이다. 그것이 한번 반포된 뒤에는, 그 양육과 보급을 위한 사업은 여러 가지가 있었음은 앞에 이미 말한 바이어니와, 그 오묘한 글자스런 진리를 갈고 닦은 이는 거의 한 이도 없었다.… 그러다가, 한글이 생겨 난지 305년 만에 겨우 비로소 그 묻힌 진리를 파내고자 광이를 잡은 이가 나서었으니, 이가 곧 신경준(申景濬)이다. 그는 음운학과 중국 역학(易學)에 정통한 이로서,「훈민정음」에 대하여 음운학적 내지 역학적 설명을 시험한 것이 곧 「훈민정음도해(訓民正音圖解)」(원지음 영조26, 간행 1938)이다. 그의 말한 바가 비록 이젯 사람의 백분의 수긍을 얻기는 어렵다 할지라도, 그의 제집 학문[自家學]에로 향한 학적노작은 확실히 한글갈[正音學]의 중흥자(中興者, 되세운 이)이라 할 만하다고 생각한다.137)

---

135) 최현배 : ≪고친 한글갈≫에는 ≪훈민정음도해(訓民正音圖解)≫라고 하였다. 그 까닭은 ≪고친 한글갈≫(정음사, 1976. 2. 28) 290쪽의 「내용의 세 부분」과 291쪽의 「책이름」 참고.
136) 김석득 : ≪우리말연구사≫ 96~97쪽의 글을 일부 수정한 것이다.
137) 최현배 : 윗 책 289~290쪽 참고.

이 ≪훈민정음운해≫의 내용은 다음과 같이 나누어 설명되어 있다.

    經世聲音數圖
    律呂唱和圖
    訓民正音圖解 叙
        初聲圖
           初聲配景世數圖
           初聲解(字母分屬, 七音解, 五音所屬, 象形, 象脣舌, 四音皆自宮生,
               五音變成, 辨似, 屬位, 淸濁)
        中聲圖
           中聲配經世數圖
           中聲解(圓圖, 方圖, 象形, 闢翕, 定中聲標)
        終聲圖
           終聲解(象數, 等位, 分攝, 音攝, 終聲, 入聲, 語辭終聲)
    總說
    切韻
    歷代韻書(廣韻三十六字母, 韻會三十五字母, 洪武正韻三十一字母, 韻解三十
        六字母)
    開口正韻第一章, 開口副韻第二章, 合口正韻第三章, 合口副韻第四章
    中聲今俗之變
    我國韻三聲總圖
    日本韻三聲總圖

위에서 책머리에 실은 「경세성음수도(經世聲音數圖)」는 중국 송(宋)나라 학자 강절(康節) 소옹(邵雍)의 「황극경세성음도(皇極經世聲音圖)」를 본보기로 한 운도(韻圖)이요, 「훈민정음도해서(訓民正音圖解敍)」에서 「종성해(終聲解)」의 「어사종성(語辭終聲)」까지는, 그의 주요한 「훈민정음」에 대한 학설인 문자론(文字論)인데, 우리 글자를 초·중·종 삼성(三聲)으로 가르고, 이에 대하여 퍽 자세히 설명하였다.

「총설(總說)」에서 끝까지는 한자 음운 관계(漢字音韻關係)의 설명과 부록(附錄)에서 아국운(我國韻) 곧 조선운(朝鮮韻)」과 일본운(日本韻)에 대한 조금의 언급이 있다.

이 책은 동양철학의 학설에 근거를 두고 훈민정음의 소리의 원리를 역학적(易學的)으로 설명한 매우 정력적인 저술이다. 그런 점으로 ≪훈민정음해례(訓民正音解例)≫와 그 성격이 비슷하다고 할 수 있다. 그러나 ≪훈민정음해례≫는 어디까지나 소리에 대한 과학적인 관찰과 기술이 앞서고, 다음으로 동양철학의 형이상학이 이를 뒷받침하고 있는데 비해, 이 운해(韻解)는 형이상학적인 기술이 앞서 있어서, 어떤 경우에는 지나친 견강부회(牽强附會)의 설명이 눈에 띠는 것이 좀 흠이라 할 수 있다.

그 초성해와 중성해 및 종성해의 일부를 보면, 신경준은 초성해(初聲解)에서 36자모(字母)를 설정하였는데, 그 초성해(初聲解) 자모분속(字母分屬)을 보이면 다음과 같다.

喩ㅇ 影ㆆ 曉ㅎ 匣ㆅ은 궁(宮), 토(土)에 속하고, 음(音)이 지라[脾]에서 나와서 목구멍에서 이루어진다. 약간 어금니[牙]를 겸하였다.

疑ㆁ 見ㄱ 溪ㅋ 群ㄲ은 각(角), 목(木)에 속하고, 음(音)이 간(肝)에서 나서 어금니[牙]에서 이루어진다.

泥ㄴ 端ㄷ 透ㅌ 定ㄸ 孃ㄴ 知ㄷ 徹ㅌ 澄ㄸ은 치(徵), 화(火)에 속하고, 음(音)이 심장[心]에서 나서 혀[舌]에서 이루어진다. ㄴㄷㅌㄸ(泥端透定)은 설두음(舌頭音)이 되고, ㄴㄷㅌㄸ(孃知徹澄)은 설상음(舌上音)이 된다.

心ㅅ 精ㅈ 淸ㅊ 邪ㅆ 從ㅉ 審ㅅ 照ㅈ 穿ㅊ 禪ㅅ 牀ㅉ은 상(商), 금

(金)에 속하고, 음(音)이 부하[肺]에서 나와서 이[齒]에서 이루어진다. 그리고 ㅅㅈㅊㅆㅉ(心精淸邪從)은 치두음(齒頭音)이 되고 ㅅㅈㅊㅆㅉ (審照穿禪牀)은 정치음(正齒音)이 된다.

明ㅁ 幫ㅂ 滂ㅍ 並ㅃ 微ㅱ 非ㅸ 敷ㆄ 奉ㅹ은 우(羽), 수(水)에 속하고, 음이 콩팥[腎]에서 나와서 입술[脣]에서 이루어진다. 그리고 ㅁㅂㅍㅃ(明幫滂並)은 중순음(重脣音)이 되고, ㅱㅸㆄㅹ(微非敷奉)은 경순음(輕脣音)이 되며, 이[齒]를 겸한다.

來ㄹ은 반치(半徵), 반궁(半宮), 화(火)에 속하고, 음이 반설(半舌)에서 나는데 목구멍[喉]을 겸한다.

日ㅿ은 반상(半商), 반궁(半宮), 금(金)에 속하고, 음이 반이[半齒]에서 나는데 목구멍[喉]을 겸한다.

자모는 모두 36이다. ≪홍무정운≫에는 ㄷㅌㄸㄴㆄ(知徹澄孃敷)을 ㅈㅊㅉㄴㅸ(照穿牀泥非)에 합하여서 31모로 줄이었다. 그 음이 비록 근사하더라도 설음(舌音)을 치음(齒音)에 합하고 차청(次淸)을 전청(全淸)에 합하는 것은 부당하다. 이제는 구별하기 어렵더라도 옛 것을 두어두는 것은 중국에서는 비록 쓰이지 않으나 다른 나라에서 쓸 것이 있기 때문이다. ㄷㅌㄸㄴ(知徹澄孃)은 우리나라 서북 사람이 많이 쓴다. 서울에서도 반촌(泮村) 사람이 역시 혹 쓴다. 이 때문에 옛 법에 좇아 36모(母)를 둔다. ≪훈민정음≫은 ≪홍무정운≫에 좇아 ㆆㅎㆅㅇㄱㄲㅋㆁㄷㄸㅌㄴㅈㅉㅊㅅㅆㅂㅃㅍㅁㄹㅿ(影匣曉喩見群溪疑端定 透泥精從淸心邪幫並滂明來日)의 23모만을 설정하고, 그 나머지에 대하여서는 논하지 않았는데, 이것은 대개 우리나라에서 뚜렷이 존재하는 음(音)에만 의거하였기 때문이다. 그러나 정음(正音)의 이치(理致)는 능히 그 본보기로 미루어서 선용(善用)한다면, 비단 36자모에만 그치는 것이 아니라 변통(變通)이 무궁할 것이니, 이것은 베풀지 않은 가운데 베풂이 있는 것이라고 하겠다.

라고 하였다. 이를 정리하여 보면 아래 도표와 같다.

ㅇㆆㅎㆅ(喩影曉匣) - 궁(宮), 토(土) : 음(音)이 지라[脾]에서 나와서 목구멍 [喉]에서 이루어짐. 약간 어금니[牙]를 겸함.

ㆁㄱㅋㄲ(疑見溪群) - 각(角), 목(木) : 음(音)이 간(肝)에서 나 어금니[牙]에서 이루어짐.

ㄴㄷㅌㄸ(泥端透定) : 설두음(舌頭音)┐
ㄴㄷㅌㄸ(孃知徹澄) : 설상음(舌上音)┘ - 치(徵), 화(火) : 음(音)이 심장[心]에서 나서 혀[舌]에서 이루어짐.

ㅅㅈㅊㅆㅉ(心精淸邪從) : 치두음(齒頭音)┐
ㅅㅈㅊㅆㅉ(審照穿禪牀) : 정치음(正齒音)┘ - 상(商), 금(金) : 음이 부하[肺]에서 나와서 이[齒]에서 이루어짐.

ㅁㅂㅍㅃ(明幫滂並) : 중순음(重脣音)┐
ㅱㅸㆄㅹ(微非敷奉) : 경순음(輕脣音)┘ - 우(羽), 수(水) : 음이 콩팥에서 나와서 입술에서 이루어짐. 이를 겸함.

ㄹ(來) - 반치(半徵), 반궁(半宮), 화(火) : 음이 반혀[半舌]에서 나는데 목구멍[喉]을 겸함.

ㅿ(日) - 반상(半商), 반궁(半宮), 금(金) : 음이 반이[半齒]에서 나는데 목구멍을 겸함.

위의 표에서 보면, 우선 36자모의 조음적 설명이 비교적 정확하다. 첫째, 자모 배속의 순서로 보면, ≪훈민정음≫에서는 조음점의 순서가 아·설·순·치·후(牙舌脣齒喉)로 되어 있어서, 앞으로 갔다 뒤로 갔다 하는 들쭉날쭉한 순서로 되어 있으나, 여기에서는 조음점의 순서가 목 안으로부터 입술까지[목구멍·어금니·혀·이·입술] 정연하게 되어 있다. 둘째, 각 자모 계열에 대한 조음점의 설명(목구멍[喉]에서 이루어지고, 어금니[牙]를 약간 겸한다. 따위)이 비교적 정확하다.

그러나 이와 같은 자모를 또한 오행(五行)과 오장(五臟)에 배속시킨 것은, 다만 모든 현상에 대한 「역」 배속의 공식 관념(土脾, 木肝, 火心, 金肺, 水腎)에서 온 것이라 할 수 있으니, 이는 음성이나 문자를 일단은 「역」에 합리화시키려는 조선조 학자들의 공통스러운 철학이라 할 수 있다.[138] 신경준은 또 방도(方圖) 조에서 중성(中聲)을 분류하여 놓았는데, 모두 32 중성을 제시하고 있다. 이 방도(方圖)의 설명을 보이면 다음과 같다.

원도(圓圖)는 중성이 생기는 차례와 그 중성이 있는 방위를 밝히는 것이고, 방도(方圖)는 열고 합함[開合]을 정하여 운(韻)을 분류하는 것이다. 대개 소리[聲]라는 것은 하나이나, 거기(소리)에는 개구(開口)와 합구(合口)가 있고, 개구는 양(陽)이고, 합구는 음(陰)이다. 개구(開口) 가운데 또 정운(正韻)과 부운(副韻)이 있다. 그 부운은 제치(齊齒)라 부른다. 합구(合口) 가운데 또 정운(正韻)과 부운(副韻)이 있는데 그 부운(副韻)을 촬구(撮口)라 부른다. 정운(正韻)은 양(陽)이고 부운(副韻)은 음(陰)이다. 정운(正韻) 가운데 또 정부(正副)가 있고, 부운(副韻) 중에도 또 정부(正副)가 있어서, 이것은 역(易)의 일(一)이 이(二)가 되고, 이(二)가 사(四)가 되며, 사(四)가 팔(八)이 되는 이치와 같은 것이다. 개구(開口)의 ㆍ ㅏ ㅓ ㅐ 는 정운(正韻)의 정(正)이요, ㅡ ㅓ ㅚ ㅔ는 정운(正韻)의 부(副)요, ㆍㅑ ㅣ ㅒ 는 부운(副韻)의 정(正)이요, ㅣ ㅕ ㅣㅣ ㅖ는 부운(副韻)의 부(副)이니, 차례로 사등(四等)이 된다. 합구(合口)의 ㅗ ㅘ ㅚ ㅙ 는 정운(正韻)의 정(正)이요, ㅜ ㅝ ㅟ ㅞ 는 정운(正韻)의 부(副)이며, ㅛ ㆊ ㆉ ㅙ 는 부운(副韻)의 정(正)이요, ㅠ ㆌ ㆌ ㅖ 는 부운(副韻)의 부

---

138) 김석득 : 앞든 책 102쪽 참고.

(副)로서 차례로 사등(四等)이 된다. 정운(正韻)은 위에 있고 부운(副韻)은 아래에 있으며, 양(陽)은 위에 있고, 음(陰)은 아래에 있으니, 존비(尊卑)의 차례다.

라고 하였다. 이와 같이 신경준은 중성을 분류하여 놓았다. ≪훈민정음≫에는 초성(初聲)에 대한 분류는 되어 있으나, 중성(中聲)에 대한 분류는 없다. 신(申)공의 중성 분류는 이런 면에서 국어학사상의 큰 뜻을 갖는다.139) 위의 방도(方圖)의 설명을 알기 쉽게 도해하면 다음과 같다.

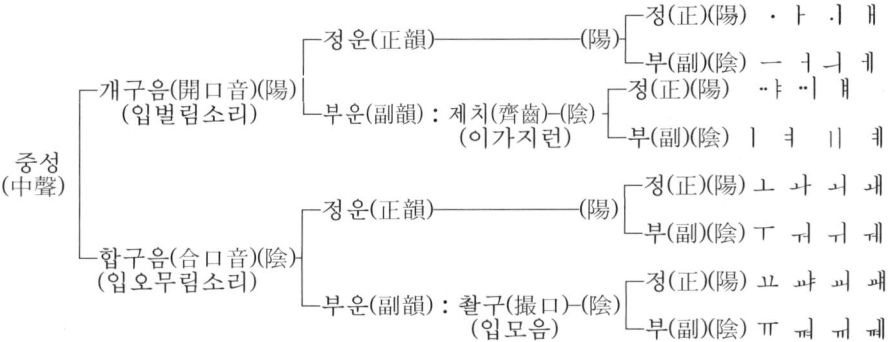

중성해(中聲解)에서 「‥」 중성자를 새로 만들어 중성자의 기본으로써 「·」와 「‥」를 설정한 것이 특색인데, 이 음은 방언(方言)에서 「八」을 「ᄋᆞ듧」이라고 하였다.140)

신경준은 종성해(終聲解) 입성(入聲) 조에서

"초성(初聲) 가운데 여덟 글자는 종성(終聲 : 받침)으로 겸하여 사용한다."

---

139) 김석득 : 앞든 책 114쪽 참고.
140) 신경준 : ≪훈민정음운해≫ 중성해 「원도(圓圖)」, 「방도(方圖)」, 「상형(象形)」 조 참고.

하였으니, ㄱㄴㄷㄹㅁㅂㅅㅇ이 그것이라고 하였다. 이 입성(入聲)의 설명을 보이면 다음과 같다.

> 훈민정음 23초성 가운데 8자만을 취하여 종성을 겸하여 쓰는데, 위에 붙이면 초성이 되고, 아래에 붙이면 종성이 되니, ㄱㄴㄷㄹㅁㅂㅅㅇ이 이것이다.141)

그 밖의 부록인 「아국운삼성총도(我國韻三聲總圖 : 朝鮮韻三聲總圖)」, 초성(初聲) 조에서 신경준은 훈민정음에 23초성이 있는데, 우리나라 한자음 초성에는 전탁음(全濁音 : ㆅㄲㄸㅉㅆㅃ)이 없고, 또 「ㅋ」음이 없어서, ㅎㅇㄱㄷㅌㄴㅈㅊㅅㅂㅍㅁㄹ 등 13초성만 배운다고 하고, 다만 전탁음과 「ㅋ」음은 일반 회화에서만 쓴다고 하였다. 그는 중성(中聲) 조에서, 초성(初聲)은 여러 나라[四國]에 같은 것이 많은데 중성(中聲)은 같지 않은 것이 많다. 우리나라는 초성이 적고 중성이 많아서 다른 나라에서 배우기가 매우 어렵다고 하였다. 또 그는 종성(終聲) 조에서, 우리나라 종성에는 ㄷ과 ㅅ 둘이 있는데, 이들도 글자(한자)가 없고, 다만 일반 회화에서만 쓰일 뿐이다라고 하였다.

그리고 이 《훈민정음운해》는 1938년 5월 5일 조선어학회(朝鮮語學會)에서 정인보(鄭寅普)님의 해재(解題)를 붙여 활자본(活字本)으로 비로소 간행된 바 있고, 김윤경(金允經)님의 《한국문자급어학사(韓國文字及語學史)》나 최현배(崔鉉培)님의 《한글갈》 등의 저술에서도 상세히 소개되었을 뿐 아니라 그 뒤 여러 학자들이 다루었다. 여기에서는 김석득(金錫得)님이 그의 《우리말연구사》에서 운해에 나타난 학문의 특질과 음성 문자관을 보고 이를 비판하였는데, 그 요약 정리한 것을 소개하기로 한다.

---

141) 신경준 : 앞든 책 종성해 「입성(入聲)」 조 참고.

① 신(申) 공은 국어연구사상 음소의 정의를 내린 최초의 학자이다. 그러나, 음소와 음성 및 글자를 혼동하였다.

② 초성의 분류는 비교적 정확하다. 조음점의 순서를 목안으로부터 입술까지 정연하게 배열하였으며, 조음점의 설명이 비교적 정확하다. 그러나, 초성을 「역」의 오행(五行) 오장(五臟)에 공식적으로 합리화시킨 데는 무리가 없지 아니하다.

③ 오음(五音)을 「역」의 자질, 곧, 괘(卦), 수(數), 방위[方], 기운[氣], 바람[風], 소리[聲], 음(音), 그릇[器]에 상징 배속시킨 것은 상대적인 개념으로 볼 때, 어지간히 그 타당성이 인정된다. 그러나, 「역」의 과잉 상징과 그 불균형성도 인정된다.

④ 기본 5자음의 상형 생성에 대하여, 「오행상형(五行象形)」설과 「입술 혀 상형」설을 주장했다. 「오행상형」설에서는, 음성 자질을 따져, 오행 자질에 맞추었는데, 그 과정에는 별 무리가 없으며, 그대로, 이는 그의 문자 생성에 관한 이원론적 자질관이라 할 수 있다. 「입술 혀 상형」설은 두 가지 점에서 현대 언어학적 의의를 던져 준다. 첫째, 조음체(articulator)인 입술[脣], 혀[舌]를 오행 중 가장 동적인 물 불[水火]로 비유하고, 발음할 때에 그 조음체의 정밀한 관찰을 하여, 오행에 이를 상징한 것은, 조음 음성학적으로 타당하다. 둘째, 소리를 심리적 실체로 파악하고, 이 심리적 실체를 조음하는 조음체 중 입술과 혀를 가장 적극적이고 중요한 것으로 인식한 것은 정밀한 조음적 관찰에서 온 것이라 본다. 그럼에도 불구하고, 그의 학설은, 「오행상형」설과 「입술 혀 상형」설 중, 어느 하나를 취했어야 했을 것이다. 또, 입술 혀의 생성설에서 글자의 이름을 전개하고, 그 이름을 발음할 때에 나타나는 입술 혀의 모양을 상형했다는 것은 글자 이름과 음성을 혼동했을 뿐 아니라, 글자가 생긴 때와 글자의 이름이 생긴 때의 시대적 착오를 일으킨 잘못

이라 할 수 있다.

⑤ 오음변성(五音變聲)에서는, 변하여 만들어지는 글자(變聲字)가 획 더하여 이루어지는 과정을 설명했을 뿐, ≪훈민정음≫과 같은, 소리가 좀 세게남[聲出稍厲]에 따른 획 더함의 뜻[加畵之義]의 설명이 없다. 그럼에도, 이는 글자의 연역법적 생성관에서 볼 때, ≪훈민정음≫과의 일치점이 발견된다.

⑥ 그의 층위(層位) 조에서는, 오음의 생성 과정을 오행과 방위에 따라, 둥근 원 위에다 설명함으로써, 다섯 개의 층위적 구조관을 보여 주었다.

⑦ 그의 청탁(淸濁)의 분류는 소리의 자질과 음양의 자질을 대조시켜 분류하였으며, 다른 한 쪽으로는 글자에 대한 상수(象數)를 따져 「청탁」으로 나누었다. 그러나, 글자의 획에 대한 상수에 의하여 청탁을 가른 것은 이해가 안 간다.

⑧ 신(申) 공은, 중성의 생성설에 대하여 「태극」, 「음양」, 「방위」로 설명하고 있다. 그런데, 그 중, 그의 중성에 대한 「음양」의 개념은 ≪훈민정음≫의 그것과 다르다. 그는 음양을, 소리 자질의 가볍고 무거움[輕重]의 상대적 개념과 효수(爻數)로 이해하고 있다. 이 음양의 개념은 국어연구사상 문제가 있다.

⑨ 중성의 분류는, 음양 호장성(陰陽互藏性)과 태극, 양의(兩儀), 사상(四象), 팔괘(八卦)의 생성 이치를 배경으로 하고 있다. 이러한 배경 하에서 분류되는 홀소리는 간극(aperture, 개구도)의 큼·작음에 의한 분류 결과를 가져온다. 그러므로, 이는 조음 음성학 상 획기적 사실이라 할 만하다.

⑩ 그의 종성설은 상수(象數)관에 의한 것이다. 이와 같은 관점에서 추출되는 「중성 겸 종성」설은 탁론이다. 그러나, 실제 언어음에 쓰이지

아니한 ㅕ, ㅠ 까지 「중성 겸 종성」류에 넣은 것은 이해가 안 간다. 또, 그가 주장한 「팔종성법」은, 최세진의 그것의 답습이라 할 수 있다. 그런데, 팔종성 중 ㅅ을 넣은 것은 당시의 현실음으로서는 의문이며, 이는 글자와 언어 음성을 혼동한 것이 아닌가 한다.

(1-4) 홍계희의 ≪삼운성휘≫ 범례

담와(淡窩) 홍계희(洪啓禧, 숙종 29~영조 47)님은 영조(英祖) 때 이조판서로 양관(홍문관과 예문관) 제학을 지내고 판중추부사(判中樞府事)에 이른 이로서, 음운학자(音韻學者)인데, 특히 중국말에 정통한 분이었다. ≪홍무정운(洪武正韻)≫, ≪사성통해(四聲通解)≫, 그 밖에 역대 내외 운서(韻書)를 참고로 하여, 영조 27년(1751)에 ≪삼운성휘(三韻聲彙)≫를 편찬하였다.

이 책은 당시의 우리나라 한자음을 토대로 하고, 그 배열법도 당시 정음자 차례를 따라서 우리나라 사람들에게 편리하도록 엮어 놓은 것이었다.

≪삼운성휘≫ 범례에 다음과 같은 「언자초중성지도(諺字初中聲之圖)」가 실려 있다.

初聲終聲通用八字		初聲獨用六字	中聲十一字		合中聲二字	重中聲一字
ㄱ 君初聲	役終聲	ㅈ 卽初聲	ㅏ 覃中聲	ㅗ 洪中聲	ㅘ 光合中聲	
ㄴ 那初聲	隱終聲	ㅊ 侵初聲	ㅑ 穰中聲	ㅛ 欲中聲		
ㄷ 斗初聲	(末)終聲	ㅌ 呑初聲	ㅓ 業中聲	ㅜ 君中聲	ㅝ 月合中聲	
ㄹ 閭初聲	乙終聲	ㅋ 快初聲	ㅕ 彆中聲	ㅠ 戌中聲		
ㅁ 彌初聲	音終聲	ㅍ 漂初聲	ㅡ 卽中聲			
ㅂ 彆初聲	邑終聲	ㅎ 虛初聲	ㅣ 侵中聲			ㅣ 橫重中聲
ㅅ 戌初聲	(衣)終聲		· 呑中聲			
ㅇ 業初聲	凝終聲					

홍계희는 이 틀[表]에 있어서 다음과 같은 주를 달았다.

　一. 末衣 두 자는 우리말로 번역한 소리를 쓰고 동그라미를 더하여 구별하였다.

　一. 이 언문자는 곧 임금이 만든 훈민정음이다. 모든 자(字)는 다 초·중·종 삼성(三聲)이 있으며, 삼성이 합한 뒤에 한 자[一字]를 이룬다. 곧 초성 ㄱ, 중성 ㅗ, ㅇ종성을 합하여 「공」이 되는 것과 같다. 곧 「公」자의 음이다.

　一. 이 표는 훈민정음의 차례를 좇지 않고, 속에서 이르는 반절[俗所謂反切]의 차례를 좇은 것이다. 훈민정음에는 또 ㅇ ㆆ ㅿ의 세 초성이 있으나 ㅇ(喩母), ㆆ(影母)은 속(俗)에 ㆁ(疑母)과 합하고, ㅿ(日母)은 ㅅ ㅇ 간음(間音)으로서 우리나라에서는 그 소리를 내기 어렵기 때문에 이제 적지 않는다.

　一. 훈민정음에는 ㅘ(光), ㅝ(月)들의 중성이 없으나 속(俗)에서 두 중성을 합하여 ㅘ, ㅝ를 만들어 쓰기 때문에 밑에 붙여 합중성(合中聲)이라 하였고, ㅚ(橫), ㅐ(色) 따위는 본 중성(中聲) 밖에 또 ㅣ중성을 붙여 쓰는데 「侵」 중성의 ㅣ와는 같지 않으므로 또 밑에 붙여 중중성(重中聲)이라 하였다.

라고 하였다. 여기에서 두 가지 주목할 점이 있다. 곧 자모(字母) 배열 차례의 특색과 합중성(合中聲)과 중중성(重中聲)을 새로 말한 것이다. 초성의 두 가지 구별, 곧 종성에 쓸 수 있는 것과 없는 것을 말한 것은 ≪훈몽자회≫ 범례와 같으나, 그 자모(字母)의 수에 있어서 ㅇ, ㆆ은 ㆁ과 합하고 ㅿ은 ㅅ, ㅇ의 간음으로서 말에 안 쓰기 때문에 폐하니 결국 훈민정음 17초성에서 14자로 되었다. 그 배열 순서도 ≪훈민정음≫은 말할 것 없고, ≪훈몽자회≫와도 다를 뿐 아니라 반절(反切)과도 다르다. 곧 초종성(初終聲)에 통용한다는 8자(ㄱ ㄴ ㄷ ㄹ ㅁ ㅂ ㅅ ㆁ)까지는

≪훈몽자회≫와 같으나 초성 독용한다는 ㅈ ㅊ ㅌ ㅋ ㅍ ㅎ은 전연 다르고(훈몽자회는 ㅋ ㅌ ㅍ ㅈ ㅊ ㅿ ㅇ ㅎ 로 되었다.), 또 ㅌ, ㅋ의 순서는 최근의 반절의 ㅋ, ㅌ을 거꾸로 놓음과 같다. 또 합중성(合中聲)이나 중중성(重中聲)도 ≪훈민정음≫ 본문 28자에는 나타내지 않았으나 ≪훈민정음≫ 해례「중성해」에 이미 규정하여 써 오던 것을 새로 이름 준 것에 지나지 않는다. 그런데 ㅚ(橫), ㅐ(色)들의 ㅣ소리를 홀로 쓰이는 ㅣ와 다르다고 구별한 점은 주목할 점이다. ㅘ, ㅝ는 ㅗ와 ㅏ, ㅜ와 ㅓ가 거듭된 것이나, ㅚ, ㅐ는 종래의 ㅗ와 ㅣ, ㅏ와 ㅣ의 거듭이라 보던 습관을 깨뜨리고, ㅚ, ㅐ의 ㅣ는 「侵」의 ㅣ와 다르다고 보아 중중성(重中聲)이라 이름 준 것이 바로 그것이다.

(1-5) 이사질의 ≪훈음종편(訓音宗編)≫

흡재(翕齋) 이사질(李思質)님은 숙종 31년(1705)부터 영조 52년(1776)까지 생존한 철학자라고 하는 이도 있으나, 그가 세상에 난 해와 돌아간 해 모두 확실하지 아니하다. 흡재도 역시 신경준과 같이 상형설(象形說)에서 벗어나지 못한 점이 있다. ≪훈음종편(訓音宗編)≫은 그의 문집(文集 : 翕齋稿) 속에 수록되어 있는데, 다음과 같이 12편으로 분류되어 있다.

造字象之原
圓方之圖
點畫之圖
訓音字母造法
訓音字父造法
御製訓民正音全書
五音淸濁辨
終聲起例

訓音全文聲音起例
訓音平上去三聲之圖
俗用諺文式
聲音總論問答

흡재는 위와 같이 12편으로 나누어 제자 원리(制字原理)부터 시작하여 소리값[音價]·표기법 등에 이르기까지 상당히 깊이 고구(考究)하였으나, 사리에 어긋나는 점도 내포되어 있다. 이제 그의 한글 학설을 대강 소개하면 다음과 같다.

첫째, 그는 한글의 자형을 상형설(象形說)로 설명하였다. 하늘의 꼴은 둥긂[圓]이요, 땅의 꼴은 모남[方]이다. 그러므로 하늘과 땅 사이의 만물은 다 이 꼴[둥긂과 모남]에서 변화한 것이다. 이런 까닭에 성인이 글자를 지을 적에 이 둥긂과 모남의 꼴을 본떠서 만들었다. 곧 「ㅇ」는 하늘의 둥근 꼴이요, 「ㅁ」은 땅의 모난 꼴이니, 이 「ㅇ」과 「ㅁ」이 근본이 되어 자모(字母, 첫소리, 초성) 17자가 만들어졌다. 또 「·」는 둥근 꼴이 바뀌어 점이 된 것이요, 「ㅡ」는 모난 꼴의 한 획이니, 이 「·」와 「ㅡ」가 서로 합하여, 자부(字父, 가운뎃소리, 중성) 11자가 만들어졌다.

둘째, 한자는 소리[音]와 뜻[意]의 두 면이 있으나, 훈민정음은 소리만 있고 뜻은 없다. 원래 뜻은 소리의 근원이요, 소리는 뜻을 나타냄이다. 소리를 들으면 그 뜻을 알게 되는 것이니, 하필 눈으로 글자의 뜻 보임의 꼴을 보아야 할 필요가 있으랴? 훈민정음은 여섯 가지 글자 만드는 법[六書]에 의지하지 않고, 오로지 소리를 그려내기로 주장을 삼은 것이다. 그것은 다만 사람의 말소리를 나타내어 생각을 통할 뿐 아니라, 음악[律呂]이나 노래 곡조의 높고 낮음도 거침없이 나타내게 되었으니, 그 공이 더욱 크다 하였다. 이는 곧 뜻글자[表意文字]인 한문과 소리글자

[表音文字]인 훈민정음을 비교하여 한글의 장점을 설명한 것이라 하겠다.

세째, 그는 「어제훈민정음전서」란 제목에서 ≪세종실록≫에 실린 원문을 들고 그 풀이를 하였다. 그 중에 우리 국어에도 중국과 같이 치두음(齒頭音)과 정치음(正齒音)의 구별이 있다고 한 이론은 틀림이 많으며, 그 밖에 다만 한 가지 주의할만한 것은 「입성은 점 찍는 법은 같되 빠르다[入聲加點同而促急]함에 대한 해설은 ≪훈민정음 해례본≫과 같이 바로 설명하였다. 곧 「또 살피건대 입성(入聲)은 점 찍는 법이 같다한 것은 입성에는 평입성(平入聲), 상입성(上入聲), 거입성(去入聲)의 구별이 있는데, 평입성은 점이 없고, 상입성은 두 점, 거입성은 한 점을 찍는다」하였다. 이 설은 최세진의 ≪훈몽자회≫에서의 해설보다 나아간 점이다. 그러나, 「ㄹ」은 평입성, 「ㄱ」은 상입성, 「ㅂ」은 거입성이라 함은 잘못이다.

네째, 그는 또 「어제훈민정음전서」란 제목에서 「ㆆ, ㅇ, ㅿ」의 소리값[音價]을 설명하기를, 「ㆆ 초성은 으, ㅇ의 간음(間音), ㅇ 초성은 요, 오의 간음, ㅿ 초성은 야, ㆍ의 간음이라」하였는데, 이는 그 소리값을 전혀 모른 말이라 하겠다.

다섯째, 그는 글자의 이름에 대하여 종래 초성에 대하여는 자모(字母)라는 이름이 있었으나 중성에 대하여는 아무 이름이 없었으니, 이를 「자부(字父)」라 함이 옳다고 하였다. 그는 자모의 뜻을 모르는 모양이다. 「ㄱ」 첫소리를 가진 모든 자의 대표자(가령 「見」 같은)를 이름이니, 「ㅗ」 중성을 가진 모든 자의 대표자(가령 「公」 같은)도 자모가 되는 것이다.

여섯째, 그도 팔종성설(八終聲說)을 좇았다. 훈민정음의 초성은 요의(了義)의 자모에서 나아온 것이고, 종성은 운서의 6운(ㄱ ㆁ ㄴ ㅂ ㅁ ㄹ)에 우리나라의 설치 속음(舌齒俗音) 둘(ㄷ, ㅅ)을 더하여 8종성이 된다 하였다. 그리고 「ㄷ, ㅅ」은 속간(俗間)에서 혼용하는 경향이 있는데, 이것은 잘못이니, 구별해야 된다고 하였다. 그리고 그 8종성의 차례는 「ㄱ ㆁ ㄷ ㄴ ㅂ ㅁ ㅅ ㄹ」로 하였는데, 이는 아·설·순·치·반설의 순서를 취한 것으로 보인다. 그러나 ≪훈민정음≫의 「종성은 초성을 다시 쓴다」함을 버리고 왜 민간 습관을 좇았는지 미심한 일이다.

일곱째, 그는 초성 17자 중에서 치음 「ㅊ」, 반설음 「ㄹ」, 반치음 「ㅿ」을 제하고는 다 병서함이 옳다 하였다. 그의 논법이라면 ㅋㅋ ㅌㅌ ㅍㅍ ㆅㆅ ㆀ 따위가 어떻게 소리를 낼 수 있다고 보았는지 모르겠다.

여덟째, 그는 또 아·설·순·치·후에 각각 세 소리가 있고, 또 각 소리마다 청탁이 있고 두 변음은 한 소리 뿐이니 「ㅋ ㅌ ㅍ ㅊ ㅎ」은 전청, 「ㄲ ㄸ ㅃ ㅆ ㅉ ㆅ」은 차청, 「ㄱ ㄷ ㅂ ㅅ ㆆ」은 전탁, 「ㆁ ㄴ ㅁ ㄹ ㅿ ㅇ」는 차탁이라 하였는데, ≪훈민정음≫의 규정과는 전혀 뒤틀리게 본 것이다. 이 청탁설은 취할 것이 못된다.

(1-6) 금영택의 ≪만우재집(晩寓齋集)≫

만우재(晩寓齋) 금영택(琴榮澤)님은 영조 15년(1739)부터 정조 14년(1790)까지 생존하였던 도학자(道學者)였으나, 운학(韻學)에도 관심을 가지고 있어서, 특히 박성원(朴性源)의 ≪화동정음통석운고≫에 관심이 컸었던 모양으로, 그의 문집 ≪만우재집≫에 수록되어 있는 「언문자음기례(諺文字音起例)」와 「오음초성(五音初聲)」의 두 항목에서는 박성원의 설을 부연 수정한 것이 많다. 이제 그의 한글 학설을 대강 소개하면 다음과 같다.[142]

---

142) 강신항 : 앞든 책 81~82쪽 참고.

첫째, 획(畫)과 자(字)의 구별이다. ≪훈민정음해례≫에서 「凡字必合而成音」이라고 설명한 것은 여러 가지로 해석할 수가 있어서 불분명한 점도 있지만, 그는 언문자를 구조에 의해서 「획(畫)」과 「자(字)」로 명확히 구별하였다. 훈민정음 28자(ㄱ ㄴ ㄷ ㄹ … ㅏ ㅓ ㅗ ㅜ …등)를 「획(畫)」이라 하고, 한 낱내[音節]를 이룬 것[가나다라 …각난닫 같은 것]을 「자(字)」라고 하였다. 그래서 초·중·종의 3획(畫)을 가로 세로 합하기도 하고 붙이기도 하여, 비로소 자음(字音)을 형성한다고 하였으니, 그의 설명에 의하면 「획(畫)」과 「자(字)」의 뜻이 분명해지는 것이다.

둘째, ㅇ ㆁ ㅿ ㆆ 소리값[音價]에 대한 설명이다. ㅇ ㆁ ㅿ은 각각 각(角)·우(羽)·궁(宮)에 속하되, 우리나라에서는 그 소리남이 비슷하므로, 달리 쓸 필요가 없다고 하였다. 즉 중국의 ㅇ(伊) ㅿ(而)의 초성은 우리나라의 ㅇ(異) 더불어 그 소리남이 비슷하니, 달리 쓸 필요가 없다고 하였다. 이 설명도 새로운 것이 아니라, 당시의 실정을 그대로 말한 것이다.

다음 박성원이 신설(新設)하였던 「ㆆ」자에 대하여서는 「ㆆ」은 그 음이 뚜렷하지 못하여, ㅁ(眉音)의 조금 변한 것[小變異]에 지나지 않는 것이므로, 중국음에는 소용이 있어도 우리 음에는 소용이 없으니, 억지로 이것을 쓸 필요가 없다고 하였다.

(1-7) 황윤석의 『화음방언자의해(華音方言字義解)』와 『자모변(字母辨)』

이재(頤齋) 황윤석(黃胤錫)님은 영조 5년(1729)부터 정조 15년(1791)까지 생존하였던 유명한 학자로서 젊어서는 시문으로 이름 났고, 또 역상(曆象)·악률(樂律)·자의(字義)·산학(算學) 등 여러 분야에 정통하였다.

특히 우리 말 글에 관한 연구도 크게 관심을 끌만하다. 그의 업적은 그의 문집(文集)인 ≪이재유고(頤齋遺稿)≫와 그의 저서 ≪이수신편(理藪新編)≫에 수록되어 있는데, 신경준과 거의 동년배의 학자였으나, 황윤석은 고금의 여러 운서(韻書)와 운도(韻圖)의 학에 통효(通曉)하고 있었던 듯하다.

≪이재유고≫ 권25 잡저(雜著) 중의 한 제목으로 수록된 『화음방언자의해(華音方言字義解)』는 우리말의 말밑[語源]에 대하여 꽤 많이 언급되어 있으며, ≪이재유고≫ 권26 잡저 중의 한 제목으로 수록된 『자모변(字母辨)』은 한글 글자에 대하여 설명한 것이다.

(1-7-1)『화음방언자의해』와 우리말 말밑(어원) 연구[143]

그의 말밑 연구는 일반적으로 비교 방법에 따른 것인데, 한자말뿐 아니라, 범어(梵語)·몽고말·여진말[女眞語]에까지 비교하여 밝히고 있다. 이제 그의 우리말 말밑에 대한 부분을 소개해 보기로 한다.

그에 따르면「新羅」의 연원은「新羅 ← 薛羅 ← 徐伐羅」로 잡고 있다. 또「新羅」는「斯盧」라고도 하는데,「羅」는 한자말에서「로」이고,「로」는「盧」인 때문이라고 한다. 또 신라 관제에 대하여,「舒發翰」「舒弗邯」「角干」이 다「쓸한」이라는 신라말을 한자를 빌어 적은 것임을 증명하였다. 곧「弗邯」은「發翰」의 가까운 소리이며, 다만 글자가 다를 뿐이다.「大角干」의「角」은「舒弗」이니 속(俗)에서「角」이「쓸」됨과 같다.「舒」는「ㅅ」이며,「發」은「弗」과 가까운「불」이다.「ㅅ」을「불」에 더하면,「角」의 방언「쓸」이 된다. 만일「불」의「ㅂ」을 없애고「ㅅ」을

---

143) 김석득 : 앞든 책   130∼136쪽 참고.

4. 국어학 연구의 재흥시기   233

위에 더하면,「翰」「多」는 서로 가까운 소리이므로,「술한」곧「酒多」가 된다.「干」은 속음에「翰」「邯」에 가깝고 신라 속음도 그렇다.

이는 ≪삼국사기(三國史記)≫ 권제38, 잡지(雜志) 제7 직관 상(職官上)에 의하면, 유리왕(儒理王) 9년에 17등(官品)을 설치하였는데, 1은 이벌찬(伊伐湌)이라 하고, 그 주석에 이벌찬을 혹은 이벌간(伊罰干), 혹은 벌찬(伐湌), 혹은 각간(角干), 혹은 각찬(角粲), 혹은 서발한(舒發翰), 혹은 서불한(舒弗邯)이라고도 한다 하였다. 그는 이를 증명한 것이라 하겠다. 이것은 중세 ㅅ합용병서 글자말「쌜」「쑴」(혹은 ㅂ합용도 마찬가지) 등의 초성 닿소리 하나하나가 발음되었다는 중요한 증거를 제시해 주는 것이다.

이 밖에 그의 우리말 어휘의 말밑(어원)에 대한 연구가 많이 이루어졌다. 이제 그의 『화음방언자의해』 안에 나타난 것 중, 관심 있는 것만 대충 간추려 보면 다음과 같다.

　한자말에서 온 것(혹은 우리말을 한자말로 대비시킨 것)
　　荒山 → 거츨뫼(한자말과 우리말을 대비시킨 것)
　　思那海 → 사나해(사내)
　　每緝 → 민즙 → ᄆᆞ답(매듭)
　　捎蕙子 → 귀쇼시게(귀우게) (捎는「쇼」, 蕙는「시」)
　　去 → 가
　　都 → 다
　　土 → 싸
　　瓜 → 외(옛 음「오」)
　　鮒 → 붕어(「부」→「붕」)
　　鯉 → 링어(「리」→「링」)
　　雄 → 수(「웅, 훙」→「수」)
　　草 → 새

外亞父 → 올아바
內亞母 → 누의
亞父 → 아츤아바(숙부) → 아즈바(아자비)
亞母 → 아츤어미(숙모, 고모, 이모, 형수) → 아즈마(아자미)
大父 → 한아비(조부)
大母 → 한미(한어미)(조모)
阿孩等 → 아들
子息 → 즈식(자식)
他 → 쏠(딸) (출가하여 다른 집으로 가는 사람이므로)
壻 → 싀집(시집)
坪 → 벌
美利 → 미리(용)
上典 → 항것(한자말과 우리말을 대비시킨 것임)
下主, 下典 → 하님(한자말과 우리말을 대비시킨 것임)

몽고말에서 온 것

귐 → 곰 → 놈
冠 → 곳 [「冠」의 몽운은 「괸」, 곳갈(머리에 있는 일체의 것)]
絡 → 노 (「絡」의 몽운 「노」)
斗應斤 → 둥근

범어(梵語)에서 온 것

波嵐, 勃嵐 → 바람
曼陀羅花 → 曼等羅味, 맨드라미
鞞鐸迦(佉)支 → 버들가지
普陀, 普陀落伽海島 → 博多(혹은 「覇家臺」)(「普」는 「바」, 「陀」는 「다」)

여진말에서 온 것

甸子 → 드르(들) (「甸」 초성 「ㄷ」, 「子」 「즐」의 합성)
湊音赤 → 줌치(주머니)

(1-7-2) 『자모변』에 나타난 자모의 실태

『자모변』은 ≪이재유고≫ 권26 제1장부터 제5장까지에 걸쳐 설명되어 있는 한 제목이다. 여기서는 『자모변』에 나타난 그의 중요한 학설을 소개하고자 한다.

<1> 중국 운서의 변천사적 고찰

중국에는 옛날에 자모번절법(字母翻切法)이 없었다. 그런데, 서역의 중요의(了義)가 범어를 전하여 초성자모와 중종성(中終聲) 운모를 세웠다.

이 한 자모 한 운모가 서로 번절(翻切)한 연후에 상당의 음을 얻을 수 있게 되었다. 그 자모의 수는 36이었으나, 그것이 남송 말(南宋末)의 황공소(黃公紹) 운해에는 35가 되고, 송(宋)·원(元)의 때는 32로 줄어졌으며, 명(明)나라의 ≪홍무정운(洪武正韻)≫에는 또 줄어 31자모가 되었다. 명나라 말에 서양 사람 이마두(利瑪竇) 등이 동녘으로 오매, 그 쓰는 자음이 또한 23모에 그쳤다. 이상은 그가 중국에서 자모(字母)를 설정하게 된 역사와 그 후의 자모수(字母數) 변천 사항을 말한 것이다.

<2> 우리 자모의 실태 밝힘

초성(初聲) 31과 속용(俗用) 14

그는 말하기를, 세종어제 「훈민정음」은 ≪홍무정운≫ 자모(31) 체계를 근거로 하여 자모수를 줄였는데, 현재 우리나라에서는 다만 14자모만 사용하고 있다고 하였다. 그는 이상과 같은 설명 뒤에 「初聲三十一 俗用十四」 라고 하는 초성도(初聲圖)를 들어 놓았는데, 초성 31자모란 ≪사성통해(四聲通解)≫ 권수(卷首)의 「홍무정운 31자모지도(洪武正韻三十一字母之圖)」에 나타난 한글이며, 속용 14자모란 당시 우리 한자음(漢字音) 표기에 사용된 한글을 가리키는 것이다.

초성 31자모 : ㄱㅋㄲㆁ ㄷㅌㄸㄴ ㅂㅍㅃㅁ ㅸㆄㅱ ㅈㅊㅉㅅㅆ
　　　　　　 ㅈㅊㅉㅅㅆ ㆆㅎㆅㅇ ㄹ ㅿ
속용 14자모 : ㄱㅋㆁ(牙), ㄷㅌㄴ(舌), ㅂㅍㅁ(脣), ㅈㅊㅅ(齒), ㅎ(喉),
　　　　　　 ㄹ(半舌)

위의 초성 31자모 중, 속용 14자모로 된 것은, 곧 된소리(ㄲ ㄸ ㅃ ㅉ ㅆ ㆅ)는 예사소리에 합치[並]고, ㆆ影 ㅇ喩 ㅿ日은 ㆁ疑 자모에 합치며, ㅸ非 ㅹ奉 자모 등 입술가벼운소리는 입술무거운소리 ㅂ幇 자모에 합치고, 정치음(整齒音)은 치두음(齒頭音)에 합쳐서 이른바 속용 14가 된다.

그는 또 말하기를, 「≪훈민정음≫ 본문에는 ㅈㅊㅅ과 같이 두 다리가 서로 같았으나, 신숙주가 ≪사성통고≫를 명령 받아 지을 때 치두음은 왼다리를 길게 하고 정치음은 오른다리를 길게 하였다. 그런데 통고(通攷)란 이름은 세종(世宗)이 지은 것인즉, 혹 세종이 정음의 미비함을 고치게 함이 아닌지 모르겠다. 이제 속어(俗語)를 자세히 살피면 ㄷ과 ㅈ, ㅌ과 ㅊ이 서로 섞이어 관서(關西) 사람 밖에는 구별하지 못한다. 가령 억지로 배우더라도 소리를 분명히 내지 못하니, 또 줄어서 14 초성 이하로 줄는지도 모른다」라고 하였다.

중성(中聲) 33과 속용 19

그는 또 말하기를, 「훈민정음이 홍무정운에 좇아 31 초성을 만들었으나, 중국어 번역 이외에는 14 초성만 쓰고, 또 33 중성을 정하였으나 중국어 번역이 아니면 19 중성만 쓴다」고 하였다.

중성 33 : ㅏ ㅑ ㅓ ㅕ ㅗ ㅛ ㅜ ㅠ ㅡ ㅣ ㆍ ㅘ ㅙ ㅝ ㅞ ㅟ ㅢ ㅚ ㅢ
　　　　　 ㅋㅠㅜ ㅐ ㅒ ㅔ ㅖ ㅢ ㅣ ㅟ ㆉ ㅢ ㅙ ㅖ
속용 19 : ㅏ ㅑ ㅓ ㅕ ㅗ ㅛ ㅜ ㅠ ㅡ ㅣ ㆍ ㅘ ㅝ ㅐ ㅔ ㅖ ㅢ ㅟ ㅢ

4. 국어학 연구의 재흥시기   237

종성반용초성(終聲反用初聲) 13과 속용 8

그는 또 초성을 종성으로 도로 쓸 수 있는 13 종성을 정하였으나 중국어 번역이 아니면 속용으로 8종성만 쓴다고 말하였다.

종성 13 : ㄱ ㆁ ㄷ ㄴ ㅂ ㅁ ㅸ ㅱ ㅈ ㅅ ㆆ ㄹ ㅿ
속용 8 : ㄱ ㆁ ㄷ ㄴ ㅂ ㅁ ㅅ ㄹ

그리고 황윤석은 훈민정음이 범자에 근원되었다고 하였다.

(1-8) 홍양호의 『경세정운도설서(經世正韻圖說序)』

이계(耳溪) 홍양호(洪良浩)님은 경종 4년(1724)부터 순조 2년(1802)까지 생존하였던 학자이다. 그는 벼슬이 높았으나 저술도 많고 박학이었다. 그의 문집에는 운학(韻學)에 관한 언급이 있다. 특히 최석정이 지은 ≪경세정운도설≫에 상형설(象形說)이 빠진 것을 유감으로 생각한다고 하여 ≪경세정운도설≫에 그 내용을 소개하는 서문을 얹고, 훈민정음 초성상형설(初聲象形說)을 보충하여 놓았다. 그의 ≪경세정운도설≫ 서와 「초성상형설」을 보면, 서두(序頭)에 다른 학자들과 마찬가지로 운학(韻學)의 필요성, 훈민정음 창제로 우리 문화가 크게 발전하게 되었다는 것 등을 말하고, ≪경세정운도설≫에 오직 발음기관의 꼴을 본떠서 훈민정음을 만들었다는 점에 있어서는 미흡하다 하며, 음과 같은 발음기관 상형설을 보충한 것이다.144)

---

144) 홍양호의 「경세정운도설서략(經世正韻圖說序畧)」과 「부(附) 훈민정음초성상형도(訓民正音初聲象形圖)」는 ≪증보문헌비고(增補文獻備考)≫ 권지108 악고(樂考) 19 훈민정음(訓民正音)조에도 전한다.

附　訓民正音　初聲象形圖

ㄱ 君初聲	牙音	象牙形
ㅋ 快初聲	牙音	重聲
ㆁ 業初聲	喉牙間音	象喉扇形
ㄴ 那初聲	舌音	象舌形
ㄷ 斗初聲	舌音	象掉舌形
ㅌ 呑初聲	舌音	重聲
ㅂ 彆初聲	脣音	象半開口形
ㅍ 漂初聲	脣音	象開口形
ㅁ 彌初聲	脣音	象口形
ㅅ 戌初聲	齒音	象齒形
ㅈ 卽初聲	齒舌間音	象齒齦形
ㅊ 侵初聲	喉舌間音	
ㅇ 欲初聲	淺喉音	象喉形
ㆆ 挹初聲	喉齒間音	象喉齶形
ㅎ 虛初聲	深喉音	
ㄹ 閭初聲	半舌音	象卷舌形
ㅿ 穰初聲	半齒音	象半啓齒形

　이와 같이 훈민정음의 모양을 무슨 꼴에 의거하였다고 구체적으로 설명한 학자는 홍양호가 처음이라고 하겠다. 이 위에 인용한 초성상형도는 각 초성이 무엇을 본뜬 것인가를 말하는 것이 주안이겠으나 그보다도 초성 배열 순서의 변경이다. 그는 무슨 이유로 17초성의 차례를 그같이 변하였는지 설명은 없으나, 자형을 고안할 때에 아·설·순·치·후 들의 각 기초자를 최초로 놓고 그 다음에는 자획의 간단한 것으로부터 복잡에 이르는 차례로 삼은 것이라 보겠다. 아음·순음·반설음·반치음의 순서는 변함이 없으나 그 밖에는 다 바뀌었으니, 이를 ≪훈민정음≫의 배열 순서와 대조해 보면 아래와 같다.

칠음 구분	아음	설음	순음	치음	후음	반설음	반치음
훈민정음	ㄱㅋㆁ	ㄷㅌㄴ	ㅂㅍㅁ	ㅈㅊㅅ	ㆆㅎㅇ	ㄹ	ㅿ
홍양호	ㄱㅋㆁ	ㄴㄷㅌ	ㅂㅍㅁ	ㅅㅈㅊ	ㅇㆆㅎ	ㄹ	ㅿ

그런데 순음의 차례는 다른 것과 같은 표준으로 고치지 않고 그대로 두었으니, 어떤 연유인지 알기 어렵다.

(2) 19세기의 국어학

(2-1) 정동유의 ≪주영편(晝永編)≫

현동(玄同) 정동유(鄭東愈)님은 영조 20년(1744)부터 순조 8년(1808)까지 생존하였던 실학파(實學派)의 언어학자이다. 그의 연구는 그가 만필체(漫筆體)로 쓴 기록인 ≪주영편≫(순조 6년 지음)에 나타난다.

이 ≪주영편≫은 4권의 사본(상, 하 2책)으로 되었는데, 저자가 워낙 광박 정심한 학자였던 만큼 그 내용은 풍속(風俗)·역상(曆象)·외교(外交)·전부(田賦)·제도(制度)·고사(故事) 등 여러 분야에 걸쳐 있다. 훈민정음에 관한 연구는 그 제3권(하권) 제1장부터 제12장 사이에 9개 항목으로 나누어 논술하였다.

제1항 : 훈민정음의 우수성을 강조함
제2항 : 훈민정음의 우수성을 강조함
제3항 : ≪사성통고≫에 두 종류가 있다 함
제4항 : ≪사성통고≫에 실린 신숙주의 ≪사성통고≫ 범례의 내용 비판

제5항 : 한자운(漢字韻)을 표기할 때 종성(받침)에 「ᄝ, ᄫ」을 씀은 잘못
이라 주장함
제6항 : 자모(字母)는 훈민정음 23자모로 족하다 함
제7항 : 서양(西洋) 자모에 관하여 논함
제8항 : 입성(入聲)의 본질 설명
제9항 : 종성은 초성을 다시 씀이 옳다 함

위의 아홉 항목 가운데 참고 될 만한 몇 가지에 대하여 고찰코자 한다.

첫째, 훈민정음관(訓民正音觀) : 그는 제1항과 제2항에서 훈민정음의 우수성을 강조하고, 특히 소리글자[表音文字]로서는 완전한 것이라 하였다. 그 중에서도 한자음 표기에도 가장 적합한 것이라고 하였다. 곧 중국 고대로부터 음운학(音韻學)이 발달되어 반절법이 생기었으나, 천언만어(千言萬語)를 적기에는 구차하기 짝이 없지마는 훈민정음이 나자 그러한 구차한 방법을 쓰지 않고도 편리하게 되었다고 하였다. 그는 말하기를, 「이제 정음(正音)은 「東」을 곧 「동」, 「江」을 곧 「강」이라고 적게 되니, 만일 창힐(蒼頡)이 문자를 만들 때에 정음이 있어서 아울러 적어 전하였다면, 그때 자음(字音)이 천만대 뒤에라도 틀림이 없었을 것이라.」라고 하였다. 그리고 그는 훈민정음을 속에 언문이라 하여 부인과 천한 이의 소용에 맡기기 때문에 구르고 굴러 잘못을 일으키어 박학의 선비라도 정음 자모의 뜻을 아는 이가 드물게 됨을 한탄하였다.

둘째, ≪사성통고≫의 두 가지론 : 그는 ≪사성통고≫란 책이 두 종류가 있는데, 하나는 세종대왕이 만든 간단한 ≪사성통고≫요, 다른 하나는 신숙주가 이를 증보하여 역시 ≪사성통고≫라 한 것이 그것이라 하였다. 최세진이 그의 ≪사성통해≫ 하(下) 뒤에 인용한 「사성통고 범례」는 신숙주가 증보한 ≪사성통고≫의 범례로서 거기에 이르기를, 「훈민

4. 국어학 연구의 재흥시기 241

정음에는 원래 치두음과 정치음의 구별이 없었으나 이제 치두음은 ㅈㅊ
ㅉ (왼쪽 삐침이 길게 함)으로 하고, 정치음은 ㅈㅊㅉ (오른쪽 삐침이 길
게 함)으로 하여 구별하였다.」라고 하였으니, 이는 신공의 지은 것이라
하였다. 이 말은 아마 ≪사성통고≫ 범례에 좇은 결론이라고 생각된다.

세째, 훈민정음에 제정된 23자모(字母)로함 : ≪광운(廣韻)≫에 36자모
를 두되 설음(舌音)을 설두음(舌頭音)과 설상음(舌上音)으로, 순음(脣音)
을 순중음(脣重音)과 순경음(脣輕音)으로, 치음(齒音)을 치두음(齒頭音)과
정치음(整齒音)으로 나누었으나, 이는 다만 그 자모가 잇달아 내는 중성
의 차이로 말미암아 생기는 것이요, 결코 그 자모 자체의 근본적인 차
이는 아니다. 그러므로 그 쓸데없는 구별로 생긴 자모 13 (설상음 知ㄴ
徹ㅌ 澄ㄸ 孃ㄴ과 순경음 非ㅸ敷ㆄ 奉ㅹ 微ㅱ과 정치음 照ㅈ 穿ㅊ 狀ㅉ
審ㅅ 禪ㅆ) 을 제하고 훈민정음에 정한 23 자모 (아음 ㄱㅋㄲㆁ 설음
ㄷㅌㄸㄴ 순음 ㅂㅍㅃㅁ 치음 ㅈㅊㅉㅅㅆ 후음 ㆆㅎㆅㅇ 반설음 ㄹ 반
치음 ㅿ) 만 씀이 옳다 하였다. 이는 ≪동국정운≫의 서문에서 설음·
순음·치음에 두 가지씩의 구별을 둘 필요가 없으므로 훈민정음의 23자
모로 자음을 달았다함과도 일치하는 것이다. 그러나 설상음과 정치음은
그 다음에 잇달아 나는 홀소리 「ㅣ」로 인하여 달라진다 하겠지마는, 순
경음 ㅱ ㅸ ㅹ ㆄ 따위는 홀소리로 인하여 순중음 ㅁ ㅂ ㅃ ㅍ 을 변한
것이라 볼 수 없다. 가령 「마, 미」와 같은 홀소리에 「ㅱ」을 앞에 붙이어
도 「ᄝ마, ᄝ미」와 같이 달라진다.

네째, 입성자음 「ㄷ」 받침 : 우리나라가 입성의 한자 「質, 物, 月, 曷,
點, 屑」 따위의 음을 다 「ㄹ」 받침을 하지마는 「ㄹ」은 원래 입성이 될
수 없는 소리일 뿐 아니라, 한자에는 본래 「ㄹ」 받침으로 된 것은 없다.
원래 받침은 명백 정녕(丁寧)한 소리이라야 하는 것이므로, 「ㄱ ㄷ ㅂ ㅇ

ㄴ ㅁ」의 여섯 소리는 받침이 될 수 있지마는, 「ㄹ ㅅ」은 명백 정녕하지 못하기 때문에, 능히 받침을 이루지 못한다. 그러므로, 위에 적은 입성 한자는 마땅히 「ㄷ」 받침으로 읽을 것이다. 신숙주의 ≪사성통고≫ 범례에 「ㄱ ㄷ ㅂ」의 세 소리로 입성의 끝소리를 삼았을 뿐인데, 최세진의 ≪사성통해≫에 이르러는 갑자기 「ㄹ, ㄱ, ㅂ」 세 소리로써 입성의 끝소리를 삼았으니, 「ㄹ」로 입성의 받침을 삼은 것은 최세진에게서 비롯한 것이라 하였다. 그러므로 정동유가 「ㄹ」 받침은 입성이 되지 못한다 함은, ≪훈민정음해례≫에서 「彆」자의 음을 「볃」으로 달았으며, ≪동국정운≫ 서문에 「또 「質, 勿」들의 운(韻)은 ㆆ(影)으로써 ㄹ(來)를 기워서 속음을 따르면서 바른 음에 맞게 하니, 옛 습관의 와류(譌謬)가 이에 이르러 모두 고쳐지었다.」라고 한 것에 의하면, 입성 한자 「質, 勿」 따위의 음의 「ㄹ」 받침으로는 족하지 못하기 때문에, 「影」모 「ㆆ」로써 기워 「ㅭ」받침으로 함이 옳다 하였으니, 세종 때부터 학자들의 인정한 바를 다시 강조한 것이라 하겠다.

　다섯째, 사잇소리 「ㅅ」의 해석 : 우리말의 사잇소리 「ㅅ」은 일종의 받침으로 쓰인 것 같으나, 이것은 받침이 아니고 일종의 끊는 소리[絶音] 현상임을 설파하였다. 보기를 들면, 「귓속」(耳內)의 「ㅅ」이나 「아홉섬」(九石)의 「ㅅ」은 「귀」와 「속」, 「아홉」과 「섬」을 이어낼 적에 두 말의 사이에 저절로 한 「影」(ㆆ)음이 생긴 것이요, 「ㅅ」이 끝소리가 된 것은 아니다. 그러므로, 「귀」가 「귓」이 안 되면, 「속」이 「쏙」으로 되고, 「아홉」이 「아홊」이 안 되면 「섬」이 「썸」으로 되며, 또 상하를 떠나서 중간에 한 자리를 차지하기(보기 : 「귀ㅅ속」)도 한다고 하였다.

　여섯째, 종성은 초성을 다시 쓴다 함을 옳다 함 : 그는 ≪훈민정음≫에서 말한 대로 끝소리엔 첫소리를 다시 쓴다 함을 옳다 하였다. 그러나 그 설명법이 좀 다르다.

　이제 「가갸」는 「각야」로, 「다댜」는 「닫야」로, 「바뱌」는 「밥야」로, 「나냐」는 「난야」로, 「마먀」는 「맘야」로, 「라랴」는 「랄야」로 읽게 되니, 이는 곧 아랫 자의 첫소리로 윗 자의 끝소리를 삼으면, 아랫 자의 첫소리에는 저절로 후음(ㅇ)이 되어, 이어 나는 소리가 곧 같은 소리가 된다. 그래서, 「ㄱ」은 「각」의 끝소리, 「ㄴ」은 「난」의 끝소리, 「ㄷ」은 「닫」의 끝소리, 「ㅂ」은 「밥」의 끝소리, 「ㅁ」은 「맘」의 끝소리, 「ㄹ」은 「랄」의 끝소리가 된다.

　이 읽기로 미루어 보면, 「아야」는 「앙야」가 되어, 「ㅇ」가 「앙」의 끝소리가 될 수 있다. 곧 그는 이 만큼만 말하고, 더 나아가 모든 첫소리 곧 「ㅈㅊㅋㅌㅍㅎ」까지라도 다 끝소리가 될 수 있음을 언급하지 아니하였음은 매우 애달픈 일이다. 이 정동유의 학설을 이어 「ㅎ」까지라도 끝소리(받침)로 쓸 수 있음을 논단한 이는 그의 제자인 유희(柳僖)이다. 이러하여, 정동유의 학설은 유희에 이르러 더 큰 발전을 보게 되었다.

(2-2) 유희의 ≪언문지(諺文志)≫

　유희(柳僖)님은 경기도 용인에서 영조 49년(1773)에 출생하여 헌종 3년(1837)까지 생존하였던 학자인데, 호는 방편자(方便子)·서파(西坡)·남악(南嶽)이다. 그는 실학파의 언어학자인 정동유의 문하에서 실학을 연구했다. 그의 ≪언문지≫는 순조 24년(1824)에 된 것이지만 사본(寫本)으로만 전하다가「조선어학회」에서 1938년 3월 28일 활자판으로 내었다.

　이 ≪언문지≫는 19세기 초반의 우리말 연구에 해당되는 바, ≪훈민정음해례≫가 나온 뒤의 17세기 말에 나온 최석정의 ≪경세훈민정음도설≫과 18세기 중엽에 나온 신경준의 ≪훈민정음운해≫와 더불어 세 큰 학적 체계의 하나라고 할 수 있다. 그런데 이 유희의 ≪언문지≫에서는 앞 두 분의 학설에 비해 역철학의 동요가 크게 일어나고, 근대적 구조 인식이 부각되어 나오니, 그 설명 방법이 훨씬 과학적이라 하겠다.

≪언문지≫는 그의 문집 초고(文集草稿)인 ≪문통(文通)≫에 수록되어 있는데, 그 내용 체재가 다섯 부분으로 나뉘어 있으니, 이를 말하면 다음과 같다.

諺文志
  序
  初聲例 ─┬─ 廣韻三十六字母(隋陸法言著)
        ├─ 集韻三十六字母(宋司馬公與丁度著)
        ├─ 韻會三十五字母(明黃公紹著 用蒙古韻法 蒙古韻略元朝撰)
        ├─ 洪武正韻三十一字母(明太祖命詞臣 依毛晃韻書作)
        ├─ 訓民正音十五初聲(我世宗朝命詞臣 依蒙古字樣 質問明學士黃瓚以製)
        ├─ 正音通釋十七初聲(朴性源著)
        └─ 柳氏校定初聲二十五母
  中聲例 ─┬─ 正音通釋 中聲十一形(訓民正音·三韻聲彙 並同 三韻聲彙 洪啓禧所作)
        ├─ 柳氏校定中聲正例十五形
        └─ 中聲變例一形
  終聲例 ─┬─ 正音通釋終聲八韻(訓民正音·三韻聲彙 並同)
        ├─ 柳氏校定終聲正例六韻
        └─ 終聲變例一韻
  全字例

이상 내용 차례를 보아 알 수 있음과 같이 그는 먼저 앞 사람의 말한 바를 인증하고, 다음에 「유씨교정(柳氏校定)」이라 하여, 자기의 소견의 단안을 미리 내리고, 그 다음에 다시 그 자기의 단안에 대하여, 조리 정연한 해설을 더하였다. 이제 그의 학설의 중요한 것만을 소개하면 대략 다음과 같다.

(2-2-1) 서문(序文)

서파(西坡)는 서문에서 그의 선생 정동유의 말을 빌어 정음의 우수성을 말하였는데, 그 요지는, 언문이 정확한 소리글자의 구실을 할 수 있다는 것과, 언문이란 부녀자나 할 학문이라 하여 소홀이 여기지 말 것을 강조하고 있다.

(2-2-2) 초성례(初聲例)

<1> 훈민정음 15 초성(訓民正音十五初聲)에 대하여

서파는 「訓民正音十五初聲」이라 하여 다음과 같이 말하고, 이를 풀이하기를, 「우리나라 세종대왕이 사신(詞臣 : 정인지 포함 8인)에게 명하여 몽고문자(蒙古文字)의 모양에 의하여 지은 것으로 명(明)나라 학사(學士)인 황찬(黃瓚)에게 질문하여 제작한 것이다.」라고 하였다.

ㄱ ㄴ ㄷ ㄹ ㅁ ㅂ ㅅ ㆁ ㅋ ㅌ ㅍ ㅈ ㅊ ㅎ ㅸ

훈민정음은 15초성이 아니라 17초성이다. 그리고 여기 든 「ㅸ」는 훈민정음 17초성에는 없던 것이니, 실은 14초성만 소개한 셈이 된다. 그리고 정음의 본 초성은 이 14모(母)에다가 「ㆁ ㆆ ㅿ」의 셋을 합한 17모이다. 여기에서 볼 때 훈민정음 자모체계 안에 끼이지 못했던 「ㅸ」를 포함시킨 것은 그의 착각이다. 그리고 또 여기의 정음자의 몽고문자 기원설은 이미 숙종 때 성호(星湖) 이익(李瀷)이 그의 문집 ≪성호사설(星湖僿說)≫에서 「몽고 파스파(八思巴)문자」에서 기원된 것이라고 설명한 바가 있는데, 그도 몽고문자의 모양에 의하여 지은 것이라 하였는데, 이는 사실과 다르다.

<2> 정음통석 17초성(正音通釋十七初聲)에 대하여

246　Ⅲ. 조선조 국어학

　그는 박성원(朴性源)의 정음통석 17초성(正音通釋十七初聲 : ㄱㅋㆁㄷㅌㄴㄹ ㅈㅊㅅ ㅂㅍㅁㅱ ㅇㅎ ㅿ)을 든 다음, 당시의 조선 한자음의 전탁음에 대하여 말하였는데, 그 요지는 이러하다.
　우리나라에서 한자음이 전탁이 없어진 것(당시 「쌍雙, 끽喫」 두 글자는 제외)은 전탁음(全濁音)을 쓰지 않고 방점(旁點) 혹은 권점(圈點)을 불통일하게 써 왔기 때문이다. 곧 그런 부호를 일반은 주의하지 않게 되어 마침내는 부호를 무시하고 청음(淸音)으로 읽게 되니 그만 한자(漢字)에서 전탁(全濁)이 없어지게 된 것이다.
　그리고 언문에서는 쌍서(雙書)를 하지 않고 된ㅅ, 된ㅂ으로 표기하게 되니 먼저 이런 폐단을 시정하고 쌍서로 써야만 한자음에서도 전탁음을 도로 찾게 될 것이다. 그러나 실제의 가망은 있어 보이지 않는다.

〈3〉 유씨교정 초성 25모(柳氏校定初聲二十五母)
　그는 ≪광운(廣韻)≫·≪집운(集韻)≫·≪운회(韻會)≫·≪홍무정운(洪武正韻)≫·≪훈민정음(訓民正音)≫·≪정음통석(正音通釋)≫ 등의 자모도(字母圖)를 참고하여 자기의 주장인 유씨교정 초성 25모(柳氏校定初聲二十五母)를 다음과 같이 정립하였다.

柳氏校定初聲二十五母

	角	徵	羽	商	宮	變徵	變宮
	牙	舌	脣	齒	喉		
全淸	見ㄱ	端ㄷ	幫ㅂ	精ㅈ			
次淸	溪ㅋ	透ㅌ	滂ㅍ	淸ㅊ			
全濁	群ㄲ	定ㄸ	竝ㅃ	從ㅉ			
不濁	魚ㆁ	泥ㄴ	明ㅁ	日ㅿ	喩ㅇ	來ㄹ	影ㆆ
次全淸			匪ㅸ	心ㅅ	曉ㅎ		
次全濁			俸ㅹ	邪ㅆ	匣ㆅ		

4. 국어학 연구의 재흥시기   247

그리고 이와 같은 25자모를 정립하는 이유를 다음과 같이 말하였다.

① 설두음(舌頭音)·설상음(舌上音), 순중음(脣重音)·순경음(脣輕音), 치두음(齒頭音)·정치음(整齒音)을 제거 : 거이(擧頤)·안이(按頤)설

대개 수(隋)의 육법언(陸法言) 지음의 《광운(廣韻)》 이후 치음(徵音)에는 설두음과 설상음이 있고, 우음(羽音)에는 순중음(脣重音)과 순경음(脣輕音)이 있으며, 상음(商音)에는 치두음과 정치음의 구별이 있음이 예사인데, 이와 같이 설음(舌音)·순음(脣音)·치음(齒音)의 각각 두 가지로 나뉜 것을 「거이(擧頤)」와 「안이(按頤)」라 하고, 이 둘은 같은 첫닿소리[初聲]이다. 그러나, 이러한 구별은 그 배합이 되는 가운뎃소리[中聲]의 거이(擧頤 : 거이는 그 가운뎃소리가 ㅏ ㅘ ㅓ ㅝ ㅗ ㅜ ㅡ · 인 자모)와 안이(按頤 : 안이는 그 가운뎃소리가 ㅑ ㅖ ㅕ ㆌ ㅛ ㅠ ㅣ 인 자모)를 따라서 생기는 부차적 차이(이를테면, 같은 「ㄷ」이 「다, 더, 도」에서와 「댜, 뎌, 됴」에서와가 서로 다름을 가리킴)일 따름이요, 그 원 몸은 한가지이다. 중국의 운서에서도 이 구별이 반드시 엄수되지 아니하였으며, 우리 정음에는 그런 구별이 필요가 없다. 그러므로 안이(按頤 : 턱당김)의 첫소리[初聲]는 다 거이(擧頤 : 턱듦)를 좇을 것이다. 이리하여 설상음(舌上音)·순경음(脣輕音)·정치음(整齒音)은 없이해버리고, 따로 세우지 아니하였다.

② ㅸ(匪)·ㆄ(俸)을 그냥 둠 : 부는입술소리[吹脣音]설

그는, 「안이(按頤)」와 「거이(擧頤)」에 의하여 생기는 부차적 순음(脣音) 곧 중순(重脣)과 경순(經脣)을 제거한다고 하면서, 왜 「ㅸ」과 「ㆄ」을 초성 25자모 중에 차전청(次全淸)과 차전탁(次全濁)에 넣었을까? 이에 대하여 그는 다음과 같이 변해하고 있다.

《광운(廣韻)》에서 설정한 「非母(ㅸ)」나 「奉母(ㆄ)」는 부는입술소리

[吹脣音]로 설정한 것은 아니다. 그러나 뒤에 취순자음(吹脣字音)이 생기었으매 새로 자모(字母)를 설정하지 않을 수 없었으니, 내가 「非母(ㅸ)」와 「奉母(ㅃ)」를 특별히 세우는 것뿐이오, 결코 이 「非母」·「奉母」는 ≪광운(廣韻)≫에서 순경음(脣輕音)으로 세운 그런 「非」나 「奉」이 아니다. 그러므로, 나는 여기서 일부러 「匪(ㅸ)」와 「俸(ㅃ)」으로 변작(變作)하여 ≪광운≫의 「非(ㅸ)」과 「奉(ㅃ)」과는 다른 것임을 나타내었다(「奉」은 속음이 淸音이며 濁音이 아니기 때문에 부득불 고쳐야 하는 것이다).

이와 같이 그는 ≪광운≫의 「非, 奉」은 순경음(脣輕音)이요, 자기가 교정한 음인 「匪, 俸」은 부는입술소리[吹脣音]이라는 것이다. 그리하여, ≪광운≫의 순경음(입술가벼운소리)과 구별하기 위하여 취순음(吹脣音) 「ㅸ」을 「匪母」로 하고, 「ㅃ」을 「俸母」로 하여 이를 각각 차전청(次全淸: ㅸ)과 차전탁(次全濁: ㅃ)에 배치하였다는 것이다. 그런데, 그는 「ㅃ」에 대하여 다음과 같이 더 설명하고 있다. 곧, 대개, 전청(全淸)은 간단하고, 가닥이 없으며, 전혀 발음에 힘을 드리지 아니하여, 조금 힘을 더하면, 차청(次淸)이 되고, 소리가 가닥 소리로 난다[岐出雙聲]는 것이다. 거기에서 또한 힘을 더 가하면, 전탁(全濁)이 되며, 역시 소리가 가닥 소리가 나는데, 이제 여기 「匪母」 「ㅸ」에 힘을 더하면, 전탁(全濁) 「ㅃ」이 된다는 것이다. 이 이치는 「心母(ㅅ)」, 「邪母(ㅆ)」의 관계와 같다는 것이다. 그리고 「微母」 「ㅱ」은 부는입술소리[吹脣音]가 될 수 없어서 제거한다고 하였다.

이상 입술소리(脣音)에 관한 설명에서 「ㅸ」을 부는입술소리라고 하였는데, 문헌에 나타난 「ㅸ」은 그 소리값[音價] 설명이나 실제 국어의 쓰임에서 입술가벼운소리[脣輕音]이었다고 본다. 그런데, 이제 그가 「ㅸ」 글자로 부는입술소리[吹脣音]를 적는다 함은 이해가 안 간다(적어도 국어의 경우에서 이다). 뿐만 아니라, 이것이 부는입술소리를 적는 글자라고 하여도, 과연 그 당시에, 「ㅸ」과 「ㆄ」이 기본음으로서의 부는입술소리 음소가 형성되었었는지는 적이 의심하지 않을 수 없다.

③ ㅿ(日)을 치음(齒音)의 불탁(不濁)의 자리로, ㆆ(影)을 변궁(變宮)으로 돌림

그는 「日母」「ㅿ」를 잇소리[齒音] 불탁(不濁 : 不淸不濁)의 자리로 올리고, 「影母」「ㆆ」은 내려서 변궁(變宮)을 삼았다. 그 이유는, 첫째, 잇소리에만 특별히 불탁(不濁)이 없다는 것은 불가한 일이며, 둘째, 악(樂)의 칠음(七音 : 角・徵・羽・商・宮의 正五音과 變徵・變宮의 變二音을 합하여 칠음이 된다)에 변치(變徵)・변궁(變宮)이 있을 뿐이요, 변상(變商 : 반이)이란 것이 있음을 듣지 못하였다. ≪광운≫의 반치(半徵)・반상(半商)도 근거가 없는 말이며, ≪운회(韻會)≫에서 그 두 음을 다 반치상(半徵商)이라 한 것과 궁(宮)에 차궁(次宮)을, 상(商)에 차상(次商)을 두었으나 모두 악률(樂律)에 없는 것인데, 어찌 글자에 그것이 있을 수 있으랴. 이런 까닭에서, 나는 변상(變商)의 대신에 변궁(變宮)을 베풀어 악률에 맞추고, 소리가 극히 얕아서 정후(正喉 : 喉音의 正音)가 될 수 없는 「影母」「ㆆ」를 내려다가 변궁(變宮)에 붙이었다고 하였다.

④ ㄹ(來)이 변치(變徵)가 되고 ㆆ(影)이 변후(變喉)가 되는 이유

그는 「來母」「ㄹ」과 「影母」「ㆆ」이 반드시 정성(正聲)이 아니고 변성(變聲)이 되는 까닭을 말하기를,

「來母」「ㄹ」은 혀를 퉁긴 뒤에 발음(發音)되고, 「影母」「ㆆ」은 목구멍이 갈리면서 그 뒤에 나는 소리니 조금만 주의하지 않으면 곧 「來母」「ㄹ」은 「泥母」「ㄴ」과 같이 나며, 「影母」「ㆆ」는 「曉母」「ㅎ」과 같이 나게 된다. 그러므로 「來母」「ㄹ」은 설음(舌音)의, 「影母」

「ㆆ」은 후음(喉音)의 변음(變音)이 아닐 것이랴.

라고 하였다. 이와 같이 그는 「ㄹ」이 변치(變徵)가 되고 「ㆆ」이 변후(變喉)가 되어야 하는 까닭을 말하였다.

⑤ ㅎ(曉)을 차전청(次全淸)에 두고 ㆅ(匣)을 차전탁(次全濁)에 둔 이유

그는 목구멍소리[喉音]의 네 자모 가운데 「ㆆ」은 변궁(變宮)으로 보내고, 「喩母」「ㅇ」은 정후(正喉 : 喉音의 正音. 곧 바른목구멍소리)로 삼았다. 그리고 「ㅇ」보다 얕은 「曉母」「ㅎ」은 「ㅇ」의 뒤인 차전청(次全淸)에 두고, 전청이 되게 나서 전탁(全濁)이 되는 이치로, 차전청(次全淸)의 된소리 「匣母」「ㆅ」을 차전탁(次全濁)에 두었다고 했다.

이와 같은 설명에서는 「ㆆ」을 애당초 있으나마나 한 소리로 보고 있으면서, 「ㅇ」을 목구멍소리라고 하여 이를 기준삼아 「ㅎ」「ㆅ」을 논급함은 석연치 않다 할 것이다.

⑥ ㆁ(疑) 대신에 ㅇ(魚)을 쓴 이유

그는 「疑母」「ㆁ」 대신에 「魚母」「ㅇ」을 쓰는 까닭을 다음과 같이 말하고 있다.

「疑母」는 본음이 「ㆁ」인데 근래의 습속(習俗)은 「ㅇ」으로 변하고 있으므로 그 「ㆁ」과 「ㅇ」의 혼돈을 근심하여 일부러 「疑母」를 쓰지 않고 「魚母」를 쓴 것이며, 이는 특별히 앞사람이 이미 표한 글자이기에 나도 취한 것뿐이요, 별다른 뜻은 없는 바이다.

라고 하였다.

⑦ ㆁ과 ㅇ의 구별

그는 말하기를, ㆁ은 어금닛소리[牙聲]이요, ㅇ은 목구멍소리[喉聲]이니, 두 자는 분명히 서로 다르다. ㆁ은 받침[終聲]으로나 첫소리[初聲]로

나 분명히 그 소리를 인식할 만큼 울림[響]이 있지마는, ㅇ은 받침으로 나 첫소리로나 있어도 없는 것 같다. 그렇거늘, 박성원(朴性源)의 ≪정음통석(正音通釋)≫에, 「ㆁㅇㆆ의 세 자는 그 발음이 서로 가까와 따로 만들어 쓸 필요가 없다[ㆁㅇㆆ三者 出聲相近 不必異制]」라고 하여, 이를 혼동하였음은 모호한 견해이다 하였다.

⑧ ㅿ의 필요한 이유

그는 말하기를, 「ㅿ」는 본시 「ㅅ」과 「ㅇ」의 사이소리[間音]인데, 우리 말에 이로써 한자음을 삼는 일이 없지마는, 사람의 입에서 나는 소리를 다 묘사하고자 하는 한글로서는 이를 폐할 수 없다. 그래서, 이를 올려 잇소리의 불탁(不濁)을 삼았다고 하였다.

⑨ 갈바쓰기[並書] 세움

그는 탁음(濁音)이 생기게 되는 이론을 말하고, 된소리는 된ㅅ이나 된 ㅂ보다는 갈바씀이 옳다고 하여, 쌍형 병서론(雙形並書論)을 주장했다.

(2-2-3) 중성례(中聲例)

그는 중성례에서, 박성원의 ≪정음통석(正音通釋)≫의 중성십일형(中聲十一形)과 신재(信齋) 이영익(李令翊)의 주장한 「ᆢ」자를 소개하고, 자기 단안을 내리어 유씨교정중성정례십오형(柳氏校定中聲正例十五形)과 중성변례일형(中聲變例一形)을 정립하였으니, 그것은 다음과 같다.

柳氏校定中聲正例十五形

ㅏ ㅑ ㅘ ㆇ ㅓ ㅕ ㅝ ㆊ ㅗ ㅛ ㅜ ㅠ ㅡ ㅣ ㆍ

中聲變例一形

ㅣ (每於全字右旁加之)

이와 같이 그는 정례(正例 : 바른 보기) 15꼴과 변례(變例 : 딴 보기) 1꼴을 인정하고 있는데, 중성표에 대한 그의 풀이는 대략 다음과 같다.

<1> 「ㆍ」는 「ㅏ ㅡ」의 사이소리

그는 우리나라[東俗]에서는 「ㆍ」를 「ㅏ」로도 많이 혼동하고(이를테면 兒事等의 漢字는 「ㅇㆍㅅ」인데, 지금에는 잘못 轉成하여 阿些「아사」와 같이 발음하고 있다), 또 혹은 「ㅡ」로도 혼동하니(이를테면 「ㅎㆎㄺ土」라고 하던 것을 「흙土」라고 함과 같다), 이것은 그 「ㆍ」음이 본래 「ㅏ」와 「ㅡ」의 사이소리[間音]이기 때문이니, 독자(讀者)들은 마땅히 이 점을 알아야 할 것이다라고 하였다.

이는 「ㆍ」의 소리값[音價]을 「ㅏ ㅡ」의 사이소리로 규정한 것인데, 이러한 소리값 추정은 역사적 변천 과정을 통하여 고찰한 것으로, 소리값 추정 방법의 하나를 제시해 준 것이라 하겠다.

<2> ㅘ ㅝ ㆇ ㆊ 의 필요성

≪훈민정음≫에는 다만 11형의 홀소리[母音 : ㅏ ㅑ ㅓ ㅕ ㅗ ㅛ ㅜ ㅠ ㅡ ㅣ ㆍ]만 있고, 「ㅘ, ㅝ」 및 오른쪽에 덧붙이는 홀소리 「ㅣ」(곧 딴이)는 임시로 만들어 쓰게 한 것이다. 그래서 홍계희(洪啓禧)의 ≪삼운성휘(三韻聲彙)≫에서는 이 삼형(三形)인 「ㅘ ㅝ ㅣ」를 가운데소리[中聲]로 삼았다고 하면서, 그러므로, 이제 그도 이를 중성류에 각각 넣는다는 것이다. 또한 사람의 입에서 나는 소리를 듣건대, 또 「ㆇ, ㆊ」가 있으므로, 이것들도 더 넣어서 중성의 정례(正例)를 삼았다. 그런데, 곁에 붙이는 ㅣ(곧 딴이)는 모든 자에 두루 붙는 것이므로, 이것만은 특히 변례(變例 : 딴 보기)라 하였다.

그가 중성의 정례에 넣은 「ㆇ, ㆊ」는 실제 국어 문헌에 쓰인 보기가 없다. 그러므로, 이는 홀소리 체계에 넣을 수 없는 것이다.

4. 국어학 연구의 재흥시기   253

 <3> 「ㅣ」를 변례(變例)로 두는 이유
 그는 「ㅣ」(딴이)는 모든 홀소리(중성)에 덧들어 가지 아니함이 없으니, 15중성류에 넣지 아니하고, 빼내어 변례(變例)로 삼았다(「기키」 등 자는 홀로 「ㅣ」를 덧붙일 수 없으니 오른쪽에 덧붙이는 「ㅣ」는 「기키」 등의 「ㅣ」로부터의 變出인 것을 가히 알 수 있을 것이다)고 하였다.
 그가 말하는 변례 일형(變例一形)은 곧 「기니디」 등에 사용하는 「ㅣ」 홀소리와 「ㅐㅔㅒ」 등에 사용되는 「ㅣ」(딴이) 홀소리를 구별한 것이다.

 <4> 외국음을 표기하는 문제
 그는 몽고(蒙古)의 운서나 화음(華音)을 우리 글로 쓰기 위하여, 「ㅗ, ㅛ, ㅜ, ㅠ, ㅕ, ㅛ」 등과 같은 거듭소리 글자[곧 절요중성(折腰中聲)]가 필요하다고 했다. 그런데, 이것은 두 개의 글자이므로, 중성 글자로 따로이 세우지 못한다고 하고, 이를 정음으로 기사(記寫)할 때에는 마땅히 두 글자로 풀어 써야 한다(곧 朝鮮은 「챺션」인데 이는 「챠오션」으로 씀이 옳다)고 하였다. 곧 절요중성은 우리말로는 풀어서 쓰라고 한 것이다.
 이와 같은 것은 그의 이른 바, 외국어의 한글화에 해당하는 주장이라 하겠다.

 <5> 홀소리 「‥」의 불필요성
 그는, 신재(信齋) 이영익(李令翊)이 「‥」자가 있어야 한다 하지마는, 이는 소리가 극히 모호하다. 이런 무용의 소리는 불필요하며, 앞사람이 세우지 않은 글자를 창조해 낸 것이기에 이를 따르지 않는다 하였다.
 여기에 나오는 홀소리 「‥」의 주장은 신경준이 이미 주장한 바 있다. 그런데, 여기에서는 이영익의 언급에 그친 것을 보면, 유희가 신경준의 ≪훈민정음운해≫를 그때까지 보지 못한 증거가 된다. 물론 유희님의 「‥」자의 부당론은 옳은 생각이라 하겠다.

<6> 사성(四聲)의 불필요성

그는 한자음에는 평성·상성·거성·입성의 사성(四聲)의 구별이 필요하지마는 우리말에는 소용이 없다고 하였다.

이와 같은 설명은 19세기 당시에는 국어에 성조(聲調)가 없었음을 말해 주는 것이다.

(2-2-4) 종성례(終聲例)

종성례에서는, ≪정음통석(正音通釋)≫·≪훈민정음≫·≪삼운성휘(三韻聲彙)≫에서 썼다는 종성팔운(終聲八韻)「ㄱ ㄴ ㄷ ㄹ ㅁ ㅂ ㅅ ㆁ」과, ≪통고(通考)≫의 「ㆁ, ㅸ, ㅿ, ㆆ」종성을 쓰고 「ㅇ」안 씀과, ≪통해(通解)≫의 「ㅇ」종성 씀과, ≪통고(通考)≫·≪능엄경(楞嚴經)≫·≪금강경언해(金剛經諺解)≫·≪삼경사서언해(三經四書諺解)≫의 「ㅅ」종성의 쓰지 않음을 말하고, 끝으로 자기 단안을 내리어 유씨교정 종성정례육운(柳氏校正終聲正例六韻)과 종성변례일운(終聲變例一韻)이라 하여 본인의 견해를 정립하고, 이에 대한 해설을 하고 있으니, 그것은 다음과 같다.

   柳氏校正 終聲正例六韻
       ㄱ ㄷ ㅂ ㅇ ㄴ ㅁ
   終聲變例一韻
       ㄹ(每於全字之下及下左邊着之)

이와 같이 그는 정례(正例 : 바른 보기) 6운(여섯 받침)과 변례(變例 : 딴 보기) 1운을 인정하고 있는데, 종성표에 대한 그의 풀이는 대략 다음과 같다.

<1> 종성의 삼평(三平)·삼입(三入)설과 그 안팎 대응설 : 종성의 정례(正例) 육운(六韻) 및 변례(變例) 일운(一韻)설

끝소리[終聲]에는 삼평(三平)과 삼입(三入)이 있으니, 어금닛소리·혓소리·입술소리의 불탁음(不濁音 : ㆁ, ㄴ, ㅁ)은 평성(平聲)이 되고, 전청음(全淸音 : ㄱ, ㄷ, ㅂ)은 입성(入聲)이 된다. 이 삼평과 삼입은 서로 안팎[表裏]이 되어서 끝소리가 된다. 그래서 「ㄱ」은 「ㆁ」의, 「ㄷ」은 「ㄴ」의, 「ㅂ」은 「ㅁ」의 입성이 되나니, 이는 하늘이 이룬 지묘(至妙)한 이치이다. 이러하여 어금닛소리·혓소리·입술소리의 불탁인 ㆁ, ㄴ, ㅁ 의 세 개와, 어금닛소리·혓소리·입술소리의 전청인 ㄱ, ㄷ, ㅂ의 세 개를 합친 여섯이 끝소리(받침)의 정례(正例 : 바른 보기)가 되는 것이다.

여기서 말하는 삼평(三平), 삼입(三入)의 안팎 대응설[表裏相配說]은 ≪훈민정음≫의 종성해에 나오는, 오음(五音)의 느리고 급한[緩急] 대응과 비슷한 설이다. 그러나, 약간의 다름이 있다. ≪훈민정음≫에서는 느리고 급함의 대응을, ㄱ-ㆁ, ㄷ-ㄴ, ㅂ-ㅁ, ㅅ-ㅿ, ㆆ-ㅇ으로 보았다. 그러나 서파는 끝소리(종성)의 대응으로 ㄱ-ㆁ, ㄷ-ㄴ, ㅂ-ㅁ만을 보았으며, 이 대응(對應)을 이루는 여섯 소리[三入, 三平]만을 끝소리가 될 수 있다고 보았다. 그리고 「喩母」「ㅇ」은 종성을 이루지 못하고 「ㅈ, ㅅ」은 끝소리에서 「ㄷ」에, 「ㅎ」은 「ㄱ」에 가까워진다고 보았다. 이상의 사실은 음성학적으로 보아 타당성이 있다고 본다. 사실 우리말에서는, 끝소리가 될 수 있는 것은 ㄱ ㄴ ㄷ ㄹ ㅁ ㅂ ㆁ의 7종성뿐이다. 서파가 「ㄹ」을 종성의 변례(變例 : 딴 보기)라고 하여 따로이 세운 것은, 「ㄹ」이 입평(入平)의 대립이 없다는 데서 그렇게 보았던 것뿐이고, 끝소리로 날 수 있음을 부인한 것은 아니다. 그러므로, 그는, 끝소리가 될 수 있는 것은, 안팎이 대응하는 정례(正例) 육운(六韻)인 삼평의 「ㆁ ㄴ ㅁ」과 삼입의 「ㄱ ㄷ ㅂ」, 안팎 대응이 없는 변례(變例) 일운(一韻)인 「ㄹ」, 모두 7운(韻) 곧 7성의 끝소리를 주장한 셈이다. 이와 같은 그의 7종성법은 음성학적으로 타당성이 있는 설이라 하겠으니, 이를 틀로 보이면 다음과 같다.

256 III. 조선조 국어학

```
                  ┌ 삼평 ──── ㅇ ㄴ ㅁ
       ┌ 정례 육운 ┤
종성 ───┤          └ 삼입 ──── ㄱ ㄷ ㅂ
       └ 변례 일운 ──────────── ㄹ
```

<2> ㄹ끝소리 변례론(變例論)

「ㄹ」끝소리는 「ㄴ」의 입성(入聲)이 되지 못한다. 우리나라[東俗]에서 「質」, 「曷」 등의 글자를 모두 「ㄹ」 끝소리로 읽는 것은 잘못이다. 그 까닭은, 「質」, 「曷」의 「ㄹ」은 우리나라에서 잘못 전성(轉成)된 음이요, 중국음[華音]은 본디 「ㄷ」 종성이다. 그 뿐 아니라, 「ㄹ」 끝소리는 「ㄱ ㄷ ㅂ」처럼 그리 급히 거두어 두지 아니하여 여향(餘響: 남은 울림)이 있으니까, 평성도 될 수 있고, 또 상성·거성도 될 수 있는 것이다. 그러므로, 「ㄹ」은 종성의 변례(變例)가 되는 것이다. 다시 말하면, 「ㄹ」은 다른 무슨 끝소리로 더불어 평입(平入)의 안팎이 되는 일이 없으니, 종성의 변례이다.

<3> ㅇ 끝소리의 불가론

「喩母」「ㅇ」은 모든 소리 가운데서 가장 맑은 소리로 첫소리건 끝소리건 막론하고 붙어도 붙지 아니한 것 같다(초성에서는 「아」는 「ㅏ」와 같고, 종성에서는 「支, 齊」에 「ㅇ」 받침을 하려 함을 보아 알 수 있다. ≪사성통해(四聲通解)≫에 끝소리 없는 글자(「支」, 「齊」 등 운)는 「ㅇ」을 받침하여서, 초·중·종(初中終)의 체제를 갖추게 하였다. 그러나 「支」, 「齊」 등 운(韻)은 입성(入聲)이 없다. 입성이 없는 것은 결국 끝소리가 없는 것이다. 앞에서 말한 바와 같이 끝소리는 반드시 평입(平入)이 서로 대응하여야 한다는 원칙을 세워서, 「ㅇ」 받침은 그것에 맞서는 입성이 없으니 「ㅇ」은 받침이 될 수 없다는 이론이다.

<4> ㅁ ㅸ ㅿ ㆆ 끝소리의 불가론

「微母」「ㅁ」과 「非母」「ㅸ」는 받침으로 하되 본성(本聲:本音)으로 읽을 수 없고, 「日母」「ㅿ」는 끝소리로 족하지 못하며, 「影母」「ㆆ」는 받침으로 부당하다고 하였다.

<5> ㅎ 끝소리의 가능성

그는 「ㅎ」의 끝소리도 가능하니, 이를테면, 「하햐」를 갈라 「황하」로 하면 가히 「황」의 끝소리를 알 수 있다고 하였다.

<6> ㅅ 끝소리의 불가론과 ㅅ 의 사잇소리 인정

그는 「ㅈ」에 대한 설명에서 「ㅈ」은 「ㅅ」과 같은 유(類)인바 「ㅅ」이 「ㄷ」과 가까우니 「ㅈ」도 반드시 그럴 것이다라고 하였다.

이와 같이 그는 「ㅅ」은 끝소리에서 「ㄷ」에 가깝다고 하면서, 이제 속(俗)에 부녀자들이 쓰는 언문을 보면 「ㄷ」 받침 대신에 「ㅅ」 끝소리를 쓰고 있는데, 그것은 「ㅅ」 끝소리는 끝소리가 아니라 두 어휘를 연결하는데 쓰이는 말(곧, 사잇ㅅ)임을 모르고 쓰는 것이다라고 하였다. 다시 말하면 그의 주장은 원래 「ㅅ」이 쓰이는 곳은 끝소리가 아니라, 이른바 두 어휘가 배합할 때 쓰인다는 것이다. 그가 말한 바를 보이면,

≪사성통해(四聲通解)≫를 보면 「봉(篷)」을 풀이 하는데 「빈ㅅ돋」이라 하였는바 이는 「舟之席(빈안의 돋자리)」란 뜻이다. 그런데 「舟」는 「빈」라 풀이가 되지만 「빗」은 아니요, 「席」은 「돋」은 되지만 「쏟」은 되지 않는다. 다만 두 말의 뜻을 이을 때는 스스로 1개의 「ㅅ」 음이 자생(自生)하므로 씀에는 응당 3개의 글자 자리를 차지하게 된다.

라고 하였다. 이는 곧 「빈ㅅ돋(舟之席)」에서, 「舟」는 「빈」이지 「빗」은 아니며, 또한 「席」은 「돋」이지 「쏟」은 아니니, 이 경우 나타나는 하나의

「ㅅ」은 단지 낱말과 낱말을 잇는 뜻[聯意]으로서 스스로 나타나는[自生] 것이라는 말이니, 여기에서 중요한 사실은, 사잇소리에 대한 말본의 인식이다. 그는 두 말이 결합할 때, 잇는 뜻[聯意]으로 ㅅ이 스스로 나타난다[自生]고 하여, 분명히 ㅅ 의 사잇소리를 인정하였다. 그리고, 그 사잇소리는 뜻을 갖는다고 함으로써 속가지(접요사, infix) 형태소임을 인정한 것이다. 곧, 「빗ㅅ돌」에서, 「ㅅ」은 「之」의 뜻을 가진 형태소임을 인식한 것이다.

그런데, 「ㅅ」 받침은 ≪훈민정음≫·≪금강경언해≫ 등 옛 문헌 도처에 발견되는 것인데, 그는 어찌하여 이것이 없다 하는가? 한자음으로서는 「ㅅ」 받침이 없다는 말인가? 만약 그렇다면, 「ㄷ」 받침도 또한 없지 아니한가? 그가 「ㅅ」 받침을 쓰게 된 연유를 사이시옷에 있다함을 보면, 그것은 꼭 한자음을 표준한 선 자리가 아님도 또한 분명하다. ≪훈몽자회≫에서도 「ㅅ」 받침은 인정하였는데, 그의 「ㅅ」 받침 부인론은 그 정당한 근거를 찾아볼 수가 없다.

<7> 종성 변례(終聲變例)인 ㄹ의 성격론

그는 종성 변례(終聲變例)인 「ㄹ」의 성격에 대하여 다음과 같이 말하고 있다.

    탄설종성(彈舌終聲)「ㄹ」의 쓰임은 심히 괴이(怪異)한 일이다. 「ㄹ」 끝소리는 받침 없는 말에 두루 쓸 수 있을 뿐만 아니라 무릇 끝소리가 있는 모든 글자 밑에도 그 중성(中聲)과 종성(終聲) 사이를 쪼개고 들어가지 못함이 없다(가령 「각」을 쪼개고 들어가 「갉」이 되고, 「간」을 쪼개고 들어가 「갌」이 되듯이). 그러므로 「ㄹ」 끝소리를 쓸 수 있는 자수는 모든 글자수와 똑같은 수가 될 것이다(자수에 대하여는 다음에 보인다).

이와 같이 그는 본지에서 「갉갊갋…」형을 가리켜 「각, 감, 갑」에 「ㄹ」이 개입(介入)하여 된 말이라 하였다. 그러나 이는 큰 오인(誤認)으로 「갈」에 「ㄱ, ㅁ, ㅂ」이 첨가되어 「갉, 갊, 갋」이 되는 발달과정을 인식하지 못하였던 것 같이 생각된다.

(2-2-5) 전자례(全字例)

전자례(온자 보기)는 중성과 초성과 그리고 종성이 상승(相乘) 배합되어, 전자(全字, 곧 낱내)를 생성하는 것을 설명하였으니, 그 차례를 보면, 무종자(無終字 : 받침 없는 글자) 375개의 낱내(음절)와, 중성정례자(中聲正例字) 2,625개의 낱내와, 중성변례자(中聲變例字) 2,500개의 낱내와, 종성정례자(終聲正例字) 5,125개의 낱내와, 종성변례자(終聲變例字) 5,125개의 낱내와, 언문자 총수(諺文字總數) 10,250개의 낱내 글자가 생성하는 차례로 되어 있다.

그리고 전자례의 끝에는 발문이 나와 있다. 여기에서, 그는 우리글에 대한 몽고글자(蒙古字) 기원설을 주장하는 내용과 훈민정음이 한자보다 우수한 두 가지 장점을 말하고, 또 이어 무엇이나 무소불능(無所不能)으로 기사(記寫)할 수 있는 정음의 우수성을 말한 뒤, 뛰어난 정음을 잘 닦는 큰 학자(學者)의 출현을 바란다는 것으로 끝맺음을 하였다.

(2-3) 석범(石帆)의 《언음첩고(諺音捷考)》

석범(石帆)님은 어떠한 사람인지 알 수 없으나, 다만 그가 지은 《언음첩고》가 전하는데, 이 《언음첩고》는 상·하 두 권 한 책으로 된 사본이다. 이 책 머리에 말한 것으로 보아 헌종(憲宗) 12년(1846) 5월에 지은 것이다. 만약 석범(石帆)이 지은이라면 그는 서염순(徐念淳)(1800~

1859)일 가능성이 많다.145)

그는 ≪훈몽자회(訓蒙字會)≫·≪주해천자남한판(註解千字南漢板)≫(영조 28년, 1752)·≪사성통해(四聲通解)≫·≪삼경사서언해(三經四書諺解)≫·≪소학언해(小學諺解)≫·≪어록언해(語錄諺解)≫·≪삼강행실(三綱行實)≫·≪이륜행실(二倫行實)≫·≪박통사언해(朴通事諺解)≫·≪노걸대언해(老乞大諺解)≫·≪역어유해(譯語類解)≫·≪동의보감(東醫寶鑑)≫·≪무원록언해(無冤錄諺解)≫ 들의 13가지에서 우리말의 서로 섞이는 말을 뽑아 모아 찾아보고 원음을 알기에 편리하도록 하려는 일종의 사전이라 하겠다.

그의 한글에 관한 학설의 중요한 것을 들면, 다음과 같다.146)

첫째, 그는 한자의 각 자가 다 높낮이[平仄:高低]를 겸하였으니, [家가]는 평(平 : 낮음)이요, 「可가」는 측(仄 : 높음)이며, 「開기」는 평(平)이요, 「艮ᄀ」은 측(仄)임과 같다. 그러나, 우리말에서는 「가」는 측(仄)만 하고, 「ᄀ」는 평(平)만 하여 서로 통하지 아니한다 하였으니, 곧 「·」는 낮은 소리라 한 것이다.

둘째, 그는 「ᄀ」와 「그」는 글자로서는 서로 다르나, 소리로는 서로 통함이 많다 하여, 이를테면, 「陰ᄀ늘」이 「그늘」로 되고, 「旅나ᄀ내」가 「나그내」로 되며, 「領거ᄂ리」가 「거느리」로 되고, 「鍼바ᄂ」이 「바늘」로 됨과 같다 하였으니, 이는 곧 「·」와 「ㅡ」의 상통함을 말함이다.

셋째, 중성(가운뎃소리) 11자의 첫 꼭지에 둥근점을 두어 「·」로 하고, 「·」가 바뀌어 가로 펴져 「ㅡ」가 되고, 또 바뀌어 세로 펴져 「ㅣ」가 되

---

145) 홍윤표 : ≪국어사문헌자료연구≫(태학사, 1993. 3. 15) 250쪽 참고.
146) 최현배 : 앞든 책 323~324쪽 참고.

고, 세로하고 가로하여 「ㅗ」가 되고, 또 「ㅗ」가 옆으로 서서 바른쪽을 보니 「ㅏ」가 되고, 가로하고 세로하여 「ㅜ」가 되고, 또 「ㅜ」가 옆으로 서서 왼쪽을 보니 「ㅓ」가 되고, 「ㅗ」 위에 「ㅣ」를 더하여 「ㅛ」가 되고, 또 「ㅛ」가 옆으로 서서 바른쪽을 보니 「ㅑ」가 되고, 「ㅜ」 아래에 「ㅣ」를 더하여 「ㅠ」가 되고, 또 「ㅠ」가 옆으로 서서 왼쪽으로 보니 「ㅕ」가 된다고 하였다. 이와 같이 그는 중성의 글자 만듦 풀이를 하였다.

  네째, ≪훈몽자회≫에 이르러 초성의 차례가 「ㄱ ㄴ ㄷ ㄹ ㅁ ㅂ ㅅ ㆁ ㅋ ㅌ ㅍ ㅈ ㅊ ㅿ ㅇ ㅎ」로 되고, 중성의 차례가 「ㅏ ㅑ ㅓ ㅕ ㅗ ㅛ ㅜ ㅠ ㅡ ㅣ ·」로 되었다 하였다.

  다섯째, ≪훈몽자회≫가 훈민정음 반포 뒤 겨우 82년인데, 벌써 「ㆆ」 소리가 없어지고 27자로 되었으며, ≪삼운성휘≫(영조 27년, 1751)가 ≪훈몽자회≫가 지어진 뒤 225년인데, 또 「ㆁ, ㅿ」 소리가 없어지고, 이제 남은 것은 「ㄱ ㄴ ㄷ ㄹ ㅁ ㅂ ㅅ ㆁ ㅈ ㅊ ㅋ ㅌ ㅍ ㅎ」 14자뿐이니, 중성 11자와 합하여 모두 25자가 된다. 그리고 「ㅎ」의 갈바쓴 「ㆅ」자도 또한 소리를 이루지 못하게 되었다 하였으니, 그는 곧 초성·중성 합하여 25자라고 한 것이다.

  여섯째, ≪훈몽자회≫에서 초성과 종성에 통용하는, 「ㄱ ㄴ ㄷ ㄹ ㅁ ㅂ ㅅ ㆁ」의 8자의 이름을 「其尼池梨眉非時異」로 비롯함은 옳지마는, 그 종성에서는 「ㄱ」은 「其役」, 「ㄷ」은 「池末」(디귿), 「ㅅ」은 「時衣」(시옷)으로 하여, 8자가 일제히 「으」로 이름을 삼지 아니하였는데, ≪삼운성휘≫도 그를 따랐다. 대개 3종성(ㄱ ㄷ ㅅ)은 우리말의 소리는 있으나 한자가 없기 때문에, 부득이 위선 「役, 末, 衣」의 3자를 빌어 깨우친 것인데, 속간에서는 이로 인하여, 더 틀림을 지어, 「ㅁ」을 「미음」, 「ㅂ」을

「비읍」이라고까지 하니, 안 된 일이다. 그러므로, 이제 다음에 정음으로써 바르게 나타내면,

ㄱ 기윽 ㄴ 니은 ㄷ 디읃 ㄹ 리을 ㅁ 미음 ㅂ 비읍 ㅅ 시읏 ㅇ 이응

으로 된다. 이와 같이 초성 글자의 이름을 고치었다.

일곱째, 무릇 초중종성은 합하여야 낱내[音節]를 이룬다. 중성 11자도 초성 「ㅇ」을 합하여야 낱내를 이룬다. 이는 ≪훈몽자회≫가 이미 안 바이다. 그러나, 가로진 「ㅡ」와 세로진 「ㅣ」와의 2중성이 11중성의 으뜸이 됨을 말한 이가 없는 고로, 이제 다음과 같이 적는다.

가그아 **야**기야 **거**그어 **겨**기여 **고**그오 **교**기요 **구**그우 **규**기유 **그**그으 **기**기이 ᄀᆞ그ᄋᆞ
나느아 **냐**니야 **너**느어 **녀**니여 **노**느오 **뇨**니요 **누**느우 **뉴**니유 **느**느으 **니**니이 ᄂᆞ느ᄋᆞ
다, **라** 이하도 다 이러하다.

이와 같이 별로 새로운 그의 주장은 없다.

(2-4) 이규경의 『언문변증설(諺文辨證說)』

이규경(李圭景)님은 본관은 전주(全州)인데, 정조 12년(1788)에 출생한 헌종 때의 실학자로서 호는 오주(五洲) 또는 소운거사(嘯雲居士)이다. 그의 ≪오주연문장전산고(五洲衍文長箋散稿)≫는 60권으로 된 것인데, 중국이나 본국이나 외국에 대한 고금의 사물에 대하여 천문, 시령(時令), 지리, 풍속, 관직, 문사(文事), 기예로부터 궁실, 연모(기구), 음식, 금수(禽獸)에 이르기까지, 무엇이든지 의심스러운 것이나 그릇되었다고 보이는 것이면 닥치는 대로 모조리 고정(考訂)하고 변증(辨證)한 일종의 백과전서이다. 그 중에 『언문변증설(諺文辨證說)』이 있는데, 그의 정음에 대한 견해를 간략히 적었다.

첫째, 자모 「ㆁ」을 「이행」이라 읽는 것은 속간의 잘못이니, 「ㆁ」자형을 「ㅣ」와 「ㅇ」의 두 자로 갈라서 읽기 때문에 그리 된 것이다. 또 「ㆁ」을 「행」이라 함은 우스운 일이다 하였다. 이 견해는 옳은 생각이다.

둘째, 「ㆁ」과 「ㅇ」은 서로 다르니, 「ㆁ」은 어금닛소리요, 「ㅇ」은 목구멍소리이다. 그러므로, 「ㅇ」줄 밖에 또 따로 「ㆁ」줄이 한 줄 더 있어야 할 것이다 하였다. 그의 「ㅇ」「ㆁ」의 구별은 옳은 견해이다.

셋째, 이제 속간에 행하는 「반절(反切)」 혹칭(或稱) 「언문(諺文)」이 자모 한 줄을 덜고 14줄이요, 한 줄이 11자인즉, 자 수의 총계가 154이요, 자모 9자(ㄱ ㄴ ㄷ ㄹ ㅁ ㅂ ㅅ ㅣ ㆁ)를 더하면, 163이 된다. 만약 소리를 따라, 글자를 만든다면, 얼마든지 붙을 수가 있어, 다함이 없다. 이것이 실로 정음이 천하에 첫째가는 글자인 까닭이다 하였다.

넷째, 그리고, 「과 궈, 놔, 눠, 돠, 둬, 롸, 뤄, 뫄, 뭐, 봐, 붜, 솨, 숴, 와, 워, 좌, 줘, 촤, 춰, 콰, 쿼, 톼, 퉈, 퐈, 풔, 화, 훠」는 괴상한 글자 괴상한 소리[怪字怪音]이니, 일용에 쓰는 글자와 소리가 아니다[日用常行] 하였다. 여기에 「놔, 눠」가 어찌하여 일용이 아니라 하였는지 이해가 가지 않는다.

다섯째, 한글은 그 변화가 무궁하면서 그 자형이 간이하여, 아무리 어리석고 천한 이라도 깨치기 쉽다. 이것이 그 훌륭한 점이다. 그런데, 세상 사람은 도리어 그 쉬움을 멸시하여 강구하지 아니하니, 딱한 일이다. 이제 이를 적어 아이들에게 보이노니, 부디 경하게 여기지 말라 하였다.

(2-5) 정윤용의 ≪자류주석(字類註釋)≫

수암(睡庵) 정윤용(鄭允容)님은 정조 16년(1792)에 출생하여 고종 2년

(1865)까지 생존하였던 학자이니, ≪주영편(晝永篇)≫을 지은 정동유(鄭東愈)의 일가 조카이다. 그는 철종 7년(1856)에 ≪자류주석(字類註釋)≫(2권, 2책)을 지었는데, 이는 「천도부(天道部)」・「지도부(地道部)」・「인도부(人道部)」・「물류부(物類部)」의 네 부분으로 나누고 다시 하위 분류하여 거기 속하는 한자(漢字)를 낱낱이 들고 각자의 밑에 자음과 우리말을 달고 또 한문으로 그 뜻을 풀이한 10,800자의 일종 사전이다. 그 본문이 끝난 뒤에 부록이 있는데, 이 부록 가운데, 「훈민정음자모도(訓民正音字母圖)」・「광운자모(廣韻字母)」・「온공류편자모도(溫公類編字母圖)」・「정음문견기략(正音聞見記略)」・「운서화동음표(韻書華東音標)」 들이 있다. 이제 그의 우리글에 대한 견해의 요점을 추리어 보면 다음과 같다.147)

첫째, 그의 훈민정음의 「초성종성분류표(初聲終聲分類表)」는 홍계희(洪啓禧)의 ≪삼운성휘≫에서의 그것과 꼭 같다(그리하여 그 각 낱자의 차례조차 서로 일치한다. 곧 「ㅈ ㅊ ㅌ ㅋ ㅍ ㅎ」로 됨). 그러나, 그 다음에 들어 놓은 「본문」(反切) 14줄의 차례는 「ㅌ, ㅋ」가 아니요, 「ㅋ, ㅌ」로 되어서 오늘날의 본문과 같다.

둘째, 그는 본문 14줄 다음에 「정음자모 우유구자(正音字母又有九字)」라 하여 「ㄲ, ㄸ, ㅃ, ㅉ, ㆅ, ㅆ, ㆆ, ㆁ, ㅿ」의 9줄을 보태어 옛 모습을 두어 둔다 하였다. 그리고, 이어

> ㄲ ㄸ ㅃ ㅉ ㆅ ㅆ 전탁 육음(全濁六音)도 자모들인데, 이제 속(俗)에서 다만 「ㅂ, ㅅ」의 두 자만 모든 자에 통용함은 옛 법이 아니다.

라고 하였다. 이는 된비읍, 된시옷만을 쓰고, 병서(並書)를 쓰지 아니함

---

147) 최현배 : 앞든 책 327~328쪽 참고.

은 ≪훈민정음≫의 원법이 아님을 말한 것이다.

셋째, 그는 「ㆁ, ㅇ, ㆆ」은 원래 구별이 있음을 말하였으니, 곧,

이응(異凝) 초성은 본래 「ㆁ」인데, 속에서 모두 「ㅇ」자를 쓴다. ≪훈몽자회≫에 이르기를, 「ㆁ」음은 코를 울리어 소리를 내고, 「ㅇ」음은 목 속에서 가볍고 빈 소리를 낼 뿐이므로, 처음에는 서로 다르나 대체로 서로 비슷하다 하였고, ≪삼운성휘≫에 이르기를, 「ㅇ, ㆆ」을 속에서는 「ㆁ」과 합하였다.

라고 하였다.

넷째, 그는 「ㅿ」의 소리값을 「ㅅ」, 「ㅇ」의 간음(사이소리)이라 하고, 소리내기가 어렵기 때문에, 속에서 쓰이지 아니한 지가 오래다 하였다. 그래서, 운서의 중국음을 보면, 「ㆁ, ㅿ, ㆆ」이 첫소리로 쓰임이 있음을 말하고, 이것은 중국음뿐 아니라 우리 훈민정음에도 본디 이 소리가 있었으나, 근래 속간에 쓰여지지 못하는 것이라 하였다.

(2-6) 강위의 ≪동문자모분해(東文字母分解)≫

고환당(古懽堂) 강위(姜瑋)님은 경기도 광주(廣州)에서 순조 20년(1820)에 출생하여 고종 21년(1884)경까지 생존하였던 시인이자 한학자요, 또 개화사상가이다. 그리고 그는 우리나라 최초의 신문인 「한성순보(漢城旬報)」(고종 20년 10월 31일 창간)를 간행한 바 있다고 한다. 그런데 고환당님은 국한문 혼용 기사체(記事體) 연구에도 착수, 갑신정변으로 중단된 「한성순보」를 계승, 고종 23년(1886) 1월 25일에 창간한 「한성주보(漢城周報)」에 국한문을 혼용하게 하는데 많은 공을 세웠다고 하는 이도 있으나, 그의 돌아간 연대로 보아 믿기 어려운 일이다. 저서로는 시문집

인 ≪고환당집(古懽堂集)≫과 훈민정음 연구서 ≪동문자모분해(東文字母分解)≫가 있다.

그가 지은 ≪동문자모분해≫는 고종 6년(1869)에 된 것인데, 그 내용을 보이면 다음과 같다.148)

1) 동문삼십오자모도(東文三十五字母圖)
2) 초성의 발음상형설(發音象形說)
3) 자모의 호칭과 합음수(合音數)
4) 동문집음구십구운(東文集音九十九韻)과 중국어의 122운
5) 문제의 해명인 변이(辨異)와 변와(辨訛)

이제 그 내용 중에서 중요한 몇 가지만 살펴보기로 한다.

1) 초성의 발음상형설(초성 16)

목구멍소리[喉音] 2(ㅇ, ㅎ):「ㅇ, ㅎ」에서의「ㅇ」은 목구멍(喉)꼴을 본뜬 것이요, 그「ㅣ」는 숨이 나감[出氣]을 본뜬 것이다.

혀뿌리소리[舌本音] 3(ㄱ, ㄲ, ㅋ):「ㄱ, ㄲ, ㅋ」에서의「ㅣ」는 혀를 세워 목을 닫아 날숨[呼氣]을 쌓음(모은)을 본뜬 것이요, 그「ㅡ」는 혀를 눕혀 목을 열어 소리를 냄을 본뜬 것이다.

혀웃소리[舌上音] 2(ㅅ, ㅆ):「ㅅ, ㅆ」은 혀의 등 위로 소리냄을 본뜬 것이다.

혀끝소리[舌尖音] 4(ㄴ, ㄷ, ㄸ, ㅌ):「ㄴ, ㄷ, ㄸ, ㅌ」은 혀끝이 잇몸에 닿았다가 잇몸을 떠나면서 소리냄을 본뜬 것이다.

혀굴림소리[轉舌音] 1(ㄹ):「ㄹ」은 혀를 구부리어 코를 막고 혀를 굴

---

148) 김윤경:≪새로지은 국어학사≫ 111~114쪽, 최현배:앞든 책 328~329쪽 참고.

리어 소리냄을 본뜬 것이다.

　입술소리[脣音] 4(ㅁ, ㅂ, ㅃ, ㅍ) : 「ㅁ, ㅂ, ㅃ, ㅍ」은 입술을 닫아 날숨을 쌓았다가 입술을 열어 소리 내는 모양을 본뜬 것이다.

　이와 같은 그의 발음기관 상형설은 종래와는 다른 특색 있는 설명이다.

　2) 자모의 호칭과 합음수
　　　초성(初聲) 16음(音) : ㅇ으 ㅎ흐 ㄱ그 ㄲㄲ ㅋ크 ㅅ스 ㅆ쓰 ㄴ느
　　　　　　　　　　　　　 ㄷ드 ㄸ뜨 ㅌ트 ㄹ르 ㅁ므 ㅂ브 ㅃ쁘 ㅍ프
　　　중성(中聲) 11음(音) : ㅏ아 ㅑ야 ㅓ어 ㅕ여 ㅗ오 ㅛ요 ㅜ우 ㅠ유
　　　　　　　　　　　　　 ㅡ으 ㅣ이 ㆍ ᄋᆞ
　　　종성(終聲) 8음(音) : ㄱ기윽 ㄴ니은 ㄷ디읃 ㄹ리을 ㅁ미음
　　　　　　　　　　　　　 ㅂ비읍 ㅅ시읫 ㅇ이응

　그리고, 여기서 종성 「ㅅ」을 한자어대로 「시의」라 하였음이 특징이며, 또 초성에 「ㅈ, ㅊ」이 빠졌는데, 「초중이성합음(初中二聲合音)」에는 「다」줄과 「따」줄 사이에 「자」줄이 들고 「타」줄과 「라」줄 사이에 「차」줄이 들었다. 그것이 옳다면 초성 16음이 아니라 18초성이 된다고 하겠다.

　합음수(合音數) : 초·중성 합음 일람표에 초·중·종성합음 일람표를 들어 도합 4,279자라 하였다.

　3) 변이[辨異]
　설두음(舌頭音) 「ㄷ, ㅌ」과 설상음(舌上音) 「ㅈ, ㅊ」의 혼돈에 유의하여, 특히 「다」줄과 「타」줄을 본래의 혀끝소리[舌尖音]로 발음할 것을 주장하였다.

　4) 변와(辨訛)
　그는 「ㄲ, ㅆ, ㄸ, ㅃ」의 쌍성(雙聲)을 「ㅅ」옆에 붙여 씀은 잘못이라

하고, 중성(홀소리)의 「ㆍ, ㅏ」를 같이 읽음도 잘못이라 하였으며, 종성의 「ㄷ, ㅅ」 거듭됨도 잘못이라 하였다. 그리고 그는 한문으로 「시의(時衣)」로 「ㅅ」자의 이름을 삼은 것이 잘못이 아닌데 속에서 「의(衣)」를 국어 「옷」으로 해석하고 있다고 하였는데 이 말은 모호한 말이다.

결론적으로 그는 초성 16자(또는 18자)가 발음기관의 형상과 운동을 본뜬 것이라 하고, 병서(並書)의 옳음을 주장한 학자라고 하겠다.

(2-7) 노정섭의 『광견잡록(廣見雜錄)』

연곡(蓮谷) 노정섭(盧正燮)님은 헌종 15년(1849)에 출생하여 광무 6년(1902)까지 생존하였는데, 호학(好學)의 선비로 후학 교육에 힘썼다고 하는 바, 『광견잡록(廣見雜錄)』은 그가 37세 때 후학(後學)에게 강(講)한 것이라 하는데, 이 저술은 저자의 문집(文集) ≪연곡집(蓮谷集)≫ 권18에 해당하는 것이다. 그 내용은 다음과 같다.

1) 언자방언전성(諺字方言轉聲)에서 속용(俗用)하는 분포도(分布圖)를 게재함.
2) 합자례(合字例)에서 음절자(音節字) 구성 원리를 말함.
3) 훈민정음자모도(訓民正音字母圖)를 도시(圖示)함.
4) ≪삼운성휘(三韻聲彙)≫의 초성종성통용팔자(初聲終聲通用八字), 초성독용육자(初聲獨用六字), 중성십일자(中聲十一字), 합중성이자도(合中聲二字圖)를 듦.
5) 자모총도(字母總圖)에서 광운삼십육자(廣韻三十六字), 홍무정운삼십일자(洪武正韻三十一字), 훈민정음이십삼자(訓民正音二十三字)를 한 도표(圖表)에 망라(網羅)함.

6) 훈민정음기략(訓民正音記略)에서 훈민정음의 가치(價値), 이십삼자모설(二十三字母說), ≪사성통고(四聲通攷)≫ 입성운(入聲韻)(ㄷ, ㅅ) 받침의 차(差)와 종성설(終聲說)을 논함.
7) 부기(附記)에서 훈민정음의 가치(價値), ㅇ, ㆆ, ㅿ의 음가(音價), 경음(硬音), 치음(齒音), 순경음(脣輕音) 제자(制字)의 원리(原理) 들을 논함.
8) 방언(方言)에서의 고금 음운(古今音韻)의 변화를 논함.
9) 물명(物名), 자서(字書), 자고저(字高低) 들의 제목 하에 논하였음.

이상과 같이 여러 방면에 대하여 연구함이 보이나 별로 새로운 것은 없고, 어느 점으로는 정동유(鄭東愈)의 학설을 부연함이 많다.149)

자모 배열의 차례는「ㄱ ㄴ ㄷ ㄹ ㅁ ㅂ ㅅ ㅇ ㅈ ㅊ ㅋ ㅌ ㅍ ㅎ」으로 현재의 반절(反切)과 같다.

그는 ≪사성통고≫에 대하여 정동유의 말과 같이 두 가지가 있다 하였다. 그리고 최세진의 ≪사성통해≫는 세종의 것을 모방한 것이 아니고 신숙주의 것을 모방한 것이라 하였다.

「ㄹ, ㅅ」은「影音」[ㆆ]이나「ㄹ」은 받침[終聲]도 아니고 입성(入聲)도 아니다. 받침으로는「ㄱ ㄷ ㄴ ㅂ ㅁ ㅇ」들의 여섯 뿐이다.「ㄷ」과「ㅅ」은 같은 것이 아니다. 훈민정음에「ㄷ」과「ㅅ」은 쓰이는 곳이 분명히 구별되었으며,「ㅅ」은 사잇소리 기능을 가진 것이며,「ㄷ」은 받침에 쓴 것이다.「ㄷ」은 설음(舌音)이요「ㅅ」은 치음(齒音)이다.「ㄹ」은 반설반치음(半舌半齒音)으로서 받침은 될 수 없는 것이다.

입성(入聲)은「ㄱ, ㄷ, ㅂ」뿐이요, 최세진이「ㄹ, ㄱ, ㅂ」으로 바꾼 것

---

149) 김윤경 : ≪새로지은 국어학사≫ 114~116쪽 참고.

은 잘못이다. 신숙주 때는 「ㄹ」로 입성을 삼지 않았다.

　훈민정음에, 「종성은 초성을 다시 쓴다[終聲復用初聲]」고 하였는데, 이는 앞의 초성이 그대로 종성이 될 수 있음을 뜻하는 것이다. 이제 「가갸」는 「각야」, 「나냐」는 「난야」 … 따위 같이 아랫 자의 초성이 윗 자의 종성이 된다. 그러나 「아야」만은 「앙야」로 되지 못하는 두 가지 이유가 있으니, 첫째는 아랫 자의 초성이 윗 자의 종성이 될 때 아랫 자의 초성은 저절로 후음이 되지마는 「아야」의 경우에는 아랫 자의 초성이 처음부터 후음이기 때문이요, 둘째는 아·설·치·후의 초성은 모두 아설순치후 안에 그치지마는 오직 「유모」(喩母=ㅇ)만은 「昻」의 종성(ㆁ)과 같은 것이 되니 「ㅇ」은 종성이 될 수 없는 것이라 하였다. 그러나 「ㅇ」(유모)는 초성으로 있을 때나 종성으로 있을 때나 다 같이 소리값 없는 「ㅇ」로 나는 것(훈민정음에 「虛」를 「헝」로 함 같이)으로 볼 것이지 왜 「ㅇ」가 「ㆁ」으로 바꾸어진다고 안 된다 하였는지 알 수 없는 주장이다.

　설두음(舌頭音)과 설상음(舌上音), 순중음(脣重音)과 순경음(脣輕音), 치두음(齒頭音)과 정치음(正齒音)이라 구분함과 같이 설·순·치음을 각각 둘로 가름은 그 자모에 이러한 두 가지 구별이 있음이 아니요, 그 다음에 오는 중성(中聲)의 다름에 따라 생김이라 하였는데, 이는 정동유의 이미 말한 것이다.

　탁음(濁音 : 된소리)은 각자병서(各自並書)를 쓰는 것이 옳고 「ㄲ, ㅃ, ㅉ, ㅆ, ㅉ」 따위로 씀은 훈민정음의 본지(本旨)가 아니라 하였는데, 이것도 이미 신경준 이하 여러 학자가 말한 것이다.

　순경음(脣輕音)은 훈민정음에 있었던 것이나 지금으로서는 발음이 어렵기 때문에 아니 쓰인다 하였다.

(2-8) 권정선의 ≪음경(音經)≫

권정선(權靖善)님은 호가 구당(九堂)이며, 헌종 14년(1848)에 출생했다. 그의 정음박사(正音博士) 조에 의하면, 한성 사람으로서, 벼슬은 진사, 동몽교관(童蒙敎官), 남부도사(南部都事)까지 지냈다. 그는 20세기 초에 이르는 국어 음운학자이며, 역철학에도 상당한 이해가 있는 학자라고 한다. 광무 10년(1906)에 나온 그의 ≪음경(音經)≫은 역철학에 배경을 둔 국어 운학이라 할 수 있다. 책 이름은 처음에는 ≪정음종훈(正音宗訓)≫이라고 하였다가 ≪정음경(正音經)≫으로 고치고, 다시 ≪음경≫으로 고친 것으로 추정된다. ≪음경≫에는, 글자 제자의 원방상형설(圓方象形說)을 주장하고 있다. 그런데, 이 설은, 18세기 중엽의 흡재(翕齋) 이사질(李思質)의 「훈음종편(訓音宗編)」에서 보인 글자 만든 원리와 같은 철학적 견해라 할 수 있다. 따라서 권정선은 흡재 이사질 학설의 후계자라 할 만하다.150)

권정선님은 19세기 중엽에서 20세기 초에 걸친 음운학자이다. 그의 ≪음경≫은 시대적으로는 20세기의 국어 연구에 해당한다고 할 수 있는 것이다. 그러나, 학설의 내용적인 면으로 보면, ≪음경≫은 18세기의 국어 연구사에 들어가는 학설이 될 것이다. 특히 이사질의 학설을 이어 받은 듯한 ≪음경≫은 18세기 학설의 잔재라 할 수 있으며, 또한, 이 시대의 국어 연구의 종말을 고하는 유일한 학설이기도 하다.

그 ≪음경≫의 내용을 보면,

    자서(自序), 정음원서(正音原書), 초성신석(初聲新釋), 중성신석병도설(中聲新釋並圖說), 종성신석(終聲新釋), 합음자반절신석도설(合音

---

150) 김석득 : 앞든 책 166~167쪽 참고.

字反切新釋圖說), 등운도설(等韻圖說), 자모론(字母論), 반절론(反切論), 사성론(四聲論), 오음론(五音論), 성음론(聲音論), 문자론(文字論), 율려론(律呂論), 그리고 부록(附錄)으로 개정록(改正錄), 만국등운합도(萬國等韻合圖), 범례기조(凡例幾條), 정음박사전(正音博士傳), 여위암서(與韋庵書), 우여위암서(又與韋庵書)

등으로 이루어졌다.

그의 학설의 특이한 몇 가지의 조목만 들어 보기로 한다.

1) 원방반절상형설(圓方反切象形說)의 주장

그는 「ㅇ ㅁ」(「天圓地方」의 모양)으로 초성자들을 변화하여 만들었고, 「ㅇ」에서 「·」, 「ㅁ」에서 「ㅡ, ㅣ」로 변화시키어 중성을 만들었다 하였는데, 이는 이사질(李思質)의 창설이다.

2) 자형(字形)의 수정(修正)

우리나라 사람의 발음을 무시하고, 중국 한자음의 좇음에 급한 나머지, 한글 가운데는 그 자형(字形)이 음리(音理)에 맞지 않는 것이 있다 하여, 일부 자형(字形)의 수정을 가하였는데, 그는 순경음의 「ㅸ」을 「ㅛ」로, 「ㆄ」을 「ㅣ」로, 「ㅹ」을 「ㅛㅛ」로, 「ㅱ」을 「ㄱ」로 「ㅁㅁ」(이것도 그의 조작임)을 「ㄱㄱ」로 고침이 옳다 하고, 치음(齒音)의 정치음(正齒音) 「照穿牀審禪」(ᅎ,ᅔ,ᅏ,ᄼ,ᄽ)의 여러 자모는 「ㅈ,ㅊ,ㅉ,ㅅ,ㅆ」으로 하고, 치두음(齒頭音) 「精淸從心邪」(ᅎ,ᅔ,ᅏ,ᄼ,ᄽ)의 여러 자모는 「又,文,双,X,XX」같이 만들었다.

3) 자모(字母)의 개혁(改革)

종래의 자모(字母)가 중국 운서(韻書)에서 그대로 취한 것이라 우리 국어의 음리(音理)에 맞지 않는다 하여, 자모의 「見(ㄱ), 溪(ㅋ), 群(ㄲ), 疑(ㆁ), …」 따위도 「其, 器, 技, 擬, …」 따위 같이 중성(中聲) 「ㅣ」가 든 한자로 고치어야 한다고 하였다.

4) 병서자(並書字)의 수정(修正)

된소리에도 훈민정음 초성체계의 병서자 외에 「ㅇㅇ, ㅥ, ㅳㅳ, ㅱ, ㅇㅇ, ㅉ, ㅆ」 들을 더 추가하여 병서자로는 「ㄲ, ㅇㅇ, ㄸ, ㅥ, ㅉ, ㅆ, ㅃ, ㅳㅳ, ㅉ, ㅆ, ㅱ, ㆅ, ㅇㅇ」 따위라고 하였다.

5) 중성(中聲)의 삼재조화(三才造化)와 사상체용설(四象體用說)

초성 글자가 주로 ㅁ(方)의 조화로써 자형(字形)을 형성한 데 반하여, 중성 글자는 주로 ㅇ(圓)의 조화로써 형성되어 있다. 그는 「ㅇ」은 태극(太極)이요, 태극은 「·, ㅣ」의 양의(兩儀)를 행하고, 양의는 다시 삼재(三才) 「·, ㅡ, ㅣ」를 생하고, 삼재는 사상(四象) 「ㅗ, ㅏ, ㅜ, ㅓ」를 생하고, 사상은 팔괘(八卦) 「ㅗ, ㅛ, ㅏ, ㅑ, ㅜ, ㅠ, ㅓ, ㅕ」를 생한다 하였다.

6) 그 밖의 종성(終聲)

종성에서는 운부음(韻部音) 7자(ㆁ, ㅇ, ㄱ, ㄴ, ㄹ, ㅁ, ㅂ)와, 폐음종성(閉音終聲) 5자(ㄷ, ㅌ, ㅅ, ㅈ, ㅊ)와, 반입성(半入聲) 4자(ㅸ<ㅁ>, ㅱ<ㄱ>, ㆆ, ㅿ)를 든 것 등이다.

권정선의 ≪음경≫은 비록 20세기 초(1906)에 나왔다고는 하지만, 18세기 국어학 곧 조선조 국어학에 대한 전통적인 학문의 철리(哲理)를 이은 것이라고 할 수 있다. 그리고, 이 ≪음경≫을 끝으로, 전통적인 국어학의 철리는 종막을 고한다고 보아지는 것이다. 이렇게 보면, 15세기에 시작한 국어학의 전통적인 동양철학관은, ≪음경≫에 이르는 장장 5세기 동안을 이어 온 셈이다. 물론 국어학(문자 음성학)의 전통적인 동양철학관은 이미 본 바와 같이 황윤석과 유희 때에 와서 상당히 동요되어, 거의 자취를 감추다시피 하였다. 그리고, 「갑오경장」이 일어나면서 근대 사조가 물밀듯이 들어오면서 전통적 철학은 아주 자취를 감추더니, 「꺼지려는 등불이 다시 빛나는[燈火將滅更光]」격으로 ≪음경≫에 이르러 그 기운이 마지막 돌다가 드디어 사그러지고 말았다. 실로 ≪음경≫은 바로 500년간의 조선조 학문과 철학관의 최종적 학맥이라 할 수 있다.151)

---

151) 김석득 : 앞든 책 180~181쪽 참고.

Ⅳ. 근대 국어학

1. 개관

2. 갑오경장과 한글운동

3. 말본갈의 등장

4. 말본 연구의 발전

5. 그 밖의 여러 분야

6. 한글 맞춤법

7. 광복 직후의 국어정책

IV. 근대 국어학

1. 개관

　근대 국어학의 시기는, 낡은 시대의 봉건적인 특권 체제를 법령으로 폐기하고, 근대적인 사회제도를 확립시킨다고 선언한 갑오경장(1894년)으로부터 1945년 해방 후 새로 설치한 대학에서 국어국문학을 전공한 이들이 배출되기 직전인 1950년경까지 기간을 일컫는다.

　갑오경장의 혁신적 변화는 새로운 사조(思潮)를 질풍처럼 몰아 왔다. 역사상 제도가 크게 고쳐지어 정부 기구가 현대화 되었으며, 한문만으로 출제하고 답안을 써 내던 과거제도는 없어졌으며, 우리글의 이름도 언문(諺文)을 「국문(國文)」이라 부르게 되었으며, 속어(俗語)·방언(方言)·언어(言語)·이어(俚語)라 부르던 우리말을 「국어(國語)」라고 하게 되었고, 새 교육이 실시되어 국민의 자각도 컸다. 민족적 자아를 찾기 시작한 것도 이 때였다. 그리하여 중국 숭배, 한문 존중의 수백 년 미혹의 꿈을 깨뜨리고, 제 글자 한글을 높여 쓰기 비롯하여 소설은 물론, 과학·종교·예술·기행 등 각종 저서와 신문·잡지·교과서에 이르기까지 모두 한글을 쓰게 되었다.

　이에 따라 국어학에도 새로 연구하는 학자들이 많이 일어나고, 연구의 대상도 종래 문자와 음운 위주에서 말본을 위시한 여러 분야의 연구로 확대되고, 그 방법론에 한 큰 변화를 일으키게 되었다.

그러나 우리보다 먼저 서양 문화를 받아드린 일본은 청일전쟁(淸日戰爭, 1894. 7~1895. 4), 노일전쟁(露日戰爭, 1904. 2~1905. 10)의 승전 여세로 침략 마수를 점차로 뻗치더니, 드디어 융희 4년(1910) 경술 8월 29일에 이르러 우리나라는 부끄러운 국치시대를 맞게 되었다. 따라서 겨레의 생존권이 여지없이 박탈되고, 문화 발전의 기회를 잃고, 한글은 형언할 수 없는 화난을 당하였다. 처음에는 학교 교육에서 겨우 「조선어」라는 과목 하나만을 남기어 두어, 형식적으로 가르치는 체하기도 하였으나, 나중에는 그 과목조차 없이할 뿐 아니라, 우리말마저 입으로 하지 못하도록 별별 간악한 흉계를 다하였다. 시대는 과학 문명, 자유사상의 왕성한 시대이건만, 한글의 겪은 화난은 일찍 보지 못한 극도에 달하였던 것이다.

이러한 망국의 설움 밑에서도 우리의 뜻있는 선각자들은 겨레 정신의 근본인 말과 글을 연구하고 배양하기에 힘쓰었다. 그리하여 이론적 체계 곧 과학적 체계 위에 국어 연구를 정착시켜 나갔던 것이다.

학문 곧 과학에는 인간의 정신 작용에 뿌리박은 인문과학과 자연 현상을 연구하는 자연과학이 있다.

이와 같이 볼 때, 훈민정음의 창제가 국어학의 역사를 갈라 놓은 분수령이었다면, 우리의 인문과학으로서의 국어학의 성립은 갑오경장을 분수령으로, 그 이전과 이후라는 두 큰 덩이로 나누어진다. 갑오경장 이전은 세종 28년(1446) ≪훈민정음해례≫로부터 시작된다. ≪훈민정음해례≫에서는 이미 근대에 유사한 조음 음성학(調音音聲學)이 이루어졌고, 미진하나마 음소(音素)의 개념이 싹터 있었다. 특히 글자의 생성 과

정은 동양의 역철학(易哲學)에 근원을 두었다. 그 때의 학문적 배경(背景)인 역철학은 연역법적(演繹法的) 생성 과정과 그에 따른 「역학(易學)」의 의미(意味)를 준 철학이었다. 곧, 이때의 음운학(音韻學)은 음성학(音聲學)과 역학(易學)이라는 이원론적(二元論的) 문자·음성관(音聲觀)이었다.

갑오경장 뒤의, 근대화기를 맞이하는 국어학은 새 학문의 사조(思潮) 위에 인간의 정신과학으로서 구체적인 뿌리를 박게 되었다. 이와 같은 구체적인 뿌리박음은 「말본갈[文法學]」이라는 새로운 연구 대상의 출현에서부터 시작된다.

말본갈은 그 시발부터 이론적 체계를 가지는 학문 곧, 과학으로 굳어지기 시작했다. 여기에서 우리 인간, 곧 한국 사람의 정신 작용의 현상을 언어(국어)를 통하여 연구하는 구체적 인문과학으로서의 기틀이 마련되었다. 이와 같은 국어학의 학문하는 배경은 분석학(分析學)과 논리학(論理學) 및 심리학(心理學)이었다. 그리고, 국어학을 하는 사상적(思想的) 배경은, 「국어는 우리 겨레의 정신적인 새김[刻印]이요, 우리 언어 공동체의 생각과 행동 세계를 지배하는 것」이라는 언어철학관(言語哲學觀)이 전통적인 민족자존(民族自存)의 사상과 결합하여 새로이 이룩되는 근대적인 민족주의라고 할 수 있다.[1]

이와 같은 배경에서 형성된 근대 국어학은 주로 음운·문자에서 말본으로 형성 발전되었는데, 말본갈은 규범적인 경향을 띠게 되었고, 드디어 규범적인 전통 말본의 시대를 이루게 된 것이다.

이러한 의미에서 이 시기는 한글 운동시대, 전통 말본시대라고 하겠다. 그리하여 현대 국어학 발전기를 맞게 되었다.

---

1) 김석득 : 앞든 책 182~183쪽 참고.

2. 갑오경장과 한글 운동

　인류 역사의 문자사에서 유례가 없는 가장 과학적 조직과 소리 바탕을 가지고 생겨난 한글은 우리말을 적기에 부족함이 없을 뿐 아니라 우리말을 제 스스로 맡아 적어 낼 사명을 가진 것이다. 세종대왕은 훈민정음을 만들어 내시고 또 그 사명을 다하는 그 독립스런 쓰기의 본을 보이시었다. 그러나, 세종·문종·단종·세조가 가신 뒤 4백여 년 동안에, 우리 겨레의 그릇된 사상과 한문의 전통적 세력 때문에, 훈민정음은 언문 등 낮은 여러 비칭의 이름으로 천대 받아, 유식 계급의 남자의 족히 다룰 것이 못 된다 하여, 몇 사람의 특별한 학자 밖에는 이를 연구의 대상을 삼는 이도 없고, 이를 사용하여 세간의 실무를 적는 문서나 책자를 만든 이도 없었다. 그래서 다만 규중 부녀자의 소용에 맡겨 둔 바가 되고 말았으니, 숙종시대, 영정시대의 한글 문예도 결국은 규중 부녀의 소용이었던 것이다. 이렇듯 한 천대 아래에 거의 전연히 그 본래의 사명을 잊어버리게 된 한글에도, 큰 시대적 각성으로 말미암아 부흥의 새벽이 돌아왔으니[2], 그것은 곧 한글이 창제 반포된 지 449년째 되는 고종 31년(1894) 갑오년의 갑오경장이다.

　고종 31년 음력 6월 25일(양력 7월 26일) 우리 정부는 새 영의정에 김홍집(金洪集)을 임명하고, 「군국기무처(軍國機務處)」를 신설하였다.

　「군국기무처」(의원 17인)에서는 음력 6월 28일에 중앙 관제의 큰 개혁인 전문 9장 84조의 「정부조직법」을 의결하여, 재가를 얻어 그날로 공포하였고, 음력 7월 1일에는 개국기년(開國紀年, 갑오년이 503년)을 사용하였다. 새로 된 정부조직법인 「각아문관제(各衙門官制)」에 따라 과거의 「예조(禮曹)」의 일부에다가 신식 교육행정 및 교과서 행정을 더하여 「학

---
2) 최현배 : 앞든 책 82~83쪽 참고.

무아문(學務衙門)」을 신설했다. 그 「학무아문」 안에 「편집국(編輯局)」을 두었는데, 국문 철자·국문 번역·교과서 편집 등의 일을 관장하게 되었다. 아울러 특기할 일은, 이로부터 비로소 「언문」을 「국문(國文)」이란 이름으로 부르기 시작한 것이니, 역사적 의의가 매우 크다 하겠다. 따라서 국가와 민족의식이 앙양되고 자주정신과 국어의식이 높아지었다.

공식화된 국문(國文)은 공문서와 고시에 한글 쓰기의 법제화도 하였고, 공무원 채용 고시에 국문을 출제하는 규정을 법제화하였으며, 교과서를 국한문으로 편찬함으로써, 자주 독립적인 글자 생활을 고취시켰다.

그리고, 이미 「한성주보(漢城周報)」(1886년)가 국한문으로 간행된 바 있지만, 1894년 11월의 칙령(勅令) 「공문식(公文式)」(근대적 공문서에 관한 규정)은 당시 국어와 국문의 확립 및 그 교육을 뜻하는 것으로 매우 중요하다 하겠다.

이로 신식 교육이 실시되어 국어를 공부하고, 국사를 연구하는 운동으로 표현되었던 것이다. 이후 한글 연구와 보급은 실로 민족운동이었고, 자주적인 겨레 문화를 세우고자 하는 독립운동이었다.

그리하여 국어·국문에 대한 새 연구가 학자에 의해 시작되고, 새 교육 기관인 학교가 많이 설립되게 되어 국문 발전에 박차를 더하게 되었다.

특히 이 시기에 우리나라 학자로서 선구적 구실을 한 이는 구당(矩堂) 유길준(俞吉濬)님이니, 그의 지음 ≪서유견문(西遊見聞)≫(고종 32년, 1895)은 참으로 최근세 조선 문화사에 있어서 한글과 한문을 혼용한 문체(文體)로 된 최초의 구미(歐美) 기행문이자 근대화사상을 집대성한 저서이다. 이 새 정신에 좇아 한문만이 글인 줄 알던 몰지각을 깨뜨리고 민간 간행물에서 국한혼용 내지는 순 한글로 이행되었으니, 자주 독립 사상과 함께 국어를 존중하는 기풍은 날이 갈수록 더해갔다.

(1) 유길준의 ≪서유견문≫

한글 부흥의 선구자 유길준(兪吉濬)님의 자는 성무(聖武)요, 호는 구당(矩堂) 또는 천민거사(天民居士)이다. 철종 7년(1856) 9월에 서울 계동(桂洞)에서 유진수(兪鎭壽)님의 둘째 아드님으로 태어나 1914년 9월 59세를 일기로 돌아갔다. 구당은 14, 5세경부터 실학자 연암 박지원(朴趾源)님의 손자요, 근대화파의 원조(元祖)인 박규수(朴珪壽)님의 집을 자주 드나들면서 한학(漢學)과 시무(時務)의 학(學)을 배웠다. 이러한 박규수의 문하(門下)에 들어갔던 것은 구당이 당시의 복잡한 역사적 조건 속에서 근대화의 길을 걷게 된 결정적인 계기가 되었던 것 같다.

구당은 고종 18년(1881)에는 일본 유학길에 오르고 1883년에는 다시 미국 유학을 하게 된다. 이때 일본 유학을 하게 된 것도 박규수님의 권유에 의한 것이라 한다. 구당은 고종 22년(1885) 미국 유학을 마치고 유럽을 둘러 귀국하여 10여 년에 걸쳐 574쪽(서유견문서 6쪽, 서유견문비고 4쪽, 서유견문목록 8쪽, 본문 556쪽)의 대저 ≪서유견문(西遊見聞)≫을 지어 고종 32년(1895)에 간행하였으니, 이것이 최근세 조선 문화사에 있어서 국한문체의 맨 처음이다.

이 책은 총 20편으로 구성되어 있는데, 제 1편과 제 2편에서는 지구세계(地球世界)에 대한 해설과 지구 위에 있는 산·바다·강하(江河)·호수·인종·물산(物産) 등에 대한 설명을 하였고, 제 3편 이하 제 18편까지는 외국 문물에 대한 소개를 하고 있는 바, 국가의 권리, 국민의 교육, 국민의 권리, 인세(人世)의 경려(競勵), 정부의 시초(始初)와 종류 및 치제(治制), 정부의 직분(職分), 수세법규(收稅法規), 교육제도, 양병제도(養兵制度), 화폐, 법률 등을 비롯하여 태서학술(泰西學術)의 내력, 태서 군제의 내력, 태서 종교의 내력, 상업, 개화의 등급, 혼례, 장례, 친구와 여자에 대한 사교법, 의식주 및 농작과 목축에 관한 문제라든가 각종 오락회와 사회적 사업기관 및 여러 가지 문명의 이기 등에 대하여 설명하고 있다. 견문 위주의 기행이라 할 수 있는 부분은 제19편과 제20편뿐이다. 각국 대도회(各國大都會)의 경상(景像)이라는 제목 아래 합중국(合衆國 : 미국)과 영길리(英吉利 : 영국)를 비롯하여 8개국의 유수한 도시에 대한 견문을 기록하고 있어서 전체의 분량에 비해볼 때 지나치게 적은 셈이나 지은이의 관찰과 묘사는 예리한 것이라 하겠다.

그리고 이 모든 것은 단순히 구미 각국의 것을 소개하는 형식에 그치는 것이 아니라 우리나라에서 실현시켜야 하는 문제도 다루고 있다. 특히 몇몇 장은 한국적인 근대화의 논리를 예리하게 추구하고 있다. 그 서문에서도 밝히고 있는 언문일치의 사상과 태도는 새로운 문체 형성에 기여한 바가 크다 하겠다. 이런 점에서 이 책은 단순한 여행기나 서구 문물 소개 책이 아니라 근대화 사상을 집대성한 저서인 동시에 근대화에 있어 제 분야에 큰 영향을 끼친 책으로 평가된다.

구당이 이 책을 발행할 당시의 식자들이 그 문체가 순한문으로 되지 아니하고 온 세상이 다 천대하고 멸시하는 「언문」을 섞어 씀은 옳지 못하다 하여, 이를 권하여 말리는 이가 있었으나, 구당은 그 옳고 그름에 대하여 다음과 같은 다섯 가지의 이유로써 원저대로 세상에 공표하였다.3)

첫째, 이 견문의 내용을 일반 민중에게 주도히 소개하여, 써 민지의 계발을 꾀하려면, 무엇보다도 그 문체가 평이하여야 함이요.

둘째, 나의 한문 지식이 세계 만방의 기이한 견문을 한문으로써 자유

---

3) 최현배 : 앞든 책 83~84쪽 참고.

로 표현하기 어려우므로, 기술의 편의를 위함이요.

셋째, 우리나라 칠서 언해(七書諺解)의 법을 대략 본받아 자세하고 밝음을 위함이다. 이 세상의 모든 나라를 두루 돌아보건대, 각기 말이 다르니, 글자가 또한 같지 아니하다. 이제 외국인과 사귐을 이미 허락하였으니, 나라 안 사람이 상하, 귀천, 부인, 아이를 물론하고, 저의 사정과 형편을 몰라서는 안 되겠는데, 무디고 까다로운 글자로써, 그 실정의 사실을 잘 들어내지 못함보다는 쉬운 글자로 친근한 말을 써, 저의 참스런 형편을 밝게 들어냄이 옳다.

넷째, 차라리 나는 중국의 글자인 한자를 아주 버리고, 우리글을 전용하지 못함을 유감으로 생각하노니, 우리글과 한문의 섞어 씀은 다만 오늘의 사정에 맞게 하기 위함일 따름이다.

다섯째, 그런즉 내가 순한문을 쓰지 않고, 우리글을 섞어 씀의 옳고 그름은 이젯 사람보다도 차라리 뒷사람의 판단에 맡길 것이다.

이제, 이 이유를 보건대, 그 둘째 이유에는 얼마큼 겸사가 들었음을 명백한 일이요, 그 밖의 모든 이유는 참으로 피어나는 배달의 앞길에 대한, 연작(燕雀)의 알지 못할, 황새의 먼 봄, 큰 뜻을 표명한 것이다. 이러한 미래를 내다보는 데서 구당은 다시 ≪대한문전(大韓文典)≫을 짓고, 또 흥사단을 조직하여, 노동자 계급에 한글 보급의 운동을 하였다. 그러나, 선각자적 노력은, 흔히 보는 전례처럼, 당시 식자 계급인 선비들의 냉소를 사서, 다만 「유(兪)홈」이란 별명을 듣게 되었으니, 이는 대개 당시의 국한문 섞어 씀의 공문(및 신문 사설 같은 것까지)이 「홈」자로 끝을 맺음이 상례인 때문이었다 한다.

을미년인 고종 32년에는 「법률, 명령은 다 국문으로써 본을 삼고 한역을 붙이며, 혹 국한문을 혼용홈」이란 칙령이 내리었다. 이것은 똑바로 세종대왕의 이상과 솜씨[手法]를 그대로 실행하려는 국가적 처단이었으니, 이도 또한 당시 내부대신인 구당의 힘씀에 말미암은 바이다.

(2) 교과서 편찬과 학교 교육

(2-1) 교과서 편찬

고종 32년(1895)에서 고종 34년(건양 2년, 1897)에 이르는 동안에, 학부(學部) 편집국(編輯局)에서, 편찬 출판한 교과용 도서에 ≪동여지도(東輿地圖)≫, ≪조선역사(朝鮮歷史)≫, ≪조선약사(朝鮮略史)≫(3책), ≪조선지지(朝鮮地誌)≫, ≪여재촬요(輿載撮要)≫, ≪만국지지(萬國地誌)≫, ≪지구약론(地璆略論)≫, ≪만국약사(萬國略史)≫, ≪사민필지(士民必知)≫, ≪숙혜기략(夙惠記略)≫, ≪유몽휘편(牖夢彙編)≫, ≪신정심상소학(新訂尋常小學)≫, ≪국민소학독본(國民小學讀本)≫, ≪조선역대사략(朝鮮歷代史略)≫(3책), ≪소학독본(小學讀本)≫, ≪근이산술(近易算術)≫(상, 하), ≪간이사칙산술(簡易四則算術)≫ 같은 것들이 있는데, 그 중에 ≪조선역대사략≫과 ≪사민필지≫만 한문으로 되어 있고, 그 밖의 교과용 도서는 모두 문체(文體)가 국한문 혼용체로 되어 있다.

(2-2) 학교 교육

우리나라에서 근대식 학교 교육이 시작된 것은 고종 22년(1885)에 미국 선교사에 의해 배재학당(培材學堂), 경신학교(儆新學校)가 설립되어 사립학교의 시초가 된 뒤로, 학교라면 거의 기독교회의 부설에 그치었지만, 관학(官學)으로서는 고종 32년 4월에 설립된 한성사범학교(漢城師範學校)가 있는데 이때 국어와 국문을 교육하였다.[4] 그러나 이어 동년

7월의 소학교령(小學校令), 광무 3년(1899) 4월의 중학교령(中學校令) 등 교육령에 따라 많은 각종 신식 학교가 설립되었으며, 광무 8년(1904)부터 민심이 각성한 바가 있어, 경향을 통하여 사립학교가 수없이 일어났다. 이 따위의 새 교육을 주는 학교에서는 다 우리말, 우리글을 정당한 학과목으로 삼으며, 우리글의 교과서를 우리말로 가르치게 되니, 학교 교육과 한글 부흥이 서로 인과를 이루어, 더욱더욱 발전의 길을 나아가게 되었다. 또 고종 22년 4월 10일(음력 2월 25일) 오늘날의 연세대학교 의료원의 전신인 광혜원(廣惠院)이 미국인 선교사이자 의사인 호레이스 알렌(Allen, Horace)에 의해 설립되었다.

(3) 신문과 잡지

(3-1) 신문

건양 원년(1896) 4월 7일에는 서재필(徐載弼)님이 주동이 되어「독닙신문」(→독립신문, 주 3회→일간)이 나오니, 이것이 민간 신문의 원조인 동시에 또 순 한글 신문의 처음이다. 이 신문은 전체가 4면인데, 1면에 논설, 2면에 관보·외국 통신·잡보, 3면에 잡보·선박 출항 표·광고 등, 4면은 디 인디펜덴트(The Independent)란 제호로 외국인에게 한국을 알리는 영문판이었다. 제4면 이외는 전부 한글 전용이었다. 이는 신문의 기본 정신으로 국민 누구나 읽을 수 있게 하기 위함이다. 곧 이 신문은 계몽적인 입장에서 민권의식(民權意識)을 고취하고 낡은 것들의 혁신을 주장했던 것이다. 광무 2년(1898) 서재필이 물러서고 윤치호(尹致昊)·주시경(周時經)·이상재(李商在) 등이 관여하면서 주 3회 간행이던 것이

---

4) 최현배 : 앞든 책 87쪽, 김민수 : 앞든 책 202~203쪽, 손인수 : ≪한국개화교육연구≫(일지사, 1980) 참고.

일간(日刊)으로 바뀌었으나, 다음 해 관의 탄압으로 폐간되었다.

광무 2년(1898) 3월 8일에는 국한문 혼용의 「황성신문(皇城新聞)」(일간)이 나오고, 동년 8월 8일에는 순 한글신문 「뎨국신문」(일간)이 나오고, 광무 9년(1905) 8월 10일에는 영문과 국문의 「대한매일신보(大韓每日申報)」(→每日申報→每日新報)를 창간하고, 광무 10년(1906) 6월에는 「만세보(萬歲報)」를 발간하여, 한자의 옆에 한글로 그 음을 달기를 비롯하였으며, 동년 정월부터 「국민신보(國民新報)」(일진회 기관지)가 간행되었고, 순종 3년(1909) 7월 8일에는 「대한민보(大韓民報)」(대한협회 기관지)가 창간되었다. 이 「대한민보」는 창간호부터 1면에 시사 만화를 연재하였는데 특히 일본인의 만행을 풍자하는 내용이 많았다.

(3-2) 잡지

건양 원년(1896)에 학부 편집국에서 순 한글의 ≪태셔신사(泰西新史)≫(4책)를 간행하였고, 동년에 ≪조양보(朝陽報)≫, ≪수리학지(數理學誌)≫, ≪한성월보(漢城月報)≫가 간행되었으며, 광무 5년(1901)에는 ≪신학월보≫, 광무 9년(1905)에는 ≪동아개진교육회회보(東亞開進敎育會會報)≫가 간행되고, 광무 10년(1906)에는 ≪가정잡지(家庭雜誌)≫, ≪소년한반도(少年韓半島)≫, ≪대한자강회월보(大韓自強會月報)≫, ≪서우(西友)≫, ≪태극학회보(太極學會報)≫가 간행되고, 광무 11년(1907)에는 ≪야뢰(夜雷)≫, ≪공수학보(共修學報)≫, ≪대한유학생학보(大韓留學生學報)≫, ≪친목(親睦)≫, ≪대동보(大同報)≫, ≪동인학보(同寅學報)≫ 등이 간행되고, 융희 2년(1908)에는 근대적 종합 교양지로서의 성격을 뚜렷이 지닌 ≪소년(少年)≫이 간행되었다.

한편 고종 31년(1894) 국문(國文)으로 본을 삼는 고종(高宗)의 칙령(勅

슈)과 신문 잡지의 간행 및 신소설 등의 저술은 국문에 대한 새로운 인식을 낳아 국어 연구의 필연적 추세를 몰아와 이에 대한 전문적 연구가 나오기 시작했다.

(4) 기독교

갑오경장 전후에 있어서, 기독교에서는 선교 사업상 우리말과 순 한글로 성경 번역을 벌였는데, 제일 먼저 번역된 것은 고종 19년(1882)에 ≪누가복음≫과 ≪요한복음≫이, 고종 21년(1884)에 ≪마가복음≫이, 고종 24년(1887)에 ≪신약전서≫가 완성되고, 그 뒤 1910년에는 ≪구약전서≫의 번역이 완성되어 간행되었고, 또 고종 20년(1883)에는 천주교의 교리와 관련된 대목을 뽑아 설명한 ≪성교감략(聖敎鑑略)≫ 등이 발간되기도 하였다.

이와 같이 번역 간행된 한글의 성서가 조선 전국 방방곡곡에 퍼지어, 무수한 우리 국민이 문자적으로 또 심령적으로 밝은 빛을 보게 되었다. 그리하여 1935년까지에 한글 성서의 우리나라 안에서의 발매 부수가 약 일천 칠백만 부이요, 매년 발매 부수가 평균 육칠십만 부인데, 1935년 발매 수가 칠십 칠만 삼백 부이요, 찬송가 발매 부수가 백오십만 부이었다[5] 하니, 그 수가 놀랄 만한 것이다. 기독교의 선교 사업은 한글의 부흥, 정리 및 보급에 대하여 막대한 공적을 끼치었다.

(5) 지석영의 『신정국문(新訂國文)』

「신정국문(新訂國文)」 실시에 관한 상소는 당시 경성의학교(京城醫學

---

5) 최현배 : 앞든 책 88쪽 참고.

校) 교장인 송촌(松村) 지석영(池錫永)님에 의하여 이루어졌는데, 학부(學部)의 상의와 재가를 거치어 광무 9년(1905) 7월 19일에 공포되었다. 상소문은 6개 조항으로 되어 있는데, 그 내용은 다음과 같다.

新訂國文五音象形辨
　　ㄱ牙音 象牙形　ㅋ牙音 重音　ㆁ牙喉間音 象喉扇形 音失其眞今姑闕之
　　ㄴ舌音 象舌形　ㄷ舌音象掉舌形　ㅌ舌音 重聲 ㄹ半舌音 象捲舌形
　　ㅁ脣音 象口形　ㅂ脣音 象半開口形　ㅍ脣音 象開口形
　　ㅅ齒音 象齒形　ㅈ齒舌間音 象齒齦形　ㅊ齒音 重聲　ㅿ半齒音 象半開齒形
　　音失其眞今姑闕之
　　ㅇ淺喉音 象喉形　ㆆ喉齒間音 象喉齶形 音失其眞今姑闕之 ㅎ深喉音

新訂國文初中終三聲辨
　　　初聲終聲通用八字
　　ㄱ 기윽　ㄴ 니은　ㄷ 디읃　ㄹ 리을　ㅁ 미음　ㅂ 비읍　ㅅ 시옷　ㅇ 이응
　　　ㄱㄴㄷㄹㅁㅂㅅㅇ八字난 用於初聲
　　　윽은읃을음읍옷응八字난 用於終聲
　　　初聲獨用六字
　　ㅈ 지　ㅊ 치　ㅋ 키　ㅌ 티　ㅍ 피　ㅎ 히
　　　中聲獨用十一字
　　ㅏ 아　ㅑ 야　ㅓ 어　ㅕ 여　ㅗ 오　ㅛ 요
　　ㅜ 우　ㅠ 유　ㅡ 으　ᆖ 으(合音이으)　ㅣ 이

新訂國文合字辨
　　　初聲 ㄱ字를 中聲ㅏ字에 倂하면 가字를 成하고 終聲ㅇ字를 가字에 合하면 강字가 되나니 餘皆倣此하니라

新訂國文高低辨
　　　上聲去聲은 右加一點[我東俗音에 上去聲이 別노 差等이 無함이라]하고 平入兩聲 無點이오 凡做語之曳聲에 亦加一點하니라

字音高低標

　動음즉일동·, 同한가지동, 禦막을어·, 魚고기어 之類餘倣此하니라

做語曳聲標

　簾발·렴, 足발족, 列벌·릴렬, 捐버릴연 之類餘倣此하니라

新訂國文疊音刪正辨

　ㄱㄴㄷㄹㅁㅂㅅㅇㅈㅊㅋㅌㅍㅎ 十四字가 가나다라마바사아자차카타파하의 疊音으로 用하기에 刪正함이라

新訂國文重聲釐正辨

　ㄲㄸㅃㅆㅉ난 ㄱㄴㅂㅅㅈ의 重聲이라 古昔에 까따빠싸짜로 行하더니 挽近에 漢文疊字의 ㄴ를 倣하야 싸짜쌔짜로 用함이 還屬便易로대 以字를 뼈로 釋함은 無由하기 ㅅ傍에 ㅂ를 倂用함을 廢止함이라

그의 이와 같은 주장은 별로 신기한 것이 없다. 그 요점을 들면,

첫째, 그의 「오음상형변(五音象形辨)」은 닿소리의 만듦이 발음기관의 꼴을 본뜬 것이란 것이니, 이는 이계(耳溪) 홍양호(洪良浩)의 「훈민정음 초성상형도(訓民正音初聲象形圖)」의 설을 그대로 인용한 것인데, 다만 「ㅊ」을 잇소리의 겹소리[重聲]라고 설명한 것이 홍양호가 「후설간음(喉舌間音)」이라 한 것을 정정한 것이라 하겠다.

둘째, 그의 「초중종삼성변(初中終三聲辨)」은 최세진(崔世珍)의 ≪훈몽자회≫ 범례를 그대로 인용한 것이로되, 다만, ① 「ㄱ」의 이름을 「기윽」, 「ㄷ」의 이름을 「디읃」이라 함과, ② ≪훈몽자회≫의 「초성독용팔자」에서 「ㅿ」과 「ㆁ」자를 없이하고, 「초성독용육자」로 함과, ③ 닿소리 14자의 차례가 모두 오늘날 통용의 것과 일치함과 ④ 「중성독용열한자」에는 종래의 「·」자를 없이하고, 그 대신으로 「ᅴ」(ㅣㅡ의 합한 음)자를 새로 만들어 홀소리의 차례로 볼 때 「ㅡ」와 「ㅣ」의 사이에 넣었음이 다를 뿐이다.

2. 갑오경장과 한글 운동   291

세째, 그의 「합자변(合字辨)」은 최세진의 ≪훈몽자회≫의 「작자례(作字例)」보다 더 간단하다.

네째, 그의 「고저변(高低辨)」에서는 상성과 거성과는 우리나라 속음에 구별이 별로 없다 하여, 한가지로 오른쪽에 1점을 더하여 표하고, 평성과 입성과는 점 없음으로 표하였다(우리말의 긴소리도 역시 1점으로 표하였다).

다섯째, 그의 「첩음 산정변(疊音刪正辨)」에서는 「ᄀᄂᄃ…」 14자는 「가나다…」 14자와 거듭된 글자라 하여 없이해 버리었다.

여섯째, 그의 「중성 이정변(中聲釐正辨)에서는 먼저 ㄲ, ㄸ, ㅃ, ㅆ, ㅉ이 ㄱ, ㄷ, ㅂ, ㅅ, ㅈ의 겹소리임을 확인하고, 다음에 옛적에는 이를 다 ㄲ, ㄸ, ㅃ, ㅆ, ㅉ로 쓰더니, 요즈음에 한문 거듭자[疊字]의 「ㄴ」를 본받아서 ㅺ, ㅼ, ㅽ, ㅆ, ㅾ로 쓰는 것은 도로 편이한 일이지마는, ㅅ의 옆에 된비읍(ㅂ된소리)을 하는 것은 이유가 없으므로 폐지하였다고 하였다.

그의 「신정국문」에서 특히 주의할 만한 것을 들면[6],

첫째, 된시옷으로써 한문 거듭자 「ㄴ」이라 하였으니, 이는 어디까지든지 병서(並書 : 갈바쓰기)의 근본적 정당성을 시인함에서 나온 것이라 하겠다. 그러나, 이렇게 해석하고 보니, 도저히 된비읍(ㅂ된소리)을 해석할 길이 없게 됨은 당연의 귀결이 됨을 면하지 못하여, 드디어 된비읍은 이치에 맞지 않다 하여 이를 폐지하였다. 이 된시옷 거듭자설은 매우 재미스러운 것이기는 하지마는, 그것이 고전적 근거가 없음은 아쉬운 점이다.

둘째, 「ㆍ」의 소리값[音價]을 학적으로 밝히지는 아니하고, 가볍게 「ㅏ」의 중복이라 하여 없이해 버린 것부터 수긍하기 어려운 데다가, 또

---

6) 최현배 : 앞든 책 332쪽 참고.

갑자기 「ㅣㅡ」의 거듭소리 「=」를 만들어냄도 무슨 필요였는지 아무런 설명이 없다.

세째, 그는 「신정국문」에서는 받침법에 관하여 최세진 이상으로 나아감이 조금도 없었지마는, 그 뒤의 ≪자전석요(字典釋要)≫ 범례에서는 그 한글같이 훨씬 나아가서, 모든 닿소리의 받침 될 수 있음을 확인하고, 「從좇을종」, 「好좋을호」, 「坐앉을좌」 들을 들어 놓았다.

이 「신정국문」이 법령으로 공포까지 되었으나, 실행에는 이르지 못하고 학자 사이에 반대만 일으켰다. 다만, 이 자극으로 「국문연구소(國文硏究所)」를 설치하게 된 것은 그 부산물적 공적이라 하겠다.

(6) 국문연구소(國文硏究所)

이 「국문연구소」는 광무(光武) 11년(1907) 7월 8일에 그때 학부대신 이재곤(李載崑)님이 임금의 재가를 얻어 학부 안에 개설한 자문위원회의 성격인 국어·국문 연구기관이다. 연구소에서는 국문의 원리(原理)와 연혁(沿革)과 현재 행용(行用)과 장래 발전 등의 방법을 연구하는 것으로 되어 있으나, 그 설치의 직접 동기는 무엇보다도 앞에서 말한 지석영의 「신정국문(新訂國文)」의 공포에 있었다고 하겠다. 곧 그 공포된 지석영의 안에 대하여 학자 간에 반대가 많고, 특히 「·」자를 폐지하고 「=」를 창제하여 발표함에 관한 반대의 의견이 집중되었다. 그래서 학부(學部)에서 이 형편을 살피어, 국어연구소를 설치하여, 한글의 일반 문제를 연구하여, 실제의 글자 사용을 규정하려는 것이었다. 그 연구소의 위원으로 뽑힌 이들은 다음과 같다.[7]

---

7) 김윤경 : ≪한국문자급어학사≫(동국문화사, 1954. 12 재판) 356~357쪽 및 ≪새로지은 국어학사≫(을유문화사, 1963. 3. 15) 128~129쪽, 최현배 :

위원장 : 학부 학무국장 윤치오(尹致旿)
위　원 : 장헌식(張憲植)·이능화(李能和)·현은(玄檃)·권보상(權輔相)·주시경(周時經)·상촌정기(上村正己)·어윤적(魚允迪)·이종일(李鍾一)·이억(李億)·윤돈구(尹敦求)·송기용(宋綺用)·유필근(柳苾根)·지석영(池錫永)·이민응(李敏應)

이 위원들은 융희(隆熙) 원년(1907) 9월 16일 제1차 회의를 개최한 뒤 융희 3년(1909) 12월 27일 최종 회의까지 약 2년 반 동안 23회의 회의를 거듭하면서 「국문연구의정안(國文硏究議定案)」이라는 제목으로 통일된 보고서를 마련하였는데, 토의 연구된 내용은 다음과 같다.

첫째, 국문(國文)의 연원(淵源)과 자체(字體) 및 발음(發音)의 연혁(沿革)

둘째, 초성(初聲) ㆁㆆㅿㅇㅱㅸㆄㅽ 8자(八字) 복용(復用)의 당부(當否)

세째, 초성(初聲)에 대한 ㄱㄷㅂㅅㅈㅎ 6자(六字) 병서(並書)의 서법 일정(書法一定)

넷째, 중성(中聲) 「ᆖ」자를 창제하고 「·」자를 폐지함의 당부(當否)

다섯째, 종성(終聲) ㄷㅅ 2자(二字)의 용법(用法)과 ㅈㅊㅋㅌㅍㅎ 6자(六字)를 종성(終聲)에도 통용(通用)하는 당부(當否)

여섯째, 자모(字母)의 칠음(七音)과 청탁(淸濁)과의 구별 여하(區別如何)

일곱째, 사성표(四聲票)의 용부(用否) 및 국어음(國語音)의 높낮이[高低]

≪한글갈≫(정음사, 1942. 4. 30) 416쪽~418쪽 참고.

여덟째, 자모(字母)의 음독 일정(音讀一定)[ㅇ이응 ㄱ기윽 ㄴ니은 ㄷ디읃 ㄹ리을 ㅁ미음 ㅂ비읍 ㅅ시웃 ㅈ지읒 ㅎ히읗 ㅋ키윽 ㅌ티읕 ㅍ피읖 ㅊ치읓 ㅏ아 ㅑ야 ㅓ어 ㅕ여 ㅗ오 ㅛ요 ㅜ우 ㅠ유 ㅡ으 ㅣ이 ·ᄋ]

아홉째, 자순[字順]과 행순[行順]의 일정(一定)

열째, 맞춤법[綴字法]

이 모든 문제에 대한 연구의 결과는 통일 종합되어 연구소의 의견을 덧붙이어, 내각에 제출되었으나, 아직 공포되기 전에 학부대신이 갈리게 된 것과 국운이 쇠망에 임한 때문에 유야무야 중에 묻히어버리고 말게 되었다. 그러나, 그 원칙은 대체로 지켜져서, 뒤에 조선어학회(朝鮮語學會 : 한글학회)에서 1933년 현행 「한글맞춤법통일안」을 제정한 때에 반영되었던 것이다.

3. 말본갈의 등장

갑오경장 이전의 국어학인 조선조 국어학이 음운·문자학에 일관하였다면, 그 이후에는 앞장 개관에서 언급한 바와 같이 말본갈[語法學]로 옮겼다고 한 바 있다. 그러나, 갑오경장 이전에 말본갈이 아주 없었던 것은 아니다. 국어 말본으로서 조금 미진한 점은 있으나, 외국인의 손에 의하여 구라파어로 된 말본에 관한 연구서는 이미 있었으니, 고종 14년(1877)의 로스(John Ross)의 ≪조선어초보≫(Corean Primer), 고종 16년(1879)의 마킨타이어(John Macintyre)의 ≪조선어론≫(Notes on the Corean Language), 고종 18년(1881)의 프랑스 선교사들에 의해 저술된 ≪조선어문전≫(Grammaire Coréenne), 1887년의 스코트(James Scott)의 「언문말칙」≪조선어입문≫(En-moun mal Ch'aik. A Corean Manual or

Phrase Book with Introductory Grammar), 고종 26년(1889)의 임볼뛰알(Camille Imbault-Huart)의 ≪조선어구어법≫(Manuel de La Langue Coréenne parlée à L'usage des français), 그리고 같은 해인 고종 26년(1889)의 언더우드(H.G. Underwood, 元杜尤)의 ≪한영문법≫(An Introduction to the Korean Spoken Language)들이 그것이다.8)

그러나, 우리나라 학자의 손에 의하여 연구된 것은 고종 31년(1894) 갑오경장 이후의 일이니, 건양(建陽) 2년(1897) 1월에 간행된 리봉운(李鳳雲)의 ≪국문정리(國文正理)≫이다. 이는 물론 독보적 말본 글이요, 또 국어 말본의 최초라는 국어 연구사상의 의의를 가지고는 있으나, 인문과학으로서의 언어학적 평가 가치는 없다고 할 것이다.9) 언어학적으로 평가할 만한 가치가 있는 것은 최광옥(崔光玉)님의 ≪대한문전(大韓文典)≫(융희 2년, 1908)과 유길준(兪吉濬)님의 ≪대한문전(大韓文典)≫(융희 3년 1909)이다.

그런데 이 두 문전(文典)에 대하여는 유길준님의 ≪대한문전≫ 서(序)로 인하여 풀리지 않는 의문이 있으나,10) 이는 좀 더 구체적인 연구가 되어야 할 문제라고 여겨진다. 어떻든 이 ≪대한문전≫은 그 갈말(술어)로 보나, 분류 체계로 보나, 설명으로 보나 거의 현대 말본스럽다.

필자는 국어 연구사상, 연구사의 학맥은 독자적인 체계와 주장이 서

---

8) 김민수 : ≪국어문법론연구≫(통문관, 1960) 233~234쪽, 김석득 : 앞든 책 184쪽, 서병국 : ≪신강국어학사≫(학문사, 1983) 256~257쪽, 필자의 지음 ≪말본사전≫(정음사, 1980. 8. 30) 704~705쪽 참고.
9) 김석득 : 윗 책 184~185쪽 참고.
10) 김민수 : ≪국어문법론연구(國語文法論硏究)≫에 의하면 유길준님 지음의 필사본인 ≪조선문전(朝鮮文典)≫(광무 8년)이 최광옥님의 ≪대한문전≫과 동일하다는 이유로 유길준님이 우리나라 최초의 말본 연구의 저술을 하였다고 하였다.

있는 한 어디까지나 인행(印行)된 말본의 연대의 차례가 앞 뒤 차례로 인정될 수 있기 때문에 이에 따라 설명하기로 한다.

(1) 리봉운의 ≪국문정리≫

리봉운(李鳳雲)님의 ≪국문정리(國文正理)≫는 건양 2년(1897) 1월에 간행된 말본책인데, 목판본이다. 이 책은 갑오경장이 있은 뒤, 한글 운동기에 있어 우리나라 사람으로서 지은 맨 처음의 한글갈인이만치, 그 책의 전면에 한글 존상(尊尙)의 정신과 한글 정리의 노력이 넘치고 있다. 그 내용은 서문, 목차에 이어 국문의 내력과 자모분음(字母分音), 장음반절(長音反切), 단음반절(短音反切), 문법론, 탁음, 어토명목(語吐名目), 새 언문의 차례로 되어 있으며, 서문에서 끝까지 온통 순 한글로 지어졌다. 전체의 글월을 대개 낱말마다 띄어 쓰되(권점으로 띄어쓰기를 나타냄),11) 토는 임자씨[體言]에 붙여 쓰는 것으로 원칙을 삼았다.

서문에서는 국문 존중을 극구 강조하였으니 이님은 말하기를,

조선 사람이 한문만 숭상하고, 제 글은 아모 이치도 알지 못하니, 참 절통하다. 대저 문명에 제일 요긴한 것은 국문인데, 이것의 이치를 밝히어 쓰고 또 교육하여야만, 나머지 만사가 다 그로부터 나와 잘 될 것이다.

라고 하고, 장단 표시가 없음을 최초로 큰 수치로 통감하며, 국어사전 (언문옥편)의 필요성을 말하였다.

본문에서는 국문의 내력에 대하여 약술하고, 없어진 「ㆆ, ㅇ, ㅿ」에

---

11) 띄어쓰기를 최초로 한 것은 건양(建陽) 원년(1896) 4월 7일에 창간한 「독닙신문」이다.

3. 말본갈의 등장 297

대하여 「ㆆ」은 「이」의, 「ㅇ」은 「으」의, 「ㅿ」은 「ㅅ」의 단음(짜른소리)이라 하며, 이 「ㆆ, ㅇ, ㅿ」세 글자를 쓰게 한다는 말을 하였다. 또 된소리는 같은 닿소리를 쌍으로 적은 것(ㄲ, ㄸ, …)을 볼 수 있고, 초성과 종성에 두루 쓰는 닿소리 글자의 이름을 다음과 같이 홀소리 글자 「ㅡ」만으로 일관하여 지었다.

ㄱ 그윽   ㄴ 느은   ㄷ 드을   ㄹ 르을   ㅁ 므음   ㅂ 브읍
ㅅ 스웃   ㅇ 으응

또 청탁과 특히 다른 나라의 탁음 표시 등에 관하여, 여러 가지의 표와 규식을 생각해 내기도 하였다.

이 밖에 말본에 대하여 더 말한 바가 있으나, 족히 들어 말할 것이 없다.

이 ≪국문정리≫는 체계는 잘 서지 못하였으나, 한글 각성 시기에 우리말에 대한 문법적 연구로서의 최초의 저술이라 하겠다.[12] 그리고 이 책은 전문가도 적절한 문헌도 갖추어지지 않은 상태에서 나온 최초의 지음이라, 그 이론이나 제안이 미흡하여 오늘날 그대로 승인하기는 어려운 점이 많지마는, 그 근본적 방향은 영원의 것을 가르쳐 주었다 하겠다.

---

12) 최현배 : 앞든 책 320~330, 김윤경 : ≪새로지은 국어학사≫ 118~120쪽, 김민수 : 「국문정리 해제」(≪한글≫ 115호, 1956), 이응호 : ≪개화기의 한글 운동사≫(성청사, 1975), 필자의 지음 ≪말본사전≫(정음사, 1980. 8. 30) 704~705쪽 참고.

(2) 최광옥의 ≪대한문전(大韓文典)≫

최광옥(崔光玉)님은 고종 16년(1879)에 탄생하여 1911년에 돌아갔다. 그는 광무 8년(1904)에 평양 숭실학교(崇實學校) 중학부(中學部) 제 1회 졸업생으로서, 기독교를 통한 민중의 계몽운동에 힘쓰는 한편 융희 2년 (1908)에 ≪대한문전(大韓文典)≫을 저술했다.

문전(文典)이란 이름과 좀 체계를 세워 인행(印行)되어 세상에 나온 것은 최광옥의 ≪대한문전≫이 처음이다. 그리고 이 책 첫머리에는 월남 (月南) 이상재(李商在)님의 서문이 붙어 있고, 또 교열(校閱)로 되어 있다.

(2-1) 국어학의 민족주의

갑오개혁의 혁신적 사상과 근대화의 물결을 거세게 타고, 국어학에서는 구미의 방법론을 도입하여 과학적 체계를 확립해 나갔다. 그러나, 한편 국어학자는 전통적 학문의 배경을 이루었던 민족사상을 국체(國體)의 옹호라는 목적 아래, 더욱 굳혀, 이를 국어학의 학문적 배경으로 삼았으니, 여기 최님의 ≪대한문전≫은 그 첫째가 되는 것이다.[13]

최광옥님이 국어를 연구한 사상적 배경은, 그 지음의 ≪대한문전≫ 첫머리에 실린 월남(月南) 이상재(李商在)님의 서문[14]으로 보거나, 또 최님 자신의 글인 ≪대한문전≫ 제 1편 언어론(言語論) 「국어(國語)」조에,

　　我國의 言語는 我國 國語라 國語가 國民으로 關係됨이 甚大호니 若國語가 一定치 못호면 國民의 團合心이 缺乏호고 國語가 自由치 못 호면 國民의 自由性을 損失호느니…[15]

---

13) 김석득 : 앞든 책 186쪽 참고.
14) 「月南 李商在 大韓文典 序」참고.
15) 최광옥 : ≪대한문전(大韓文典)≫ 2쪽 참고.

라고 한 말로 미루어 보아, 민족 의식에 입각한 것이었다고 본다. 이러한 배경 밑에서 최광옥님은 언어와 국어에 대한 뜻매김(정의)을 내리고, 「문전(말본)」의 규범 말본 성격을 규정해 놓았다. 곧, 언어는 사람의 사상을 나타내는 성음이라 하고, 세계 각 나라에는 각각 다른 언어가 있으니, 이 각 언어를 그 나라 국어라 하며, 우리나라의 언어는 우리나라 국어라고 하였다.16) 그리고, 최님은 「문전」의 뜻매김을 「사람의 사상을 써내는 법을 가르치는 것」17) 이라고 하였으니, 이는 규범 말본의 뜻매김, 「옳게 말하고, 옳게 쓰는 법을 가르치는 법」에 가까운 뜻매김이 된다. 이와 같이 볼 때, ≪대한문전≫은 규범 말본의 성격을 띠었음을 명백히 알 수 있다.

≪대한문전≫은 크게 언어론(言語論)과 문장론(文章論)으로 나누어져 있다. 제 1편 언어론에서는 「음성」에 관한 이론과 품사론(品詞論 : 八品詞)이 들어 있다.

그런데, 언어론에서, 언어 과학(言語科學)으로서 문제될 만한 것은 홀소리[單音]에 대한 인식과 말본갈[文法學]의 제시 등이다.

(2-2) 홀소리(단음)에 대한 인식

최광옥님의 ≪대한문전≫에 나타난 「소리」에 대한 분류는 상당히 주목할 만한 것인데, 이제 이를 보면 다음과 같다.

제1편 언어론[言語論] 「성음운(聲音韻)」 조에서,

 聲이라 흠은 空氣의 振動으로 生ᄒᆞᄂᆞ 一切音을 稱흠이오, 音이라

---

16) 최광옥 : 앞든 책 1～2쪽 참고.
17) 최광옥 : 윗 책 1쪽 「문전대의(文典大意)」조 참고.

홈은 一時的 聲을 稱홈이오, 韻이라 홈은 長時的 聲을 稱홈이라[18]

라고 하였다. 여기에서 일시적(一時的), 장시적(長時的)이란 말이, 구체적으로 어떠한 것인지는 잘 모르겠으나, 「성(聲)」·「음(音)」·「운(韻)」을 분류하여 그 뜻매김(정의)을 하여 놓은 것은 주목할 만한 것이다. 다만, 「운(韻)」에 대한 언급은 이 이상 더 없어, 그것이 오늘날 「음소(音素)」에 가까운 것인지 아닌지는 알 수 없으므로, 유감스러운 일이다.

최님은 또 「음(音)」을 「모음(母音)」·「부음(父音)」·「자음(子音)」으로 나누어 그 뜻매김을 다음과 같이 하였다.

母音이라 홈은 肺臟으로 自흐야 出흐는 氣息이 聲帶에 振動을 受흐는 者인되 此音이 口를 開흐고 聲을 發흔則 單純이 出흐는 故로 單純音이라고도 稱흐니 ㅏ ㅑ ㅓ ㅕ ㅗ ㅛ ㅜ ㅠ ㅡ ㅣ · 等字가 是也오.

父音이라 홈은 聲音의 發聲이 肺臟으로 流出흐는 氣息인되 口內諸管에 振動흐여 分明흔 聲音을 成치 못흐는 者니 ㄱ ㄴ ㄷ ㄹ ㅁ ㅂ ㅅ ㅇ ㅎ ㅈ ㅊ ㅋ ㅌ ㅍ 等字가 是也오.

子音이라 홈은 父音과 母音이 合成흐야 完全흔 字音을 成홈이니 가나다 等字가 是也라[19]

이 최님의 「음(音)」에 대한 뜻매김을 볼 때, ≪대한문전≫ 이전의 음운론(音韻論)에서는 음성(音聲)을 설명함에 있어서 대체로 추상적 기술을 하고, 또 「역학(易學)」의 의미를 더하는 이원론적(二元論的) 음성관(音聲觀)을 가지고 있었다. 그러나, 갑오경장 뒤의, 근대화기를 맞이하여 새 학문의 사조 위에 인간의 정신과학으로서의 학문 체계를 가지고 최

---

18) 최광옥: 앞든 책 3쪽 참고.
19) 최광옥: 윗 책 3~4쪽 참고.

초로 나타난 최광옥님의 ≪대한문전≫에서는 홀소리(단음)에 대하여 결코 역학의 의미를 주지 않고, 오직 물리적(物理的)・생리적(生理的)・조음 음성학적(調音音聲學的) 입장에서 설명을 하여 일원론적(一元論的) 음성학(音聲學)을 확립한 것이다. 여기에서 또 특기할 일은 음(소리)의 명칭에 대한 일이다. 훈민정음 창제 당시 부르던 초성(初聲)과 중성(中聲)을 오늘날 일반적으로 초성(初聲)은 「자음(子音)」 또는 「닿소리」라 하고, 「중성(中聲)」은 「모음(母音)」 또는 「홀소리」라 부르고 있는데, 이 ≪대한문전≫에서는 일반적으로 부르는 「자음(子音, 닿소리)」은 「부음(父音)」, 「모음(母音, 홀소리)」은 그대로 「모음(母音)」이라 이름 지음으로써 「닿소리」와 「홀소리」를 음양 원리(陰陽原理)로 구별하여 말할 경우 「부음(父音)」은 「양(陽)」이 되고, 「모음(母音)」은 「음(陰)」이 되니, 한 낱내 글자(音節文字)를 이루는 것도 역시 음양(陰陽)이 합해서 된다(부음＋모음, 부음＋모음＋부음)는 원리를 깨우쳐 준 것이라 하겠으며, 또 하나 더 말할 것은 「음(音)」과 「자(字)」를 분명히 구별하고 있으니, 이도 또한 음성학에서 획기적 사실을 이루었다고 할 만하다.

이와 같이 획기적이요, 선구적인 구실을 하였지만, 모순이 아주 없는 것도 아니다. 위에서 인용된 설명에서 보면, 「음(音)」은 이른바 오늘날 「음소(音素)」와도 같으면서, 또한 그것이 「낱내[音節]」를 나타내는 것으로 설명됨은 (곧 「 子音 ＝ 父音 ＋ 母音 」), 오늘날 안목으로 볼 때, 홀소리[單音] 분석의 한계가 모호할 뿐 아니라 음(音)의 정의와 모순된다고 하겠다.

그리고 또 「단순음(單純音)」과 「홀소리[母音]」를 같이 본 것도 모순이다. 물론 홀소리는 단순음일 수 있으나, 모든 홀소리는 단순음이 아니고, 모든 단순음이 홀소리 음도 아니기 때문이다. 더구나, 최님의 소리

분류 체계에 따르면, 「ㅑ ㅕ ㅛ ㅠ」들의 글자는 발음할 때에 조금 변하므로 「반모음(半母音)」이라[20] 하였고, 「가나다라 등 글자의 ㅏ ㅓ ㅗ ㅜ ㅡ ㅣ ·」 등 글자의 음은 코에 구애치 않고, 단순(單純)히 곧게 발음되기 때문에 「직음(直音)」이라[21] 하며, 「규유교」 등의 음은 두 개의 직음(直音)이 동시에 호출(呼出)되므로 「요음(拗音, 꺾임소리)」이라[22] 하였다. 그런데, 이와 같은 정의(定義)에 따르면, 요음(拗音)의 뜻매김과 그 예가 서로 모순하고 있음을 발견한다. 요음(拗音)이 두 개의 직음(直音)으로 이루어졌다면, 그 예로서는 「ㅠ ㅛ」들이나, 「ㅘ ㅝ」들이 되어야 할 것이다.[23] 그렇다면, 요음과 반모음은 같은 것일까? 그러나, 그런 것은 아닌 것 같다. 왜냐하면, 보기로서 「규유교」를 들었기 때문이다. 그러면, 요음(拗音)은 부음(父音)과 반모음(최님이 정의한)의 배합체란 말인가? 그러나, 이는 두 개의 직음(直音)이 동시에 호출(呼出)된다는 정의에 어긋나지 않는가? 이렇게 본다면, 결국 「직음」・「요음」・「반모음」의 구별 개념이 불분명하다는 결론에 이르지 않을 수 없다.

이 밖에, 최님은 《대한문전》에서 「비음(鼻音)」에 「ㅁ ㅇ ㄴ」 등의 글자를, 「촉음(促音)」에 「ㅅ ㄱ ㅂ ㄷ」 등의 글자를, 「합음(合音)」에는 촉음과 자음(子音)이 합성(合成)한 것으로 「까 빠 싸 따」 등의 음과, 자음과 종음(終音)이 합성한 것으로 「각 난 달」 등의 글자와, 자음과 모음(母音)이 합성한 것으로 「과 궈 놔 눠」 등의 글자를, 「전음(轉音)」에 「 것이라 → 거시라 」 등의 보기를 들어가며[24] 분류하고 설명하였는데,

---

20) 최광옥 : 앞든 책 6쪽 참고.
21) 최광옥 : 윗 책 6쪽 참고.
22) 최광옥 : 윗 책 7쪽 참고.
23) 김석득 : 앞든 책 188~189쪽 참고.
24) 최광옥 : 윗 책 7~9쪽 참고.

이는 음성학적으로 타당한 것이라 하겠다.

그러나, 아무튼, 최님의 말의 소리에 대한 분류와 그 설명에서는, 음성학적 타당성을 인정할 수 있으므로, 우리 국어학계에서는 처음으로 물리적(物理的), 생리적(生理的) 음성학의 선구적 구실을 하였다는 데 의의(意義)가 크다고 할 수 있다.

(2-3) 품사의 분류

최광옥님은 그의 지음 ≪대한문전≫의 첫머리의 「대전대의(大典大意)」에서,

> 文典은 人의 思想을 書出ᄒᆞᄂᆞᆫ 法을 敎ᄒᆞᄂᆞᆫ 者니 …25)

라고 말하였으니, 이 말은 자기의 말본이 「규범 말본」이라는 것을 본론에 들어가기에 앞서 서두에서 분명하게 밝힌 것이라고 하겠다. 이러한 규범 말본으로서 최초로 출현된 말본이 바로 이 ≪대한문전≫이다.

규범 말본의 최초의 작업은 씨 가름[品詞分類]에서부터 이루어진다. 최님은, ≪대한문전≫ 제 1편 언어론(言語論) 팔품사(八品詞) 조에서 언어는 여덟 종류로 나눈다고 하고, 「팔품사(八品詞 : 8씨)」란 「명사(名詞)·대명사(代名詞)·동사(動詞)·형용사(形容詞)·부사(副詞)·후사(後詞 : 토다는 말)·접속사(接續詞)·감탄사(感歎詞)」를 칭한다 하며, 사람의 천언 만어(千言萬語)는 다 이 여덟 종류에서 나온다고 하였다.

이와 같이 최님은 우리의 언어를 팔품사로 가른 최초의 학자라 하겠다. 그리고 그는 이러한 기본적인 팔품사는, 다시 하위 분류가 된다고

---

25) 최광옥 : 앞든 책 1쪽 참고.

하고, 그것을 가늘게 분류하여 놓았으나, 감탄사에 있어서는 보기 낱말만 들고, 각기 감정에 인하는 분별은 독자의 자해(自解)로 알게 하였다. 최님의 그 팔품사 분류의 원칙적인 언어관(言語觀)은 「의미-기능주의(意味機能主義)라고 할 수 있다.[26]

언어를 씨 가름(품사분류)함에 있어서는 씨 가름에 앞서 언어관을 제시하는 낱말(단어)의 정의가 있어야 하는 것이 원칙인데, 최광옥님의 ≪대한문전≫에서는 이러한 낱말의 정의 없이 씨 가름 한 것이 좀 아쉬운 점이나, 씨 가름의 체계로 보아, 그것은 의미를 주(主)로 하고 기능은 종(從)으로 하는 「의미-기능주의」에 입각한 것임을 알 수 있다.

이제 그 품사 하나하나를 적어 보기로 한다.

① 명사(名詞):「物名의 詞를 謂홈」이라 하였으니, 이는 의미의 입장에서 본 것이다. 그리고 그는 명사를 다시 「보통명사(普通名詞)」와 「특별명사(特別名詞)」로 하위 분류하였는데, 「보통명사」는, 「同種類의 通用ᄒᄂᆫ 物名의 詞를 云홈」이라 하고, 그 보기로, 「사름, 나라, 뫼, 물」 같은 등의 유라 말하고 이를 설명하였다. 「특별명사」는, 「一物에 限ᄒᆞ야 用ᄒ고 同種類에 通用ᄒ기 不能ᄒᆫ 物名의 詞를 云홈」이라 하고, 그 보기로, 「한양셩(漢陽城), 리슌신(李舜臣), 금강산(金剛山)」 같은 등의 유라 말하고 설명하였다. 그리고 또 「보통명사」는 「무형명사(無形名詞)」와 「변체명사(變體名詞)」로 나누어 설명하였다.

② 대명사(代名詞):「名詞의 代에 用ᄒᄂᆫ 者를 謂홈」이라는 의미 중심의 정의를 내리고, 이를 또한 의미의 입장에서 「보통대명사(普通代名詞)」·「인대명사(人代名詞)」·「문대명사(問代名詞)」·「지시대명사(指示代名詞)」

---

26) 김석득 : 앞든 책 190쪽 참고.

・「관계대명사(關係代名詞)」 등 오종(五種)으로 나누어 설명하였다.

③ 동사(動詞) : 「名詞 或 代名詞에 附從ᄒᆞ야 其 作用 或 形象을 發現ᄒᆞᄂᆞᆫ 者」라고 정의하고, 그 작용하는 성질에 따라 「자동사(自動詞)」와 「타동사(他動詞)」로 나누어 설명하였다. 또 그 작용하는 관계에 따라 「주동사(主動詞)」와 「피동사(被動詞)」로 나누어 설명하였다. 이상은 동사를 의미의 입장에서 분류한 것이라 하겠다. 그러나, 최남은 동사를 다시 그 작용하는 변화에 따라, 「정격동사(正格動詞)」와 「변격동사(變格動詞)」로 나누어 설명하였다. 또 동사를 그 활용(活用)으로 말미암아 현재(現在)・미래(未來)・과거(過去)의 삼절시기(三節時期)로 나누었다. 동사에는 또 「조동사(助動詞)」가 있다 하고, 「조동사」는, 「一切 動詞의 意味 不足ᄒᆞᆫ 處를 補助ᄒᆞᄂᆞᆫ 者」라 하고, 또 「조동사」는 「動詞의 外에 他種의 詞와 連合ᄒᆞᄂᆞᆫ 事가 有ᄒᆞ니…」라고 하였으며, 또 「조동사」는, 「活用ᄒᆞᄂᆞᆫ 變化를 由ᄒᆞ야 期節를 生ᄒᆞ며, 階段을 成ᄒᆞ며, 意思를 表ᄒᆞ며, 體裁를 定ᄒᆞᄂᆞ니…」라고 말하고 설명하였다.

④ 형용사(形容詞) : 「名詞의 前 或 後에 在ᄒᆞ야 其 形狀 及 性質을 現ᄒᆞᄂᆞᆫ 詞를 謂흠」이라고 하였다. 형용사는 또 삼단(三段)이 있는데, 현연단(現然段 : 現在 形容이니 「풀은」), 장연단(將然段 : 未來 形容이니 「풀을」), 기연단(旣然段 : 過去 形容이니 「풀으든」)이다. 또 형용사는 그 어미(語尾)의 활용이 조동사(助動詞)의 첨부로 말미암아 동사와 같아진다. 또 「ㅅ」이 명사의 어미에 붙어 형용사를 성(成)한다 하고 그 보기를 보이기를,

　　　나랏사롬(國人) : 명사 「나라」가 형용사 「나랏」을 성(成)흠이라
라고 하였다.

⑤ 부사(副詞) :「動詞 形容詞 又 他副詞에 添附ᄒᆞ야 其 意味를 名狀ᄒᆞᄂᆞᆫ 詞를 謂흠」이라고 하였다. 이 설명도 구조적 기능과 어휘적 의미를 함께 고려한 말이다. 그는 또 부사는 「정격부사(正格副詞)」와 「변격부사(變格副詞)」가 있다 하고 이를 나누어 설명하였다.

⑥ 후사(後詞) :「名詞의 後에 附ᄒᆞ야 其 上下詞의 關係를 示ᄒᆞᄂᆞᆫ 者니 蓋 名詞가 後詞를 得지 못ᄒᆞᆫ즉 動치 못ᄒᆞᄂᆞᆫ 故로 名詞 及 後詞ᄂᆞᆫ 相離치 못ᄒᆞᄂᆞᆫ 關係가 有ᄒᆞ니라」라고 하였다. 또 「後詞ᄂᆞᆫ 名詞의 資格을 定ᄒᆞᄂᆞ니」라고 하며, 그 자격(資格)엔 「주격(主格)」에 「이, 가, 은, 는」 등이 있고, 「빈격(賓格)」에 「을, 를」 등이 있다 하였다. 이는 후사를 구조적 기능적인 입장에서 파악한 것이라 할 수 있다. 그리고 또 후사는 명사의 체세(體勢)를 정하는데, 그 체세엔 「지체(止體 : 남의 움직임을 안 받는 것을 말함)」에 「에, 에ᄂᆞᆫ, 에다, 에게, 으루」 등이 있고, 「동체(動體 : 남의 움직임을 받는 것을 말함)」에 「으로, 을ᄂᆞᆫ」 등이 있다 하였다.

⑦ 접속사(接續詞) :「語 或 句를 接續ᄒᆞᄂᆞᆫ 詞를 謂흠」이라 하였다. 이는 구조적 기능의 입장에서 파악된 것이다. 접속사는 삼종(三種)으로 나누었는데, 「순체접속사(順體接續詞)」에 「와, 과, 및, 다못」 등이 있고, 「반체접속사(反體接續詞)」에 「마ᄂᆞᆫ, 니와, 그러ᄒᆞ나」 등이 있으며, 「연체접속사(連體接續詞)」에 「즉, 고로」 등이 있다 하였다.

⑧ 감탄사(感歎詞)[27] :「喜怒哀樂 及 驚嘆 等에 感情을 顯ᄒᆞᄂᆞᆫ 詞를 謂흠」이라고 하였으니, 감탄사는 분명히 의미적으로 파악된 것이다.

이상으로 볼 때, 이 ≪대한문전≫에서 보이는 팔품사와 그 하위 분류에서는 다음과 같은 세 가지의 관점이 추출되어 나온다.[28]

---

[27] 최광옥 : ≪대한문전≫에는 「感歎詞」 또는 「感嘆詞」 두 가지로 쓰이었다.

첫째, 「명사」・「대명사」・「동사」・「감탄사」는 의미에 입각한 분류이다.
둘째, 「형용사」・「부사」는 어휘적 의미와 구조적 기능이 함께 고려된 분류이다.
셋째, 「후사」・접속사, 그리고 「명사」의 하위류인 「변체명사」와, 동사의 하위류인 「정격동사」・「변격동사」는 구조적 기능에 의한 분류임을 알 수 있다.

그리고 최광옥님의 ≪대한문전≫에서는 구속적 형식인 접미사와, 어근, 그리고, 후사(後詞 : 토)를 독립적인 낱덩이의 낱말(단어)로 인식하는 분석적 언어관을 그의 말본 체계에 반영하였다고 하겠다.

(2-4) 문장의 구성요소

최광옥님의 ≪대한문전≫에서 문장론(文章論)은 제 2편에 나온다. 문장에 대하여 정의하기를,

言語가 相集ᄒ야 一思想의 完結ᄒ 時는 其 長短을 不拘ᄒ고 皆曰 一篇의 文章이라29)

하고, 그 예문을 다음과 같이 들어 보였다.

㉠ 李舜臣은 忠臣이다.
㉡ 李舜臣은 智勇이 兼備ᄒ 海軍大將이라 我朝五百年來의 一等人이니 其 忠義功烈이 人臣되는 者의 模範이로다.

이와 같이 위의 예문의 ㉠ ㉡은 다 한 개 문장[一箇文章]이 된다고 하였다. 그런데, 이와 같은 범위에서, 문장의 기본을 찾은 것 같이 여겨지

―――――――――――
28) 김석득 : 앞든 책 192쪽 참고.
29) 최광옥 : 앞든 책 60쪽 참고.

니, 먼저 「주어(主語)」와 「설명어(說明語)」를 말하고 예를 보이기를,

     식가(主語) 운다.(說明語)   힘이(主語) 굳세다.(說明語)

와 같다 하고, 곧 이어 「객어(客語)」를 말하였는데, 설명어가 타동사(他動詞)가 될 때 그 목적 삼는 말을 요구하며, 또 자동사(自動詞), 타동사가 다 그 동작에 관계하는 표준을 요구하는데, 그 목적 또는 표준 되는 말을 「객어(客語)」라 한다하며, 객어의 위치는 주어와 설명어의 사이에 있는 것이 정칙(正則)이라 하고, 그 실례를 다음과 같이 들어 보였다.

    구름이(主語)   산을(目的客語)   덥헛다.(說明語)
    물이(主語)   나진듸로(標準客語) 나려간다.(說明語)
    바람이(主語)   비를(目的客語)   산으로(標準客語) 모러온다.(說明語)

위의 예문을 놓고 볼 때 최님은 기본문을 다음과 같이 두 개를 본 것으로 해석된다.

    첫째, 무엇이 어떠하다(어찌한다).
        주어+설명어 : 식가 운다.
    둘째, 무엇이 무엇을 어찌한다.
        주어+객어+설명어 : 구름이 산을 덥헛다.

이 밖에, 주어나 객어 및 설명어에 각각 수식어(修飾語)를 붙여 이루는 더 큰 구성요소인 주부(主部)·객부(客部)·설명부(說明部)를 말하고 다음과 같이 그 예를 보이었다.

    복사   꼿이   일즉   피엿소
   (수식어) (주어)   (수식어) (설명어)
     主部句   說明部句

어진　쟝식은　썩은　나무를　아니　바리느리라.
(수식어)　(주어)　(수식어)　(객어)　(수식어)　(설명어)
　　主部句　　　　　客部句　　　　　說明部句

우리　동산에　오얏　쏫이　비오는　가운데　훨젹　피엿소.
(수식어)(수식어)(수식어)(주어)(수식어)(수식어)(수식어)(설명어)
　　　　主部句　　　　　　　　　　說明部句

또 접속사와 감탄사는 주부·객부·설명부 밖에 선다고 하였다.

이 밖의 문장론에서 다룬 단문(單文), 복문(複文), 연구문(聯搆文), 도치구(倒置句), 호응(呼應), 구(句:句法)에 대한 설명과 부론(附論)에서 다룬 축어법(縮語法), 상음하몽법(上音下蒙法)에 대한 설명은 생략하기로 한다.

결론적으로, 이 ≪대한문전≫에서는, 홀소리의 혼동과, 낱말 한계의 모호성과, 형태소 분석의 잘못 등을 지적할 수 있으나,30) 아직 말본이란 이름마저 잘 모르던 당시에 규범 말본으로 처음 나타난 것이기 때문에 우리말 연구에 지침노릇을 하였다. 한편 음(소리)의 이름을 지음에 있어서 초성(初聲, 子音)은 부음(父音)이라 하고, 중성(中聲, 母音)은 모음(母音)이라 한 것은 잘 지은 이름이라 생각한다.

(3) 유길준의 ≪대한문전(大韓文典)≫

구당(矩堂) 유길준(兪吉濬)님의 ≪대한문전(大韓文典)≫은 융희 3년 (1909) 2월 18일 인행(印行)되었으나, 그 서언(緖言)에 이 연구에 30 성상 (星霜)을 겪으면서 무릇 8차나 원고를 고치었는데, 중간 제 4차 고본(稿

---

30) 김석득 : 앞든 책 208쪽 참고.

本)이 새어나가 재판까지 났다 하였고, 또 광무 연간에 지은 ≪조선문전(朝鮮文典)≫의 필사본과 유인본이 있으며,31) 융희 원년(1907) 1월로 된 유인본 ≪대한문전(大韓文典)≫이 있는 것으로 보아 우리말의 말본 책으로는 그 지음이 처음이요, 인행(印行)으로는 앞에서 말한 최광옥님의 ≪대한문전≫이 맨 처음이라 하겠다.

(3-1) 민족주의 배경의 ≪대한문전≫

(3-1-1) 민족주의 사상의 배경

구당(矩堂) 유길준(兪吉濬)님은 그의 지음 ≪대한문전(大韓文典)≫ 자서(自序) 첫머리에서 다음과 같은 말을 하고 있다.

> 읽을지어다. 우리 大韓文典을 읽을지어다. 우리 大韓同胞여, 우리 民族이 檀君의 靈秀ᄒᆞᆫ 後裔로, 固有ᄒᆞᆫ 言語가 有ᄒᆞ며, 特有ᄒᆞᆫ 文字가 有ᄒᆞ야, 其 思想과 意志를 聲音으로 發表ᄒᆞ고, 記錄으로 傳示ᄒᆞ매, 言文一致의 精神이, 四千餘의 星霜을 貫ᄒᆞ야, 歷史의 眞面을 保ᄒᆞ고, 習慣의 實情을 証ᄒᆞ도다.… 幾百年 漢文 崇拜ᄒᆞ는 風이, 全國을 靡ᄒᆞ야, 西隣의 借來ᄒᆞᆫ 客字가 國民의 正音을 驅逐ᄒᆞ야…

이 자서(自序)의 내용을 보나, ≪서유견문(西遊見聞)≫(1895) 집필의 정신으로 보거나, 유님이 김홍집(金弘集) 내각에 내부대신(內部大臣)으로 있을 때, 「법률과 명령은 다 국문으로 본을 삼고, 한문 번역을 붙일 것이며, 혹은 국한문을 혼용홈」이라는 칙령을 내린 것이나, 또 홍사단(興

---

31) 김민수 : ≪국어문법론연구(國語文法論研究)≫(통문관, 1960)에는 저자 미상의 사본인 ≪조선문전(朝鮮文典)≫(광무 8년)을 유길준의 ≪대한문전(大韓文典)≫의 초고본으로 상고하였다.

士團)을 조직한32) 일 등등으로 보아33) 그 어느 누구보다 우리 말과 글을 사랑한 자주(自主), 민족주의 정신이 강한 학자였다고 생각되는 바, 유님의 ≪대한문전≫은 민족 사상에 배경을 두고 있다고 하겠다.

이와 같이 민족 사상에 바탕을 두고 있는 이 ≪대한문전≫은 그 체계로 보아 최광옥님의 ≪대한문전≫과 비슷한 데가 있다. 그렇다고 두 문전이 일치하는 것은 아니다. 이제 유님의 ≪대한문전≫의 짜여진 내용을 살펴보기로 한다.

(3-1-2) 규범 말본 ≪대한문전≫

유길준님 지음 ≪대한문전≫은 총론(總論)34)과 언어론(言語論) 그리고 문장론(文章論) 등 세 편으로 크게 나누어져 있는데, 그 내용 순서를 살펴보면 다음과 같다.

緖言
大韓文典 自序
大韓文典 目次
第一編 總論 — 第一章 文典의 意義, 第二章 音韻, 第三章 文字, 第四章 語音의 蒙受及縮約
第二編 言語論 — 第一章 名詞, 第二章 代名詞, 第三章 動詞, 第四章 助動詞, 第五章 形容詞, 第六章 接續詞, 第七章 添附詞, 第八章 感動詞
第三編 文章論 — 第一章 文章의 意義, 第二章 文章의 本原, 第三章 文

---

32) 최현배 : 앞든 책 84~85쪽 참고.
33) 유길준님은 계산학교(桂山學校 : 현 大東商高의 전신)를 세웠으며, 한일합병이 되자 그는 일진회(一進會)를 찾아가 간부들을 구타하고 집기(什器)를 부수었다고 하며, 청년학도들을 모아 합병 반대 운동을 하려다가 실패한 일도 있다 한다.
34) ≪대한문전≫ 본문 앞에 실린 목차에는 서론(緖論)으로 되어 있다.

章의 部分, 第四章 文章의 種類, 第五章 文章의 呼應, 第六章 文章의 解剖

이와 같은 짜임으로 이루어져 있는 이 ≪대한문전≫은 한 말로 규범 말본이라 할 수 있으니, 문전(文典)의 의의(意義)를, 총론(總論) 「문전의 의의(意義)」조에서,

　　文典이라 ᄒᆞ는 者는 人의 思想을 正確히 發表ᄒᆞ는 法을 記載ᄒᆞᆫ 學問이라.… 思想의 發表를 明快케 ᄒᆞ고저 ᄒᆞᆯ진대 固有 一定ᄒᆞᆫ 軌範을 遵ᄒᆞ며 法則을 循ᄒᆞ미 可ᄒᆞ니　若 其 規範과 法則에 昧ᄒᆞᆯ진대 口에 出ᄒᆞ는 聲은 有ᄒᆞ나 語는 成치 못ᄒᆞ며 手로 書ᄒᆞ는 字는 有ᄒᆞ나 文을 成치 못ᄒᆞ매 聞者와 見者가 矇然解得지 못ᄒᆞᆯ지니라.35)

라고 하였다. 이 내용 중에서 특히 「正確히 發表」,「固有一定ᄒᆞᆫ 軌範을 遵ᄒᆞ며」,「規範과 法則에 昧ᄒᆞᆯ진대」 등은, 바로, 규범 말본의 뜻매김인 「규범 문법이란, 옳게 말하고, 옳게 씀을 가리키는 법」이란 정의와 일치되는 것으로 볼 수 있으니, 유길준님의 ≪대한문전≫은 규범 말본의 성격을 띠었음을 명백히 알 수 있다.

(3-2) 음운과 글자의 구별

유길준님은 ≪대한문전≫ 총론(總論) 편(編)에 음운(音韻 : 소리)과 문자(文字) 장(章)을 별도로 두어 구별하였을 뿐만 아니라, 그 차이를 인식하였다. 그는 ≪대한문전≫ 제 1편 총론 제1장 문전(文典)의 의의(意義) 조에서,

　　人이 思想을 表示홈에 二種의 方法이 有ᄒᆞ니 一은 口中에서 出ᄒᆞ는 天然聲音으로 以ᄒᆞ고 一은 手端으로 書ᄒᆞ는 人爲 文字로 以ᄒᆞ나니

---

35) 유길준 : 앞든 책 1~2쪽 참고.

라36)

하고, 또 같은 편의 제2장 음운(音韻) 조에서, 음운(音韻)에 대하여 정의하기를,

    音韻이라 ᄒᆞ는 者는 人의 肺臟으로브터 呼出ᄒᆞ는 空氣가 聲帶 又 口腔內의 諸機關에 觸發ᄒᆞ는 聲을 謂홈이라37)

하고, 그리고 또 같은 편의 제3장 문자(文字) 조에서, 글자[文字]에 대하여 정의하기를,

    文字는 吾人의 思想을 形狀으로 發表ᄒᆞ는 者이라38)

하였으니, 이는 사람의 관능의 감촉이 중추 신경에 전달되어 일어나는 사상을 외부로 수행하는 수단으로서 「음운(音韻)」과 「글자[文字]」에 의한 두 가지 수단이 있음을 확신한 증거가 되는 것이다.39)

(3-3) 홑소리(단음)에 대한 인식

유길준님은 《대한문전》에서 「음운」의 정의를 앞에서 말한 바와 같이 「人의 肺臟으로브터 呼出ᄒᆞ는 空氣가 聲帶 又口腔內의 諸機關에 觸發ᄒᆞ는 聲을 謂홈이라」 하고, 그 보기로 「아, 가, 나, 다, 사, 자, 하」 등을 들었다. 그리고 유님은 「음(音)」을 최광옥님과 같이 「모음(母音)」・「부음(父音)」・「자음(子音)」 등 삼종으로 나누어 설명하고 보기를 보이었다.

「모음(母音)」이란 폐장으로부터 호출되는 공기가 단순(單純)히 나오는

---

36) 유길준 : 앞든 책 1쪽 참고.
37) 유길준 : 윗 책 4쪽 참고.
38) 유길준 : 윗 책 6쪽 참고.
39) 김석득 : 앞든 책 210쪽 참고.

성음(聲音)이라 하고, 예로서 「ㅏ, ㅓ, ㅗ, ㅜ, ㅡ, ㅣ」를 들었다.

「부음(父音)」이란 폐장으로부터 호출되는 공기가 목[喉]・혀[舌]・이[齒]・입술[脣] 등 구강내(口腔內)의 제 기관에 촉발(觸發)하는 성음(聲音)이라 하고, 예로서 「ㄱ, ㄹ, ㅁ, ㅅ, ㅈ, ㅎ」을 들었다.

「자음(子音)」이란 부음(父音)과 모음(母音)이 합하여 생(生)하는 성음(聲音)을 이름이라 하고, 예로서 「가, 더, 로, 수, 크, 히」를 들었다.

그런데 여기에서 생각해 보면, 「음운」이라는 한 제목 안에서 「음(音)」, 곧 모음・부음・자음이 논의되었으므로, 이 모음・부음・자음을 통틀어 「음운(音韻)」이라고 본 것으로 여겨진다. 그렇다면, 「음운」과 「음(音)」은 동일하다는 말인가? 이에 대한 해명이 없다. 설령 그것이 같다 하더라도, 「음운」의 정의에서 낱내 글자(음절문자)「아, 가, 나, 다, 사, 자, 하」의 보기가 나왔고, 「음」에는 「모음」에 「ㅏ, ㅓ, ㅗ, ㅜ, ㅡ, ㅣ」 등 홀홀소리의 보기가, 「부음」에 「ㄱ, ㄹ, ㅁ, ㅅ, ㅈ, ㅎ」 등 홀닿소리의 보기가, 「자음」에 「가, 더, 로, 수, 크, 히」 등 낱내 글자의 보기가 나와 있다. 이 삼종의 보기를 보면, 「음운」과 「음」은 다른 것이 되어 버리고 만다. 그러나, 이렇게 다르다고 보아 넘기기에는 또한 문제가 있으니, 그것은 곧 「음운」에서 보인 예(아, 가, 나, 다, 사, 자, 하)와 「음」 가운데의 「자음」에서 보인 예(가, 더, 로, 수, 크, 히)는 같은 낱내 글자이기 때문이다. 이와 같은 것으로 보아 그의 홀소리(단음)에 대한 인식에서는 「음운(音韻)」과 「음(音)」과를 동일한 개념으로 본 것 같으면서 다르고, 다르게 본 것 같은데 동일한 점도 있다고 하는 모순에 빠진다. 이는 분명히 분류 체계에 대한 잘못이요, 또 낱내[音節]와 홀소리(단음)의 혼동이라 말할 수밖에 없는 것이다.

격음(激音) 조에서, 「격음(激音)」은 「二個의 同一흔 父音의 初發音이

合ᄒ야 一個 父音을 成ᄒ는 時는 其 音이 激促혼 故로 激音이라 稱ᄒ나니라」하고, 그 보기로 「ㄲ, ㄸ, ㅃ, ㅆ, ㅉ」을 들었다. 이것은 오늘날의 거센소리[激音][40]가 아니고, 경음(硬音)인 된소리를 이르는 것이다. 거센소리 「ㅋ, ㅌ, ㅍ, ㅊ」은 언급하지 않았는데, 그것은 자음(子音) 14행(行)에 포함되어 있기 때문에 별도로 언급하지 않은 것으로 여겨진다. 그리고 이 격음(激音) 문제는 최광옥님의 ≪대한문전≫에서는 거론되지 않았던 것이다.

「지음(支音)」은 속어(俗語)의 받침(밧침)인데, 「각, 난」과 같이 받침이 하나인 것(곧 한 개 부음의 終止音으로 이루는 것)은 「단지음(單支音)」, 「닭, 넓」과 같이 받침이 둘인 것(곧 두 개 부음의 終止音이 병합하여 자음의 아래에 받치어 이루는 것)은 「복지음(複支音)」이라 하였다.

그런가 하면, 「중모음(重母音)」 조에서는 또 다음과 같이 「음(音)」과 「글자」를 혼동하였다. 곧 중모음을 「단중모음(單重母音)」과 「복중모음(複重母音)」으로 나누어 「ㅘ, ㅟ」와 같이 두 개의 모음(母音)이 연합하야 이루는 것이 단중모음이고, 「ㅙ, ㅞ」와 같이 세 개의 모음이 연합하야 이루는 것이 복중모음이라고 하였다. 물론 15세기 「훈민정음」식으로 보면 글자의 생성면(生成面)에서, 「ㅘ, ㅟ」는 두 개의 모음 글자로, 「ㅙ, ㅞ」는 세 개의 모음 글자로 결합되어 있다. 그러나, 그 글자들이 늦어도 19세기나 20세기 초기 실제의 발음에서는 「wa(ㅘ), wə(ㅟ), wä(ㅙ), we(ㅞ)」와 같이 모두 이중모음(二重母音)에 불과하다. 그러므로, 이 겹홀소리[重母音]를 두 종으로 나누어 「단중모음」, 「복중모음」 하는 것은 글자와 실제 음과를 혼동한 것이라 할 수 있다.

---

40) 유기음(有氣音) 또는 대기음(帶氣音)이라고도 한다.

(3-4) 어음의 몽수(蒙受) 및 축약(縮約)

유길준님은 ≪대한문전≫ 제 1편 총론 제4장 「어음(語音)의 몽수 급 축약(蒙受及縮約)」에서,

> 言語는 個個히 分離ᄒᆞ야 使用ᄒᆞ는 者가 아니오 每常 多數가 綴合ᄒᆞ야 一個 完全ᄒᆞᆫ 思想을 表示ᄒᆞ나니 是에 由ᄒᆞ야 多數의 單語가 相合ᄒᆞ는 時에 語音에 蒙受 及 縮約이 起ᄒᆞ나니라.41)

라고 하였으니, 이는 낱말이 상합(相合) 연접할 때에 「몽수(蒙受)」와 「축약(縮約)」의 두 현상이 일어난다고 본 것이다. 그리고 그는 「몽수(蒙受)」란 「상음하몽법(上音下蒙法)」을 말한다고 하였다. 이 상음하몽법은 윗말의 끝소리[支音] 곧 받침이 다음의 모음으로 시작되는 말과의 연접(連接)에서 이어나는 연음(連音) 현상을 말하는 것인데,42) 그 예를 보이기를 「꽃이 픠엇다」에서 「꽃이 →쏘시」와 같이 되는 따위라고 하였다. 최광옥님의 ≪대한문전≫에서는 이 문제를 「부론(附論)」 말미 「상음하몽법(上音下蒙法)」 조에서 다루었다.

「축약(縮約)」은 「축음법(縮音法)」이라 말하고, 이는 「音調의 關係와 言語의 簡便을 爲ᄒᆞ야 生ᄒᆞ는 者이라」 하고, 그 예를 보이기를, 「물을 건느어」에서 「건느어 → 건너」, 「밥을 먹으어」에서 「먹으어 → 먹어」, 「꽃은 붉으어」에서 「붉으어 → 붉어」, 「말이 가지안는도다」에서 「가지안 → 가잔」과 같이 되는 따위라고 하였다. 최광옥님의 ≪대한문전≫에서는 이 「축약」 문제를 「부론(附論)」의 「축어법(縮語法)」 조에서 다루었다.

---

41) 유길준 : 앞든 책 12~13쪽 참고.
42) 상음하몽법은 「象音이 連接ᄒᆞ는 時에 下居ᄒᆞ는 者가 (아)行의 音이면 上居ᄒᆞ는 者의 支音을 蒙受ᄒᆞ는 者를 謂ᄒᆞ미라」라고 하였다. ― 유길준 : 윗 책 12~13쪽 참고.

(3-5) 품사의 분류

구당의 씨 가름(품사분류)의 원칙을 보면 대체로 「의미 기능주의(意味機能主義)」적 언어관에 서 있으며,[43] 이에 따라 팔 품사(八品詞)로 나누었다. 이제 그 품사 하나하나를 검토해 보기로 한다.

① 명사(名詞) : 「有形 無形흔 一切 事物의 名을 稱ᄒᆞ는 語이라」라고 하였으니, 유님은 의미적으로 정의한 것이다. 그리고 그는 명사를 다시 「특립명사(特立名詞)」・「보통명사(普通名詞)」・「변화명사(變化名詞)」 등 삼종으로 하위 분류하였는데, 「특립명사」는 「一事 一物에 限ᄒᆞ야 其 名을 立ᄒᆞ고 同種類에 通用ᄒᆞ기를 得지 못ᄒᆞ는 者이라」고 정의하고, 보기로 「죠션」, 「을지문덕」을 들었고, 「보통명사」는 「其 名이 同種類에 通用ᄒᆞ기를 得ᄒᆞ는 者이라」고 정의하고, 보기로 「나라」, 「사람」을 들었고, 「변화명사」는 「動詞 或 形容詞로서 變ᄒᆞ야 名詞의 體로 化ᄒᆞ는 語이라」고 정의하고, 그 보기를 동사(動詞)로서 변화하는 것과 형용사(形容詞)로서 변화하는 것을 다음과 같이 들었으니, 이 변화명사만은 기능적 입장에서 본 것이라 하겠다.

동사로서 변하는 것

원동사	(ㅁ)으로 변화된 것	(기)로 변화된 것
깃브어	깃븜	깃브기
슬프어	슬픔	슬프기

형용사로서 변화하는 것

원형용사	(ㅁ)으로 변화된 것	(기)로 변화된 것
프른	프름	프르기
놉흔	놉흠	놉기

---

43) 김석득 : 앞든 책 213쪽 참고.

명사(名詞)의 수량(數量) 조에서, 「명사의 수량」은 「事物의 個數를 指示ᄒᆞᆫ는 語이니」라고 정의하고, 이에는 복수(複數)와 단수(單數)의 구별이 있다 하며, 정의하기를 다음과 같이 하고, 보기를 들기를,

「단수(單數)」는 「事物의 單一을 指ᄒᆞᄂᆞᆫ 者」이니, 「개」, 「병정」 등의 유이고,

「복수(複數)」는 「事物의 二個 以上을 示ᄒᆞᄂᆞᆫ 者」이니, 「개들」, 「군대」 등의 유이다.

라고 하고, 단수명사가 복수되는 때는 원어의 밑에 (들)을 첨부하는 데(곧 개 →개들), 단수와 복수의 원어(原語)가 판이(判異)한 체상(體相)으로 성립한 것도 있으니, 가령 앞의 예에서 「병정」은 단수인데 「군대」라 하면 복수되는 유이니, 이러한 모양의 복수명사는 「집합명사(集合名詞)」라 한다고 하였다. 이 「집합명사(모임이름씨, Collective noun)」는 영어에서 명사를 가른 갈래의 하나인데, 우리나라 말본에서는 그러한 가름을 내세울 필요가 없다고 여겨진다.

명사(名詞)의 위격(位格)은 「一事物이 他語와 關係ᄒᆞᄂᆞᆫ 地位를 指示ᄒᆞᄂᆞᆫ 者이니」 라고 정의하고, 이에는 주격(主格)과 빈격(賓格)의 구별이 있다 하며, 「주격명사(主格名詞)」는 「一事物이 語句中에 主되ᄂᆞᆫ 地位에 處ᄒᆞᆫ 者」이니, 「나븨가 나르어」의 「나븨」가 주격(主格)이요, 「빈격명사(賓格名詞)」는 「一事物이 語句中에 賓되ᄂᆞᆫ 地位에 處ᄒᆞᆫ 者」이니, 「사람이 말을 타어」의 「말」이 빈격(賓格) 이라고 하였다.

② 대명사(代名詞) : 「事物의 名의 代에 用ᄒᆞᄂᆞᆫ 語」라고 하였으니, 이는 의미에 의한 정의를 내린 것이다. 그리고 이를 「인대명사(人代名詞)」·「지시대명사(指示代名詞)」·「문대명사(問代名詞)」·「관계대명사(關

係代名詞)」 등 네 종[四種]으로 구별하였다. 이 가운데 특히 「관계대명사」는 「의미 기능적(意味機能的)」 입장에서 함께 고려하였음이 특이하니, 정의하기를, 「一代名詞가 語句의 前或後에 在ᄒᆞ야 其 上或下의 語句를 聯關ᄒᆞ는 同時에 又 其 意義를 表出ᄒᆞ는 者」라고 하였다. 대명사를 알기 쉽게 도해하면 다음과 같다.

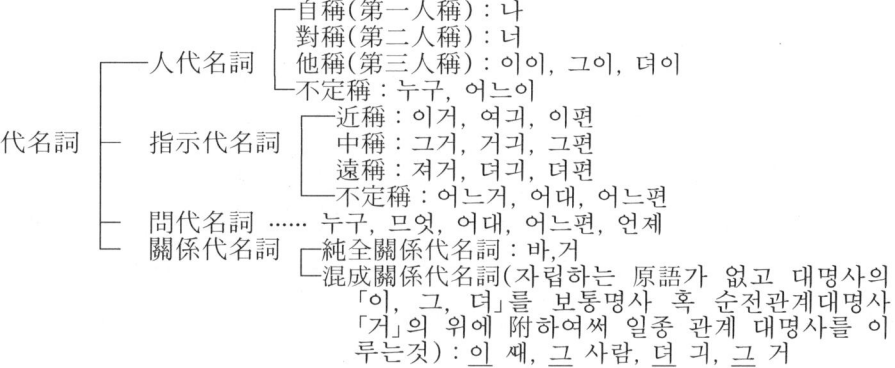

③ 동사(動詞):「名詞 及 代名詞의 作用 或 形態를 發現ᄒᆞ는 語」라 정의하고, 그 하위 분류를, 자동사(自動詞)와 타동사(他動詞)로 나누고, 타동사는 다시 주동사(主動詞)와 피동사(被動詞)로 나누었다. 동사(動詞)의 시기(時期)로 들어가면, 「동사의 시기」를 정의하기를, 「動詞가 其 活用을 因ᄒᆞ야 其 表示ᄒᆞ는 時期를 發現ᄒᆞ는 語」라 하고, 육절시기(六節時期)로 나눴으니, 현재동사(現在動詞)・미래동사(未來動詞)・과거동사(過去動詞)・과거(過去)의 현재동사(現在動詞)・과거(過去)의 미래동사(未來動詞)・과거(過去)의 과거동사(過去動詞) 등이 그것이다. 이는 완전히 의미에 의한 것이다.

④ 조동사(助動詞):「動詞의 活用을 助ᄒᆞ야 其 意義를 完成ᄒᆞ는 語이

320 IV. 근대 국어학

라 獨立으로 用홈을 不得ㅎ나니」라고 하고, 「말이 달니아」, 「말이 달니어」, 「말이 달니오」, 「닭이 우르오」, 「내가 가겟소」 등에서 「아, 어, 오, 겟, 소」를 「조동사」로 보았음은, 「조동사」를 기능적 입장에서 식별한 것이라 하겠다. 그리고 조동사는 그 용법에 따라 기절(期節)·계단(階段)·의사(意思) 등으로 나누어지는데, 이것은 완전히 의미에 입각한 것이다.

⑤ 형용사(形容詞):「名詞의 形狀 及 性質을 發表ㅎ는 語」라 정의하였으니, 이는 의미에 바탕을 두고 낱말로 독립시킨 것이라 하겠다. 그런데, 형용사를 하위 분류하는 데는 분포(위치, 환경)와 형태(形態) 구조(構造)에 기반을 두었다. 분포(分布)에 따라서는 전치형용사(前置形容詞)와 후치형용사(後置形容詞)로 구별하여, 「놉흔 뫼」의 「놉흔」은 전치형용사의 보기이고,「뫼가 놉흐어」의 「놉흐어」는 후치형용사의 보기이라 하였다. 형태 구조적인 특징 관계로 보아서는 원존형용사(原存形容詞)와 전성형용사(轉成形容詞)로 구별하여, 「놉흔 뫼」의 「놉흔」, 「깁흔 물」의 「깁흔」, 「프른 물」의 「프른」, 「너그러운 사람」의 「너그러운」은 원존형용사의 보기이고, 「사람의 머리」의 「사람의」「산의 꼿」의 「산의」, 「나문 닙」의 「나문」, 「쇠(소의) 굽」의 「쇠(소의)」, 「往ㅎ는」, 「來혼」, 「行홀」, 「靑혼」, 「紅홀」, 「白ㅎ든」 등은 전성형용사의 보기이라 하였다.

⑥ 접속사(接續詞):「言語의 中間에 挿入ㅎ야 前後承接ㅎ며 上下連續ㅎ야 其 意를 相通ㅎ는 語」라 정의하고, 「가, 은, 를, 에, 의, 로, 면, 브터, 나, 도」는 다 접속사라 하였다. 이 접속사는 구조 기능으로 보아 품사로 독립시켰다고 할 수 있다.44) 그리고 이 접속사의 하위 분류는, 그 접속사가 합포(合包:머금)하고 있는 의미나 말본의 기능에 입각하여 분

---

44) 이 ≪대한문전≫에 나타난 「접속사」는 최광옥님의 ≪대한문전≫의 「접속사」와 「후사(後詞)」에 해당한다.

류하였다. 곧 명사의 자격(資格)을 정하는 주격(主格)(「내가 간다」의 「가」,「사람이 온다」의 「이」,「나는 간다」의 「는」,「사람은 온다」의 「은」) 과 빈격(賓格)(「나를 브른다」의 「를」,「사람을 브른다」의 「을」) 에 해 당하는 정체접속사(定體接續詞)는 말본의 기능에 의한 분류이요, 명사의 체세(體勢)를 정하는 지세(止勢)의 뜻(「산에 구경 가다」의 「에」,「강으루 고기잡이가다」의 「으루」)과 동세(動勢)의 뜻(「소로 밧갈다」의 「로」)을 나 타내는 정체접속사는 의미적 입장에 의한 분류이다. 그리고 언어의 중 간에 있으면서 명사 혹은 어귀(語句)를 연결하는 것은 연체접속사(連體 接續詞)(「나의 책」의 「의」,「나와 너」의 「와」,「뫼놉흔 쏘 물고혼 이곳」 의 「쏘」), 위 아랫말 혹은 구(句)를 순접(順接)하는 것은 순체접속사(順體 接續詞)(「비가 오면 꼿이 퓔이라」의 「면」,「비가 온고로 꼿이 퓌엇다」 의 「고로」), 위 아랫 말 혹은 구(句)를 접속하되, 그 뜻을 상반(相反)케 하는 것은 반체접속사(反體接續詞)(「두견 접동이 낫이나 운다」의 「나」, 「찰알히 닭의 입이 될지언정 소의 뒤는 되지말어라」의 「언정」)라 하였 음은 다 의미에 기본을 두고 가른 것이다. 대개, 유님의 정체접속사 및 연체접속사는 오늘날 자리 토씨[格助詞]에 해당하고, 순체접속사 및 반 체접속사는 이음법 접미사에 해당한다.

⑦ 첨부사(添附詞):「動詞, 形容詞, 又 他添附詞에 添附ᄒᆞ야 其 意義를 限定ᄒᆞ는 者」라 정의하고,「쌀히 가오」의 「쌀히」,「매오 더우어」의 「매 오」,「매오 쌀히 가오」의 「매오」와 「쌀히」가 첨부사라 하였다. 이 첨부 사는 구조적 기능, 곧 말본의 기능을 고려한 낱말의 정립이다.

⑧ 감동사(感動詞):「人의 觸發ᄒᆞ는 感動을 表示ᄒᆞ는 語」라 정의하고, 「어, 하, 음, 앗차, 잇기」가 감동사라 하였다. 이 감동사는 어휘적 의미 에 입각한 정의라 할 수 있다.

이상 품사에 대한 뜻매김을 볼 때 구당의 씨 가름(품사분류)의 대원칙에 보이는 언어관은, 앞에서 말한 바와 같이 대체로 의미 기능주의라고 하겠다.

(3-6) 분석주의 언어관

유길준님의 말본 체계는 대체로 분석적 체계라고 볼 수 있다. 그의 ≪대한문전≫을 보면 줄기(어간)와 뒷가지(접미사, 형태소)를 각립된 낱말로 보아 수립하였다. 곧, 줄기(어간)는 동사 또는 형용사로 독립시키고, 그 뒷가지(접미사)는 조동사라는 낱말로 독립시켰다. 이제, ≪대한문전≫에서 그 예를 찾아 보이면 다음과 같다.

    굿셰 다.   마신 다.   가 오.
  (형용사) (조동사) (타동사) (조동사) (현재동사) (조동사)
    갈 야 오.   갓 섯 소.   프르 아.
  (미래동사)(조동사)(조동사) (과거동사)(조동사)(조동사) (형용사) (조동사)
    프르 어.   프르 오.
  (형용사) (조동사) (형용사) (조동사)

또 ≪대한문전≫에서는, 토(유님은 「접속사」라고 함)는 생각씨[觀念詞]에 붙어서 그것들 사이의 걸림[關係]을 보이며, 또는 그 뜻을 더하는 것이 아니라, 언어(言語)의 중간에 삽입하여, 그 앞 뒤를 이어주며, 위 아래를 연속하여 그 뜻을 서로 통하게 하는 말이라45) 하여 이를 독립시켰는 바, 그 토씨(접속사)의 예를 보이면 다음과 같다.

    가, 은, 를, 에, 의, 로, 면, 브터, 으루, 와, … 46)

---

45) 유길준 : 앞든 책 78쪽 참고.
46) 유길준 : 윗 책 79~82쪽 참고.

3. 말본갈의 등장   323

　위에서 보임과 같이 ≪대한문전≫에서 뒷가지(접미사)와 토를 낱말로 인식하고 하나의 씨(품사)로 설정하였다는 사실은, 유님의 말본(문전) 체계가 분석적 판단에 의한 분석적 체계임을 밝힌 것이라 하겠다.
　여기에서 말하는 분석적이란 「문장의 의미론적 해석」에서 보아 말하는 것이 아니고, 「문장의 분석 과정」의 관점에서 보아 말하는 것이다.
　그러나, 유님이 씨(품사)의 하나로 설정한 동사와 형용사에 대한 설명을 종합적으로 비교하여 보면, 그러한 분석 체계로 판단할 수만은 없는 결과에 이른다. 곧 유님은 씨(품사) 설정에서 한 요소를 분석하여 그것을 독립시키려는 분석적인 위치에 서 있는 것 같으나, 그 분석의 한계가 모호하거나 혼란하고 또 종합적으로 보는 등, 몇몇을 빼놓고 확실하게 분석적 체계라고 단언하기 어려운 점이 있다.[47]

　이제 ≪대한문전≫ 제 2편 언어론 동사・조동사・형용사・접속사 조에서 그 자료를 제시하여 보기로 한다.

　　1) 물이 흘느어　　　　동사
　　2) 네가 굿셰다　　　　조동사(동사)
　　3) 새가 나르오　　　　자동사
　　4) 산이 놉프다　　　　자동사
　　5) 말이 물을 마신다　　타동사
　　6) 꼿이 퓌어　　　　　자동사
　　7) 사람이 소음을 퓌어　타동사
　　8) 가오　　　　　　　　현재동사(가 : 원어, 오 : 조동사)
　　9) 갈야오　　　　　　　미래동사(야 : 조동사, 오 : 조동사)
　　10) 갓섯소　　　　　　과거동사(섯 : 조동사, 소 : 조동사)
　　11) 가드니　　　　　　과거의 현재동사(드 : 조동사, 니 : 조동사)

---

47) 김석득 : 앞든 책 216쪽 참고.

324 IV. 근대 국어학

12) <u>가는</u>　　　　　　　현재절분사(형용, 는 : 조동사)
13) <u>갈</u>　　　　　　　　미래절분사(형용)
14) 말이 달니<u>아</u>　　　　조동사(달니 : 동사)
15) 말이 달니<u>어</u>　　　　조동사(달니 : 동사)
16) 말이 달니<u>오</u>　　　　조동사(달니 : 동사)
17) 내가 가<u>아</u>　　　　　조동사 현재(가 : 동사)
18) 내가 가<u>겟소</u>　　　　조동사 미래(가 : 동사, 소 : 조동사)
19) 연못을 파<u>더</u>라　　　조동사 과거(파 : 동사)
20) 가<u>거</u>라　　　　　　조동사 합속단(合續段)(라 : 조동사)
21) 가<u>더</u>니　　　　　　조동사 합속단(니 : 조동사)
22) 가<u>서</u>　　　　　　　조동사 연쇄단(連鎖段) (가 : 동사)
23) ㅎ<u>야</u>　　　　　　　조동사 연쇄단 (ㅎ : 동사)
24) 가<u>고</u>　　　　　　　조동사 중지단(中止段)(가 : 동사)
25) 가<u>니</u>　　　　　　　조동사 중지단(가 : 동사)
26) 가<u>오</u>　　　　　　　조동사 종결단(終結段) (가 : 동사)
27) 가<u>다</u>　　　　　　　조동사 종결단(가 : 동사)
28) 가고<u>저</u> ㅎ오　　　　조동사 욕정(欲情)(가 : 동사, ㅎ : 동사)
29) 내가 가<u>어야</u> ㅎ겟소　조동사 필요(必要)(가 : 동사)
30) 네가 가<u>서</u> 보아라　　조동사 결정(決定)(가 : 동사)
31) 내가 가<u>겟</u>다　　　　조동사 결정
32) 내가 가<u>마</u>　　　　　조동사 결정
33) 져리 가<u>오</u>　　　　　조동사 명령(命令)
34) 그리 말<u>게</u>　　　　　조동사 명령
35) 갈<u>는지</u>　　　　　　조동사 의상미래(擬想未來)
36) 그이가 갓<u>는가</u>　　　조동사 의문(疑問)
37) 손님이 오<u>시</u>오　　　조동사 존경(尊敬)
38) 지금 가<u>압나이다</u>　　조동사 겸공(謙恭)
39) <u>높흔</u>　　　　　　　형용사

40) <u>프른</u>　　　　　　　형용사 현재
41) <u>프를</u>　　　　　　　형용사 미래
42) <u>프르럿는</u>　　　　　형용사 과거
43) <u>사람의</u> 머리　　　　전성형용사(轉成形容詞)
44) <u>나의</u> 책　　　　　　연체접속사(連體接續詞)
45) 나<u>와</u> 너　　　　　　연체접속사

위의 보인 자료를 검토해 보면, 유길준님의 말본 체계가 종합적 체계인 것 같으면서도 분석적 체계가 들어 있고, 그런가 하면 이 둘이 혼동되어 있음을 발견하게 된다.

(3-7) 문장의 본원(本原)과 기본문

유길준님은 ≪대한문전≫ 제 1편 총론(總論) 제1장 「문전(文典)」의 의의(意義) 조에서, 「聲音으로 發ᄒᆞ는 者」를 「어(語)」, 「文字로 表ᄒᆞ는 者」를 「문(文)」이라 정의하고, 성음(聲音)과 부호(符號)의 형식상 차별에 기인하여 언어론(言語論)과 문장론(文章論)의 명칭이 생하므로 본서에 언어와 문장을 별론(別論)한다고 하였다.

이 책 제 3편 문장론 「문장의 의의(意義)」 조에서 「문장(文章)」이란 「사람의 성음(聲音)을 한 단체(一團體)의 문자로 기록하여 그 일정한 사상을 발현(發現)하는 것」이라 정의하고, 「문장의 본원(本原)」 조에서 「문장의 본원(本原)」이란 「문장의 조직상 필요한 언어의 부분(部分)을 이름」이라 하였다. 그리고 본원(本原)[48]의 종류로 주어(主語)·설명어(說明語)·객어(客語)·보족어(補足語)·수식어(修飾語) 등 5종을 들었다.

이와 같은 「문장의 본원」은 다시 여러 가지로 분류되며, 그것들은 서

---

48) 이 본원(本原)이란 말을 쉽게 말하면, 문장을 구성하는 재료란 말이다.

로 상관 관계를 가지고 결합하여 하나의 문장을 형성하는 것으로 설명되었다. 이제 이를 종류별로 살펴보기로 한다.

① 주어(主語) : 「思想을 發現케 ㅎ는 主格의 體言이니 一切 名詞되는 者는 主語됨을 得ㅎ고 恒常 文章中 初位에 居ㅎ나니」라고 정의하고, 그 성립의 형식에 의하여 단주어(單主語)·복주어(複主語)·총주어(總主語)·수식 주어(修飾主語)의 네 종[四種]으로 나누었으며, 또 그 성질에 의하여 문법상 주어(文法上主語)·논리상 주어(論理上主語)의 두 종[二種]으로 나누었다. 이를 알기 쉽게 정리하여 틀로 보이면 다음과 같다.

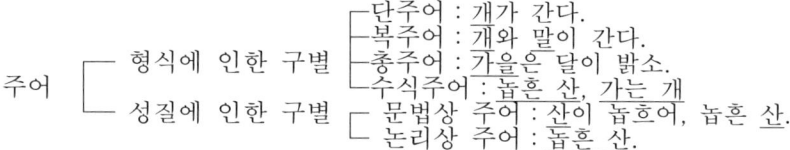

② 설명어(說明語) : 「主語의 狀態 若作用을 表現ㅎ는 語이라 恒常 主語의 下에 位ㅎ나니 動詞 或 形容詞로 成立ㅎ는 者이라」고 하고, 그 성립의 형식에 인하여 단설명어(單說明語)·복설명어(複說明語)·수식설명어(修飾說明語)의 세 종[三種]으로 나누었으며, 그 성질에 따라 문법상 설명어(文法上說明語)·논리상 설명어(論理上說明語)의 두 종[二種]으로 나누었다. 이를 정리하여 틀로 보이면 다음과 같다.

설명어 ┬ 형식에 인한 구별 ┬ 단설명어 : 꼿이 퓌도다.
      │   ├ 복설명어 : 물이 맑고, 깁흐다. 말이 물고, 찬다.
      │   └ 수식설명어 : 날이 심히 차다.
      └ 성질에 인한 구별 ┬ 문법상 설명어 : 새가 나는도다. 꼿이 곱게 퓌엇고나.
                        └ 논리상 설명어 : 말이 쌜히 가는도다.

③ 객어(客語) : 「主語에 對ㅎ는 說明語의 目的名詞이라 恒常 主語와 說明語의 間에 位ㅎ나니라」고 하고, 그 성립의 형식에 인하여 단객어(單

客語)·복객어(複客語)·수식객어(修飾客語)의 세 종[三種]으로 나누었으며, 그 성질에 따라 문법상 객어(文法上客語)·논리상 객어(論理上客語)의 두 종[二種]으로 나누었다. 이를 정리하여 틀로 보이면 다음과 같다.

```
       ┌형식에 인한 구별 ┌단객어 : 사람이 말을 탄다.
       │                 ├복객어 : 사람이 말과 소를 몰고 간다.
객어 ──┤                 └수식객어 : 사람이 흰 말을 탓다.
       └성질에 인한 구별 ┌문법상객어 : 나븨가 됴흔 꽃을 차저 단인다.
                         └논리상객어 : 나븨가 됴흔 꽃을 차저 단인다.
```

④ 보족어(補足語) : 「一名詞가 主語 客語의 位에 不在흔 者를 謂ᄒᆞ미라」고 하고, 다음과 같이 보기를 보이었다.

　　구름이 <u>산에</u> 덥히었다.
　　구름이 <u>연긔와</u> 갓흐다.
　　물은 <u>나진데루</u> 흐른다.
　　아해가 <u>붓으로</u> 글씨를 쓴다.
　　리순신은 <u>통제사가</u> 되얏다.

⑤ 수식어(修飾語) : 「主語, 說明語, 客語, 補足語 及 他修飾語 等을 限定ᄒᆞ는 語이라」고 하고, 다음과 같이 보기를 보이었다.

　　<u>검은</u> 구름이 <u>머은</u> 하날로서 <u>큰</u> 비를 <u>매오</u> <u>급히</u> 모러온다.

이 예문을 분석하여 틀로 보이면 다음과 같다.

```
        ┌주어를     수식 : 검은 구름이
        ├보족어를   수식 : 머은 하날로서
수식어 ──┼객어를     수식 : 큰 비를
        ├설명어를   수식 : 급히 모러온다.
        └수식어를   수식 : 매오 급히
```

그리고, 유님은 「본원(本原)의 부분(部分)」 조에서, 「수식어는 주어·객어·보족어·설명어의 의미를 한정하니, 이들 제어가 수식어와 결합한 것」을 「본원(本原)의 부분(部分)」이라 정의하고, 「본원(本原)의 부분(部分)」을 주부(主部)·객부(客部)·보족부(補足部)·설명부(說明部)의 네 종[四種]으로 나누어 말하였으니, 「주부」는 「주어가 수식어와 결합한 것」이고, 「객부」는 「객어가 수식어와 결합한 것」이고, 「보족부」는 「보족어가 수식어와 결합한 것」이며, 「설명부」는 「설명어가 수식어와 결합한 것」이다. 이들 네 부[四部]의 보기를 틀로 보이면,

① 흰   말이   쌜히   닷는다.
  (수식어) (주어) (수식어) (설명어)
    주부   설명부

② 효도로은 아달이 늙은 아비를 잘   기른다.
  (수식어) (주어) (수식어) (객어) (수식어) (설명어)
    주부   객부   설명부

③ 충성스러운 신하는 뎌의 목심을 뎌의 나라에 깃버히 바치나니라.
  (수식어) (주어) (수식어)(객어)(수식어)(보족어)(수식어) (설명어)
     주부   객부   보족부   설명부

와 같다. 그리고, 이 네 부[四部] 중에 객부·보족부·설명부를 주부(主部)에 대하여 서술부(敍述部)라 하고, 다음과 같이 예시하였다.

사랑ᄒᆞ는 어룬이 어린 아해에게 됴흔 책을 만히 준다.
  (주부)   (보족부)   (객부)   (설명부)
   주부   서 술 부

또 유님은 「본원(本原)의 배열(排列)」 조에서, 「文章의 成立에 諸本原은 各其 一定ᄒᆞᆫ 位置가 有ᄒᆞ니 其 正則을 擧示ᄒᆞ노라」 하였는 바, 이를 요약 정리하여 보면,

① 주어 + 설명어 = 새가 운다.

② 주어 + 객어 + 설명어 = 지위가 집을 짓는다.
③ 주어 + 객어 + 보족어 + 설명어 = 지위가 집을 언덕에 짓는다.
④ 주어 + 보족어 + 객어 + 설명어 = 지위가 언덕에 집을 짓는다.
⑤ 주어 + 보족어 + 설명어 = 나뷔가 꼿에 안젓다.
⑥ (수식어) + 주어 + (수식어) + 보족어 + (수식어) + 객어 + (수식어) + 설명어 = 누른 쐬쏘리가 프른 버들에서 봄 바람을 아릿다히 희롱ᄒᆞ는도다.
⑦ (수식어)+ 주어 +(수식어) + (수식어) + 객어 + 설명어 = 누른 쐬쏘리는 아릿다히 봄 바람을 희롱ᄒᆞᆫ다.
⑧ (수식어) + 주어 + (수식어) + (수식어) + 보족어 + 설명어 = 누른 쐬쏘리는 아릿다히 프른 버들에서 운다.

와 같다. 이와 같이 각 본원(本原)이 일정한 위치가 있으나, 때[時] 혹 그 위치가 전도(顚倒)되는 경우가 있으니, 이는 문전상(文典上) 「도치문(倒置文)」(읽는다, 아해들이, 글을)이라 하였다.

유길준님은 기본문을 위와 같이 8가지의 보기를 들어 말하였으나, 실질적인 기본문은 다음과 같이 4가지로 정리할 수 있겠다.

① 주어 + 설명어
② 주어 + 객어 + 설명어
③ 주어 + 보족어 + 설명어
④ 주어 + 객어 + 보족어 + 설명어

「본원(本原)의 생략(省略)」 조에서 유님은 「文章의 本原은 前後의 關係와 又 從來의 慣例에 因ᄒᆞ야 本原의 一部를 省略ᄒᆞ는 境遇가 有ᄒᆞ니라」고 하고, 본원의 생략은 오직 주어 · 객어 · 보족어에 한한다고 하였으니, 이를 정리해 틀로 보이면 다음과 같다.

생략 ┬주어 생략 : (네가) 그 사람을 보앗나냐.
     ├객어 생략 : 내가 (그 사람을) 보앗소.
     └보족어 생략 : 학교장이 졸업증서를 (졸업생에게) 준다.

「문장(文章)의 부분(部分)」 조에서 「문장의 부분」은 「文章의 成立上 各本原의 連綴흔 段落을 謂흐미라」고 하고, 이에 「구(句)」와 「절(節)」의 두 가지가 있다 하였다.

「구(句)」 조에서, 「구(句)」는 「二個 以上의 本原이 連綴集合ᄒ야 複雜흔 一個思想을(를) 表出ᄒ나 完全흔 節을 成치 못ᄒ는 者를 謂ᄒ미니 卽 主語와 說明語의 一을 缺흔 者이니라」고 하고, 다음과 같이 3종류가 있다 하였다.

① 명사구(名詞句) : 「句가 文章中에 在ᄒ야 名詞의 資格을 有흔 者」(<u>나라의 근본</u>은 백성이라. <u>밝은 달밤</u>에 <u>기럭이의 소래</u>)
② 형용사구(形容詞句) : 「句가 文章中에 在ᄒ야 形容詞의 資格을 有흔 者」(<u>달밝은</u> 밤).
③ 첨부사구(添附詞句) : 「句가 文章中에 在ᄒ야 添附詞의 資格을 有흔 者」(<u>거울처름</u> 물이 맑다. <u>달밝은 밤에</u> 기럭이가 울고 간다)

「절(節)」 조에서, 「절(節)」은 「文章갓히 其 本原을 具ᄒ야시나 複雜흔 文章의 部分을 成ᄒ는 者를 謂ᄒ미니라」고 하고, 다음과 같이 4종류가 있다 하였다.

① 명사절(名詞節) : 「文章의 中에 在ᄒ야 其 資格이 名詞와 同흔 者」(<u>달의 밝음</u>은 해의 빗이라)
② 형용사절(形容詞節) : 「文章中에 在ᄒ야 其 資格이 形容詞와 同흔 者」(봄빗이 <u>나븨의 춤추는 그림자를 싹ᄒ야</u> 니르럿다)

③ 첨부사절(添附詞節):「文章의 中에 在ᄒᆞ야 其 資格이 添附詞와 同ᄒᆞᆫ 者」(겨을 솔나무의 프르득히 우리도 졀개를 가다듬자)
④ 독립절(獨立節):「文章의 中에 在ᄒᆞ야 他節과 對等의 資格을 有ᄒᆞᆫ 者」(산은 높고, 물은 곱다)

문장의 종류를 단문(單文)·복문(複文)·중문(重文)의 세 종[三種]으로 가르었으니,「단문」은「文章의 組織上 節을 含치 아니ᄒᆞᆫ 文章」이라 하고,「복문」은「文章의 組織上 附屬節을 含ᄒᆞᆫ 者」라 하였으며,「중문」은「文章의 組織上 獨立節을 含ᄒᆞᆫ 者」라고 하였다. 그리고「중문」은「연구문(聯搆文)」이나「쌍관문(雙關文)」이라 칭하기도 한다 하였다.

또 유님은「문장의 호응(呼應)」조에서,「문장의 호응」이란「文章의 成立上 其 意義가 相通ᄒᆞ도록 語句를 用홈을 謂ᄒᆞ미니라」고 하고,「문장의 호응」은 그 의의(意義)의 연결상(聯結上) 순체호응(順體呼應) (보기: 네가 <u>가면</u> 나도 <u>가마</u>, 비가 <u>온즉</u> 풀이 <u>난다</u>) 과 반체호응(反體呼應) (보기: 네가 <u>가나</u> 나는 <u>가지 아니리라</u>, 비는 <u>와도</u> 풀은 <u>나지 안는도다</u>) 으로 나누었다.

결론적으로, 이 ≪대한문전≫에서는, 낱말(씨) 경계의 설정에서, 일원적인 관점에 서지 아니하고 다원적인 관점에 섬으로써 그 분석 과정에서 잘못을 범한 것 등 몇 가지 점을 지적할 수 있으나, 이 문법서 역시 최광옥님의 ≪대한문전≫과 같이 민족 사상에 입각한 규범 말본의 발전 체제임을 보인다. 한편, 말본갈의 간접적 지원과학으로「논리학」이 개입되기 시작했다고 하겠다.

4. 말본 연구의 발전

갑오경장 이후의 국어학(말본)은 리봉운님의 ≪국문정리≫(1897)가 있어 우리말의 말본 연구가 처음 시작되었다 하겠으나, 인문과학이라는 위치에 놓고 볼 때 그것은 그리 크게 볼만한 것은 없고, 최광옥님의 ≪대한문전≫(1908)과 유길준님의 ≪대한문전≫(1909)에서, 어느 정도 인문과학으로서의 체계와 근대 한국 말본학의 과학적 의미를 발견할 수 있다고 하겠다. 그러나, 이 두 문전은 외국 말본의 번역적인 인상을 풍길 뿐만 아니라, 낱말 한계의 모호성과 형태소 분석 등에 잘못을 범하고 있다. 그런데, 국어학이 우리 인문과학으로서 면모를 갖추게 된 것은 국문연구소의 중심인물인 주시경(周時經)님의 국어학에서부터라고 말할 수 있다.[49]

(1) 주시경의 ≪국어문법≫과 말본 체계 확립

(1-1) 주시경의 생애와 언어관

한힌샘 주시경(周時經)님은 고종 13년(1876)에 황해도 봉산(鳳山)에서 나시어 1914년에 39세를 일기로 세상을 떠난, 국어 연구에 새 기원을 이룬 학자요, 정열에 넘친 교육자요, 겨레의 장래를 위하여 노력한 애국지사이다.

---

49) 김희상(金熙祥)에 의해 융희 3년(1909)에 ≪초등국어어전(初等國語語典)≫이 나왔으나, 이는 「영어말본」을 저본으로 하여 만든 사립학교 국어과 초등교육 학생용이라(그 뒤 ≪朝鮮語典≫이 1911년에, ≪울이글틀≫이 1927년에 나왔다), 이는 우리 말본갈의 시대적 금을 글만한 것은 아니라고 본다. — 이 김희상의 ≪초등국어어전≫과 ≪울이글틀≫에 대하여는 김윤경 ≪한국문자급어학사≫ 488~506쪽 참고.

4. 말본 연구의 발전

주시경님의 초명(初名)은 상호(相鎬)인데, 어릴 때에는 서당에서 한문 공부를 하였다. 그러나 한힌샘은 한문을 배우는 것이 얼마나 노력의 낭비인가를 깨닫기 시작하였다.

우리나라에는 우리말이 있고, 우리글이 있는데도, 우리나라 사람들은 남의 말인 한문과 남의 글자인 한자를 배워야만 행세를 할 수 있고, 학문을 할 수 있는 것으로 착각하고 있으니, 이것은 큰 잘못임을 주님은 깨달았다. 그리하여 그의 나이 18세 때의 일기에는 다음과 같은 기록이 보인다.

> 각 문명 부강국이 다 자국의 문(文)을 용(用)하며 막대한 편의를 취한다 함을 듣고, 아국 언문(言文)을 연구하여 국어 문법 짓기를 시(始)하다.

이 때 벌써 주님은 국어 문법의 저술에 착수(고종 30년인 만 16세 때 7월부터)했던 것이다.

그 뒤 그는 배재학당(고종 31년 갑오년에 입학)에서 서재필님의 민주주의적 사상의 감화를 받았고, 독립협회에 가담하여,「독립신문」을 내는 데 중요한 일을 맡아, 그 당시의 애국 운동과 말과 글의 수호 발전에 심혈을 기울이게 되었다. 그리하여 주시경은 ≪대한국어문법≫(1906, 유인), ≪소리갈≫(1906, 유인), ≪국어문전음학(國語文典音學)≫(1908), ≪국어문법(國語文法)≫(1910), ≪조선어문법(朝鮮語文法)≫(1911), ≪말의 소리≫(1914, 석판) 등의 저술을 내고, 갖은 고초를 겪어 가면서 20여 곳에 출강하여 제자들을 길러 내어, 국어학의 기초를 닦음과 동시에, 국어학자의 정신적 자세를 확립하는 데 이론적 근거를 제시하였다. 주님은 ≪국어문전음학≫「자국언문(自國言文)」에서 말하기를,

> 各人種의 言語도…各自不同ᄒ니 此는 天이 其域에 其種을 命ᄒ고

其種에 其言을 命ᄒ여 一境의 地에 一種의 人을 産ᄒ고 一種의 人에 一種의 言을 發케홈이라. 是以로 天이 命ᄒᆫ 性을 從ᄒ여 其域에 其種이 居ᄒ기 宜ᄒ며 其種이 其言을 言ᄒ기 適ᄒ여 天然의 社會로 國家를 成ᄒ여 獨立이 各定ᄒ니 其域은 獨立의 基요 其種은 獨立의 體요, 其言은 獨立의 性이라50)

각 인종의 언어도…각자가 같지 아니하니, 이것은 하늘이 그 구역에 그 인종이 살기를 명하고, 그 인종에 그 말을 명하여, 한 구역의 땅에 한 인종을 낳고, 한 인종의 사람에 한 가지 말을 내게 함이라, 그러므로 하늘이 명한 성을 따라 그 구역에 그 인종이 살기 편하며 그 인종이 그 말을 내기 알맞아, 천연의 사회로 국가를 만들어 독립이 각각 정해지니, 그 구역은 독립의 터전이요, 그 인종은 독립의 몸이요, 그 말은 독립의 성(性)이다.

라고 하여 말이 독립의 「성(性)」임을 강조하고, 또 이어 말하기를,

자기 나라를 보존하며 자기 나라를 일어나게 하는 길은 나라의 바탕[國性]을 장려함에 있고, 나라의 바탕을 장려하는 길은 자기 나라의 말과 글[國語와 國文]을 존중하여 쓰는 것이 가장 중요하므로, 자기 나라의 말과 글이 어떤 나라의 말과 글만 같지 못하더라도 자기 나라의 말과 글을 갈고 닦아 기어이 만국과 같아지기를 도모해야 할 것이어늘, 우리는 단군 이래로 덕정을 베풀던 그 훌륭한 말과 글자를 연구한 일이 없다<국어문전음학에서 쉽게 풀어 고침>51)

라고 하였으니, 주님의 말은 자기 나라의 말과 글을 존중하여 써야만 나라의 바탕[國性]이 굳건해지며, 나라의 바탕이 장려되어야만 나라를

---

50) 주시경 : ≪국어문전음학(國語文典音學)≫(박문서관, 1908. 11. 6) 1~2쪽 참고.
51) 주시경 : 윗 책 3쪽 참고.

보존하고 일어나게 할 수 있다는 것이니, 여기에서 우리는 주시경님의 국어 연구의 기본적인 자세를 명백하게 알 수 있다.

한 민족의 말은 그 겨레의 창조적 정신 활동의 가장 중요한 소산(所産)인 동시에, 겨레의 정신이 거기에 깃들이는 둥우리이다. 그리고 글은 그 말을 감싸 주는 옷이다. 그러므로 겨레의 말과 글을 존중하여 쓰지 않는다면 민족 정신이 바로잡힐 리 없으며, 민족 정신이 바로잡히지 않은 나라의 바탕은 허물어지는 수밖에 없는 것이다.

그리하여 한힘샘은 국가와 민족의 장래를 위해서 말과 글을 연구하고, 지키고, 발전시켜 나가는 데에 한평생을 바쳤던 것이다.

(1-2) ≪국어문법≫과 분석적 체계 확립

한힌샘의 연구 체계는 ≪대한국어문법≫(1906), ≪국어문전음학≫(1908), ≪국어문법≫(1910), ≪조선어문법≫(1911, 초판), ≪조선어문법≫(1913, 재판), ≪말의 소리≫(1914) 등에 잘 나타나 있다.

주님의 국어학은 음운론·형태론·통어론(통사론)으로 나누어 볼 수 있다. 그러나, 주님의 국어학의 시초는 음운론이다.

「음운론」은 말의 소리에 관계되는 것으로, 그 최초의 것은, ≪대한국어문법≫(문답식으로 된)이다. 이러한 소리에 관한 연구는, ≪국어문전음학≫으로 좀 더 체계화되어 나오고 ≪국어문법≫의 앞 대목에서 나타난 소리에 관한 연구 부분에서 더 다듬어졌으며, ≪국어문법≫의 개정판인 ≪조선어문법≫ 초판과 재판을 거쳐 ≪말의 소리≫에서 그 갈말[術語]의 개정 정착과 음운론의 체계를 확립하였다. 그러므로, ≪말의 소리≫는 주님의 음운론이 결정적인 것이다.

한편, 「형태론」과 「통어론」(통사론)에 해당하는 것은 ≪국어문법≫에서 처음 나오면서 그 체계가 확립되었다. 이 ≪국어문법≫의 개정판인 ≪조선어문법≫과 재판인 ≪조선어문법≫이 나왔지만, 갈말이나, 기술면에 약간의 차이가 있을 뿐, 그 근본적인 체계에서는 별 차이가 없다. 따라서, 형태론, 통어론의 체계로 볼 때, ≪국어문법≫은 주님의 대표적인 저서라 할 수 있고, 또 분석적 체계의 확립이라 하겠다.

따라서 여기서는 ≪국어문법≫을 대본으로 하고, ≪조선어문법≫ 등 기타 자료는 보조본으로 하여 주님의 학설의 요령을 대강 소개하겠다.

우리나라에서 「말본」이 「문법」이란 이름으로 처음 불려지는 이 ≪국어문법≫은 음성학적(音聲學的) 부분인 「국문(國文)의 소리」와 문법학의 부분인 「기난갈」 및 「짬듬갈」로 나누어져 설명되어 있는데, 모든 용어는 고유어로 만들어져 있다. 이와 같이 ≪국어문법≫에서는 음성학적인 학설과 문법학적인 학설을 볼 수 있을 뿐만 아니라 민족주의적 언어관이 밝히 부각되어 있음을 알 수 있다.

(1-2-1) 국문의 소리(음성학)

≪국어문법≫의 「국문(國文)의 소리」(朝鮮文의 소리 : 조선어문법)를 보면, 소리를 「무별성(無別聲)」과 「유별성(有別聲)」으로 나누었는데, 「무별성(無別聲)」은 「읏듬소리와 붙음소리의 分別이 無한 聲이니라, (본) 風雷木石等聲」라고 하고, 「유별성(有別聲)은 「읏듬소리와 붙음소리의 分別이 有한 聲이니라. (본) 動物聲」라고[52] 하여, 「읏듬소리」와 「붙음소리」로 나

---

52) 주시경 : ≪국어문법(國語文法)≫(박문서관, 1910. 4. 15) 1쪽, ≪조선어

누었다.

「웃듬소리」는 스스로 나는 음[自發하는 音]으로서「ㅏ ㅑ ㅓ ㅕ ㅗ ㅛ ㅜ ㅠ ㅡ ㅣ ·」이고,「붙음소리」는 웃듬소리에 붙어 나는 음[웃듬소리에 附發하는 音]으로서「ㄱ ㄴ ㄷ ㄹ ㅁ ㅂ ㅅ ㅇ ㅈ ㅊ ㅋ ㅌ ㅍ ㅎ ㆁ ㅿ ㆆ」이다.

「웃듬소리」를 홋과 겹의 둘로 나누어「홋소리」는「ㅏ ㅓ ㅗ ㅜ ㅡ ㅣ」라 하였고,「겹소리」는「ㅑ ㅕ ㅛ ㅠ · ㅐ ㅔ ㅚ ㅟ ㅢ ㅘ ㅝ ㅙ ㆉ ㅞ」라 하였다.

「붙음소리」도 홋과 겹의 둘로 나누어「홋소리」는「ㄱ ㄴ ㄷ ㄹ ㅁ ㅂ ㅅ ㅇ ㅈ ㅎ」라 하고,「겹소리」는「ㅊ ㅋ ㅌ ㅍ ㄲ ㄴㄴ ㄸ ㄹㄹ ㅁㅁ ㅃ ㅆ ㅇㅇ ㅉ ㄹ ㄹㅐ」라 하고, 또 「붙음소리」의「겹소리」를 다음과 같이 셋으로 나누었다.

  섞임소리 : ㅊ ㅋ ㅌ ㅍ ㄴㅎ ㅎㄴ ㄹㅎ ㅎㄹ ㅁㅎ ㅎㅁ ㅅㅎ ㅇㅎㅅ ㅇㅎ ㅎㅎ 등
  짝소리 : ㄲ ㄴㄴ ㄸ ㄹㄹ ㅁㅁ ㅃ ㅆ ㅇㅇ ㅉ 등
  덧소리 : ㄹ ㄹㅐ 등

그런데 주님은 그의 마지막 저술인 ≪말의 소리≫에서「웃듬소리」는「홀소리」로,「붙음소리」는「닷소리」로 고치었다.

이제 그의 지음 ≪대한국어문법≫에서 시작하여 ≪말의 소리≫에 와서 정립되는 소리 분류의 상황을 정리해 보면 다음 틀과 같다.

___

문법(朝鮮語文法)≫(박문서관, 1911. 12. 19) 1쪽 참고.

홀·닿소리 구분	홀 소 리		닿 소 리			
대한국어문법	단음 ㅏㅓㅗㅜㅡㅣ	합음 ㅑㅕㅛㅠ·ㅘ ㅝㅐㅔ	단음 ㄱㅇㄷㄴㅂㅁ ㅈㅅㅎㄹ	합음 ㅋㅌㅍㅊㅎㅿ	쌍음 ㄲㆀㄸㄴㄴㅃ ㄸㅉㅆㆅ	
국어문전음학	단순한 모음 ㅏㅓㅗㅜㅡㅣ	합음 ㅑㅕㅛㅠ·ㅘ ㅔㅢㅓㅟㅘㅝ ㅙㆅㅖ	단음 ㄱㅇㄷㄴㅂㅁ ㅈㅅㅎㅇㄹ	혼합음 ㅋㅌㅍㅊㅿ ㆁㆁ ㆆ ㅿ ㆅ	쌍합음 ㄲㆀㄸㄴㄴㅃ ㄸㅉㅆㆅㆅ	첩합음 ㄹㄺㅄㄵ
국어문법	홋소리 ㅏㅓㅗㅜㅡㅣ	겹소리 ㅑㅕㅛㅠ·ㅐ ㅔㅢㅓㅟㅘㅝ ㅙㆅㅖ	홋소리 ㄱㄴㄷㄹㅁㅂ ㅅㅇㅈㅎ	섞임소리 ㅊㅋㅌㅍ ㄴㆆ ㅎㅎ ㄹㆆ ㄷㄷ ㅎㅂ ㅆㅇ ㅎㅅ ㅇㆆ ㅎㆆ	짝소리 ㄲㄴㄴㄸ ㄹㄹ ㄸ ㅃㅆㆀㆀㅉ	덧소리 ㄹ ㄺ
조선어문법	홋소리 ㅏㅓㅗㅜㅡㅣ	겹소리 ㅑㅕㅛㅠ·ㅐ ㅔㅢㅓㅟㅘㅝ ㅙㆅㅖ	홋소리 ㄱㄴㄷㄹㅁㅂ ㅅㅇㅈㅎ	섞임소리 ㅊㅋㅌㅍ ㄴㆆ ㅎㅎ ㄹㆆ ㄷㄷ ㅎㅂ ㅆㅇ ㅎㅅ ㅇㆆ ㅎㆆ	짝소리 ㄲㄴㄴㄸ ㄹㄹ ㄸ ㅃㅆㆀㆀㅉ	덧소리 ㄹ ㄺ
조선어문법 (재판)		※ ·가 없음		※ ㆁㅎ ㅎ으로 됨	※ ㆀ으로 됨	
말의 소리	홋소리(고나) ㅏㅓㅗㅜㅡㅣ	거듭소리 ㅑㅕㅛㅠ·ㅘ ㅔㅢㅓㅘ ㅝ ㅙ ㅖ	홋소리(고나) ㄱㄴㄷㄹㅁㅂ ㅅㅇㅈㅎ	섞임거듭소리 ㅋㅌㅍㅊㅎ ㅎㄹ ㄹㆆ ㅎㄷ	짝거듭소리 ㄲㄴㄴㄸㄹㄹㄸ ㅃ ㅆ ㆀ ㆀ ㅉ ㅎㅎ	덧거듭소리 ㄹ ㄺ

또 「ㆁ」, 「ㅇ」의 구별을 분명히 하였으니, 「ㆁ」은 종성으로 쓰고, 「ㅇ」는 초성으로만 쓰는데, 있으나 없는 것과 같다고 하였다.

또 ㅿ(穰字初發聲), ㆆ(挹字初發聲), ㅸㅹㆄㅳ(脣輕音), ㅅㅈㅊ(齒頭音), ㅅㅈㅊ(整齒音), ㅿ(朴性源正音通釋), ㄴㄷㅌㄸ(舌頭音)(申景濬訓民正音圖解), ㄴㅌㅼ(舌上音),(申景濬訓民正音圖解), ·· (母音字)(申景濬訓民正音圖解) 들에 대한 고전을 고증하였다. 특히 주님은 ≪국어문전음학≫에서 「ㅿ」자는 경순음(輕脣音) 「ㅸ」의 대표(代表)라 하였다.

「낫내」는 웃듬소리뿐이든지 웃듬소리가 붙음소리(붙임소리)를 붙여 발하든지 홀로 나든지 모이어 나든지 한덩이[一團]로 나는 음(音)을 다 낫내라 이름이다53)하고, 그 예로「우리나라가 밝고 곱다」라 하면, 낫내의 수는 모두 아홉이라 하였다.

「웃듬소리의 때」에 대하여 웃듬소리[母音]는 청탁 별외(淸濁別外)에 고저(高低)·장단(長短)·광협(廣狹)·강약(强弱)의 구별이 있다 하고, 고저는 진수(振數)요, 장단은 시도(時度:時間)요, 광협은 기작(器作)이요, 강약은 진경(振境)이라 하였다.

「웃듬소리의 합성(合性)」에서는「ㅏ, ㅓ, ㅗ, ㅜ, ㅡ」는「ㅣ」와, 「ㅗ」는 「ㅏ」와, 「ㅜ」는「ㅓ」와 겹치기 쉽다고 하였다.

「붙음소리의 합성(合性)」에서는 붙음소리는 섞이어 겹치는 것도 있고, 덧겹치는 것도 있는데, 덧겹침은 그 위차(位次)를 바꾸면 거진다 두 음을 함께 낼 수 없다고 하였다.

「·」의 소리값을 ㅣ와 ㅡ의 겹소리라고 규정하였다.

「붙음소리의 접변(接變)」은 붙음소리가 잇달아 날 때 자연히 일어나는 변화를 말한 것으로, 「ㄱ」이「ㄴ, ㄹ, ㅁ, ㅇ」위에서「ㅇ」으로 변하는 따위를 이름이다.

「웃듬 붙음 연접(連接)의 이성(異性)」은 붙음소리 사이에 웃듬소리가 들어가면 갈리나 붙음소리는 더 들어가도 안 갈리며 웃듬소리 사이도 마찬가지다.

「붙음소리 초종(初終)의 형세(形勢)」는 첫소리로 나는 때와 끝소리로 나는 때의 드러나는 형세가 서로 다름을 이름이다.

「국어 습관(國語習慣)소리」는 버릇으로 잘못 내는 소리로 「ㄹ」이 첫소리가 될 때「ㄴ」으로 내는 따위를 들었다.

---

53) 주시경:≪국어문법≫ 11쪽 참고.

(1-2-2) 기난갈(씨난갈)

기난갈(씨갈, 品詞論)에서 한힌샘은 씨 가름[品詞分類]에 앞서, 그 가름의 원칙이 될 수 있는 낱말의 뜻매김을 하였다.

> 기(씨)는 낫 말을 이르는 것으로 씀이니 여러 가지 몬 (物이라 하는 말이니 東言解에 잇는 것) 이나 일을 따르어 이르는 말을 각각(저마다) 부르는 이름으로 씀이라54)

이 낱말인 기 (≪조선어문법≫에서부터는 「씨」라 함) 의 뜻매김으로 볼 때, 이미 주시경님의 말본의 위치가 분석적 체계에 있음을 암시해 주고 있다. 그 뜻매김의 내용 가운데 「일을 따르어 이르는 말」이란 표현은 기능적 요소를 뜻함이라고 풀이된다. 이와 같이 기능적 요소를 「기(씨)」로 보는 견해는 곧, 「토」나 「씨끝」(어미)까지 독립한 씨(낱말)로 볼 수 있다는 것을 뜻한다. 이처럼 보는 말본관을 「분석주의」에 속하는 말본 체계 곧 「분석적 체계」라고 할 수 있는 것이다.

주님의 분석주의적 견해는, 따지고 보면 의미와 기능(직능) 두 가지 관점에서 온 것으로 본다.

주님이 「기난갈」에 있어서 「난」에 대하여 언급한 것을 풀어보면, 낱말의 분류에 또 하나의 중요한 원칙적 암시를 주고 있음을 본다.

> 난은 分의 뜻과 같은 말이니 각 낫 기(씨)의 바탕(性質과 한가지의 뜻으로 씀이라)을 따르어 결에(族, 同種＜稱＞, 類의 뜻과 같은 말) 되는 分別이 잇음을 이름이라55)

---

54) 주시경 : 앞든 책 27쪽, ≪조선어문법≫ 28쪽 참고.
55) 주시경 : ≪국어문법≫ 27쪽, ≪조선어문법≫ 28쪽 참고.

여기에서 공통적 바탕(성질)을 가진 것은 같은 겨레[同種]로 묶는다고 한 것을 알 수 있다. 이러한 측면에서 주님은 다음과 같이 「9 씨[九品詞]」로 가르어 풀이하고 있다.

① 임 : 여러 가지 몬과 일을 이름하는 기(씨)를 다 이름이라.
　　　(본) 사람, 개, 나무, 돌, 흙, 물, 뜻, 잠, 아츰.
② 엇 : 여러 가지 엇더함을 이르는 기(씨)를 다 이름이라.
　　　(본) 히, 크, 단단하, 착하, 이르, 이러하.
③ 움 : 여러 가지 움즉임을 이르는 기(씨)를 다 이름이라.
　　　(본) 가, 날, 자, 먹, 따리, 잡, 먹이, 잡히.
④ 겻 : 임기(씨)의 만이나 움기(씨)의 자리를 이르는 여러 가지 기(씨)를 다 이름이라.
　　　(본) 가, 이, 를, 을, 도, 는, 에, 에서, 로, 으로.
⑤ 잇 : 한 말이 한 말에 잇어지게 함을 이르는 여러 가지 기(씨)를 다 이름이라.
　　　(본) 와, 과, 고, 면, 으면, 이면, 나, 으나, 이나, 다가, 는데, 아, 어.
⑥ 언 : 엇더한(임기)이라 이르는 여러 가지 기(씨)를 다 이름이라.
　　　(본) 이, 저, 그, 큰, 적은, 엇더한, 무슨, 이른, 착한, 귀한,
　　　　　한, 두, 세.
⑦ 억 : 엇더하게(움)라 이르는 여러 가지 기(씨)를 다 이름이라.
　　　(본) 다, 잘, 이리, 저리, 그리, 천천이(히), 꼭, 정하게, 매우, 곳, 크게, 착하게.
⑧ 놀 : 놀라거나 늣기어 나는 소리를 이르는 기(씨)를 다 이름이라.
　　　(본) 아, 하, 참.
⑨ 끗 : 한 말을 다 맞게 함을 이르는 여러 가지 기(씨)를 다 이름이라.
　　　(본) 다, 이다, 냐, 이냐, 아라, 어라, 도, 다, 오, 소.

「기난익힘」
　　　사람 이　　가 오.　　　풀 이　푸르 오.
　　　(임) (겻)　(움) (끗)　　(임)(겻)　(엇) (끗)
　　　적은　아기 가　　젓 을　　먹 고　　자 오.
　　　(언)　　(임) (겻)　(임)(겻)　(움) (잇)　(움) (끗)

어린 아기 가 웃 으면서 어머니 를 보 오.
(언) (임)(것) (움) (잇)   (임) (것) (움)(끗)
비 가 자조 오 니 풀 이 잘 크 오.
(임)(것) (억)   (움)(잇) (임)(것) (억) (엄)(끗)
아 달 의 밝 다.
(놀) (임)(것) (엇)(끗)

이상의 기(씨)는 각각 하위분류하고 보기를 들었다.

(1-2-3) 짬듬갈(월갈)

짬듬갈에서 「짬듬갈」에 대하여 설명하기를 「짬」은 「움기(씨) 짜에 ㅁ을 더한 임기(씨)니 짜는 것이라 함이요 꿈임과 한 뜻이라」라고 하였고, 「듬」은 「말이 꿈이어지는 여러 가지 法을 이르는 이름으로 씀이라」라고 하였으며, 「갈」은 「우에 몬저 보인 뜻과 한가지니 여러 듬의 결에를 배홈을 이름이라」라고 하였으니, 다시 말하면, 「짬」은 「짜는 것」, 「꾸밈(구성, 조직)」을 뜻하고, 「듬」은 「말이 이어지는 법(통어법, 구문법)」을 뜻하며, 「갈」은 「배움」의 뜻이다. 그런데 주님은 위와 같이 풀이하고 이어이 뜻을 종합하여 정리하기를 「짬듬갈」은 「다(짠말, 둘로 붙어 둘 더되는 기로 짠말)가 꿈이어지는 여러 가지 法을 배호는 것이라 이름이라」라고 하였다. 따라서 「짬듬갈」은 오늘날 이른바 「월갈」[統語論, 統辭論, 構文論, 文章論]을 말한다.

먼저 《국어문법》 또는 《조선어문법》에 나타난 통어(統語 : 낱말이나 어절의 통합)의 구성 요소와 그 하위 분류를 보고자 한다.

주님은 표현이 이루어지는 낱덩이를 크게 「말」의 낱덩이로 보고 [「말」은 뜻을 나타내는 소리니 낱말 곧 기(씨)나 짠말 곧 다를 다 이름이라 하였다], 「말」은 단순한 「기」(씨, 낱말)와 「기」가 배합하여 이루어지는 「다」(둘로부터 둘 더 되는 기로 짠말)로 나누었다. 그리고 「다」에는 「모」[한 짠말에 남이(說者, 풀이말, 술어체)가 없이 이루어지는 것, 곧 구(이은말)]와 「드」[한 짠말에 남이가 있어 맞은 말. 곧, 완성된 월]와 「미」(한 일을 다 말하여 길게 된 말, 곧 발화) 등이 있음을 밝혔으니, 이를 정리하여 틀로 보이면 다음과 같다.

```
       ┌ 기(씨)(낱말)
말 ─┤                    ┌ 모[이은말, 구 : 남이(說者, 풀이말, 술어체)가 없음]
       └ 다(짠말) ─┼ 드(월 : 남이가 있음)
                         └ 미(발화)
```

주님은 또 한 「드」(완성된 월)가 이루어지는 데에 필요한 구성 요소를 다음과 같이 밝혔는데, 이 갈말[術語]을 현대 용어로 바꾸어 보면 다음과 같다.56)

「임이」: 주자(主者), 임자말[主語], 「임」은 「主와 한 뜻」, 「이」는 「者와 한 뜻」.

「씀이」: 부림말[目的語], 쓰임말, 객어(客語).

「남이」: 설자(說者), 풀이말[說明語], 술어체.

「임이빗」: 주자 직권표(主者職權表), 임자자리토.

「빗」: 보람, 직권표.

「씀이빗」: 부림자리토.

「남이빗」: 설자 직권표(說者職權表).

「임이듬」: 주자격(主者格), 주어격.

---

56) 주시경 : ≪국어문법≫ 37~39쪽, 김석득 : 앞든 책 302~303쪽, 김민수 : ≪주시경연구≫(탑출판사, 1977) 235~286쪽 참고.

「듬」: 격(格).
「쏨이듬」: 객어격(客語格).
「남이듬」: 설자격(說者格), 술어격.

「임이금」: 주자 한정(主者限定).
「금」: 금긋는 말, 또는 가르치의 뜻, 수식어(修飾語).
「쏨이금」: 객어 한정(客語限定).
「남이금」: 설자 한정(說者限定), 술어 한정.
「금이」: 여러 금을 저마다(각각) 이름임.
「금이빗」: 금[限定]이 되게 하는 빗[職權表].
「금이듬」: 금이 되는 빗[限定職權表]을 가지어 금[限定]이 됨을 이름.

「줄기」: 경(莖), 원체(原體), 임(임자말)·쏨(부림말)·남(풀이말) 등 이른바 이름씨 움직씨의 줄기[語幹]에 해당하는 것이다.
「가지」: 지(枝), 지엽(枝葉), 빗[職權表]과 금[限定]을 다 이름임.
「잇이」: 잇는 것. 접속어(接續語).

「줄기결」: 경부(莖部), 원체부(原體部). 웃듬결. 임·쏨·남의 셋을 말함.
「결」: 결에(겨레), 갈래의 뜻.

「가지결」: 지부(枝部), 지엽부(枝葉部), 붙이결. 빗·금을 모두 말한다. 이 「가지결」은 다시 둘로 나누어 세 빗(임이빗·쏨이빗·남이빗)은 「만이결」[關係部, 곳 職權部]이라 하고, 세 금(임이금·쏨이금·남이금)을 「금이결」(엇더함이결, 如何部)이라 하였으니, 이를 정리하여 틀로 보이면 다음과 같다.

4. 말본 연구의 발전   345

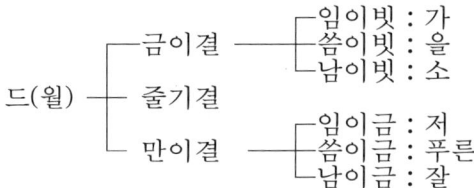

「임이붙이」: 주자부(主者部), 주자속(主者屬), 주어부, 임이[主者]와 임이빗[主者職權表]과 임이금[主者限定]을 모두 이름.

「씀이붙이」: 물자부(物者部), 물자속(物者屬), 객어부(客語部). 씀이[物者, 부림말]와 씀이빗[物者職權表, 부림자리토]과 씀이금[物者限定, 客語限定]을 모두 이름.

「남이붙이」: 설자부(說者部), 설자속(說者屬), 술어부. 남이[說者, 풀이말]와 남이빗[說者職權表]과 남이금[說者限定, 술어 한정]을 모두 이름.

이제 이것들을 알기 쉽게 하기 위하여 그 보기를 들면 다음과 같다.

```
       (임)  (겻)      (임)  (겻)      (움)  (끗)
①   아기   가       젓     을       먹    소
    (임이) (임이빗)  (씀이) (씀이빗)  (남이) (남이빗)
     (임이듬)         (씀이듬)         (남이듬)

       (언) (임) (겻)  (언) (임) (겻)  (억) (움) (끗)
②   저   소   가    푸른  풀   을   잘   먹   소
    (임이금)(임이)(임이빗)(씀이금)(씀이)(씀이빗)(남이금)(남이)(남이빗)
                     (ㄴ= 금이빗)
                       (금이듬)
    _____  _____  _____
       (임이붙이)           (씀이붙이)        (남이붙이)
```

이 두 월을 그림으로 그 뜻을 보이면 다음과 같다.

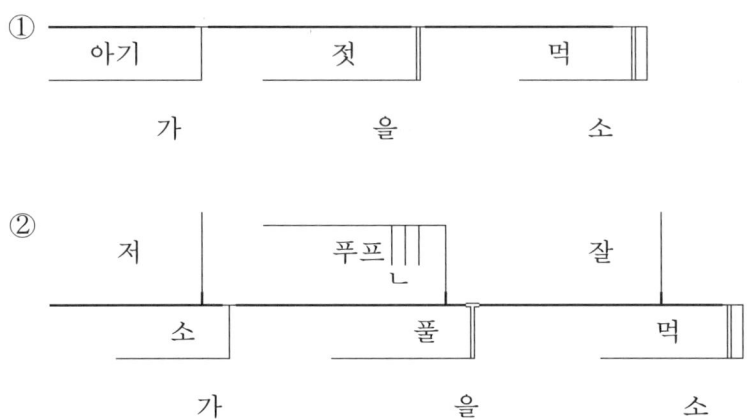

　이상과 같이 주시경님의 대표적 저서인 ≪국어문전음학≫과 ≪국어문법≫을 중심으로 하여 그의 학설을 살펴보아 알 수 있음과 같이 한힌샘은 이러한 말소리와 말본의 연구는, 그 근본을 따지고 보면, 모두 나라의 힘과 겨레의 정신의 근본적인 태도가 되는 말과 글을 바로잡기 위함이었다. 그는 그가 말한 국성(國性)의 모태가 말과 글이기 때문에 이것을 연구하고 바로 잡으려고 했던 것이니, 이것이 그의 학문의 출발점이다.

　그리하여 한힌샘은 우리 말과 글을 「국어 국문」이라고 부르고, 글도 거의 「국문 전용」으로 일관하였을 뿐만 아니라, 일반적인 표현에서 토박이말을 모색하였고, 순수 고유어를 창안하여 말본 갈말(술어)을 써가면서 국어 말본 체계를 확립하였으며, 맞춤법[綴字法] 개혁, 표준어 확립, 사전편찬, 한글 가로 풀어쓰기 등에 선구적인 업적을 수립하였다.

　이러한 학문에 대한 그의 근본적인 태도는, 그의 제자들에게 잘 받아들여졌다.

(1-3) 주시경 말본 체계의 계승

주시경님의 후계 학자들은 그의 학문을 잘 계승 발전시켜 나갔을 뿐 아니라, 그의 정신적인 자세도 아울러 잘 이어 나갔다. 제자들은 개인적으로 또는 「조선어연구회」(朝鮮語硏究會→조선어학회→한글학회)를 조직하여 일인들의 그렇게도 혹독한 탄압을 무릅써가면서까지, 우리 말과 글을 지키고 정리하였다(한글 맞춤법 제정, 표준말 사정, 외래어 표기법 제정, 사전 편찬, 학술지 발간 등).

그 많은 후계 학자들 중에서도 주시경님의 정신과 학문을 가장 잘 이어받아 발전시킨 학자는 최현배님과 김두봉·김윤경님 등이다.

김두봉님의 ≪조선말본≫ 및 ≪깁더조선말본≫과 김윤경님의 ≪나라말본≫의 체계는 주시경님의 말본 체계를 잘 이어받은 것이나, 최현배님의 ≪우리말본≫은 주시경님의 체계를 많이 수정 발전시켰다.

(2) 주시경 이후의 말본 체계

우리 말본은 최광옥·유길준님들에 의하여 말본 체계가 서기 시작하고, 주시경님에 와서 근대 과학적인 말본 체계가 거의 확립되었다. 그리하여 한힌샘의 학설은, 그 후계 학자들에게 영향을 주어 이어지고, 비판되고, 고쳐짐으로써 많은 발전을 가져오기에 이르렀는데, 1950년 이전까지를 보면, 최현배, 김두봉, 김윤경, 장지영(張志暎), 이상춘(李常春), 박승빈(朴勝彬), 정렬모(鄭烈模), 정인승(鄭寅承), 이희승(李熙昇) 등 수많은 문법학자가 쏟아져 나왔다.[57] 이들의 각각의 말본 체계는 모두 특징을 가졌다. 그러나, 이 많은 이들에 의해 저술된 말본 책은 씨 가름(품사분

---

57) 필자 지음 ≪말본사전≫(정음사, 1980. 8. 30) 701~705쪽 참고.

류) 체계로 볼 때, 세 큰 말본 체계58)로 나눌 수가 있으니, 첫째, 주시경님의 분석주의적인 말본 체계를 그대로 이어 받는 분석적 체계(分析的 體系)인데, 이에는 김두봉·김윤경·장지영님 등의 체계가 해당되고, 둘째, 말의 본질의 종합성을 들어, 분석주의로부터 종합주의 쪽으로 지향하는 준종합적 체계 곧 절충적 체계(折衷的體系)인데, 이에는 최현배님을 효시로 하여 정인승·이희승님 등의 체계가 해당되며, 셋째, 철저한 종합적인 언어관 밑에서 종합적 체계(綜合的體系)를 이루려는 종합주의 체계인데, 이에는 정렬모님을 시작으로 하여 이숭녕·장하일(張河一)님 등의 체계가 해당된다.

(2-1) 분석적 체계

「언어는 종합적인데서 분석적인 방향으로 발전한다」는 언어관 밑에서 체계를 확립한 것이니, 이 체계는 실사(實辭, 생각씨, 의미요소)와 허사(虛辭, 말본요소, 토와 씨끝)를 갈라서 각각 한 낱말로 본 것이다. 곧 토와 씨끝[語尾] 모두를 한 씨(품사)로 인정한 것이다.

이 말본 체계를 대표하는 이는 주시경님인데, 주시경님의 이 분석적 체계를 그대로 계승 발전시킨 학자는 김두봉·김윤경·장지영·이상춘(李常春)·홍기문(洪起文)·강매(姜邁)님 등 여럿이 있으니,59) 그 가운데

---

58) 말본의 유형(類型)을 가르는 기준은 보통 토와 씨끝(語尾)을 한 씨(품사)로 인정하느냐 혹은 않느냐에 두는데, 토와 씨끝 모두를 씨로 인정하는 체계를 분석적 체계(分析的體系)라 하고, 토만 씨로 인정하고 씨끝은 인정하지 않는 체계를 절충적 체계(折衷的體系) 또는 준종합적 체계라 하며, 토와 씨끝 모두를 씨로 인정하지 않는 체계를 종합적 체계(綜合的體系)라 한다.
59) 김윤경 : ≪새로지은 국어학사≫ 148~149쪽, 김민수 : ≪국어문법론연구≫ 230~232쪽 참고.

4. 말본 연구의 발전   349

김두봉님과 김윤경님이 대표라 하겠다.

(2-2) 절충적 체계(준종합적 체계)

「언어는 종합적인 특성을 갖는다」라는 언어관이, 주시경님의 과도한 분석적 경향을 지향하게 되고, 그 보다는 종합적인 그러면서도 한편으로 분석성을 잃지 않은 체계로 이 체계는 실사(實辭) 가운데 임자씨[體言]와 여기 붙은 허사(虛辭, 토씨)는 분리한다. 그러므로, 이런 면에서 보면, 분석적 체계와 같다. 그러나, 한편, 풀이씨[用言]의 실질적인 뜻을 가지는 부분인 줄기[語幹]와 줄기에 붙는 형식적인 부분인 씨끝[語尾]을 분석적 체계에서와 같이 가르는 것이 아니라 합하여 한 낱말로 보는 것이다. 이 때에 분석적 체계에서 말하는 실사(實辭)를 줄기(어간)라 하고, 그 허사(虛辭)를 씨끝(어미)이라 한다. 그러므로, 이 절충적 체계에서는 줄기와 씨끝은 각립한 낱말이 아니라, 한 낱말의 형태론적 구성 요소가 되는 셈이다. 곧 토는 씨(품사)로 인정하고 씨끝(어미)은 씨로 인정하지 않는 것이다.

그리고 이 풀이씨는, 그 씨끝(끝)이 여러 가지 꼴로 「끝바꿈」(어미활용)하는데, 이러한 끝바꿈을 하는 것이 풀이씨의 특징이라고 한다. 그러므로, 분석적 체계에 견주면 이는 종합성을 띤다. 이 체계를 창설한 최현배님은 자기의 풀이법이 종합적임이 특색이라 하고, 이는 앞 사람의 풀이법보다 나은 점이라 하였다. 이 절충적 체계는 준종합적 체계라고도 한다.

이 체계에 따르는 학자로는 정인승(鄭寅承)·이희승(李熙昇)·박창해(朴昌海)님 등 많은 이가 있다.[60]

---

60) 김윤경 : 앞든 책 160~161쪽, 김민수 : 앞든 책 230~232쪽 참고.

(2-3) 종합적 체계

종합적 체계란, 말본에서 실사(實辭)와 허사(虛辭)를 분석적 체계와 같이 모두 가르지 않고 실사와 허사를 모두 합하여 한 낱말로 처리하는 것이다. 곧 토와 씨끝[語尾]을 씨(품사)로 인정하지 않는 것이다.

이 체계는 분석적 체계 및 절충적 체계에 대립하는 체계로서, 주시경 님의 가르침을 받은 정렬모님에 의하여 광복 바로 뒤인 1946년 10월에 나온 ≪신편고등국어문법≫에서 이루어지기 시작하였다.

이 체계에 따르는 학자로는 장하일·이숭녕님 등이다.61)

(3) 최현배의 ≪우리말본≫과 현대말본 체계의 확립

(3-1) 최현배의 생애와 언어관

외솔 최현배(崔鉉培)님은 고종 31년(1894) 10월에 경상남도 울산에서 나시어 1970년 3월 77세를 일기로 돌아간, 위대한 국어학자이시고, 교육자이시며, 애국지사이시요, 사상가이시다.

외솔은 어릴 때에는 서당에서 한문을 배웠다. 그 뒤 신식 교육을 받기 위하여 고향에 새로 차린 일신학교에 다녔고, 17세가 되던 해인 1910년 4월부터는 서울에 올라와 한성고등학교(뒤에 경성고등보통학교로 바뀜)에 입학했다. 그러나 그 해에 나라를 잃게 되고 모든 교과 내용이 바뀌며 학교 운영이 일본인의 손에 넘어가게 되자 재학 중 3년간 주시경 스승의 조선어강습원에 다니면서 우리 말 글 연구에 큰 포부를 갖게 되었고, 우리 말과 글로 교육하는 것이 겨레의 장래 소망이라는 신념을 굳히게 되었다. 외솔은 경성고등보통학교를 졸업하고 일본 히로시

---

61) 김윤경 : 앞든 책 197쪽, 김민수 : 앞든 책 230~232쪽 참고.

마(廣島) 고등 사범학교와 교오또(京都) 제국대학 철학과를 거쳐 동 대학 대학원 수업, 광복 전에는 연희전문학교 및 이화여자전문학교 교수, 조선어학회 간부로 국어 수호에 힘쓰다가 「흥업구락부 사건(興業俱樂部 事件)」으로 투옥된 바 있고, 1942년 10월 1일에는 이른바 「조선어학회 사건」으로 홍원(洪原) 경찰서에 피검, 3개년 동안 함흥 감옥에서 왜정의 옥중 생활을 하다가 1945년 8월 15일 광복과 더불어 그 이틀 뒤인 8월 17일 석방되었다.

외솔은 광복과 더불어 출옥되자 잠시 쉬지도 않고, 다시 조선어학회를 수습하였고, 그 뒤 문교부 편수국장, 연세대학교 교수·학장·부총장·총장서리, 한글학회 이사장, 세종대왕기념사업회 회장, 한글전용추진회 위원장 등을 역임하였다. 1954년 4월 대한민국 학술원(學術院)이 신설됨과 동시 그 회원이 되어 종신 회원 및 부회장을 역임하였으며, 1955년 4월에는 연세대학교에서 명예 문학박사 학위를, 동 7월에는 학술원에서 제1회 학술 공로상을 받았고, 1962년에 건국공로훈장을 받았다. 1970년 3월 23일 돌아가시자 정부에서 문화훈장 무궁화장을 추서했다.

외솔은 겨레 언어의 탁월한 연구가로 60여 년 간 뜨거운 정열로 한글 운동에 종사해서 한글 문화의 독립을 주창하는 한편, 우리말의 말본 체계를 확립하기에 노력하였고, 또 학계에서 후진 지도 및 양성은 물론 국민 교과서 편찬과 한글 기계화에도 힘을 썼다.

지은 책으로는 국어학 분야의 명저 ≪우리말본≫(1937)과 ≪한글갈≫(1942)을 비롯하여 ≪조선민족갱생의 도≫(1926), ≪중등조선말본≫(1934), ≪시골말캐기잡책≫(1936), ≪중등교육조선어법≫(1936), ≪한글의 바른 길≫(1937), ≪글자의 혁명≫(1947), ≪조선말본≫(1948), ≪중등말본≫(1948), ≪우리말 존중의 근본 뜻≫(1951), ≪민주주의와 국민도덕≫

(1956), ≪한글의 투쟁≫(1954), ≪고등말본≫(1957), ≪나라사랑의 길≫(1958), ≪한글 바로적기 공부≫(1961), ≪나라 건지는 교육≫(1963), ≪한글 가로글씨 독본≫(1963), ≪배달말과 한글의 승리≫(1966), …등 단행본 외에 50여 편의 논문과 ≪큰사전≫을 비롯한 공동 집필저 다수가 있으니, 이는 모두가 국어 연구와 한글 보급 및 민중 교화와 교육에 관한 저서들이다.

불후의 명저 ≪우리말본≫이 다 되기에 앞서, 그 「첫째매」인 ≪우리말본첫재매≫가 1929년에 나오고, 「조선어의 품사분류론(朝鮮語의 品詞分類論)」이 1930년에 나왔으며(논문), ≪중등조선말본≫이 1934년에 나왔다. 이를 바탕으로 말본 연구의 총 결정체로 ≪우리말본≫(1937. 2. 25)이 이루어져 초판(국판 1,237쪽)이 나왔다. 이 책은 그 뒤 몇 판이 나온 뒤 1955년에 깁고 고친판이 나왔으며, 이어 이 깁고 고친판이 거듭 나왔는데 외솔이 돌아가신 뒤 지은이가 살아생전에 살펴 두신 ≪우리말본≫의 교정본(4책 : 1책은 서재에, 1책은 한글학회에, 2책은 정음사에 있었음)에 따라 교정하여 1971년에 새 판이 나와 그 뒤 거듭 박아 내고 있다. 이 책은 초판부터 1982년도까지 아홉 번째 그 고친판이 나왔다.

외솔의 학문은 나라 사랑 겨레 사랑에서부터 시작되어 나라 사랑 겨레 사랑에서 끝나는데, 외솔은 정신적으로나 학문적으로 선각자의 뒤를 이은 것이다. 외솔은 이를 ≪우리말본≫의 머리말에 다음과 같이 썼다.

　　내가 무딘 자질(資質)과 엷은 학식을 불고하고, 선각(先覺) 최광옥(崔光玉), 유길준(兪吉濬), 주시경(周時經) 여러 어른의 뒤를 이어, 외람히, 조선 말본의 연구 및 정리에 종사하여, 이미, 이 책의 첫째 매를 박아낸 지가 벌써 여섯 해 반이나 되었다. 그 동안에, 일변으로는, 앞으로 지어 가며, 일변으로는, 된 것을 해마다 다시 고치고 깁고 하여, 이제, 그 다된 한 보퉁이의 원고를 옆에 놓고서, 이것이 나의 반생 동안의 「부단 노력(不斷努力)」의 결정인가 하고, 바라보매, 그지 없는 느낌을 막을 수 없도다.

이것으로 보아 외솔은 선각자인 최광옥・유길준・주시경님의 후계자 임을 인식하였으니, 그들의 학문과 체계는 비록 다르다 하더라도 나라 사랑 겨레 사랑을 전제한 학문관이 그대로 최현배님에게 맥으로 이어진 다 할 수 있다. 그리하여 외솔은 겨레를 전제한 학문관을 ≪우리말본≫ 의 머리말 첫머리에서 말하기를,

　　한 겨레의 문화 창조의 활동은, 그 말로써 들어가며, 그 말로써 하여 가며, 그 말로써 남기나니 : 이제 조선말은, 줄잡아도 반만 년 동안 역사의 흐름에서, 조선 사람의 창조적 활동의 말미암던 길이요, 연장이요, 또 그 성과의 축적의 끼침이다.

　　그러므로, 조선말의 말본을 닦아서, 그 이치를 밝히며, 그 법칙을 들어내며, 그 온전한 체계를 세우는 것은 앞사람의 끼친 업적(業績)을 받아 이음이 될 뿐 아니라, 나아가아, 계계승승(繼繼承承)할 뒷사람의 영원한 창조 활동의 바른 길을 닦음이 되며, 찬란한 문화 건설의 터전을 마련함이 되는 것이다.

라고 하고, 또 ≪우리말본≫ 고친 박음 머리에서,

　　나의, 이, 변변찮은 지음 ≪우리말본≫이 아마도 많은 부족한 점을 가진채, 조국의 마음을 붙들며, 겨레의 정신을 지키고자 하는 청년 남녀의 은근한 친구가 되어, 일제의 무도한 압박과 혹독한 천대의 아래에서도, 항상 남에서 북에서, 또 도회지에서 산간 벽촌에서, 끊임없이 부름을 받아 온 것은 지은이로서의 영광과 만족이 이에 더할 수 없는 바이라 생각한다.

라고 하였다. 또한 외솔은 ≪우리말본≫ 들어가기[緒說]에서, 말은 겨레의 표상이요, 그 겨레에 붙은 것이므로, 말의 본[法]은 겨레에 따라 다르며, 배달 말의 본은 배달 겨레와 밀접한 관계를 가지고 있다고 하였다. 이로 보아서, 외솔의 국어학의 연구 목적은 배달 겨레 문화의 계승과 그 창조적 발전 및 겨레 얼의 지킴에 있었음을 잘 알 수 있다. 이러한 외솔의 언어관은 멀리는 세종대왕의 언어관과, 가까이는 주시경님의 언어관과 일치한다 하겠으니, 곧 한힌샘의 언어관은 외솔에게로 이어지게 된 것이다.

(3-2) ≪우리말본≫의 말본관

최현배님의 ≪우리말본≫은, 오늘날 실제로 쓰이는 입말과 글말의 본을 풀이한 것으로, 전편은 「말소리갈」, 「씨갈」, 「월갈」의 세 큰 부분으로 이루어져 있는데, 이 말본은 그 양이나 질에 있어서 20세기 국어학의 가장 큰 수확으로 손꼽히고 있다.

이러한 ≪우리말본≫에는 뚜렷한 말본관이 서 있다. 이제 본 대목에서는 ≪우리말본≫의 들어가기[緒說]를 중심으로 하여 살펴보기로 한다.

(3-2-1) 말과 말본(말본갈)의 뜻매김

말이란 사람의 생각과 소리가 서로 일정한 관계를 가지고 연결(連結)된 것이다. 그러므로, 생각의 학문(學問)이 따로 있고, 소리의 학문이 따로 있으며, 또한 소리를 부호로 나타내는 글자에 대한 연구 곧 글자갈[文字學]이 따로 있음에 대하여, 말의 학문(연구)이 또한 따로 있는 것이다. 이와 같이 말에 대한 연구는, 소리 자체에 대한 연구도 아니요, 생각 자체에 대한 연구도 아니요, 그렇다고 글자 자체에 대한 연구도 아니다. 다만, 그것은 음성과 사고의 연결체인 언어에 대한 연구임을 분명히 인식하고 있는 것이다. 다시 말하면, 말에 대한 연구는 완전한 자연과학적(自然科學的) 물리학적인 음향학(音響學)도 아니요, 사고만을 다루는 심리학도 아니며, 더더구나, 문자학도 아니고, 그것은, 자연과학적 물리학적 음성학의 한 갈래인 음성과 심리학의 한 갈래인 생각의 결합체에 대한 연구라고 못 박았다. 음성과 생각의 결합체인 말은 일정한 본(법)을 가진다. 이러한 말의 본[法]을 닦는(연구하는) 학문을 말본갈[語法學], 또는 말본[語法]이라고 뜻매김하였다.62) 여기 말의 구성과 말본의 정의에서, 말본에는 소리[音聲]와 사고 문제가 가장 기본적인 것임을 알 수 있다.

(3-2-2) 말의 본은 자연계의 법칙과 다름

말의 본[法則]이란 것은, 저 언제나 어데서나 횟두루 통하여 조금도 틀림이 없는 자연계(自然界)의 법칙과는 다르다고 외솔은 말한다. 곧 말의 본에는, 결코 자연과학적(自然科學的) 법칙과 같은 정도의 필연성(必然性)을 띨 수는 없으며, 원칙의 예외를 인정하게 된다는 것이다. 이러한 외솔의 예외의 인식은, 외솔의 말본관의 한 큰 밑흐름(저류)을 이룬다.63)

(3-2-3) 말본의 본은 기술적 설명적임이 본색

외솔은, 생각이 곧 말이 아님과 같이 생각의 본[法]이 곧 말의 본이 아니라고 한다. 외솔은,「삼각형(三角形)의 내각(內角)의 합이 세 직각[三

---

62) 최현배 : ≪우리말본≫ 33~37쪽, 김석득 : 앞든 책 321~322쪽 참고.
63) 최현배 : 윗 책 35쪽, 김석득 : 윗 책 322쪽 참고.

356 IV. 근대 국어학

直角]이다」라는 보기를 들어, 이는 생각으로서는 틀렸으되 말로서는 바르다고 말하면서, 이는 생각이 곧 말이 아님을 보임(증명함)이라 했다. 또한 원래 말이란 것은 사회적 역사적으로 발생 변천하는 것이라, 따라, 그 법칙도 또한 사회적이요, 역사적인 성질을 가진 것이라고 했다. 따라서 말본은 개인의 머리 속에서 순연(純然)히 생각으로 만들어 낸 것이 아니요, 객관적으로 사회적으로 실재(實在)하는 말의 사실에 터잡[基因하]아서 귀납적(歸納的)으로 그 본을 찾아낸 것이라고 한다. 그러므로, 말본갈[語法學]의 본은 기술적(記述的), 설명적(說明的)임이 그 본색(本色)이라고 하였다.64) 따라서 ≪우리말본≫은 귀납적 기술적인 말본관이다.

(3-2-4) 특수 말본의 인식과 보편 말본의 부정

외솔은, 생각이 곧 말이 아님과 같이 생각의 본[法]이 곧 말의 본이 아니라고 하였는데, 그것은, 생각은 인류 보편성을 갖되, 곧 온 누리 사람이 한가지라 할 수 있겠지마는, 그 생각을 소리로 나타내는 말은 한 가지가 아니기 때문이다. 머리 속에 환기되는 생각은 갖되, 그것이 표출될 때는 각 나라의 겨레에 따라 다른 말로 수행될 뿐 아니라, 한 나라 안에서도 시골말[方言]과 대중말(표준말)이 따로 있게 마련이다. 따라서 말본은 각 국어를 따라 다르지 않을 수 없다. 그와 같은 이론에서, ≪우리말본≫의 말본관은 민족어 단위(民族語單位)인 특수 말본의 인식과 아울러, 인류 보편의 말본의 가능성을 부정하는 쪽에 선다65)고 하겠다.

---

64) 최현배 : 앞든 책 35∼36쪽, 김석득 : 앞든 책 322쪽 참고.
65) 김석득 : 윗 책 322∼323쪽, 최현배 : 윗 책 34∼35쪽 참고.

(3-2-5) 보조 과학으로서의 논리학과 심리학

외솔은, 논리학(조리갈)과 심리학과 말본과의 관계를 다음과 같이 보았다. 「논리학과 심리학은 세계 인류의 공통적(共通的)인 이론이요 현상이다. 그러나 말본갈[語法學]은 각 국어를 따라 특수적(特殊的)인 양상을 띤다. 따라서, 말본갈은 논리학과 심리학하고 마주서어서, 독립적 학문을 이루는 것이다. 특히 외솔은 월갈[文章論]과 글월갈[修辭學]과의, 월갈[文章論]과 논리학(論理學)과의 다름을 밝히는 자리에서, 논리학(조리갈)은 직접적으로 사람의 생각함의 바른 법을 보이는 규범과학(規範科學)이요, 말본갈은 사람의 여러 가지 마음을 나타낸 말의 됨됨이의 현상을 밝혀 내는 기술과학(記述科學)이다」66)라 하였다. 그러나, 논리학과 심리학은 세계 공통적인 것이기 때문에, 오히려 말본갈에서 이들의 도움을 받지 않을 수 없고 또한 거꾸로 말본갈의 연구가 그들에게 이익을 끼치는 일도 있다.67) 이와 같은 관점은, ≪우리말본≫이 논리학과 심리학의 간접적 지원을 받은 것으로 충분히 해석된다. 동시에 ≪우리말본≫은 논리학과 심리학에 이익을 끼치었다고도 생각된다.

(3-2-6) 규범 말본관

외솔은 ≪우리말본≫의 「들어가기[緒說]」에서 「우리말본」은 대중말[標準語]의 본이며 배달말 그것의 고유(固有)의 일정한 본을 닦는 것임68)을 밝혔다. 또한 말본은 객관적으로 사회적으로 실재(實在)하는 말의 사실에 터잡[基因하]아서 귀납적(歸納的)으로 그 본을 찾아낸 것이다. 그러

---

66) 최현배 : 앞든 책 714~715쪽 참고.
67) 최현배 : 윗 책 35~36쪽, 김석득 : 앞든 책 323쪽 참고.
68) 최현배 : 윗 책 34쪽 참고.

나, 한 번 발견되어서 일반이 인정한 말본갈의 본은, 뒤에 그 말을 쓰는 사람, 배우는 사람에게 대하여는, 그것이 규범적(規範的)이 된다고 하였다. 물론 이 규범성(規範性)은 말의 가변성(可變性)에 의하여 가변적(可變的)임은 사실이다. 그리고 대중말(표준말)이 의식적(意識的)으로 개정됨과 같이, 그 말본의 개정도 또한 의식적일 수 있다. 그리하여 그 규범성은 시간적이나마 역시 고정성(固定性)을 지니게 되어, 조석(朝夕) 또는 개인적 변개(變改)를 허하지 아니한다고[69] 분명히 밝혀 말본의 규범성을 들어내었다.

(3-2-7) 말본 연구의 계층 설정

외솔은 ≪우리말본≫「드러가기[緒說]」에서, 말은 소리와 생각의 결합체라고 하였기에, 그 연구의 계층은 자명하다. 말본 연구의 계층적 단위는, 말갈[語學]의 가장 기초적 조각[部門]인 말소리갈[音聲學, 소리갈]과 소리와 생각의 겹합 단위이며, 월[文]의 구성 재료인 씨(낱말)를 닦는(연구하는) 조각인 씨갈[詞論]과, 낱말을 부려서 월을 이루는 월갈[文章論]의 세 조각[部分]으로 나누었다.

그리고 외솔은 말하기를, 일반으로 말갈[語學]의 가장 기초적 조각인 소리갈은 원래 말본갈과 대립하여 말갈의 한 갈래로 이루는 독립의 학문이다. 말본갈은 말의 내용적(內容的) 방면에 관한 학문임에 대하여, 소리갈은 말의 외형적(外形的) 방면에 관한 학문이다. 여기에 이 소리갈은 말본갈의 한 조각[部分]을 삼은 것은 이론적으로는 좀 덜 맞지마는 실제적으로는 매우 필요한 일이다. 물론, 여기에 넣은 소리갈은, 우리말의 본을 연구함에 직접으로 필요한 범위에서 우리말의 소리를 다루는 것이

---

[69] 최현배 : 앞든 책 34~36쪽, 김석득 : 앞든 책 323쪽 참고.

요, 결코 말소리갈 일반을 다루는 것은 아니다. 말소리에 관한 기초적 지식이 전연 없이는 도저히 우리의 말본을 닦아 낼 수가 없을 것이다. 그러한 까닭으로, 말소리갈로 말본갈의 입문을 삼았노라 하고, 씨갈[詞論]은 말본갈의 중견 부분(中堅部分)이 되는 것이니, 말본 연구의 대부분은 이에 허비된다. 그러나, 낱말이 곧 전체가 아니요. 말본은 낱말을 부려서 월을 이루는 데에 성립하는 것인즉, 낱말을 닦는 씨갈은 다만 월갈[文章論]의 차림(준비)이 될 따름이요, 그 자체가 곧 말본갈은 아니다. 말본은 확실히 월갈에서 그 구실[任務]을 다 이루는[完成하는] 것이라고 하였다.70)

이와 같은 말본의 세 가지 연구의 계층적 과정은 ≪우리말본≫ 이전의 「문전(文典)」·「문법(文法)」들에서 비록 엿볼 수는 있다 하더라도, 근본적으로 언어의 구성적 본질을 파악함으로써, 그 필연적인 귀결로 말본 연구의 세 가지 계층적 단위를 설정한 것은 외솔의 ≪우리말본≫이 처음이다.71) 이 세 가지 연구 계층은 그 뒤 전통 말본의 본보기가 되어 현대 말본책은 이에 따라 기술되고 있다.

(3-3) 말소리갈

말소리갈[音聲學]은 종래의 학자에게서 찾아 볼 수 없는 상세한 연구를 전개하였다. 소리내는 틀[發音器官]의 생김[構造]과 일함[作用]에 대하여 자세히 그림으로 보여 기술하고, 조음 음성학(調音音聲學)을 위주로 하되, 때로는 음향 음성학(音響音聲學)의 도움을 입어 국어의 음성을 분류하여 분절적(分節的) 닿·홀소리[子母音] 체계를 세웠을 뿐 아니라,

---

70) 최현배 : 앞든 책 36~37쪽 참고.
71) 김석득 : 앞든 책 324쪽 참고.

음률자질(音律資質 : 없힘 음운) 현상까지 연구하여 그 체계를 확립하였다. 그리고 소리의 이은소리[連音]에서 소리의 닮음[音의 同化] 현상을 분류 예증하고, 그 규칙적 유형을 세워 놓았다.72) 이제 ≪우리말본≫의 말소리갈의 내용을 살펴보기로 한다.

(3-3-1) 조음음성학의 확립

<1> 조음점의 분류와 소리의 분류

근대 조음 음성학(調音音聲學)에서 가장 먼저 다루어야 할 점은 소리내는 틀[發音器官]의 생김과 일함이다.

외솔은 「말소리갈[音聲學]」의 첫째 가름 「소리내는 틀의 생김과 일함」에서 소리내는 틀은 (1)숨쉬는 데[呼吸部], (2)소리내는 데[發音部], (3)소리고루는 데[調音部]의 세 조각으로 나누고 이를 생리학적인 면에서 상세히 설명하고 있다. 특히 조음 음성학에서 중요시 하는 「소리고루는 데[調音部]」의 설명에서는, 「목머리[咽頭, 목안]」, 「코굴[鼻腔]」, 「입굴[口腔]」의 세 조각(부분)으로 가르고, 날숨[呼氣]이 이 세 곳을 지날 때 작용하는 부분을 「입술」·「이」·「입굴(입안)」·「센이붕」·「여린 이붕」·「목젖」·「혀끝」·「혀뿌리」·「혓바닥」·「목머리(목안)」·「울대마개」·「목청」·「방패 여린뼈」·「가락찌 여린뼈」·「울대[氣管]」로 나누었다.

그리고 외솔은 이들의 작용으로 말미암아 나타나는 낱소리[個音]의 종류를 (1)울림소리[有聲音, 흐린소리]와 울림없는 소리[無聲音, 맑은 소리], (2)입소리[口音]와 코소리[鼻音], (3)홀소리[母音]와 닿소리[子音], (4)홑소리[單音]와 겹소리[複音], (5)숨띤소리[有氣音]와 숨안띤소리[無氣音]

---

72) 김석득 : 앞든 책 324쪽 참고.

등 다섯 가지를 분류한 다음,73) 낱낱의 소리의 설명을 조음 음성학적으로 자세히 설명을 가하였으니, 이는 우리 국어학사상에서 이때까지 결코 볼 수 없는 획기적인 근대 과학적인 조음 음성학의 완성이라 할 수 있다. 실로 ≪우리말본≫의 조음 음성학에서는 오늘날 국어 음성학의 완벽한 기틀을 이루어 놓았다고 할 수 있다.74)

〈2〉 변이음과 그 변이음 인식의 불필요성을 세움

우리말에서는 같은 한 소리라 하더라도 그 소리가 어떠한 환경에 오느냐에 따라서, 다른 소리로 변이(變異)한다고 하고, ㄱ, ㄷ, ㅂ, ㅈ 같은 소리는 본대는 맑은 소리나, 「감기」의 「기」의 「ㄱ」이나, 「사람이 간다」의 「다」의 「ㄷ」, 「농부(農夫)」의 「부」의 「ㅂ」, 「진지[食]」의 「지」의 「ㅈ」은 울림소리[有聲音] 사이에서 울림소리(흐른소리)로 낸다고 하였다. 그러나, 맑은 소리(울림없는 소리) ㄱ, ㄷ, ㅂ, ㅈ에 대하여, 흐린 소리 ㄱ, ㄷ, ㅂ, ㅈ을 나타내는 글자가 따로 있지 아니하다고 말하고, 이는 우리말에서는 맑은 소리[淸音]와 흐린소리[濁音]를 그리 가르지 아니하고, 마구 써도 조금도 불편이 없기 때문이니라 라고 하였다.75) 생각해 보면 이는 음소론상(音素論上) 매우 중대한 인식이라 할 수 있다. 왜냐하면 이를 바꾸어 말하면, 한 소리는 그것이 처하는 환경에 따라서 변이음(變異音)으로 변이하나, 그 변이음은 언어 대중이 인식할 수 없는 소리이므로 일일이 식별할 필요가 없다는 뜻으로 받아 들여야 하기 때문이다. 이 「마구 써도 조금도 불편이 없다」, 또는 「인식할 수 없는 소리」란 말

---

73) 초판부터 1955년 첫 고침판 ≪우리말본≫에는 「숨띤소리」와 「숨안띤소리」를 제외한 네 가지로 분류되어 있다.
74) 최현배 : 앞든 책 45~93쪽, 김석득 : 앞든 책 325쪽 참고
75) 최현배 : 윗책, 46~47쪽 참고.

은 하나의 음소(phoneme)로 인식함으로 족하다는 말이라 하겠다. 이것은 다름 아닌 음성(音聲, phone)과 음소(音素)의 식별을 뜻한다. 이런 것으로 볼 때 외솔은 「식별해야 할 소리」, 「식별할 필요 없는 소리」를 의식한 것에 틀림없다.76)

 〈3〉 홀소리와 겹소리체계

 외솔은 「홀소리와 겹소리[單音과 複音]」의 대목에서, 소리는 그 한 덩이를 이룬 소리의 셈을 따라, 홀소리[單音]와 겹소리[複音]의 두 가지로 가른다고 하고, 홀소리와 겹소리에 대하여 뜻매김하기를, 「홀소리」는 「아예부터 하나로 된 소리이니, 그 소리남이 앞뒤를 따라서의 다름이 없이 꼭 한가지로만 나는 소리」이고, 「겹소리」는 「둘 더 되는 소리가 모여서 한 낱의 소리로 된 것이니, 그 소리남이 때의 앞뒤를 따라 다름이 있는 소리」라고 하였다.77) 이 정의에 따라 우리말의 소리에서 보건대,

 홀소리 가운데에, ㅏ, ㅓ, ㅗ, ㅜ, ㅡ, ㅣ, ㅐ, ㅔ, ㅚ 아홉은 홑홀소리, ㅑ, ㅕ, ㅛ, ㅠ, ㅘ, ㅝ, ㅒ, ㅖ, ㅟ, ㅢ, ㅙ, ㅞ 열둘은 겹홀소리이며, 닿소리 가운데에 ㄱ, ㄴ, ㄷ, ㄹ, ㅁ, ㅂ, ㅅ, ㅇ, ㅈ, ㅎ, ㄲ, ㄸ, ㅃ, ㅆ, ㅉ 열다섯은 홑닿소리, ㅊ, ㅋ, ㅌ, ㅍ, ㄺ, ㄻ, ㄼ, ㄾ, ㅀㅎ, ㅄ, ㄵ 따위는 겹닿소리

라고 본 것은 옳은 견해이다. 따라서 주시경님이 ≪국어문법≫에서, 「ㅐ, ㅔ, ㅚ」를 거듭으로 본 잘못이 ≪우리말본≫에서는 시정된 셈이다 (김두봉님의 ≪조선말본≫이나 ≪깁더조선말본≫에서는 「ㅐ, ㅔ」가 홑소리이라 함). 뿐만 아니라, 겹홀소리에는, 그 앞에 가는 소리의 다름을 따

---

76) 김석득 : 앞든 책 326쪽 참고.
77) 최현배 : 앞든 책 53쪽 참고.

라, ㅣ겹홀소리, ㅗ겹홀소리, ㅜ겹홀소리, ㅡ겹홀소리의 네 가지로 가르고, 이때의 「ㅣ, ㅗ, ㅜ, ㅡ」는 반홀소리[半母音]라 한다 하고, 우리는 특히 예사 때와 구별할 필요가 있는 경우에는, 그 위에 「U」표를 더하여 「ㅣ̆, ㅗ̆, ㅜ̆, ㅡ̆」로 씀이 좋다고 하였다. 그리고 이에 대하여 설명하기를, 「ㅣ̆겹홀소리」란 「곧 ㅣ와 다른 홀소리와가 겹치어 된 겹홀소리이니, ㅑ, ㅕ, ㅛ, ㅠ, ㅒ, ㅖ의 여섯이 그것이다」라고 하고, 「ㅗ̆겹홀소리」는 「ㅗ와 다른 홀소리와가 겹치어 된 겹홀소리이니, 이에는 ㅘ, ㅙ가 있느니라」라고 하고, 「ㅜ̆겹홀소리」는 「ㅜ와 다른 홀소리와의 겹홀소리이니, 이에는 ㅝ, ㅞ, ㅟ가 있느니라」라고 하고, 「ㅡ̆겹홀소리」는 「ㅡ와 다른 홀소리와의 겹홀소리이니, 이에는 ㅢ(의) 하나뿐이니라」라고 하였으니[78] 이러한 겹소리의 분류는 최초로 세워진 옳은 이론이라 할 수 있다.

〈4〉 홑홀소리의 분류

외솔은 홑홀소리는 세 가지의 견지(見地)에서 각각 여러 가지씩으로 가를 수가 있다고 하고, 첫째, 소리고루는 자리를 따라, 「앞홀소리」(ㅣ, ㅟ, ㅔ, ㅐ), 「가운데 홀소리」(ㅡ, ㅏ), 「뒤홀소리」(ㅜ, ㅗ, ㅓ)로, 둘째, 입 열기를 따라, 「닫은 홀소리」(ㅣ, ㅡ, ㅜ), 「반닫은 홀소리」(ㅔ, ㅟ, ㅗ), 「반연 홀소리」(ㅐ, ㅓ), 「연 홀소리」(ㅏ)로, 셋째, 입술꼴을 따라, 「넓은 홀소리」(ㅣ, ㅔ, ㅐ, ㅏ, ㅓ, ㅡ), 「둥근 홀소리」(ㅜ, ㅗ, ㅟ)로 나누었다. 그리하여, 이 홀소리의 갈래를 간단히 한 눈에 보이기 위하여, 「홀소리 세모그림[母音三角圖]」에 배치시키고, 그 낱낱의 소리에 대하여 예시하였다.[79]

이와 같은 음성의 분류 배치는 우리 국어의 홀소리의 분류와 더불어,

---

78) 최현배 : 앞든 책 53~93쪽 참고.
79) 최현배 : 윗 책 58~60쪽 참고.

오늘날 생성 음운론(生成音韻論)에서의 국어 음성의 변별적 자질(辨別的 資質) 연구에 많은 영향을 주고 있다.80)

<5> 닿소리의 분류

닿소리에 대하여는 특히, 소리내는 법과 소리나는 자리에 따라 여러 가지 소리로 조음됨을 설명하고 또 다음과 같이 틀[表]로 보였다.81)

내는 법			나는 자리	1(순음) 두 입술	2(설음) 잇몸 혀끝	3(치음) 센이붕 혓바닥	4(아음) 여린이붕 혀뿌리	5(후음) 목청
다 막 음	코소리	맑은						
		흐린		ㅁ	ㄴ	ᄂ	ㅇ	
	터짐소리	맑은		ㅂ,[ㅍ]	ㄷ,[ㅌ]	ㅈ,[ㅊ]	ㄱ,[ㅋ]	
		흐린		(ㅸ),ㅃ	(ㅌ),ㄸ	(ㅊ),ㅉ	(ㄱ),ㄲ	
덜 막 음	굴림소리	맑은						
		흐린			ㄹ,ㄹㄹ			
	갈이소리	맑은				ㅅ ㅆ		ㆆ ㅎ
		흐린		ㅜ ㅗ		ㅑ △	ㅡ	

* (1) ( )표는 소리는 있으되, 따로 글자가 없는 것, □표는 예전에는 있었으나, 이제는 쓰지 아니 하는 것, [ ]표는 겹소리인 것을 보임이다.

   (2) ㅈ, ㅉ은 터짐소리 가운데에서도 그 터지는 힘이 ㅂ, ㅍ, ㄱ, ㅋ 보다 여리[弱하]어서, 얼마큼 갈이소리의 바탈을 띤 듯하다. 그래서, 이 따위를 터짐갈이소리[破擦音]라고도 부른다.

---

80) 김석득 : 앞든 책 327쪽 참고.
81) 최현배 : 앞든 책 68~70쪽 참고.

(3) 우리말의 닿소리고루는 군데[個所]가 다섯이니, 이것이 곧 우리
말의 닿소리를 규정하는 기초가 된다.

위와 같은 음성 분류의 원칙은, 1950년 이후, 우리나라에서, 미국의 기술언어학(記述言語學)의 이론을 도입하여, 「전기 구조주의 시대(前期構造主義時代)」를 이루면서 국어의 음성을 기술 분석할 때, 기술 구조주의로 지향하는 젊은 어학자들에게 많은 영향을 주었다. 뿐만 아니라, 「후기 구조주의 시대」에 들어와서도 생성 음소론(生成音素論)에서의 국어 음성의 자질(資質) 연구에 큰 영향을 주고 있는 것이다.[82]

〈6〉 이은소리[連音]의 작용

현대 음소론(音素論)은, 닿소리나 홀소리와 같이 말의 선조(線條)상에서 분절(分節)해 낼 수 있는 분절음소(分節音素 : 子母音)와 분절음소에 얹혀 나옴으로써 분절해 낼 수 없는 음률자질(音律資質 : 얹힘음소)에 관한 연구로 나누어진다.

얹힘의 현상에는 대체로, 말의 끝남법, 소리의 길이, 말의 연접법 등이 있다. ≪우리말본≫의 「이은소리[連音]」란 소리의 이음을 말하는 것으로, 이는 소리의 분석적(分析的) 연구가 아니라 종합적 연구에 해당한다. ≪우리말본≫의 「이은소리」에서는, 낱낱의 소리가 서로 이어서 말을 이룰 때 특별한 작용이 있다 하고, 이는 곧 「소리의 동안」(짧은소리, 예사소리, 긴소리), 「소리의 힘」(힘올림에는 낱내올림, 낱말올림, 월올림), 「소리의 가락」(높낮이), 「소리의 달라짐」의 네 가지가 그것이라 하고, 각각 나누어 설명하였는데, 이 중 「소리의 달라짐」은 형태음소론(形態音素論)에 해당한다.

---

82) 김석득 : 앞든 책 328쪽 참고.

(1) 「소리의 동안」은 소리의 나는 동안의 길고 짧음이니, 이를 짧은소리[短音], 예사소리[常音, 中音], 긴소리[長音]의 세 가지로 나누어 설명하고, 우리말 가운데에, 그 맞훔[spell, 綴字]은 서로 같으나 그 홀소리의 길고 짧음을 따라서, 그 뜻이 온통 다른 일이 있다 하고, 다음과 같이 보기를 들어 보이었다.[83]

긴소리(/)	예사소리(―)	짧은소리(')
말을 잘 한다.	쌀 한 말에 얼마요?	말을 먹이는 사람.
놀지 말고 일하세.		종이를 말아라.
쇠가 달도록 불이 붙소.	돛을 달고 떠난다.	달기가 꿀같소.
크기가 몇 배나 되오.	배가 두 척이 떴다.	배를 따아 먹자.
발을 드리우고.	길이가 한 발이오.	손과 발.

「소리의 동안」은 「마주길이[相對的長]」와 「따로길이[絶對的長]」가 있는데, 위에 말한 길이와 같이 소리를 서로 견주어(비교하여) 본 길이를 「마주길이」라 하고, 다 같은 길이의 말이 말하는 사람과 때를 따라서, 길어지기도 하고 또 짧아지기도 하는 길이, 곧 말하는 이의 정신적 태도에 따라 나타나는 길이를 「따로길이」라 하였다.

그리고 외솔은 소리의 길고 짧은 소리의 표시, 곧 길이표[長短標]를 [잡이]에서 말하기를, 옛적의 표를 오늘의 방식에 따라, 그 글자의 오른쪽에 점을 쳐서 하되, 긴소리는 두 점, 짧은소리는 한 점으로 표하고, 예사소리는 아무 표도 아니함이 좋다(보기 : 「발:[簾]」, 「발[丈]」, 「발·[足]」, 「이르:다[云]」, 「이르다[到]」, 「이르·다[早]」, 「물:다[償]」, 「물[水]」, 「물·다[咬]」)라고 하고, 제발 이 뒤에 우리글을 아주 가로씨[橫書하]게 될 때에는, 이 길이표[長短標]를 그 홀소리의 오른 쪽에 하면 좋으리라 하노라

---

83) 최현배 : 앞든 책 94~97쪽 참고.

하고, 그 보기를 들기를,

　　　　ㅁㅜ:ㄹㄷㅏ,　　ㅁㅜㄹ,　　ㅁㅜ·ㄹㄷㅏ

와 같다 하였다. 그리고 외솔은 이 소리의 길이표를 어떤 때에 쓸까? 에 대하여, 우리말에는 긴소리와 짧은소리가 적고 예사소리가 많으니, 그 길이표를 날로 쓰는 글에 또박또박 쓰어도 그리 번거롭지 아니할 듯 하지마는, 예사 글에는 이 표가 없을지라도 그 말의 아래위 문리를 보아서 넉넉히 그 뜻을 알아보겠으므로, 예사 글에서는 특별한 것 이외에는 쓰지 아니하고, 다만 말광[辭典]에만 쓰는 것이 편리하리라 하노라고 하였다. 또 외솔은 [잡이]에서, 위에 말한 소리의 동안은 예사로 홀소리를 두고 하는 말이지마는, 가늘게 살피어 보면, 닿소리에도 동안이 없지 아니하니라. 얼른 말하면, 같이소리와 코소리는 굴림소리와 터짐소리보다 동안이 길다 할 만하니라 하였다.

　그런데, 외솔의 이 소리의 동안은 오늘날 국어 음성학에서의 「시차적 자질(示差的資質 : 示差的辨別資質)」로서의 길이와 「표현 자질」로서의 길이 등에 대한 연구에 큰 영향을 주었던 것이다.[84]

　(2) 「소리의 힘」(세기, 크기) 곧 「힘올림」(stress accent)은 물리학적(物理學的)으로, 목청의 떨음을 말미암아서 된 소리결[音波]의 떨폭[振幅]의 크고 작음을 이름이니, 그 떨폭이 크면, 소리힘이 크고, 그 떨폭이 작으면, 소리힘이 작다고 하고, 「힘올림[壓力악센트]」에는 「낱내올림」·「낱말올림」·「월올림」의 세 가지가 있다고 하였다. 우리말은 서양말보다는 힘올림이 그리 엄격하지 못하며, 국어의 힘올림은 버릇에 관계 된다고 하였다.[85] 그리고, 경상남도, 전라남도 등지의 올림, 더구나 월 올림은

---

84) 김석득 : 앞든 책 329쪽 참고.
85) 외솔은 예스뻴센(Otto Jespersen 1860~1943)의 힘올림의 성립의 세 요

월의 첫머리에 있으며, 충청, 경기 등지의 말은 올림이 월의 끝쪽에 있으며, 또 경남, 전남 등지의 말에는 올림이 많아서 말에 오르막 내리막이 많지마는, 충청, 경기 등지의 말에는 올림이 그리 많지 아니한 것도 또한 이 버릇의 소치(所致)이다고 함으로써, 힘올림 문제에 대한, 방언학적 의의를 제시해 주고 있다.

(3)「소리의 가락[音調]」곧 소리의「높낮이」는 목청의 떠는 셈[振動數]을 따라 되는 것이니, 그 떠는 셈이 많으면, 가락이 높고, 그 떠는 셈이 적으면, 가락이 낮으리라 라고 말하고, 소리의 크기(힘)와 높이(가락)를 그림으로 크고 낮은 소리와 작고 높은 소리를 그려 보이었다.[86]

소리의 가락에는 ① 높낮이가 없이 평평하게 가는 것(―), ② 낮아 가는 것(\), ③ 높아 가는 것(/), ④ 처음에 낮다가 나중에 높아가는 것(∨), ⑤ 처음에 높다가 나중에 낮아 가는 것(∧)의 다름이 있다 하고, 또 높은 소리는 그 낱내[音節, syllable]를 "⌈ ⌉"안에 넣어서 표하고, 낮은 소리는 그 낱내를 "⌊ ⌋"안에 넣어서 표한다 하고, 보기를 들었다.

⌈물⌉ 음, 구름, 나 ⌊름⌋, 그대도 가 ⌊오⌋?
나도 가 ⌊오⌋

소리의「높낮이」에는 첫째, 소리내는 사람에 따라, 둘째, 소리의 힘에 따라, 셋째, 말하는 이의 마음가짐[心狀]의 생생함의 정도에 따라, 넷째, 끝남법(Abschlussgesetz)에 따라 달라지는 것이라 하고, 국어의 끝남법의 중요성을 세웠다. 그런데 첫째에서 셋째까지의 양상은, 국어의 경우「표

소인 1.버릇(tradition, 傳習), 2.심리적 사정, 3.물리 생리학적(物理生理學的) 사정을 말하고, 우리 배달말은 힘홀림은 그 중 버릇에 관계된다고 하였다.
86) 최현배 : 앞든 책 99~104쪽 참고.

현자질」에 해당하고, 넷째는 「시차적자질」에 해당하는 것으로, 음률자질(音律資質) 연구에 중요한 문제를 제시해 준다. 다만 음률자질(얹힘음소) 중, 연접(連接)에 대한 언급이 없었던 것은 유감이다.

이상에서, ≪우리말본≫에 나타난 「이은소리」 가운데 얹힘 현상에 대한 부분을 살펴보았다. 그러면, 외솔의 설명을 일관하는 이 부분의 학문적 배경은 무엇인가? 그것은 다름 아닌 「물리학」과 「심리학」이라 할 수 있다. 이와 같은 물리학과 심리학을 배경으로 한 얹힘 현상의 연구는, 우리 국어학의 「전기 구조주의 시대」나 「후기 구조주의 시대」의 국어 음성학계에 큰 영향을 주었고, 또 계속 주고 있는 것이다.[87]

(3-3-2) 낱내[音節]의 뜻매김과 형성

「낱내[소리마디, 音節]」에 대하여, 「낱내」란 「한 숨에 한 번에 내는 한 덩이의 소리」라고 뜻매김했다. 그런데, 낱내의 형성에 대하여는, 한 똑똑한 소리가 주장이 되고, 다른 덜 똑똑한 소리들이 그것을 중심삼아, 서로 얽혀서 한 덩이가 된 소리라 하고, 국어에서의 똑똑함[亮度, sonority]의 정도를 다음과 같이 분류하였는데, 대개 울림소리[有聲音]는 울림없는 소리[無聲音]보다 똑똑함이 크고, 울림소리 가운데에서도 홀소리가 닿소리보다 크고, 그 홀소리와 닿소리 가운데서도 여러 층계가 있다 하였다.

(1) 울림소리 홀소리 : ㅏ, ㅐ, ㅔ, ㅚ, ㅣ
(2) 울림소리 홀소리 : ㅓ, ㅗ, ㅜ, ㅡ
(3) 울림소리 굴림소리 : ㄹ, ㄹㄹ

---

[87] 김석득 : 앞든 책 329쪽 참고.

(4) 울림소리 코소리 : ㅁ, ㄴ, ㅇ
(5) 울림소리 터짐소리 : [ㅂ, ㄷ, ㄱ]
(6) 울림없는 소리 갈이소리 : ㅅ, ㅎ
(7) 울림없는 소리 터짐소리 : ㅂ, ㄷ, ㄱ

낱내는 항상 똑똑함이 큰 소리가 주장이 되어서 똑똑함이 작은 다른 소리를 거느린다 하였다.

그리고 낱내에는 닿소리로 끝난 「받침낱내」(닫힌낱내, closed syllable)와, 홀소리로 끝난 「받침없는 낱내」(열힌낱내, open syllable)의 두 가지가 있다 하였으니, 이를테면, 「각, 놈, 빗」들은 닫힌낱내이요, 「너, 도, 루 …」들은 열힌낱내이다.[88]

이와 같은 ≪우리말본≫의 낱내 이론(곧 낱내의 정의와 그 낱내 형성에 대한 언급)은 기술 구조언어학 시대에 와서 국어 낱내의 유형(Phonemic pattern) 등, 국어 음소 배합론(Phonotactics)에 많은 영향을 주었다.[89]

(3-3-3) 소리의 달라짐과 버릇소리

소리가 서로 이을 적에는 일정한 법을 따라 「소리의 달라짐[音의 變化]」이 일어난다. 그러나, 말이란 사람의 마음에 지배되는 발음운동(發音運動)과 사회적 환경의 영향을 받기 때문에, 말의 법칙에는 저 자연의 법칙에 지배되는 이화학적(理化學的) 변화와는 다른 예외 현상이 있다. 그리하여 외솔은 달라짐에는 「필연적(必然的) 변화(變化)」와 「우연적(偶然的) 변화」가 있다고 보았던 것이다. 이것은 언어를 빈틈없는 논리나

---

88) 최현배 : 앞든 책 104~106쪽 참고.
89) 김석득 : 앞든 책 332쪽 참고.

4. 말본 연구의 발전   371

자연 법칙과는 다른, 예외를 수반하는 존재로 본 언어관이라 할 수 있
다. ≪우리말본≫에서는 소리의 달라짐을 편의적으로, (1) 소리의 닮음
[音의 同化, assimilation], (2) 소리의 줄임[音의 省略], (3) 닿소리의 들어
나는 힘[子音의 發音力]의 세 가지에 갈라서 풀이 하였다.

(1)「소리의 닮음」에서는 그 내용으로 보아「홀소리의 닮음」과「닿소
리의 닮음」두 가지로 크게 가르었는데, 이를 다음 틀과 같이 다시 가
늘게 가르고, 그 차례를 좇아 풀이하였다.90)

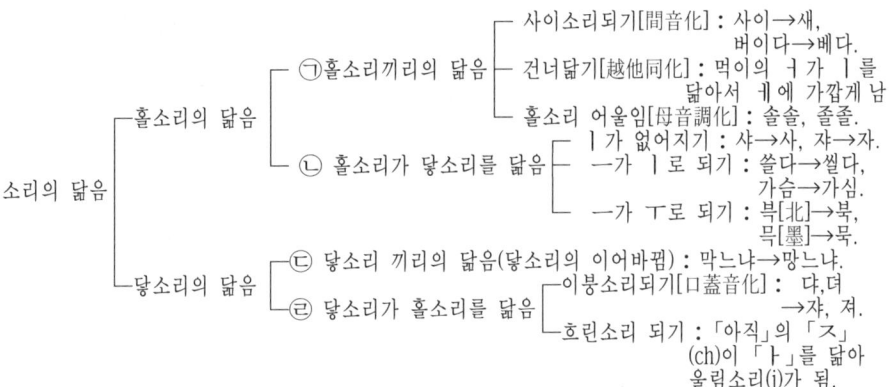

(2)「소리의 줄임[音의 省略]」에서는「홀소리의 줄임」과「닿소리의 줄
임」및「홀닿소리의 줄임」의 세 가지로 나누어 설명하였다.91)

(3)「닿소리의 들어나는 힘[子音의 發音力]」에서는, 낱내의 첫소리로
날 적에와 끝소리로 날 적에와 속소리[中聲]로 날 적에와가 그 힘이 서
로 다르다고 하고, 이를 설명하였다.92)

---

90) 최현배 : 앞든 책 106~119쪽 참고.
91) 최현배 : 윗 책 119~122쪽 참고.
92) 최현배 : 윗 책 122~123쪽 참고.

그리고 외솔은 위에 말한 것 밖에도 「소리의 달라짐」의 범주에 들어가는 「버릇소리[習慣音]」를 딴 대목으로 놓고 뜻매김하기를, 「버릇[習慣]으로 말미암아서 그리 내는 것」이라 하고, 그 버릇의 원인으로 (1)역사적 사정, (2)심리적 관계, (3)말겨레스런[語族的] 통성(通性), (4)음리(音理)의 상근(相近), (5)교육의 결함, (6)단순한 버릇 등 여섯 가지를 들어 설명하였다. 그리고 또 우리말의 「버릇소리」를 「버릇 홀소리」와 「버릇 닿소리」의 두 가지로 갈라서 설명하였다.93)

이렇게 보면, ≪우리말본≫의 「소리의 달라짐」과 「버릇소리」는 현대 국어의 음소 변동의 조건에 따른 형태음소론과, 형태분석론에 큰 영향을 주고 있다 할 것이다.94)

(3-4) 씨갈과 절충적(준종합적) 체계 확립

말본 체계의 가름은 앞에서도 말한 바와 같이 주로 낱말 곧 씨(품사)의 분류에 따라 분석적이냐 절충적이냐, 종합적 체계냐로 부르는 바, ≪우리말본≫의 말본체계는 외솔에 의해 새로 개척되고 확립된 절충적 체계 곧 준종합적 체계로서 현대 말본 체계이다.

최광옥·유길준·주시경님 이래 지금까지 1백여 종이 훨씬 넘는 말본 책이 인간되었으나, 아직까지 ≪우리말본≫에 세운 낱말의 뜻매김만큼 해박하고 구체성을 띤 이론적인 말본 책을 볼 수가 없다.

≪우리말본≫의 씨갈[詞論, 語類論]에서는 국어의 씨(품사)를 임자씨[體言]·풀이씨[用言]·꾸밈씨[修飾詞]·걸림씨[關係詞]로 크게 가르고, 그것을 다시 이름씨[名詞]·대이름씨[代名詞]·셈씨[數詞]·움직씨[動詞]·

---

93) 최현배 : 앞든 책 124~137쪽 참고.
94) 김석득 : 앞든 책 333쪽 참고.

그림씨[어떻씨, 形容詞]·잡음씨[指定詞]·매김씨[어떤씨, 冠形詞]·어찌씨[副詞]·느낌씨[感動詞]·토씨[助詞] 등 10씨(품사)로 가르며, 그 뜻[意義]·갈래[種別]·기능·특징·변화·끝바꿈[活用] 등에 대하여 논급하였다.

(3-4-1) 씨갈과 낱말

「씨갈[詞論]」은 ≪우리말본≫에서, 「씨의 갈[論, 學]이니, 씨 곧 몇 갈래로 가른 낱말의 바탈[性質]과 부림[運用]을 연구하는 것이니라.」라고 하고, 「씨」는 「말의 씨[語의 種]란 뜻이니, 곧 말을 분류하는 선자리[立場]에서 낱말을 이름이다.」라고 하였다. 그리고 씨갈은 크게 두 조각[部分]으로 가르어, 하나는 낱말 그것의 바탈[性質]―뜻, 꼴, 갈래―을 가다루는[硏究處理하는] 조각이요, 다른 하나는 낱말의 부림을 가다루는 조각이라고 하였다.

「낱말」은 「말의 단위(單位, 낱덩이, unit)이니, 따로따로 어떠한 생각을 가지고 말함[話]과 글월[文]을 이루는, 직접의 재료가 되는 것이니라.」라고 하였다.

이 낱말의 뜻매김을 분석해 보면, 뜻매김의 중심 부분은 「따로따로 어떠한 생각을 가지고」와 「글월을 이루는 재료」에 있다. 따로따로 생각을 가진다는 것은, 그것대로 하나의 독립된 뭉뚱그려진 뜻을 갖는다는 것이고, 글월을 이루는 재료란, 그것이 월[文]과 직접 관계를 가지는 것이라야 한다는 것이다. 그러나, 외솔은 다시 이에 대한 주의로, 낱말은, 소리의 단위(낱덩이)도, 생각의 낱덩이[單位]와도 일치한 것이 아니며, 다만, 낱말은 월을 쪼갈라[分析해] 놓은 낱덩이라고 함으로써, 낱말을 생각함에는 먼저 월을 분석한 결과임을 생각해야 한다고 보았던 것이다 (외솔은 말하기를, 낱말을 생각함에는, 먼저 월을 생각하지 아니하면 안 된다. 오늘의 언어학자의 연구한 바에 따를 것 같으면, 씨 곧 낱말이 먼저 생긴 것이 아니요, 월이 먼저 생긴 것이라 한다. 곧 원시시대에는 가장 먼저 월이 있어서, 그것이 조금도 분석적이 아니요, 어떠한 소리가 모여서 그대로 어떠한 생각을 나타내었다 한다. 이러한 보기는 오늘의 세계 야만인 가운데에서 볼 수가 있다.… 고 하였다). 따라서 낱말 뜻매김의 중심은 「월을 전제함」에 있었던 것이다. 그러나 월의 분석에 표준을 두어, 월의 조각[成分]의 단위를 낱말로 봄도 그 기준을 삼기 어려우므로 [임자말[主語], 풀이말[說明語] 따위를 낱말로 볼 위험이 있음], 낱말은, 다시 말의 단위(낱덩이)라 하고, 이 월의 쪼가름(분석)의 대중(표준)은 말의 낱덩이의 성질을 해하지 아니하는 데까지에 있다고 하였다. 「말의 단위」란, 「월을 만들기에 직접적으로 쓰이는 그 재료(거리)의 단위를 뜻함이니, 만약 그것을 더 쪼갈라 놓을 것 같으면, 그 말의 단위로서의 성질과 작용을 잃어버리게 된다」고 하였다. 이와 같은 설에서는, 낱말관(낱말에 대한 관점)의 종합성을 볼 수 있다.

그런데, 외솔은 다시 낱말은 말의 낱덩이로서의 따로설만함[分立性]을 가진 것이라고 하였다. 그러나, 여기서 낱말의 따로섬이라 함은 다른 말과 아무 관계 없이 제 홀로 따로 선다는 것은 아니다. 말은 항상 다른 말과 서로 얽히어서 실제의 담화와 글월을 이루는 것이 떳떳한 일이다. 그러나, 그런 중에서도, 낱말이란 것은 항상 제 스스로 한 낱이 되어서, 다른 말과 떨어져, 여러 가지의 자리에 설 수 있는 성질을 가진 것이라고 하였다. 이러한 말은 곧 「토」가 독립된 한 낱말[單語]됨을 이미 암시했다고 보아지는 것이다. 이것은 낱말관의 분석성(分析性)을 말해 줌이라 하겠다.

이상과 같이 외솔은 낱말의 뜻을 갈라서 설명한 다음, 결론적으로 낱

4. 말본 연구의 발전

말의 뜻매김하기를,

낱말이란 것은, 더 쪼가를 수 없는, 말의 낱덩이[單位]이니 : 반드시 어떠한 생각을 가지고, 따로 떨어져서, 말함과 글월을 이루는 직접의 거리[材料]가 되는 것이니라.

라고 하였다. 외솔은 또 말하기를, 어떤 낱말(씨)은 다시 쪼가를 수가 있는 것이 있으니, 그 다시 쪼가른 조각 가운데에 그 뿌리가 되는 으뜸 조각을 「씨뿌리」 또는 「뿌리[語根]」라 하며, 그 뿌리에 붙어서 더러는 그 뜻을 보태고, 더러는 그 자격을 바꾸는 구실을 하는 조각을 「씨가지」 또는 「가지」[語枝, 接辭]라 일컫는다고 하였다.

우리는 위에서 ≪우리말본≫에 나타난 체계가 종합적이면서도 분석적인 말본 체계임을 엿볼 수 있으니, 이러한 체계를 「절충적 체계」 또는 「준종합적 체계」라 부른다.

외솔은 또 두 낱 넘는 씨가 서로 겹하여서 한 낱의 생각을 나타낼 적에, 그것을 말본에서 또한 한 씨로 보아 다루는 것이 있다 하고, 이를 「겹씨[複詞]」라 한다고 하고, 그 보기를 들기를,

손가락, 부손, 천지, 동서, 마소

같은 것이니, 이는 분명히 두 씨가 모여서 된 것인데, 이를 또한 한 씨로 본다고 하였다.

이 「겹씨」에 대하여 위에 말한 홑진(단순한) 씨를 특히 「홑씨[單詞]」라 한다 하고, 두 가지가 다 씨인 점에서는 마찬가지이라고 하였다.

그리고 [잡이]에서 두 낱 넘는 씨가 모여서 한 낱의 생각을 나타낸다고 다 겹씨[複詞]가 되는 것은 아니다. 이를테면, 「개나리 꽃」, 「닭의 알」은 각 한 개의 물건이요, 하나의 생각(관념)이지마는, 말인즉 두 세 낱의

씨임과 같으니라 라고 하고, 이와 같이 여러 씨가 모여서 쓰이는 말을 이은말[Phrase, 連語]이라고 하였다.

(3-4-2) 씨의 갈래[詞의 種別, 品詞]

외솔은 ≪우리말본≫에서,

씨 가름은 사람의 말을 연구하는 편의상으로 하는 것이니, 아예부터 일정 불변하는 일반적 표준이 있는 것이 아니라, 다만 그 나라말의 바탈[性質]의 다름을 따라, 저절로 틀림이 생기는 것은 정한 이체(理體)이나, 다만 가장 필요한 일은 될 수 있는 대로 그 말의 본래의 바탈에 맞으며, 따라, 그 말의 이해와 실용에 가장 편의한 가름[分類]을 하여야 할 것이다.

그러한즉, 우리가 우리말을 가름에는 우리말 고유의 바탈에 맞으며, 우리말의 이해와 실용에 가장 맞으며, 또 말의 발달에 가장 유리한 가름을 하여야 한다.

라고 하고, 분류의 이론은 도무지 말하지 아니하고, 우리말의 씨(기, 품사)를 아홉 갈래(임·엇·움·겻·잇·언·억·놀·끗)로 갈른 주시경님의 체계와 또 아무 이론적 전개(展開)는 없이 주시경님의 ≪국어문법≫의 씨가름[品詞分類]을 그대로 받아쓴 김두봉님의 ≪조선말본≫ 체계를 비판하였다(다만 ≪조선말본≫에서는 그 명칭을 조금 고쳐서 「임·얼·움·겻·잇·맺·언·억·늑」으로 하였음).

그리고, 주시경님의 가름법이 너무도 분석적임에 만족할 수 없으므로, 이제, 다음에 「종합적 분류법」을 베풀고자 한다고 하였다.

외솔은 씨의 가름[分類]의 원리를, 「그 말본에서의 구실[職能, 「役目」]을 주장[主]으로 삼고, 그에 따르는 꼴[形式]과 뜻[意義]을 딸림[從]으로 삼아서, 이 세 가지가 서로 관계하는 상태를 대종[標準]으로 삼아, 결정하여야 한다.」고 세웠다. 이 원리에서 말하는「말본에서의 구실」이란 이른바 구조적 기능(structural function : 씨와 씨가 합하는 관계에 있는 자리, 또는 월을 만드는 작용)을 말하며,「말의 꼴[形式]」이란 형태론적 특질을 말한다. 말본에서 소용 있는 꼴은, 그 낱말이 경우를 따라, 그 꼴이 달라짐이 있다든지, 도무지 달라짐이 없다든지 하는 따위의 꼴이다. 그런데, 구조적 기능이나 형태론적 특질은 함께 구조론(構造論)에 포함된다. 한편 여기에서 말하는「뜻」곧「말본스런 뜻[語法的意義]」이란, 우리가 얼핏 생각하기 쉬운 형태의 의미(sememe)나, 어휘적(語彙的, 말수스런) 의미(사전적 의미)를 말함이 아니고, 그 말이 가지고 있는 공통성을 보이는 것이다. 말본에 소용 있는 가름[分類]은 낱말이 가지고 있는 보편성에 의한 가름이다. 이를테면,

<u>봄</u>은 <u>따뜻하고</u>, <u>여름</u>은 <u>덥다</u>.
<u>메</u>는 <u>높고</u>, <u>물</u>은 <u>맑다</u>.

에서「봄」,「여름」,「메」,「물」은 어휘적 의미, 또는 사전 풀이의 의미로는「春」,「夏」,「山」,「水」가 되나, 이는 씨(품사)의 분류에 불필요하다는 것이다. 곧「봄」,「여름」,「메」,「물」이 각각 그 뜻이 다르지마는, 모두 사물의 이름을 나타낸 것임은 한 가지요,「따뜻하고」,「덥다」,「높고」,「맑다」가 각각 그 뜻이 다르되, 모두 사물의 바탈[性質]을 나타낸 것임은 한가지다. 이와 같이,「말이 가지고 있는 공통스러운 뜻」, 이것이 말본갈[語法學]에서의 씨 가름에 소용되는 뜻이라는 것이다. 이렇게 보면, 외솔의 씨 갈음의 원칙은, 구조론(構造論)과 말본의 의미의 양면 관계로 이해된다.

외솔은 첫째는 말본에서의 구실을 보고, 다음에는 구실에 대응(對應)

하는 뜻과 꼴을 보아, 이것을 대중으로 삼아서, 씨 가름을 하는 것이 옳다고 하였다.

그리고 외솔은 우리말의 씨의 분류의 순서를 다음과 같이 틀로 보였다.

```
       ┌─생각씨[觀念詞]─┬─으뜸씨[主要詞]─┬─임자씨[體言]
씨 ─┤                    │                    └─풀이씨[用言]
       │                    └─꾸밈씨[修飾詞]
       └─걸림씨(토씨)[關係詞, 助詞]
```

외솔은 ≪우리말본≫에서 말하기를, 모든 낱말[單語]을 그 말본에서의 구실[職能]과 그 독립한 생각[觀念]의 있고 없음으로 보면, 이를 두 가지로 크게 나눌 수가 있으니, 하나는 어떠한 생각을 나타내는 말인 「생각씨[觀念詞]」이요, 또 하나는 생각씨의 뒤에 붙어서 그것들의 사이의 관계를 나타내는, 곧 관계 관념을 나타내는 「걸림씨[關係詞]」 또는 「토씨[助詞]」라 하고, 이 생각씨와 걸림씨(토씨)와의 가름은 다만 그 뜻이나 꼴로써 한 것이 아니라, 월을 만들기에 미치는 작용의 다름을 따라 가른 것이라 하였다. 그리고 생각씨는 월의 중요한 거리[材料]가 되고, 걸림씨는 그 거리들을 얽어매어서 월을 만들어내는 버금거리[副次材料]라고 하였다.

「생각씨」를 다시 월의 으뜸감[主要材料]이 되는 생각씨[觀念詞]인 「으뜸씨[主要詞]」와, 항상 으뜸씨를 꾸미는 구실을 하여 월의 제 2차적 성분이 되는 「꾸밈씨[修飾詞]」로 나누었다. 「으뜸씨」는 사물(事物)의 이름[名稱]과 움직임[動作]과 어떠함[形容]을 나타내는 말이요, 「꾸밈씨」는 그 이름과 움직임과 어떠함을 꾸미는 말이다.

「으뜸씨」는 다시 월의 임자[主體]가 되는 씨인 「임자씨[主體詞, 體言]」와, 월의 풀이[說明]가 되는 씨인 「풀이씨[說明詞, 用言]」로 나누었다. 「임자씨」는 일이나 몬[物]의 이름이나 셈 같은 것을 나타내는 말이요,

「풀이씨」는 일이나 몬의 움직임과 어떠함을 나타내는 말이니, 곧 일과 몬을 풀이하는[說明하는] 힘[力]을 가진 씨인데, 대개는 다 일몬[事物]의 속성(屬性)조차를 함께 들어낸다.

이제 임자씨・풀이씨・꾸밈씨의 세 가지의 말본에서의 쓰이는 본[法]의 다름을 생각해 보면, 풀이씨는 임자씨의 아래에 쓰이고, 꾸밈씨는 임자씨와 풀이씨와의 위에서 그것들을 꾸미며, 걸림씨(토)는 임자씨・풀이씨의 아래에만 쓰이고, 꾸밈씨의 아래에는 쓰이지 아니하는 것이 원칙인데, 다만 어찌씨의 아래에서는 더러 쓰인다.

이렇게 생각한즉, 우리말의 씨를 먼저 크게 임자씨[主體詞, 體言], 풀이씨[說明詞, 用言], 꾸밈씨[修飾詞], 걸림씨 혹은 토씨[關係詞 或은 助詞]의 네 가지의 가름은, 그 말본에서의 구실[職能]과 꼴[形式]과 뜻(의미)과 서로사이의 관계와로 보아, 매우 적절한 가름이라 하겠다.

「임자씨」는 말본의 뜻으로 보아 구체적 개념[實質概念]의 「바탕 임자씨[實質體言]와, 형식적 추상 개념(形式的抽象概念)의 「꼴 임자씨[形式體言]」로 나누어지는데, 「바탕 임자씨」는 일정한 바탕이 있는 개념을 나타내는 것이니(곧 일정한 말은 일정한 종류의 사물에만 들어맞고, 다른 사물에는 들어맞지 못하는 것이다. 보기 : 나무, 돌…), 이를 「이름씨[名詞]」라 하고, 「꼴 임자씨」는, 그 말에 대한 일정한 바탕이 없고, 다만 여러 가지의 사물에 두루 들어맞는 꼴[形式]을 추상적(抽象的)으로 들어냄에 지나지 아니한 말이니, 이 「꼴 임자씨」는 다시 주관적(主觀的)의 것과 객관적(客觀的)의 것과의 두 가지로 가른다. 「주관적 꼴 임자씨[主觀的 形式體言]」는, 말하는 이의 주관적 태도에 따라, 한가지의 사물을 여러 가지 말(이것, 그것, 저것…)로 나타내는 꼴 임자씨이니, 이를 「대이름씨[代名詞]」라 하고, 「객관적 꼴 임자씨[客觀的形式體言]」는, 일정한 사물의 수효는 반드시 일정한 말(셋이면 셋, 넷이면 넷)로만 나타내고 결코 말하는 사람의 주관에 따라서 달리 말할 수 없는 꼴 임자씨이니, 이를 「셈씨[數詞]」라 한다.

이 임자씨의 가름을 틀로 보이면 다음과 같다.

```
         ┌ 바탕 임자씨[實質體言]┈┈┈┈┈┈┈┈┈┈┈┈┈┈┈┈이름씨[名詞]
임자씨 ┤                        ┌주관적 꼴임자씨┈┈┈┈대이름씨[代名詞]
         └ 꼴 임자씨[形式體言]┤
                                  └객관적 꼴임자씨┈┈┈┈┈┈셈씨[數詞]
```

「풀이씨」는 그 가장 요긴한 특징(特徵, 보람)을 풀이힘[說明力]에 두고, 이 풀이하는 힘은, 논리학(論理學)에서의 판단 작용(作用)으로 보았다. 대체, 사람의 생각을 들어냄에는 낱낱의 개념이 필요한 것은 말할 것도 없거니와, 그 낱낱의 개념만 있고 이를 통일하여서 판단하는 작용이 없을 것 같으면, 생각의 완전한 들어냄이 되지 못할 것이다. 이 통일하여 판단하는 작용을 말로 나타낸 것이 곧 풀이씨다. 원래, 사람의 생각은 판단에 있다는 논리학의 주장을 받아들여서, 풀이씨가 우리 사람의 생각을 들어냄에 가장 소중한 것이라고 하였다.

「풀이씨」는 먼저 그 속성(屬性)의 관념을 들어내고 안 들어냄을 보아, 「바탕 풀이씨[實質用言]」와 「꼴 풀이씨[形式用言]」의 두 가지로 가른다. 「바탕 풀이씨」란 것은 풀이힘과 함께 속성 관념을 들어내는, 곧 그 씨가 들어내는 실질의 바탕이 있는 풀이씨(가다, 보다, 잡다, 크다, 적다)인데, 「꼴 풀이씨」란 것은 풀이힘을 가진 것은 물론이지마는, 아무 실질의 관념을 들어내지 아니하는, 곧 바탕이 없고 다만 꼴만 있는 풀이씨이다. 이 「바탕 풀이씨」는 그 뜻과 바탈(성질)과 끝바꿈으로 보아, 「그림씨[形容詞]」와 「움직씨[動詞]」의 두 가지로 가르니, 「그림씨」란 일과 몬[物]의 바탈과 모양과 존재가 어떠함을 나타내는, 또는 그리는 씨를 이름이요(착하다, 따뜻하다, 높고, 있다), 「움직씨」는 일과 몬의 움직임을 나타내는 씨를 이름이다(가다, 생각하다, 흐르다). 「꼴 풀이씨」란 것은 풀이힘을 가진 것은 물론이지마는, 아무 실질의 관념을 들어내지 아니하는, 곧 바탕이 없고, 다만 꼴만 있는 풀이씨이니, 보기를 들면,

　　　이것이 붓<u>이다.</u>　　　한 해는 열 두 달<u>이다.</u>

의 「이다」와 같은 것이다. 이를 한 갈래의 씨로 삼아서, 「잡음씨[指定詞]」(이다, 아니다)라 일컫는다.

　이 「이다」와 같은 풀이씨는 바탕의 관념이 없기 때문에 제 홀로는 월의 완전한 풀이가 되지 못하고, 항상 이름씨의 기움[補足]을 빌기는 하지마는, 그 스스로가 풀이하는 힘을 가진 독립한 풀이씨인 것만은 확실하다. 그러므로, 「이다」를 바탕[實質] 없는, 그러나 한 독립한, 풀이씨 곧 「꼴 풀이씨[形式用言]」로 보고, 「잡음씨」라 이름짓노니, 이는 무엇이 무엇이라고 잡는[指定하는] 뜻을 나타내기 때문이라고 외솔은 말하고, 새로 창설한 것이다[주시경님의 ≪국어문법≫ 체계에서는 끗(종지사)의 하나로 처리하였다].

　이리하여 외솔은 「풀이씨[用言]」를 갈라서, 위에서 말한 바와 같이, 「움직씨」와 「그림씨」와 「잡음씨」의 세 가지로 가르었으니, 이 풀이씨의 가름을 틀로 보이면 다음과 같다.

```
                ┌ 바탕 풀이씨[實質用言] ┌ 움직임[動作]·········움직씨[動詞]
   풀이씨 ┤                         └ 어떠함[性質]·········그림씨[形容詞]
                └ 꼴 풀이씨[形式用言] ·······················잡음씨[指定詞]
```

　「풀이씨」의 또 하나의 특징[特徵, 보람]은 「씨끝바꿈[語尾變化, 끝바꿈, 活用]」이다. 한 풀이씨가, 월에서 그 말본스런 노릇[語法的職能]을 다하기 위하여, 그 어형(語形, 말꼴)의 끝의 부분(곧, 씨끝)을 여러 가지

로 바꾸니[變化하니], 이를 풀이씨의 「끝바꿈[活用]」이라 한다. 풀이씨의 끝이, 그 쓰이는 본을 따라서, 여러 가지로 바꾸이는 조각[部分]을 「씨끝」 줄여서 「끝[語尾]」이라 하며, 그 바꾸이지 아니하는 조각을 「씨줄기」 줄여서 「줄기[語幹]」라 일컫는다. 이를테면,

　　붉다, 붉게, 붉은, 붉음.
　　먹다, 먹게, 먹는, 먹지마는.
　　보다, 보게, 보는, 보더라도.

의 「붉, 먹, 보」는 바꾸이지 아니하니, 이를 「씨줄기(줄기)」라 하며, 「다, 게, 은, 는, 음, 지마는, 더라도」는 바꾸이는 조각이니, 이를 「씨끝(끝)」이라 한다. 다시 말하면, 「줄기」는 그 씨의 바탕스런 뜻(실질적 의의)을 대표하여, 정적(靜的) 상태를 가지는(취하는) 고정부분(固定部分)이요, 「씨끝[語尾]」은 그 씨의 말본스런 관계를 나타내는 형식적 의의(꼴재스런 뜻)를 대표하여, 동적(動的) 상태를 가지는 활용 부분(活用部分)이다.

　다른 갈래의 씨에 뒷가지가 붙어서 풀이씨로 된 것은, 그 뒷가지의 한 조각은 그 원 갈래의 씨에 붙어서 줄기가 되고, 다른 한 조각은 씨끝이 된다. 보기를 들면,

　　　사내답다.　사랑스럽다.　가난하다.

의 「사내, 사랑, 가난」은 임자씨인데, 거기에 각각 「답다, 스럽다, 하다」의 뒷가지가 붙어서 한 풀이씨로 된 것이다. 그런데, 이 풀이씨의 「사내답, 사랑스럽, 가난하」는 줄기가 되고, 「다」만은 씨끝이 되었음과 같다.

　풀이씨를 이루기에 최소 한도의 중심 관념(中心觀念)을 대표하는 줄기를 「씨몸[語軀, 몸]」이라 하며, 씨몸 가운데에 다시 그 맨 으뜸뜻을 보이는 조각을 「씨뿌리[뿌리, 語根]」라 하며, 그 다음에 돕는 조각을 「도움뿌리[補助語根, 助根]」라 한다. 보기를 들면,

사람답다. 사랑스럽다. 가난하다.

의 「사람답, 사랑스럽, 가난하」가 「씨몸[語軀]」인데, 「사람, 사랑, 가난」은 「씨뿌리[語根]」이요, 「답, 스럽, 하」는 「도움뿌리[補助語根]」이다. 「씨뿌리(뿌리)」란 것은, 풀이씨 뿐 아니라, 모든 씨를 쪼개어 내다가 다시는 더 쪼개어 낼 수 없는 뿌리조각[根基部分]을 이름이니,

사람답다. 사랑스럽다. 가난하다.

들의 뿌리[語根]는 「사람, 사랑, 가난」(따로 서는 경우에는 뚜렷한 임자씨이다)이니, 이는 다시는 더 쪼개어 낼 수 없는 것이다. 그러나,

노래답다. 꿈같다.

들의 뿌리는 「노래, 꿈」(임자씨)을 다시 더 쪼개어 낸 「놀, 꾸」이니, 이 때의 도움뿌리는 「애」와 「답」, 「ㅁ」과 「같」의 둘씩이다.

「풀이씨」의 줄기[語幹]는 단일한 중심 관념을 나타내는 씨몸만으로 되는 것이 그 으뜸꼴[基本形, 原形]이지마는 그 자세한 뜻을 나타내기 위하여, 그 중심 관념을 돕는 조각[뒷가지, 接尾辭]을 거기에다가 덧붙이나니[이는 우리말이 덧붙는 말[添加語]인 특색을 나타내는 것이 됨], 이 씨몸에 덧붙어서 복잡한 줄기를 이루는 조각[部分]을 「도움줄기[補助語幹]」라 이른다.

이에, 도움줄기의 보기를 들면,

먹이다. 먹히다. 사뢰옵나이다.   그러하오니, 사랑하시다.
술잔을 잡으시다.

의 「이, 히, 옵, 오, 시, 으시」들과 같으니라.

「도움줄기」는 역시 줄기의 한 조각인즉, 한 번 들어간 다음에는, 다른

줄기와 같이, 고정적 상태를 취하여 바꾸히지 아니하고, 다만 그 아래에 붙는 씨끝만이, 말본스런 관계(걸림)를 표시하기 위하여, 여러 가지로 끝 바꿈할 따름이니, 보기하면,

　　가시 ── 다, 는, 어, 기, 면, 고

에서, 도움줄기 「시」가 원줄기 「가」와 함께 붙박하여서 동하니 아니함과 같다.

「도움줄기」와 「씨끝」에는, 홀소리와 닿소리 아래에 두루쓰이는 것과, 한가지 뜻의 것이 홀소리 아래와 닿소리 아래와는 따라서 그 꼴이 달라지는 것과의 두가지가 있으니, 도움줄기에서는 앞의 것을 「두루 도움줄기[共通補助語幹]」, 뒤의 것을 「가름 도움줄기[分揀補助語幹]」라 하며, 그리고, 「가름 도움줄기」의 홀소리 아래에만 쓰이는 꼴을 「홀소리 도움줄기[母音補助語幹]」, 닿소리 아래에만 쓰이는 꼴을 「닿소리 도움줄기[子音補助語幹]」라 한다. 또 「씨끝」에서도 그와 같이, 「두루 씨끝[共通語尾]」과 「가름 씨끝[分揀語尾]」으로 가르고, 가름 씨끝은 다시 「홀소리 씨끝[母音語尾]」과 「닿소리 씨끝[子音語尾]」의 두 가지로 가른다.

이제 그 보기를 틀로 보이면,

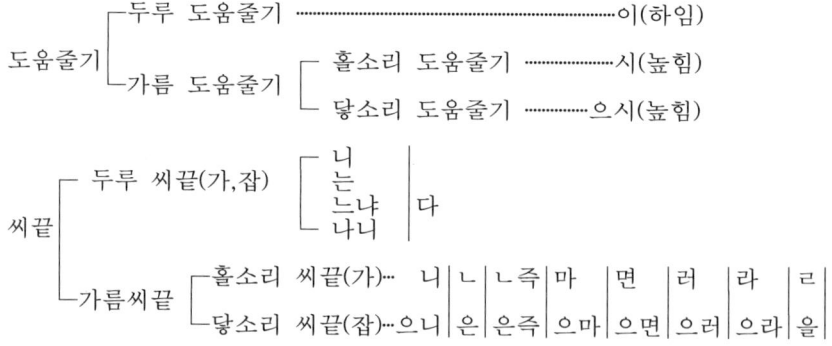

과 같은 따위이니, 곧 「도움줄기」에서는, 「하임 도움줄기[使動補助語幹]」는 「두루 도움줄기」이요, 「높힘 도움줄기[尊敬補助語幹]」는 「가름 도움줄기」이며, 「씨끝」에서는, 사실적(事實的) 매는꼴[拘束形] 「니, 으니」(가니, 잡으니)는 「가름 씨끝」이요, 물음꼴의 「니, 느냐」(가니? 잡니? 가느냐? 잡느냐?)는 「두루 씨끝」이다.

그러한데, 홀소리 아래에만 쓰이는 홀소리 도움줄기와 홀소리 씨끝과가 으뜸[基本]이 되고, 닿소리 아래에만 쓰이는 닿소리 도움줄기와 닿소리 씨끝은 그 위에 소리고루는 「으」를 더하여 된다. 그러므로 「으」는 고룸소리[調音素]이지, 뜻을 가지는 독립한 도움줄기가 아니다.

「두루 도움줄기」와 「두루 씨끝」 가운데에, 그 뜻은 한가지인데 그 위의 줄기의 끝낱내에 홀소리의 바탈이 밝음[陽性]임과 어두움[陰性]임을 따라서, 그 꼴을 달리하는 것이 있으니, 그 밝은 홀소리(ㅏ, ㅗ) 아래에 쓰이는 것을 「밝은 도움줄기[陽性補助語幹]」, 「밝은 씨끝[陽性語尾]」(통칭하여 「밝은 가지」, 陽性語枝)이라 하며, 그 어두운 홀소리(ㅓ, ㅜ, ㅡ, ㅣ) 아래에 쓰이는 것을 「어두운 도움줄기[陰性補助語幹]」, 「어두운 씨끝[陰性語尾]」(통칭하여 「어두운 가지」, 陰性語枝)이라 일컫는다.

이제 그 보기를 틀로 보이면, 다음과 같다.

```
도움줄기 ┌ 밝은 도움줄기[陽性補助語幹] ……… 았, 았었.
         └ 어두운 도움줄기[陰性補助語幹] …… 었, 있었.
씨끝    ┌ 밝은 씨끝[陽性語尾] …………… 아, 아서, 아라, 아도.
        └ 어두운 씨끝[陰性語尾] ………… 어, 어서, 어라, 어도.
```

풀이씨의 최간(最簡)의 줄기에 씨끝 「다」를 붙인 것(보기 : 가다, 일하다, 빠르다, 건방지다.)을 풀이씨의 으뜸꼴[原形, 基本形]이라 하니, 이

으뜸꼴은 그 풀이씨의 모든 변화의 밑몸[基體]이 되며, 또 그 모든 변형의 대표형이 되는 것이다.

　주시경님의 ≪국어문법≫이나, 김두봉님의 ≪조선말본≫ 등의 말본책들은 다 씨몸과 씨끝을 각각 독립한 씨로 다루기 때문에, 그 사이에 들어오는 「도움줄기[補助語幹]」를 둘 데가 없어서, ≪국어문법≫에서는, 아래의 씨 「끗토」에 붙이고(「잡, 았다」), ≪조선말본≫에서는, 위의 씨(풀이씨)에 붙이었으며(「잡았, 다」), 또 박승빈(朴勝彬)님의 ≪조선어학(朝鮮語學)≫에서는 이 도움줄기를 아주 따로 띄어 내어서 독립한 한 씨 갈래[品詞]로 잡아 「조용사(助用詞)」라 하였다.(「잡, 았, 다」), 외솔은 이와 같이 일관성 없는 처리를 가리켜, 이는 분석적 말본의 갈 데를 다 간 결과의 당연한 일이라고 말하고, 본인은 이것을 버리고, 모두 한씨(「잡았다」)로 잡고서, 풀이씨의 끝바꿈[活用]을 풀이한다고 하였다.

　「끝바꿈[活用]」에는 세 가지의 법이 있으니, 마침법[終止法]·이음법[接續法]·감목법[資格法]이 그것이다.

　「마침법」이란 것은 풀이씨가 월의 풀이(설명)가 되어서, 그 월을 마치는 것을 이름이니, 이 때의 월은 끝난월[完結文]이 된다. 보기를 들면,

　　　날이 개었다.　　강물이 맑다.　　새가 노래한다.

의 「개었다. 맑다. 노래한다」와 같다.

　「이음법」이란 것은 풀이씨가 월의 풀이가 되기는 하였지마는, 아직 마치지 아니하고, 다른 말에 잇는 법을 이름이니, 이 때의 월은 아직 끝난 월이 되지 못하느니라. 보기를 들면,

　　　자손이 잘나면, 그 집이 일고 : 국민이 잘나면, 그 나라가 흥하느니라.

장마가 <u>개니</u>, 먼 산이 아름답다. 물이 <u>맑으면</u>, 고기가 적게 든다.
새가 <u>노래하거나</u>, 꽃이 <u>웃거나</u>, 내게 무슨 상관이 있으랴?

의 「잘나면, 일고, 개니, 맑으면, 노래하거나, 웃거나」와 같다.

「감목법(껌목법)」이란 것은 풀이씨가 더러는 월의 풀이가 되는 동시에, 더러는 따로 서서, 그 감목[資格]이 바꾸히어서, 더러는 이름씨 같이도 되고, 더러는 매김씨 같이도 되고, 더러는 어찌씨 같이도 되는 것을 이름이다. 보기를 들면,

내가 이 말을 <u>사랑함</u>은 까닭이 없지 않소. 구름이 잦으면, <u>비오기</u>가 쉽다.
물을 <u>건너</u> 산을 <u>넘어</u>, 지향 <u>없이</u> 다니다가….
우연한 기회에 그 사람을 <u>보게</u> 되었소.

의 「사랑함, 비오기, 건너, 넘어, 없이, 보게」들과 같다.

그리고 외솔은 「끝바꿈[活用]」을 하는 것이 풀이씨의 특징이라 하고, 주시경님의 풀이법은 분석적임에 대하여, 본인의 풀이법은 종합적임이 특색이니, 이것이 앞 사람의 풀이법보다 나은 점이라고 믿는다고 하였다.

이상 생각하여온 것은 생각씨의 으뜸씨 중, 임자씨와 풀이씨에서 분류되어 나오는 씨 가름과 풀이씨의 끝바꿈에 대한 설명인데, 임자씨와 풀이씨의 하위분류를 종합 정리하여 틀로 보이면 다음과 같다.

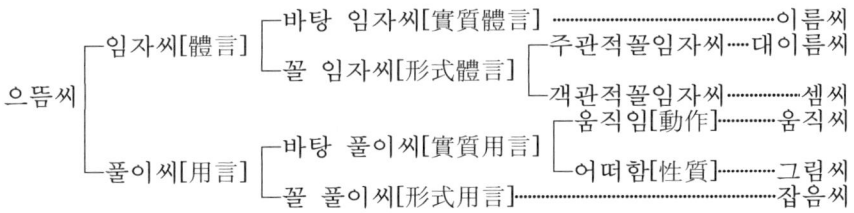

다음은 생각씨[觀念詞]의 꾸밈씨[修飾詞]에 대하여 보고자 한다.

「꾸밈씨」는 꾸미는[修飾하는] 씨란 뜻이니, 제 스스로가 월[文]의 뼈다귀가 되지 못하고, 항상 월의 뼈다귀가 되는 씨인 으뜸씨(임자씨와 풀이씨가 월의 주장되는 뼈다귀를 이룸)나 월을 꾸미는 구실[職能]을 하는 낱말이다.

월의 주장되는 뼈다귀를 이루는 임자씨와 풀이씨와만이 있으면, 우리의 생각의 뼈다귀는 나타낼 수가 있을 것이다. 그러나, 사람의 정세(精細)한 지성(知性)과 미묘한 감정은, 도저히 그것만으로는 만족할 수가 없다. 그래서, 그 뼈다귀 되는 사상과 감정을 정확하게 그리며, 미묘하게 들어내고자 하는 요구가 생긴다. 이 요구[곧 사람의 정세한 지성과 사상, 미묘한 감정을 정확하게 들어내고자 하는 것]에 응하여 생겨난 말이 곧 「꾸밈씨」이다. 사람의 생각함[思考]과 느낌[感觸]이 발달할수록 이 꾸밈씨는 더욱 발달하여 꾸밈씨가 꾸밈씨를 겹으로 꾸미게 되기도 하는 것이다.

「꾸밈씨」는 구조적 기능으로 보아서, 「낱말 꾸밈씨[單語修飾詞]」와 「마디 꾸밈씨[句節修飾詞]」의 두 가지로 가르고, 「낱말 꾸밈씨」를 다시 임자씨를 꾸미는 「매김씨[冠形詞]」와 풀이씨를 꾸미는 「어찌씨[副詞]」로 가르었다. 그리고 이에 대하여 「마디 꾸밈씨」를 「느낌씨[感動詞]」라 하였다.

「매김씨」는 임자씨의 앞에 서서 그 뒤의 임자씨가 어떠한 것임을 매기는 씨란 뜻이니, 곧 「어떠한?」에 대하여 그 내용의 답(答)이 될 만한 씨이다. 보기를 들면,

  <u>이</u> 책은 「용비어천가」란 책이오. <u>새</u> 옷을 입었다.

　　　　모든 일이 다 그렇소.　　　　　갖은 소리를 다 하네.
의 「이, 새, 모든, 갖은」과 같은 것들이다.

　「어찌씨」는 풀이씨의 앞에서 그 뒤의 풀이씨가 어떠하게(곧, 같은 뜻으로, 어찌) 들어남을 보이는 씨란 뜻이니, 「어떠하게? 어찌?」에 대하여 그 내용의 답이 될 만한 씨이다. 보기를 들면,

　　　　아이가 천천히 걸어가오.　　나비가 펄펄 날아간다.
　　　　나는 떡을 조금 먹었네.　　　내일은 꼭 만납세다.
　　　　절로 그렇게 됩니다.

의 「천천히, 펄펄, 조금, 꼭, 절로」와 같은 것들이다.

　「느낌씨」는 마디[句, 節]나 월 앞에 서서 그 뒤의 마디나 월을 꾸미는 씨이니, 그 뜻이 항상 느낌[感動]을 나타내는 것이므로 느낌씨라 일컫는다. 보기를 들면,

　　　　아, 밝은 달이 떳구나!　　　참, 반가운 일일세!
　　　　허허, 이런 일이 있나!　　　아차, 잘못 되었군!

의 「아, 참, 허허, 아차」와 같은 따위이다.

　이와 같이 외솔은 꾸밈씨를 세 가지로 나누었으니, 이를 틀로 보이면 다음과 같다.

```
              ┌낱말 꾸밈씨┌임자씨를 꾸미는 것 …………매김씨[冠形詞]
    꾸밈씨 ┤            └풀이씨를 꾸미는 것 …………어찌씨[副詞]
              └마디 꾸밈씨 ─ 비교적 독립적인 것 ………느낌씨[感動詞]
```

다음은 걸림씨[關係詞, 토씨]에 대하여 보고자 한다.

「걸림씨」 또는 「토씨[助詞]」는 다른 생각씨[觀念詞] 곧 임자씨·풀이씨 더러는 꾸밈씨에 붙어서 그것들의 걸림(관계)을 밝게 보이는 씨를 이름이다.

임자씨와 풀이씨는 각각 일정한 뜻을 가진 중요한 낱말이나, 그들만으로는 월을 이루지 못한다. 이를테면,

    사람 범 죽이었다.

라고만 하여서는, 그 뜻이 똑똑하지 못하다. 곧 죽인 것이 사람인지 범인지? 죽이힌 것 — 죽은 것이 범인지, 사람인지? 꼭 알 수가 없다. 그러나, 이것을

    사람의 범을 죽이었다.

라고 하든지, 또는

    사람을 범이 죽이었다.

라고 하든지 하면, 그 뜻이 똑똑해져서 조금도 섞갈릴 염려가 없다. 이와 같이, 씨와 씨와의 걸림(관계)을 밝게 보이어서 월을 만드는 구실을 하는 것이 「걸림씨」 또는 「토씨」이다[여기에서 걸림씨 또는 토씨란 것은, 예전부터 이르는 토(吐)란 것 하고는 그 뜻과 그 범위가 꼭 같지 아니하다].

「걸림씨(토)」는 제 스스로가 사물의 관념을 들어내는 것은 아니요, 다만 다른 세 가지의 생각씨(임자씨·풀이씨·꾸밈씨) 사이에 생기는 관계의 개념을 들어내는 것이니, 토가 있는 것은 우리말의 한 특성이다.

「토씨」는 그 꼴[形]에 바꿈(변화)이 일어나지 아니하며, 반드시 도와

지는 씨의 뒤에 붙어 쓰인다.

　여태까지 보아 온 ≪우리말본≫의 씨가름을 종합하여 한 틀로 보이면, 다음과 같다.

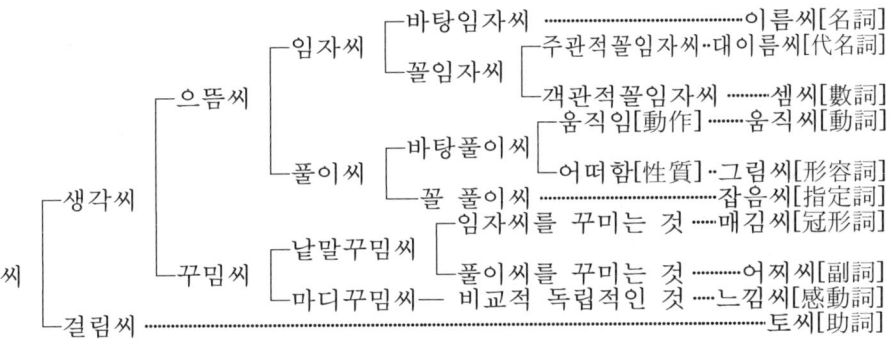

　외솔은 이 가름을 주시경님의 것과 표로써 서로 비교하여 놓았다.

이 책의 가름	전의 가름
이름씨 대이름씨 셈씨	] 임
움직씨	움, 끗, 잇(한 부분), 겻(한 부분)
그림씨	엇, 끗, 잇(한 부분), 겻(한 부분)
잡음씨	끗, 잇(한 부분), 겻(한 부분)
매김씨	언
어찌씨	억
느낌씨	늣
토씨	겻(대부분), 잇(한 부분)

그리고 외솔은 조동사(助動詞)는 독립한 씨갈래로 잡지 아니하고, 움직씨의 한 갈래로 보아,「도움 움직씨[補助動詞]」라 하였다.

(3-4-3) 말본 범주

 우리 역사상 처음으로 ≪우리말본≫에서 체계화한 풀이씨의「끝바꿈[活用]」은 줄기에 붙는 도움줄기[補助語幹]의 자질과 작용과 더불어 말본의 다양한 범주를 낳는다. 또한 생각씨[觀念詞]와 생각씨를 관계 짓는 기능자인 토씨[助詞]도 말본 범주의 중요한 자리를 차지한다. 이 말본 범주는 ≪우리말본≫에서 체계화되어 오늘날까지 말본의 연구와 교육과 실제에 본이 되어 있다.

 <1> 도움줄기와 말본 범주

 도움줄기[補助語幹]는 앞에서 말한 바와 같이 풀이씨에 나타나는데, 움직씨[動詞]의 도움줄기는 ①하임도움줄기[使動補助語幹], ②입음도움줄기[被動補助語幹], ③낮훔도움줄기[謙卑補助語幹], ④높임도움줄기[尊敬補助語幹] ⑤때도움줄기[時間補助語幹], ⑥할수도움줄기[可能補助語幹], ⑦미룸도움줄기[推量補助語幹], ⑧다짐도움줄기[確認補助語幹], ⑨버릇도움줄기[習慣補助語幹], ⑩힘줌도움줄기[强勢補助語幹] 등 열 가지로 가르었고, 그림씨[形容詞]의 도움줄기는 하임・입음・할수・힘줌 도움줄기가 없고, 때도움줄기에는 이적나아감[現在進行]「ㅡ는」「ㅡㄴ」이 없다. 그리하여 ①높힘, ②낮훔, ③때, ④미룸, ⑤다짐 등 다섯 가지로 가르었으며, 잡음씨[指定詞]의 도움줄기는 그림씨의 그것과 같이, ①높힘, ②낮훔, ③때, ④미룸, ⑤다짐 등의 다섯 가지로 가르었다. 다만, 그림씨와 다른 것은, 낮훔도움줄기가「옵, 오, ㅂ」셋 뿐인 것이다.

위의 말본 범주 가운데 관심을 끄는 것은 하임·입음·높임·낮훔·때 두움줄기의 범주이다.

〈2〉 끝바꿈과 말본 범주

끝바꿈[씨끝바꿈, 語尾變化, 活用]은 풀이씨만이 있는 특징이다. 끝바꿈에는 세 가지의 법이 있으니, 이는 「마침법[終止法]」·「감목법[껌목법, 資格法]」·「이음법[接續法]」이다.

(1) 「감목법(껌목법)」은 풀이씨가 더러는 월[文]의 풀이가 되는 동시에, 더러는 따로 서서, 그 감목[껌목, 資格]이 바꾸이어서, 더러는 이름씨 같이도 되고, 더러는 매김씨 같이도 되고, 더러는 어찌씨 같이도 되는 것을 이름이다. 감목법은 「어찌꼴[副詞形]·「매김꼴[冠形詞形]」·「이름꼴[名詞形]」로 나누어진다.

(2) 「이음법」은 풀이씨가 월의 풀이말이 되기는 하였지마는, 아직 마치지 아니하고, 다시 다른 월이나 풀이씨에 잇는[接續하는] 법을 이름이니, 이 때의 월은 아직 끝난 월[完結文]이 되지 못한다. 이음법은 다음과 같이 「움직씨」에 열네 가지, 「그림씨」에 열네 가지, 「잡음씨」에 열 가지 꼴이 있다.

움직씨의 이음법 : ①매는꼴[拘束形], ②놓는꼴[放任形], ③벌림꼴[羅列形], ④풀이꼴[說明形], ⑤견줌꼴[比較形], ⑥가림꼴[選擇形], ⑦잇달음꼴[連發形], ⑧그침꼴[中止形], ⑨더보탬꼴[添加形], ⑩더해감꼴[益心形], ⑪뜻함꼴[意圖形], ⑫목적꼴[目的形], ⑬미침꼴[到及形], ⑭되풀이꼴[反覆形].

그림씨의 이음법 : 그림씨의 이음법의 꼴은 움직씨의 이음법과 비교하여, 목적꼴 하나가 없는 대신에, 따로 힘줌꼴[强勢形]이 있어, 그 셈이

서로 같다. 그리고 다시 가는 점에서 다름이 있다.

　잡음씨의 이음법 : 잡음씨의 이음법의 꼴은 움직씨나 그림씨의 이음법과 비교하여, 뜻함꼴·목적꼴·미침꼴·되풀이꼴·힘줌꼴이 없다.

　위의 「감목법」과 「이음법」은 국어 문장의 변형론과, 의미통사론에 영향을 주는 바가 크다.

　(3) 「마침법」은 풀이씨가 월의 풀이말[說明語]이 되어서 그 월을 마치는(끝맺는) 법을 이름이니, 이렇게 된 월을 끝난월[完結文]이 된다. 곧 ≪우리말본≫에서 말하는 「마침법」은 이른바 「서법(mode)」에 해당한다. 보기를 들면,

　　　아이가 노래한다.　　　아이가 노래하는구나.
　　　아이가 노래하느냐?　　아이야, 노래하여라.　　아이야, 노래하자.
　　　날이 개었다.　　　　　강물이 맑다.

의 一와 같다. 마침법은 말하는 이와 듣는 이와의 사이에 주고받는 관계로 보아, 「움직씨」에는 ①베풂꼴[敍述形], ②물음꼴[疑問形], ③시킴꼴[命令形], ④꾀임꼴[請誘形]의 네 가지로 나누고, 「그림씨」와 「잡음씨」에는 ①베풂꼴, ②물음꼴의 두 가지로 나누었다.

　그런데 외솔은 「느낌꼴[感動形]」을 따로 두지 않고 「베풂꼴」의 한 가지에 지나지 아니한 것이라 하여 「베풂꼴에 붙이었다. 그 따로 세우지 않은 이유는, 그 사이에는 엄연한 말본스런 구분이 없다는 것이다. 곧 (1)느낌을 나타냄은 비단 이른바[所謂] 느낌꼴만의 일이 아니라, 베풂꼴 속에 붙인 것들로써도 느낌을 나타낼 수가 있는 것이다(보기 : 봄이 오는구나!, 봄이 온다!) (2)베풂꼴만이 남에게 대하여 저의 생각을 말할

적에 쓰이는 것이 아니라, 이른바 느낌꼴도 역시 마찬가지로 남에게 대하여 저의 생각을 나타냄에 쓰인다(보기 : 이애야, 비가 온다〈베풂꼴〉. 이애야, 비가 오는구나〈느낌꼴〉.). (3)느낌꼴과 베풂꼴이 또한 마찬가지로 제 홀로 말할 적에 쓰인다(보기 : 꽃이 피었구나!〈느낌꼴〉. 꽃이 피었다!〈베풂꼴〉).

이와 같이 말하고, 외솔은 말하기를, 「느낌꼴」을 두지 아니하는 대신에, 새로 「꾀임꼴」을 두었다고 하였다.

이 「마침법」에서 관심이 가는 것은, 서법의 분류 원칙을 「말하는 이」와 「듣는 이」와의 사이의 주고받는 관계에 두었다는 사실과, 부차적으로 말본스런 기능면을 고려했다는 점이다.

〈3〉 토씨의 가름

「토씨(걸림씨)」는 생각씨에 붙어서 그것들 사이의 걸림[關係]을 보이며, 또는 그 뜻을 더하는 씨인데, 외솔은 토씨를, 그 하는 구실[職責]의 다름을 따라, 걸림(관계)을 보이는(나타내는) 「자리토씨[格助詞]」와 「이음토씨[接續助詞]」, 뜻을 더하는 「도움토씨[補助詞]」와 「느낌토씨[感動助詞]」의 네 가지로 가르었다. 이 가름의 보기틀을 만들어 보이면 다음과 같다.

```
        ┌걸림을 보이는 것 ┌월조각의 자리를 보이는 것┈┈┈┈자리토씨
토씨 ┤                  └한 덩어리 월조각됨을 보이는 것┈┈이음토씨
        └뜻을 더하는 것  ┌한 낱의 씨의 뜻을 돕는 것┈┈┈┈도움토씨
                        └월의 가락에 느낌을 더하는 것┈┈┈느낌토씨
```

(3-4-4) 도움풀이씨의 개척

396 IV. 근대 국어학

「도움풀이씨[補助用言]」는 제 홀로는 월의 풀이를 완전하게 하지 못하고 항상 「으뜸풀이씨[主用言]」의 아래에 붙어서 그 풀이씨의 뜻을 도와 완전한 풀이말이 되게 하는 풀이씨를 이름인데, 이에는 「도움움직씨[補助動詞, 助動詞]」와 「도움그림씨[補助形容詞]」가 있다. 그 보기를 들면,

    도움움직씨 : 나는 거기에 가아 <u>보겠</u>다.　 아이가 밥을 먹어 <u>쌓는</u>다.
              아이가 그 신문지를 찢어 <u>버렸</u>다.
    도움그림씨 : 나는 금강산에 가고 <u>싶</u>다.　 그 양식이 먹음 <u>즉하</u>다.
              그애가 착하지 <u>아니하</u>다.

의 ㅡ와 같은 것들이다. 그리고, 뜻에 따라 도움움직씨는 열세 가지로, 도움그림씨는 여섯 가지로 가른다.

    도움움직씨 : (1)지움도움움직씨[否定補助動詞], (2)하임도움움직씨[使動補助動詞], (3)입음도움움직씨[被動補助動詞], (4)나아감도움움직씨[進行補助動詞], (5)끝남도움움직씨[終結補助動詞], (6)섬김도움움직씨[奉仕補助動詞], (7)해보기도움움직씨[試行補助動詞], (8)힘줌도움움직씨[强勢補助動詞], (9)마땅함도움움직씨[當爲補助動詞], (10)그리여김도움움직씨[是認的代用補助動詞], (11)거짓부리도움움직씨[假飾補助動詞], (12)지나간기회도움움직씨[過機補助動詞], (13)두기(지님)도움움직씨[保有補助動詞].

    도움그림씨 : (1)바람도움그림씨[希望補助形容詞], (2)지움도움그림씨[否定補助形容詞], (3)미룸도움그림씨[推測補助形容詞], (4)그리여김도움그림씨[是認補助形容詞], (5)갑어치도움그림씨[價値補助形容詞], (6)모양도움그림씨[狀態補助形容詞].

이 「도움풀이씨」는 외솔이 처음으로 개척하여 외솔의 종합적 설명법에 유리하게 하였다.

(3-5) 월갈[文章論]

(3-5-1) 월갈과 월

「월갈[文章論, 統語論, 統辭論]」은 월에 관한 여러 가지의 말본을 가는(연구하는) 조각[部門]이니, 그 주장되는 임무는 낱말[單語]을 거리[材料]로 삼아서 생각을 나타내는 법을 닦는 것이라고 하였다. 다시 말하면, 「월갈」은 낱낱의 씨를 거리로 삼아서 월을 만드는 여러 가지의 법을 연구하는 것이니, 곧 낱낱의 씨를 독립적으로, 개별적으로 보지 않고, 상관적(相關的)으로, 통일적(統一的)으로 그 운용(運用)을 연구하는 것이다. 그러므로 「씨갈[詞論]」이 분석적(分析的), 정지적(靜止的)인데 대하여, 「월갈」은 종합적(綜合的), 활동적(活動的)이라 할 수 있다.

「월갈」은 씨의 상관적 운용론(運用論)이다. 곧 여러 가지 낱말을 상관적으로 운용하여야 한다. 이 씨의 상관적 운용으로 말미암아 생각을 나타내는 것을 연구하는 것이 곧 월갈이다. 우리의 말본 연구는 종합적 입장(立場)에서 그 전체를 살펴야 한다. 월이란 전체 속에서 씨와 씨와의 관계와 용법이 들어나는 것이다. 그러므로, 씨의 상관적 운용을 다룸이 곧 월을 다루는(논하는) 월갈(syntax)이 되는 것이다.

월갈에서 「월[文]」이란 것은 한 통일된 말로 들어낸 것이니, 뜻으로나 꼴[形式]로나 온전히 다른 것과 독립한(따로선) 것이다.

여기에서 「월」이란 것은 영어의 「sentence」의 뒤침[譯]이다. 원래 「월[文]」에는 두 가지의 뜻이 있으니 : 하나는 글월갈[修辭學]에서의 월[文, 文章―글월]이니, 영어의 Composition이요, 또 하나는 말본갈[語法學]에서의 월[文, 文章]이니, 여기에 이른 월이 그것이다.

「월」이 갖춰야 할 조건은 (1)적어도 한 낱의 통일(하나됨)과, (2)따로섬

[獨立]과의 두 가지이다.

  첫째, 월은 생각을 나타낸 말인데, 얼마간의 낱말이 모여서 된 것이다. 그러나, 낱말이 여럿이 모이기만 한다고 곧 월이 되는 것은 아니다. 그것들이 월이 됨에는 반드시 그 속에 통일된 생각이 들어있어야 한다. 원래 생각함[思考]의 본질은 여러 가지 낱낱의 생각을 어떠한 한 점에다가 통일함에 있으니, 한 생각에는 한 통일작용(統一作用)이 필요하다. 이 통일 작용을 심리학에서는 통각작용(統覺作用)이라 한다. 이와 같은 통각작용으로 말미암아, 통일된 생각이 말이란 꼴[形式]을 빌어서 나타난 것이 곧 월이라고 했다. 이를테면,

    꽃이 피었다.   달이 밝다.
    이것이 감나무이다. 아이가 연을 날린다

들은 한 생각이 통일된 점에서 모두 독립된 월이 된다.

  둘째, 월은 다른 것과는 따로 서어야 온전한 월이 된다. 비록 생각의 통일은 있을지라도, 만약 이 따로섬[獨立]이 없을 것 같으면, 그것은 완전한 월이 되지 못한다. 이 따로섬을 얻으려면, 그 말이 끝남을 소용하되, 다만 한 번만 끝남을 소용한다. 보기를 들어 말하면,

    <u>봄이 되니</u>, 날씨가 따뜻하오.
    <u>네가 가면</u>, 나도 가겠다.

의 ―은, 생각은 통일되었지만, 그 말이 아직 끝나지 아니하였기 때문에, 독립을 얻지 못하였으므로, 한 낱의 월을 이루지 못한 것이다. 이와 같이 외솔은 월의 개념을, 통각 작용으로 말미암은 통일된 생각과, 독립된 말의 형식이라는 양면성으로 파악하고 있다. 한편, 통일된 생각이 여럿이라도, 독립됨이 하나뿐이면 역시 한 낱의 월이라고 하였다. 이를테면,

봄이 되니, 날씨가 따뜻하다.
낮닭이 우니, 온 마을이 더욱 고요하다.
네가 가면, 나도 가겠다.

들이 각각 한 월임과 같다.

  그러나, 많은 통일된 생각과 많은 독립을 가진 글월이 전체로서는 한 덩어리의 생각을 나타내는 일이 있으니, 이러한 글월은 말본갈[語法學]에서 다룰 것이 아니라 글월갈[修辭學]에서 다룰 대상(對象)이 되는 이른바 한 편의 글월[一篇의 文章]이라는 것이다. 글월갈은 또한 생각나타내기[思想發表]의 유효(有效)(곧 말을 썩 묘하게, 아름답게, 재미스럽게, 힘있게)를 기대(期待)하는 목적을 가지는 것이라고 함으로써,「글월갈」과「월갈」의 한계를 지었다. 그러나, 글월갈과 월갈은 서로 그 기초 관계에 있다고 보았으니, 곧 말본갈은 글월갈의 기초가 되며, 글월갈은 말본갈을 기초로 삼아 다시 한 걸음 나아간 목적을 가진 것이로되, 글월갈이 말본갈을 대신할 수 없는 것이라고 하였다.

  한편, 말본갈[語法學]과 조리갈[論理學]이 생각에 관련이 있음은 서로 비슷하나, 조리갈은 직접적으로 사람의 생각함[思考]의 바른 길을 보임이 그 목적임에 대하여, 말본갈은 생각을 나타낸 말을 풀이함이 그 목표이니, 조리갈과는 다만 말로 말미암아서, 또 말로 말미암은 한도에서, 간접적으로, 서로 관련이 될 따름이다. 그뿐 아니라, 조리갈에서는 아주 좁은 뜻에서 생각함을 그 대상으로 삼지마는, 말본갈에서는 다만 논리적(조리스런) 생각 뿐 아니라, 감정·욕망·상상이라도 말에 들어난 것이면, 모두 그 대상으로 하여, 그 말의 됨됨이의 현상을 밝혀 내는 기술과학(記述科學)이라고 하였다. 그러나, 조리갈은 직접적으로 생각함의 바른 법을 보이는 규범과학(規範科學)이라고 그 차이를 말했다.

이렇게 볼 때, 「월갈[文章論, 統語論]」은, 낱말이 연결되어서 마디[節, 句]나 월을 형성하는 방법에 대한 연구요, 이 연구의 상한선도 하한선도 월에 있는 것으로 보았다. 그런데, 이 월은, 심리학의 통각작용(統覺作用)으로 말미암아 나타나는 하나의 통일된 생각과, 말이 끝남으로 되는 독립됨의 양면성으로 파악하고 있다. 그리고 또한, 이러한 월갈은, 글월갈[修辭學]과 조리갈[論理學]과 호상 관계에 있음을 명시함으로써, 외솔은 ≪우리말본≫의 말본적 배경을 심리학과 조리갈 그리고 글월갈에 두고 있음을 시사하고 있다 하겠다.

(3-5-2) 월의 밑감

「월의 밑감[文의 素材]」이라 함은 월을 이루는 밑감[素材] 곧 거리[材料]를 이름이라 뜻매김하고, 「월의 밑감」은 그 짜임[組成]으로 보아서 「낱말」, 「이은말[連語]」, 「마디[節, 句]」로 나누었다.

낱말이 월의 가장 기초적(基礎的) 거리(재료)이니, 이은말과 마디는 모두 이 낱말이 모여서 된 것이다. 그러나, 낱말이 모여서 이은말이 되고, 이은말이 모여서 마디가 되고, 마디가 모여서 비로소 월이 됨과 같이, 반드시 계단적(階段的)으로만 번져나는 것은 아니다. 월이 됨에는 이러한 밑감(소재)이 각각 정당한 일정한 자리를 차지하여서 월의 조각을 이루어야 하니, 그 일정한 자리를 차지하여 월의 조각을 이룸에는 낱말로써 되기도 하며, 이은말로써 되기도 하고, 마디로써 되기도 한다.

「낱말」로서 독립하여 능히 월의 조각을 이룰 수 있는 것은 「생각씨[觀念詞]」뿐이요, 「토씨[助詞]」는 그렇지 못하고 항상 이것을 도울 뿐이다. 다만 분석적(分析的)으로 본다면, 낱말만이 생각나타내기[思想發表]의 기초적 바탕인즉, 모든 씨(낱말)는 다 월의 밑감(소재)이라 할 수 있다.

그러나, 만약 일정한 자리를 차지하여서 일정한 구실을 하는 월의 조각으로서의 밑감 됨을 본다면, 모든 낱말은 다 같이 밑감이 되는 것이 아니니, 토씨는 제 홀로서는 능히 그리 되지 못하고, 항상 다른 생각씨를 도와서 월의 짠조각[組成成分]이 되게 할 따름이다.

「생각씨」 중에서도 월의 조각이 되는 힘[能力]이 제일 많은 것은 「꾸밈씨[修飾詞]」이고, 그 다음이 「풀이씨[說明詞, 用言]」이며, 「임자씨[主體詞, 體言]」는 「토씨」의 도움을 받아서 됨이 원칙이요, 제 홀로 되는 일은 특별히 토를 줄인 경우임이 많다.

「꾸밈씨」 중에서도, 그 힘이 가장 많은 것은 「느낌씨[感動詞]」이고, 그 다음이 「매김씨[冠形詞]」이니, 이 두 가지 씨는 항상 제 홀로만 서고 토씨의 도움을 입는 일이 도무지 없으며, 맨 끝이 「어찌씨[副詞]」이니, 이는 혹 「토씨」의 도움을 입기도 한다. 그 보기를 들면 다음과 같다.

  느낌씨 : 어지버, 太平 煙月이 꿈이런가 하노라.
     참, 달이 밝다.
     허허, 기가 막힐 일일세.
  매김씨 : 새 옷을 가라입고 어데를 가시오?
     그 사람이 누구이오?
     저 산 밑에 그 사람이 산다오?
  어찌씨 : 봄날이 매우 따뜻하다.
     나는 반드시 열 한 시까지 공부를 한다.
     그 어머니가 그 애를 퍽도 사랑하신다.

「풀이씨」 중에서도, 「움직씨[動詞]」와 「그림씨[形容詞]」는 각각 제홀로 넉넉히 풀이하는 구실을 하지마는, 「잡음씨[指定詞]」는 그 본질이 형식적 풀이씨이기 때문에 다만 형식적으로 풀이를 할 뿐이요, 그 실질을 채우기 위하여, 반드시 「임자씨」의 기움[補充]을 소용한다. 그 보기를 들면 다음과 같다.

움직씨 : 물이 <u>흐른다</u>.   비가 <u>온다</u>.
그림씨 : 달이 <u>밝다</u>.   버드나무가 <u>프르다</u>.
잡음씨 : 이것이 <u>호두나무</u> 이다.   그는 <u>비행사</u>이다. (「＝」은 기움말임)

「임자씨」는 「토씨」의 도움을 얻어서 함께 월의 조각이 됨이 원칙이나, 더러는 「토씨」를 줄이고 홀로 되는 일이 있다. 그 보기를 들면 다음과 같다.

이름씨 : <u>하늘이</u> 까맣게 높다.   <u>아이가</u> 밥(을) 먹는다.
대이름씨 : <u>여기가</u> 권 장군(權將軍)이 승첩(勝捷)하던 데이오.
     <u>너</u>(가) 어데 가니?
셈씨 : 사과가 <u>셋이</u> 있다. 나이가 <u>설혼</u>(을) 넘었다.

「마디[節, 句, clause]」는, 끝나기만 하면, 또는 따로 서기만 하면, 월이 될 만한 짜임을 가진 말이, 완전히 끝나지 아니하고, 또는 따로 서지 아니하고, 다만 월의 한 조각이 됨에 그치는 것을 이름이다. 월은 한 통일과 독립이 있어야 한다. 그런데 마디는, 임자와 풀이가 갖춰 있기 때문에 통일은 있지마는, 끝나지 아니하였기 때문에, 또는 한 큰 월 가운데로부터 떨어져 나가지 아니하였기 때문에, 독립이 없으므로, 능히 월이 되지 못하고, 다만 월의 밑감[素材]이 되어서 그 한 조각을 이룸에 그친 것이다. 마디에는 다음과 같이 다섯 가지가 있다.

(1) 임자마디[體言節] : 임자씨[體言]같이 쓰이는 마디를 이름이니, 그 풀이말인 풀이씨가 이름꼴로 됨이 그 보람이다. 이를 또 이름마디 [名詞節]라 한다.

(2) 풀이마디[用言節] : 풀이씨[用言]같이 쓰이는 마디를 이름이니, 풀이마디의 풀이말인 풀이씨는 마침법으로 됨이 예사이다.

(3) 매김마디[冠形節] : 매김씨[冠形詞]같이 쓰이는 마디를 이름이니, 그 풀이말인 풀이씨는 매김꼴로 됨이 그 보람이다.

(4) 어찌마디[副詞節] : 어찌씨[副詞]같이 쓰이는 마디를 이름이니, 어찌마디의 풀이말인 풀이씨는 어찌꼴로 됨이 그 보람이다.

(5) 맞선마디[對立節] : 앞뒤마디가 서로 동등의 가치를 가지고 마주선 것을 이름이니, 맞선마디의 풀이말인 풀이씨는 이음법으로 됨이 그 보람이다.

「이은말[連語, Phrase]」은 여러 낱말(곧 둘 이상의 낱말)이 모여서 한 겹진[複雜한] 뜻을 나타내되, 아직 온전한 생각을 나타내는 것이 되지 못한 것, 곧 월은 물론이요, 아직 마디[節, 句]도 되지 못한 것을 이름이다. 이은말은, 그 말뜻대로만 잡을 것 같으면, 낱말이 둘 이상만 모인 것이면 다(마디와 씨까지도) 이은말이라 할 것이다. 그러나, 말본에서 특히 이은말이란 것은, 그러한 것 가운데에서, 월도 못되고 또 마디도 못된 것을 특히 가리켜 말함이니, 그 보기를 들면,

　　부지런한 학생.　까맣게 높은 하늘.　빨리 간다.　동무를 부른다.
　　이웃에 살던.　　아주 모르게.

와 같이 이는 다 여러 낱말이 모여서 한 겹진 생각을 나타내기는 하였지마는, 더러는 풀이가 없고, 더러는 임자가 없고, 더러는 임자와 풀이가 함께 없어서 월도 마디도 되지 못하였다.

　　이은말은, 그 바탈(성질)을 따라, 임자이은말[體言連語], 풀이이은말[用言連語], 매김이은말[冠形連語], 어찌이은말[副詞連語]의 네 가지로 가른다.

(3-5-3) 월의 조각[文의 成分]

월은, 그 구실[職責]로 보아서, 몇 조각[成分]으로 나눌 수 있으니, 그 나누인 조각을 「월의 짠조각[文의 組成部分]」 혹은 「월의 조각(월조각)」이라 한다 하고, 그 쓰임과 중요성의 다름을 따라 「으뜸조각[主要成分]」, 「딸림조각[從屬成分]」, 「홀로조각[獨立成分]」으로 크게 갈랐다. 그리고 이를 다시 세분(細分)하여, 월의 성립에 가장 중요한 으뜸이 되는 조각인 「으뜸조각」은 「임자말[主語]」, 「풀이말[說明語, 述語]」, 「부림말[目的語, 客語]」, 「기움말[補語]」로 나누고, 으뜸 조각에 붙어서 그것을 꾸미는 노릇을 하는 것(꾸밈말)인 「딸림조각」은 「매김말[冠形語]」, 「어찌말[副詞語]」로 나누었다. 「홀로조각」은 따로서어서 다른 조각과의 말본스런 걸림이 긴밀하지 못하고, 다만 넓은 의미에서 월의 한 조각이 되어서 그 다음에 오는 다른 조각에 여러 가지의 영향을 주는 것인데, 이를 「홀로말[獨立語]」이라 하였다. 이와 같은 구성요소가 유기적으로 결합하면 최소한의 월을 만들어 낼 수 있는 것으로 보았다. 이제 임자말과 풀이말과의 관계형식은 크게 보면,

(1) 무엇이 어찌하다. (닭이 운다.) ············움직씨가 풀이말이 되는 것.
(2) 무엇이 어떠하다. (꽃이 아름답다.) ····그림씨가 풀이말이 되는 것.
(3) 무엇이 무엇이다. (이것이 범이다.) ····잡음씨가 풀이말이 되는 것.

의 세 가지 밖에는 없다고 하였다.

「임자말」은 월의 임자[主體, 主題]가 되는 조각을 이름이고, 「풀이말」은 그 임자말 된 일몬[事物]의 움직임과 바탈(성질)이 어떠함과 또리 개념[類概念]의 무엇임과를 풀이하는 조각이니, 「임자말」과 「풀이말」은 월의 가장 으뜸 되는 조각이다.

4. 말본 연구의 발전   405

「부림말」이란 것은, 「남움직씨[他動詞]」가 월의 풀이말이 될 적에, 그 움직임이 부리는[使用하는] 또는 지배하는 목적물(目的物)을 나타내는 말을 이름이다. 그 보기를 들면,

　잘남이가 방을 쓸었다. 나는 너를 사랑한다. 고기가 미끼를 물었다.

의 ― 와 같이, 움직임의 부림[使用物, 目的物]을 보이는 말을 「부림말」이라 한다.

「기움말」이란 것은, 바탕 생각[實質觀念]이 없는 꼴풀이씨[形式用言] 곧 잡음씨[指定詞]가 월의 풀이말이 될 것에, 바탕 있는 맞은편 생각[賓位觀念]을 기워서[補充하여서] 그 풀이를 다 이루게 하는 말을 이름이라고 하였다. 그 보기를 들면,

　이것이 첨성대이다. 그 사람의 아들이 병정이다.
　그것은 진리(眞理)가 아니다. 인(仁)은 인(人)이라.

에서, ══ 이 기움말이니, 이것이 없고는 바탕이 있는 풀이가 되지 못한다.
　이와 같이, 기움말은 잡음씨와 한 덩이가 되어서 월의 풀이를 온전히 하는 것이라고 하였다.

「매김 꾸밈말[冠形修飾語]」 또는 「매김말[冠形語]」이란 것은, 임자씨로 된 월의 조각의 뜻을 가늘게 꾸미기 위하여, 그 위에 어떠한 말을 더하는 것을 이름이다. 그 보기를 들면,

　누른 개가 까만 고양이를 쫓는다. 그의 성공은 근면의 결과이다.

의 ― 와 같은 것이니, 이 매김말이 있어서 「개, 고양이, 성공, 결과」의 뜻이 더 똑똑하게 된다. 이 경우의 「누른, 까만, 그의, 근면의」가 매김자리[冠形格]에 선 매김말이다.

406 IV. 근대 국어학

「어찌꾸밈말[副詞的修飾語]」 또는 「어찌말[副詞語]」이란 것은, 풀이씨로 된 월의 조각의 뜻을 여러 가지로 가늘게, 똑똑하게 하기 위하여, 그 위에다가 어떠한 말을 더하는 것을 이름이다. 그 보기를 들면,

　　　하노바람이 <u>몹시</u> 불어 온다.　　세월이 <u>살같이</u> <u>빨리</u> 간다.
　　　물이 <u>매우</u> 맑다.　　　　　　　이것이 <u>꼭</u> 소라란 것입니다.

의 ― 와 같은 것이니, 이 어찌말이 있어서 「불어 온다, 간다, 맑다, 입니다」의 뜻이 더 똑똑하게 된다. 이 경우의 「몹시, 살같이, 빨리, 매우, 꼭」이 어찌자리[副詞格]에 선 어찌말이다.

「홀로말[獨立語]」이란 것은, 월의 가운데에서 다른 말들과 아무 형식상의 연락이 없이, 홀로서는 조각을 이름이니, 사람을 부르거나, 무엇을 말거리[話題]로 보이거나, 무엇을 느끼거나, 새 월이 앞의 월에 잇거나 할 적에 쓰이는 것이다. 이를테면,

　　(1) 사람을 부를 경우 : 할머니, 어데 가셔요?
　　　　<u>아버지</u>, 손님이 오셨습니다.　　<u>쇠돌아</u>, 이리 오너라.
　　(2) 무엇을 말거리로 보일 경우 : <u>돈</u>, 돈이 무엇인가?
　　　　<u>이 충무공</u>(李忠武公), 그는 대한이 가진 역사적 위인이다.
　　　　<u>결혼</u>, 아직 그것은 문제도 안 된다.
　　(3) 무엇을 느낄 경우 : <u>아</u>, 아름답다, 이 내 고장.
　　　　<u>허허</u>, 그렇게 되었나?
　　(4) 새 월이 앞의 월에 잇거나 할 적에 쓰이는 경우 :
　　　　<u>그러나</u>, 그는 그 돈을 먹지 아니하였다.
　　　　<u>그러므로</u>, 사람은 제 힘으로 살아 가야 한다.

에서의 ― 와 같은 것들이니, 그 중에도 (1)「할머니, 아버지, 쇠돌아」는

부르는말[부름말, 呼稱語]이요, (2)「돈, 이 충무공, 결혼」은 말거리를 보이는 말[보임말, 提示語]이요, (3)「아, 허허」는 느낌을 나타낸 말[느낌말, 感動語]이요, (4)「그러나, 그러므로」는 새 월을 앞의 월에 잇는 말[이음말, 接續語]이니, 이 「부름말」,「보임말」,「느낌말」,「이음말」이 곧 「홀로말」의 네 갈래가 된다고 하였다.

「홀로말」은, 월의 되기[成立]에 관계가 없고, 거의 한 낱의 월처럼 홀로 서는 성질을 가진 것이로되, 아직 월로 보기에는 그 꼴이 부족하므로, 역시 월의 한 조각으로 보기로 하고, 그 홀로서는 성질에 따라서 「홀로말」이라 하였다 하고, 「부름말[呼稱語]」을 임자말[主語]로 보는 이가 있지마는, 외솔은 좇지 아니하고 「홀로말」의 갈래[種類]에 넣었다고 하였다.

으뜸조각이 각각 그 꾸밈말을 갖춰 있는 것을 「갖은월조각[具備成分]」이라 하여, 그 꾸밈말을 갖훈 임자말을 「갖은임자말[具備主語], 그 꾸밈말을 갖훈 부림말을 「갖은부림말[具備客語]」, 그 꾸밈말을 갖훈 기움말을 「갖은기움말[具備補語]」, 그 꾸밈말을 갖훈 풀이말을 「갖은풀이말[具備說明語]」이라 일컫는다 하였으니, 그 보기를 들면 다음과 같다.

(1) 약한 사람이 무거운 짐을 멀리 지고 간다.
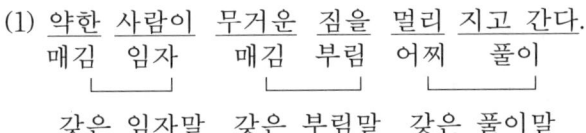

(2) 저 아름다운 꽃은 반드시 유명한 모란꽃 이다.
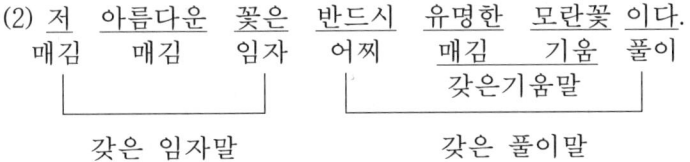

월의 조각을, 앞에 말한 바와 같이, 임자말·풀이말·부림말·기움말·매김말·어찌말·홀로말의 일곱 가지로 나누었지마는, 다시 이것을 크게 두 조각으로 가르었는데, 하나는 그 월의 임자가 되는 조각이니, 이를 「임자조각[主部]」이라 하고, 하나는 그 임자에 대하여, 풀이하는 조각이니, 이를 「풀이조각[說明部]」이라고 하였다.

월은, 간단한 것이거나 복잡한 것이거나를 물론하고, 반드시 「임자조각」과 「풀이조각」의 두 가지를 갖춰 있다. 「임자조각」은 곧 「임자말」이거나 「갖은임자말」이요, 「풀이조각」은 간단한 것은 「풀이말」이거나 「갖은풀이말」로 되지마는, 그 복잡한 것은 그 밖에 (갖은)부림말이나 (갖은)기움말이나를 가지고 되며, 또 어떤 것은 (갖은)부림말과 (갖은)기움말과를 함께 가지고 된다고 하였으니, 이를 틀로 보이면, 다음과 같다.

임자 조각	풀이 조각		
갖은 임자말	갖은 부림말	갖은 기움말	갖은 풀이말
꾸밈 + 임자말	꾸밈 + 부림말	꾸밈 + 기움말	꾸밈 + 풀이말

(3-5-4) 월의 조각의 서로맞음[相應]

월의 조각 가운데 위에 가는 것과 아래 가는 것이 서로 맞아야 바른 말씨[正當한 言語使用]가 되니, 이를 「월의 조각의 서로맞음[文의 成分의 相應]이라 이름하는데, 이 서로맞음[相應]에는 「높힘의 서로맞음[尊敬의 相應]」과 「꾸밈의 서로맞음[修飾의 相應]」과의 두 가지가 있다고 하였다.

말의 높힘에는 두 가지가 있으니, 하나의 움직임[動作]과 바탈[性質]의 임자인 사람 곧 월의 임자를 높히는 것이요, 또 하나는 말 듣는 사람을 높히는 것이라 하였으니, 그 보기를 들면,

㈀ 그 어른이 오시겠다.
㈁ 그자도 오겠습니다.

에서 ㈀는 움직임의 임자는 높히되, 말 듣는 이는 높히지 아니한 것이요, ㈁는 움직임의 임자는 높히지 아니하되, 말 듣는 이는 높힌 것이 됨과 같다.

(3-5-5) 월의 갈래[文의 種別]

≪우리말본≫에서 월을 첫째 그 짜임[構造]과, 둘째 그 바탈[性質上]로 보아서 각각 가르었으니, 이제 이를 따로따로 살펴보기로 한다.

첫째, 월은, 그 짜임[構造]으로 보아서, 「홑월[單文]」과 「가진월[包有文]」과 「벌린월[並列文]」과 「이은월[連合文]」과의 네 가지로 가르었으니, 그 네 가지로 가른 순서는, 먼저 월을, 그 짜임의 홑지고 겹짐[複雜함]을 따라서, 「홑월[單文]」과 「겹월[複文]」로 가르고, 다시 「겹월」을, 그 짜임의 다름을 따라, 「가진월」과 「벌린월」과 「이은월」의 세 가지로 갈랐다고 하였다. 이를 틀로 보이면 다음과 같이 되겠다.

```
         ┌홑월[單文]
월 ┤
         └겹월[複文]  ┌가진월[包有文]
                      ├벌린월[並列文]
                      └이은월[連合文]
```

「홑월」은 임자말과 풀이말과의 결림(관계)의 되기가 단 한 번만 성립한 월이라고 하고, 이 홑월을 다음과 같이 다섯 가지로 나누어 풀이하였다.

(1) 홑월의 가장 대표적인 것은, 임자조각[主部]과 풀이조각[說明部]이

각각 하나씩인 것이니, 그 보기를 들면 다음과 같다.

　(ㄱ) 달이 밝다.

　(ㄴ) 그 사람이 육군장교였다.

　(ㄷ) 새가 운다.

　(ㄹ) 아이가 글을 읽는다.

(2) 임자말이 비록 여럿이라도, 풀이말과의 걸림의 되기(관계의 성립)가 단 한 번만인 것은 홑월이니, 그 보기를 들면, 다음과 같다.

　(ㄱ) 참새와 뱁새가 재재거린다.

　(ㄴ) 아버지와 아들이 밭을 간다.

　(ㄷ) 단군과 세종대왕과 이순신은 조선의 삼대 위인이다.

(3) 풀이말이 여럿이라도 그 임자말과의 걸림의 되기가 단 한 번만인 것은 또한 홑월이니, 그 보기를 들면, 다음과 같다.

　(ㄱ) 김선[金公]은 튼튼하고, 재주 있고, 또 부지런하다.

　(ㄴ) 기러기가 울며 간다.

　(ㄷ) 그 애가 밥을 먹고 학교에 갔다.

(4) 임자말과 풀이말이 함께 여럿으로 되었을지라도, 그 걸림의 되기가 다만 한 번만인 것은 또한 홑월이니, 그 보기를 들면, 다음과 같다.

　(ㄱ) 꽃과 잎이 붉고 푸르다.

　(ㄴ) 수남이와 복동이는 꼭 같이 가고 같이 온다.

　(ㄷ) 우리 언니와 나는 한글을 읽고 쓴다.

(5) 그 밖에 꾸밈말, 기움말 따위의 있고 없음과 적고 많음은 홑월이 되고 안 됨에 아무 상관이 없으니, 그 보기를 들면, 다음과 같다.

　(ㄱ) 저 앞집의, 착한 차돌이는 아침마다, 반드시, 매우 재미있는 한

글 공부를 퍽 열심으로 합니다.
(ㄴ) 그날 아주 이른 아침에, 그는 뜨근뜨근한 국밥을 많이 먹고, 긴 가래를 오른 손에 가지고, 뒷들 여덜 마지기 논으로 일하러 나 갔습니다.
(ㄷ) 이건 참 죽도 밥도 아니네.

홑월에서는, 그 풀이말이 꼭 한 번만 끝나기를 소용하나니, 만약 두 번 이상으로 끝나면, 이는 홑월이라 할 수 없다. 이를테면,

사랑이 어떻더냐, 둥글더냐, 모나드냐?
그 애가 공부도 잘한다, 운동도 잘한다, 음악도 잘한다.

의 따위는 홑월이 아님과 같으니라.

「겹월[複文]」은 둘 이상의 「홑월」이 그 꼴에서[形式上에서] 서로 얽히어서 한 덩이가 된 월이라고 하고, 그 마디의 어우름의 모양을 따라, 「가진월[包有文, 有屬文]」, 「벌린월[並列文]」, 「이은월[連合文]」의 세 가지로 가르었다.

마디가 씨와 마찬가지의 자리를 차지하여서 월의 한 조각을 이룬 것을 그 속에 가진[包胎한, 所有한] 월을 「가진월」이라 하고, 이 때에, 그 씨처럼 쓰인 마디를 「딸림마디[從屬節]」라 하며, 그 딸림마디를 가진 마디를 「으뜸마디[主節]」라 일컫는다고 하였다.

「가진월」은, 주종(主從)의 짜임을 가진 겹월이니, 반드시 「으뜸마디」가 하나 이상의 「딸림마디」를 가지고 된다. 그런데, 딸림마디의 풀이말은 감목법[꺾목법, 資格法]의 꼴들로 된 것과 마침법[終止法]의 꼴들로 된 것의 두 가지가 있다. 그 감목법의 어찌꼴[副詞形]을 가진 것을 「어찌마

디[副詞節]」라 하며, 매김꼴[冠形詞形]을 가진 것을 「매김마디[冠形節]」이라 하며, 이름꼴[名詞形]을 가진 것을 「이름마디[體言節]」라 한다. 그리고, 마침법으로 된 것을 「풀이마디[用言節]」라 한다. 그러한즉, 다시 말하면, 「가진월」이란 것은 그 속에 「어찌마디」나 「매김마디」나 「이름마디」나 「풀이마디」를 가진 겹월을 이름이 되느니라. 그 보기를 들면, 다음과 같다.

 (1) 어찌마디를 가진 가진월 :

   그 사람이, 낯이 뜨뜻하게, 그런 소리를 했어요.
   큰 물머리가, 사람이 견디지 못하게, 밀어왔다.
   모래벌이, 눈이 부시게, 희다.

 (2) 매김마디를 가진 가진월 :

   향기가 좋은 꽃이 만발하였다.
   나는 눈이 오는 날을 제일 좋아하오.
   그가, 경치가 좋은 터에 집을 지었다.

 (3) 이름마디(임자마디)를 가진 가진월 :

   달이 밝기가 낮과 같다.
   그 이름을 모름이 가장 유감이다.
   큰 바람이 불기는 아마 오후 여덜 시부터이었다.

 (4) 풀이마디를 가진 가진월 :

   부지런한 학생이 성적이 좋으니라.
   후덕한 사람은 인망이 높으니라.
   그 청년이 마음이 매우 착한가 ?

「벌린월[並列文]」은 뜻으로는 각각 독립하여 같은 값어치를 가진, 둘 이상의 마디(맞선마디)를 다만 편의상 형식적으로 벌리어서 한 덩이로 만든 월이다. 그런데, 그 윗마디의 풀이말은 이음법의 벌림꼴[羅列形]을 가지고 아랫마디에 잇느니라. 「벌린월」은, 벌림의 짜임을 가진 것이니, 곧 둘 이상의 맞선마디[對立節]로 된 겹월이다. 그 보기를 들면 다음과 같다.

겨울은 춥고, 여름은 덥다.　산은 높고, 물은 맑다.
순(舜)은 누구이며, 나는 누구이냐? 뜨거운 것은 나의 가슴이요, 붉은 것은 나의 마음이요, 깨끗한 것은 나의 절조(節操)이외다.

「이은월[連合文]」은 원래 뜻으로 보아 같은 갑어치를 가진 두 마디가 형식으로 잇기어 한 덩이가 되어서 더 큰 한 덩이의 생각을 나타낸 월이다. 그런데, 이은월의 앞마디의 풀이말은 이음법[接續法]으로 되되, 벌림꼴[羅列形] 밖의 다른 꼴들도 되느니라. 그 보기를 들면, 다음과 같다.

(1) 놓는꼴[放任形, 不拘形]로 된 앞마디 :
　　언니는 부지런하지마는, 아우는 게으르다.
　　심기는 괴롭지마는, 거두기는 즐겁다.
　　건설은 어려우되, 파괴는 쉬우니라.
　　봄은 되었으나, 꽃은 피지 아니하였다.

(2) 매는꼴[拘束形]로 된 것 :
　　봄이 오면, 꽃이 핀다.
　　내가 갔던들, 그 일이 되었겠다.
　　가을이 되니, 들빛이 누르다.
　　잠을 자아야, 꿈을 꾸지.

(3) 풀이꼴[說明形]로 된 것 :
　　그애가 내 동생인데, 나이가 열두 살이다.
　　비가 오는데, 당신은 어데로 가시오?
　　비가 오되, 썩 많이 온다.

(4) 잇달음꼴[連發形]로 된 것 :
　　까마귀 날자, 배 떨어진다.
　　네 말을 하자, 네가 오는구나!
　　해가 지자, 나는 집으로 돌아왔다.
(5) 견줌꼴[比較形]로 된 것 :
　　새도 양육(養育)의 은혜를 알거든, 사람이 부모의 은혜를 모를소냐?
(6) 더보탬꼴[添加形]로 된 것 :
　　비가 올뿐더러, 바람조차 분다.
(7) 더해감꼴[益甚形]로 된 것 :
　　비가 올수록, 보리가 잘 자라오.
(8) 미침꼴[到及形]로 된 것 :
　　밤이 새도록, 나는 공부를 했다.
(9) 그침꼴[中斷形, 中止形]로 된 것 :
　　비가 오다가, 눈이 온다.
　　처음에는 내가 하다가, 나중에는 그 사람이 했다.

둘째, 월은, 그 바탈로 보아, 「베풂월[敍述文]」, 「시킴월[命令文]」, 「물음월[疑問文]」, 「꾀임월[請誘文]」의 네 가지로 가르었으니, 이와 같은 가름을 한 까닭은 다음과 같다.

원래, 월은 임자말과 풀이말과의 두 가지 조각으로 됨이 그 원본적(原本的) 구성 원리(構成原理)이다. 그런데, 이 두 가지 중에 월로서의 불가결(不可缺)의 중요성을 더 많이 가지고 있는 것은 그 풀이말이다. 임자말은 흔히 줄어지고 들어나지 아니하는 일이 많으되, 풀이말은 줄어지는 일이 극히 드물다. 더구나 논리학에서 이른 부정 판단(不定判斷)이란 것에서 본다면, 임자말이 무엇인지조차가 똑똑하지 못한 것이 있다. 이를테면, 「참 덥다」, 「꾀 덥다」에서 그 임자말이 무엇인지 불명함과 같다.

그러므로, 월을 그 바탈로 가르려면, 먼저 그 풀이의 바탈을 근거로 할 것이요, 다음에는 그 임자말을 근거삼아서 가를 것이다. 위의 네 가지의 가름은 곧 풀이말을 근거로 한 가름이다라고 하였다.

「베풂월」은, 말하는 이가 제 혼자의 생각을 베풀어 말하는 월이니, 그 풀이말은 풀이씨의 베풂꼴로 끝맺음이 그 보람[特徵]이다. 그 보기를 들면 다음과 같다.

나는 이 일을 꼭 이루어 내겠다. 자식은 부모를 공경하여야 한다.
너는 나의 가장 사랑하는 동무이다. 비가 오는구나!

「시킴월」은 시킴[命令]이나 말림[禁止]의 뜻을 나타내는 월이니, 그 풀이말의 씨끝은 마침법의 시킴꼴[命令形]로 된다. 그 보기를 들면, 다음과 같다.

너는 저리 가거라. 그대는 여기 앉으오. 당신도 오시오.

「물음월」은 맞은편의 생각을 묻는 뜻을 나타내는 월이니, 그 풀이말의 씨끝이 물음꼴로 됨이 그 보람이다. 그 보기를 들면, 다음과 같다.

너는 금강산을 보았느냐? 자네는 어느 것을 원하는가?
하나에 둘을 더하면, 모두 얼마요?

「꾀임월」은 맞은편을 꾀이어서 저와 함께 무슨 움직임을 하자 하는 뜻을 나타내는 월을 이름이니, 그 풀이말이 꾀임꼴로써 끝맺는 것이 그 보람이 된다. 그 보기를 들면, 다음과 같다.

정술아, 학교에 가자. 나비야, 청산 가자. 범나비, 너도 가자.
여보게, 우리도 가세.

(3-6) ≪우리말본≫의 마무리

≪우리말본≫은 갑오경장 이후 겨레 문화에 대한 올바른 이해와 나라와 겨레 사랑에서, 우리말과 한글을 연구하기 시작한 주시경님의 정신을 이어 받은 것이다. 그러므로 외솔의 우리 말과 글의 연구는 겨레 문화를 계승·발전시키려는 정성에서 우러나왔을 뿐 아니라, 나아가서는 겨레 문화가 겨레의 얼과 직결되는 것임을 누구보다 투철하게 인식하고 있던 분이었다.

외솔의 학문은 이런 각도에서 고찰하여야 한다. 외솔이 ≪우리말본≫의 머리말 첫머리에서 밝힘과 같이「한 겨레의 문화 창조의 활동은, 그 말로써 들어가며, 그 말로써 하여 가며, 그 말로써 남기는 것」임을 깊이 인식하고, 우리 겨레의「창조적 활동의 말미암던 길이요, 연장이요, 또 그 성과의 축적」인 말을 연구한 결과가 ≪우리말본≫으로 나타났고, ≪한글갈≫ 머리말에서 밝힘과 같이 한글은 우리 겨레의「지적 산물 중 가장 중요한 것」이기 때문에,「지적 탐구의 가장 긴밀한 대상」이 되어야 하는 한글을 연구·체계화한 결과는 ≪한글갈≫로 나타났다.

≪우리말본≫의 말본 체계는 주시경님의 과도한 분석적 체계를 지양하고, 이를 많이 수정 발전시켜,[95] 분석적 경향을 띠면서 종합성의 말본 체계를 확립하였으니, 이는 그의 준종합적 곧「절충적 체계」를 말해 주는 것이다.

≪우리말본≫은 1937년 2월 25일 연희전문학교 출판부(延禧專門學校出版部)에서 간행하였는데, 말본책에 관한 한 가장 역작이요, 학문적인

---

95) 낱말의 성격 규정 방법부터 바꾸어, 주시경님이 두 낱말로 본「가-다, 기쁘-다」따위 풀이씨를 한 낱말로 보고, 풀이씨의「끝바꿈」을 설명하고,「임, 엇, 움」과 같은 학술 용어를 더 쉽게 이해될 수 있는 말로 바꾸었다.

대저다. 국판(초판 세로 조판) 1,237쪽(1955년 깁고 고친판, 가로 조판 941쪽)의 거작으로 1929년 4월 13일에 발행한 ≪우리말본 첫재매(소리갈)≫(연희전문학교출판부 발행)에 씨갈[詞論]·월갈[文章論]을 추가하여 완성한 말본책이다. 이 ≪소리갈[音聲學]≫은 음성학 저서로서 현대 언어학으로서의 국어 음성학은 여기에서 시작되었다 할 수 있다.

소리갈 곧 말소리갈[音聲學]에서는 발음기관을 숨쉬는데[呼吸部], 소리내는데[發音部], 소리고루는데[調音部]의 세 부분으로 나누어 그 기관들의 구조(構造)와 작용(作用)을 상세히 설명하고, 소리의 설명은 「낱소리[個音]」와 「이은소리[連音]」로 갈라 다루었는데, 앞부분은 낱낱의 음성에 대한 설명이고, 뒷부분은 음성의 연결에서 일어나는 현상을 설명한 것이다. 특히 이 말소리갈의 분야에서는 우리나라 「조음음성학」의 초석을 닦고, 언어기술론과 음운구조론의 기틀을 마련해 주었다고 하겠다.

씨갈[詞論]에서 보인 낱말의 뜻매김은 국어학 연구사상 가장 뚜렷한 낱말관을 부각시켜 주었고, 국어의 씨(품사)를 임자씨(체언)·풀이씨(용언)·꾸밈씨(수식사)·걸림씨(관계사)로 크게 가르고, 그것을 다시 10씨(품사)로 가른, 씨가름(품사분류)의 이론적 원칙도 구조론과 의미론의 양면성에서 찾을 수 있으며, 그 이론의 배경은 언제나 논리학(조리갈)이었음이 또한 보람(특징)이다. 그리고 10씨 중 「잡음씨」라는 새로운 씨를 설정한 일이다.

한편, 말본 범주를 확립하였으며, 말본 역사상 맨 처음 체계를 정립한 풀이씨의 씨끝바꿈(끝바꿈, 활용) 법칙은, 「기본」의 개념과 「변화」 개념의 인식에서 온 것이라고 볼 수 있다. 또 중요한 말본 범주로 「도움줄기(보조어간)」를 새로이 설정하여, 하임(시킴, 사동)과 입음(피동)법을 체계화함으로써 변형과 변별적 식별의 기초를 다져 주고 있다. 한편 높임법[尊敬法]의 등분(마침법과 주로 관계)의 확립과 「열두 가지의 때매김 [12時制]」체계는 전통 말본을 이끌어온 통설이며, 특히 「열두 가지의 때매김」의 대중(표준)으로 「움직임의 때」, 말하는 사람의 때점(시점) 등을 명시함으로써, 「시간」과 「상」을 보는 눈을 열어 주고 있다. 또한 씨끝바꿈에서 정립되는 감목법(자격법), 이음법을 통하여 통어론(통사론)의 이해를 자극하고, 마춤법 체계에서 오는 「서법」의 형성원리와 체계 확립은 오늘날 서법 연구의 기틀이 된다. 「토씨(조사)」의 통어적(통사적) 의미론적 분류 체계 또한, 형태·통어(통사)론과 의미통어(사)론의 기틀이 된다. 한편, 도움풀이씨(보조용언, 곧 도움움직씨와 도움그림씨)의 새로운 개척은 종합적 구조 연구에 길을 터 놓았다[96]고 하겠다.

월갈[文章論]에서의 월의 뜻매김은 심리학적 통각작용(統覺作用)을 끌어 왔다. 그리고 거기에서, 월의 구성 성분을 분석하여, 임자말과 풀이말과의 관계 형식은 크게 보면 세 가지, 곧 「무엇이 어찌하다」, 「무엇이 어떠하다」, 「무엇이 무엇이다」 밖에는 없다고 하였다.

특히 「월의 조각의 서로맞음[文의 成分의 相應]」은 말의 「공존 관계」를 인식한 것으로, 하나의 언어에 대한 유기적 구조 의식의 접근이라 볼 수 있다. 그리고 월을 그 짜임(구조)과, 그 바탈(성질상)로 보아서 각각 가름도 특이하고, 또 한글 낱자 중 닿소리 글자의 차례를 「ㄱ ㄴ ㄷ ㄹ ㅁ ㅂ ㅅ ㅈ ㅊ ㅋ ㅌ ㅍ ㅎ ㅇ」과 같이 「ㅇ」을 맨 끝인 「ㅎ」 다음에 놓은 것이 특이하다.

여하튼, ≪우리말본≫은 순수한 우리말 용어를 사용하여 낱말에 대한 새로운 견해와 씨가름의 독창적인 개발로 우리 국어학계를 세계적인 수

---

96) 김석득 : 앞든 책 355쪽 참고.

준으로 끌어 올렸을 뿐 아니라, 1937년 이래 반세기가 지난 현재까지 우리 말본계를 이끌어 온 또 앞으로 이끌어 갈 것이 확실시 되는 20세기 국어학계의 큰 금자탑인 것이다.

(4) 김두봉의 ≪조선말본≫과 분석적 체계

말본의 연구가 주시경님의 연구를 계기로 새로운 일면이 개척하게 되고 이에 따라 이 말본의 영향을 받은 후계 학자가 많이 나타났는데, 김두봉(金枓奉)님의 ≪조선말본≫의 체계는 그의 스승인 주시경님의 말본 체계를 잘 이어받아 충실히 다듬었다. 그의 ≪조선말본≫(1916. 4. 13 신문관 발행)은 그 뒤 1922년경에 이를 깁고 더하여 ≪깁더조선말본≫이란 이름으로 중국 상해에서 재간되었다. 김두봉님은 ≪조선말본≫의 머리말에서,

　…나는 이 말본을 이렇게 빠르게 만들랴고는 아니하엿고, 다만 「말모이」 만들기에만 얼을 받히엇더니 슬프다. 꿈도 생각도 밖에 지난 여름에 우리 한힌샘 스승님이 돌아 가시고, 이 답지 못한 사람이 이 「말본」까지 짓기에 이르엇도다. 스승님이 게실 때에 이미 박아낸 「조선말글본」이 있었으나, 이는 짓은 제 넘우 오랜 것이므로 늘 고치어 만드시려다가 가르치시는 일에 넘우 바쁘어서 마즘내 이루지 못하시고 돌아기시엇으므로 이제는 말본이 매우 아쉬울 뿐더러 더욱 우리 한글 배곧 어른 솔벗메97)와 환글모임자 한샘98)이 이 「말본」 빨리 만들기를 여러번 말슴하므로 작은 힘을 돌아보지 아니하고 이를 만들엇

---

97) 「우리 한글배곧 어른」은 「조선어강습원장(朝鮮語講習院長)」을 말함이며, 「솔벗메」는 남형우님의 아호이다.
98) 「환글 모임자」는 「광문회(光文會)」를 말함이며, 「한샘」은 최남선(崔南善)님의 아호이다.

거니와 이로써 스승님의 여시던 길을 넉넉이 더 열엇다함이 아니요, 다만 그 길이 묻히지나 아니하게 하는 김에 힘자라는대까지는 조곰조곰씩이라도 더 열어가면서 이 다음에 참 훌륭한 사람이 나시기를 기다리는 뜻이로라.

라고 하였으니, 이로 보아 그의 ≪조선말본≫은 주시경님의 ≪국어문법≫의 재판인 ≪조선어문법≫(1911년 및 1913년)을 잘 계승하여 새로 다듬었다는 것이 입증된다.

이제 김두봉님의 ≪조선말본≫과 ≪깁더조선말본≫을 중심으로 살펴보기로 한다.

(4-1) ≪조선말본≫과 ≪깁더조선말본≫의 벼리

≪조선말본≫의 내용은 크게 나누어 소리갈, 씨갈, 월갈의 3부문으로 되어 있다.

「소리갈」에서는 소리의 내는틀, 소리의 갈래와 내는본, 소리의 거듭, 소리의 고름 등 4부문으로 나누어 논술하였고, 「씨갈」에서는 임[名詞], 얼[形容詞], 움[動詞], 겻, 잇[接續詞], 맺[終止吐], 언[前置形容, 冠詞], 억[副詞], 늑[感動詞] 등 9씨로 나누어 논술하였으며, 「월갈」에서는 월의 감[文의 成分], 월의 마디[文의 節], 월의 갈래[文의 種類] 등 3부문으로 나누어 논술하였다.

≪깁더조선말본≫의 내용은 첫재엮[編] 얽말[總論], 둘재엮 소리, 셋재엮 씨, 넷재엮 월 등 4편으로 크게 나누어 논술하고, 또 붙임으로 좋을 글, 날적, 표준말을 다루었다.

첫재엮 「얽말」에서는 말본의 생김, 말본의 바탕, 말본짓는 길, 이 말본의 두례 등에 대하여 말하였고, 둘재얶 「소리」에서는 첫재매(章) 얽말, 둘재매 소리내틀[發音機關], 셋재매 표준소리, 넷재매 소리의 갈래, 다섯재매 소리의 거듭, 여섯재매 소리의 고름, 일곱재매 보기틀과 버릇소리 등 7장으로 나누어 논술하였고, 셋재얶 「씨[詞]」에서는 먼저 「씨」의 뜻매김과 씨의 갈래를 간단히 말하고, 첫재매 임[名], 둘재매 얻[形], 셋재매 움[動], 넷재매 겻[搆], 다섯재매 잇[連], 여섯재매 맺[結], 일겁재매 언[冠], 여듧재매 억[副], 아홉재매 늑[感] 등 9장으로 나누어 논술하였으며, 넷재얶 「월」에서는 먼저 월[文]의 뜻매김과 보기를 간단히 들고, 첫재매 월의 감[文의 成分], 둘재매 월의 마디[文의 節], 셋재매 월의 갈래[文의 種類] 등 3장으로 나누어 논술하였고, 「붙임」에서는 먼저 「좋을글」, 「날격」, 「표준말」의 뜻매김을 하고 이를 각각 나누어 설명하였다.

(4-2) 소리[語音]

소리내틀[소리내는틀, 發音機關]의 구조를 그림을 그려 구체적으로 설명하고, 소리의 갈래[種類]로서는 그 나는 바탕을 따르어 홀소리[母音]와 닿소리[子音] 두 갈래로 나누고, 이 닿소리와 홀소리의 갈래를 따로따로 설명하였다.[99]

닿소리는 첫재 여듧막음의 자리에 말미암아 되는 것, 곧 조음점(調音點)에 의한 분류로서

    ㄱ. 입술과 입술의 막음 : ㅂ, ㅃ, ㅍ, ㅁ, ㅗ, ㅜ (ㅗ, ㅜ는 ㅏ, ㅟ 따위의 첫소리 같은 것)

---

[99] 《조선말본》에서 우리말에 쓰이는 홀소리의 셈(數)을 「ㅏ, ㅓ, ㅗ, ㅜ, ㅡ, ㅣ, ㅐ, ㅔ」 모두 8이라 하고, 닿소리의 셈(數)을 「ㄱ, ㄴ, ㄷ, ㄹ, ㅁ, ㅂ, ㅅ, ㅇ, ㅈ, ㅎ」 모두 10이라 하였다.

ㄴ. 입술과 니의 막음 : ㅸ, ㅱ, ㆄ

ㄷ. 혀끝과 니의 막음 : 영자의 th

ㄹ. 혀끝과 니몸의 막음 : ㄷ, ㄸ, ㅌ, ㄴ, ㅅ, ㅆ, ㅈ, ㅉ, ㅊ, ㄹ, ㅿ

ㅁ. 혀몸과 센입웅의 막음 : ㅣ(ㅑ, ㅕ, ㅛ, ㅠ 따위의 첫소리와 같은 소리)

ㅂ. 혀뿌리와 여린 이붕의 막음 : ㄱ, ㄲ, ㅋ, ㆁ

ㅅ. 혀뿌리와 목젖의 막음 : ㅎ따위는 목청을 갈면서 또 여긔를 갈 아내는 소리오.

ㅇ. 목청의 막음 : ㆆ, ㅎ, ㆅ, ㅇ

둘재 막음의 갈래와 쭘으로 말미암아 되는 것, 곧 조음의 종류와 정도(程度)에 의한 분류로서

ㄱ. 다막음 : ㈀ 헤치소리[破裂音]···ㅂ, ㅃ, ㅍ, ㄷ, ㄸ, ㅌ, ㄱ, ㄲ, ㅋ

㈁ 코소리[鼻音]···ㅁ, ㄴ, ㆁ

ㄴ. 덜막음 : ㈀ 갖갈이소리···ㅗ, ㅜ(ㅘㅏ ㅝ 따위의 첫소리), ㅸ, ㅱ, ㄹ, ㅣ(ㅑ,ㅕ 따위의 첫소리), ㆆ, ㅎ, ㆅ

㈁ 낱갈이소리···ㅅ, ㅆ, ㅿ

㈐ 옆갈이소리···ㄹ

㈑ 붙갈이소리···ㅈ, ㅉ, ㅊ

㈒ 떨소리···우리말소리에는 없다.

셋재 목청소리를 띄고 아니띔에 말미암아 되는 것, 곧 성대(聲帶) 진동(振動)의 유무에 의한 분류로서

ㄱ. 소리띤닿소리[有聲音] : ㅁ, ㅗ, ㅜ (ㅘ, ㅝ 따위의 첫소리), ㄴ, ㄹ(받힘만), ㅣ(ㅑ, ㅕ 따위의 첫소리)

ㄴ. 소리안띈닿소리[無聲音] : 그 밖의 모든 닿소리

와 같다. 곧 닿소리의 갈래는 위와 같이 크게 세 가지로 나누되, 이를 또 하위 분류하여 설명하였다.

홀소리의 갈래는 입안꼴의 바꾸임을 따르어 크게 네 가지로 나누었으니, 첫재 혀의 높낮곳입의열닫으로 말미암아 되는 것, 곧 혀의 고저(高底)와 개구도(開口度)에 의한 분류로서

   ㄱ. 닫홀소리 : ㅣ, ㅜ, ㅡ
   ㄴ. 반닫홀소리 : ㅔ, ㅗ
   ㄷ. 반열홀소리 : ㅐ, ㅓ
   ㄹ. 열홀소리 : ㅏ

둘재 혀의 앞뒤의 오르내림으로 말미암아 되는 것, 곧 혀의 전후에 의한 분류로서

   ㄱ. 앞홀소리 : ㅣ, ㅔ, ㅐ
   ㄴ. 뒤홀소리 : ㅜ, ㅗ, ㅏ
   ㄷ. 사이홀소리 : ㅏ, ㅡ

와 같이 분류하고, 이것을 음삼각도(音三角度)로써 보이었다.[100]

셋재 입술의 둥글고 넙적함으로 말미암아 되는 것, 곧 원순(圓脣)의 정도(程度)에 의한 분류로서

   ㄱ. 입술 둥근 홀소리 : ㅗ, ㅜ
   ㄴ. 입술 넙적 홀소리 : ㅣ, ㅔ
   ㄷ. 입술 예사 홀소리[101] : ㅏ, ㅓ, ㅐ

---

100) 김두봉 : ≪깁더조선말본≫ 41쪽 참고.

424 IV. 근대 국어학

넷재 코구녁의 쓰고 아니씀으로 말미암아 되는 것, 곧 코구녁 쓰임에 매인 것 : 우리말의 홀소리에는 쓰이지 아니한다.

와 같다. 그리고, 그는 홀소리를 다시 밝게 말하여 「ㅣ, ㅜ, ㅡ」들의 소리는 「혀의 높낮」으로 보면 다 같이 「높은소리」, 곳 입으로 「닫소리」나 「혀의 앞뒤」로 보면 ㅣ는 「앞소리」, ㅜ는 「뒤소리」요, ㅡ는 「사이소리」요, 「입슐의 꼴」로 보면 ㅣ는 「넙적소리」, ㅜ는 「둥긂소리」요, 「ㅔ, ㅗ」들의 소리는 「혀의 높낮」으로 보면 다 같이 「반높은소리」 곳 입으로 「반닫소리」나 「혀의 앞뒤」로 보면 ㅔ는 「앞소리」, ㅗ는 「뒤소리」요, 「입슐의 꼴」로 보면 ㅔ는 「넙적소리」, ㅗ는 「둥 소리」요, 「ㅐ, ㅓ」들의 소리는 「혀의 높낮」으로 보면 다 같이 「반낮소리」, 곳 입으로 「반열소리」나, 「혀의 앞뒤」로 보면 ㅐ는 「앞소리」, ㅓ는 「뒤소리」요, 「입슐의 꼴」로 보면 다 같이 「예사소리」요, 「ㅏ」의 소리는 「혀의 높낮」으로 보면 「낮은소리」, 곳 입으로 「열소리」요, 「혀의 앞뒤」로 보면 「사이소리」요, 「입슐의 꼴」로 보면 「예사소리」라 하였다.

그리고 같은 갈래의 소리들이 저의끼리 만날 때에 어우르어 한 덩이가 되는 것을 「소리의 거듭」이라 뜻매김하고, 「닿소리의 거듭」과 「홀소리의 거듭」으로 따로 나누어 말하였다.

「닿소리의 거듭」은 「섞임거듭」, 「덧거듭」, 「짝거듭」의 세 가지가 있다 하고, 「섞임거듭」은 「ㅋ, ㅌ, ㅍ, ㅊ」이고, 「덧거듭」은 「ㄲ, ㄳ …」이며, 「짝거듭」은 「ㄲ, ㄸ, ㅃ, ㅉ, ㅆ …」(ㄲ, ㄸ, ㅃ, ㅉ, ㅆ들의 소리를 홋소리로도 볼 수 있다고 함)이라고 하였다.

「홀소리의 거듭」은 「ㅑ, ㅕ, ㅛ, ㅠ, ㆍ, ㅘ, ㅝ, ㅐ, ㅒ, ㅔ, ㅖ, ㅚ, ㅟ,

___
101) 「입슐 예사 홀소리」의 이름은 필자가 붙인 이름임.

ㅟ, ㆌ, ㅢ, ㆎ, ㅐ, ㅔ」이라 하고, 이들 가운데에서 「ㆉ, ㆌ, ㆎ」는 말소리에 쓰이지 아니한다. 그리고 「ㆍ」는 「ㅣ ㅡ 의 거듭」이라고 하였다.

또 김두봉님은 닿소리의 이름을 다음과 같이 지었다.

　　ㄱ(기윽) ㄴ(니은) ㄷ(디읃) ㄹ(리을) ㅁ(미음) ㅂ(비읍) ㅅ(시읏)
　　ㅇ(이응) ㅈ(지읒) ㅊ(치읓) ㅋ(키읔) ㅌ(티읕) ㅍ(피읖) ㅎ(히읗)
　　ㄲ(끼윾) ㄸ(띠읃) ㅃ(삐읇) ㅆ(씨읏) ㅉ(찌읒)

(4-3) 씨[詞]

주시경님은 ≪국어문법≫에서 품사를 「기」라 하였던 것을 ≪조선어문법≫에서는 「씨」로 바꾸었는데, 김두봉님의 ≪조선말본≫이나 ≪깁더조선말본≫에서도 그대로 「씨」라 하였으니, 이 「씨」의 뜻매김은 주시경님의 ≪국어문법≫이나 ≪조선어문법≫의 뜻매김의 이어받음이라 하겠다. 김두봉님은 ≪깁더조선말본≫의 「씨」의 편 첫머리에

　　일이나 물건의 서로 다름을 딸아 따로따로 이르는 낱말을 말의 씨라 하나이다.
　　씨는 한 소리로 된 것도 있고 여러 소리로 된 것도 있으며 또 홋으로 된 것도 있고 모이어 된 것도 있나니, 이를터면, 이, 그, 나, 너, 범, 소 따위는 한 소리로 된 것이오, 여긔, 거긔, 우리, 너이, 사람, 가마귀 다위는 여러 소리로 된 것이며, 물, 범 따위들은 홋으로 된 것이오, 얼음, 코길이 따위들은 모이어 된 것이라.

라고 씨의 뜻매김을 하고, 보기를 보이었다.

다음에 김두봉님은 이 씨를 주시경님의 「씨갈애」에 따라 임[名], 얼[形], 움[動], 겻[摎], 잇[連], 맺[結], 언[冠], 억[副], 늑[感]의 9씨로 나누

고, 이 중에서 「임(임씨)」은 말의 밋몸[本體]이 되므로 「몸말[體言, 임자씨]」이라 하고, 「엄(엄씨)」과 「움(움씨)」은 「임씨[名詞]」에 딸리어 쓰이므로 「씀말[用言, 풀이씨]」이라 하고, 다시 「임씨」와 「엄씨」와 「움씨」는 일이나 몬[物]을 바로[直接] 이르는 으뜸[元]되는 말이므로 이를 「으뜸씨[元詞]」라 하였다. 「겻씨」와 「잇씨」와 「맺씨」는 일이나 몬을 바로 이르지 아니하고 다만 으뜸씨의 사이의 매임[關係]을 맺는 말이므로 「토씨[吐]」라 하였다. 「언씨」와 「억씨」와 「늑씨」는 몸은 비록 난호아 풀 수 없으나 뜻은 으뜸씨와 토씨의 어울린 것이라고 풀 수 있으므로 이를 「모임씨」라 하여, 씨의 상위단위를 설정하였으니, 이는 주시경님의 씨 가름을 크게 발전시킨 것이라 하겠다.

이제 이 씨 가름을 틀로 보이면 다음과 같다.

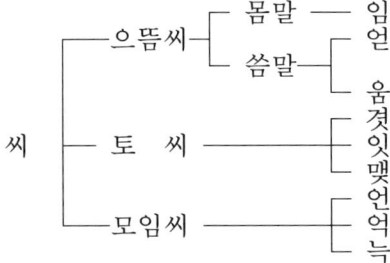

이상과 같이 김두봉님의 씨 가름 체계는 주시경님의 체계와 같이 분석적 체계이다. 여기에서 주시경님의 설과 다른 점은, 첫째, 씨의 차례를 주시경님은 「임, 엇, 움, 겻, 잇, 언, 억, 놀, 끗」으로 하였는데, 김두봉님은 「임, 엄, 움, 겻, 잇, 맺, 언, 억, 늑」으로 하였고, 둘째, 씨 가운데 일부의 이름을 바꾸었으니, 「엇〉엄, 끗〉맺, 놀〉늑」이 그것이며, 셋째, 9씨의 상위단위의 설정 등이다. 그리고 김두봉님은 주시경님과 같이 씨몸과 씨끝을 각각 독립한 씨로 다루기 때문에, 그 사이에 들어가는 「도움줄기[補助語幹]를 주시경님이 아래의 씨「끗토」에 붙이고(「잡, 았다」, 「보, 았다」) 있는데 반하여 김두봉님은 위의 씨(풀이씨)에 붙이고(「잡았, 다」, 「보았, 다」) 있음이 다른 점이다.

특히 이 김두봉님의 9씨의 상위단위 설정은 우리나라 말본 연구사에서 의의가 크다고 하겠다.

(4-4) 월[文]

월은「여러 가지 씨, 곳 낱말을 모아 한 생각을 다 낱아내는 것을 말의 월[文]이라 하나니」라고 뜻매김을 하고, 월을 이루는 조각을 월의 감[成分]이라 하여 주시경님이 ≪국어문법≫이나 ≪조선어문법≫에서「임이」,「씀이」,「남이」로 구분하였던 것을「임자감[主語, 主格]」,「풀이감[說明語, 說明格]」,「딸림감[從屬語, 從屬格]」,「매임감[關係語, 關係格]」의 넷으로 분류하였다. 그리고 임자와 풀이는 월을 이룸에 으뜸되는 조각이므로 이를「으뜸감[主成分, 元成分]」이라 하고, 따림과 매임은 월을 이룸에 붙음 되는 조각이므로「붙음감[附成分]」이라 하였다. 또 월의 감에서 으뜸씨는 감의 몸이라 하고 토씨는 감의 빛이라 하였으니, 이를테면「꽃이 핀다」는 말에「꽃」은 임자몸,「이」는 임자빛,「피」는 풀이몸,「ㄴ다」는 풀이빛이다.

월의 마디[文의 節]는「월의 으뜸감 곳 임자감과 풀이감을 갖호고도 오히려 월의 한 조각[部分] 되는 것을 월의 마디라」뜻매김하고, 이 마디는 그 형태에 따라「홋마디」와「거듭마디」로 나누되, 또 하위분류하였다.

월은 그 짜이는 바를 따라 홋월[單文], 줄월[重文], 겹월[複文], 덧월[疊文], 모월[混文]의 다섯으로 나누었다.

그밖에 「붙임」으로 하여 「좋을글」, 「날격」, 「표준말」에 대하여 기술하였다. 특히 여기에 한글의 가로글씨의 흘림[草書]과 날림[飛書, 速記字體]과의 새 안을 발표하였다. 한글의 가로쓰기, 흘림글씨, 날림글씨는 다 한글갈의 중요한 문제들이다.

결론적으로 김두봉님은 ≪조선말본≫의 머리말의 기록이나, 그의 말본체계나, 학술 용어(감말) 사용으로 보아 주시경님의 정신을 거의 그대로 이어받아 스승의 말본을 체계적으로 다듬고 보완하여 말본 기술의 체계면에서 더욱 짜임새 있게 만들었다고 하겠다.

(5) 김윤경의 ≪나라말본≫과 분석주의 체계 확립

(5-1) 김윤경의 생애와 언어관

한결 김윤경(金允經)님은 고종 31년(1894) 6월 9일(음력 5월 6일)에 경기도 광주군 오포면 고산리에서 나시어 1969년 76세를 일기로 세상을 떠나신, 국어학자이며, 교육자이시고 애국지사이시다.

한결은 14세 때까지는 고향에서 한문 수학했다. 1908년 신교육을 받기 위해 서울에 올라와 사립 우산학교에 입학하였다가 의법학교에 전입학하여 의법학교를 졸업하고 이어 의법학교 고등과에 입학 1910년 7월 의법학교 고등과를 수료한다. 18세 되던 해인 1911년부터 사립 청년학원에 입학 3년 동안 주시경님에게 한글 교수받다. 한결은 그 때부터 그 정신의 감화를 받으면서 한평생의 방향을 결정한 것이다.

한결은 청년학원을 졸업하고 1913년 4월부터 경남 마산 창신학교 고등과 교원으로 있다가 다시 서울에 올라와 1917년 4월 연희전문학교 문과에 입학 1922년 3월 졸업과 동시에 같은 해 4월부터 배화여학교 교원

4. 말본 연구의 발전   429

으로 근무한다. 1926년 일본 동경 입교대학교(立敎大學校) 문학부 사학과에 입학 1929년 3월 졸업, 광복 전에는 배화여자고등보통학교 교원, 성신가정여학교 교사, 조선어연구회(한글학회 전신) 창립회원 및 간부로 국어 수호에 힘쓰다가 「동우회 사건(同友會事件)」으로 투옥된 바 있고, 1942년 10월 1일에는 이른바 「조선어학회 사건」으로 함남 홍원경찰서(洪原警察署)에 피검, 1년 동안 왜정의 옥중 생활을 하다가 1943년 9월 18일 석방되었다.

한결은 1945년 8월 해방과 더불어 조선어학회를 수습하고 이어 조선어학회 상무이사, 연희전문학교 교수 및 연희대학교 교수·대학원장·총장 대리, 중앙교육위원회 위원, 국어심의회 위원, 국사편찬위원회 위원, 한양대학교 교수·학장, 학술원 회원 등을 역임하였다. 1955년 4월에 연세대학교에서 명예 문학박사 학위를, 1962년 7월에는 학술원에서 학술문화발전 공헌 공로상을 받았으며, 1963년 8월에는 문화훈장 대한민국장을 정부에서 받았다.

한결은 60여 년간 잃어버린 나라를 되찾기 위한 방법의 한 가지로 국어와 국사의 연구·정리·보급에 종사하시는 한편, 주시경님이 그러했듯이, 그 한 평생을 교육에 바치신 분이다.

지은 책으로는 국어학 분야의 명저 《조선문자급어학사(한국문자급어학사)》(1938)와 《나라말본》(1948)을 비롯하여 《어린이 국사》(1946), 《중등말본》(1948), 《용비어천가》(1955), 《새로지은 국어학사》(1963), 《한결국어학논집》(1964) 등 단행본 외에 90여 편의 논문과 시평, 수필 등도 다수가 있으니, 이는 모두가 국어 연구와 한글 보급 및 교육에 관한 글들이다.

말본의 저서인 《나라말본》은, 주시경님의 말본 체계를 가장 충실히 이어받은 것으로서, 이 체계(분석적 체계)로서는 가장 잘 정돈된 집대성이다.

한결의 학문은 단순한 학문을 위한 학문이 아니었다. 한결은 주시경님이 남기신 교훈을 충실히 지켜 나가신 분이다. 그러므로 한결의 국어학의 연구 목적은 겨레 문화의 수호와 그 발전 및 민족 정신의 지킴에 있었으니, 이의 언어관은 주시경님의 언어관과 같이 민족주의적이요, 또 실용적이고 규범적임은 물론 발전적인 언어관을 지니고 있다고 하겠다.

(5-2) ≪나라말본≫과 분석적 체계 확립

김윤경님의 말본 연구는 ≪조선말본≫(필사본, 1926)을 맨 처음으로, ≪한글말본[朝鮮語文法]≫(인본, 1946년 9월)을 거쳐 고급용 ≪나라말본≫에 이른다. ≪나라말본≫은 한결의 말본 연구로서는 결정적인 것이다.

이는 ≪조선말본≫과 ≪한글말본≫을 토대로 하여 이를 보충 보완하여 이루어진 학교말본이기 때문에, 그 기본 체계는 같다. 그러나 체계의 이론적 배경을 서술하고, 그에 구체적 살을 붙이고 또 다듬어 분석적 체계를 확립시킨 것은 고급용 ≪나라말본≫이다. ≪나라말본≫의 내용은, 크게 「총론(總論)」, 「소리갈[音學]」, 「씨갈[單語學]」, 「월갈[文章學]」로 나누어져 있다. 이제 한결의 ≪나라말본≫을 요약해 소개하겠다.

(5-2-1) 총론(總論)

총론에서는 말[言語]과 글[文字]과 짓[動作]의 뜻매김을 하고, 말의 연구의 목적과 또, 말 연구의 종류와, ≪훈민정음≫의 해제, 그리고 ≪훈몽자회≫의 비판을 하고 있다.

특히 말의 연구의 목적은 「저의 생각을 완전하고 자유롭게 나타냄과 남의 생각을 완전하고 자유롭게 깨달아 앎」에 있다고 하였다. 그리고 덕국(德國 : 독일) 언어학자 프리드리히 뮬러(F. Mueller)가 분류한 말 연구의 세 가지 방향 : 곧 실용적 연구, 고전학적(문헌학적) 연구, 언어학적 연구 중에서, 말본은 말의 실용적 방면의 연구가 되어야 한다 하고, 그러한 말본은, 「말의 본」, 곧 「말의 법측을 연구하는 것」이라 규정지었다. 이는 그의 공시적인 규범적 언어관을 천명한 것이라 볼 수 있다. 그런데, 총론에서 ≪훈민정음≫의 해제와 ≪훈몽자회≫의 비판을 한 것은 좀 의심스럽게 여겨지나, 이는 아마도 이 책 자체가 책 머리의 「소개의 말」에서 밝힘과 같이 교과서 교재용으로 엮은 것이라 말본 공부에 앞서 한글 창제 취지나 제자 원리 및 낱자의 이름 등에 관한 약간의 지식을 갖고 말본 공부를 하라는 생각에서 이 문제를 다룬 것으로 여겨진다.

(5-2-2) 소리갈[音學]

소리갈에서는 목소리의 갈래, 닿소리의 갈래, 홀소리의 갈래, 소리의 고룸, 버릇소리 등에 대하여 설명하고 있다. 그런데 이 설명의 기본적인 입장은 생리학(生理學)에 기반을 둔 조음음성학(調音音聲學)이다.

한결은 「닿소리의 갈래」에서 조음점의 종류를 8가지로 갈랐으니,[102]

(1) 입술과 입술[兩脣]을 막음의 소리.

(2) 우의 이와 아래의 입술[下脣上齒]을 막음의 소리.

---

102) 김윤경 : ≪나라말본≫ 20~21쪽 참고. 조음점의 종류는 대체로 다섯이나 여섯 가지로 가름이 일반적이다.

(3) 혀끝과 우의 이[舌端上齒]를 막음의 소리.
(4) 혀끝과 우의 잇몸[舌端上齒槽]을 막음의 소리.
(5) 혀몸과 센입천정[舌腹硬口盖]을 막음의 소리.
(6) 혀뿌리와 여린입천정[舌根軟口盖]을 막음의 소리.
(7) 혀뿌리와 목젖[舌根懸雍垂]을 막음의 소리.
(8) 목청[聲門]을 막음의 소리.

들이 그것이다. 이와 같이 8가지로 나누게 된 것은, 현실음(現實音)과 옛말 소리(ㅸ ㆄ ㆆ ㅱ ㆅ ㆆ ㅿ 등)까지 고려했기 때문이다. 「우의 이와 아래의 입술을 막음의 소리」는 15세기경 말의 순경음을 생각해서 잡은 조음점(調音點)인 것 같다.

홀소리 고룸[母音調和]은 우랄・알타이 말 겨레에만 특별히 있는 현상(現象)이라 하였다.

(5-2-3) 씨 갈[單語學]

한결은 ≪나라말본≫에서 「씨」란 「말의 낱덩이[單語]를 이름이다. … 한 생각이나 한 법측을 보이는 말로서 더 가를 수 없는 낱덩이를 이름이다.」[103]라고 뜻매김 하였다.

우리말은 계통적으로는 우랄・알타이 말 겨레[語族]에 붙고, 형태적 특질로는 첨가어족(添加語族)에 붙는다. 따라서 우리말은 생각을 보이는 씨, 곧 「생각씨[實辭, 槪念語]」와 법측이나 관계를 보이는 씨, 곧 「토씨[虛辭, 形式語]」와의 두 가지로 크게 갈리어 있음이 그 특색이라 하고, 생각씨에 토씨를 더하기[添加]를 거듭하여 한 월을 짜게 되는 것이라 하였다. 그리고 생각씨는 으뜸이 되는 씨요, 토씨는 붙음이 되는 씨라 하

---

103) 김윤경 : 앞든 책 35쪽 참고.

4. 말본 연구의 발전   433

였다. 또 이 밖에 생각씨와 토씨가 가를 수 없이 굳어 붙은(곧 토가 안 쓰이는) 씨, 곧 모임씨가 있으니, 이 모임씨는 한 으뜸씨와 한 월을 꾸미는 씨라 하였다. 이를 보기틀로 보이면 다음과 같다.

```
      ┌ 생각씨[實辭, 槪念語]─────────── 으뜸씨[元語]
 씨  ┤ 토 씨[虛辭, 形式語]─────────── 붙음씨[從屬語]
      └ 모임씨[實辭, 虛辭結合語]────── 꾸밈씨[修飾語]
```

이들 생각씨와 토씨와 모임씨를 의미와 구조 기능에 따라 하위 분류하면, 생각씨(으뜸씨)는 임씨·얻씨·움씨로, 토씨(붙음씨)는 겻씨·잇씨·맺씨로, 모임씨는 언씨·억씨·늑씨로 나뉘어서 모두 9개의 씨가 분류되어 나온다는 것이다. 이 아홉 가지 씨의 갈래를 보기틀로 보기를 들어 보이면 다음과 같다.

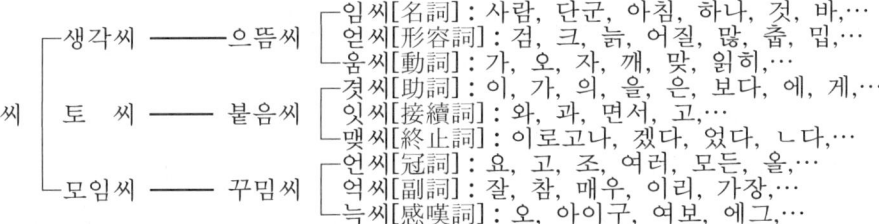

한결은 ≪고등나라말본≫에서 「임씨·얻씨·움씨·잇씨」와 같은 학술 용어(갈말)을 더 쉽게 이해될 수 있는 말로 바꾸었으니, 그의 지음 ≪새로지은 국어학사≫에서 보이는 9씨의 이름을 보이면 다음과 같다.104)

　　이름씨, 그림씨, 움직씨, 겻씨, 이음씨, 맺음씨, 매김씨, 어찌씨, 느낌씨.

그리고 한결은 주시경님이나 김두봉님과 같이 씨몸과 씨끝을 각각 독립한 씨로 다루기 때문에, 그 사이에 들어오는 「도움줄기[補助語幹]」를

───────────
104) 김윤경 : ≪새로지은 국어학사≫ 253쪽 참고.

「머리더음[接頭辭]」이라 하여 「맺씨」 우에 붙이었다.(「쓰이, 었다」, 「주, 었다」). 또 한결은 더음[接辭, Affix]에 있어서 허리더음[接腰辭]을 한 가지로 통일한다면 목청을 막았다가 헤치는 소리[聲門閉鎖破裂音] 「ㆆ」을 쓸 수밖에 없다고 하였다.

(5-2-4) 월갈[文章學]

월갈[文章學]에서, 「월[sentence, 文, 文章]」은 「여러 가지 씨, 곧 낱말을 모아서 한 생각을 다 나타낸 것을 이름이다.」라고 뜻매김하고,[105] 또 말하기를, 「씨」는 낱낱으로 따로 떨어진 말임에 대하여 「월」은 짜인 말이다.

그리고, 「글월」은 「여러 월이 모인 것」이고, 「월갈」은 「여러 씨를 모아 월을 짜는 말본을 연구함을 이름이다.」라고 하였다.

<1> 월의 감[文의 成分]

「월의 감[文의 成分]은 「월을 이루는 각 조각」이라 뜻매김하고, 짜임[構造]으로 보아 월의 감을 (1)한 씨로 된 것(보기 : 참, 아), (2)생각씨와 토씨가 짜이어 된 것(보기 : 아기가 젖을 먹는다), (3)한 마디로 된 것(보기 : 꽃이 피는 봄이 왔다) 등 세 가지로 가르고, 또 구실로 보아 (1)임자감[主語, 主格, subject], (2)풀이감[說明語, 說明格, Predicate], (3)꾸밈감[修飾語, Modifier] 등 세 가지로 나누고 이를 더 잘게 나누어 설명하였다.

(1) 임자감은 월의 임자[主體, 題目]가 되는 조각을 이름이다. 가령,

---

[105] 김윤경 : 앞든 책 165쪽 참고.

4. 말본 연구의 발전   435

　　　그가 선생이다.　꽃이 곱다.　닭이 울었다.

에서 「그가」, 「꽃이」, 「닭이」는 임자감이다.

　(2) 풀이감은 임자 된 말의 움즉임이나 성질이나 갈래의 어떠함을 풀이하는 조각을 이름이다. 가령,

　　　사람은 동물이다.　마음이 착하다.　아기가 잘 자라오.

에서 「동물이다」, 「착하다」, 「자라오」는 풀이감이다.

　(3) 꾸밈감은 임씨로 된 감 우에서 이를 「어떠한」이라고 꾸미거나 얻씨나 움씨로 된 감 우에서 이를 깁거나 「어떠하게」라고 꾸미는 조각을 이름이다.

　(ㄱ) 임씨 꾸밈은 임씨로 된 월의 감의 뜻을 더 똑똑하게 하려고 「어떠한」이라고 이르는 말을 이름이다. 가령,

　　　나의 집이 좋다.　이 것이 너의 책이다.
　　　그는 온 재산인 집을 잃었다.
　　　저, 날랜, 뛰는 범을 보라.　기운이 센 사자가 뛰어 온다.

에서 「나의」, 「이」, 「너의」, 「온」, 「재산인」, 「저」, 「날랜」, 「뛰는」, 「기운이 센」 따위와 같은 것이다. 이 가운데에서 「이」, 「온」, 「저」 따위는 한 낱말(언씨)로 된 감이요, 「나의」, 「너의」, 「재산인」, 「날랜」, 「뛰는」 따위는 으뜸씨에 토씨가 붙어서 된 감이요, 「기운이 센」 따위는 한 마디로 된 감이다.

　(ㄴ) 얻·움씨 꾸밈은 얻씨나 움씨로 된 감 우에서 이를 더 똑똑하게 하려고 깁거나 「어떠하게」라고 이르는 말을 이름이다. 가령,

　　　아기가 젖을 먹소.　말이 보리를 먹소.　얼굴이 달과 같다.

나는 서울에 간다. 배꼽이 배보다 크다. 말이 뛰어 간다.
소가 더디게 걷는다. 그는 배와 감을 먹소. 크고 좋게 만들어라.
저 비행기가 매우 빨리 달아나오. 그는 힘이 세게 일한다.

에서 「젖은」, 「보리를」, 「달과」, 「서울에」, 「배보다」, 「뛰어」, 「더디게」, 「배와 감을」, 「크고 좋게」, 「매우 빨리」, 「힘이 세게」 따위와 같은 것이다. 이 가운데에서 「매우」와 「빨리」는 한 낱말(억씨)로 된 감이요, 「힘이 세게」는 마디로 된 감이요, 그 남아지는 다 으뜸씨에 토씨가 붙어서 된 감이다.

꾸밈감은 으뜸감에 붙어서 쓰이는 것이므로 붙음감이라 한다.

월의 감에서 으뜸씨는 「감의 몸」이라 하고, 토씨는 「감의 빛」이라 한다.

<2> 월의 마디

월의 마디는 「월의 으뜸감 곧 임자감과 풀이감을 갖후고도 오히려 한 월을 이루지 못하고 다만 월의 한 조각 노릇을 하는 것」이라 뜻매김하고, 월의 마디를 임자마디[主語節], 풀이마디[說明語節], 꾸밈마디[修飾語節], 같은마디[同等節, 맞선마디] 등 네 가지로 나누었다.

(1) 임자마디는 한 월의 임자감 같이 쓰이는 마디를 이름이다. 임자마디는 그 풀이몸 된 씨가 임씨 꼴로 됨이 특색이다. 가령,

뜻이 굳이가 돌과 같다.
내가 무궁화를 사랑함은 그 꽃이 끊임없이 잇달아 피는 때문이다.

에서 밑줄 친 것과 같은 따위다.

(2) 풀이마디는 한 월의 풀이감 같이 쓰이는 마디를 이름이다. 풀이마디의 풀이감은 맺씨로 끝남이 특색이다. 가령,

저 달은 빛이 밝다.　사슴은 앞발이 짜르다.

에서 밑줄 친 것과 같은 것이다.

(3) 꾸밈마디는 꾸밈감 같이 쓰이는 마디를 이름이니, 이를 「임씨 꾸밈마디」와 「얼·움씨 꾸밈마디」의 둘로 나눈다.

(ㄱ) 임씨 꾸밈마디[名詞修飾語節]는 임씨로 된 감을 꾸미는 마디를 이름이다. 임씨 꾸밈마디는 그 풀이감이 언씨 같이 쓰임이 특색이다. 가령,

　　경치가 좋은 금강산이 삼팔선으로 막히었다.
　　나는 끝이 없는 바다를 좋아 한다.
　　오늘은 손님이 오는 날이다.

에서 밑줄 친 것과 같은 것이다.

(ㄴ) 얼·움씨 꾸밈마디[形動詞修飾語節]는 얼씨나 움씨로 된 감을 꾸미는 마디를 이름이다. 얼·움씨 꾸밈마디는 그 풀이 몸이 임씨 꼴로 되거나 그 풀이 감이 억씨 같이 쓰임이 특색이다. 가령,

　　나는 손님이 오기를 기다린다.
　　나는 그를 낯이 뜨뜻하게 꾸짖었소.

에서 밑줄 친 것과 같은 따위다.

(4) 같은마디(맞선마디)는 모든 마디가 서로 같은 값으로 잇달아 섬을 이름이다. 같은마디는 모든 마디의 차례를 어떻게 바꾸든지 그 뜻의 바뀜이 없음이 특색이다. 가령,

　　뫼는 높고 물은 맑다(물은 맑고 뫼는 높다).
　　꽃은 웃고 새는 노래하고 나비는 춤춘다(나비는 춤추고 새는 노래하고 꽃은 웃는다).

에서 밑줄 친 각 마디와 같은 따위다.

　<3> 월의 임자붙이와 풀이붙이

　월의 감은 임자감, 풀이감, 꾸밈감의 셋으로 나누는데, 임자감과 풀이감은 으뜸감이요, 꾸밈감은 붙음감이다. 그러한데, 붙음감은 임자감에 붙거나 풀이감에 붙거나 하는 것인 즉, 월은 두 큰 조각으로 나뉘었다고 볼 수 있다. 곧 임자감과 이에 붙은 꾸밈감으로 이룬 조각과 풀이감과 이에 붙은 꾸밈감으로 이룬 조각이 그것이다. 앞의 조각을 「임자붙이[主語部, 主語屬]」라 하고, 뒤의 조각을 「풀이붙이[說明語部, 說明語屬]」이라 한다. 그 보기를 들어 보면 다음과 같다.

```
    말이    뛰오.    귀가    보배다.    꽃이    곱다.
   (임자)   (풀이)   (임자)   (풀이)    (임자)  (풀이)
    한    사람이    지나아         갑니다.
   (꾸밈)  (임자)    (꾸밈)          (풀이)
     (임자붙이)            (풀이붙이)
    아이고   네가     벌써    졸업하였구나.
    (꾸밈)  (임자)    (꾸밈)        (풀이)
     (임자붙이)            (풀이붙이)
```

　<4> 월의 갈래

　첫째, 월은 그 짜임[構造]으로 보아 「홋월(홑월)」과 「거듭월」로 가르되, 거듭월[複合文]은 다시 「같은마디월[同等節複文, 맞선마디월]」과 「덧마디월[添加節複文]」과 「붙음마디월[附屬節複文]과 「겹마디월[包合節複文]의 네 가지로 나누었다.

　(1) 홋월[單文, 홑월]은 마디를 가지지 아니한 임자감(또는 임자붙이)과

풀이감(또는 풀이붙이)만으로 짜인 월을 이름이다. 다음의 보기와 같은 것이다.

<u>사람은 동물이다</u>. <u>모든 사람은 다 동물이다</u>.
<u>달이 밝다</u>. <u>보름 달이 낮 같이 밝다</u>.
<u>꽃이 핀다</u>. <u>붉은 꽃이 곱게 핀다</u>.
<u>아이가 젖을 먹는다</u>.
<u>어린 아기가 어머니의 젖을 빨아 먹는다</u>.

(2) 거듭월은 마디가 잇달아 한 월을 이루거나 마디로 된 감(임자, 풀이, 꾸밈)을 가진 월을 이름이다.

(ㄱ) 같은마디월(맞선마디월)은 여러 마디가 같은 값으로 잇달아 한 월이 된 것을 이름이다. 같은 값의 마디들이 잇달아 선 것인 고로 그 차례를 아무렇게 바꾸더라도 그 뜻에는 바뀜이 없음이 그 특색이다(「요」, 「고」, 「며」 따위 잇씨로 잇게 됨). 가령,

<u>나는 것은 비행기요 닫는 것은 기차다</u>.
<u>순(舜)은 누구며 나는 누구냐</u>?
<u>뫼는 높고 물은 깊다</u>.
<u>꽃은 희고 잎은 푸르고 줄기는 붉다</u>.

(ㄴ) 덧마디월은 여러 마디가 잇달아 한 월이 되되 우의 마디는 아래의 마디의 조건, 또는 꾸밈이 되거나 아래의 마디가 우의 마디의 뜻을 풀이함이 되는 거듭월을 이름이다. 그러므로 덧마디월의 각 마디는 차례는 바꾸면 뜻이 바뀌거나 사리(事理)에 맞지 않는 글이 된다. 잇씨로 잇게 된다. 가령,

<u>개는 동물이지마는 의리(義理)가 있다</u>.

> 세우기는 어렵되 깨트리기는 쉽다.
> 봄이 오았으나 꽃은 안 핀다.

㈐ 붙음마디월은 붙음마디를 가진 월을 이름이다. 곧 월의 감 같이 쓰이는 마디를 가진 월이다. 임자 꾸밈 마디를 가지거나 풀이 꾸밈 마디를 가지거나 이 두 가지를 다 가진 으뜸 마디로 이루어진 거듭월이다. 붙음마디월은 붙음마디(꾸밈마디)의 빛이 겻씨로 됨이 특색이다. 가령,

> 뜻이 굳은 사람이 성공한다.
> 나이가 많은 사람은 흔히 보수적이다.

㈑ 겹마디월은 임자가 마디로 되거나 풀이가 마디로 된 월을 이름이다. 이 겹마디월의 마디는 꾸미는 뜻이 없고 으뜸감인 임자나 풀이로 쓰임이 특색이다. 가령,

> 힘이 세기가 한소(황소)와 같다. 그 집은 뜰이 넓다.

둘째, 월은 그 임자로 보아서 첫째 사람 월[第一人稱文]과 둘째 사람 월[第二人稱文]과 셋째 사람 월[第三人稱文]의 세 가지로 나누었다.

셋째, 월은 그 풀이 몸으로 보아 임씨 풀이 월과 언씨 풀이 월과 움씨 풀이 월의 세 가지로 나누었다.

넷째, 월은 그 뜻이 여김[肯定]인가 막음[否定]인가를 보아서 여김월[肯定文]과 막음월[否定文]로 나누었다.

다섯째, 월의 풀이 빛이 어떠한 것인가를 보아서 느낌월[感嘆文]과 이름월[陳述文, 베풂월]과 물음월[疑問文]과 시킴월[命令文]의 네 가지로 나누어 설명하였다.

<5> 월의 그림 풀이[文의 圖解]

월의 그림 풀이는 「월의 마디와 감(몸과 빛)을 그림으로 풀어 보임」이라 뜻매김하고, 그림에 대한 감의 자리는 다음 그림에 보임과 같이 정한다 하였다.

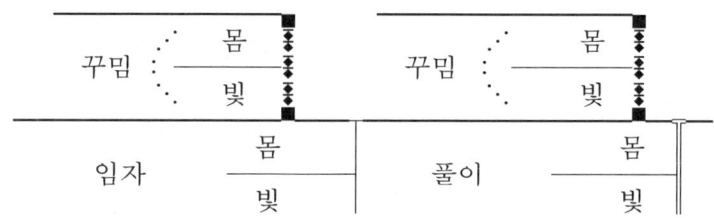

월갈에서의 월의 분석(分析)과 월의 그림 풀이[圖解]는 구조주의 언어학(構造主義言語學)에서의 직접 구성 요소 분석에 상당한 것이다.

결론적으로 한결은 ≪새로지은 국어학사≫에서 「사람의 온갖 문화는 다 종합적에서 분석적으로 진보 발달하여 왔다」106)라고 한 말과 같이, 「말은 종합에서 분석적인 방향으로 발달하여 간다」는 굳은 신념을 갖고, 특히 우리말이 첨가어족의 특질을 갖었음을 상기시켜 씨 가름을 크게 실사와 허사로 상위 분류한 다음 다시 하위 분류함으로써 ≪나라말본≫은 주시경님이 열어 놓은 말본 학설 체계인 분석적 체계를 이어받아 과학적인 접근 방법에 기초한 분석성을 특성으로 하면서 넓게 연구 발전시킨 대표적 권위의 명저라 하겠다.

---

106) 김윤경 : ≪새로지은 국어학사≫ 250쪽 참고.

(6) 정렬모의 ≪신편고등국어문법≫과 종합적 체계

말본에서 실사(實辭, 생각씨, 元語)와 허사(虛辭, 토씨, 形式語)를 갈라서 각각 한 낱말로 본 체계를 분석적(分析的) 체계라 하고, 실사와 허사를 전부 합하여 한 낱말로 본 체계를 종합적(綜合的) 체계라 한다.

준종합적 체계인 절충적 체계에서는 이름씨와 이에 붙는 토씨는 갈라서 각각 낱말로 인정하였지마는, 이 종합적 체계에서는 이것까지도 합하여 한 낱말로 보는 것이다. 굴절어(屈折語)에서도 무수한 허사(of, to, at, on, in, from, …)에 독립한 낱말 자격을 인정하였으나, 이 체계에서는 이것도 인정하지 않는 것이다. 월의 조각[文의 組成部分, 文의 成分], 곧 임자말[主語], 풀이말[說明語, 述語], 부림말[目的語], 기움말[補語], 꾸밈말[修飾語], 홀로말[獨立語]을 한 낱말로 보는 체계다.

이 종합적 체계는 해방 바로 뒤 주시경님의 제자인 백수 정렬모(鄭烈模)님의 ≪신편고등국어문법(新編高等國語文法)≫(1946년)에서 이루어지기 시작하였다. 이의 말본에 대한 연구로, ≪조선어문법론(朝鮮語文法論)≫, ≪신편고등국어문법≫이 있으나, 이 가운데 ≪신편고등국어문법≫이 더 완전한 체계이므로, 이것을 다루기로 한다.

이 책은 1946년 10월 20일 서울 한글문화사에서 발행되었다. 이 책의 「머리에 두는 말」에, 「일본 국학원 대학 교수 마쓰시다씨의 표준일본문법이란 책을 읽어,… 이 책의 조직은 전쩍으로 그를 모방한 것이다.」 또는 「나의 국어 연구의 벽은 한힌샘 스승으로 말미암아 쌓이 트고,…」[107] 라는 귀절이 있다. 이것으로 보거나, ≪한글모죽보기≫로 보아, 정렬모님은 주시경님에 의하여 국어학을 학하는 기틀을 얻었음이 확실한데,

---

107) 정렬모 : ≪신편고등국어문법≫ 「머리에 두는 말」 참고.

그 말본 체계는 주시경님 것과는 다른, 마쓰시다의 ≪표준일본문법≫의 영향을 받은 것임을 알 수 있다. 이 책에 쓰인 학술 용어(갈말)도 따라서, 주시경님과 같은 순수 고유어를 가지고 쓰려는 노력이 나타나 있으니, 「도튼말[總論], 말본갈[文法學], 낱뜻[辭], 으뜸낱뜻[元辭], 도움낱뜻[補助辭], 감말[詞], 빛[格] 등으로 나타남이 그것이다. 그러나, 씨(품사)의 이름만은 일본 말본의 한자 술어(갈말)인,「품사」를 비롯하여,「명사(임), 동사(움), 관형사(언), 부사(억), 감동사(늑)」등으로 하였다.

그리고 이 책은 크게 여섯 편으로 나누어 설명하였으니, 첫째편 총논(도튼말), 둘째편 낱뜻, 세째편 감말의 본성논, 네째편 감말의 꼴[相], 다섯째편 감말의 빛[格], 여섯째편 감말의 상관논(문장논) 등이 그것이다.

(6-1) 이론적 및 기술적 방법

백수는 말본갈(말본)은 인간의 정신 작용에 뿌리박은 여러 현상을 연구하는 인문과학이라 하고,[108] 그의 말본 연구의 배경을 논리학적인데 두었다. 말본갈에는, 그에 따르면, 기술적(記述的)인 것과 이론적(理論的)인 것이 있는데, 이론적이란 것은 모든 법칙을 통일하는 큰 법칙을 찾기를 목표로 하는 태도를 이르고, 기술적이란 것은 모든 법칙의 가지가지를 빼지 않고 알려는 태도라 하였다. 그리고, 이론적 연락이 없는 연구는 학문이 아니며, 이론적 지식의 가지가지가 갈피있게 통일된 한 덩이를 이룰 때 학문이라고 할 수 있으므로, 이 책은 나라말본갈로서 이론적임과 기술적임을 겸한 태도로 나가려 한다고[109] 하였다. 이와 같은 말본관[文法觀]은 기술언어학적인 관점이요, 또한 나아가서 보편적 법칙

---

108) 정렬모 : 앞든 책 22쪽 참고.
109) 정렬모 : 윗 책 22~23쪽 참고.

을 모색하는 이론언어학적(理論言語學的) 관점이라 할 수 있다.110)

(6-2) 말본의 속법칙과 겉법칙(양면성)

「말본」은 말씀 됨됨의 법칙(말씀의 됨됨에서 본 말의 법칙)이며, 이 말본에는 「속법칙」과 「겉법칙」이 있는데, 그것은, 말에 속(생각)과 겉(소리의 맘표, 소리, 글씨)의 두 길이 있기 때문이라 하고, 「속법칙」이란 것은 생각에 매인 길이요(것이요), 겉법칙이란 것은 소리의 맘표[心象], 나아가서는 소리, 글씨에 매인 길이라고111) 하였다. 이를테면 「임자빛[主格]」의 명사는 임자말이 되고, 「손의빛[客格]」의 명사는 손말[目的語]이 된다는 것 같은 법칙은 속길[속법칙]이요, 임자빛은 「이, 가」를 달고, 손의빛은 「을, 를」을 단다는 것 같은 법칙은 겉길[겉법칙]이라고 하였다. 이와 같은 것은 말본을 내부적 심리적인 방향으로 결부시켜 보느냐, 단순한 외부적인 방향으로 결부시켜 보느냐에 따라서 말본의 양면성을 띨 수 있다는 견해를 보인 것이라 하겠다.

그리고 말은, 「소리나 글씨를 보람으로 하여 생각을 나타내는 방편물」이라 뜻매김하고, 말이 숱한 사람에게 공통으로 생각을 통할 수 있는 까닭은 그 말씀의 됨됨에, 갈피 잡힌 법칙이 있기 때문이라 하였다.

(6-3) 말본갈의 범주

백수는 「말본갈의 두레[範圍]」조에서 말은 생각[思惟]의 보람이요, 그 생각은 심리학(心理學)의 맡음이라 하였다. 그러나 말은 생각을 내면(內

---

110) 김석득 : 앞든 책 401쪽 참고.
111) 정렬모 : 앞든 책 6쪽 참고.

面)으로 하여 성립하는 것이므로, 말의 내면으로서의 생각, 곧 소리의 맘표[心象]에 눌어 붙은 생각의 됨됨은 말본갈의 대상에서 가장 종요로운(중요한) 것이라고 하였다. 그러므로, 말이 생각의 보람으로 소리를 사용하기는 하지만, 그 소리 자체는 말이 아니므로 소리 자체에 대한 연구는 말본 밖에 따로 소리갈이 설립되어야 할 것이지, 그것이 말본갈의 한 모가 아니라고 말하고, 이를 말본갈의 두레[範圍]에서 빼내었다.

말본의 연구 두레를 「낱뜻논[辭論]」과 「감말논[詞論]」의 둘로 나누고, 감말논은 말본갈의 가장 중요한 부분이다라고 하였다. 감말논은 다시 감말의 「단독논(單獨論, Etymology)」과 「상관논(相關論, Syntax)」으로 나누어 논의(論議)함으로써 이른바 종래의 「월갈」은 말본의 큰 범주로 세우지 않고, 「감말의 상관논」에서 다루어야 한다고 주장하였다.

그리고 본서는 설명과학의 태도를 가지면서 필요한 때에는 가다가 규범과학 태도로 나갈 작정이라 하며 말본갈의 목접이[部門]는 다음 틀과 같이 나누었다.

```
말본갈 ┬ 총논
       └ 각논 ┬ 낱뜻논(辭論)
              └ 감말논(詞論) ┬ 단독논 Etymology ┬ 본성논(本性論)
                             │                    └ 부성논(副性論) ┬ 상(相)의 논
                             │                                     └ 격(格)의 논
                             └ 상관논 Syntax
```

(6-4) 감말논(단독논과 상관논)

「낱뜻」이란 낱말을 이루고 있는 구성요소(構成要素)이며, 최소의 낱뜻은 형태소(形態素, morpheme)에 접근한다. 따라서 ≪신편고등국어문법≫의 「낱뜻논[辭論]」에서는 감말(낱말)의 구성요소를 분석함으로써 어느

정도 형태론(形態論)의 면모를 갖춘다.

본서의 「감말논[詞論]」은 앞에서 말한 바와 같이 「단독논」과 「상관논」으로 나뉜다. 「단독논」은 씨갈[品詞論, 낱말론]에 해당하는데, 감말 곧 품사(씨)는 그 근본적 성능(性能 : 本性)에 따라 크게 5품사로 나누었다.

첫째, 감말을 그 관념을 어떻게 나타내는가를 살펴, 주관적 현상으로서의 관념, 그것을 나타내는 것과, 객관적 대상을 나타내는 것과의 두 가지로 나누었다. 먼저 것을 주관말이요, 나중 것은 객관말이다. 이 두 가지 중, 주관말을 한 품사로 하여 이것을 「감동사」라 한다.

다음에 개념말을 그 외연성(外延性) 있고 없음을 따라, 이것을 두 갈래로 갈라, 외연성 있는 개념(곧 사물의 개념)을 나타내는 것을 외연말이라 하고, 외연성 없는 개념(곧 작용의 개념)을 나타내는 것을 내포말이라 한다. 그 두 가지 가운데에서 외연말을 「명사」라 하여 한 품사로 한다.

그 다음에, 내포말을 그 서술성(판단성) 있고 없음을 따라, 서술말(작용말), 서술 아닌 말(속성말)의 둘로 나누고, 서술말(작용말)을 한 품사로 하여 이를 「동사」라 한다.

서술 아닌 말은 속성의 개념을 나타내는 것인데 속성의 개념에는 다른 개념의 실체에 종속하는 것과 운용에 종속하는 것과가 있다. 이로 말미암아 서술 아닌 말은 연체(連體), 연용(連用) 두 가지로 나누어진다. 이 둘을 각각 한 품사로 한다. 연체말을 「관형사(adjective)」라 하고, 연용말을 「부사(adverb)」라 한다. 이를 하나의 틀로 보이면 다음과 같다.

4. 말본 연구의 발전 447

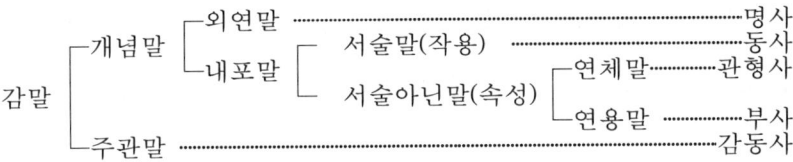

<품사 가름표>

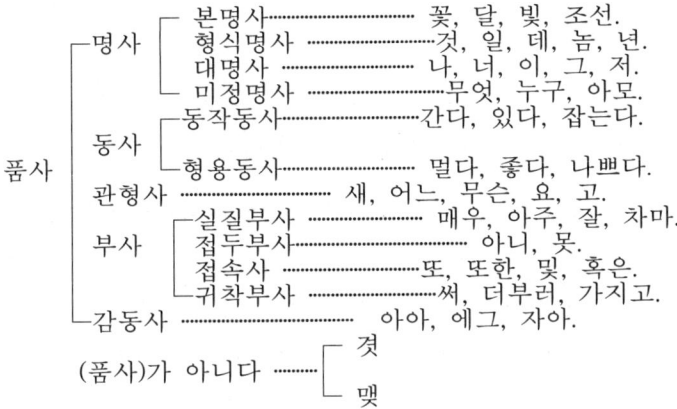

본서는 위의 품사 가름표에서 볼 수 있는 바와 같이 명사에는 종래의 대명사(代名詞)를 포함한다. 그리고 빛[格]이 있을 때는 그것까지 합하여 명사로 본다. 곧 「사람」이나 「사람이」, 「꽃」이나 「꽃이」, 「새」나 「새가」나 모두 명사로 본 것이다. 동사는 줄기[語幹, stem]에 씨끝[語尾, termination, ending]을 합하여 보는 종합성(綜合性)을 띤다. 그는 종래의 형용사를 동사에 포함하여 동사로 처리하되, 동사의 하위 분류로 동작동사와 형용동사를 넣었다.

「감말의 상관론」은 월갈(문장론)에 해당하는데, 그의 「상관론(相關論)」은 성분(成分)과 성분의 상대적 관계를 논의한 것이다. 상대적 관계에 있는 성분과 성분은 피차 종속(從屬)과 통솔(統率)과의 관계에 있다고 보고, 그것을 관념(觀念)에 따라 다음과 같이 다섯 가지로 나누었다.

(1) 주체관계 ····· 주어와 서술말과의 관계
(2) 객체관계 ····· 객어와 귀착말과의 관계
(3) 실질관계 ····· 보어와 형식말과의 관계
(4) 딸림관계 ····· 딸림말과 딸림 받을 말과의 관계
(5) 없침관계 ····· 없침말과 없침 받을 말과의 관계

이 다섯 가지 통합 관계는 관념의 통합에 뿌리박은 근본적 관계인지라 세계 인류에 공통 보편한 범주(category)라 했다.

(1) 주체관계(主體關係) : 어느 사건의 관념이 주체의 개념과 작용의 개념과의 둘로 나뉘어 가지고 다시 같은 의식 안에 어울린 경우에, 두 말의 관계를 주체관계라고 하고, 앞의 것을 나타내는 성분을 임자말(주어), 뒤의 것을 나타내는 성분을 서술말이라 하였다. 이를테면,

　　　꽃이 핀다.　달이 뜬다.　산이 높다.

의 ─ 는 임자말로서 ═ 에 종속하고, ═ 는 서술말로서 ─ 를 통솔한다.

(2) 객체관계(客體關係) : 어느 사건의 관념이 객체의 개념과 객체를 빼낸 남아지 개념과의 둘로 나뉘어 가지고 그것이 다시 같은 의식 안에 어울린 경우에 두 말의 관계를 객체관계라고 하고, 앞의 것을 나타내는 것을 객어(客語), 뒤의 것을 나타내는 것을 귀착어(歸着語)라고 하였다. 이를테면,

　　　꽃을 꺾는다.　달을 구경하다.　산에 오른다.
　　　배에서 나린다.　꽃보다 곱다.　사람으로 하여금

의 ― 는 객어로서 ═ 에 종속하고, ═ 는 귀착어로서 ― 를 통솔한다.

(3) 실질관계(實質關係) : 어느 사건의 관념이 실질과 형식과의 두 곬으로 나뉘어 두 개념이 되어 가지고 그것이 다시 같은 의식 안에 어울려서 앞의 것이 종속하고 뒤의 것이 이것을 통솔하는 경우에 두 말의 관계를 실질관계라고 하고, 앞의 것을 나타내는 말을 보탬말(보어), 뒤의 것을 나타내는 말을 형식말이라고 하였다. 이를테면,

<u>공부</u> 한다. <u>출렁출렁</u> 한다. <u>먹어</u> 버린다.
<u>가르쳐</u> 준다. <u>붉어</u> 진다.

의 ― 는 보탬말(보어)이요, ═ 는 형식말이다.

(4) 딸림관계 : 사건의 관념이 속성(屬性)의 개념(槪念)과 본체의 개념과의 둘로 나뉘어 가지고 그것이 다시 어울리어 속성의 개념편이 본체의 개념 몸에 종속하지 아니하고 씀(용)에 종속한 경우에 두 말의 관계를 딸림관계라고 하고, 앞의 것을 나타내는 것을 딸림말, 뒤의 것을 나타내는 것은 딸림 받을 말이다. 이를테면,

<u>곱게</u> 핀다. <u>먹게</u> 되었다. <u>보면</u> 안다. <u>주니</u> 받는다.
<u>먹지</u> 아니한다. <u>매우</u> 멀다. <u>다시</u> 말한다.

의 ― 는 딸림말이요, ═ 는 딸림 받을 말이다.

(5) 얹침관계 : 사건의 관념이 속성의 개념과 본체의 개념과의 둘에 나뉘어 가지고 그것이 다시 어울리어 속성의 개념이 본체 개념의 몸에 종속한 경우에 두 말의 관계를 얹침관계라 하고, 앞의 것을 나타내는 것은 얹침말, 뒤의 것을 나타내는 것은 얹침 받을 말이다. 이를테면,

<u>높은</u> 산, <u>먼</u> 시골. <u>가는</u> 사람. <u>그</u> 사람. <u>두</u> 말.

바다의 복판.　새 나라.　어느 곳.

의 ― 는 얹침말이요, ＝ 는 얹침 받을 말이다.

　백수는 또 종래의 성분설은 성분의 상대적 성질을 생각지 않았기 때문에,

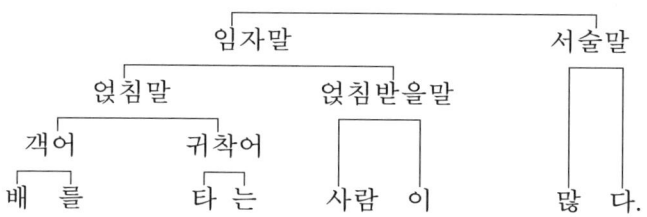

와 같이 보았으나, 이것은 사실상 다음과 같은 상대적 관계로 보아 해부해야 한다고 하였다.112)

이 위의 보기는, 이미 본 다섯 가지 통합관계에서, (3), (4)의 경우를 빼놓고 다 적용한 것이다.
　이것은 이른바 오늘날 구조언어학(構造言語學)의 직접 구성요소 분석과 일치한다.

　여기에서 그는 「사람이」를 하나의 감말로 보았기 때문에 위와 같은 통합 관계로 분석을 하였다. 그러나, 직접 구성요소 분석으로 보면 그것엔 잘못이 있다. 사실상 임자자리(주격)를 나타내는 「이」는 「사람」과 직

---

112) 정렬모 : 앞든 책 172~173쪽 참고.

결 통합 관계를 갖는 것이 아니라, 그 「이」는 「배를 타는 사람」 전체에 직결 통합 관계를 갖는다고 보아야 할 것이다. 그리하여 다음과 같이 분석을 해야 옳은 구조 설명이 될 것이다.113)

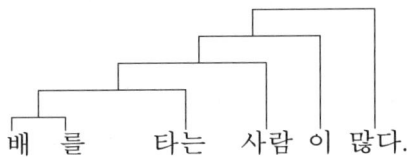

그는, 우리의 사유(思惟) 방법은 종속관념이 먼저 일어나고 통솔 관념이 내종에 일어난다고 하였다. 결국, 그러한 통솔 과정은 간단한 통합관계에서만이 아니고 큰 통합관계로 몇 층(層)이 되어 있을 지라도 종속말과 통솔말의 배열의 순서가 일정하게 안팎층을 만들어 낸다는 것이다. 그리하여 그는 그 구조 관계를 다음과 같은 계층구조로 보았다.

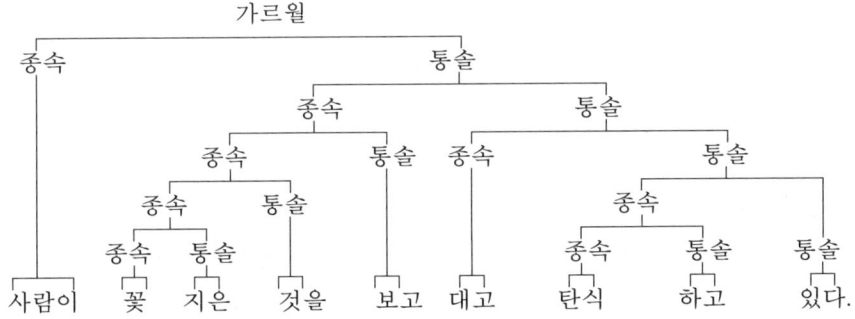

결론적으로 그는 말의 본질을 심리학적 입장에서 이해하였다. 따라서 소리 자체의 연구는 말본갈의 소관이 아니라고 하였다.

---

113) 김석득 : 앞든 책 411쪽 참고.

그리고, 말본의 범위는 「낱뜻논」과 「감말논」의 둘로 보고, 그 중 「감말논」은 말본갈의 가장 중요한 부분이라 하여, 감말논은 다시 「감말의 단독논」과 「감말의 상관논」으로 나누었다.

「단독논」에서는, 관념과 구조의 주종관계에 따라 종합적 체계를 이끌어내고, 철학적 개념에 따라 하위 분류를 하였다.

「상관논」에서는, 우리의 사유 방법은 「종속관념」과 「통솔관념」에 있음을 인식하고, 문장의 통합론을 이끌어 내었다.

또 본서에서는 최현배님의 ≪우리말본≫에서 「잡음씨」로 본 「이다」의 낱말을 「조동사」라 하고,114) 이를 표기할 때에는 윗낱말과 붙이어 쓰지 않고 반드시 띄어 쓰고 있음이 특이하다.

한 말로 말본 체계에 있어서, 본서에 와서 주시경님의 분석적 체계나 최현배님이 창설한 절충적 체계(준종합적 체계)가 아닌 종합적 체계가 창설되게 된 것이다.

(7) 박승빈의 ≪조선어학≫과 분석주의

(7-1) 박승빈의 생애

학범(學凡) 박승빈(朴勝彬)님은 고종 21년(1884)에 나시어 1941년 58세를 일기로 세상을 떠나신 법률가이자, 국어학자이다. 보성전문학교(普成專門學校) 교장을 역임하기도 하였다.

박승빈님의 국어학 관계의 업적은 「조선어학연구회(朝鮮語學硏究會)」 기관지 ≪정음(正音)≫에 게재된 약 10편의 논문과 ≪조선어학강의요지(朝鮮語學講義要旨)≫(보성전문학교, 1931)와 ≪조선어학(朝鮮語學)≫(조선

---

114) 정렬모 : 앞든 책 185쪽 참고.

어학연구회, 1935) 및 ≪간이조선어문법(簡易朝鮮語文法)≫(조선어연구회, 1937) 등의 저서가 있다. 이러한 저술은 주로 박승빈님이 중심이 되어 조직한 「조선어학연구회(朝鮮語學研究會)」(1931. 12. 10 창립)가 주장한 표기법을 뒷받침하는 이론서이기도 했다. 「조선어학연구회」는 기관지 ≪정음(正音)≫을 간행하여, 「조선어학회」의 기관지 ≪한글≫지와 치열한 논전을 벌인 바 있다. 주시경님과 그 후계 학자들의 말본 이론과 다른 입장을 취하여 「조선어학회」가 제정한 「한글 맞춤법 통일안」(1933)에 반대하였다.

학범은 또 최남선(崔南善)·오세창(吳世昌)·이능화(李能和)님들과 함께 「계명구락부(啓明俱樂部)」를 조직하여 ≪계명(啓明)≫, ≪신민공론(新民公論)≫, ≪낙원(樂園)≫, ≪신천지(新天地)≫, ≪신청년(新青年)≫ 등의 잡지를 발간하는 한편 수편의 고전(古典)을 출판하는 등 문화 운동에도 공헌하였다.

(7-2) ≪조선어학≫과 분석주의

박승빈님의 말본 연구는 ≪조선어학강의요지≫를 맨 처음으로, ≪조선어학≫ 뒤에 ≪간이조선어문법≫를 낸 바 있으나, 그의 말본 학설의 체계적인 것은 1935년 7월 2일에 발행된 ≪조선어학≫이다. 이 말본 책은 학범의 말본 이론이 집약된 결정판이라 하겠다. 그는 비록 분석주의 체계를 이룩했지만 정통적인 말본 체계와는 다른 특수한 점을 가지고 있다.

이제 학범의 대표적 저술인 ≪조선어학≫을 중심으로 살펴보기로 한다. ≪조선어학≫의 내용은 맨 앞 저자의 서언(序言) 외에 크게 나누어 「서론(緒論)」, 「음리급기사법(音理及記寫法)」, 「문법(文法)」의 3편으로 되어 있다.

제1편 서론(緖論)에서는 언어와 문자, 학리(學理)와 기사법(記寫法)의 처리(處理), 문법정리(文法整理)와 언어와의 위이(違異), 조선어문전(朝鮮語文典)과 성음원리(聲音原理), 신기사방법(新記寫方法)의 사용(使用) 등 5장으로 나누어 주로 언어 이론과 음성학에 대하여 논술하였다.

제2편 음리급기사법(音理及記寫法)에서는 서언(緖言) 외에 일반적 음리(音理), 조선어의 자모(字母), 조선어의 음리(音理)와 기사(記寫) 등 3장으로 나누어 주로 음성 원리에 근거한 음운 이론에 대하여 논술하였다.

제3편 문법(文法)에서는 서언(緖言) 외에 총론(總論), 단어(單語), 문(文) 등 3장으로 나누어 주로 품사와 문장에 대하여 논술하였다.

전체적으로 볼 때 제1, 2편은 음성음운론에 해당하고, 제3편은 품사구문론에 해당하는데 초기의 말본책이 그렇듯이 말본의 중심이 되는 제3편도 구문론보다 품사론에 치중하고 있다.

(7-2-1) 신기사방법(新記寫方法)의 사용

우리의 어음(語音 : 말소리)을 기사함에 필요한 기사 방법의 불비(不備)가 있으면 증보하여야 한다 하고, 3종의 새 기사 방법을 사용하였으니, 격음조(激音調)의 부호 「ㄱ」, 경음조(硬音調)의 부호 「ク」, 발성음 ㄹ의 경음(硬音) 「ㅅㄹ」(영어에 「L」의 음과 흡사하다고 함)이 그것이다. 그 보기를 보이면,

격음조 보기 : 안(內) ㄱ밭(外)(발음은 「안팥」), 조(粟) ㄱ밥(飯)(발음은 「조팝」), 피ㄱ다 (발음은 「피타」) (「피ㅎ다」의 촉략음)

경음조 보기 : 경음조가 어음(語音)에 출현되는 상태는 두 가지로 구별된다 하고 다음과 같이 예를 들었다.

① 고유(固有)한 경음 발성음(發聲音) 보기 : 숨(夢), 딸(女)
② 각립(各立)한 경음조 보기 : 나무ㅅ가지(발음은 「나무까지」),
　　　　　　　　　　　　　　봄ㅅ바람(발음은 「봄빠람」)

이때 「ㅅ」을 「된시옷」이라 한다 하였다. 위에서 ①②의 혼동됨을 피하기 위하여 경음조의 기사(記寫)에 「ㆆ」를 경음조의 부호 곧 경음표(硬音標 : 되인 음표)로 따로 정한다. 그러나 역사상 습관을 존중하여 일반 기사에는 「ㅅ」(발성음자)을 습용하고 음리(音理) 설명상 필요할 곳에 한하여 「ㆆ」를 사용한다고 했다.

ㄹ의 경음 보기 : 부ᄙᅳ(乎)며, 부써서, 짜ᄙᅳ(短)며, 짜싸서

이와 같이 부호를 새로 만들어 사용하는데 대하여 최현배님은 이는 한글의 과학적 완비성과 세종의 위대성을 모독하는 「경건(敬虔)한 태도(態度)」를 잃은 망거(妄擧)이라[115] 하였다.

(7-2-2) 된소리의 표시는 된시옷(ㅅㄱ,ㅅㄴ,ㅅㄷ,ㅅㄹ,ㅅㅂ,ㅅㅈ 등의 ㅅ)이 옳고 쌍서식(ㄲ,ㄸ,ㅃ,ㅆ,ㅉ 등)은 역사적 기사법을 무시하는 것임

된소리[硬音]는 「숨(夢), 짜름(샏), 쏘(又), 쌀(角)」이 되어야 한다 하고, 경음조의 기사방법의 부기(附記)에서,

　　略 百年前에 柳僖氏가 最初로 硬音에 雙書가 可하가 하는 說을 唱道한 일이 이써쓰나 社會에 問題가 되디 아니 하얏고 二十餘年前에 周時經氏가 다시 雙書를 主唱하고 硬音의 本質을 「짝거듭소리」이라고 解釋하야 爾後 그 學派에 배흔 人士들이 그 綴字法을 主張하는 바이라[116]

---

115) 최현배 : ≪고친 한글갈≫ (1971. 1. 10) 341쪽 참고

라고 하며, 「쌍서」, 「짝거듭소리」 설을 그릇된 견해라고 하였다. 그러나, 역사적으로 고찰해 보건대, 숙종 영조 때의 학자 신경준님의 ≪훈민정음운해(訓民正音韻解)≫에서 탁음(濁音)을 「ㅅ, ㅆ」 등으로 씀은 잘못이고, 「ㄲ, ㄸ」 등으로 써야 한다고 했고, 영·정조의 학자 황윤석님의 ≪화음방언자의해(華音方言字義解)≫에서 「쌀」의 「ㅅ」이 된소리가 아니라는 풀이에서도 볼 수 있으며, 유희님은 ≪언문지(諺文志)≫에서 드디어 전탁성(全濁聲) 곧 된소리는 쌍형으로 써야 함을 주장「ㄲ, ㅃ」들을 된소리로 회복시켰다. 주시경님도 ≪대한국어문법≫에서는 「쌍음」, ≪국어문전음학≫에서는 「쌍합음」, ≪국어문법≫과 ≪조선어문법≫에서는 「짝소리」, ≪말의 소리≫에서는 「짝거듭소리」를 주장하고 그것을 썼으며, 최현배님은 ≪한글갈≫에서 된소리로 갈바쓰기[並書]를 주장하면서, 「된비읍」과 「된시옷」은 결코 된소리의 표가 아니라, 「ㅂ」이나, 「ㅅ」 그 스스로의 소리값을 나타내는 것으로 논증하였다. 이 외술과 같은 견해는 오늘날 국어학계의 통설로 되어 있다.

(7-2-3) 「ㆆ」 받침과 「섞임거듭」(겹받침)의 부정

「ㆆ」은 음리상(音理上) 받침될 성질이 없다는 여음을 못 나히는 법칙[餘音不發의 法則]과 또 ≪훈민정음≫이나 ≪용비어천가≫에도 「ㆆ」을 종성으로 사용한 기사례(記寫例)가 하나도 없다는 것과, ≪훈민정음≫의 「終聲은 復用初聲ᄒᆞᄂᆞ니라」의 문귀(文句)의 풀이를 초성에 있는 음을 모두 반드시 종성에 쓰라는 뜻이 아니라고 풀이함으써[117] 「ㆆ」종성을 부

---
116) 박승빈 : 앞든 책 111~112쪽 참고.
117) 이 文句를 文理 解釋法에 依하야 볼딘댄 終聲으로 使用하겟는 音이 잇는 境遇를 前提로 하고 그 終聲의 音字를 쓸 째에는 다시 그 初聲의 音字를 씀이라는 意義로 解釋할 것이오 初聲에 잇는 音은 말금 반드시 終聲에 使用함

정하였다. 그리고 주시경님이 창도한 「섞임거듭소리」(ㅋ, ㅌ, ㅍ, ㅊ, ㅀ, ㆆ, ㄶ, ㅀ)는 「ㅎ」 받침이 있음을 전제해야 가능하므로, 이도 부정한다. 또한 가설로 「ㅎ」 받침을 시인하여도 「ㄱㅎ」이 「ㅋ」과 「ㅂㅎ」이 「ㅍ」과 발음이 같지 않다는 것이다. 학범은 이처럼 「ㅎ」 받침을 부인함으로써, 「ㄶ」 받침으로 된 「많고」와 같은 표기를 「만 고 = 만코」로, 「ㅀ」 받침으로 된 「옳디」와 같은 표기를 「올 디 = 올티」로 함이 옳다 하였다.

(7-2-4) 「·」음의 견해

중성 「·」의 본래의 음은 현시 사용되는 중성 「ㅡ」의 내용에 포함된 것이며 그 음은 각 중성의 음운의 발원음(發源音)이라 하였다.

(7-2-5) 십이품사 체계와 분석주의 체계

학범은 언어의 구성 단위를 단어(word)와 문(sentence)으로 정하고, 낱말(단어)의 종류인 품사를 12개로 나누었으니, 명사(名詞), 대명사(代名詞), 존재사(存在詞), 지정사(指定詞), 형용사(形容詞), 동사(動詞), 조용사(助用詞:補助用言), 조사(助詞), 관형사(冠形詞), 부사(副詞), 접속사(接續詞), 감탄사(感歎詞)가 그것이다.

이제 각 품사의 보기를 보이면 다음과 같다.

명사의 보기 : 나무에 감이 셋이 여러쏩니다.
대명사의 보기 : 나는 당신을 사랑하오.
       그이가 이것을 우리에게 보나엿다.
존재사의 보기 : 宇宙에 世界가 이스오. 工夫는 쓸이 업스ㅂ니다.

이라는 意義로는 決定되야 이슴이 안이라 <조선어학 69쪽 참고>.

458 IV. 근대 국어학

지정사의 보기 : 범은 사나온 動物이오. 사심은 猛獸가 안이다.
형용사의 보기 : 山이 크오. 꽃이 불그오. 곰은 미련하오.
동사의 보기 : 사람이 가브오. 漁父가 고기를 자브오.
조용사(보조용언)의 보기 : 쥐가 고양이에게 잡히오.
　　　　　　　　　先生님이 오시오. 李氏가 가쓰ㅂ니다.
　　　　　　　　　來日ㅅ 밤에는 바람이 차개쓰오.
조사의 보기 : 나븨와 벌이 꽃을 차자서 金氏의 동산에 오브니다.
관형사의 보기 : 새 집. 외 기러기. 날 고기.
부사의 보기 : 잘 자네. 매우 노프오. 만히 이스오. 꼭 참말이다.
접속사의 보기 : 山과 및 물이 奇麗하오.
　　　　　　　먹이나 又(쏘)는 붓을 사오.
　　　　　　　成君은 힘도 세이며 쏘 거름도 쌔쓰오.
　　　　　　　그이가 늘거쓰나 그러나 그이가 健康하오.
감탄사의 보기 : 아 됴 다. 아차 니저버렷네.

　이상의 보기를 보면 풀이씨(용언)의 이른바 보조용언(최현배님의 도움줄기)이 조용사(助用詞)라는 독립된 낱말이 되었고, 이른바 토씨나 씨끝[語眉]이 모두 조사(助詞)라는 낱말이 되었다. 따라서 이른바 임자씨(체언)나 풀이씨(용언)의 줄기(어간)가 독립된 낱말로 인정되었으니, 학범의 말본 체계는 분석주의 체계라고 하겠다.

　그리고 학범은 풀이씨에는 밭침이 없고(보기 : 좁→조브, 짓→지으) 반드시 「아, 어, 여, 오, 우, 으, 이」로써 끝난다고 주장하고, 이런 것으로 보아서 일본어말본의 모방이라고 하겠다. 이 씨끝(어미)의 음에 따라서 각기 낱말(단어)을 「아단(段) 용언, 으단(段) 용언, …」이라고 하였다. 그 보기를 보이면 다음과 같다.

아단(段) : 가(去), 차(冷), 바라(望)
어단(段) : 서(立)
여단(段) : 켜(鉅), 펴(敷)
오단(段) : 오(來), 배호(學), 고오(麗)
우단(段) : 꾸(借), 거두(收), 쉬우(易)
으단(段) : 크(大), 기프(深), 시므(植)
이단(段) : 지(負), 비리(腥), 가지(持)

학범은 풀이씨(용언)인 낱말을 어간과 어미로 나눈다 하고, 어미는 한 낱말 곧 풀이씨의 최후의 음절(音節)을 어간은 어미보담 우에 잇는 음 전부를 이름이라 하고, 한 낱말이 한 음절로 성립된 경우에는 그 음절은 그 단어의 전체로서 겸하여 어미로 되는 것이라고 주장하였다. 그 보기를 보이면 아래와 같다.

바　라(望),　노　프(高),　기다 리(待),　　가(去),
(어간) (어미) (어간) (어미)　(어간) (어미)　(어간이 어미를 겸함)
　　　　스(消),　　　　　지(負)
(어간이 어미를 겸함) (어간이 어미를 겸함)

또 학범은 풀이씨의 씨끝 곧 어미는 용언의 사용되는 경우에 따라서 규칙적으로 변동(變動)된다 하고, 어미에는 원단(原段 : 으뜸꼴)과 변동단(變動段 : 벗어난꼴)이 있으니, 원단은 용언의 원형(原形, Root)인 음이요, 변동단은 원단으로부터 변동되어간 음이라 하였다. 그리고 그는 변동단을 활용형(活用形)이라고도 한다 하였다. 이제 어미 각단(各段)의 원단음(原段音)이 변동단음(變動段音)되는 규례(規例)를 구체적으로 보이면 다음과 같다.

원단(으뜸꼴) ……… 아 어 여 오 우 으 (으) 이
변동단(벗어난꼴) … 아 어 여 와 워 어 (아) 여
　　가(去)→가, 서(立)→서, 켜(鉅)→켜, 오(來)→와, 꾸(借)→쒀,
　　스(消)→써, 마그→ 마가, 지(負)→져

　그리고 또 학범이 설정한 품사에 있어서「존재사」는 우리나라 학자로서 이완응(李完應)님이 ≪중등교과조선어문전(中等教科朝鮮語文典)≫(조선어연구회, 1929. 1. 23)에서 이미 설정한 바 있는데, 학범에 의해 다시 강조된 것이고,「지정사」는 최현배님이 ≪조선어의 품사분류론≫(연희전문학교 출판부, 1930. 12. 1)에서「잡음씨」(지정자)라고 하여 설정한 것이다.

(7-2-6) 문주(文主)의 설정

　문장론에서 특이한 것은 문주(文主)의 설정이다.
　문(文)에서는 문장의 성분 분류를 말본스런 기능에 따라 주어(主語), 서술어(敍述語), 목적어(目的語), 보어(補語), 문주(文主), 수식어(修飾語) 등 6종으로 나누었는데,「문주」에 대하여 뜻매김 하기를,「言語의 形便에 依하야서는 敍述語의 主題되는 名詞 卽 主語 以外에 그 文의 主題로 使用되는 單語가 存在함이 이슴. 이러한 單語를 文主이라고 니씀」라고 하고, 보기를 들었다.

　　코키리는 코가 길다. 壯士는 머리털이 冠을 씨쓰다.
　　會計事務는 幹事가 此를 處理함.

　위의 보기 글에서「코키리, 壯士, 會計事務」는 다 각히 그 문의 문주라 하고, 또 말하기를, 보통의 경우에는 주어가 문주의 자격을 겸함이 원칙이나 위의 보기와 같은 글에서는 글의 요건되는 부분이 다 구비된

외에 문주가 따로 존재한 것이라고 하였다.

이상 ≪조선어학≫에 나타난 그의 학설을 대강 살펴보았거니와, 그밖에 그의 말본 체계는 ≪조선어학≫ 서언(序言)의 말미 기록을 보거나118) 또 실제로 책 전체를 통하여 영어와 일본말의 비교가 많이 나오는 것 등으로 보아 영어의 말본과 일본어 말본의 영향을 많이 받았음을 알 수 있다. 한 말로 그의 학설은 억설이 많으나, 또한 후학을 위해서 참고 될 점도 적지 않다.

(8) 정인승의 ≪표준중등말본≫·≪표준고등말본≫과 절충적 체계

(8-1) 정인승의 생애

건재 정인승(鄭寅承)은 고종 34년(1897) 6월 18일(음 5월 19일) 전라북도 장수군 계북면 양악리에서 태어나시어 1986년 7월 7일 90세를 일기로 돌아간 국어학자, 교육자, 애국자이다.

건재는 어려서는 고향에서 고모부인 한학자 한응수에게서 한문을 배웠다. 그 뒤 신식 교육을 받기 위하여 용담 사립 중화 측량학교와 전북 진안군 용담공립보통학교를 다녔고, 21세가 되던 1917년 4월부터는 서울에 올라와 홍화학교, 연정학원과 중등학교 및 사립 국어 보급학관 고

---

118) 「著者는 英語의 文法과 日本語의 文法의 糟粕을 解得한 關係로 聯想的으로 朝鮮語 文法에 關한 思考가 頭腦의 一部分에 侵入하야씀은 距今 二十六年 前브터이얏다. 한번 侵入한 思考는 頭腦로브터 써나디 아니 하고 時日의 經過에 짜라서 漸漸 그 量과 度가 加重되야 드드여 頭腦의 全部를 專占한 狀態를 이루엇다…爾來 八年間에 辛苦를 繼續하야 겨우 이 粗略한 稿를 마첫노라」 <조선어학 서언 3쪽 참고>.

등과에서 공부하고, 1919년 9월부터는 일본 와세다대학 교외생으로서 문학·법률학 강좌를 강의록으로 배워 이수하는 한편, 내자동 종교예배당 영어강습소에서 영어를 공부하였으며, 1921년 4월부터는 연희전문학교 문과에 입학 본과 전 과정을 마치고, 1925년 3월에 연희전문학교 문과를 수석으로 졸업하였다. 건재는 연희전문 학생 시절 한결 김윤경(金允經)에게서 주시경 선생의 민족 학문 정신을 전해 받는다. 한편 그는 1922년에 연희전문 교수로 부임한 위당 정인보(鄭寅普)의 국사와 국문학의 정신을 체득한다.

건재는 연희 졸업 후 곧 그 해 4월에 전라북도 고창고등보통학교 교사가 되어 1935년 8월까지 10여 년간 조선어와 영어를 가르치었다. 1935년 일제가 사립학교인 고창고등보통학교를 강제로 공립학교로 만들었다. 그때 건재는 교사로서 앞장서서 강렬하게 반대하였는데, 그로 인하여 교사 생활을 그만 두고 서울에 다시 올라와 돈암동에 있었는데, 1936년 이른 봄 외솔 최현배(崔鉉培)의 방문 권유로 그 해 4월부터 조선어학회 국어사전 편찬 일을 보다가 1942년 10월 1일에는 이른바「조선어학회 사건」으로 홍원(洪原) 경찰서에 피검 3개년 동안 함흥 감옥에서 왜정의 옥중 생활을 하다가 1945년 8월 15일 광복과 더불어 그 이틀 뒤인 8월 17일 최현배·이희승·이극로와 함께 석방되었다.

건재는 광복과 더불어 출옥되자 서울로 돌아와 잠시 쉬지도 않고, 그 해 8월 25일 조선어학회 학술 이사가 되어 국어사전 편찬에 종사하였고, 그 뒤 경성사범대학 강사, 연희대학교 문과대학 강사, 문교부 학술용어 제정위원, 한글문화보급회 부위원장, 전북대학교 교학처장(총장 대리 일을 봄), 중앙대학교 교수, 문교부 국어심의회 위원, 홍익대학 강사, 연세대학교 강사, 문교부 교수 자격심사위원회 위원, 한국외국어대학 강사, 전북대학교 총장, 단국대학교 강사, 문교부 한글전용특별심의회 주간, 건국대학교 교수, 세종대왕기념사업회 고전국역 교열위원, 명지대학교 대학원 강사, 원광대학교 대학원 강사, 학술원 회원 등을 역임하였으며, 1962년 10월에 중앙대학교에서 명예문학박사 학위를, 또 1975년 9월에는 연세대학교에서 명예문학박사 학위를 받았다. 그리고 상훈으로는 1962년 3월에 건국공로훈장을, 1970년 8월에 국민훈장 모란장을 받았다.

건재는 우리 겨레의 얼·말·글을 지키고 가꾸고 교육에 한 평생을 바치었다.

지은 책으로는 ≪한글독본≫(1946), ≪표준중등말본≫(1949), ≪표준중등말본≫(1956), ≪표준고등말본≫(1956), ≪의문해설한글강화≫(1960), ≪표준문법≫(1968) 등이 있고, 공찬으로 주간을 맡아 이룩한 겨레문화의 금자탑인 ≪큰사전(조선말큰사전)≫ 전 6책(1947~1957)이 있다.

건재는 1936년부터 1957년 ≪큰사전≫ 마지막 책인 제 6책이 출간될 때까지 사전편찬실을 지킨 유일한 인물이다. 이 사전은 거의 건재의 주도로 만들어졌다고 해도 과언이 아니다.

(8-2) ≪표준중등말본≫·≪표준고등말본≫과 절충적 체계

건재의 말본 책으로서 제일 먼저 나온 것은 광복 후인 1949년에 나온 ≪표준중등말본≫이고, 1956년에 발행된 ≪표준중등말본≫과 ≪표준고등말본≫이 있으며, 1968년에 발행된 ≪표준문법≫이 있다. 이 말본은 최현배가 창설한 체계인 절충적 체계(준종합적 체계)에 속한 것으로써 말본의 갈말(술어)이 토박이말로 되어 있다.

여기에서는 1949년에 발행된 그의 최초의 말본 책인 ≪표준중등말본≫과 1956년에 발행된 ≪표준고등말본≫에서 보이는 씨(품사)에 대해서 다

음과 같이 약술하겠다.

씨(품사)란 낱말이 월에 대한 쓰임의 성질에 따라 같은 성질의 것끼리 모아 몇 가지로 가른 것을 씨라 하고, 다음과 같이 일곱 가지로 갈랐다.

①이름씨(명사) : 이름씨를 아는 법은, "무엇이냐"는 물음에 대답되는 낱말로서, 그 아래에 "이(가)", "을(를)", "에" 따위의 토가 붙을 수 있는 것이 이름씨이다.

  보기 : 집―이, 집―을, 집―에, 하나―가, 하나―를, 하나―에,
        소―가, 소―를, 소―에.

그리고 갈래로는 제이름씨[本名詞]와 대이름씨와 셈이름씨의 세 가지가 있다 하였다.

②움직씨(동사) : 움직씨를 아는 법은, "무엇하느냐" 하는 물음에 대답되는 낱말로서, 그 끝이 "다", "(느)ㄴ다", "는", "느냐", "네" 들로 될 수 있는 것이 움직씨이다.

  보기 : 먹―는다, 먹―느냐, 먹―네, 일―는다. 읽―느냐, 읽―네,
        오―ㄴ다, 오―느냐, 오―네.

③그림씨(형용사) : 그림씨를 아는 법은, "어떠하냐" 하는 물음에 대답되는 낱말로서, 그 끝이 "느" 소리로는 되지 않고, "다", "으냐(냐)", "으이(의)" 들로 될 수 있는 것이 그림씨이다.

  보기 : 밝―다, 밝―으냐, 밝―으이(으에), 좋―다, 좋―으냐, 좋―으이(으에), 착하―다, 착하―냐, 착하―의(에).

④매김씨(관형사) : 이름씨의 앞에 놓이어, 그 이름씨의 내용을 매기는

(제한하는) 낱말들을 "매김씨"라 하는데, 매김씨를 아는 법은, "어떤"이라는 물음에 대답되는 낱말로서, 그 아래에는 토도 붙지 않고, 끝도 이리저리 갈리지 아니하고, 그대로만 이름씨의 앞에 놓을 수 있는 낱말이 매김씨이다.

　보기 : 새, 헌, 옛, 이, 그, 저, 어느, 무슨, 한, 두, 세, 네.

그리고 갈래로는 실상매김씨(성상관형사 ; 새, 헌, 옛), 가리킴매김씨(지시관형사 ; 이, 그, 저, 어느, 무슨), 셈매김씨(수관형사 ; 한, 두, 세, 네)의 세 가지가 있다 하였다.

　⑤어찌씨(부사) : 풀이씨나 혹은 다른 말의 앞에 놓이어 그 말의 내용을 어떠하게 꾸미는 낱말들을 "어찌씨"라 하는데, 어찌씨를 아는 법은 "어떻게"라는 물음에 대답되는 낱말로서 끝이 이리저리 갈리지 아니하고, 그냥 그 뒤(바로 뒤나 먼 뒤나)의 관계되는 말에 대한 정도나 형편을 꾸미어 밝히는 것이 어찌씨이다. 그리고 어찌씨는 갈래로 실상어찌씨(성상부사 ; 잘, 좀, 퍽), 가리킴어찌씨(지시부사 ; 이리, 저리), 지움어찌씨(부정부사 ; 아니, 못), 이음어찌씨(접속 ; 또, 곧, 및)의 네 가지가 있다 하였다.

　쓰임에는 다음과 같이 일곱 가지가 있다.

　　㉠움직씨를 꾸미는데 쓴다. (빨리 달아난다)
　　㉡그림씨를 꾸미는데 쓴다. (매우 빠르다)
　　㉢다른 어찌씨를 꾸미는데 쓴다. (퍽 빨리 달아난다)
　　㉣이름씨를 꾸미는데 쓴다. (조금 앞이 장터이다)
　　㉤매김씨를 꾸미는데 쓴다. (아주 새 옷일세)
　　㉥월을 꾸미는데 쓴다. (다행히 가던 날이 장날이었다)

Ⓐ뒤의 말을 앞의 말에 이어지게 꾸미는데 쓴다. (우리 글 곧 한글은 세계에 제일이다)

⑥느낌씨(감탄사) : 다른 낱말과 직접 붙지 않고 바로 떨어진 대로, 월의 앞이나 중간이나 뒤나에 덧들어가든지, 혹은 월은 없이 월의 대신으로 되든지 하여, 느낌이나 간단한 의사를 나타내는 낱말들을 "느낌씨"라 하는데, 느낌씨를 아는 법은, 월 안의 어떤 말과도 직접 연락 관계가 없음이 느낌씨의 특징이다.

　보기 : 아, 아차, 응, 흥, 아아, 애, 예, 머, 멀, 어, 에, 에헴, 애햄 따위가 있다.

⑦토씨(조사) : 주로 이름씨 밑에 혹은 다른 어떤 말의 밑에 붙어 가지고, 그 말의 다른 말의 대한 관계를 나타내거나, 또는 그 말의 뜻을 돕는 낱말들을 "토씨"라 하는데, 토씨를 아는 법은, 주로 이름씨에 직접 붙어서 그 말로 하여금 다른 말에 대하여 어떠한 관계를 가지도록 함이 토씨의 근본되는 성질이다.

그리고 갈래와 쓰임을 그 성질로 보아 크게 자리토씨(격조사)와 도움토씨(보조조사)로 나누고, 자리토씨는 다시 잘게 임자자리토씨(주격조사 ; 이, 가, 서, 께서, 께옵서, (이)라서), 풀이자리토씨(서술격조사 ; 이다), 매김자리토씨(관형격조사 ; 의), 어찌자리토씨(부사격조사 ; 에, (에)서, 에게(서), 한테(서), (으)로부터, (으)로서, (에)로, 에게(로), 한테(로), 께로, 께, 더러, 보고, (으)로, (으)로써, 치고, 쳐놓고, 대로, 토록, 처럼, 같이, 만큼, 보다, 과(와), (이)랑, 하고, (으)로더불어, 부림자리토씨(목적격조사 ; 을, 를), 기움자리토씨(보어격조사 ; 이, 가, 과, 와, 만), 이음자리토씨(접속격조사 ; 과(와), 하고, 하며, (이)고, (이)며, (이)든지)의 일곱 가지로 나누고, 도움토씨는 두루도움토씨(통용보조조사 ; 은(는), 만, 도, 부터, 까지, 조차, 마저, 마다, 씩, (이)나, (이)든지, (이)라도, (이)나마, (이)야, (이)야말로, (이)ㄴ들, (은, 는)커녕, 은(는)새로에, 서껀, 밖에, (으)ㄹ랑(은), 곧), 마침도움토씨(종지보조조사 ; 마는, 요, 그려), 부름도움토씨(호칭보조조사 ; 아(야), (이)여, (이)시여)의 세 가지로 나누었다.

건재의 이 학설에서는 풀이씨의 줄기와 씨끝이 합하여 한 낱말(이다)로 처리되었다. 그리고 풀이씨(움직씨, 그림씨)의 씨끝은 끝바꿈하는 것으로 처리한다. 외솔 최현배가 창설한 "이다"의 잡음씨(≪우리말본≫)는 토씨로 처리하는 바, 그의 "토씨" 쪽에 따르면 "이다"는 자리토씨(격조사) 중 풀이자리토씨(서술격조사)가 되어 토씨가 씨끝 바꿈하는 체계로 나타난다.119)

일찍이 외솔 최현배도 1920년대 "우리말본초고"에서 "이다"를 풀이자리토씨(서술격조사)라고 했다. 그러나 1930년에는 그 풀이씨의 속성이론을 캐어 이를 다른 풀이씨(움직씨와 그림씨)와 나란히 한 풀이씨로 세워 "이다"를 잡음씨로 창안 확정했다.120)

결론적으로 건재의 말본책은 학교 말본 교과서이나 "이다", 풀이자리리토씨설은 그의 독특한 말본체계를 확인해 주는 설로서 절충적 체계(준종합적 체계) 가운데서 한 특색이라 할 수 있다.

---

119) 김석득 : ≪우리말연구사≫(태학사, 2009. 10. 5) 497쪽, 박종국 : ≪말본사전≫(정음사, 1980. 8. 30) 661쪽 참고.
120) 김석득 : 윗 책 497쪽, 최현배 : 「조선어 품사 분류론」, ≪조선어문연구≫, 연희전문학교 문과연구집 제1집(1930) 93쪽 참고.

(9) 이희승의 ≪초급국어문법≫·≪새고등문법≫과 절충적 체계

(9-1) 이희승의 생애

일석(一石) 이희승(李熙昇)은 고종 33년(1896) 6월 9일 경기도 광주군 의곡면(儀谷面) 포일리(浦一里)에서 태어나시어 1989년 11월 27일 94세를 일기로 돌아간 국어학자이자 시인이고, 교육자이며, 애국자이다.

일석은 어려서는 태어난 곳, 선대의 고향인 경기도 개풍군, 서울 등지로 옮겨 살면서 한문을 배우다가 관립 한성외국어학교 영어부에 다녔고, 뒤에 경성고보, 양정의숙 등을 다니다가 중앙학교 3학년에 편입, 2년만인 1918년 23세로 졸업하게 된다. 1924년 4월에 연희전문학교 수물과에 입학 수학하다 중퇴하고, 1925년 4월에 경성제국대학 예과부(문과 B반 인문계)에 입학 1927년 3월 예과부 수료와 동시에 그 해 4월에 동 대학 법문학부 문학과 조선어학·조선문학 전공에 진학하여 1930년 3월에 졸업하였으니, 이때의 졸업논문은 「·音攷」이었다.

일석은 경성제대를 졸업하자 그 해 4월에 경성사범학교 교유가 되었고, 이때 조선어연구회 회원이 되었으며, 이 해 12월에 조선어연구회에서 사전 편찬을 위해 조선어철자 통일위원회를 구성할 때 위원으로 참여하였다. 1931년 1월에는 조선어학회(조선어연구회) 외래어 표기법 제정 책임위원 한 사람으로 참여하였고, 1932년 3월에 경성사범학교 교유를 사임하였다. 이 무렵에 호를 '석천(石泉)'에서 '일석(一石)'으로 바꾸었다. 이 해 4월에 이화여자전문학교 교수가 되었고, 1934년 여름 조선어학회 표준어사정위원회 위원이 되었다. 1942년 10월 1일에는 이른바 '조선어학회 사건'으로 경기도 경찰부 유치장에 갇혀, 3개년 동안 함흥형무소에서 왜정의 옥중 생활을 하다가 1945년 8월 15일 광복과 더불어 그 이틀 뒤인 8월 17일 석방되었다.

일석은 광복 후 경성대학교 교수, 서울대학교 교수·대학원 부원장·문리대학 학장, 한글학회 이사, 한글전용촉진회 부위원장, 학술원 회원, 동아일보 사장, 대구대학교 대학원장, 성균관대학교 교수·대학원장, 한국어문교육연구회 회장, 단국대학교 대학원 교수·동양학연구소 소장, 현정회 이사장, 인촌기념사업회 이사장, 해공기념사업회 이사장 등을 역임하였으며, 1957년에 학술원 공로상, 1960년에 교육공로상, 1962년에 건국훈장 독립장, 1978년 인촌문화상, 1989년에 국민훈장 무궁화장 등을 받았다.

지은 책으로 국어학 분야에는 ≪국어학개설(國語學槪說)≫(1955)과 ≪한글맞춤법통일안 강의≫ 등이 있고, ≪국어대사전(國語大辭典)≫(1961)과 교과서로 ≪초급국어문법≫(1949), ≪중등문법≫(1956), ≪고등문법≫(1956), ≪새고등문법≫(1960) ≪새중등문법≫(1961) 등이 있으며, 시집으로 ≪박꽃≫(1947), ≪심장의 파편≫(1961) 등이 있다.

(9-2) ≪초급국어문법≫·≪새고등문법≫과 절충적 체계

일석의 말본 연구서로서 제일 먼저 나온 것은 1949년에 발행된 ≪초급국어문법≫이고, 그 뒤 1956년에 발행된 ≪중등문법≫과 ≪고등문법≫이 있으며, 1960년에 발행된 ≪새고등문법≫, 1961년에 발행된 ≪새중등문법≫이 있다. 일석의 이 말본 책들은 광복 후에 나온 학교 말본이지만, 절충적 체계(준종합적 체계)에 속한다. 그런데 말본의 갈말(술어)이 한자어로 되어 있다.

여기에서는 그의 최초의 말본 책인 ≪초급국어문법≫과, 결정판이라 할 수 있는 ≪새고등문법≫에서 보이는 씨(품사)를 중심으로 다음과 같이 약술하겠다.

①일석은 씨를 한자어로 품사(品詞)라 하고 국어의 품사를 명사(名詞)・대명사(代名詞)・동사(動詞)・형용사(形容詞)・존재사(存在詞)・관형사(冠形詞)・부사(副詞)・감탄사(感歎詞)・접속사(接續詞)・조사(助詞) 등 열 가지로 나누었다.

이 품사 가름에서 토씨는 조사라 하고 임자말[主語]이 될 수 있는 명사나 대명사를 통틀어 임자씨[體言]라 하였고, 풀이말[敍述語]이 될 수 있는 동사나 형용사나 존재사를 통틀어 풀이씨[用言]이라 하였으니, 이는 외솔 최현배의 절충적 체계와 같이 풀이씨는 "줄기(어간)와 끝(어미)"을 합쳐 한 낱말로 본 것이다.

②끝바꿈[活用]
끝바꿈은 풀이씨(용언)만이 있는 특징인데, 일석은 말하기를 체언은 활용되지 않는 것이 원칙이지마는, 서술어로 쓰일 경우에는 체언(명사・대명사)도 역시 활용한다. "우리나라 말은 무슨 품사든지 서술어로 쓰일 때에는, 반드시 활용된다는 것이 한 큰 법칙으로 되어 있다. 그러므로 체언이 서술어로 쓰일 경우에도 활용되는 것이다. 곧 이러한 경우의 어미는 서술의 힘을 나타낸다고 볼 것이다." 라고 하고, 다음과 같은 보기를 보이었다.

어 간	어 미	어 간	어 미
소	다	말	이다
	ㄹ세		이ㄹ세
	요		이요
	ㅂ니다		이ㅂ니다
	냐		이냐
	ㄴ가		이ㄴ가
	ㅂ니까		이ㅂ니까
	요니까		이요니까

③풀이씨의 끝바꿈

절충적 체계를 창설한 외솔 최현배의 잡음씨[指定詞] "이다"를 일석은 "체언의 활용 어미"로 하고, 그 대신 "존재사"(있다, 없다, 계시다)를 신설함으로써, 풀이씨의 끝바꿈(용언의 활용)을 곧 동사, 형용사, 존재사의 활용으로 설명하였다. 일석이 설정한 "존재사"는, 그 이전인 1935년에 발행된 박승빈의 ≪조선어학(朝鮮語學)≫에서 세운(보기 ; 이스, 업스) 바 있다.121)

그런데 일석은 민중서관 발행 ≪국어대사전≫에서는 "아니다"는 형용사라 하고, "이다"와 "아니다"는 대어라고 하였다.

한편 건재 정인승은 "이다"를 풀이자리토씨(서술격조사)로 보았다.

④접속사

이음 어찌씨[接續副詞]에 해당하는데 일석은 접속사라 하여 따로 설정하고, 접속사와 부사가 다른 점에 대하여 말하기를, 첫째는 부사는 그 다음에 있는 용언이나, 또는 다른 부사만을 한정하는 것이 보통이지마는, 접속사는 언제든지 그 다음에 오는 글월 전체를 한정하는 일이고,

---

121) 박종국 : ≪말본사전≫(정음사, 1980. 8. 30) 597쪽 및 702쪽 참고.

둘째는 부사는 그 위의 뜻을 받아서, 다음에 오는 말과 이어주는 구실을 하지 않지마는, 접속사는 반드시 그 위에 있는 단어나, 완결되지 못한 글월이나, 완결된 글월의 뜻을 받아서, 그 다음에 오는 단어나, 또는 글월과 연락을 맺어 주는 일이라 하고, 접속사와 조사가 다른 점에 대하여 말하기를, 첫째 조사는 체언(때로는 부사)에만 붙어서 쓰이지마는, 접속사는 반드시 체언에만 쓰이는 것이 아니라, 용언 아래에도 쓰이는 일이고, 둘째는 조사보다는 독립성이 있어서, 글월의 첫머리에도 쓰이는 일이며, 셋째는 따라서, 접속사는 체언의 격을 표시하지 않는 일이라 하였다.

보기 : 또, 그러나, 및, 혹은, 그러니, 단.

어떻든 일석의 말본 체계는 토의 낱말을 인정하고, 씨끝의 낱말을 인정하지 않음으로써, 절충적 체계의 하나임을 알 수 있다.

5. 그 밖의 여러 분야

이 때에는 근대화의 물결을 타고 많은 수는 아니나 신문과 잡지가 간행됨에 따라 다소의 논설이 발표되기도 하였고, 여러 학회의 기관지를 통하여 학슬논문도 나타났으며, 또 개인들의 저서도 나왔다. 말본 연구에 대한 저술은 앞에서 몇 분의 대표적 저서를 다루었으므로, 여기에서는 그 밖의 제 분야의 국어연구 업적을 살펴보기로 한다.

(1) 고어 연구

우리의 국어사전과 말본의 저서가 우리의 그 방면 연구보다 서양의

5. 그 밖의 여러 분야　473

선교사들이 먼저 손을 댄 것과 같이 우리 옛말 연구에도 외국인 학자 특히 일본 학자들이 먼저 손을 대어 우리 학계에 영향을 준 것이 사실인데, 이에는 각각 까닭이 있다.

서양 선교사가 국어 연구를 하게 된 동기는 기독교 포교상 국민들과의 언어 유통을 위하여 우리말을 공부해야 할 필요가 있었기 때문이다. 당시 우리의 실정은 한문 숭상, 국어 천시로 적당한 국어 교재가 없었기에 자신들 스스로의 힘으로 해결해야만 했던 것이다. 따라서, 어휘를 수집하여 주석하고 말을 배우기 위한 국어학습도서나 말본 책 또는 사전이 절대로 필요했으며, 기독교를 널리 전도하기 위하여 성서(聖書)의 국역이 무엇보다 긴급했던 때문에서였다 하겠다.

일본 학자들이 우리 옛말 연구에 먼저 손을 대게 된 까닭은, 우리 학자들은 일본인(조선총독부)의 국어 박멸 정책에 억눌리어 있어 맘 놓고 연구할 수 없게 된 반면에, 그들은 자료 이용이 수월한데다가 연구비 및 자료 조사비 등 명목의 경제적 뒷받침까지 있었기 때문에서였다 하겠다. 그러나, 우리 학자들은 그 악조건 속에서도 끈질긴 연구 끝에 그들의 연구를 훨씬 능가하는 업적을 내었고, 해방으로 자유를 찾게 되자 우리 국어학계는 이 분야에도 활발한 움직임을 보게 되었다.

학자들의 이 분야의 연구는 신문・잡지 및 학회지에 발표되기도 하였으나, 여기에서는 개인 저서로 나타난 것 중에 중요한 것만을 들어보기로 한다.

　전간공작(前間恭作):《용가고어전(龍歌古語箋)》, 1924년
　전간공작(前間恭作):《계림유사여언고(鷄林類事麗言攷)》, 1925년
　소창진평(小倉進平):《향가 및 이두의 연구(鄕歌及び吏讀の硏究)》, 1929년
　양주동(梁柱東):《조선고가연구(朝鮮古歌硏究)》, 1942년.

양주동(梁柱東) : ≪여요전주(麗謠箋注)≫, 1947년.
이상춘(李常春) : ≪주해용비어천가(註解龍飛御天歌)≫, 1946년.
이병기(李秉岐) : ≪교주역대시조선(校註歷代時朝鮮)≫, 1947년.

이 문헌들은 그 제목이 보이는 바와 같이, 그 고전에 대한 옛말을 해석한 것이다.

그 중에 향가 25수 전체를 최초로 해독한 소창진평님의 ≪향가 및 이두의 연구≫(1929년 3월)와 무애 양주동님의 ≪조선고가연구≫(1942년 11월)는 우리나라 국어학 연구사상 길이 남을 역저이다.

소창진평님의 ≪향가 및 이두의 연구≫는, 「우적가(遇賊歌)」(10구체) 같은 향가에 있어 일부 해독을 보유하고, 또 오늘날 안목으로 보아 상당한 허점과 잘못된 데가 발견되나, 당시 외국 학자로서 그만큼 풀이를 하였다는 것은 큰 업적이라 하겠다.

양주동님의 ≪조선고가연구≫는 우리나라 학자로서 향가 25수에 대한 본격적인 해독을 시도한 최초의 신라 향가 주해서이다. 그때까지 향가 주해서로 최고의 권위를 가졌던 소창진평님의 ≪향가 및 이두의 연구≫의 잘못된 부분을 바로 잡고 해박한 주석과 풍부한 예증을 보여 줌으로써 향가의 어학적·문학적 연구에 신기원을 이룩한 가장 권위 있는 역저일 뿐 아니라 지금까지 향가 해독의 표준본으로서의 권위도 유지하고 있다.

이 책의 내용은 서, 범례, 인용서목, 서설, 석주(향가 25수에 대한 석주), 보유, 색인들로 되었다. 그리고 이 책은 1957년 3월 10일 재판하였는데, 이 때 정보하여 책 이름을 ≪고가연구(古歌硏究)≫로 고쳤다. 일명 ≪사뇌가전주(詞腦歌箋注)≫라고도 한다.

5. 그 밖의 여러 분야 475

(2) 국어학사

이 때에는 「국어사」나 「국어변천사」에 해당되는 연구 저서는 나타나지 않고, 「국어학사」에 해당 되는 연구 저서만 나타났으니, 그 중 중요한 것만 들어보기로 한다.

　소창진평(小倉進平) : ≪조선어학사(朝鮮語學史)≫, 1920년.
　김윤경(金允經) : ≪조선문자급어학사(朝鮮文字及語學史)≫, 1938년.
　최현배(崔鉉培) : ≪한글갈(正音學)≫, 1942년.
　홍기문(洪起文) : ≪정음발달사(正音發達史)≫, (상·하) 1946년.
　방종현(方鍾鉉) : ≪훈민정음통사(訓民正音通史)≫, 1948년.

이 문헌들에서 소창진평님의 ≪조선어학사≫는 어학사가 자료 중심이요, 항목별 도서 해제의 방식을 주로 하여, 한글관계 문헌을 역사적으로 해제한 것이니, 진정한 「국어학사」로 보기 어렵다. 그러나, 국치시대에 나온 저서로 한결 김윤경님의 ≪조선문자급어학사≫나 외솔 최현배님의 ≪한글갈≫은 국어학사로서의 면목을 갖춘 국어 연구의 역사에서 없어서는 안 될 역작이다. 이제 이 두 문헌에 대하여 하나하나 살펴보기로 한다.

(2-1) 김윤경의 ≪조선문자급어학사≫

≪조선문자급어학사≫(1938. 1. 25. 조선기념도서 출판관 발행)는 우리 국어학에 있어서 사적 체계를 갖춘 최초의 문자사이며 국어학설사이다. 이 책머리에 1937년 3월 3일자로 된 조선기념도서출판관 장(朝鮮紀念圖書出版館長) 김성수(金性洙)님의 출판기(出版記)가 실려 있는데, 김성수님은 이 출판기에서, 「이 책은 수십 년 전공(專工)과 과학적 노력으로

이루어진 값있는 원고」라 하였다.

　이 책은 초판 발행 후 3일 만인 그 해 1월 28일 조선어학회에서 재판이 나왔고, 1946년 9월 30일 제3판을 내었는데, 이 때 ≪훈민정음≫ 원본 전문을 부록으로 권말에 붙이었다. 1954년 12월 25일 동국문화사에서 제4판을 내었는데, 4판을 낼 때에 본론에 ≪훈민정음≫ 원본의 사진판과 그 번역, 그 발견 경로 등 몇 가지 사항을 더 보충하고 책 이름을 ≪한국문자급어학사(韓國文字及語學史)≫로 고쳤다. 또한 1963년 3월 15일에는 이 책을 대본으로 하여 양을 줄이고 좀 쉽게 풀고 좀 보태고 고치어 ≪새로지은 국어학사≫를 을유문화사에서 내었다.

　이 책 초판의 짜임은 크게 1, 2 두 편으로 나뉘어졌는데, 제1편은 「서론(緖論)」, 제2편은 「본론(本論)」으로 되어 있다.

　「서론」에서는 언어에 대한 일반론적인 「의사 표시의 방법」과 「언어의 분류」, 「우랄·알타이어족의 특질」, 「조선어의 범위」, 「문자의 발생」과 「문자의 종류」들에 대하여 밝혔다. 특히 「언어의 분류」에서 세계 언어의 분류를 「계통적(系統的) 분류」와 「형태적(形態的) 분류」로 나누고, 언어학자의 계통적 분류에 따라, 우리말을 우랄·알타이어족의 범주에서 알타이말 중의 퉁구쓰말에 해당함을 보이었다. 그러나, 우리말과 일본말을 우랄·알타이어에 붙이는 문제에 대하여, 학자 간에 일치가 되지 않고 있음을 분명히 밝히고 있다. 형태적 분류로 보면, 고립어·부착어(첨가어)·곡절어(굴절어, 곡미어)·포합어·집합어 중, 우리말은 부착어에 속함을 밝히고 있다. 「우랄·알타이어족의 특질」로는 「홀소리의 고룸」, 「닿소리의 법칙」, 「첫소리 규칙」, 「끝소리 규칙」, 「월의 구성법」으로 나누어 설명하였다. 「조선어의 범위」로는 문헌에 근거하여, 단군조선(壇君朝鮮), 부여(扶餘), 한족지배(漢族支配)의 조선(朝鮮), 예(濊), 옥저(沃沮),

진한(辰韓), 마한(馬韓), 변한(弁韓), 신라(新羅), 고구려(高句麗), 백제(百濟), 발해(渤海), 고려(高麗), 탐라(耽羅)들로 잡고 있다.

「본론」은 크게, 「훈민정음 창작 이전의 문자」와 「훈민정음」으로 나누었다. 「훈민정음 창작 이전의 문자」는 또 「전하지 못한 문자」와 「금일까지 전한 문자」로 나누어 설명하였는데, 「전하지 못한 문자」로는 삼황내문(三皇內文), 신지비사문(神誌秘詞文), 왕문문(王文文), 각목문(刻木文), 고구려 문자, 백제 문자, 향찰(鄕札), 발해 문자, 고려 문자가 있었다고 하고, 「금일까지 전한 문자」로는 이두(吏讀)와 구결(口訣)이 있다고 했다. 여기에 밝혀 둘 일은, 한결은 향찰(鄕札)을 신라 고유문자로 인정하고 있음이다.

「훈민정음」은 또 「명칭」, 「제정의 이유」, 「제정의 고심」, 「훈민정음의 본문」, 「훈민정음의 성질과 가치」, 「계통적·상징적·기원 제설」, 「발포 이래의 변천의 개요」로 나누어 설명하였다. 특히 한결은 훈민정음 기원 제설(起源諸說)에서 「고대 문자 기원설」을 주장하고 있다.

「훈민정음 발포 이래의 변천의 개요」는 국어학사에 해당하는 이 책의 핵심적인 부분을 이룬다. 이 부분은 세종대왕에서 연산주에 이르는 문자 보급과 정책적인 면, 최세진님 이래 조선조의 여러 학자들의 우리 글자와 음운에 대한 학설과 갑오경장 이래 광복 이전의 1937년경까지의 우리말 말본의 연구에 대한 여러 학자들의 학설이 소개되어 있다. 그리고 다시 문자 보급 정책적인 면으로, 「한글의 보급과 발전에 대한 기독교의 공헌」, 「총독부의 철자법 규정」, 「조선어학회의 한글마춤법통일안」이 소개되고, 「최근의 한글운동」으로 한글 보급 운동, 한글날 제정 경위, 표준말 사정 경과 등이 서술되어 있다. 그리고, 끝으로 「한글 연구의 재료 문헌」이 소개되어 있다. 이 밖에 4판에서 보충된 것은 ≪훈민

478 Ⅳ. 근대 국어학

정음≫ 원본의 사진판과 그 번역, 그 발견 경로, 조선어학회의 외래어 표기법의 제정과 그 내용 소개, 왜정 말기의 조선어학회 수난 사건의 소개, 우리말 큰 사전 편찬의 경과와 중단, 해방 뒤 한글 운동 - 국문, 국어의 부활과 한글 전용의 운동 등이다.

　이 책에서 우리 말·글의 근원과 특질, 그리고 수난과 발전을 읽을 수 있다. 아울러, 우리 정통적 말·글 연구의 발달사를 밝게 볼 수 있다.
　한 말로 국어학사로서 가장 권위 있는 역저일 뿐 아니라 이 책의 밑바닥에는 우리 겨레의 정신사가 조명되어 있다고 할 것이다.

(2-2) 최현배의 ≪한글갈≫

　≪한글갈≫(1942. 4. 30 정음사 간행)은 훈민정음에 관한 일체의 역사적 문제와 한글에 관한 일체의 이론적 문제를 총망라하여 체계적으로 고찰한 학설서이다.
　앞에서 외솔의 말본 학설을 소개할 때 언급한 바와 같이 외솔의 학문은 겨레와 나라 사랑에서부터 시작되어 겨레와 나라 사랑에서 끝나는데, ≪한글갈≫의 제작도 역시 이에서 벗어나지 않는다. ≪한글갈≫은, 「한글의 우리 겨레의 지적 산물 중 가장 중요한 것이기 때문에 또한 지적 탐구의 가장 긴밀한 대상이 된다고 할 수 있다」고 강조하려는 뜻에서 펴낸 것이다.

　≪한글갈≫의 짜임은 크게 「역사편」과 「이론편」으로 나누어져 있다.122)

---

122) 내용 소개는 ≪고친 한글갈≫에 의한다.

첫째 매 「역사편」에서는 「훈민정음의 창제」, 「한글 쓰기의 번짐 = 한글 발전의 역사」, 「한글 갈기의 피어남 = 한글 연구의 역사」 등 셋으로 갈랐다. 이 편은 글자 그것의 역사, 즉 한글쓰기의 역사적 발전 과정과, 글자에 대한 연구의 역사로써 엮어지는데, 마침 「이 책의 지음이 끝나기 전에, 진정한 ≪훈민정음≫의 원본이 발견되어, 그 본문을 이 책의 첫머리에 싣고, 또 그 설명을 이 책에 풀어 넣을 수 있게 되어」[123] 훈민정음 연구에 큰 광명을 던져 주게 되었다.

역사적 연구의 출발점은 훈민정음의 창제다. 그러므로 첫째 가름 「훈민정음의 창제」에서는 맨 먼저 ≪훈민정음≫ 원본과 언해본에 대한 서지학적 해설을 한 다음 그 원본과 언해본의 원문을 활자로 인쇄하여 실었는데, ≪훈민정음≫의 이본 중 서울 전형필(全鎣弼)님의 간수한 바이 된 본을 ≪훈민정음≫ 반포의 원본으로 인정했다. 다음으로는 「훈민정음 제정의 경과」를 설명하고, 그 다음에는 「우리글의 이름의 변천」에 대하여 설명하였다. 여기에서 그 이름의 변천을 「훈민정음」, 「언문」, 「반절」, 「한글」로 보고, 이 이름에 대한 역사적 해설을 하였는데, 「한글」이란 이름이 가장 좋은 것으로 단정하였다. 그리고 「한글」은 주시경(周時經)님에서 비롯된 일인 듯하다고 했다. 이어서 한글 역사(한글 쓰기와 한글 연구의 역사)의 시기를, 창제·정착·변동·간편화·각성·대성의 여섯으로 나누었는데, 그 연대와 특색은 다음과 같다.

① 한글 창제 시기(세종 원년<1419>에서 세조 말년<1468>까지 한 50년 동안, 15세기) : 세종대왕이 훈민정음을 창제하여 각 방면에 걸쳐 그 실용의 본을 보이고, 세조가 또한 그 유업을 이어, 많은 불경을 번역하여, 겨레 문화의 올바른 터전을 닦은 시기이다.

---

123) 최현배 : ≪한글갈≫ 일러두기 참고.

② 한글 정착 시기(성종 원년<1470>에서 선조 임진왜란 전<1591>까지 한 120년 동안, 16세기) : 한글 사용이 어느 정도 이론과 규칙을 떠나 우리 사람의 글자살이에 알맞게 하여 한글이 몸에 붙게 되는 시기이다. 그래서 「ㆀ, ㆅ, ㅸ, ㆆ」 따위 글자가 쓰이지 않게 되었다.

③ 한글 변동 시기(선조 임진왜란<1592>에서 경종 말년<1724>까지 한 130년 동안, 17세기) : 길고 모진 임진왜란으로 말미암아, 우리의 말과 글이 다른 모든 문화와 함께 많은 변동을 일으킨 시기이다. 앞 시기까지는 남아 있던 「ㅿ」, 「ㆁ」(ㆁ은 앞 시기에서부터 첫소리에는 안 쓰이기 비롯함)이 없어지고, 「ㆍ」자의 소리값이 많이 동요하기 비롯하며, 이른바 8종성의 하나인 「ㄷ」 받침도 없어지기 비롯하였다. 그러나, 평민의 자각, 평민 문학의 발흥으로 인하여 한글의 쓰임이 매우 번지었다.

④ 한글 간편화 시기(영조 원년<1725>에서 고종 갑오경장 전<1893>까지 한 170년 동안, 18, 19세기) : 조선 5백 년 동안에 있어서 학예 부흥 시기로서, 국문학이 그 전성을 이룩하였다. 따라서 한글이 민중 속에 널리 보급됨과 함께, 아주 간편하게 되었다. 곧 「ㄷ」 받침이 아주 없어져서 7종성을 이루었고, 된시옷 하나만이 첫소리의 어깨에 붙어 쓰이게 되었음과 같으니, 이른바 새 맞춤법에 대한 낡은 맞춤법[舊綴字法]이란 것이 이루어진 시기이다.

⑤ 한글 각성 시기(고종 갑오경장<1894>에서 8·15 해방 전<1944>까지 50년 동안, 20세기 전반) : 종래에 「언문」이란 누명을 벗어버리고 국문으로서 새로운 권위와 용도를 얻어, 한자의 전횡과 투쟁하는 시기이다. 한글이 공용문과 학교의 교과서에 쓰이게 되었다.

⑥ 한글 대성 시기(8·15 해방<1945>에서 무궁한 미래까지) : 일본인의 악독한 정치에서 벗어나서 한글의 사용의 자유를 얻어, 제 특유의

노릇을 발휘하여, 그 본래의 이상을 실현할 수 있는 시기이다.

두째 가름 「한글쓰기의 번짐(한글 사용의 발전) = 한글 발전 역사」에서 위의 여섯 시기에 걸친 한글 사용 문헌들은 다음과 같이 네 가지 부류로 나뉜다.

① 한글의 독립스런 쓰기(독립적 사용) : 여섯 시기로 나누어, ≪용비어천가≫・≪석보상절≫・≪월인천강지곡≫을 비롯해서, 고대소설, 신소설에 이르기까지, 한글을 독립적으로 사용한 문헌들을 해설하고, 국치시대와 해방 뒤의 한글의 보급운동을 기술하였다.

② 한글의 뒤침[譯文類, 諺解類] : 먼저 언해의 유래를 말하고, 이어 여섯 시기로 나누어, ≪훈민정음≫의 언해에서 시작해서, 세조 때의 불경 언해, 그 뒤의 문학작품이나 경서의 언해 따위, 그 많은 언해류를 상세하게 해설하였는데, 이런 문헌들에 대한 해설로는 소창진평(小倉進平)님의 ≪조선어학사≫와 쌍벽을 이루고 있다.

③ 한자의 뒤침[譯字類] : 운서(언해 안 된 중국 운서, 언해 안 한 조선 운서, 언해한 우리나라 운서), 옥편(언해 안 한 중국 옥편, 언해 안 한 조선 옥편, 언해한 조선 옥편), ≪훈몽자회≫・≪천자문≫・≪유합≫・≪자류주석(字類註釋)≫ 따위 새김과 음을 단 문헌 따위에 대한 해설인데, 이두(吏讀), 이문(吏文)을 한글로 풀이한 문헌까지 여기에 넣어 풀이하였다.

④ 외국말의 뒤침[譯語類] : 일본말, 중국말, 만주말, 몽고말, 산스끄릳[梵語], 서양말과 같은 말의 문헌을 우리말로 번역한 책, 그리고 번역된 종교 서적, 사전(말광)에 이르기까지 상세한 해설을 붙였다

이상과 같이 이 가름에서는, 한글이 생겨난 뒤로 역대의 임금, 정치가, 학자, 시인, 문인, 종교가, 내지 문화사업가 들로 말미암아, 그것이

어떻게 자라며 어떻게 번지어 나갔는가를 상고한 것이다.

세째 가름「한글 갈기의 피어남(정음 연구의 발달) = 한글 연구의 역사」에서는 앞에서 나눈 여섯 시기에서 마지막의「한글 대성 시기」를 뺀 다섯 시기로 나누어 ≪훈민정음해례≫에 나타난 정인지 무리의 한글 학설로부터, 최세진의 학설, 이사질의 학설, 박성원의 학설, 신경준의 학설, 홍계희의 학설, 홍양호의 학설, 황윤석의 학설, 정동유의 학설, 유희의 학설, 석범의 학설, 이규경의 학설, 정윤용의 학설, 강위의 학설, 그리고 이봉운, 지석영, 국문연구소 위원, 어윤적, 유길준, 최광옥, 주시경 님들의 학설을 소개하고, 주시경님 이후의 한글갈의 대강으로 김두봉, 권덕규, 신명균, 이윤재, 방종현, 김석곤, 박승빈님의 학설까지 소개하였다. 또,「한글학회 및 그 밖의 공동연구」로 한글 맞훔법 통일안, 한글 가로글씨의 연구, 한글의 비교문자학적 연구, 한글의 날림글씨(속기체) 연구, 한글의 기계삼기(기계화) 연구까지 소개하였다.

이상과 같이 본 가름에서는 훈민정음이 반포된 뒤로 그것을 갈고 닦아, 그 진리를 밝히며, 그 부림[運用]을 합리화 하고자 한 역대 한글 학자들의 학설의 피어남(발달)을 살핀 것이다.

우리나라에는 우리말에 관한 연구가 19세기 말에 이르기까지 거의 없었다고 해도 과언이 아니다. ≪훈민정음해례≫를 위시해서, 대부분의 국어학 문헌은 모두 글자에 관한 것이 위주가 되어 있는데, 다만 글자는 소리와 밀접한 관계가 있으므로, 음성학에 대한 해설이 이에 부수되어 나타난다. 그러므로 한글 연구의 역사적 전개상을 그린 본장은, 사실상「국어학사」의 거의 대부분을 차지하는 셈이 된다.

두째 매「이론편」은 한글에 관한 외솔의 여러 논문으로 엮어져 있는데, 크게 「훈민정음의 두루풀이」, 「없어진 글자의 상고」, 「갈바씨기의 세움[並書論]」, 「한글의 기원」, 「한글의 세계 글자에서의 자리잡음」, 「견주는 한글갈[比較正音學]」 등 여섯 가지로 나누어 놓았다.

첫째 가름 「훈민정음의 두루풀이」에서는 ①훈민정음 본문의 머리말, 글자의 소리값, 글자의 부림(운용), 소리의 견줌의 네 부분으로 나누어 상세한 해설을 하고, 한글 낱낱의 글자의 이름에 대한 문제도 언급했으며, ②훈민정음의 닿소리, 홀소리의 제작 방법을 설명하고, ③훈민정음에서의 맞훔법[綴字法]을 소리 나는 대로 적은 것으로 규정하였다.

두째 가름 「없어진 글자의 상고」에서는 먼저 「한글의 글자 수 및 차례의 변천」에 대하여 풀이하고, 없어진 낱자 「ㆍ, ㅿ, ㆁ, ㆆ」의 소리값 상고와 가벼운 입술소리(순경음) 「ㅸ」에 대한 소리값 고증을 소상히 하였는데, 특히 「ㆍ」자 소리값에 대하여 집중적인 논증을 기울였다.

먼저 「ㆍ」자에 대한 설명을 역사적으로 고찰하였는데, ≪훈민정음해례≫의 설명이 출발점이 된다. 「ㆍ舌縮, ㅡ舌小縮, ㅣ舌不縮」이란 해례 「제자해(制字解)」의 설명에서, 이 표현은 반드시 혀의 극단적으로 옴츠린 모양을 그린 것이 아니라, 「ㅣ, ㅡ」와의 상대적인 모습[혀를 옴츠리지 않는 「ㅣ」가 앞혀소리[前舌音], 혀를 조금 옴츠리는 「ㅡ」가 가온혀소리[中舌音], 혀를 옴츠리는 「ㆍ」가 뒤혀소리[後舌音]] 을 그린 말로 해석하고서, 그 혀의 모습을 영어의 가운데 반닫은 홀소리인 「ə」와 같은 것으로 추정하였다. 그리고 「구축(口蹙)」, 「구장(口張)」은 입술 둥글음[圓脣性]을 나타냄이라 하였고, 「성심(聲深)」은 「불분명한 소리」를 표현한 말로 해석하고서, 이러한 설명이 모두 가운데 반닫은 홀소리를 묘사한 것이라 하였다.

다음으로 신경준, 유희의 소견을 말하고, 그밖에 주시경, 이능화, 소창 진평, 이극로, 김석곤의 의견을 간단하게 소개하고, 이숭녕님의 「ㅏㅡ」의 사이소리 설에 대해서는 상세하게 소개하였는데, 이숭녕님이 「·」와 「ㅡ」와의 친근성을 음운론적 사실에 기인하지 않은 것으로 본 데 대해서, 그것을 소리의 본질적인 친근성에서 온 것이라 반박하고 있다. 그리하여 「·」가 「ㅡ」와도 가까운 소리임을 주장하였다.

「·」 소리가 다른 소리로 바뀌어 나간 현상은, 「·」 소리를 추정하는 데 매우 중요한 참고가 되는데, 그것을 통계적으로 분석하여, 그것이 모든 홀소리로 두루 바뀐 것은 가운데 홀소리이기 때문이요, 그 중에서도 「ㅏ」와 「ㅡ」로 가장 많이 바뀐 것은, 「ㅏㅡ」의 사이소리이기 때문이라고 주장하였다.

끝으로 「·」 소리의 사라져 없어진 시기에 대하여는 17세기로 잡고 있다. 곧 7년간의 임진왜란(선조 25년, 1598)과 함께 「·」 소리에 대한 고전적 관념은 흔들리기 시작하여, ≪역어유해(譯語類解)≫가 간행된 숙종 16년(1690)까지 약 100년간에 소실되었다는 결론을 내리고서, 이 시기를 「한글 변동 시기」로[124] 잡고 있다.

「ㅿ」자의 소리값에 대하여는, 「ㅿ」는 「ㅅ」의 흐린소리이니 [Z]과 같은 소리이라고 단정하였다. 그리고 「ㅿ」는 「ㅅ」에 가까우면서도 「ㅇ」에 가까워서 사라지기 쉬운 소리라 하였다. 이 「ㅿ」의 대한 견해는 대부분의 국어학자들의 견해와 일치한다.

「ㅇ」자의 소리값에 대하여는, 「ㅇ」에 소리값을 인정하지 않았다. 이 견해도 대부분의 국어학자들과 일치한다.

「ㆆ」자의 소리값에 대하여는, 「ㆆ」는 「극히 맑고 **빠른** 목터짐 소리」

---

[124] 최현배 : ≪고친 한글갈≫ 521쪽 참고.

라 하고, 배달말의 소리에는 그리 필요가 적었던 것이라 하였다. 이 「ㆆ」에 대한 견해도 국어학계의 일반적 견해와 별로 다르지 않다.

가벼운 입술소리 「ㅸ」자의 소리값에 대하여는, 「ㅸ」은 「두 입술을 아주 닫지 아니하고 내는 소리로서, 목청떨음이 얼마간 있는 소리」라 하였다. 이 견해도 국어학계의 일반적 견해와 별 다름이 없다.

세째 가름 「갈바씨기의 세움[並書論]에서는 「된비읍」, 「된시옷」, 「된비읍시옷」, 「갈바씨기(並書)」가 관심을 끈다.

「ㅂ」계통의 첫닿소리떼 : 「ㅲ(ᄢ의 간략화한 것), ㅳ, ㅄ, ㅶ, ㅷ」 따위 낱말의 첫머리에 나타나는 닿소리떼에 대해서는, 그 당시에 된소리의 표기로 보는 통속적인 견해가 나돌고 있었으나, 외솔은 「옛날의 된비읍이 결코 된소리의 표가 아니라, 「ㅂ」 그 스스로의 소리값을 나타내는 것이었음이 분명하다」고 하였다. 이 외솔의 견해는 현대 국어학계의 거의 통설로 되어 있다.

「ㅅ」계통의 첫닿소리떼 : 「ㅺ, ㅼ, ㅽ, ㅾ」에 관해서는, 첫째 훈민정음의 제바탈스런 방식으로 보거나, 둘째 우리나라 옛말의 훈민정음 당시의 표기 실례로 보거나, 셋째 다른 나라 말소리의 표기 실례로 보거나(산스끄릳<梵語>의 표음 ; sporita → 「쏘리다」 따위), 넷째 된시옷으로 적힌 말의 「ㅅ」 소리값이 오늘날에 이르러도 오히려 그대로 남은 실례로 보거나, 다섯째 조선의 된시옷을 다른 표음문자로 소리 뒤치어 적은 실례로 보거나, 우리의 된시옷은 「ㅂ」계통과 마찬가지로 「ㅂ 그 스스로의 소리값을 나타내는 것이었음이 분명하다」고 하였다. 여기에서 산스끄릳 표음방법을 내세운 것은 매우 강력한 증거가 된다.

「ㅄ」계통의 첫닿소리떼 : 「ㅴ, ㅵ」은 닿소리글자 셋이 말 첫머리에서 쓰이기 때문에 닿소리가 셋이나 첫머리에서 날 수 있었을까 하는 의심이 더 짙으나, 이것도 또한 된비읍, 된시옷의 경우에서와 같이, 세 가지 다른 닿소리의 결합으로 보았다.

각자병서 :「ㄲ, ㄸ, ㅃ, ㅆ, ㅉ」따위 각자병서의 소리에 대해서는 그 때나 지금이나, 유성음의 표기로 해석하려는 사람이 있으나, 외솔은 여러 가지 증거에 의해서 이제 말처럼 모두 된소리로 본다. 그리하여「ㅥ, ㅇㅇ, ㆅ」도 다 된소리로 본다.

그리고 오늘날 된소리를 표기하는데, 두 글자를 나란히 하여 쓴다는 것은 역사적으로나, 음성학적으로나, 문자학적으로나, 심리학적으로나, 근거가 있음을 역설하고, 1930년대의 맞훔법 제정시 된소리 표기는 각자병서해야 한다고 주장했다.

넷째 가름 「한글의 기원」에서는 한글의 여러 가지 기원설을 정리하고, 이를 낱낱이 비판하면서 외솔은 「발음기관 본뜸 기원설」을 세웠다.

다섯째 가름 「한글의 세계 글자에서의 자리잡음」에서는, 세계에는 250여 종의 글자가 있다고 하는데, 그 중에서 우리 한글이 어떠한 특이성과 우월점을 가지고 있는가를 밝히었는데, 곧 세계 글자의 발달사적 계단으로 보거나, 과학적 짜임을 가진 점으로 보거나, 민중 교화의 사명을 가지고 난 점으로 보거나, 내리 글씨와 가로글씨와로 마음대로 바뀌는 성능으로 보거나, 우리 한글이 온 누리에서 가장 좋은 글자이라 함이 마땅하다 하였다.

여섯째 가름 「견주는 한글갈[比較正音學]」에서는 「한글을 다른 글자로 뒤치기 (옮기기)」와 「다른 글자를 한글로 뒤치기」의 두 가지 문제를 다루고 있는데, 앞의 문제에서는 한글을 온누리소리표(만국음성기호)와 로 오마자로 뒤치는 문제를 다루고 있고, 뒤의 문제는 온누리소리표를 한글로 뒤치는 일과 일본말글 소리의 한글삼기(한글화)를 다루었다.

이상이 ≪한글갈≫에 대한 대강의 내용이다.

문자학은 오래전부터 언어학의 한 가닥으로 연구되어 왔고, 또 한글에 대한 연구도 김윤경님 등 몇 분의 저서나, 다른 분들의 논문들이 없지는 않았으나, 이것을 연구하는 학문을 국어학의 한 줄기로서 체계화한 것은 외솔의 ≪한글갈≫이 처음이었고, 그 뒤에도 이 분야의 지은 책으로 이를 따를 만한 책이 지금까지 나오지 않고 있다.
한 말로 외솔의 이 ≪한글갈≫은 한결의 ≪조선문자급어학사≫와 함께 국어학사로서 가장 권위 있는 역작이다.

(3) 옛 말 사전

우리 옛 문헌에 나타난 말이 오늘날에 와서 없어져 「죽은 말」이 되었거나 뜻의 변화 혹은 소리의 변화를 일으킨 낱말들을 차례로 벌이어 놓고 해석한 것인데 이 부문은 해방 직후에 비로소 나온다. 이제 이 시기에 나온 저서들을 들어보기로 한다.

    방종현(方鍾鉉) : ≪고어재료사전(古語材料辭典)≫(전편, 후편), 1946년.
    정희준(鄭熙俊) : ≪조선고어사전(朝鮮古語辭典)≫, 1949년.
    이상춘(李常春) : ≪조선옛말사전≫, 1949년.

이 문헌들에서 방종현님의 ≪고어재료사전≫은 옛말이 쓰인 고전의 한 마디를 그대로 따서 싣고, 그 고전 이름을 달고 현대말로 풀이는 하지 않았다. 다만 해당되는 한자(漢字)가 있는 것만을 대조하였을 뿐이다.

(4) 방언 연구

우리 국어의 방언 연구에 대하여도 일본인 학자가 먼저 손을 대게 되었다. 이때 나온 이 분야의 저서를 들어보기로 한다.

　소창진평(小倉進平) : ≪조선어방언의 연구(朝鮮語方言の硏究)≫, 1944년.
　하야육랑(河野六郞) : ≪조선방언학시고(朝鮮方言學試攷)≫, 1945년.
　석주명(石宙明) : ≪제주도방언집(濟州島方言集)≫, 1947년.

이것들에서 소창진평님의 ≪조선어방언의 연구≫는 상권 자료편(資料篇, 1944년 6월)과 하권 연구편(硏究篇, 1944년 9월)의 두 권으로 된 것이다. 소창진평님은 그가 1911년 조선총독부 관리로 되어온 뒤로 20여년 동안 전국 259곳으로 돌면서 우리 방언을 수집하였는데, 이렇게 수집한 방언자료를 천문(天文)·시후(時候)·지리(地理)·하해(河海)·방위(方位) 등의 차례로 나누어 각 어휘의 지리적 분포를 표시하였는데, 이를 자료편에 싣고, 연구편에서는 수집한 자료를 가지고 32편의 연구 논문을 써 싣고, 끝으로 국어의 방언 분포를 경상 방언·전라 방언·함경 방언·평안 방언·경기 방언·제주도 방언의 여섯 구역으로 나누었다.

(5) 국어사전의 편찬

우리는 반만 년의 역사를 자랑하는 문화민족으로 자인하면서 20세기 초에 이르도록 우리의 손으로 이룩된 국어사전다운 사전 하나 갖지 못하였었다. 하지만 우리에게 사전류가 전혀 없었던 것은 아니다. 세종 30년(1448) 간행으로 추정되는 ≪동국정운(東國正韻)≫ 등의 운서(韻書)나 옥편(玉篇) 등으로 대용하여 왔음을 알 수 있다. 그런데, 근대의 복잡한 사회에 접어들면서 이 운서나 옥편 등을 가지고는 대중의 언어생활을 감당해 낼 수 없었음은 주지의 사실이다. 그러므로 우리 겨레는 갑오경장(1894년)을 전후하여 겨레말, 겨레 글이 겨레 생명의 근원이며, 겨레문화의 원동력임을 느끼게 되고 있던 참에, 외국인(선교사)이 다투어 한국어사전을 편찬하고, 또 나라마다 제 각기 자기내 말을 모아 엮은 국어사전이 있음을 보고 더욱 자극을 받아 우리말, 우리글을 우리 손으로 올바르게 다듬고 값있게 가꾸려는 기운이 일어나게 되었으니, 뜻 있는 선각자들에 의하여 말본의 연구와 함께 사전 편찬을 개인이나 단체에서 시도하게 되었다.

(5-1) ≪큰사전(조선말큰사전)≫ 이전의 사전 편찬[125]

(5-1-1) 「광문회」의 「말모이」 만들기

최남선님이 경영해 오던 「광문회(光文會)」(1910년 10월 창립)에서 1911년에 주시경·김두봉·권덕규·이규영님들의 집필로 「말모이」(사전)을 만들기 시작한 지 서너 해만에 주시경님이 돌아가고, 또 김두봉님이 상해로 망명함에 따라 일이 계속되지 못하고 중지되었다. 이때에 집필된 원고는 3·1운동 이후에 대부분이 분실되고, 나머지 일부가 뒤에 「계명구락부」로 넘어갔다.

(5-1-2) 「계명구락부」의 「조선어사전」 편찬

민족계몽과 학술연구를 목적으로 설치한 친목·사교 단체인 「계명구락부(啓明俱樂部)」(1918년 창립)에서 1927년 최남선·정인보·이윤재·

---

125) 한글학회 : ≪한글학회 50년사≫ 261～262쪽 등을 참고하여 필자가 정리하였다.

임규(林圭)님 등 계명구락부 요원은 주시경, 이규영(李奎榮)님 등의 「말모이」 원고 일부를 인수하여 「조선어사전」 편찬에 착수하였으나, 편찬원의 사퇴, 철자법 및 표준어 등 기초 작업의 불비, 경비의 곤란 등으로 중지되었다.

(5-1-3) 문세영의 ≪조선어사전≫

당시 배재고등보통학교 교원이며, 「조선어사전편찬회」 발기인의 한 사람이었던 문세영(文世榮)님이 1932년경부터 사전 원고 집필에 착수하여, 1938년 7월 10일 ≪조선어사전(朝鮮語辭典)≫이란 이름의 단행본으로 간행하였다.

이 국어사전은 일제 강점기 시대에 된 사전으로서 최상의 권위 있는 책이다.

(5-1-4) ≪표준조선말사전≫

광복 전에 이윤재님이 짓고 그 사위 김병제님이 엮어 1947년 12월 20일 ≪표준조선말사전≫이란 이름의 단행본으로 간행하였다.

이 밖에 이상춘님이 개성에서 7만 어휘를 모아서 간략한 주석을 붙이어 원고를 작성한 바 있다 하고, 김두봉님이 중국 상해에서 다년간 우리말 어휘를 수집하여 사전 원고를 작성한 바 있다 하나 간행되지 않았다.

그리고 조선총독부에서 엮어 1920년 3월 30일 ≪조선어사전(朝鮮語辭典)≫이란 이름으로 발간하였는데, 이 사전은 올림말만 우리말로 하고, 올림말의 풀이(주석)는 일본말로 우리말을 번역한 것이다.

(5-2) ≪큰사전(조선말큰사전)≫ 편찬[126]

1921년 12월 3일 「조선어연구회」가 재 창립된 이래, 당시 불합리한 시대 환경 속에서 국어 국문의 연구와 정리에 힘쓰는 한편, 사전 제작의 원대한 이상을 품고 있다가 1929년 10월 31일 사회 각계 인사 108인의 발기로 「조선어사전편찬회」를 조직하여, 집행위원 5인을 두어 모든 준비를 갖추어가지고 1930년 1월 6일부터 5인의 편찬원을 선정, 우선 각종의 어휘를 수집하게 하고, 「조선어연구회」는 「한글 맞춤법의 통일안」 작성, 「표준말의 결정」, 「외래어의 표기법 문제」 등을 맡아 편찬회와 학회가 업무를 분담하게 하였다.

그런데, 사실에 있어 사전의 편찬은 글자 표기법의 통일과 낱말 표준어의 정리가 먼저 해결되지 않고는 사전의 원고 작성이 체계 있게 될 수가 없기 때문에, 위와 같이 사전 편찬위원회가 일은 시작하였으나, 도저히 능률적으로 진행되지 못하고, 또 도중에 집필진의 인원 변동도 있고 해서, 실무의 진행이 매우 부진 상태에 있었는데, 다행히 「조선어학회」(조선어연구회의 이름을 1931. 1. 10 고침) 측의 비상한 노력으로 1933년 10월 29일에 「한글 맞춤법 통일안」이 성공적으로 완성 발표되어서, 온 사회의 전폭적인 환영 지지를 받게 되었고, 한편, 「대중말(표준말)」의 사정 작업도 사회 각계의 희망적인 기대 속에서 거의 완결단계에 오르고, 또한 「외래어 표기법」의 제정 작업도 많은 진전을 보게 된 1935년 여름에 이르러, 독지가에 의해 학회 건물이 마련되고, 뒤이어 1936년 봄에는 사전 편찬 소요 경비의 일부가 마련되어 같은 해 3월 20일 「조선어사전편찬회」 측과 「조선어학회」 측의 합의로써 그때까지의

---

[126] 한글학회 : ≪한글학회 50년사≫ 262~280쪽 등을 참고하여 필자가 정리하였다.

「조선어사전편찬회」는 발전적 해소를 하는 동시에, 사전 편찬 사업 일체를 「조선어학회」가 전담하여 수행하기로 하였다.

「조선어학회」가 「조선어사전편찬회」로부터 사전편찬 사업을 전적으로 넘겨 맡아 실무를 개시하게 된 1936년 4월 1일 당시의 사전 관계의 학회 간부 및 편집위원은 다음과 같다.

    학회 간부 및 사무원
        간사장 : 이극로
        간 사 : 최현배(1938. 10월부터 1941. 5월까지 「흥업구락부사건」으로 휴직),
                이윤재(뒤에 휴직), 이희승, 정인승, 이만규, 이강래
        서 기 : 이석린
    편찬 전임 집필위원
        정인승(주무), 이극로, 이윤재(뒤에 「수양동우회 사건」으로 휴직),
        한징, 이중화
        뒤에 권승욱, 권덕규, 정태진 증원

이와 같은 새로운 태세를 갖추어 가지고, 당시 시국 사정이 언제 어떻게 될지 모르는 위구의 환경 속에서, 목적을 완수하기 위하여, 모든 준비와 실무의 추진을 확고한 결의와 비장한 각오로써 서둘렀다.

조선어학회가 전담한 지 6년 만인 1942년 봄에 초벌 풀이가 거의 끝나 봄부터 조판이 시작됨에, 그 해 여름에는 200여 쪽의 조판까지 짜여졌었다. 그러나, 10월 1일 이른바 「조선어학회사건」으로 그 사전 원고도 몰수당하였었다. 행방이 묘연하던 ≪큰사전≫ 원고가 해방 후 1945년 9월 8일 예상하지 못했던 서울역 운송부 창고 속에서 발견되어 나왔다.

그리하여 「조선어학회」는 편집 진용을 재구성하여 정인승님 책임 하에 원고의 전면을 손질하여, 1947년 10월 9일에는 ≪조선말큰사전≫ 첫

째 권을, 1949년 5월 5일 둘째 권을, 1950년 6월 1일 셋째 권(큰사전)을 간행하여 계속 간행을 준비하던 중 6·25사변으로 중단되었다가 정전 후 한참 뒤인 1957년에 가서 다섯째 권(6월 30일), 넷째 권(8월 30일), 여섯째 권(10월 9일)이 나오니, 비로소 겨레 문화의 공탑인 ≪큰사전≫의 완성을 보게 되었다.

우리나라 국어 대사전의 효시인 이 사전은 우리나라 사전의 모태요 기본이다. 그 뒤 나타나고 있는 모든 국어사전은 여기에서부터 출발하였다고 하겠다.

이 사전의 내용은 머리말 편찬의 경과, 범례, 낱말, 찾기(한자말 찾기, 이두 찾기, 로마자 말 찾기, 가명자 말 찾기), 큰사전의 완성을 보고서 등으로 되어 있는데, 수록된 어휘수는 164,125이다. 초판의 책 이름은 첫째 권과 둘째 권은 ≪조선말 큰사전≫이라 하였고, 셋째 권부터 여섯째 권까지의 이름은 ≪큰사전≫이라 하였는데, 재판부터 ≪큰사전≫으로 통일하였다. 말본 형태의 표시는 대체로 최현배님의 ≪우리말본≫ 체계를 따르고 있다.

(5-3) 서양인들의 사전 편찬

앞에서 언급한 바와 같이 사전은 서양인(선교사)들이 먼저 편찬하여 출판하게 되었는데, 어느 정도 체제를 갖춘 최초의 사전은 고종 11년 (1874) 푸칠로(M. P. Pucillo)의 ≪노한사전(露韓辭典)≫을 효시로, 파리 외방 선교회 조선 선교사들(리델: Ridel 주교 등)의 ≪한불ᄌ뎐(韓佛字典)≫(1880), 언더우드(H. G. Underwood)의 ≪한영ᄌ뎐(韓英字典)≫(1890), 스코트(J. Scott)의 ≪영한사전(英韓辭典)≫(1891), 게일(J. S. Gale, 奇一)의 ≪한영ᄌ뎐(韓英字典)≫들이 있다.

그러나 이것들은 대개 언더우드의 ≪한영ᄌ뎐(韓英字典)≫을 제하고는 외국말로 우리말을 번역한 것이다.

(6) 문자의 개혁운동

훈민정음 곧 한글은 창제된 이후 낱자와 그 용법에 있어서 많은 변천이 있었다. 특히 국어학자들 중에는 한글과 글자의 개혁론을 제안한 분들이 있다.

한글 가로 풀어쓰기에 있어서 제일 먼저 그 예시를 보인 분은 한힌샘 주시경님이다. 한힌샘은 ≪말의 소리≫(1914. 4. 13)의 부록으로 첨부된 말미에서 가로 풀어쓰기의 방법을 보이였는데, 「우리글의 가로 쓰는 익힘」에서 「글의 가장 좋은 것은 그 가장 잘 다듬은 말을 적은 것이오, 또 이를 가로 쓰는 것이니라」라고 말하고, 이어 「가로 글은 쓰기와 보기와 박기에 가장 좋으니라」라고 하였다.

한힌샘 다음으로 가로쓰기와 풀어쓰기를 주장한 분은 김두봉님이다. 김님은 1922년 중국 상해에서 발행한 ≪깁더조선말본≫을 가로 조판하였을 뿐 아니라 이 책 「붙임」에서 「좋을글」이라 하여 주시경님과 동일한 주장을 하며, 저자가 고안한 한글 가로 풀어쓰기 글씨로 쓴 몇 가지의 글을 적어 보이었다.

그러나, 이에 대한 최초의 연구 저서를 낸 분은 최현배님이다. ≪글자의 혁명≫(1947. 5. 6)이란 저서가 바로 그것인데, 이 책은 의욕적인 방안을 제시하고 있다. 내용은 크게 「한자 안 쓰기」와 「한글 가로쓰기」에 대한 두 주장으로 나누었다. 특히 둘째 매 「한글의 가로씨기(쓰기)」의 첫째 조각 「한글 가로씨기의 근거」에서는, 첫째로 가로글씨의 마춤의

벌림은 소리가 나는 차례와 일치한다는 점, 가로글은 내리글보다 쓰고 읽고 인쇄하기가 쉽다는 점, 가로글의 사용은 오늘날 피할 수 있는 학문상의 대세이며, 또한 교육적이라는 점 등을 밝히고 있고, 둘째 조각 「가로글씨의 원리」에서는 글씨간의 차이가 똑똑하고 분별이 잘 되는 곧 분화의 원리를 비롯하여, 운필(運筆)의 원리, 시각스런 원리, 아름다움의 원리, 실용의 원리 등을 제시하고 있으며, 셋째 조각 「한글의 가로씨기」에서는 한글 글자꼴[字形]의 특징 및 한글의 글자꼴 가운데 최소 한도로 고쳐야 할 것을 언급한 뒤, 한글 가로글씨에 대한 조선어학회의 가안(假案)을 소개한 뒤 외솔의 가안을 제시하였으며, 끝으로 새로이 가로글씨를 만드는 대신 로마자를 그대로 사용하자는 주장의 부당성도 논증하고 있다. 넷째 조각 「가로씨기와 맞춤법」에서는 한 낱말은 완전히 한덩어리로 써야 한다는 것과 낱말들은 각각 완전히 띄어 써야 한다는 것을 보기를 통해 주장하고 있으며, 다섯째 조각 「가로씨기와 월점 치기」에서는 월점[句讀點]의 종류와 그 쓰임의 실제를 보이고 있다. 책 말미에 「붙임」, 「한글 가로글씨의 익힘」에서는 외솔이 고안한 한글 가로글씨를 사용하여 몇 가지의 글을 적어 보이고 있다.

이상과 같은 외솔의 「한글가로쓰기론」이나 「한글전용론」 및 「한글기계화」의 주장은 1948년 8월 15일 정부 수립 이후 국어 정책의 골간을 이루게 되었다 하여도 과언이 아니라 하겠다.

(7) 그 밖의 연구

이 시기에는 위에서 밝힌 연구 외에 음성(音聲)과 음운(音韻) 연구, 어원면(語源面)의 연구, 개론(개설)에 대한 저서들이 있고, 한글기계화에 대한 연구와 미완이나마 외국인들에 의한 계통론(系統論)의 연구 등을 더 들 수 있다.

6. 한글 맞춤법

(1) 총독부의 철자법 규정

우리나라가 합병됨과 더불어 조선총독부(朝鮮總督府)가 설치되었는데,[127] 총독부 학무국에서는 종래 우리나라 사람이 지은 보통학교 독본(讀本)의 철자법을 「평이한 것」으로 일정하게 한다는 구실로, 기존 교과서를 몰수하고 일본인 정책에 맞는 새 교과서를 편찬하는데 필요한 철자법 규정을 정하였다. 그들은 이 철자법 규정 제정을 위한 위원회를 구성하였는데, 그 위원회의 위원은 우리나라 학자와 일본인 중에서 뽑아 위원회를 구성하였다. 이 위원회의 위원들은 회의를 거듭하여 교과서 철자법 규정을 마련하였으니, 이것이 총독부 제1회 철자법 규정(1912년 4월)이다. 총독부에서는 이 철자법 규정을 교과서에만 적용시키려는 것이 아니고 일반인들에게까지 강제 통용시키려 하였다. 그리고 총독부

---

[127] 일본인들의 강압에 못 이겨 광무 9년(1905) 11월 18일 체결된 을사조약(乙巳條約)을 발판으로 우리나라(당시 대한제국)의 외교권을 장악한 일본인은 통감부(統監府)를 설치(1906년 2월~1910년 9월)하고 통감을 주재시켜 이른바 보호정치를 시행하다가 융희 4년(1910)에는 그나마 명목만의 우리 대한제국의 국가체제를 강제로 해체하고 한일합방을 단행(1910. 8. 29 순종 임금의 어새 날인)하여 한국 본토 전부를 일본의 영토로 편입시켰다. 일본인은 이로부터 우리 대한제국의 영토를 조선이라 개칭하였으며, 국가적 통치를 시행함에 따라 종래의 통감부를 폐지하고 이 보다 강력한 통치기구인 조선총독부를 설치(칙령 제319호인 조선총독부 설치령에 따라 1910. 9. 30 총독부 관제 및 소속 관서의 관제가 공포됨)하여 1910년 10월 1일부터 1945년 8월 15일 광복 때까지 기능을 가동하였다.

에서는 제1회 우리말 철자법을 확정 발표 시행하면서 그 후 두 번에 걸쳐 개정하였으니, 제1회부터 제3회까지의 내용을 살펴보면 대략 다음과 같다.

(1-1) 보통학교용 언문 철자법(제1회)

조선총독부가 1912년 4월에 첫 번째로 발표한 철자법 규정은 「보통학교용 언문 철자법」인 바, 이는 모두 16항으로 되어 있다.

그 내용을 보면, 그 중심 방침은 ①철자법에서는 현재 경성어(京城語)를 표준으로 하고, ②가급적 종래 관습의 용법을 취하여 발음대로의 서법을 취하며, ③한자음은 심한 속음이 아닌 한 시음(時音)을 채용한다 등이라 하겠다. 그리고 이 규정에서 순수 조선어에 대하여는 「·」를 사용하지 아니하고, 「ㅏ」로 일정하며, 된시옷의 기호에는 「ㅅ」만을 사용하고, 「ㅆ, ㄲ」와 같은 서법을 취하지 않는다 하고, 종래 두 가지 서법이 있는 토씨(조사) 「는, 눈」, 「를, 룰」은 「는, 를」로 정하고 있다.

(1-2) 보통학교용 언문 철자법 대요(제2회)

일본인이 총독부 설치 후 실시해 온 무단 정치를 3·1운동이 있은 뒤 그들은 다소 완화된 소위 문화 정치를 표방하여 문화에 대한 쇠사슬을 늦추었으니, 이에 발맞추어 위원회의 토의로서 철자법을 개정 확정하였다. 이 때가 1921년 3월의 일이다. 이 제2회의 개정 확정된 「보통학교용 언문 철자법 대요」는 제1회 것과 많이 틀리지 않으나, 개정된 사항 중 몇 가지 들어 말하면, ①순수 조선어 중 어두에 있는 「니, 녀」 등은 「이, 여」와 같이 발음하는 것이 많으나, 다른 말 밑에 붙어 숙어를 이루

498 Ⅳ. 근대 국어학

는 경우에는 「ㄴ」음이 부활하게 됨이 많은 고로 이런 것들은 전부 「니, 녀」로 그대로 쓴다(보기 : 녀름, 녑, 녜, 닉을, 닙을). ②한자음의 두음의 「ㄹ」인 것은 발음의 여하를 불구하고 항상 「ㄹ」그대로 쓴다(보기 : 란초, 룡산, 리익, 릭일). ③순수한 조선말에 대하여는 표음적 표기법에 좇아 「댜, 뎌, 됴, 듀, 디, 탸, 텨, 튜, 티」를 「자, 저, 조, 주, 지, 차, 처, 초, 추, 치」로 쓴다(보기 : 절(뎔), 좃소(둇소), 질(딜)). ④종성(받침)에 있어 「ㄷ, ㅈ, ㅊ, ㅋ, ㅌ, ㅍ, ㅎ, ㄲ, ㅄ, ㄳ」들도 쓰려는 주장도 상당한 이유가 있으나, 우선 재래식 7개 받침만 쓰게 했다. ⑤사이 「ㅅ」의 규정을 두어 「ㅅ」을 윗말 끝에, 또는 아래말의 처음에 붙이기로 하였다(보기 : 동짓달, 열잿달, 외양찬, 긔쌀) 등이다.

그러나, 그 뒤 조선어학회를 중심으로 주시경님의 후계학자들에 의해 우리 말·글에 대한 연구가 활발히 진행되고, 또 실제 교육을 하는 교육 당사자는 물론 사회에서도 교과서에 대한 철자법의 개정을 부르짖게 되니, 총독부 안에서도 개정의 필요성을 인정하게 되었기 때문에 마침내 제3회의 개정을 행하게 되었다.

(1-3) 언문 철자법(제3회)

조선총독부 학무국에서 우리 국어 학자와 일본인 학자들을 위원으로 위촉하여, 그 동안 이론이 있는 대목에 대한 개정 기초안을 작성하고, 이를 제1, 2차에 걸쳐 심의하여 확정하였으니, 이 때가 1930년 2월이다.

이 철자법의 내용은, 총설 3항, 각설 25항, 부기 2항으로 되었다.

이 제3회 개정 철자법은 우리나라 학자가 위원에 대폭 참가하여 이루어졌으므로 형태주의 표기가 부분적으로나마 드디어 현실화되었다고 할 수 있다. 이 철자법은 총설에서 순수한 조선어와 한자음을 불문하고 발음대로 표기함을 원칙으로 하고 있으며, 각설에서는 순수한 조선어와 한자음과를 불문하고 「ㅏ」로 발음되는 「ㆍ」는 전부 이것을 폐하고 「ㅏ」로 쓴다고 하였고, 종성(받침)은 종래 사용하던 「ㄱ, ㄴ, ㄹ, ㅁ, ㅂ, ㅅ, ㅇ, ㄺ, ㄻ, ㄼ」 10개 이외에 「ㄷ, ㅌ, ㅈ, ㅊ, ㅍ, ㄲ, ㄳ, ㄵ, ㄾ, ㄿ, ㅄ」 등 11개를 더 합한 21개로 하였으며, 부기에서는 자음의 칭호법을 정하였는데, 「ㅎ」(히읏)만 그 뒤 1933년 10월 조선어학회에서 제정한 「한글 마춤법 통일안」의 낱자의 이름과 다르고 「ㄱ」(기역)부터 「ㅍ」(피읖)까지는 모두 같다. 그 밖에도 그 뒤 조선어학회에서 제정한 「한글 마춤법 통일안」과 유사한 점이 많이 있다.

(2) 조선어학회의 「한글 마춤법 통일안」

(2-1) 조선어학회의 창립

한글학회의 전신인 「국어연구학회(國語研究學會)」가 국어를 연구할 목적으로 융희 2년(1908) 8월 31일 봉원사(奉元寺)에서 조직되었다.[128] 그러나, 이 학회는 한일합방 직후인 1910년 9월 3일(또는 17일) 이름을 「배달말글몯음[朝鮮言文會]」으로 바꾸었다가 1913년 3월 23일 다시 명칭을 「한글모」로 바꾸었다(이때 주시경님이 회장에 피선됨). 그 뒤 이 학회는 1914년 7월 27일 주시경(周時經)님의 하세(下世)와 일본인들의 억

---

[128] ≪한글모죽보기≫(필사본)에 따르면 창립회원은 주시경(周時經)님을 비롯하여 상동청년학원(尙洞靑年學院) 하기 국어 강습소(夏期國語講習所) 졸업생과 기타 유지 제씨들이다. 초대 회장은 김정진(金廷鎭)님이다(≪한글모죽보기≫는 1975년경에 발견되어 현재 세종대학교 중앙도서관에 소장되어 있음).

압에 못 견디어 1917년 3월경에 가서는 학회 활동이 완전 중단되어 해체나 다름없이 되었다.

한일합방이 되자 일본인들의 무단정치가 시작되어, 언론, 집회, 결사에 아무런 자유가 없었다. 우리 배달겨레는 이 지독한 압박에 견딜 수 없어서, 그 무서운 일본인들의 무력 탄압에 반항하여 독립전쟁이라고 할 수 있는 3·1운동을 일으키었다. 이 3·1운동이 있은 후 그들은 우리 민족을 무마하기 위한 수단으로 문화정치를 표방하게 되어 민간 신문 두셋의 발행을 허락하고, 잡지 발행을 게재 원고 검열제도로나마 허락하였으며, 집회도 허가제로 용인하게 되었다.

이 다소 완화된 기회를 타서 일본인들의 억압에 못 견뎌 유명무실화 되었던 학회도 재출발하게 되었다. 그래서 임경재(任暻宰)·최두선(崔斗善)·이승규(李昇圭)·장지영(張志暎)·권덕규(權悳奎)·이병기(李秉岐)·이상춘(李常春)·이규방(李奎昉)·박순룡(朴洵龍)·신명균(申明均)·김윤경(金允經)님 등이 1921년 12월 3일 휘문의숙(徽文義塾)에서 다시「조선어연구회(朝鮮語硏究會)」를 창립하였다. 그러나, 이 학회는 1931년 1월 10일 총회 결의에 따라「조선어학회(朝鮮語學會)」로, 또 광복 후 1949년 9월 5일 다시「한글학회」로 이름을 고쳐 지금까지 활동하고 있다.

이 학회는 창립 당시부터 단순한 학문의 연구만을 위한 학회는 아니었다. 주시경님의 제자들이 중심이 되어 그 어른의 정신과 학문을 이어 받는 데 더욱 힘쓰고, 그들은 국어의 학리를 연구하는 한편 말과 글을 통해서 민족 정신을 지키고 불어 넣는 일을 실천하였다. 그런 일 때문에 1942년 10월 1일 이른바「조선어학회 사건」이 터져 직접 학회에서 연구에 관여한 사람과 정신적이나 물질적으로 도와 준 사람들이 일시에 투옥되어 학회 활동이 한 때 중단되었다. 그러나 조국의 광복과 더불어 활동을 다시 벌여 오늘날까지 계속되고 있다.

한글학회는 창설된 뒤 한글날(처음에는 가갸날) 기념식의 주최, 학술지인 ≪한글≫ 잡지의 발간, 학술 연구발표회 개최, 한글 맞춤법 통일안 제정, 표준말 사정, 외래어 표기법 제정, 각종 용어 제정, 국어사전 편찬, 국어교원 양성, 교과서 편찬, 한글 기계화 연구, 한글 계몽 보급 등을 통하여 우리 어문 발전에 기여한 바 이루 말할 수 없이 많거니와 그 중에 조선어학회가 제정 1933년 10월 29일 한글날을 기하여 발포한「한글 마춤법 통일안」은 우리 어문 표기에 일대(一大) 정리와 통일을 가져왔으니, 이는 세종대왕의 훈민정음 창제 반포 이후 한국어학사상에 신기록을 지었다 하겠다.

(2-2)「한글 마춤법 통일안」제정

국어 맞춤법 체계인 이 통일안은 1930년 12월 13일 조선어학회 총회의 결의로 한글 맞춤법의 통일안을 제정하기로 되어, 처음에 위원 12인(權悳奎·金允經·朴顯植·申明均·李克魯·李秉岐·李允宰·李熙昇·張志暎·鄭烈模·鄭寅燮·崔鉉培)으로써 2개년 간 심의를 거듭하여 1932년 12월에 이르러 맞춤법 원안의 작성을 마치었다. 그리고 또 위원 6인(金善琪·李鉀·李萬珪·李常春·李世楨·李鐸)을 증선(增選)하여 모두 18인의 위원으로써 개성(開城)에서 회의(1932. 12. 25~1933. 1. 4)를 열어 그 원안을 축조 토의하여 제1독회를 마치고, 이를 다시 수정하기 위하여 수정위원(修正委員) 10인(권덕규·김선기·김윤경·신명균·이극로·이윤재·이희승·장지영·정인섭·최현배)에게 맡기었다. 그 뒤 6개월을 지나 대체의 수정이 끝났으므로, 또 위원 전체로써 다시 화계사(華

溪寺)에서 회의(1933. 7. 25~8. 3)를 열어 그 수정안을 다시 검토하여 제2독회를 마치고, 또 이를 전체적으로 정리하기 위하여 정리위원(整理委員) 9인(권덕규·김선기·김윤경·신명균·이극로·이윤재·이희승·정인섭·최현배)에게 맡기어 최종의 정리가 다 마치었으며, 같은 해인 1933년 10월 19일 조선어학회 임시총회를 거치어 이를 시행하기로 결의되니, 이로써 이 한글 맞춤법 통일안이 비로소 완성을 고(告)하게 되었다.

이제 그 최초로 제정 1933년 10월 29일 한글날에 발포한 「한글 마춤법 통일안」을 보면 머리말 외에 총론(總論)·각론(各論)·부록(附錄)의 세 조각으로 나누어져 있는데, 그 내용을 대략 소개하면 다음과 같다.

1. 총론(總論) : 세 가지의 대원칙이 규정되어 있으니, 그 제1항은 「한글 마춤법[綴字法]」은 표준말을 그 소리대로 적되, 어법(語法)에 맞도록 함으로써 원칙(原則)을 삼는다」로, 제2항은 「표준말은 대체(大體)로 현재(現在) 중류 사회(中流社會)에서 쓰는 서울말로 한다」로, 제3항은 「문장(文章)의 각(各) 단어(單語)는 띄어 쓰되, 토는 그 웃 말에 붙여 쓴다」로 되었다.

2. 각론(各論) : 전체를 7장(章)으로 나누되, 장(章)에 따라서 몇 개 절(節)로 하위분류하고, 이 전체의 장(章)을 다시 65항(項)으로 하였는바, 그 제1장은 「자모(字母)」에 관한 규정이니, 곧 「자모(字母)의 수(數)와 그 순서(順序)」, 「자모(字母)의 이름」에 관한 일이고, 제2장은 「성음(聲音)에 관(關)한 것」에 대한 규정이니, 곧 「된소리」, 「설측음(舌側音) ㄹ」, 「구개음화(口蓋音化)」, 「ㄷ바침 소리」에 관한 일이고, 제3장은 「문법(文法)에 관(關)한 것」에 대한 규정이니, 곧 「체언(體言)과 토」, 「어간(語幹)과 어미(語尾)」, 「규칙 용언(規則用言)」, 「변격 용언(變格用言)」, 「받침」, 「어원

표시(語源表示)」, 「품사 합성(品詞合成)」, 「원사(原詞)와 접두사(接頭辭)」에 관한 일이고, 제4장은 「한자어(漢字語)」에 관한 규정이니, 곧 「홀소리만을 변기(變記)할 것」, 「닿소리만을 변기(變記)할 것」, 「닿소리와 홀소리를 함께 변기(變記)할 것」, 「속음(俗音)에 관한 일이고, 제5장은 약어(略語)에 관한 규정이고, 제6장은 「외래어 표기(外來語表記)」에 관한 규정이고, 제7장은 「띄어쓰기」에 관한 규정이다.

3. 부록(附錄) : 「표준어(標準語)」 규정과 「문장 부호(文章符號)」 사용법을 상론하였다.

이 통일안의 핵심은 그 제3장 문법(말본) 곧 형태에 관한 것이고, 실질적인 개혁으로는 그 당시까지 써 오던 「·」자의 폐기와, 된소리 표기법도 각자병서(各自並書) 「ㄲ, ㄸ, ㅃ, ㅆ, ㅉ」으로 표기하게 한 것 등이다. 그리고 된소리 글자를 포함한 낱자(자모)의 순서와 수 및 칭호법을 정하고, 받침에 있어서도 재래에 쓰던 받침 10개(ㄱ, ㄴ, ㄹ, ㅁ, ㅂ, ㅅ, ㅇ, ㄺ, ㄻ, ㄼ) 이외에 「ㄷ, ㅈ, ㅊ, ㅋ, ㅌ, ㅍ, ㅎ, ㄲ, ㅆ, ㄳ, ㄵ, ㄶ, ㄽ, ㄾ, ㄿ, ㅀ, ㅄ」의 18개 받침을 오늘날과 같이 더 쓰게 된 것들이다.

이 통일안은 1933년 처음으로 발표된 이후에 몇 차례의 부분적 수정을 거쳐 오늘에 이르렀는데, 그 보완된 경로를 차례대로 보이면 다음과 같다.

제1차 수정(修整) : 1937년 5월 10일 정정 오판 발행(訂正五版發行)의 조선어학회의 「한글 마춤법 통일안」이니, 이 제1차 수정 내용은 조선어학회에서 「사정한 표준말 모음」(1936. 10. 28. 한글날 기념일 발포)에 따

504 IV. 근대 국어학

라 부록 표준어 제7・제8 양항의 표준말 어휘 전부를 본안(本案)에서 온전히 삭거(削去)하고, 본안 각항의 용어(用語)와 어례(語例)들을 모두 사정(査定)된 표준말로써 적당히 수보 정리(修補整理)한 것이다. 이때 발행되는 책부터 세로로 짜여졌던 책판이 가로판이 되었다.

  제2차 개정(改定) : 1940년 10월 20일 개정 제10판 발행의 조선어학회의 「개정한 한글 맞춤법 통일안」이니, 그 개정된 요점과 개정의 경로를 말하면, 본문 제19항 중의 「후」를 「추」로 고치는 동시에, 본안(本案) 명칭의 표기 중 「마춤법」을 「맞춤법」으로 쓴다는 것과, 제29항의 문구 수정(文句修正)과, 제30항의 「사이ㅅ」을 쓸 것의 세 가지 점 및 부록 부호(符號)의 증보 수정(增補修整)들이다. 실제로 원안(原案) 내용의 변개(變改)는 이때가 처음이다. 그리고 이때 개정안(改定案)에 따른 전편 철자(全篇綴字)의 교정(校正)으로 인하여 이에 판(版)을 새로 지어 간행하였다.

  제3차 개정(改正) : 1946년 9월 8일 조선어학회의 「한글 맞춤법 통일안 일부 개정」이니, 이때 조선어학회의 정기 총회에서 개정한 내용을 보이면 다음과 같다.

(1) 제10항에 아래와 같이 추가함.
  단(但) 어간(語幹)의 끝소리 ㄴ, ㅁ의 아래에서 어미(語尾)의 첫소리가 된소리로 변(變)한 대로 적지 아니한다.
예(例) : (갑(甲)을 취(取)하고 을(乙)을 버린다.)
                갑(甲)   을(乙)
      신고(履) 신다 신소 신지   신꼬 신따 신쏘 신찌
      검고(黑) 검다 검소 검지   검꼬 검따 검쏘 검찌

(2) 제30항을 아래와 같이 고침

복합 명사(複合名詞)나 또는 복합 명사에 준(準)할 만한 말에서 두 말 사이에 된소리가 나거나 또는 다시 구개음화(口蓋音化)한 ㄴ이나 ㄹ소리가 나는 것은, 윗 말의 끝소리가 홀소리인 경우는 ㅅ을 받치어 적고, 닿소리인 경우는 이를 표시(表示)하지 아니한다.

예(例):

(一) 윗 말 끝이 홀소리인 것
① 냇가[川邊] 콧날[鼻線] 콧등[鼻脊] 잇몸[齒齦] 촛불[燭火]
② 이과[理科] 갓법[加法] 홋수[戶數] 섯자[書字]
③ 챗열[鞭穗] 아랫이[下齒] 댓잎[竹葉] 베갯잇[枕衣]

(二) 윗 말 끝이 닿소리인것
① 길가[路邊] 손등[手背] 등불[燭火] 발새[趾間] 움집[土幕] 들것[擔架] 굴대[轉軸] 들보[架樑] 쥘손[把所] 길짐승[走獸]
② 상과(商科) 감법(減法) 권수(卷數) 한자(漢字)
③ 집일[家事] 물약[水藥] 쌀엿[米飴] 맹장염(盲腸炎) 관절염(關節炎)

(3) 제48항에 아래와 같이 추가함

단(但) 속음(俗音)이 된소리인 것은 본음(本音)으로만 적는다.

예(例): 정가(定價) 발달(發達) 필시(必是) 결재(決裁)

(4) 제61항에 아래와 같이 추가함

단(但) 문장(文章)의 앞뒤 관계(關係)에 의(依)하여 특별(特別)히 필요(必要)한 경우에는 단어(單語)를 적당(適當)히 붙이어 씀을 허용한다.

예(例) :

원칙(原則)	허용(許容)
이 곳 저 곳.	이곳 저곳.
제 이십 일 항.	제 이십 일항.
좀 더 큰 이 새 나라.	좀더 큰 이 새나라.
열 술 밥. 병 술 집.	열술 밥. 병 술 집.

(5) 제62, 63, 64의 세 항을 삭제(削除)하고, 제65항을 제62항으로 삼음.

(6) 새로 제63항을 아래와 같이 둠.
 둘 이상(以上) 단어(單語)로 이룬 고유명사(固有名詞)는 그 각(各) 단어를 띄어 쓴다.

예(例) : 이 순신. 경기 도. 삼국 사기. 덕수 공립 국민 학교.

 제4차 개정(한글판) : 1948년 10월 9일 한글판 제235판 발행의 조선어학회의 「개정한 한글 맞춤법 통일안 한글 판」이니, 이 한글판은 1946년 9월 8일 개정본의 전문을 순 한글로 바꾸어서 새 판으로 박아 낸 것이다. 이 이전 판까지는 국한문의 혼용으로 간행하였었다.

 제5차 개정(용어 수정판) : 1958년 2월 25일 용어 수정판 제251판 발행의 한글학회의 「개정한 한글 맞춤법 통일안 용어 수정판」이니, 이 통일안 본문 가운데의 말본 용어만을 일체로 문교부 제정의 우리말 용어로 바꾸어 새 판으로 만들어 낸 것이다. 일찍이 문교부로부터 제정한 「문법 용어」가 1949년 7월 9일에 공포되었다.

이상과 같이 수차에 걸쳐 수정 및 보완 되면서 이 통일안은 국어 정서법의 기준이 되어 왔던 것이다.

이제 참고로 1933년 최초의 통일안의 총론과 1958년 통일안 용어 수정판의 총론을 비교해 보면 다음과 같다.

한글 마춤법 통일안(1933년) 總論	한글 맞춤법 통일안(1958년) 총론
一.한글 마춤법[綴字法]은 표준말을 그 소리대로 적되, 語法에 맞도록 함으로써 原則을 삼는다.	1.한글 맞춤법은 표준말을 그 소리대로 적되 어법에 맞도록 함으로써 원칙을 삼는다.
二.표준말은 대체로 現在 中流 社會에서 쓰는 서울말로 한다.	2.표준말은 대체로 현재의 중류 사회에서 쓰는 서울말로 한다.
三.文章의 各 單語는 띄어 쓰되, 토는 그 웃 말에 붙여 쓴다.	3.문장의 각 낱말(단어)은 띄어쓰되, 토는 그 윗 말에 붙이어 쓴다.

7. 광복 직후의 국어정책

연합국의 승리와 일본의 항복으로 1945년 8월 15일 우리는 해방을 맞게 되었다. 이 8월 15일은 실로 우리 겨레의 영원한 번영과 국어 국문학의 무궁한 발전을 위하여 잊을 수 없는 감격과 기쁨의 날이다. 이로 말미암아 우리는 잃었던 우리말을 되찾아 마음 놓고 쓸 수 있게 되었으며, 이와 동시에 일본말 찌꺼기를 쓸어 내고, 한글 보급과 국어를 순화하는 운동이 힘차게 전개 되어 갔다.

한편 「조선어학회」는 이른바 「조선어학회 사건」으로 1942년 10월 1일

검거되어 일본이 패망할 때까지 함흥 감옥에서 옥고 생활을 하던 회원 이극로·최현배·이희승·정인승님이 8월 17일 출옥되어 8월 18일 서울에 도착하고, 흩어졌던 회원들도 서울로 모여들자, 출옥한 회원들의 여독도 풀새 없이 8월 19일에는 행회 간부회의, 학회 재건 회의를 열어 당면 방침을 정하고, 또 8월 25일에는 학회 임시 총회를 열어 학회의 진용을 정비하고 일을 할 채비를 차려, 새 나라의 새 교과서 엮기와 국어교원 양성, 국어사전(큰사전) 편찬 완결, ≪한글≫지 속간, 한글 보급 운동 등을 하는 한편, 한글전용 운동도 적극 벌리기로 하였다.

(1) 교과서 편찬

조선어학회 긴급 총회는, 「교과서가 없어 공부 못하는 초·중등학교의 시급한 사태에 대처하기 위하여, 교육계·문필계·언론계 등 여러 방면의 협력을 얻어 우선 임시 국어 교재를 엮기로」 결의하고, 동년 9월 초에 조선어학회 안에 「국어교과서편찬위원회」를 두고, 다음과 같이 편찬 위원을 뽑아, 교과서 편찬의 책임을 맡겼다.

　　국어교과서 편찬위원
　　이희승(집필) 이태종(집필) 장지영(집필) 이호성(집필) 윤성용(집필)
　　이숭녕(집필) 정인승(집필) 윤재천(집필) 윤복영(집필) 방종현(심사)
　　이세정(심사) 양주동(심사) 조병희(심사) 주재중(심사) 이극로(위원)
　　최현배(위원) 김윤경(위원) 김병제(위원) 조윤제(위원) 이은상(위원)

이들 교과서 편찬위원들은 곧 각급 학교 국어 교과서의 편찬에 착수하여, 우선 응급 대책으로 각급 학교 각 학년 공용인 ≪한글 첫 걸음≫을 비롯하여 초·중등학교의 국어교과서의 편집이 다 되어 갈 무렵 군정청 학무국으로부터 각종 교과서의 발행권만을 양도해 달라는 요청에 따라, 이를 군정청 학무국에 넘기니, 1945년 11월 6일 출간되었고, 그리고 또 이어 「초등국어교본」(상·중·하) 3책, 「한글교수지침」(교사용) 1책, 「초등공민」 3책, 「중등공민」 2책 등을 엮어 내었는데, 군정청 학무국에서 「초등국어교본」(상)을 1945년 11월 20일에 발간하고, 이어 계속 1946년 5월경까지 발간 배포하였다.[129]

이와 같이 해방 직후의 교과서 편찬은 군정청의 뒷받침을 받아 조선어학회가 하였던 것이다.

(2) 국어 교원 양성

(2-1) 국어 교원 긴급 양성

일본인들의 국어박멸 정책에 따라 우리 국어를 제대로 쓰지 못했던 안타까움에서 광복 직후의 국어 사랑은 대단하였다. 그에 비하여, 국어 교사는 너무나 모자라서, 각계로부터의 공급 요구가 대단하였다. 그리하여 조선어학회는 교과서와 국어사전의 편찬 등을 서두르는 한편, 각급 학교의 국어 교사를 긴급히 양성해 냈다.

그것은 1945년 9월 11일부터 1946년 1월 18일까지 조선어학회의 국어 강습회에 「사범부」와 「고등부」를 두어, 네 차례에 걸쳐서 1,836명(사범부 1,321명, 고등부 515명)을 배출하였다.

그때의 강습기간과 교과목 및 강사는 다음과 같았다.

---

129) 한글학회 : ≪한글학회 50년사≫(1971. 12. 3) 291∼312쪽 및 545쪽을 참고하여 필자가 정리하였다.

    <1> 양성 기간
      1차 양성 : 1945. 9. 11~26   2차 양성 : 1945. 10. 24~11. 13
      3차 양성 : 1945. 11. 11~21   4차 양성 : 1946. 1. 9~18
    <2> 과목과 강사
      국어학 및 문자사 : 김윤경, 음성학 : 최현배·김선기, 고전국어 : 장지영,
      국어학개론 : 이희승·정렬모·이숭녕, 언어학개론 : 정태진,
      국문학특강 : 정렬모·이희승, 시문학 : 이병기, 국어교수법 : 이호성,
      문화사 : 이만규, 한자어 : 이강래, 표준어와 그 연습 : 정인승,
      약어와 조어법 : 이탁, 외래어와 그 표기법 : 정태진,
      응용연습 : 김병제·김진억

 이때 조선어학회의 「한글 맞춤법 통일안」을 주교재로 한 맞춤법 교육이었다. 그리고 이와 같이 긴급 양성한 인원은 전국의 각 중등학교로 배치되어, 크게 환영을 받았었다.[130] 그 뿐만 아니라 학회의 전국 순회 국어 강습은 1949년 8월 말경까지 이어진다. 그 대상이 당시의 각급 학교 교원 및 일반 지식층이었으므로 남북한 가릴 것 없이 「한글 맞춤법 통일안」은 일시에 보급되었던 것이다.

(2-2) 세종중등국어교사양성소

 임시 미봉책의 교사 양성 강습회만 가지고는 제대로의 자격을 갖춘 교사를 배출한다고 볼 수 없으므로, 민간단체인 조선어학회는 본격적인 교육을 받은 교사를 배치하지 않을 수 없어서, 문교부의 종용도 있고 해서 학회 부설로 문교부로부터 1948년 8월 8일 「세종중등국어교사양성소」(야간제) 설립 인가를 받아 본격적인 국어교사 양성을 하여 그 1기생의 졸업식을 6·25사변 전날 밤인 1950년 6월 24일 저녁에 거행하고,

---

130) 한글학회 : 앞든 책 283쪽 참고.

국민학교 정교사 자격증과 중등학교(당시 6년제) 정교사 자격증이 수여되었다.131)

그리고 이 양성소는 1기생 졸업 전에 2기생 및 3기생도 모집 강의를 하였으나, 6·25사변 등으로 인하여 중단되고 부활되지 못하였다.

(3) 미군정청의 문자 언어 정책

당시「미군정청 학무국」이 조선 교육이 지향해야 할 새로운 교육의 구상을 세우려고 교육자를 비롯한 사회 각계각층의 인사 80여 인으로써,「조선교육심의회」를 조직하였는데, 그 제1차 전체 회의는 1945년 11월 23일에 중앙청 제1회의실에서 열렸다.

「조선교육심의회」는 10개 분과위원회를 두었는데 분과별로 매주 1회 정도씩 모여서, 심의 결의하였다가 전체회의에서 결정을 짓는 절차였다. 이 심의회는 분과위원회 105회, 전체 회의 20회를 열어 소기의 목적을 달성하고, 1946년 3월 7일의 최종 전체회의로 막을 내리었다.

특히 이 심의회에서 각종 교육 문제를 분과 토의하는 중「교과서분과위원회」인「제9분과위원회」에서는 새로 만들어지는 교과서에 사용되는 문자 문제를 토의하여, 다음과 같이 한자를 폐지하기로 결정짓도록 하였다.132)

한자 사용을 폐지하고, 초등·중등학교의 교과서는 전부 한글로 하되,

---

131) 한글학회 : 앞든 책 284~289쪽 참고.
132) ① 한글학회 : 윗 책 418~419쪽 참고.
　　② 「한글 해방 10년의 걸음」≪외솔 최현배 박사 고희 기념 논문집≫(정음사, 1968. 10. 18) 66~68쪽 참고.
　　③ 이응호 : ≪미군정기의 한글운동사≫(성청사, 1974. 1. 4) 312~316쪽 참고.

다만 필요에 따라 한자를 도림(괄호) 안에 적어 넣을 수 있음.

이 결의안이 전체 회의에 보고되어, 전체 회의의 신중한 토의를 거쳐서, 1945년 12월 8일에 이 결의안에 두세 사람의 반대가 있었으나, 다음과 같은 조항을 덧붙여서 절대 다수로 결의 채택되었다.

　　오늘의 맞춤법대로의 글을 쓰고, 그 글줄[書行]만은 가로[橫]로 하기로 함.

이렇게 하여, 교과서에서의 한자 폐지안이 미군정청 학무국에 보고되었고, 미군정청은 「조선교육심의회」의 결정을 받아들이어, 이에 따라 새 나라의 각급 학교의 모든 교과서를 한글전용에 가로 글씨로 편찬하여 교육하게 되었다.

이 때의 이 결정이 곧 우리나라 최초의 한글전용에 대한 공식 결정이 될 것이요, 또 문자언어에 대한 첫 정책이라고 할 수 있겠다.

「조선교육심의회」가 1945년 12월 8일에 결의 채택하고, 미군정청 학무국에 의해 공포된 발표문의 내용은 다음과 같다.[133]

　(一) 한자(漢字) 폐지 여부에 관한 일
　1. 초등, 중등 교육에서는 원칙적으로 한글을 쓰고, 한자는 안 쓰기로 함.
　2. 일반의 교과서에는, 과도기적 조처로 필요하다고 생각하는 경우에는 한자를 함께 써서, 대조시킴도 무방함.
　3. 다만, 중학교에서는 현대 중국어 과목, 또는 고전식 한문 과목을 두어서, 중국과의 문화적, 경제적, 정치적 교섭을 이롭게 하며, 또는 동양 고전에 접근할 길을 열어 주기로 함. 다만, 한 수자에 한하여는 원문에 섞어 써도 좋음.

---

[133] 문교부 : ≪漢字 안쓰기의 이론≫ 머리말 (1948. 8. 6) 1~2쪽 참고.

4. 이 한자 안쓰기의 실행을 미끄럽게 빨리 되어 가기를 꾀하는 의미에서, 관공서의 문서와 지명, 인명은 반드시 한글로 쓸 것(특히 필요하다고 하는 경우에는 한자를 함께 써도 좋음)을 당국과 긴밀히 연락을 취하기로 함.
  5. 위의 4조와 같은 의미에서 사회 일반, 특히 보도 기관, 문필가, 학자들의 협력을 구할 것.

(二) 가로글씨[橫書]에 관한 일
  1. 한글을 풀어서 왼 쪽에서 오른 쪽으로 나아가는 순전한 가로글씨로 함이 자연적인 동시에 이상적임을 인증함.
  2. 그러나, 이 이상적 가로글씨를 당장에 완전히 시행하기는 어려우니까, 이 이상에 이르는 계단으로, 오늘의 맞춤법 대로의 글을 여전히 쓰더라도, 그 글줄[書行]만은 가로[橫]로 하기로 함.
  3. 첫째 목[項目]에서 규정한 이상적 순전한 가로 글씨도 적당한 방법으로 조금씩 차차 가르쳐 가기로 함.

(4) 한글맞춤법통일안 개정 및 미군정청 채택

(4-1) 한글맞춤법통일안 개정

조선어학회가 제정한 「한글 맞춤법 통일안」이 발표되어 문화계와 언론계 등의 절대적인 지지를 받아 실시 보급하여 오는 동안에, 광복 이전에는 2차의 개정이 있었으나, 해방이 되고, 한글이 광범위하게 실용됨에 따라, 많은 한글 연구가가 속출되었고, 따라서 통일안에 대한 안목이 넓어지면서, 비판적인 소리가 일어나고 있는 가운데, 학회 회원 사이에서도 맞춤법에 관한 여러 가지 새로운 제의가 있어, 1946년 9월 8일 학회 정기총회에서 그 일부를 개정하였다.

이 개정은 통일안 제정 발표 후 세 번째의 개정인데, 광복 후는 첫 번째의 개정이다.

이것은 1948년 8월 15일 「대한민국 정부」가 수립되고, 그 사이 한글 실용의 보급이 상당히 진전되었을 뿐 아니라, 「한글전용에 관한 법률」이 1948년 9월 30일 「대한민국 국회」에서 통과되어 동년 10월 9일 한글날 법률 제6호[134)]로 공포되매, 학회에서는 원래 국한문 혼용으로 간행하였던 한글맞춤법통일안의 전문을 1948년 10월 9일 한글날을 기하여 순한글로 바꾸어서 새 판으로 박아 내었다.

(4-2) 미군정청의 「한글맞춤법통일안」 채택

미군정 당국은 1945년 9월에 조선총독부를 접수하고[135)] 자문 기구의 하나로 「조선교육심의회」를 조직하여, 새로 만들어지는 교과서에 사용되는 문자 문제와 교육 용어 및 맞춤법 채택에 관한 결정을 자문했던 바, 조선어학회 제정의 「한글 맞춤법 통일안」을 채택하였다.

그리하여, 미군정청은 정부의 공용 문서를 비롯하여, 광복 후 처음 발행되는 규정 검인정 등 모든 교과서에 「한글 맞춤법 통일안」을 적용하게 하였다.

---

134) 대한민국의 공용문서는 한글로 쓴다. 다만, 얼마동안 필요한 때에는 한자를 병용할 수 있다. 부칙(附則) 이 법은 공포한 날로부터 시행한다.
135) 미군은 1945년 9월 8일에 인천(仁川)에 상륙하고, 동월 9일 오후 3시 45분에 총독부(국립중앙박물관 건물)에서 하지 중장(中將)과 아부 총독(阿部總督) 간에 항복서명식이 거행되었고, 동월 28일에는 제주도(濟州島)에서도 항복문서 서명이 행해졌던 것이다.

(5) 사정한 표준말

조선어학회는 그 사명이 우리의 말과 글을 연구하고, 이것을 통하여 우리 겨레의 얼을 빛내어, 문화적 독립에서 겨레스런 독립을 쟁취하는 데 있었으므로, 그 첫 사업이 사전 편찬의 일이었다. 사전을 편찬하려면, 그 기초 사업으로 한글의 맞춤법이 통일되어야 하고, 그 다음에는 표준말을 제정하여야 할 필연적인 과정을 겪게 되었다. 이 두 사업 중 한글 맞춤법은 앞에서 밝힌 바와 같이 1933년 10월 19일까지 제정 29일 한글날에 발표하였고, 표준말은 1930년 12월 13일 「철자법제정위원회」와 함께 「표준말사정위원회」가 설치되어 추진한 지 6년 만에 완료하여 1936년 10월 28일 한글날에 사정한 표준말을 발표하였다.

이 사정한 표준말은 사전 편찬에 채용됨은 물론 교육계·종교계·문예계·언론계 등의 적극적인 지지를 받아 애용되었고, 광복 직후에는 국어교육과 교과서 및 사전 편찬 등에 채용되었다.

(6) 외래어 표기법

외래말은 외국말로부터 들어와 이미 역사가 오래되고, 그 쓰이는 범위가 넓어서 모든 국민이 거의 다 알아들을 수 있는 말, 곧 토박이말(고유어)과 함께 근현대국어의 어휘체계를 형성하는 요소이며, 빌어온 말(차용어)이라고도 한다. 외국말은 아직 그렇게 널리 쓰이지 않는, 곧 아직 동화·토착되지 않은 말이다.

근현대국어의 외래말 곧 외래어는 그 국적에 따라 크게 세 가지로 나뉜다. 그 들어온 시대 차례로 말하면, 첫째는 한자말이고, 둘째는 일본말이며, 셋째는 서양말이다. 그 중에서도 한자말은 중국에서 한자와 더불어 들어왔거나, 그 한자를 토대로 하여 우리가 다시 만들어 낸 말인데, 이것은 들어온 역사가 오래되고 해서 외래말 가운데서 제일 많다.

외래말은 우리말과 음운체계가 전혀 다른 말로부터 빌어다 쓰는 말이므로, 적는 것이 통일되지 않으면 큰 혼란이 일어나게 된다.

외래어 표기법이란 외래말을 우리글인 한글로 표기하는 방법을 말하는 것이다. 외래말을 적는 방법은 두 가지로 생각할 수 있으니, 하나는 우리말의 음운 구조를 생각하지 않고 되도록 그 나라 그 겨레의 말 원음에 가깝게 우리 한글로 표기하는 방법이고, 다른 하나는 그 나라 그 겨레의 원음과는 좀 다르더라도 우리말의 음운 구조에 동화된 대로 우리 한글로 표기하는 방법이다.

우리가 외래말을 우리말에 동화된 대로 한글로 표기하는 경우에는 현대 우리말 표기에 맞도록 규정한 현행 한글맞춤법에 규정한 자모 24자만으로 표기할 수 있지만, 그 나라 그 겨레의 말의 원음을 충실하게 적으려면 현행 한글맞춤법에 규정한 24자모로 표기가 부족할 경우에는 한글 창제 당시의 자모 28자와 훈민정음 해례에서 보이는 예시를 원용하면 된다.

세종 28년(1446) 훈민정음 반포 이후 한글로써 외래말 표기를 맨 처음 시도한 것은 세종 29년(1447) 음력 9월에 완성되어 세종 30년(1448) 10월 간행으로 추정되는 ≪동국정운(東國正韻)≫의 한자음 표기이고, 외국말 표기로는 세종 때 착수하여 단종 3년(1455)에 간행된 ≪홍무정운역훈(洪武正韻譯訓)≫의 중국음 표기이다.

그 뒤 황윤석(黃胤錫 : 1729~1791)의 ≪화음방언자의해(華音方言字義解)≫에서 몽고말[굄→곰→놈, 괸[冠]→곳(곳갈)], 유희(柳僖 : 1773~1837)의 ≪언문지(諺文志)≫ 중성례(中聲例) 중 외국음을 표기하는 문제에서,

그는 몽고(蒙古)의 운서나 화음(華音)을 우리글로 쓰기 위하여 「ㅗ̸, ㅑ̸, ㅜ̸, ㅠ̸, ㅕ̸, ㅑ̸」 등과 같은 거듭소리 글자[곧 절요중성(折腰中聲)]가 필요하다고 했다. 그런데, 이것은 두 개의 글자이므로, 중성 글자로 따로이 세우지 못한다고 하고, 이를 정음으로 기사(記寫)할 때에는 마땅히 두 글자로 풀어써야 한다(곧 「朝鮮」은 「쟈션」인데, 이는 「챠오선」으로 씀이 옳다)고 하였다. 곧 절요중성은 우리말로는 풀어서 쓰라고 한 것이다. 이와 같은 것은 그의 이른 바, 외국말의 한글화에 해당하는 주장이라 하겠다.

　외래말은 우리말 표현의 일부로서 우리말의 글월 가운데 쓰이기 때문에 우리말에 동화된 음대로 적는 것이 원칙이라 하겠다. 이러한 원칙은 조선어학회(현 한글학회)가 제정하여 1933년 10월 29일 한글날에 발표한 「한글 마춤법 통일안」제6장에 처음으로 규정되었다.
　조선어학회가 1930년대에 접어들면서, 「한글 맞춤법 통일안」제정, 「표준말」사정, 「외래어 표기법」제정, 「우리말 큰사전」편찬 등 국어의 정리 보급을 위한 일련의 사업을 본격적으로 추진하였는데, 그 중에서 광복 전에 완전히 이룩한 사업은 「한글 맞춤법 통일안」제정과 「표준말」사정 및 「외래어 표기법」제정이라 하겠다.
　1930년 12월 13일 조선어연구회(조선어학회, 현 한글학회) 총회 결의로 「한글 맞춤법 통일안」 제정 사업에 착수하면서 한편으로 「들온말 적는 법」을 마련하기 위한 연구와 노력을 계속하고 있던 중, 언론계·교육계·문필계 등 사회 각 방면에서의 요망에 의하여, 이 일을 1931년 1월 24일부터 착수 10년 만인 1940년 6월 25일에 완성 발표, 1941년 1월 15일에 책자로 발간한 것이 「외래어 표기법 통일안」이다.
　한편 외래어 표기법도 「한글 맞춤법 통일안」과 같이 조선어학회의 「외래어 표기법 통일안」을 따라 교과서에 채택되었으며, 또 국어사전 편찬에도 적용되었고, 언론계·교육계·문필계 인사들에게도 애용되었다.

문교부는 1948년에 「들온말 적는 법」을 제정 공포하였으나, 이 안은 너무 전문적이고 복잡해서 널리 보급되지 못한 까닭에 다시 「로마자의 한글화 표기법」을 1958년에 제정, 발표하여 1985년까지 시행하였다. 이 표기법은 1948년에 폐기되었던 조선어학회의 「외래어 표기법 통일안」의 정신을 되살린 것이다.

문교부는 1977년부터 다시 개정 작업에 착수 거의 10여년 만에 완료하여 1986년 1월 7일에 문교부고시 제85-11호로 새로 제정된 「외래어 표기법」을 공포하였다. 이 표기법은 전체가 4장으로 구성되어 있는데, "제1장 표기의 기본 원칙에서는, 제1항 외래어는 국어의 현용 24자모만으로 적는다. 제2항 외래어의 1음운은 원칙적으로 1기호로 적는다. 제3항 받침에는 'ㄱ, ㄴ, ㄹ, ㅁ, ㅂ, ㅅ, ㅇ'만을 쓴다. 제4항 파열음 표기에는 된소리를 쓰지 않는 것을 원칙으로 한다. 제5항 이미 굳어진 외래어는 관용을 존중하되, 그 범위와 용례는 따로 정한다"라고 밝히었다.

국제 음성 기호와 한글 대조표

자 음			반 모 음		모 음	
국제음성기호	한 글		국제음성기호	한 글	국제음성기호	한 글
	모음 앞	자음 앞 또는 어말				
p	ㅍ	ㅂ, 프	j	이*	i	이
b	ㅂ	브	ɥ	위	y	위
t	ㅌ	ㅅ, 트	w	오, 우*	e	에
d	ㄷ	드			ø	외

7. 광복 직후의 국어정책 519

자 음			반 모 음		모 음	
국제음성기호	한 글		국제음성기호	한 글	국제음성기호	한 글
	모음 앞	자음 앞 또는 어말				
k	ㅋ	ㄱ, 크			ɛ	에
g	ㄱ	그			ɛ̃	앵
f	ㅍ	프			œ	외
v	ㅂ	브			œ̃	욍
θ	ㅅ	스			æ	애
ð	ㄷ	드			a	아
s	ㅅ	스			ɑ	아
z	ㅈ	즈			ɑ̃	앙
ʃ	시	슈, 시			ʌ	어
ʒ	ㅈ	지			ɔ	오
ʦ	ㅊ	츠			ɔ̞	옹
dz	ㅈ	즈			o	오
ʧ	ㅊ	치			u	우
ʤ	ㅈ	지			ə**	어
m	ㅁ	ㅁ			ɚ	어
n	ㄴ	ㄴ				
ɲ	니*	뉴				
ŋ	ㅇ	ㅇ				
l	ㄹ, ㄹㄹ	ㄹ				
r	ㄹ	르				
h	ㅎ	흐				
ç	ㅎ	히				
x	ㅎ	흐				

*[j], [w]의 '이'와 '오, 우', 그리고 [ɲ]의 '니'는 모음과 결합할 때 제3장 표기 세칙에 따른다.
**독일어의 경우에는 '에', 프랑스의 경우에는 '으'로 적는다.

그 밖의 국어 정책으로 사전 편찬과, 쉬운말·고운말·바른말을 쓰게 하는 국어순화 운동 등을 들 수 있다.

V. 현대 국어학

1. 개관

2. 현대 국어학 연구의 흐름

V. 현대 국어학

1. 개관

　현대 국어학은 조선조 국어학과 근대 국어학을 기반으로 하고, 미국과 서구 언어학의 영향을 받아 이루어진다. 이 시기는 해방 후 대한민국이 수립되고 정규 4년제 대학과정에서 국어국문학을 전공한 이들이 배출되기 시작되는 1950년경에서 현재·미래까지라고 하겠다.

　광복이 되자 36년 동안 강제로 **빼앗겼던** 국어에 대한 온 겨레의 관심과 배워 익히고자 하는 학습열 및 연구열이 어느 때보다도 높아져 감은 물론, 일본말과 일본식 한자말을 몰아내기 운동이 일어났다. 이러한 국어순화운동이 본격적으로 일어난 것은 역사적으로 보아 세종대왕 이후, 주시경님부터이다. 주시경님은 그의 문장에서 되도록이면 고유어를 살리려고 했을 뿐 아니라, 학술용어마저도 순수한 토박이말로 지어 내었다. 이러한 이념은 일본인들의 억압 때문에 한 때 중단된 느낌이 있었으나, 광복과 더불어 다시 일어나 최근에 와서는 일본말은 물론 서양 외래말과 어려운 한자말 안 쓰기 운동에 이어졌다.

　광복 직후의 이러한 온 겨레의 국어 사랑과 연구열이 한참 높아져 가고 있는데, 뜻하지 않게 해방된 감격의 기쁨이 아직 가시기도 전에 우리 겨레는 강대국에 의해 남북 분단의 아픔을 다시 맞게 된다. 이로 말미암아 40여 년이 넘도록 지금까지 언어 생활도 남북이 소통할 수 없게 되니, 이때부터 국어학은 분단된 문화권 속에서 연구할 수밖에 없게 되었다.

　우리 남한에서는 「조선교육심의회」에서 정한 학제와 대한민국 수립 후 제정한 교육법에 따라 설립하는 4년제 정규 대학마다 거의 「국어국문학과」를 설치하니, 국어국문학을 전공하겠다고 대학에 입학하는 학생이 다른 어느 학과보다도 많아졌다. 그런데 뜻하지 않은 6·25사변이 일어나게 되어, 정부나 우리의 많은 젊은 학도들도 부산 등지로 피난을 가게 되었다. 그 6·25사변의 북새 속 피난지 임시교사 등에서도 후진들이 대거 학계에 진출하게 되고, 또 미국을 비롯한 서구 각국으로 직접 유학 가서 구미언어 이론을 학습하고 돌아온 연구가들로 인해 국어학 연구자들이 급격히 늘어나 1952년 환도할 무렵부터는 국어학의 영역이 점차 깊고 또 넓어져 전문분야별로 연구하게 되었다.

　현대 국어학의 시기를 현시점인 1990년도까지만 보더라도 불과 40여 년에 불과하지만 그 동안 쏟아져 나온 국어학 관계 연구 논문이나 저술로 볼 때 연구 업적이 어느 시기보다도 다양할 뿐만 아니라 양으로도 현대 국어학 이전 전체 기간 동안 나온 양보다 많다. 그러나 본고에서 현대 국어학자들의 개별적인 연구 업적을 논하기란 아직 여러 가지 문제점과 어려움이 있으므로 여기에서는 현대 국어학 연구의 흐름만을 대략 언급하는 것으로 끝을 맺고자 한다.

2. 현대 국어학 연구의 흐름

광복 초기에는 국어에 대한 새로운 인식과 국어에 대한 교육열이 왕성함에 따라 특히 말본 교육의 성황(盛況)과 더불어 수요에 응할 교재용 말본 책이 필요하였는데, 이때는 주로 기성학자들에 의해 저술된 중등 학교 교재용 말본 책이 많았고[1] 문헌학(文獻學) 내지 국어학사 방면과 고전 주해서가 다소 나왔으며 음성과 음운 연구, 방언과 어원 연구 및 고어 연구, 국어학개론 등의 집필이 진행된 시기였다고 하겠다. 이때는 주로 기성학자들이 그동안 연구한 것을 정리한 저서들의 출간이라고 할 수도 있겠다.

그러나, 현대 국어학의 시기에 접어드는 1950년 이후부터는 기성학자와 정규 대학 과정을 밟은 신진학자들이 어울려져 연구 활동을 함으로써 우리 국어학의 연구 분야는 다른 학문의 어느 연구보다도 먼저 다양해져, 말본과 문자학의 연구는 물론 음운론, 형태론, 통어론(통사론), 방언론, 의미론, 국어학사, 국어사, 계통론 등 분야별 연구와 국어교육론(국어교육학), 국어심리학, 국어사회학, 국어철학, 국어문체론 등의 연구도 시도되었다.

1950년에서 1960년에 이르는 동안은 전통이론과 전기 구조주의적 경향이 공존하던 때인데, 이때는 국어 연구의 대상으로 음운론, 형태론, 통어론(통사론)이 각립하기 시작한 때이기도 하다.

음운론 연구의 경우, 이 당시에는 전통적 연구 방법에 따른 여러 학

---

1) 필자 지음 ≪말본사전≫ 703~704쪽 참고.

자들[2]의 연구가 지배적이었다고 할 수 있다. 그러나, 또 한편 유럽 언어학의 영향과 미국 구조언어학 등의 섭렵으로 이미 국어 음운론을 체계화한 논저가 나왔다.[3] 이는 음운론의 경우, 전통주의와 전기 구조주의의 선을 긋는 획기적 계기가 되는 것이다.

형태론의 경우, 이 당시에는 아직 전통적 연구 방법을 별로 벗어나지 못했다고 할 수 있으나 그래도 좋은 성과를 가져왔다.[4]

1960년 후반에 들어서면서부터 1957년 촘스키(N. chomsky)에 의해 세워진 변형생성론(變形生成論)이 도입되면서 미국 언어학의 연구가 주축이 되었다고 하겠다. 이 1960년 후반에 미국 언어학 일변도의 연구가 시작될 무렵, 한편으로 프랑스나 영국, 독일 등 유럽의 언어 이론이 소개되었다. 그러나 이때에도 특수한 방법에 따라 이루어진 국어 성조 연구도 볼 수 있다. 이와는 달리, 이 시기에는 향가 및 차자표기 등의 연구에 새로운 관심을 갖게 되니, 특히 70년 후반부터 삼국시대 국어의 연구와 고려시대 국어의 연구가 있었다.

1960년 중반부터 형태론 연구[5]는 그 정립을 위한 작업으로 진행되는 한편, 형태론 또는 형태통어론(morpho-syntax)적 위치에서 연구되었다.[6] 그리하여 1970년 중반부터 1980년 말에 걸쳐 15세기 국어형태론을 체계화한 ≪우리옛말본≫이 나오고, 이어 ≪16세기 우리옛말본≫이 나온다.

---

2) 김석득 : 「국어학 연구의 사조사적 개관」(외솔회 ≪나라사랑≫ 26집 151~152쪽) 참고.
3) 허웅 : ≪국어음운론≫(정음사, 1958. 2. 20)
4) 김석득 : ≪우리말연구사≫(태학사, 2009. 10. 5) 670~671쪽 참고.
5) 김석득 : 앞든 책 675쪽 참고.
6) 김석득 : 윗 책 675쪽 참고.

하여간 1960년 후반에 미국 언어이론이 들어온 뒤 1970년대에 들어 무엇보다도 활발한 움직임을 보인 것은 종전에 소홀하였던 통어론이라 하겠다. 이는 변형생성이론의 도입 이후 두드러진 현상이었다.

우리나라에 「변형생성문법」 이론이 구체적으로 도입되기 시작된 것은 1966년경부터이다. 변형생성론의 연구 대상은 다양하다. 그러나, 통어론에 관한 한 아직 우리나라에는 통어론 전반에 걸친 체계의 연구는 이루어지지 못했다. 말하자면 그것은 아직 맥을 이루지 못한 채 정착을 위하여 모색 중이라고 할 수 밖에 없다.

그 밖에 방언 연구가 심도 있게 진척되었고, 국어학의 역사에 관한 고찰도 계속되었으며, 국어계통론 연구도 있었다.[7]

1970년대 후반부터는 유럽의 언어이론이 직수입되고 있고, 또 1988년 서울 올림픽 개최 후 소련을 위시한 사회주의 국가들과의 직접적인 문화교류에 따라 소련의 언어이론 등이 직수입되고 있다는 사실과 비교연구를 위한 몽골과의 학술교류 등도 밝히지 않을 수 없다. 이로 말미암아 미국 일변도의 흐름에서 숨을 돌릴 수 있게 되었다는 것은 다행한 일이다.

그리고 오늘 국제화 세계화시대 최첨단 정보화 사회에서 우리 말 글의 중심잡기와 한글의 세계화가 논의되면서, 훈민정음에 대한 연구도 더욱 힘을 받고 있다.

이상 현대 국어학 연구의 흐름을 간략하나마 언급하였다. 그러나 이 시점에서 우리 국어학도들이 해야 할 일은 서양 각국의 언어 이론을 맹

---

7) 김석득 : 앞든 책 679쪽 참고.

목적으로 추종하지 않고 우리 선지자들이 이룩해 놓은 전통적 학문 연구를 바탕으로 서양 각국의 언어이론인 구조주의 언어론 및 변형생성론 등을 적절히 비판 흡수 소화 발전적으로 연구함으로써 우리 국어학의 정통적 학맥의 이음은 물론 세계 언어학에 기여해야 한다.

♣자료편♣

□ 15, 16세기 초 국어학의 문헌 역주…531

□ 우리 말본책 보기틀…585

□ 참고문헌…593

□ 찾아내기…600

15, 16세기 초 국어학의 문헌 역주

♤ 용비어천가서(龍飛御天歌序)…533
♤ 진용비어천가전(進龍飛御天歌箋)…537
♤ 용비어천가발(龍飛御天歌跋)…541
♤ 동국정운서(東國正韻序)…544
♤ 홍무정운역훈서(洪武正韻譯訓序)…557
♤ 홍무정운역훈범례(洪武正韻譯訓凡例)…565
♤ 사성통해서(四聲通解序)…569
♤ 훈몽자회인(訓蒙字會引)…575
♤ 훈몽자회범례(訓蒙字會범례)…577
♤ 신증유합서(新增類合序)…582
♤ 신증유합발(新增類合跋)…583

15, 16세기 초 국어학의 문헌 역주

용비어천가서(龍飛御天歌序)

  신(臣)이 가만히 살피옵건데, 하늘과 땅의 도리는 넓고도 두터우며, 높고도 밝은 까닭으로 <하늘은 만물을> 덮고 <땅은 만물을> 실어서 [覆載][1] 유구(悠久)하여 한이 없사옵니다.
  조종(祖宗)의 덕(德)은 쌓이고 쌓여서 깊고 길었던 까닭으로 그 기업(基業)도 또한 유원(悠遠)하여 끝이 없습니다.
  지금 사람들은 다만 해악(海嶽)[2]과 산천(山川)에 벌려져 있고, 나는 새, 헤엄치는 물고기와, 길짐승·식물들이 자라나고, 바람·비, 천둥[雷霆]이 변화(變化)하며, 해와 달, 추위와 더위의 운행(運行)을 보기는 하지

---

1) 부재(覆載) : 뒤덮음과 받아 실음. 하늘이 만물을 덮고 땅이 만물을 받쳐 실었다는 뜻으로, 하늘과 땅을 이르는 말임. ≪중용(中庸)≫ 성인(聖人)과 지성(至誠)편, 지성(至誠)의 덕화(德化)장에, "하늘에 덮이어 있는 곳과, 땅이 싣고 있는 곳[天之所覆 地之所載]"라고 하였음.
2) 해악(海嶽) : 바다와 큰 산.

만, 그 넓고 두터움과 높고 밝은 <천지(天地)의 법칙이> 이와 같이 쉬지 않는 공(功)을 바치고 있는 까닭을 알지 못합니다.

사람들은 다만 종묘(宗廟)와 궁실(宮室)의 아름다움[懿美]과, 주·군(州郡) 국민의 재물[民物]의 많고 성(盛)함과, 예악(禮樂) 형정(刑政)의 문명(文明)함과, 인은(仁恩)·교화(敎化)가 넘쳐 흐름을 보기는 하지만, <덕(德)>이 쌓이고 쌓여서 깊고도 오랜 튼튼한 기초를 세운 까닭을 알지 못합니다.

삼가 생각하옵건대, 조종(祖宗)께서는 사공(司空)3)께서 비로소 신라(新羅)를 돕기 시작함으로부터 면면(縣縣)히 대대로 그 아름다움을 가져 왔고, 수백여 년을 지나 목조(穆祖)에 이르러 비로소 터전을 삭방(朔方)에 열었습니다. 익조(翼祖)·도조(度祖)·환조(桓祖) 세 성인(聖人)께서 서로 이어받아 오면서 효제충신(孝弟忠信)으로써 집안의 법도[家法]를 삼으니, 북방[朔方]의 사람들이 모두 귀심(歸心)4)하였다. 지금까지 부로(父老)들이 서로 전하면서 칭송하여 마지 아니합니다.

태조(太祖)께서는 성문신무(聖文神武)5)한 자질과 제세안민(濟世安民)6) 할 웅략(雄略)을 가지시고, 고려(高麗)의 말년을 당하여, 남정북벌(南征北伐)에 그 공적(功績)이 성(盛)하였습니다. 이는 천지(天地)와 귀신(鬼神)의 돕는 바이요, 구가(謳歌)하는 자와 옥송(獄訟)하는 자7)들이 따라옴이라.

---

3) 사공(司空) : 전주 이씨(全州李氏)의 시조 이한(李翰)의 벼슬 이름. 이한(李翰)은 이성계(李成桂)의 21대 조상으로 신라(新羅)에서 사공(司空) 벼슬을 지냈음.
4) 귀심(歸心) : 따르고 복종함. ≪논어(論語)≫ 요왈(堯曰)편에 "천하의 민심이 주(周)나라에 돌아왔다[天下之民歸心焉]." 라고 하였음.
5) 성문신무(聖文神武) : 문(文)과 무(武)가 다 같이 뛰어남.
6) 제세안민(濟世安民) : 세상을 구하고 백성을 편안하게 함.
7) 구가(謳歌)·옥송(獄訟) : 구가(謳歌)는 높은 덕(德)을 찬미하여 노래하는 것이고, 옥송(獄訟)은 소송을 말함임. ≪맹자(孟子)≫ 만장(萬章)에, "소송을

천명(天命)을 모아 집안이 변하여 나라가 된[化家爲國] 것입니다.

　태종(太宗)께서는 총명 예지(聰明睿知)한 성인(聖人)으로, 세상에 높이 뛰어나고 절륜(絶倫)한 식견(識見)을 가지시고, 책략(策略)을 결단하여 나라를 열고 난(難)을 평정하여 사직(社稷)을 안정시키시니, 신공(神功)과 위열(偉烈)은 사람들의 눈과 귀에 젖어 있습니다.

　아아! 우리 열성(列聖)께서 용잠(龍潛) 때에 문덕(文德)과 무공(武功)이 성(盛)하여, 천명(天命)과 인심(人心)이 돌아오고, 그 상서로운 징조[符瑞]가 일어남이 백대(百代)에 초출(超出)하니, 그 유원(悠遠)한 사업(事業)은 하늘과 땅[覆載]에 짝하여 한이 없음을 미리서 알만합니다.

　주(周)나라는 후직(后稷)[8]으로부터 나라를 봉(封)함이 시작되고, 공류(公劉)가 빈(豳)에 살 때 융적(戎狄)의 풍속에 가까워 충후(忠厚)로써 덕(德)을 삼으며, 백성을 기르는 것으로써 정사를 삼았습니다. 태왕(太王)·왕계(王季)가 또한 구업(舊業)을 잘 닦아, 백성들이 그 경사(慶事)를 믿게 되었습니다. 영토(領土)를 가진 지 천여 년이 된 뒤에 문왕(文王)과 무왕(武王)이 나와 천명(天命)을 받아 천하[四方]를 엄유(奄有)[9]하고, 국조(國祚)를 8백 년이나 전하였다. 주공(周公)이 예악(禮樂)을 제정하니, 이에 있어서 면(緜)·생민(生民)·황의(皇矣)·칠월(七月)의 시(詩)가 있게 되었습니다. 모두 그 왕업(王業)의 말미암은 바를 찾아서 가영(歌詠)으로써 나타낸 것이니, 갱굉(鏗鋐)하고 병요(炳燿)하여 해와 별같이 드리웠습니다. 아아! 아름답고도 성합니다.

　　하는 사람들은 요(堯) 임금의 아들한테로 가지않고 순(舜)에게로 갔고, 구가(謳歌)하는 사람들은 요임금의 아들을 구가하지 않고 순을 구가했다[訟獄者 不之堯之子而之舜 謳歌者 不謳歌堯之子 而謳歌舜].”라고 하였음.
8) 후직(后稷) : 중국 주(周)나라 시조(始祖). 이름은 기(棄).
9) 엄유(奄有) : 남기지 아니하고 전부 차지함. 또는 마침내 다스리게 됨. ≪시경(詩經)≫ 대아(大雅) 편에, "奄有四方"라고 하였음.

엎드려 살피옵건대, 전하(殿下)께서 조종(祖宗)의 대통(大統)을 이어받아 옷소매를 드리우고 팔장을 끼셔도[垂衣拱手] 예(禮)가 갖추어지고, 음악이 화(和)하오니, 송성(頌聲)10)을 지음도 바로 오늘날이옵니다.
　신(臣)은 집현전 대제학(集賢殿大提學) 의정부 우찬성(議政府右贊成) 신(臣) 권제(權踶)·제학(提學) 공조 참판(工曹參判) 신(臣) 안지(安止)와 더불어 은택(恩澤)에 목욕(沐浴)하고, 직책은 문한(文翰)11)에 갖추어져 있사오매, 성덕(盛德)을 가영(歌詠)함이 바로 그 직분에 마땅한지라, 사어(詞語)가 비졸(鄙拙)하다고 게을리 할 수 없사와, 삼가 민속(民俗)의 칭송(稱頌)하는 말을 채집하여 가시(歌詩) 1백 25장(章)을 찬(撰)하였습니다. 먼저 옛날[古昔] 중국 임금[帝王]의 자취를 서술하고, 다음에 우리 왕조(王朝)의 조종(祖宗)의 일을 술(述)하였습니다.
　그리고 태조(太祖)와 태종(太宗)께서 즉위(卽位)하신 이후로 어짊이 깊으시고 정사를 잘하심에 대하여는 이루 다 형언할 수 없습니다. 다만 잠저(潛邸) 때의 덕행(德行)과 사업(事業)을 모으고, 열성(列聖)께서 기초(基礎)를 확립한 지 오랜 근본을 미루어, 실제로 행하신 덕(德)을 지진(指陣)하고 반복(反復) 영탄(詠嘆)함으로써, 왕업(王業)의 간난(艱難)함을 나타내고 그대로 그 가사(歌詞)를 해설(解說)하고 풀이하는 한시(漢詩)를 지었는데, 거의 아송(雅頌)12)의 유음(遺音)을 이어서 관현(管絃)에 올려

---

10) 송성(頌聲) : 공적(功績)이나 인덕(人德)을 기리어 찬양하는 소리. 또는 태평 세월을 노래하는 소리.
11) 문한(文翰) : 글 짓는 일에 관계되는 일.
12) 아송(雅頌) : ≪시경(詩經)≫ 중의 아(雅 : 小雅·大雅)와 송(頌)의 시(詩). 아(雅)는 정악(正樂)의 노래, 송(頌)은 선조(先祖)의 공덕을 찬양한 노래. ≪논어(論語)≫ 자한(子罕)에, "공자가 말하기를, 내가 위(衛)에서 노(魯)나라로 돌아온 후에 음악이 바로잡혔고, 아(雅)와 송(頌)이 제자리를 찾게 되었다[子曰 吾自衛反魯 然後 樂正 雅頌 各得其所]." 라고 하였다.

끝없이 전하면서 보여 주는 것이, 이것이 신들의 절실한 소원입니다.

　세종(世宗) 27년(1445년, 정통(正統) 10년) 을축(乙丑) 여름 4월　일에 자헌대부 의정부 우참찬 집현전 대제학 지춘추관사 세자 우빈객(資憲大夫議政府右參贊集賢殿大提學知春秋館事世子右賓客)　신(臣) 정인지(鄭麟趾)는 머리를 조아려 절하옵고 삼가 서문(序文)을 짓습니다.

진용비어천가전(進龍飛御天歌箋)

　숭정대부 의정부 우찬성 집현전 대제학 지춘추관사 겸 성균 대사성(崇政大夫議政府右贊成集賢殿大提學知春秋館事兼成均大司成)　신(臣) 권제(權踶), 자헌대부 의정부 우참찬 집현전 대제학 지춘추관사 세자 우빈객(資憲大夫議政府右參贊集賢殿大提學知春秋館事世子右賓客)　신(臣) 정인지(鄭麟趾), 가선대부 공조 참판 집현전 제학 동지춘추관사 세자 우부빈객(嘉善大夫工曹參判集賢殿提學同知春秋館事世子右副賓客)　신(臣) 안지(安止) 등은 아룁니다.

　엎드려 생각하옵건대, 어진 덕을 세상에 널리 베푸시고 큰 복조[洪祚]를 성하게 열으시매, 공(功)을 찬술(撰述)하고 사실을 기록[紀][1]하여 가장(歌章)[2]에 폄이 마땅하오니 이에 거친 글[蕪詞]을 편찬하와 예감(睿鑑)[3]에 상달하옵니다.

　그윽이 생각하옵건대, 뿌리 깊은 나무는 가지가 반드시 무성하고 근원이 멀면 흐름이 더욱 긴[長] 것이옵니다. 주(周)나라는 면과(緜瓜)[4]를

---

1) 기(紀) : ≪세종실록≫ 권제 108 세종(世宗) 27년 4월 5일(무신) 기록에는 "기(記)"로 되어 있음.
2) 가장(歌章) : 가시(歌詩). 시가(詩歌).
3) 예감(睿鑑) : 임금이 보는 것. 임금의 밝게 봄.

읊조려 그로부터 나온 근본을 미루어 밝혔고, 상(商)나라5)는 현조(玄
鳥)6)를 노래하여 그 출생한 바를 미루어 서술하였으니, 이는 왕자(王者)
의 일어남이 반드시 선세(先世 : 先代)의 공을 지음[締造]에 힘입었습
니다.

　오직 우리 본조(本朝)7)에서는 사공(司空)8)께서 신라(新羅) 시대에 비로
소 나타나서 여러 대[奕葉]를 서로 이으셨고 목왕(穆王)9)께서 처음 삭방
(朔方)에서 일어나사 큰 명[景命]10)이 이미 조짐 되었으며, 익조(翼祖)와
도조(度祖)가 연이어 경사(慶事)를 쌓으시고[毓慶], 환조(桓祖)에 미쳐 상
서(祥瑞)가 발하였습니다. 은신(恩信)11)이 본래 진실하오매 사람들의 붙
좇는[歸附] 자가 한두 대[一二世]만이 아니오며, 상서로운 징조[禎符]가
여러 번 나타났으매 하늘의 돌보심[眷顧]이 거의 몇 백 년이옵니다.

　태조강헌대왕(太祖康獻大王)께서는 상성(上聖)12)의 자질이 뛰어나 천
년[千齡]의 운수(運數)에 응하사, 신과(神戈)13)를 휘둘러서 위무(威武)를
떨쳐 오랑캐[夷戒]를 빠르게 소탕하시고, 보록(寶籙)14)을 받아 너그럽고
어진 정사를 펴시어 모든 백성[黎庶]을 화목하고 편하게 하셨다.

―――――――――――――

4) 면과(緜瓜) : ≪시경(詩經)≫ 편명(篇名).
5) 상(商)나라 : 은(殷)나라.
6) 현조(玄鳥) : ≪시경(詩經)≫ 편명(篇名).
7) 본조(本朝) : 조선(朝鮮).
8) 사공(司空) : 전주 이씨(全州李氏)의 시조 이한(李翰)의 벼슬 이름. 이한(李
　翰)은 이성계(李成桂)의 21대 조상으로 신라(新羅)에서 사공(司空) 벼슬을
　지냈음.
9) 목왕(穆王) : 목조(穆祖). 조선 태조(太祖)의 고조부.
10) 경명(景命) : 큰 명, 곧 임금이 될 운명.
11) 은신(恩信) : 은혜와 신의(信義).
12) 상성(上聖) : 성인(聖人).
13) 신과(神戈) : 신성(神聖)한 창[戈]. 신비한 무기.
14) 보록(寶籙) : 임금의 자리에 오를 전조(前兆).

태종공정대왕(太宗恭定大王)께서는 영명(英明)하심이 예[古]에 지나시고 용지(勇智)하심은 무리에 뛰어나사[絶倫], 기선(幾先)15)을 밝게 보시고 나라[邦家]를 세우시니, 공이 억만 년[億載]에 높으시고 화란(禍亂)을 평온하게 진정시키고 사직(社稷)을 편히 하시니, 덕이 백왕(百王)의 으뜸이옵니다. 위대하신 여러 대[累世]의 큰 공[鴻休]은 전성(前聖)과 더불어 아름다움을 가지런히 하였으매, 이를 형용해 노래[歌詠]하여 내금(來今)16)에 밝게 보이옵니다.

공손히 생각하옵건대, 주상 전하께서는 유일 유정(惟一惟精)17)하시어 <선업(先業)>을 잘 잇고 좇으시어 도(道)가 흡족하고 정사가 다려져서 패연(霈然)18)한 덕택(德澤)이 널리 젖었고[旁霑], 예(禮)가 갖추어지고 악(樂)이 화(和)하여 빛나게[煥乎] 문물(文物)이 지극히 나타났사오니, 생각하옵건대, 가시(歌詩 : 詩歌)를 지음은 이 융성(隆盛) 태평한 시기에 속하옵니다. 신(臣)들은 조전(彫篆)19)의 재주로서 외람되게 문한(文翰)의 임무를 더럽히와 삼가 민속(民俗)의 칭송하는 노래를 캐 모았사오니 감히 조묘(朝廟)20)의 악가(樂歌)에 비기오리까? 이에 목조(穆祖)께서 처음 터전을 마련하실 때로부터 태종(太宗)께서 잠저(潛邸)에 계시던 날까지 무릇 모든 사적(事蹟)의 기위(奇偉)21)한 것을 빠짐없이 찾아 모으고, 또 왕업

---

15) 기선(幾先) : 사물(事物)이 일어나려는 직전에 그것을 알고서 그 일을 착수하는 것. 기미(幾微).
16) 내금(來今) : 내세(來世)와 지금.
17) 유일 유정(惟一惟精) : 오직 하나로 모아 정신을 차림. ≪서경(書經)≫ 우서편(虞書篇)에, "사람의 마음은 위태롭기만 하고, 도를 지키려는 마음은 극히 희미한 것이니, 정신 차리고 오직 하나로 모아 그 중정(中正)을 진실로 잡아야 하오[人心惟危 道心惟微 惟精惟一 允執厥中]."라고 하였음.
18) 패연(霈然) : 비가 흠뻑 내리는 모양.
19) 조전(彫篆) : 자질구레한 자구(字句)를 꾸미는 일. 좀스러운 작은 재주.
20) 조묘(朝廟) : 조정(朝廷)과 종묘(宗廟).

(王業)의 간난(艱難)을 널리 베풀어서 자세히 갖추었으며, 옛일[古事]을 고정(考訂)22)하고 노래[歌]는 나라 말[國言]을 쓰며, 인하여 한시(漢詩)를 붙여서 그 말[語]을 풀이하였습니다. 천지(天地)를 그림하고 일월(日月)을 모사(摹寫)하오니 비록 그 형용(形容)을 다하지 못하였사오나, 금석(金石)에 새기고 관현(管絃)23)에 올리면 빛나는 덕업(德業)을 조금 드날림이 있을 것입니다. 혹시[儻]24) 살펴 받아드리시고 드디어 반행(頒行)을 허락하시면 아들에게 전하고 손자에게 전하여 대업(大業)이 쉽지 아니함을 알게 하시고, 시골에도 쓰고 나라에도 써서[用之鄕用之國]25) 영세(永世)26)에 이르도록 잊기 어려울 것입니다. 편찬한 가시(歌詩)는 총 1백 25장(章)이온데, 삼가 쓰고 장황(裝潢)27)하여 전(箋)을 아뢰어 예람(睿覽)28)을 우러러 더럽히니 하정(下情)29)에 부끄럽고 두려워서 떨리고 땀이 흘러 방황함을 이기지 못하겠습니다. 머리를 조아리며 삼가 아뢰옵니다.

---

21) 기위(奇偉) : 기이하고 거룩함. 대단히 훌륭함.
22) 고정(考訂) : 상고해 바로잡음. 상게 ≪세종실록≫ 권제 108에는 "정제고사(訂諸古事)"가 "증제고사(證諸古事)"로 기록되었음.
23) 관현(管絃) : 관현악(管絃樂).
24) 당(儻) : ≪세종실록≫ 권제 108 세종 27년 4월 5일(무신) 기록에는 "당(儻)"이 "당(倘)"으로 기록되었음.
25) 용지향 용지국(用之鄕用之國) : 상게 ≪세종실록≫ 권제 108 "용지경 용지국(用之卿用之國)"으로 잘못 기록되었음.
26) 영세(永世) : 끊임없는 누리. 세상이 있을 때까지. 영구한 세대. ≪서경(書經)≫ 주서편(周書篇)에, "왕가에 손[賓]으로 찾아오고 나라와 더불어 함께 아름다움을 누리어 영세 무궁토록 하시오[作賓于王家 與國咸休 永世無窮]."라고 하였음.
27) 장황(裝潢) : 제본(製本). 책을 만듦.
28) 예람(睿覽) : 임금이나 왕세자가 열람함.
29) 하정(下情) : 신하의 마음.

세종(世宗) 27년(1445년, 정통(正統) 10년) 4월   일 숭정대부 의정부 우찬성 집현전 대제학 지춘추관사 겸 성균 대사성(崇政大夫議政府右贊成集賢殿大提學知春秋館事兼成均大司成) 신(臣) 권제(權踶), 자헌대부 의정부 우참찬 집현전 대제학 지춘추관사 세자 우빈객(資憲大夫議政府右參贊集賢殿大提學知春秋館事世子右賓客) 신(臣) 정인지(鄭麟趾), 가선대부 공조 참판 집현전 제학 동지춘추관사 세자 우부빈객(嘉善大夫工曹參判集賢殿提學同知春秋館事世子右副賓客) 신(臣) 안지(安止) 등은 전(箋)을 올립니다.

용비어천가발(龍飛御天歌跋)

시(詩)1)에 송(頌)2)이 있으니, 모두 앞선 임금[先王]들의 성덕(盛德)과 공업(功業)을 칭술(稱述)3)하며, 사모하는 회포를 붙여서 자손(子孫)들의 보전하고, 지키는 길을 위한 것입니다.

예로부터 이제에 이르기까지 보면 나라를 일으킨 군주(君主)가 한 두 사람이 아니라, 그 거룩하신 움직임과 하늘이 주고 백성이 받드는 것과 덕(德)의 두텁고 공업(功業)의 높은 것과 사적(事迹)의 신기(神奇)하고도 나타남이 아직 우리 조종(祖宗)보다도 성대(盛大)한 것이 없었습니다. 칭송하는 노래를 만드는 일을 그만 둘 수 있겠습니까?

을축년(乙丑年)4)에 의정부 우찬성(議政府右贊成) 신(臣) 권제(權踶), 우

---

1) 시(詩) : ≪시경(詩經)≫.
2) 송(頌) : ≪시경(詩經)≫의 송편(頌篇)에는 주송(周頌)과 노송(魯頌) 및 상송(商頌)이 있음.
3) 칭술(稱述) : 칭송하고 서술(敍述)함.
4) 을축년(乙丑年) : 조선 세종 27년. 서기 1445년.

참찬(右參贊) 신(臣) 정인지(鄭麟趾), 공조 참판(工曹參判) 신(臣) 안지(安止) 등이 가시(歌詩) 1백 25장(章)을 지어서 올렸으니, 모두 사실(事實)에 의거하여 서술하고, 예와 이제의 고증(考證)을 들어 이를 부진(敷陳)했으며, 규계(規戒)의 뜻으로서 끝을 맺었습니다.

우리 전하(殿下)께옵서는 보시고 이를 아름답게 여겨서 이름을 내려 "용비어천가(龍飛御天歌)"라고 하셨습니다. 오직 그 사적(事蹟)이 비록 사책(史冊)에 실리어 있으나, 사람들이 이를 두루 찾아보기 어려움을 염려하시어, 신(臣)을 비롯하여 수집현전 교리(守集賢殿校理) 신(臣) 박팽년(朴彭年), 수돈령부 판관(守敦寧付判官) 신(臣) 강희안(姜希顔), 집현전 부교리(集賢殿副校理) 신(臣) 신숙주(申叔舟), 수부교리(守副校理) 신(臣) 이현로(李賢老), 수찬(修撰) 신(臣) 성삼문(成三問)·신(臣) 이개(李塏), 이조 좌랑(吏曹佐郎) 신(臣) 신영손(辛永孫) 등에게 명하시어 주해(註解)를 이에 더하라 하시었으므로, 이에 그 인용된 사실의 본말(本末)을 대강 서술하고, 또 음(音)과 훈(訓)을 달아 읽기에 편하게 하였습니다. 전부 10권으로 되어 있습니다.

아아! 옛날의 성인(聖人)들은 시(詩)로써 교화(敎化)의 도구를 삼고, 거기에 성률(聲律)5)을 붙여서 온 나라[鄕國]에 이를 폄으로써 천하(天下)를 바른길로 이끌었던[化成] 것입니다. 천 년 뒤인 오늘에 이르러서도 오히려 사람으로 하여금 감화(感化)를 받아 일어나게 하거든, 하물며 당대(當代)의 일이겠습니까?

후사(後嗣)가 이를 본다면 오늘의 일어난 까닭을 알아서 더욱 이를 계속 전승(傳承)하려는 마음을 일으켜 보수(保守)의 법도가 스스로 감히 바꾸지 못하는 바가 있을 것이오며, 나라 사람이 이를 본다면 오늘의 편안한 까닭을 알아서 더욱 영구[沒世]히 잊지 못하는 마음을 일으켜 애

---

5) 성률(聲律) : 음률(音律).

모(愛慕)의 정성이 스스로 불능(不能)한 바가 있을 것입니다. 그런즉 이 노래의 제 작은 진실로 하늘이 만들어낸 "현조(玄鳥)의 송(頌)"으로 더불어 길이 전하여져서 사라짐이 없을 것입니다.

아아! 성대(盛大)하도다.

세종(世宗) 29년(1447년, 정통(正統) 12년) 2월 일 조봉대부 집현전 응교 예문 응교 지제교 세자 우필선 겸 좌중호(朝奉大夫集賢殿應敎藝文應敎知製敎世子右弼善兼左中護) 신(臣) 최항(崔恒)은 머리를 조아려 절하옵고 삼가 발문(跋文)을 짓습니다.

동국정운서(東國正韻序)

　천지(天地)가 인온(絪縕)[1]하여 대화(大化)[2]가 유행(流行)하므로 사람이 생기고, 음(陰)과 양(陽)이 서로 만나 기운이 맞닿으므로 소리[聲]가 생기나니, 소리가 생기므로 칠음(七音)[3]이 스스로 갖추이고, 칠음(七音)이 갖추이므로 사성(四聲)[4]이 또한 구비된지라. 칠음과 사성이 경위(經緯)[5]로 서로 사귀면서 청탁(淸濁)[6]·경중(輕重)[7]·심천(深淺)·질서(疾徐)[8]가 자

---

1) 인온(絪縕): 화합(和合). 천기(天氣)와 지기(地氣)가 서로 합하여 어림.
2) 대화(大化): 광대한 덕화(德化).
3) 칠음(七音): ①일곱 가지 악조(樂調). 곧 궁(宮)·상(商)·각(角)·치(徵)·우(羽)·반상(半商)·반치(半徵). ②음운학(音韻學)에서 본 일곱 가지 소리. 곧 어금닛소리[牙音]·혓소리[舌音]·입술소리[脣音]·잇소리[齒音]·목구멍소리[喉音]·반혓소리[半舌音]·반잇소리[半齒音].
4) 사성(四聲): 주로 한문자(漢文字)가 갖는 고(高)·저(低)·장(長)·단(短) 네 종류의 음(音). 곧 평성(平聲)·상성(上聲)·거성(去聲)·입성(入聲). 우리나라 조선 초기의 고전에서도 평성·상성·거성·입성의 네 가지로 나누어, 사성점(四聲點)으로 나타냈음.
5) 경위(經緯): 세로줄과 가로줄, 곧 날[經]과 씨[緯].
6) 청탁(淸濁): 맑음과 흐림. 곧 청음(淸音)과 탁음(濁音). 훈민정음(訓民正音)에서는 초성(初聲)을 조음 위치에 따라 오음(五音: 牙·舌·脣·齒·喉)으로 나누고 동일음을 다시 그 내는 방법에 의해 다음과 같이 분류하였음.

청탁 오음	전청(全淸)	차청(次淸)	전탁(全濁)	불청불탁(不淸不濁)
어금닛소리	ㄱ	ㅋ	ㄲ	ㆁ
혓소리	ㄷ	ㅌ	ㄸ	ㄴ·ㄹ(반혓소리)
입술소리	ㅂ	ㅍ	ㅃ	ㅁ
잇소리	ㅅ·ㅈ	ㅊ	ㅆ·ㅉ	△(반잇소리)
목구멍소리	ㆆ	ㅎ	ㆅ	ㅇ

7) 경중(輕重): 가볍고 무거움.

연으로 생겨난 것이다. 이러한 까닭으로, 포희(包犧)[9]가 괘(卦)를 그리고, 창힐(蒼頡)[10]이 글자를 만든 것이 역시 모두 그 자연의 이치에 따라서 만물의 실정을 통한 것이고, 심약(沈約)[11]·육법언(陸法言)[12] 등 여러 학자[諸子]에 이르러서, 글자로 구분하고 종류로 모아서 성조(聲調)를 고르고[諧聲] 운율(韻律)을 맞추면서[協韻] 성운(聲韻)[13]의 학설이 일어나기 시작하니, 글 짓는 이가 서로 이어서 각각 기교(技巧)를 내보이고, 논의(論議)하는 이가 하도 많아서 역시 잘못됨이 많았는데, 이에 사마온공(司馬溫公)[14]이 그림으로 나타내고, 소강절(邵康節)[15]이 수학(數學)으로 밝히어서 탐색(探賾)[16]하고 깊은 것을 긁어 내어 여러 학설을 통일하였으나, 오방(五方)[17]의 음(音)이 각각 다르므로 사정(邪正)[18]의 분변이 여

---

8) 질서(疾徐) : 빠름과 느림. 완급(緩急).
9) 포희(包犧) : 중국 고대의 임금. 복희씨(伏犧氏). ≪세종실록≫ 권제 117, 세종(世宗) 29년 9월 29일(무오) 기록에는 "포희(庖犧)"로 되었음.
10) 창힐(蒼頡) : 창힐(倉頡). 중국의 옛날 전설에 나오는 황제(黃帝)의 신하로 새의 발자취에서 착상(着想)하여 처음으로 문자를 만들었다고 하는 사람.
11) 심약(沈約) : 중국 양(梁)나라 때 시인(詩人)·음운학자(音韻學者). 사성(四聲)의 구별을 세우고 시(詩)의 팔병(八病)을 들은 것으로 유명한 학자임.
12) 육법언(陸法言) : 중국 수(隋)나라 때의 학자. 음운학상(音韻學上)에 일기(一期)를 그음.
13) 성운(聲韻) : 음운(音韻).
14) 사마온공(司馬溫公) : 중국 송(宋)나라 때의 학자이자 정치가인 사마 광(司馬光). 사후(死後) 태사온국공(太師溫國公)을 추증(追贈)했기 때문에 사마온국공(司馬溫國公), 또는 사마온공(司馬溫公)이라고 함.
15) 소강절(邵康節) : 중국 송(宋)나라 때의 학자인 소옹(邵雍). 강절(康節)은 시호(諡號). 주돈이(周敦頤)가 송학(宋學)의 이기론(理氣論)을 세운데 대하여 소옹은 같은 때에 상수론(象數論)을 제창(提唱)함.
16) 탐색(探賾) : 깊이 숨겨져 보기 힘든 것을 찾아 구함.
17) 오방(五方) : 동(東)·서(西)·남(南)·북(北)·중앙(中央).
18) 사정(邪正) : 그릇됨과 올바름.

러 가지로 시끄러웠다. 대저 음(音)이 다르고 같음이 있는 것이 아니라 사람이 다르고 같음이 있고, 사람이 다르고 같음이 있는 것이 아니라 지방이 다르고 같음이 있으니, 대개 지세(地勢)가 다름으로써 풍기(風氣)19)가 다르며, 풍기(風氣)가 다름으로써 호흡(呼吸)하는 것이 다르니, 동남(東南) 지방의 치·순(齒脣)20)의 움직임과 서북(西北) 지방의 협·후(頰喉)21)의 움직임이 이런 것이어서, 드디어 글뜻[文軌]으로는 비록 통할지라도 성음(聲音)으로는 같지 않게 된다. 우리나라는 안팎 산하(山河)가 스스로 한 구역이 되어 풍기(風氣)가 이미 중국(中國)과 다르니, 호흡(呼吸)이 어찌 중국음[華音]과 서로 합치될 것이랴. 그런즉, 어음(語音)22)이 중국과 다른 까닭은 이치의 당연한 것이고, 문자(文字)23)의 음(音)에 있어서는 마땅히 중국음과 서로 합치될 것 같으나, 그 호흡의 선전(旋轉)24)하는 사이에 가볍고 무거움[輕重]과 열리고 닫힘[翕闢]의 동작이 역시 반드시 어음(語音)에 저절로 끌림이 있어서, 이것이 한문자의 소리[字音]가 또한 따라서 변하게 된 것이니, 그 음(音)은 비록 변하였더라도 청탁(淸濁)과 사성(四聲)은 옛날과 같은데, 일찍이 책으로 저술하여 그 바른 것을 전한 것이 없으므로, 용렬한 스승[庸師]이나 속된 선비[俗儒]는 한문 글자를 반절(反切)25)하는 법을 모르고 자세히 다져보는 요령이 어두워서 혹은 자체(字體)26)가 서로 비슷함에 따라 같은 음[一音]을 삼기도 하고, 혹은 전대(前代)의 임금이나 조상의 이름을 피하여 다른 음

---

19) 풍기(風氣) : 풍습과 기질.
20) 치순(齒脣) : 이와 입술.
21) 협후(頰喉) : 볼과 목구멍.
22) 어음(語音) : 말의 소리, 우리말의 소리[音]를 뜻함.
23) 문자(文字) : 한자(漢字).
24) 선전(旋轉) : 돌고 구름. 빙빙 돌음.
25) 반절(反切) : 다른 두 글자의 음(音)을 합하여 한 음(音)을 얻는 방법.
26) 자체(字體) : 글자의 모양.

(音)을 빌어서 하기도 하며, 혹은 두 글자를 합하여 하나로 만들거나, 혹은 한 음[一音]을 나누어 둘로 만들거나 하며, 혹은 다른 글자를 차용(借用)하거나, 혹은 점(點)이나 획(劃)을 가감(加減)하기도 하며, 혹은 한음(漢音)[27]을 따르거나, 혹은 이어(俚語)[28]에 따르거나 하여서 자모(字母)[29]・칠음(七音)・청탁(淸濁)・사성(四聲)이 모두 변한 것이 있으니, 아

---

27) 한음(漢音) : 옛 중국음(中國音), 곧 한자(漢字)의 본음(本音). ≪언해본 훈민정음≫에서는 한음(漢音)은 '중국(中國) 소리라' 하였음.
28) 이어(俚語) : 속음(俗音). 이언(俚言). 속어(俗語). ≪세종실록≫ 권제 102 세종 25년 12월 30일(경술) 기록에는 "본국 이어(本國俚語)"라 하였음.
29) 자모(字母) : ①중국 음운(音韻) 용어. 첫소리[初聲]를 표시하는 글자이니, 곧 중국 음운학에서 동일한 성모(聲母)를 가진 글자들 가운데에서 한 글자를 골라 그 대표로 삼은 글자를 말함.

≪사성통해(四聲通解)≫에 나타난 역대 학자들의 자모 설정도(字母設定圖)를 보이면 다음과 같음.

(1) 광운 36자모지도(廣韻三十六字母之圖)

五音	角	徵		羽		商		宮	半徵	半商
五行	木	火		水		金		土	半火	半金
七音	牙音	舌頭音	舌上音	脣音重	脣音輕	齒頭音	正齒音	喉音	半舌	半齒
全淸	見ㄱ	端ㄷ	知ㅈ	幫ㅂ	非ㅸ	精ㅈ	照ㅈ	影ㆆ		
次淸	溪ㅋ	透ㅌ	徹ㅊ	滂ㅍ	敷ㆄ	淸ㅊ	穿ㅊ	曉ㅎ		
全濁	群ㄲ	定ㄸ	澄ㅉ	並ㅃ	奉ㅹ	從ㅉ	牀ㅉ	匣ㆅ		
不淸不濁	疑ㆁ	泥ㄴ	孃ㄴ	明ㅁ	微ㅁ			喩ㅇ	來ㄹ	日ㅿ
全淸						心ㅅ	審ㅅ			
全濁						邪ㅆ	禪ㅆ			

(2) 운회 35자모지도(韻會三十五字母之圖)

음(牙音)으로 말할 것 같으면, 계모(溪母)30)의 글자가 태반(太半)이 견모(見母)31)에 들어갔으니 이는 자모(字母 : 初聲)가 변한 것이고, 계모(溪母)

五音	角	徵	宮	次宮	商	次商	羽	半徵商	半徵商
淸音	見ㄱ	端ㄷ	幫ㅂ	非ㅸ	精ㅈ	知ㅈ	影ㆆ		
次淸音	溪ㅋ	透ㅌ	滂ㅍ	敷ㅸ	淸ㅊ	徹ㅊ	曉ㅎ		
濁音	群ㄲ	定ㄸ	並ㅃ	奉ㅹ	從ㅉ	澄ㅉ	匣ㆅ		
次濁音	疑ㆁ	泥ㄴ	明ㅁ	微ㅱ		孃ㄴ	喩ㅇ	來ㄹ	日ㅿ
次淸次音	魚ㆁ				心ㅅ	審ㅅ	么ㆆ		
次濁次音					邪ㅆ	禪ㅆ			

(3) 홍무운 31자모지도(洪武韻三十一字母之圖)

五音	角	徵	羽		商		宮	半徵	半商
五行	木	火	水		金		土	半火	半金
七音	牙音	舌頭音	脣音重	脣音輕	齒頭音	正齒音	喉音	半舌	半齒
全淸	見 견ㄱ	端 된ㄷ	幫 방ㅂ	非 빙ㅸ	精 징ㅈ	照 쟐ㅈ	影 힁ㆆ		
次淸	溪 키ㅋ	透 틀ㅌ	滂 팡ㅍ		淸 칭ㅊ	穿 쳔ㅊ	曉 향ㅎ		
全濁	群 꾼ㄲ	定 띵ㄸ	並 뼁ㅃ	奉 뽕ㅹ	從 쭝ㅉ	牀 쫭ㅉ	匣 행ㆅ		
不淸不濁	疑 이ㆁ	泥 니ㄴ	明 밍ㅁ	微 밍ㅱ			喩 유ㅇ	來 래ㄹ	日 싱ㅿ
全淸					心 심ㅅ	審 심ㅅ			
全濁					邪 써ㅆ	禪 썬ㅆ			

②낱자. 소리를 맞추는 근본이 되는 글자. 국어학에서는 닿소리와 홀소리를 표시하는 글자를 가리킴. ≪훈몽자회(訓蒙字會)≫ 범례(凡例)에, "諺文字母 俗所謂反切二十七字"라고 하였음.
30) 계모(溪母) : ㅋ 첫소리[ㅋ 初聲].
31) 견모(見母) : ㄱ 첫소리[ㄱ 初聲].

의 글자가 혹 효모(曉母)32)에도 들었으니 이는 칠음(七音)이 변한 것이다.

　우리나라 말소리[語音]는 그 청탁(淸濁)의 분변이 중국과 다름이 없는데, 오직 한문자의 소리[字音]에 탁성(濁聲)33)이 없으니 어찌 그러한 이치가 있으랴? 이는 청탁(淸濁)의 변한 것이고, 어음(語音)에는 사성(四聲)이 심히 분명한데, 한문자의 음[字音]에는 상성(上聲)34)·거성(去聲)35)의 구별이 없고, '질(質)'의 운(韻)과 '물(勿)'의 운(韻)들은 마땅히 단모(端母)36)로써 종성(終聲)37)을 삼아야(적어야) 할 것인데, 세속에서 래모(來母)38)로 발음하여 그 소리가 느리게 되므로 입성(入聲)39)에 마땅하지

---

32) 효모(曉母) : ㅎ 첫소리[ㅎ 初聲].
33) 탁성(濁聲) : 흐린 목소리. 탁한 목소리. 탁음(濁音).
34) 상성(上聲) : 사성(四聲)의 하나. 처음이 낮고 나중이 높은 소리. ≪언해본 훈민정음≫에서는 '쳐석미 늦갑고 내죵(乃終)이 노폰 소리라' 하였음. 그리고 글자에 표할 때는 왼쪽에 점 두 개를 찍는다 하였음.
35) 거성(去聲) : 사성(四聲)의 하나. 맛 높은 소리(가장 높은 소리). ≪언해본 훈민정음≫에서는 '뭇 노폰 소리라' 하였음. 그리고 '左加一點'이라 하여 글자에 표할 때는 왼쪽에 점 한 개를 찍는다 하였음.
36) 단모(端母) : ㄷ 소리.
37) 종성(終聲) : 끝소리. 받침.
38) 래모(來母) : ㄹ 소리.
39) 입성(入聲) : 사성(四聲)의 하나. 빨리 끝닿는 소리, 곧 끝을 빨리 닫는 소리. ≪언해본 훈민정음≫에서는 '썰리 긋듣는 소리라' 하였음. 그리고 '入聲加點同而促急'이라 하여, 입성은 점 더함은 한가지로되 빠르다 하였고, ≪훈민정음 해례≫ 종성해에는 불청불탁(不淸不濁)의 글자인 "ㆁㄴㅁㅇㄹㅿ"이 종성에 오면, 평성이나 상성이나 거성이 되고, 전청(全淸)의 글자인 "ㄱㄷㅂㅈㅅㆆ", 차청(次淸)의 글자인 "ㅋㅌㅍㅊㅎ", 전탁(全濁)의 글자인 "ㄲㄸㅃㅉㅆㆅ"이 종성에 오면 입성이 된다고 하였으며, ≪훈민정음 해례≫ 합자해에는 한자의 입성은 거성과 서로 비슷하나, 우리말의 입성은 정함이 없어서 혹은 평성과 비슷하고, 혹은 상성과 비슷하며, 혹은 거성과 비슷하다 하고, 그 점을 더하는

아니하다. 이는 사성(四聲)의 변한 것이다. '단(端)'을 '래(來)'로 하는 것이 종성(終聲 : 받침)만 아니고 '차제(次第)'의 '제(第)'와 '목단(牧丹)'의 '단(丹)' 같은 따위와 같이 초성(初聲)40)의 변한 것도 또한 많다.

법은 평성·상성·거성으로 더불어 갔다고 하였음[≪훈민정음종합연구≫ 56~57쪽 참고].
40) 초성(初聲) : 첫소리. 소리 마디를 이루고 있는 글자 중에서 받침이 아닌 닿소리[子音][≪훈민정음종합연구≫ 50쪽 참고].

우리나라 역대 학자들의 훈민정음(訓民正音) 초성(初聲) 설정(設定)과 그 배열 및 명칭은 다음과 같음.

⑴ 세종대왕 17초성(훈민정음 원본)
　ㄱ君ㅋ快ㆁ業, ㄷ斗ㅌ呑ㄴ那, ㅂ彆ㅍ漂ㅁ彌, ㅈ卽ㅊ侵ㅅ戌, ㆆ挹 ㅎ虛ㅇ欲, ㄹ閭, △穰
　※23초성(初聲)
　ㄱ君ㄲ虯ㅋ快ㆁ業, ㄷ斗ㄸ覃ㅌ呑ㄴ那, ㅂ彆ㅃ步ㅍ漂ㅁ彌, ㅈ卽ㅉ慈ㅊ侵ㅅ戌ㅆ邪, ㆆ挹ㅎ虛ㆅ洪ㅇ欲, ㄹ閭, △穰

⑵ 최세진(崔世珍) 16초성(훈몽자회 : 訓蒙字會)
　ㄱ其役ㄴ尼隱ㄷ池㉿ㄹ梨乙ㅁ眉音ㅂ非邑ㅅ時㊀ㆁ異凝ㅋ㊁ㅌ治ㅍ皮ㅈ之ㅊ齒△而ㅇ伊ㅎ屎

⑶ 박성원(朴性源) 17초성(정음통석 : 正音通釋)
　ㄱㅋㆁ, ㄷㅌㄴ, ㄹ, ㅈㅊㅅ, ㅂㅍㅁ, ㅿ, ㅇㅎ, △

⑷ 신경준(申景濬) 36초성(훈민정음 운해 : 訓民正音韻解)
　ㅇ喩ㆆ影ㅎ曉ㆅ匣, ㆁ疑ㄱ見ㅋ溪ㄲ群, ㄴ泥ㄷ端ㅌ透ㄸ定, ㄴ孃 ㄴ知ㅌ徹比澄, ㅅ心ㅈ精ㅊ淸ᄽ邪ᅎ從, ㅅ審ᅐ照ᅕ穿ᄾ禪ᄿ牀, ㅁ明ㅂ幫ㅍ滂ㅃ竝, ㅱ微ㅸ非ㆄ敷ㅹ奉, ㄹ來, △日

⑸ 홍계희(洪啓禧) 14초성(삼운성휘 : 三韻聲彙)
　　ㄱ君ㄴ那ㄷ斗ㄹ閭ㅁ彌ㅂ彆ㅅ戌ㆁ業ㅈ卽ㅊ侵ㅌ呑ㅋ快ㅍ漂ㅎ虛
　　※ㅌㅋ의 순서가 바뀜

⑹ 황윤석(黃胤錫) 14초성(자모변 : 字母辨)
　　ㄱㅋㆁ ㄷㅌㄴ ㅂㅍㅁ ㅈㅊㅅ ㅎ ㄹ

⑺ 정동유(鄭東愈) 23초성(주영편 : 晝永編)
　　ㄱㅋㄲㆁ ㄷㅌㄸㄴ ㅂㅍㅃㅁ ㅈㅊㅉㅅㅆ ㆅㅎㆆㅇ ㄹ △

⑻ 유희(柳僖) 25초성(언문지 : 諺文志)
　　ㄱ見ㅋ溪ㄲ群ㆁ魚, ㄷ端ㅌ透ㄸ定ㄴ泥, ㅂ幫ㅍ滂ㅃ並ㅁ明ㅸ匪ㆄ俸, ㅈ精ㅊ淸
　　ㅉ從△日ㅅ心ㅆ邪, ㅇ喩ㆅ曉ㆅ匣, ㄹ來, ㆆ影

⑼ 지석영(池錫永) 17초성(신정국문 : 新訂國文)
　　ㄱㅋㆁ ㄴㄷㅌ ㄹ ㅁㅂㅍ ㅅㅈㅊ △ ㅇㆆㅎ

⑽ 유길준(兪吉濬) 17초성(대한문전 : 大韓文典)
　　ㄱ극ㄴ는ㄷ듣ㄹ를ㅁ뭄ㅂ븝ㅅ슷ㆁ응ㅈ즈ㅊ츠ㅋ크ㅌ트ㅍ프ㅎ흐ㅎ△ㆁ

⑾ 김희상(金熙祥) 14초성(초등국어어전 : 初等國語語典)
　　ㄱㄴㄷㄹㅁㅂㅅㆁㅈㅊㅋㅌㅍㅎ

⑿ 주시경(周時經) 14초성(말의 소리)
　　ㄱㄴㄷㄹㅁㅂㅅㆁㅈㅎㅋㅌㅍㅊ

⒀ 김두봉(金枓奉) 14초성(깁더 조선말본)
　　ㄱ기윽ㄴ니은ㄷ디읃ㄹ리을ㅁ미음ㅂ비읍ㅅ시읏ㅇ이응ㅈ지읒ㅊ치읓ㅋ키읔
　　ㅌ티읕ㅍ피읖ㅎ히읗

⒁ 한글학회 제정 14초성(한글 맞춤법 통일안)
　　ㄱ기역ㄴ니은ㄷ디귿ㄹ리을ㅁ미음ㅂ비읍ㅅ시옷ㅇ이응ㅈ지읒ㅊ치읓ㅋ키읔

우리나라 말[國語]에서는 계모(溪母 : ㅋ 소리)를 많이 쓰면서 한문자의 소리[字音]에는 오직 '쾌(夬 : 快)'라는 한 글자의 음뿐이니, 이는 더욱 우스운 일이다. 이로 말미암아 글자의 획[字畫]이 잘못되어 '어(魚)'와 '노(魯)'에 참 것이 혼란되고, 성음(聲音)이 문란하여 경위(涇渭)41)가 함께 흐르는 지라 횡(橫)으로는 사성(四聲)의 세로줄[經]을 잃고 종(縱)으로는 칠음(七音)의 가로줄[緯]에 뒤얽혀서, 날[經]과 씨[緯]가 짜이지 못하고 경중(輕重)이 차례가 뒤바뀌어, 성운(聲韻)의 변한 것이 극도에 이르렀는데, 세속에 선비로 스승된 사람이 이따금 혹 그 잘못된 것을 알고 사사로이 스스로 고쳐서 자제(子弟)들을 가르치기도 하나, 마음대로 고치는 것을 중난(重難)하게 여겨 그대로 구습(舊習)을 따르는 이가 많았다. 만일 이를 크게 바로 잡지 않으면 오래 될수록 더욱 심하여져서 장차 구해 낼 수 없는 폐단이 있을 것이다. 대개 옛적에 시(詩)를 짓는 데에 그 음(音)을 맞출 뿐이었는데, 삼백편(三百篇)42)으로부터 내려와 한(漢)·위(魏)·진(晉)·당(唐)의 모든 작가(作家)도 또한 언제나 같은 운율

ㅌ티읕ㅍ피읖ㅎ히읗

(15) 최현배(崔鉉培) 14초성(우리말본)

ㄱ기역ㄴ니은ㄷ디귿ㄹ리을ㅁ미음ㅂ비읍ㅅ시옷ㅈ지읒ㅊ치읓ㅋ키읔ㅌ티읕ㅍ피읖ㅎ히읗ㅇ이응

(16) 문교부 제정 14초성(한글 맞춤법)

ㄱ기역ㄴ니은ㄷ디귿ㄹ리을ㅁ미음ㅂ비읍ㅅ시옷ㅇ이응ㅈ지읒ㅊ치읓ㅋ키읔ㅌ티읕ㅍ피읖ㅎ히읗

41) 경위(涇渭) : 탁한 물과 맑은 물. 중국 합서성(陝西省)에 있는 경수(涇水)와 위수(渭水). 경수는 탁류(濁流), 위수는 청류(清流).
42) 삼백편(三百篇) : 공자(孔子)가 정리하여 엮은 시경(詩經). 3천여 편 중에서 공자가 3백 5편을 뽑았다 함.

에만 구애하지 아니하였으니, '동(東)' 운을 '동(冬)' 운에도 쓰고, '강(江)' 운을 '양(陽)' 운에도 씀과 같은 따위이니, 어찌 운(韻)이 구별된다 하여 서로 통하여 맞추지 못할 것이랴? 또 자모(字母)를 만듦에는 말소리 [聲]에 맞게 할 것이니, 설두(舌頭)·설상(舌上)과 순중(脣重)·순경(脣輕) 과, 치두(齒頭)·정치(正齒)43)와 같은 따위인데, 우리나라의 자음(字音)에 는 분별할 수 없은 즉 또한 마땅히 자연에 따라 할 것이지, 어찌 반드 시 36자(三十六字)44)에 구애할 것이랴?

공손히 생각하건대, 우리 주상 전하(主上殿下)께서는 선비를 높이고 [崇儒]45) 도(道)를 존중하며, 문학을 힘쓰고 교화를 일으킴에 그 지극함 을 쓰지 않는 바가 없사온데, 만기(萬機)를 살피시는 여기에 이 일에 생 각을 두시와, 이에 신(臣) 신숙주(申叔舟)와 수집현전 직제학(守集賢殿直 提學) 신(臣) 최항(崔恒), 수직집현전(守直集賢殿) 신(臣) 성삼문(成三 問)·신(臣) 박팽년(朴彭年), 수집현전 교리(守集賢殿校理) 신(臣) 이개(李 塏), 수이조 정랑(守吏曹正郞) 신(臣) 강희안(姜希顔), 수병조 정랑(守兵曹 正郞) 신(臣) 이현로(李賢老), 수승문원 교리(守承文院校理) 신(臣) 조변안 (曺變安), 승문원 부교리(承文院副校理) 신(臣) 김증(金曾)에게 명하시와 세속의 습관을 두루 채집하고 전해 오는 문적을 널리 상고하여, 널리 쓰이는 음(音)에 기본을 두고 옛 음운[古韻]의 반절법(反切法)에 맞추어 서 자모(字母 : 초성)·칠음(七音)·청탁(淸濁)·사성(四聲)의 근원을 위세 (委細)한 것까지 연구하지 아니함이 없이 하여 옳은 길로 바로잡게 하 셨사온데, 신 등이 재주와 학식[才識]이 옅고 짧으며, 학문(學問) 공부가

---
43) 치두(齒頭)·정치(正齒) : ≪언해본 훈민정음≫에서 '중국소리엣 니쏘리는 齒頭와 正齒왜 글히요미 잇느니 ㅈㅊㅉㅅㅆ字는 齒頭ㅅ소리예 쓰고 ㅈㅊㅉㅅ ㅆ字는 正齒ㅅ소리예 쓰느니'라고 하였음.
44) 36자(三十六字) : 중국(中國)의 자모(字母). 주(註) 29) 참고.
45) 숭유(崇儒) : 선비를 높임. 또는 유교를 숭상함.

좁고 비루하므로 뜻을 받들기에 미달(未達)하와 매번 지시하심과 돌보심을 번거로이 하게 되겠사옵기에, 이에 옛사람의 편성한 음운[編韻]과 제정한 자모[定母]를 가지고 합쳐야 할 것은 합치고 나눠야 할 것은 나누되, 하나의 합침과 하나의 나눔이나 한 성음[一聲]과 한 자운[一韻]마다 모두 품의(稟議)하여 결재를 받고[宸斷], 또한 각각 고증과 빙거를 두어서, 이에 사성(四聲)으로써 조절하여 91운(韻)과 23자모(字母)46)를 정하여 가지고 어제(御製)하신 훈민정음(訓民正音)으로 그 음(音)을 정하고, 또 '질(質)'·'물(勿)'들의 운(韻)은 '영(影)'47)으로써 '래(來)'48)를 기워서 속음을 따르면서 바른 음에 맞게 하니, 옛 습관의 와류(譌謬)가 이에 이르러 모두 고쳐지었다.

　글이 완성되니 이름을 내리시기를 '동국정운(東國正韻)'이라 하시고, 인하여 신(臣) 신숙주(申叔舟)에게 명하시어 서문(序文)을 지으라 하시었다. 신(臣) 숙주(叔舟)가 그윽이 생각하옵건대, 사람이 날 때에 천지(天地)의 기운을 받지 않은 자가 없는데 성음(聲音)은 기운에서 나는 것이니, 청탁(淸濁)이란 것은 음양(陰陽)의 분류(分類)로서 천지(天地)의 도(道)요, 사성(四聲)이란 것은 조화(造化)의 단서(端緖)로서 사시(四時)의 운행이라. 천지의 도(道)가 어지러우면 음양(陰陽)이 그 자리를 뒤바꾸

---

46) 23자모(二十三字母) : 훈민정음(訓民正音) 초성(初聲) 23개(個) 자류(字類). 이는 동국정운(東國正韻)의 성모(聲母)로 그대로 썼음.

오음\구분	아음 (牙音)	설음 (舌音)	순음 (脣音)	치음 (齒音)	후음 (喉音)	반설음	반치음
훈민정음	ㄱㅋㄲㆁ	ㄷㅌㄸㄴ	ㅂㅍㅃㅁ	ㅈㅊㅉㅅㅆ	ㆆㅎㆅㅇ	ㄹ	ㅿ
동국정운	君快虯業	斗呑潭那	彆漂步彌	卽侵慈戌邪	挹虛洪欲	閭	穰

47) 영(影) : ㆆ 소리.
48) 래(來) : ㄹ 소리.

고, 사시(四時)49)의 운행이 문란하면 조화(造化)가 그 차례를 잃게 되나니, 지극화도다 성운(聲韻)의 묘함이여. 음양(陰陽)의 문턱은 심오(深奧)하고 조화(造化)의 기틀은 은밀한지고. 하물며 서계(書契)50)가 만들어지지 못했을 때는 성인(聖人)의 도(道)가 천지에 의탁했고, 서계(書契)가 만들어진 뒤에는 성인의 도가 방책(方策)51)에 실리었으니, 성인의 도를 연구하려면 마땅히 글의 뜻[文義]을 먼저 알아야 하고, 문의(文義)를 알기 위한 요령은 마땅히 성운(聲韻)부터 알아야 하니, 성운(聲韻)은 곧 도(道)를 배우는 권여(權輿)52)인지라. 또한 어찌 쉽게 능통할 수 있으랴.

 이것이 우리 성상(聖上)께서 성운(聲韻)에 마음을 두시고 고금(古今)을 짐작(斟酌 : 참작)하시어 지남(指南 : 指針)을 만드셔서 억만대[億載]의 모든 후생들을 길 열어 주신 까닭이다.

 옛사람이 글을 지어 내고 그림을 그려서 음(音)으로 고르고 종류로 가르며 정절(正切)로 함과 회절(回切)로 함에 그 법이 심히 자상한데, 배우는 이가 그래도 입을 어물거리고[含糊] 더듬더듬하여[囁嚅] 음(音)을 고르고 운(韻)을 맞추기에 어두웠더니, 정음(正音)53)이 제작됨으로부터 만구(萬口)54)의 한 소리[一聲]도 털끝만큼도 틀리지 아니하니, 실로 음(音)을 전하는 중심줄[樞紐]인지라. 청탁(淸濁)이 분별되므로 천지의 도(道)가 정하여지고 사성(四聲)이 바로잡히므로 사시(四時)의 운행이 순하게 되니, 진실로 조화(造化)를 경륜(經綸)하고 우주(宇宙)를 주름잡으며[轇輵],

---

49) 사시(四時) : 네 철을 말함이니, 곧 봄[春]·여름[夏]·가을[秋]·겨울[冬].
50) 서계(書契) : 글자. 중국 태고(太古)의 문자(文字). 나무나 대에 글자를 파 새겨서 약속의 표적으로 한 것.
51) 방책(方策) : 방책(方冊). 목판(木板)이나 대쪽에 쓴 글. 서책(書冊). 책.
52) 권여(權輿) : 사물의 시작, 또는 처음.
53) 정음(正音) : 훈민정음(訓民正音).
54) 만구(萬口) : 여러 사람의 말. ≪세종실록≫ 권제 117 세종 29년 9월 29일 (무오) 기록에는 "만고(萬古)"로 되었음.

오묘한 뜻이 현관(玄關)55)에 부합(符合)되고 신기한 기미(幾微)가 대자연의 소리[天籟]에 통한 것이 아니면 어찌 능히 이에 이르리오. 청탁(淸濁)이 선전(旋轉)하며 자모(字母)가 서로 밀어 칠음(七音)과 12운율(韻律)56)과 84성조(聲調)가 가히 성악(聲樂)의 정도(正道)로 더불어 한가지로 크게 화합하게 되었도다.

아아! 소리를 살펴서 음(音)을 알고, 음(音)을 살펴서 음악을 알며, 음악을 살펴서 정치를 알게 되나니, 뒤에 보는 이들이 반드시 얻는 바가 있을 것이다.

세종(世宗) 29년(1447년, 정통(正統) 12년) 정묘(丁卯) 9월 하한(下澣)에 통덕랑 수집현전 응교 예문 응교 지제교 경연 검토관(通德郞守集賢殿應教藝文應教知製教經筵檢討官) 신(臣) 신숙주(申叔舟)는 머리를 조아려 절하옵고 삼가 서문(序文)을 짓습니다.

---

55) 현관(玄關) : 현묘(玄妙)한 도(道)로 들어가는 문.
56) 12운율(十二韻律) : 12율(十二律). 육률(六律)과 육려(六呂). 율려(律呂). 육률(六律)은 십이율(十二律) 중 양성(陽聲)에 속하는 여섯 가지 소리이니, 곧 황종(黃鍾)·태주(太簇)·고선(姑洗)·유빈(蕤賓)·이칙(夷則)·무역(無射)들이고, 육려(六呂)는 십이율(十二律) 중 음성(陰聲)에 속하는 여섯 가지 소리이니, 곧 대려(大呂)·협종(夾鍾)·중려(仲呂)·임종(林鍾)·남려(南呂)·응종(應鍾)들임.

홍무정운역훈서(洪武正韻譯訓序)

성운학(聲韻學)이 가장 정(精)하기 어려운 것이다. 대개 사방의 풍토(風土)가 같지 않음에 따라 기(氣)도 또한 마찬가지다. 소리[聲]는 기(氣)에서 나니, 그런고로 이른바 사성(四聲)1)·칠음(七音)2)이 지방에 따라

---

1) 사성(四聲) : 주로 한자(漢字)가 갖는 고(高)·저(低)·장(長)·단(短) 네 종류의 음(音). 곧 평성(平聲)·상성(上聲)·거성(去聲)·입성(入聲). 우리나라에서도 훈민정음(訓民正音) 창제 당시에는 국어에 성조 표기를 하였는데, 이 소리의 높낮이를 중국어의 성조를 적는 갈말[術語]인 사성(四聲) 그대로 따서 평성·상성·거성·입성이라 하고, 그 표기 방법은 글자의 왼쪽에 둥근 점으로써 하였는데, 왼쪽에 한 점을 찍으면 거성, 두 점을 찍으면 상성, 점이 없으면 평성임. 한문자의 입성(入聲)은 거성(去聲)과 같이 왼쪽에 한 점을 찍으나, 국어의 입성은 정함이 없어서 평성·상성·거성으로 갈리는데, 다만 빠름[促急]. 보기를 들면,

　　평성 ---------------- 활(弓)
　　상성 ---------------- :돌(石)
　　거성 ---------------- ·갈(刀)
　　입성 ┬ 평성 --------- 긷[柱], 녑[脅]
　　　　├ 상성 --------- :낟[穀], :깁[繒]
　　　　└ 거성 --------- ·몯[釘], ·입[口]

과 같은 것임[≪훈민정음(訓民正音)≫ 본문 및 해례(解例) 합자해(合字解) 참고]. 그리고 언해본 ≪훈민정음≫에서는 이 사성에 대한 소리를 설명하였으니, 평성은 「·뭇눗가·ᄫᆞᆫ 소·리(가장 낮은 소리)」, 상성은 「·처서·미 ᄂᆞᆺ :갑·고 :냉즁(乃終)·이 노·픈 소리(처음이 낮고 나중이 높은 소리)」, 거성은 「·뭇노·픈 소리(가장 높은 소리)」, 입성은 「ᄲᅡᆯ·리긋돋ᄂᆞᆫ 소·리(빨리 끊는 소리)」라고 하였음.

2) 칠음(七音) : ①오음(五音)인 궁(宮)·상(商)·각(角)·치(徵)·우(羽)에 반상(半商)·반치(半徵)를 합한 일곱 가지 악조(樂調). ②음운학(音韻學)에서 본 일곱 가지 소리. 곧 어금닛소리[牙音]·혓소리[舌音]·입술소리[脣音]·잇소리[齒

다름이 마땅하다. 심약(沈約)3)이 보(譜)를 지음으로부터 남음(南音)4)이 섞여져 있으므로 학식이 있는 이가 병되게 여겼으나, 역대에 아무도 이 정(釐正)5)한 이가 없었다. 명(明)나라 태조(太祖)가 그것이 괴천(乖舛)6)하여 윤서(倫序)7)를 잃은 것을 민망히 여기고, 유신(儒臣)에게 명하여 한결같이 중국[中原]의 아음(雅音)8)으로써 정(定)하여 ≪홍무정운(洪武正韻)≫9)을 만들었으니, 실로 이는 천하 만국(萬國)의 종주(宗主)이다.

우리 세종장헌대왕(世宗莊憲大王)께서 운학(韻學)에 유의하시와 저온(底蘊 : 깊숙한 곳)까지 궁연(窮硏)하여 훈민정음(訓民正音) 약간의 글자를 창제하시니, 사방의 만물의 소리를 전(傳)하지 못함이 없으며, 우리 동방(東邦)10)의 선비가 비로소 사성(四聲)·칠음(七音)을 알게 되어 저절로 갖추지 못할 것이 없으며, 특히 자운(字韻)에만 한할 따름이 아니다.

音]·목구멍소리[喉音]·반혓소리[半舌音]·반잇소리[半齒音].
3) 심약(沈約) : 중국 남북조시대(南北朝時代)인 송(宋)·제(齊)·양(梁)나라 때 (441~513)의 시문(詩文)에 능한 학자로서, 자(字)는 휴문(休文). 특히 음운학(音韻學)에 있어 사성(四聲) 연구의 개조(開祖)임. 저서로 ≪진서(晋書)≫·≪송서(宋書)≫·≪제기(齊紀)≫ 등이 있고 또 ≪사성보(四聲譜)≫를 찬하였음.
4) 남음(南音) : 중국 남쪽 초(楚)나라의 음악.
5) 이정(釐正) : 정리하여 바로 잡아 고침.
6) 괴천(乖舛) : 어그러지고 온당하지 않음.
7) 윤서(倫序) : 순서(順序).
8) 아음(雅音) : 바른 음. 곧 정음(正音).
9) ≪홍무정운(洪武正韻)≫ : 중국 명(明)나라 홍무(洪武) 8년(1375)에 태조(太祖)의 명을 받아 유신(儒臣) 송렴(宋濂) 등이 편찬한 중국 운서(韻書). 남북조시대 학자인 사성(四聲) 연구의 개조(開祖) 심약(沈約)의 제정(制定)으로부터 8백여 년간 써 온 사성(四聲)의 체계를 일체 북경(北京) 음운(音韻)을 대중[標準]으로 하여 고쳐 정한 것임.
10) 동방(東邦) : '동쪽 나라'라는 뜻으로, 우리 스스로 '우리나라'를 이르는 말임.

이에 우리 동국(東國)[11]이 대대로 중국[中華]과 친교하였으나 말[語音]이 통하지 아니하여 반드시 통역을 의뢰하여야만 하였다. <그리하여> 먼저 ≪홍무정운(洪武正韻)≫을 번역할 것을 명하여 현 예조참의(禮曹參議) 신(臣) 성삼문(成三問), 전농소윤(典農少尹) 신(臣) 조변안(曹變安), 지금산군사(知金山郡事) 신(臣) 김증(金曾), 전 행통례문봉례랑(行通禮門奉禮郎) 신(臣) 손수산(孫壽山) 및 신(臣) 신숙주(申叔舟) 등으로 하여금 옛 것을 교정하게 하고, 수양대군(首陽大君) 신(臣) 휘(諱), 계양군(桂陽君) 신(臣) 이증(李璔)이 출납(出納)을 감장(監掌)하게 하고, 모두 친히 임석(臨席)하여 법식대로 정하여[課定] 칠음(七音)으로 맞추고[叶以七音], 사성(四聲)으로 고르고[調以四聲], 청탁(淸濁)[12]으로 고르니[諧之以淸濁], 종횡(縱衡)[13] 경위(經緯)[14]가 비로소 바르게 되어 결합됨이 없다. 그러나 말[語音]이 이미 달라 그릇 전한[傳訛] 것이 또한 많아서 이에 신(臣) 등

---

11) 동국(東國): '동방에 있는 나라'라는 뜻으로, '우리나라'를 이르는 말임. ≪고려사≫ 권 79, 지(志) 권 제33 식화2(食貨二)에, "…공양왕…3년…7월…우리 동방(東方: 고려)의 삼한중보(三韓重寶)·동국통보(東國通寶)·동국중보(東國重寶)·해동중보(海東重寶)·해동통보(海東通寶)와 같은 전폐(錢幣: 돈)는 이것이 중국의 전적(典籍)에 실려 있어 대개 상고(詳考)할 수 있습니다[…恭讓王…三年…七月…吾東方之錢 如三韓重寶·東國通寶·東國重寶·海東重寶·東海(海東)通寶 載之於中 國傳(典)籍 盖可考也]."라고 하였고, ≪태종실록≫ 제6권 태종(太宗) 3년 8월 30일(을해)조에, "좌정승 하윤(河崙) 등이 새로 편수(編修)한 ≪동국사략(東國史略)≫을 바치었는데, 하윤이 참찬 권근(權近)·지의정 이첨(李詹)과 더불어 편수하였다[左政丞河崙等 進新修東國史略 崙與參贊權近·知議政李詹修之]."라고 하였음.
12) 청탁(淸濁): 맑음과 흐림. 곧 청음(淸音)과 탁음(濁音). 「홍무운 31자모지도(洪武韻三十一字母之圖)」에는 자모(字母)를 전청(全淸)·차청(次淸)·전탁(全濁)·불청불탁(不淸不濁)으로 나누었음.
13) 종형(縱衡): 종횡(縱橫). 곧 가로 세로.
14) 경위(經緯): 세로줄과 가로줄. 곧 날[經]과 씨[緯].

에게 명하여 중국의 선생(先生)이나 학사(學士)에게 가서 바로잡게 하므로 7, 8차를 왕래하여 더불어 질문하는 이가 여러 사람에 달하였다. 연도(燕都 : 北京)는 만국(萬國)의 도회지로서 그 머나 먼 길을 가고 오는 동안에 일찍이 더불어 주선(周旋)하고 강명(講明)한 것이 또한 적지 아니하고, 다른 지역의 사신(使臣)을 비롯하여 석로(釋老)와 졸오(卒伍)의 하찮은 존재까지도 서로 접촉하니, 정속(正俗)15)의 다르고 같은 변(變)이라 하였고, 또 중국의 사신으로 본국에 온 이가 선비이면 또 바른 것을 취했다. 무릇 십여 벌의 원고를 베껴 써서 심히 애써 되풀이해서 8년이란 오랜 세월을 마치고서야 향(向)하여 바로잡아 결함됨이 없다는 것이 더욱 의심 없는 것 같았다.

　문종공순대왕(文宗恭順大王)께서 동저(東邸)에 있을 적부터 성인(聖人)으로 성인을 보좌하여 성운(聲韻)16)을 참정(參定)하고 보위(寶位)를 계승하게 되자, 신(臣) 등 및 전 판관(判官) 신(臣) 노삼(魯參), 현 감찰(監察) 신(臣) 권인(勸引), 부사직(副司直) 신(臣) 임원준(任元濬)에게 명하여 거듭 수교(讐校 : 校正)를 가하게 하였다. 무릇 홍무운(洪武韻 : 洪武正韻)에 사용한 운(韻)이 병석(倂析)된 것은 모두 바로잡아 놓았는데, 유독 칠음(七音)의 앞뒤가 그 차례를 거치지 아니하지만, 그러나, 감히 경솔하게 변경(變更)할 수 없어서 다만, 그 전 것을 그대로 두고 자모(字母)17)를

---

15) 정속(正俗) : 도리에 맞고 올바른 풍속.
16) 성운(聲韻) : 성(聲)과 운(韻).
17) 자모(字母) : 중국 음운(音韻) 용어. 첫소리[初聲]를 표시하는 글자이니, 곧 중국 음운학(音韻學)에서 동일한 성모(聲母 : 語頭子音)를 가진 글자들 가운데에서 한 글자를 골라 그 대표로 삼은 글자를 말함.

　≪홍무정운(洪武正韻)≫에 나타난 홍무운 31자모지도(洪武韻三十一字母之圖)를 보이면 다음과 같음.

여러 운(韻)과 각 글자의 머리에 나누어 들여놓아 훈민정음(訓民正音)을 사용하여 반절(半切)18)을 대신하고, 그 속음(俗音)과 두 가지로 사용하는 음(音)을 몰라서는 아니 되므로 나누어서 본 글자의 아래 주(注)를 달고, 만약 또 통하기 어려운 것이 있으면 대략 주석(注釋)을 가해서 그 보기를 보여주고, 또 세종대왕께서 정해 놓으신 ≪사성통고(四聲通攷)≫를 따로 두면(頭面)에 붙이고, 다시 범례(凡例)를 지어서 지남(指南)을 만들었다.

　삼가 생각하옵건대, 성상(聖上)께서 즉위(卽位)하시자 빨리 인출(印出)해서 반포하도록 명하여 널리 전하게 하시고, 신(臣)이 일찍이 선왕(先王)에게 명을 받았다 해서 명하여 서문(序文)을 지어 전말(顚末)을 기록

五音	角	徵	羽		商		宮	半徵	半商
五行	木	火	水		金		土	半火	半金
七音	牙音	舌頭音	脣音重	脣音輕	齒頭音	正齒音	喉音	半舌	半齒
全淸	見 견ㄱ	端 된ㄷ	幫 방ㅂ	非 비ᄫ	精 징ㅈ	照 잫ㅈ	影 힁ㆆ		
次淸	溪 키ㅋ	透 틀ㅌ	滂 팡ㅍ		淸 칭ㅊ	穿 쳔ㅊ	曉 향ㅎ		
全濁	群 꾼ㄲ	定 띵ㄸ	並 뼁ㅃ	奉 뽕ㅃ	從 쭝ㅉ	牀 짱ㅉ	匣 향ㆅ		
不淸不濁	疑 이ㆁ	泥 니ㄴ	明 밍ㅁ	微 믱ㅁ			喩 유ㅇ	來 래ㄹ	日 싱ㅿ
全淸					心 심ㅅ	審 심ㅅ			
全濁					邪 써ㅆ	禪 썬ㅆ			

18) 반절(半切) : 한자의 두 자음(字音)을 반씩 따서 한자음을 표시하는 방식을 뜻함. 이를테면, "동(東)"자의 음은 "덕(德)"의 초성 "ㄷ"과 "홍(紅)"의 중성과 종성 "옹 : ㅗㅇ"을 합쳐서 "동(東)"이 되는 것이므로 "德紅反" 또는 "德紅切"이라고 표시하였음.

하게 하셨다.

　가만히 생각하옵건대, 음운(音韻)은 형(衡：橫)으로 칠음(七音)이 있고, 종(縱：세로)으로 사성(四聲)이 있는데, 사성(四聲)은 강좌(江左)19)에서 시작되고, 칠음(七音)은 서역(西域)20)에서 기원하였다. 송유(宋儒)21)에 이르러 보(譜)를 만들어 내니 경(經)·위(緯)가 비로소 합하여 하나가 되었으며, 칠음(七音)이 36자모(三十六字母)22)가 되어 설상음[舌上]의 네 자모[四母]23)와 순경음[脣輕]의 차청(次淸)인 한 자모[一母]24)는 세상에서 쓰이지 않은 것이 이미 오래고, 또 선배(先輩)가 이미 변경해 놓은 것이 있으니, 이것은 억지로 두어서 옛것에 얽매어서는 안 된다. 사성(四聲)은 평성(平聲)·상성(上聲)·거성(去聲)·입성(入聲)을 말함인데, 전탁(全濁)의 글자는 평성(平聲)이 차청(次淸)에 가깝고, 상성(上聲)·거성(去聲)·입성(入聲)은 전청(全淸)에 가깝다. 세상에서 사용하고 있는 것이 이와 같다. 그러나, 또한 그것이 이 지경에 이르게 된 까닭을 알 수 없다. 또

---

19) 강좌(江左)：중국 육조시대(六朝時代)에 중국 동부 해안 곧 양자강(揚子江) 하류에 위치한 강소(江蘇)와 남동부 동해 연안 곧 양자강 하류의 남부에 있는 절강(浙江)에서 문학(文學)이 성하였는데, 이 문학을 이르기를 강좌 문학(江左文學)이라 함. 당시 학자로는 사영운(謝靈運)·심약(沈約)·도연명(陶淵明) 등이 그 대표임.
20) 서역(西域)：옛날 중국인이 중국의 서쪽에 있는 여러 나라를 부른 범칭이니, 곧 중국의 서쪽에 있는 총령(葱嶺)의 동서편에 있는 여러 나라를 통틀어 일컫는 것임.
21) 송유(宋儒)：송학(宋學)의 학자. 곧 정호(程顥)·정이(程頤)·주희(朱熹) 등 송(宋)나라 때의 학자.
22) 삼십육자모(三十六字母)：광운 36자모(廣韻三十六字母) 및 집운 36자모(集韻三十六字母) 참고.
23) 설상음의 네 자모[舌上四母]：知(ㅈ)·徹(ㅊ)·澄(ㅉ)·孃(ㄴ).
24) 순경음의 차청인 한 자모[脣輕次淸一母]：敷(ㆄ).

시성(始聲)이 있고 종성(終聲)이 있어 한 글자의 음(音)을 이루는 것은 이치의 필연(必然)인데, 유독 입성(入聲)에만 세속(世俗)에서 종성을 쓰지 아니하니 너무 어처구니없는 일이다. ≪몽고운(蒙古韻)≫25)과 황공소(黃公紹)의 ≪운회(韻會)≫26)도 입성에는 또한 종성을 사용하지 아니하였으니 어찌한 일이냐? 이와 같은 것이 한 가지만이 아니니, 이도 또 의심되는 것이다. 왕복(往復)하고 취정(就正)한 것이 퍽 많았으나 마침내 한 번도 운학(韻學)에 정통(精通)한 이를 만나서 그 조해(調諧)27)하고 유섭(紐攝)하는 묘리를 변론해 보지 못하고, 특히 그 말하고 읽고 외우고 하는 나머지에 의해서 청탁(淸濁)과 개합(開闔)28)의 근원을 추구하여 이른바 가장 어려운 것을 정해(精解)하고자 하니, 이것이 오래도록 애써서 [辛勤] 겨우 얻게 된 것이다.

　신(臣) 등은 학식이 천박하고 지식이 용렬하여 일찍이 구탐(鉤探: 鉤素)하여 성모(聖謨)29)를 현양(顯揚)하지 못하고 우리 세종대왕(世宗大王)은 하늘이 내신(내려 보내신) 성인(聖人)으로 고명(高明)하고 박달(博達)하여 지극하지 아니한 바 없으시와 성운(聲韻)의 처음과 끝[源委]을 모조리 궁구[悉究]하여 짐작(斟酌)하고 재정(裁定)해서 칠음(七音)・사성(四聲)과 일경(一經)・일위(一緯)로 하여금 마침내 바른 데로 돌아오게 하였으니, 우리 동방(東方) 천 백년[千百載]에 알지 못하던 것을 열흘[浹旬]

---

25) ≪몽고운(蒙古韻)≫ : 원(元)나라 때에 편찬한 운서(韻書)인 ≪몽고운략(蒙古韻略)≫.
26) 황공소(黃公紹)의 ≪운회(韻會)≫ : 명(明)나라의 황공소(黃公紹)가 저술한 ≪운회(韻會)≫에는 35초성(初聲)을 제정하였음. 「운회 35자모지도(韻會三十五字母之圖)」 참고.
27) 조해(調諧) : 서로 화합하여 잘 어울림.
28) 개합(開闔) : 열고 닫음.
29) 성모(聖謨) : 임금의 통치하는 방책(方策). 임금의 정치적 규모를 높여 이르는 말.

이 못 가서 배울 수 있으며, 진실로 능히 침잠(沈潛)하고 되풀이 하여 이를 해득하면 성운학(聲韻學)30)이 어찌 정(精)하기 어려우랴. 옛 사람이 이르기를, "범음(梵音)31)은 중국에서 유행하였으되 우리 부자(夫子)32)의 경문(經文)으로 발제하(跋提河)33)를 통과할 수 없는 것은 글자로써 소리 낼 수 없기 때문이다." 라고 하였다. 대개 소리[聲]가 있으면 이내 글자가 있는 것이니, 어찌 소리 없는 글자가 있으랴. 지금 훈민정음(訓民正音)으로써 번역하여 소리[聲]가 운(韻)과 더불어 고르게 되면 음화(音和)·유격(類隔)·정절(正切)·회절(回切) 따위의 번거롭고 또 수고스러운 것을 기다리지 않고 입만 열면 음(音)을 얻어 조금도 틀리지 아니하니, 어찌 풍토가 한 가지가 아니함을 걱정하랴. 우리 열성(列聖)의 제작(製作)의 묘법(妙法)이 다 아름답고 다 훌륭하여 고금(古今)을 넘나드는 동시에 전하의 계술(繼述)의 아름다움이 또 전열(前烈)에 빛나는 바이다.

단종(端宗) 3년(1455년, 경태(景泰) 6년) 중춘(仲春) 기망(旣望)34)에 수충협책 정난공신 통정대부 승정원 도승지 경연 참찬관 겸 상서윤 수문전 직제학 지제교 충춘추관 겸 판봉상시사 지이조사 내직 사준원사(輸忠協策靖難功臣通政大夫承政院都承旨經筵參贊官兼尙瑞尹修文殿直提學知製敎充春秋館兼判奉常寺事知吏曹事內直司樽院事) 신(臣) 신숙주(申叔舟)는 머리를 조아려 절하옵고 삼가 서문(序文)을 짓습니다.

---

30) 성운학(聲韻學) : 음운학(音韻學).
31) 범음(梵音) : 범자(梵字)의 음(音). 또는 경(經) 읽는 소리.
32) 부자(夫子) : 공자(孔子).
33) 발제하(跋提河) : 중인도 구시나게라국(拘尸那揭羅國)에 있는 아시다발제하(阿恃多跋提河)의 약칭. 석가(釋迦)가 이 강(江)의 서안(西岸)에서 입멸(入滅)했다고 하는 강의 이름. 발제(跋提).
34) 기망(旣望) : 음력 16일.

홍무정운역훈범례(洪武正韻譯訓凡例)

1. ≪도운(圖韻)≫ 여러 책과 지금 중국 사람이 쓰는 것으로써 그 자음(字音)[1]을 정하고 또 중국 시음(時音)[2]의 널리 쓰는 것으로써 ≪도운≫에 맞지 아니한 것은 글자마다 속음(俗音)[3]을 반절(半切) 밑에 썼다.

1. 전탁음(全濁音)의 상성(上聲)·거성(去聲)·입성(入聲) 삼성(三聲)의 글자는, 지금 중국 사람[漢人]이 사용하는 첫소리[初聲]는 청성(淸聲)과 서로 가깝고, 또한 각각 청탁(淸濁)의 구별이 있는데, 홀로 평성(平聲)의 글자는, 초성(첫소리)이 차청(次淸)과 서로 비슷하나, 차청은 그 소리[聲]가 맑기 때문에 음종(音終)[4]이 곧고 낮으며[直低], 탁성(濁聲)은 그 소리가 탁하기 때문에 소리 끝이 조금 거세다[稍厲].

1. 무릇 설음의 상성[舌上聲]은 혀 허리를 잇몸에 대기[舌腰點腭] 때문에 그 소리가 어려워서 저절로 정치음(正齒音)으로 돌아간다. 그러므로, ≪운회(韻會)≫의 「知(ㅈ)·徹(ㅊ)·澄(ㅉ)·孃(ㄴ)」은 「照(ㅈ)·穿(ㅊ)·牀(ㅉ)·禪(ㅆ)」으로 보냈는데, 중국의 시음(時音)은 홀로 「孃(ㄴ)」은 「泥(ㄴ)」로 보내고, 또 본운(本韻)에 「泥(ㄴ)」와 「孃(ㄴ)」이 혼동되어 구별이 없으니, 이제 「知(ㅈ)·徹(ㅊ)·澄(ㅉ)」는 「照(ㅈ)·穿(ㅊ)·牀(ㅉ)」으로 보내고 「孃(ㄴ)」은 「泥(ㄴ)」로 보냈다.[5]

---

1) 자음(字音) : 글자의 음(音).
2) 시음(時音) : 현시음. 시속음.
3) 속음(俗音) : 한자(漢字)의 원음에서 변하여 대중이 통용하는 음(音).
4) 음종(音終) : 소리 끝.
5) 최세진(崔世珍)의 ≪사성통해(四聲通解)≫에 나타나는 「홍무운 31자모지도(洪武韻三十一字母之圖)」 부기(附記)에 이르기를, "시속에 쓰는 한음(漢音)은, 「知」는 「照」에 아우르고, 「徹」은 「穿」에 아우르며, 「澄」은 「牀」에 아우르고, 「孃」은 「泥」에 아우르며, 「敷」는 「非」에 아우러, 쓰지 아니하기 때문에 지금 여기에도 이를 없앤다[時用漢音 以知倂於照 徹倂於穿 澄倂於牀 孃倂於泥 敷倂

1. 순경성(脣輕聲)의 「非(ᄫ)・敷(ᅗ)」 두 자모[二母]의 글자는 본운(本韻)과 몽고운(蒙古韻)에 혼합하여 하나로 만들었고, 또 중국 시음(時音)에도 구별이 없으니, 이제 [敷(ᅗ)]를 [非(ᄫ)]에 보냈다.

1. 무릇 치음(齒音)의 치두음(齒頭音)은 혀를 들어서 이에 대기[擧舌點齒] 때문에 그 소리가 얕고, 정치음(整齒音)은 혀를 말아서 잇몸에 대기 [卷舌點腭] 때문에 그 소리가 깊다. 우리나라 치성(齒聲)6)의 「ㅅ・ㅈ・ㅊ」은 치두음과 정치음 사이에 있는데, ≪훈민정음(訓民正音)≫에는 치두음과 정치음의 구별이 없다. 이제 치두음은 「ᄼ・ᄌ・ᄎ」로 표시하고, 정치음은 「ᄾ・ᅎ・ᅔ」로 표시하여 구별하였다.7)

1. 본운(本韻)에 「疑(ㆁ)・喩(ㅇ)」 운모(韻母)의 여러 글자가 서로 섞인 것이 많으니, 이제 글자마다 밑에 고운(古韻)에 따라서 「喩」는 다만 「ㅇ」모(母)만 쓰고, 「疑」는 다만 「ㆁ」모만 써서 구별하였다.

1. 대저 본국의 음(音)은 가벼우면서 얕고[輕而淺], 중국의 음(音)은 무거우면서 깊은데[重而深], 이제 ≪훈민정음≫은 본국의 음에서 나왔으므로 만약 한음(漢音)8)을 쓴다면 반드시 변해서 통해야 이내 막힘이 없음을 얻을 것이다. 이를테면, 가운뎃소리[中聲]의 「ㅏ・ㅑ・ㅓ・ㅕ」와 같이 입을 벌리는 글자[張口之字]는 첫소리[初聲]를 내는 입이 변하지 아니하

於非 而不用 故今亦法之].”라고 하였음.
6) 치성(齒聲) : 잇소리. 언해본 ≪훈민정음≫(세조 5년 간행)에서 “漢音 齒聲은 有齒頭正齒之別ᄒᆞ니”를 풀이하기를, “中國 소리옛 니쏘리ᄂᆞᆫ 齒頭와 正齒왜 굴히요미 잇ᄂᆞ니” 라고 하였음.
7) 원본 ≪훈민정음(訓民正音)≫에는 치성(齒聲)의 치두(齒頭)・정치(正齒)의 구별이 없으나, 언해본 ≪훈민정음≫에는, “한음(漢音)의 치성(齒聲)은 치두와 정치의 구별이 있다하고, 「ᄌ・ᄎ・ᄍ・ᄉ・ᄊ」 글자는 치두에 쓰고, 「ᅎ・ᅔ・ᅏ・ᄾ・ᅅ」 글자는 정치에 쓴다.” 라고 하였음.
8) 한음(漢音) : 중국 소리, 또는 중국음. 언해본 ≪훈민정음≫에서 주석하기를, “漢音은 中國소리라.”고 하였음.

고,「ㅗ・ㅛ・ㅜ・ㅠ」와 같이 입을 오므리는 글자[縮口之字]는 첫소리를 내는 혀가 변하지 아니한다. 그런고로 가운뎃소리가 「ㅏ」가 되는 글자는 「ㅏ」와 「・」의 사이와 같이 읽고, 「ㅑ」가 되는 글자는 「ㅑ」와 「・」의 사이와 같이 읽으며, 「ㅓ」는 「ㅓ」와 「ㅡ」의 사이, 「ㅕ」는 「ㅕ」와 「ㅡ」의 사이, 「ㅗ」는 「ㅗ」와 「・」의 사이, 「ㅛ」는 「ㅛ」와 「・」의 사이, 「ㅜ」는 「ㅜ」와 「ㅡ」의 사이, 「ㅠ」는 「ㅠ」와 「ㅡ」의 사이, 「・」는 「・」와 「ㅡ」의 사이, 「ㅡ」는 「ㅡ」와 「・」의 사이, 「ㅣ」는 「ㅣ」와 「ㅡ」의 사이와 같게 한 뒤에야 거의 중국의 음(音)에 합할 것이다.

  이제 가운뎃소리가 변한 것은 운(韻)에 따라 같은 가운뎃소리의 머리글자[首字]의 밑에 이를 논석(論釋)하였다.

  1. 입성(入聲)의 여러 운(韻)의 끝소리[終聲]가 지금 남쪽 지방의 음[南音]은 지나치게 명백[太白]한 데에 치우치고, 북쪽 지방의 음[北音]은 느리고 풀어지는[緩弛] 데에 흐르는데, 몽고운(蒙古韻)도 북쪽 지방의 음[北音]을 인습(因襲)한 것이기 때문에 끝소리[종성]로 쓰지 아니한다.

  황공소(黃公紹)의 ≪운회(韻會)≫에는 입성(入聲)의 「질(質)」의 운(韻)인 「颶(율)」・「卒(졸)」 등의 글자를 「옥(屋)」의 운인 「匊(국)」의 자모(字母)에 붙이고, 「合(합)」의 운인 「閤(합)」・「榼(합)」 등의 글자는 「葛(갈)」의 운인 「葛(갈)」의 자모에 붙이는 것과 같은 따위는 어금닛소리[牙音], 혓소리[舌音], 입술소리[脣音]가 혼동되어 구별이 없으니, 이것도 끝소리[終聲]로 쓰지 아니한 것이다.

  평성(平聲)・상성(上聲)・거성(去聲)・입성(入聲)의 사성(四聲)은 비록 청탁(淸濁)・완급(緩急)의 차이는 있다고 하더라도, 그 끝소리[終聲]를 가진 것은 진실로 같지 아닌게 아니다. 하물며 입성(入聲)이 입성으로 된 까닭은 그 어금닛소리・혓소리・입술소리의 전청음(全淸音)으로써 끝소리[終聲]를 삼아서 촉급(促急)한 때문이니, 더욱 끝소리로 쓰지 아니할 수 없음이 명백하다.

　본운(本韻)을 제작함에 같은 것은 합하고, 다른 것은 나누어서 입성(入聲)의 여러 운(韻)의 어금닛소리·혓소리·입술소리의 끝소리[終聲]는 모두 구별하여 섞지 아니하였다. 이제 「ㄱ·ㄷ·ㅂ」으로 끝소리를 삼았으나, 바로 「ㄱ·ㄷ·ㅂ」으로 소리를 내면, 또 이른바 남쪽 지방의 음[南音]과 같다. 다만, 작게 써서 빠르게 끝내어 지나치게 명백한[太白] 데에 이르지 아니하도록 하는 것이 옳다.

　또 지금 속음(俗音)은 비록 끝소리[終聲]로 쓰지 아니한다고 하더라도 평성(平聲)·상성(上聲)·거성(去聲)처럼 느리고 풀어지는[緩弛] 데에는 이르지 아니하기 때문에 속음(俗音)의 끝소리 여러 운(韻)에는 목구멍소리[喉音]의 전청음(全淸音)인 「ㆆ」을 쓰고, 「藥(약)」 운에는 순경음(脣輕音)의 전청음인 「ㅸ」을 써서 구별하였다.

　1. 무릇 자음(子音)은 반드시 끝소리[終聲]가 있는데, 평성(平聲)의 「支(지)·齊(제)·魚(어)·模(모)·皆(개)·灰(회)」 등 운(韻)의 글자는 마땅히 목구멍소리의 「ㅇ」으로 끝소리를 삼아야 할 것인데, 이제 그렇게 못하는 것은 어금닛소리, 혓소리, 입술소리와 같이 끝내는 것이 명백하지 아니하고, 또 비록 「ㅇ」으로써 보태지 아니하더라도 스스로 음(音)을 이룰 것이다. 상성(上聲)·거성(去聲)의 여러 운(韻)도 이와 같다.

　1. 무릇 자음(字音)의 四聲을 점(點)으로써 구별하였는데, 평성(平聲)은 점이 없고, 상성(上聲)은 두 점, 거성(去聲)은 한 점, 입성(入聲)도 한 점이다.

사성통해서(四聲通解序)

　신이 그윽이 생각하건대, 말은 입에서 나오고 청탁(淸濁)[1]은 소리[聲]에 따르는데 소리가 여러 문(文)에 베풀어져서 운율(韻律)을 이루니, 이는 성운(聲韻)의 바탕[體]이 천지(天地)와 더불어 함께 나서 이로 인하여 사성(四聲)[2]의 나뉨[分]과 칠음(七音)의 변별[辨]이 있음을 알겠습니다.

　반드시 능히 사성(四聲)과 경중(輕重)[3]을 살펴서 자모(子母)를 구(求)하고 칠음(七音)의 호흡(呼吸)을 살펴 깨달아서 그 개합(開闔)[4]을 밝힌 뒤에야 그 묘용(妙用)을 거의 알 수 있을 것입니다.

　천하에서 그러함을 알지 못하는 이가 없건만 그런데도 통하는 자 혹 적으니, 이것이 운서(韻書)[5]를 지은 까닭입니다. 그러나 제유(諸儒)의 ≪집운(集韻)≫[6]은 나누고 합침이 조리를 잃고, 하나의 글자[隻字]는 편방(偏旁)[7]의 어긋남[譌舛]이 서로 이어져 왔습니다.

　삼가 생각하건대, 명(明)나라 태조(太祖) 고황제(高皇帝)가 옛 운서(韻書)를 보고 그 어긋나고 뒤섞임을 근심하여 천하를 통일한 처음에 당하여 맨 먼저 사신(詞臣)[8]에게 명하여 일체 중원 아음(中原雅音)[9]으로써

---

1) 청탁(淸濁) : 맑음과 흐림. 곧 청음(淸音)과 탁음(濁音).
2) 사성(四聲) : 평성(平聲)·상성(上聲)·거성(去聲)·입성(入聲).
3) 경중(輕重) : 가볍고 무거움.
4) 개합(開闔) : 열고 닫음.
5) 운서(韻書) : 한문 글자를 운(韻)에 의하여 분류·배열한 자서(字書). 절운(切韻)·광운(廣韻) 등의 총칭(總稱).
6) 집운(集韻) : 중국 송(宋)나라 인종(仁宗) 때 정도(丁度) 등이 임금의 명(命)을 받고 대송중수광운(大宋重修廣韻)에 의거하여 편집(編集)한 음운서(音韻書)인데 10권으로 되었음.
7) 편방(偏旁) : 한자(漢字)의 왼쪽 획인 편(偏)과 오른쪽 획인 방(旁)을 이룸. 곧 한자의 부수(部首). 편(偏)과 방(旁)은 서로 대(對)임.
8) 사신(詞臣) : 글을 맡은 신하.

같은 것을 아우르고(합하고) 다른 것을 나누어서 ≪홍무정운(洪武正韻)≫10)을 간정(刊定)한 연후에야 천고(千古)11)의 그릇되고 박잡한 것이 비로소 하나로 돌아갔습니다.

우리 동국(東國)은 대대로 중화(中華)와 유대 관계를 가졌으나 어음(語音)이 서로 통하지 아니하여 반드시 통역을 의뢰하기 때문에 관(官)을 설치해 위임하여 그 업무를 전담하게 하였습니다.

삼가 생각하건대 세종장헌대왕(世宗莊憲大王)께서는 중국과의 유대 관계를 원활하게 유지하기 위하여[至誠事大恪謹侯度] 무릇 자문(咨文)12)과 주본(奏本)13)에 관한 것은 반드시 예람(睿覽)14)을 거쳤는데, 처음 통역(通譯)을 배우는 데에는 마땅히 성운(聲韻)15)을 먼저 연구해야 한다고 하여 훈민정음(訓民正音)을 창제(創制)하시고, ≪홍무정운(洪武正韻)≫을 풀이하기를 명하셨으며, 또 그 글이 넓고 많아서[浩穰] 찾아보기가 어려워 보는 사람이 불편해할 것을 염려하시어 이내 고령부원군(高靈府院君) 신숙주(申叔舟)에게 명하여 여러 한자(漢字)를 유별(類別)로 뽑아 모아서 한 책을 만들었는데, 언음(諺音)16)을 윗머리에 하고 사성(四聲)을 다음으

---

9) 중원 아음(中原雅音) : 중국(中國) 본토의 정음(正音).
10) ≪홍무정운(洪武正韻)≫ : 중국 명(明)나라 홍무(洪武) 8년(1375)에 태조(太祖)의 명을 받아 엮은 중국 운서(韻書). 양(梁)나라 때부터 약 800년간 사용되어 오던 사성(四聲)의 체계를 일체 북경(北京) 음운(音韻)을 표준으로 하여 고쳐 정했음.
11) 천고(千古) : 오랜 옛적.
12) 자문(咨文) : 중국(中國)과 왕복하던 문서.
13) 주본(奏本) : 임금에게 올리는 문서. 여기서는 중국 임금에게 아뢰는 글을 말함.
14) 예람(睿覽) : 임금이나 왕세자가 열람함.
15) 성운(聲韻) : 성(聲)과 운(韻)[≪훈민정음종합연구≫ 63~64쪽 「성음(聲音)」에 관한 주석과 ≪말본사전≫ 「음운(音韻)」에 관한 주석 참고].
16) 언음(諺音) : 국음(國音).

로 하며 청탁(淸濁)을 맞추고 자모(字母)17)를 이어서 ≪사성통고(四聲通攷)≫18)라고 이름을 내렸습니다.

　대저 처음으로 화어(華語)19)를 익히는 자는 먼저 ≪노걸대(老乞大)≫20)·≪박통사(朴通事)≫21) 두 책을 읽어서 말을 배우는 계제(階梯)22)를 삼을 것인데, 처음 두 책을 공부하는 자는 반드시 ≪사성통고(四聲通攷)≫를 보아서 한음(漢音)의 정속(正俗)23)을 알아야 할 것입니다. 그러나 두 책은 훈해(訓解)가 그릇되고 거짓됨이 이어져 전하였고, ≪사성통고(四聲通攷)≫는 여러 한자(漢字)가 음(音)은 있고 해석이 없습니다. 그릇되고 거짓됨이 이어져 전하면 비록 익숙한 통역을 거쳤을지라도 능히 바로 잡을 수 없으며, 음(音)은 있고 해석이 없으면 한 글자가 거듭 나오는데 따를 바가 없습니다. 신(臣)이 곧 두 책[二書]24)을 가지고 음의(音義)25)를 언해(諺解)26)하고 책 가운데 고어(古語)를 모아 ≪집람(輯覽)≫을 만들어서 간행(刊行)할 것을 아뢰어 청하여 사람들이 보고 익히기에 편리하도록 하였습니다. 이제 ≪사성통고(四聲通攷)≫ 한 책을 가지고 또한 조정

---

17) 자모(字母) : ①중국 음운(音韻) 용어. 초성(初聲)을 표시하는 글자. ②소리를 맞추는 근본이 되는 글자. 국어학에서는 닿소리[子音]와 홀소리[母音]를 표시하는 글자를 가리키는 일이 있음.
18) ≪사성통고(四聲通攷)≫ : 이 운서(韻書)는 지금 전하지 않음.
19) 화어(華語) : 중국말[中國語].
20) ≪노걸대(老乞大)≫ : 원본의 지은 연대와 지은이는 잘 알 수 없으나, 우리나라에는 고려 때부터 전해 오던 중국어 학습서.
21) ≪박통사(朴通事)≫ : 지은 연대와 지은이는 잘 알 수 없으나, 우리나라에는 ≪노걸대(老乞大)≫와 함께 고려 때부터 전해 오던 중국어 학습서.
22) 계제(階梯) : 계단과 사닥다리.
23) 정속(正俗) : 정음(正音)과 속음(俗音).
24) 두 책[二書] : ≪노걸대(老乞大)≫와 ≪박통사(朴通事)≫.
25) 음의(音義) : 음(音)과 뜻[義].
26) 언해(諺解) : 한문(漢文)을 훈민정음으로 풀이함.

(朝廷)에 전문(轉聞)27)하여 고운(古韻)을 증거(證據)로 삼아 음해(音解)28)를 초(抄)해서 지었는데, 밤낮으로 계속하여 원고를 써서 일곱 번을 바꾸고 이제까지 4년 만에 바야흐로 일을 성취하였는 바, 이를 정리하여 상·하 두 권(卷)을 만들고 이름을 ≪사성통해(四聲通解)≫라고 하였습니다. 새로 배우는 사람으로 하여금 찾아보기에 편리하도록 하였으니, 음석(音釋)29)의 원위(源委)30)가 책을 펴면 명백하여 한 글자[一字]가 몇 개의 음[數音]이 있더라도 잘못 쓰는 데 이르지 아니할 것입니다.

다만 옛 사람이 한자(漢字)를 취하는 데에 무릇 음향(音響)31)이 맞는 것을 유별로 모아 이름을 ≪운서(韻書)≫라고 하고, 편방(偏旁)이 같은 것을 모양[形]으로 모아서 이름을 ≪옥편(玉篇)≫이라고 하였습니다. 대개 성(聲)이 있고 모양이 없는 것은 ≪운서(韻書)≫에 따라 그 음(音)을 준(准)하여 알고, 체(體)는 있고 성(聲)이 없는 것은 ≪옥편≫에 의하여 그 운(韻)을 적실(的實)하게 보니 이는 ≪운서≫가 있으면 마땅히 ≪옥편≫이 있어서 편운(篇韻)32)이 서로 표리(表裏)33)가 되어 하나라도 빠뜨릴 수 없는 것입니다.

신(臣)이 엎드려 보건대 ≪홍무정운(洪武正韻)≫은 단지 그 성(聲)만 분류하였고 그 형(形)은 분류하지 아니하였으니, 이는 그 ≪운서≫만 있고 그 ≪옥편≫을 빠뜨린 것입니다. 하물며 우리 본조(本朝)에서 자문(咨文)과 주본(奏本)을 닦아 쓰는 데에 획단(畫段)34)을 모방하기를 구하

---

27) 전문(轉聞) : 남을 거쳐서 들음.
28) 음해(音解) : 음(音)과 해석(解釋).
29) 음석(音釋) : 음(音)과 해석(解釋).
30) 원위(源委) : 본말(本末).
31) 음향(音響) : 물리적인, 실제 귀에 들리는 소리 일체를 이름. 소리[音].
32) 편운(篇韻) : 옥편(玉篇)과 운서(韻書).
33) 표리(表裏) : 겉과 속. 안팎.
34) 획단(畫段) : 자획(字畫).

는 이가 그 한자(漢字)를 찾으려고 하나, 또 있는 곳을 잘 몰라서 반드시 편방(偏旁)을 보고 같은 모양[類形]을 찾은 뒤에야 그 뜻을 가리키는 방향의 적실한 운(韻)을 알 수 있을 것입니다.

　신(臣)이 비졸(鄙拙)함을 헤아리지 아니하고 감히 저의 의견을 창조(刱造)하여 단지 ≪사성통해(四聲通解)≫의 초(抄)한 바를 취하여 모아서 ≪옥편≫ 1질을 이루었는데, 보태고 고치어 아울러 보기에 편리하도록 하였으며, 음석(音釋)을 나타내지 아니하고 오로지 운모(韻母)만 매어서 후학(後學)으로 하여금 운(韻)을 찾고 한자(漢字)를 상고하는 데에 손바닥을 가리키는 것처럼 보기가 쉽고 형(形)과 성(聲)이 아울러 통하여 치우치고 막히는 데에 이르지 아니할 것이 분명합니다.

　신(臣)은 배운 것이 얕고 아는 것이 적은데 외람되게 문적(門籍)35)에 이름을 두고, 다만 국고의 곡식만 허비할 뿐 조금도 보효(報效)36)가 없습니다. 스스로 기구(箕裘)37)를 배워서 뜻을 독실히 하고, 소홀히 하지 아니하면서 세상에 아는 이가 적음을 근심하여 지남(指南)38)을 영구(營構)하였는데, 이 책을 이룩함에 이르렀으니 진실로 참월(僭越)39)됨이 관(管)40)으로 하늘을 엿보는[窺天] 것과 같으며, 허술하고 박잡(駁雜)한 것도 많습니다. 유과(儒科)41)에는 들어갈 것이 아니고 오직 역학(譯學)에만 실시하여 어두운 이에게 편리하도록 하기를 요하며, 구차하게 간략하고 빠름을 도모하였더니, 또 뭇 사람의 요구에 박절하여 끝까지 사양함을

---

35) 문적(門籍) : '문적(門籍)'은 궁궐 문을 드나들 수 있는 허가증(許可證)이
　　니, 여기에서는 관원의 명부를 이름.
36) 보효(報效) : 은혜를 갚기 위하여 전력을 다함.
37) 기구(箕裘) : 대대로 물려오는 직업. 세업(世業).
38) 지남(指南) : 지도(指導). 여기에서는 지도서(指導書)를 이름.
39) 참월(僭越) : 분수에 넘치게 함부로 함. 참람(僭濫).
40) 관(管) : 대통.
41) 유과(儒科) : 유학과(儒學科).

얻지 못하였습니다. 천단(擅斷)하여 저술(著述)한 것은 아니지만 그래도 독선적(獨善的)임을 두려워 할 뿐이며, 글자의 잘못된 것[魯魚晉豕]을 바로 잡는 것은 감히 뒤의 음(音)을 아는 자를 기다립니다.

때는 중종(中宗) 12년(1517년, 정덕(正德) 12년) 정축(丁丑) 11월 일에 통훈대부 행내섬시 부정 겸 승문원 참교 한학교수(通訓大夫行內贍寺副正兼承文院參校漢學教授) 신(臣) 최세진(崔世珍)은 머리를 조아려 절하옵고 삼가 서문(序文)을 짓습니다.

훈몽자회인(訓蒙字會引)

신이 그윽이 보건대, 세상에서 어린이[童幼]들에게 글을 가르치는 집에서는 반드시 ≪천자(千字)≫1)를 먼저 하고, 다음에 ≪유합(類合)≫2)에 이른 뒤에야 비로소 여러 책을 읽을 것입니다.

≪천자(千字)≫는 양조(梁朝)3) 산기상시(散騎常侍)인 주흥사(周興嗣)가 편찬한 것인데, 고사(故事)를 뽑아 취하여 배비(排比)4)한 것으로 글을 만든 것은 잘 되었으나 어린이[童稚]들의 학습에 있어서는 겨우 한자(漢字)를 배우는 것 뿐이니, 어찌 능히 고사(故事)를 알고 글을 짓는 일을 하겠습니까 ?

≪유합(類合)≫의 글은 본국(本國)에서 나왔는데, 누구의 손으로 된 것인지 알지 못합니다. 비록 여러 글자를 유별(類別)로 모았다고 하더라도 허(虛)가 많고 실(實)이 적어서 사물(事物)의 형상과 이름을 통하여 아는 [通諳] 실효(實効)가 없습니다.

만약 어린이[童稚]로 하여금 글을 배워서 한자(漢字)를 알게 하자면 마땅히 먼저 사물에 해당되는 글자를 기억하고 알게 하여 모양과 이름을 보고 듣는 실지에 부합한 뒤에야 비로소 다른 글에 나아가게 되는데, 그 고사(故事)를 아는 ≪천자(千字)≫의 학습에 어찌 의뢰하겠습

---

1) ≪천자(千字)≫ : ≪천자문(千字文)≫. 넉자로 된 한시(漢詩) 2백 50귀를 만들어 한자(漢字) 1천자를 모은 책.
2) ≪유합(類合)≫ : 한자(漢字) 학습서. 현재 유합(類合)이라는 이름으로 전하는 책은 두 종류가 있으니, 그 하나는 조선 선조(宣祖) 9년(1576) 유희춘(柳希春)에 의해서 이루어진 상·하 두 권(卷)으로 된 ≪신증유합(新增類合)≫과, 다른 하나는 단권(單卷)으로 된 ≪유합(類合)≫임. 그런데 단권으로 된 현존본(現存本) ≪유합≫은 대체로 19세기에 간행된 것으로 생각됨.
3) 양조(梁朝) : 중국 남북조 시대의 양(梁)나라.
4) 배비(排比) : 비례를 따라 나누어 몫을 지음.

니까?

　공자(孔子)가 말하기를, "≪시경(詩經)≫을 배우지 아니하면 말을 할 수 없다."라고 하였는데, 풀이하는 이[釋之者]가 말하기를, "≪시경≫을 배우면 새·짐승·풀·나무의 이름을 많이 안다."라고 하였습니다. 지금 어린이를 가르치는 이가 비록 ≪천자(千字)≫와 ≪유합(類合)≫을 익히고 경사(經史)5)의 여러 글에 이르기까지 두루 읽게 하였다 하더라도 단지 그 글자만 알고 그 물건은 알지 못하니 드디어 글자와 물건이 두 가지가 되어 새·짐승·풀·나무의 이름을 능히 두루 통하여 이해하지 못하는 이가 많다. 대개 문자(文字)를 외어서 익힐 뿐이고 실지로 보는 것을 힘쓰지 아니함에 말미암은 소치입니다.

　신(臣)의 어리석은 생각이 간절히 여기에 이르러 전실(全實)한 글자를 뽑아 취하여 상·중(上中) 두 편(篇)을 편성(編成)하고, 또 반실(半實)·반허(半虛)한 글자를 취하여 하편(下篇)을 이어 보태었는 바, 네 글자[四字]로 유취(類聚)하여 운(韻)에 맞추어 글을 만드니, 모두 3천 3백 60자(字)인데, 이름을 ≪훈몽자회(訓蒙字會)≫라고 하였습니다.

　요컨대 세상의 부형(父兄)이 된 자로 하여금 맨 먼저 이 책을 다스려서 가정(家庭)의 아이들[總卝]에게 가르쳐서 익히게 하면 어린이[蒙幼]에게 있어서도 또한 새·짐승·풀·나무의 이름을 알 수 있게 되며, 마침내 글자와 물건이 두 가지가 되는 어긋남에 이르지 아니할 것입니다.

　신(臣)의 천박(淺薄)한 지식으로써 감히 이 일을 하였으니, 진실로 참월(僭越)한 죄는 면하기 어려울 줄 아오나, 아이[小子]를 훈회(訓誨)하는 데에 이르러서는 대개 또한 작은 도움이 없지 아니할까 합니다.

　이때 중종(中宗) 22년(1527년, 가정(嘉靖) 6년) 4월　일 절충장군 행충무위 부호군(折衝將軍行忠武衛副護軍) 신(臣) 최세진(崔世珍)은 삼가

---

5) 경사(經史) : 경서(經書)와 사기(史記).

씁니다.

훈몽자회범례(訓蒙字會凡例)

1. 무릇 물명(物名)의 여러 글자는 혹은 한 글자로, 혹은 두 글자로 지적(指的)해 이름한 것은 일체 모두 수록하였으나, 허자(虛字)를 연철(連綴)하여 발음하는 "수찰자(水札子)[되요], 마포랑(馬布郞)[개마머리, 혹은 작마불랄(作馬不剌)"과 같은 따위는 취하지 아니하였다. 그러나, 또 혹 주(註) 밑에 숨어 있는 것도 있다.

1. 한 물건의 이름이 두세 글자로 된 것이 있는데, 그 속칭(俗稱)1)과 별명(別名)도 두세 가지 다름이 있는 것은, 만약 한 글자 밑에 수록해 두면 그 자리가 좁고 주(註)가 많아질 것을 우려한 때문에 두세 글자의 밑에 나누어 수록하였으므로 비록 각각 다른 물건의 이름과 같을지라도 그 실(實)은 하나의 물건이다. 그것은 주해의 간편함을 위해서 그렇게 한 것이다.

1. 한 글자가 두세 이름을 가진 것은, 여기에는 두셋을 수록하였으니, 이를테면, "「규(葵)」자에 [규채(葵菜), 규화(葵花)], 「조(朝)」자에 [조석(朝夕), 조정(朝廷)], 「행(行)」자에 [덕행(德行), 시행(市行), 행보(行步)]"와 같은 따위가 이것이다.

1. 무릇 물명(物名)의 여러 글자가 상권(上卷), 중권(中卷)에 방애(妨碍 : 구애)되는 바가 있어서 미처 거두어 들이지 못한 것은 또 하권(下卷)에 이를 수록하였다. 기타 허자(虛字)의 배울 만한 것이 비록 많으나, 이

---

1) 속칭(俗稱) : 본 이름이나 학명(學名) 외에 세간에서 통하는 명칭. 속명(俗名).

제 질(帙 : 책의 부피)이 커질 것을 우려하여 감히 다 수록하지 못하였다.

 1. 무릇 자음(字音)2)이 본국에서 전하는 발음이 그릇된 것은, 이제 많이 바로잡아서 다른 날 여러 사람의 학습에 바로하기를 기도(期圖)하였다.

 1. 의가(醫家)의 병명(病名), 약명(藥名)의 여러 글자는, 혹은 뜻 풀이[義釋]가 여러 가지로 많아서 하나로 부르기가 어려운 것이 있고, 혹은 시속에서 부르지 아니하는 것이 있는 것은 지금 모두 수록하지 아니하였다.

 1. 주(註) 안에 속(俗)이라고 일컬은 것은 중국 사람[漢人]을 가리켜 이른 것이다. 사람이 혹시 한어(漢語)3)를 배우는 자가 있으면, 겸해서 통하게 할 만하기 때문에 한속(漢俗)4)에서 부르는 이름을 많이 수록하였으나, 또 주(註)가 많아질 것을 우려하여 역시 모두 수록하지 아니하였다.

 1. 무릇 한 글자가 두어 가지 풀이가 있는 것은 상용(常用)의 풀이를 취하지 아니하고, 먼저 별의(別義)5)를 들어서 쓴 것은, 지금 취하는 바가 여기에 있고, 저기에 있지 아니한 때문이다.

 1. 무릇 변비(邊鄙)의 시골의 사람은 언문(諺文)을 알지 못하는 이가 반드시 많기 때문에 이제 언문의 자모(字母)를 병저(幷著)하여, 먼저 언문(諺文)을 배우고 다음으로 자회(字會)6)를 배우게 하면 깨우쳐 가르치는 유익[曉誨之益]이 거의 있을 것이다. 문자(文字)를 통하지 못하는 자도 모두 언문을 배워서 글자를 알면 비록 스승의 가르침[師授]이 없을 지라도 장차 글을 통하는 사람이 될 수 있을 것이다.

---

2) 자음(字音) : 한문 글자의 음(音).
3) 한어(漢語) : 중국말.
4) 한속(漢俗) : 중국 시속.
5) 별의(別義) : 별다른 뜻.
6) 자회(字會) : 훈몽자회(訓蒙字會).

1. 무릇 지방에 있는 주군(州郡)에서 이 책을 간행하여 한 마을마다 한 권(卷)씩 반포하고, 각각 학장(學長)을 두어 유치(幼穉)[7]를 모아 가르치게 하여 징권(懲勸)을 힘써 베풀고, 그 성동(成童)[8]이 되기를 기다려서 향교(鄕校)나 국학(國學)[9]의 반열(班列)에 올려 채우면 사람들이 모두 배우기를 즐거워하고 소자(小子)가 성취함이 있을 것이다.

언문자모(諺文字母)[세속에서 이른바 「반절 이십 칠자(反切二十七字)」라 한다]

첫소리와 끝소리에 두루 쓰는 여덟 글자[初聲終聲通用八字]

ㄱ기역(其役) ㄴ니은(尼隱) ㄷ디ㄹ[池末] ㄹ리을(梨乙) ㅁ미음(眉音) ㅂ비읍(非邑) ㅅ시ㅿ[時衣] ㆁ이응(異凝)

「末·衣」 두 글자는 다만 본자(本字)의 풀이[釋]를 취하여 우리말로 읽는다.

「기(其) 니(尼) 디[池] 리(梨) 미(眉) 비(非) 시(時) 이(異)」의 여덟 소리[八音]는 첫소리[初聲]에 쓰고, 「역(役) 은(隱) ㄹ[末]」 을

---

7) 유치(幼穉): 어린이.
8) 성동(成童): 나이 15세 이상의 소년.
9) 국학(國學): 성균관(成均館). 우리나라의 국학(國學)은 신라 신문왕(神文王) 2년(682)에 처음으로 서울에 설치하였는데, 경덕왕(景德王)이 태학감(太學監)으로 고쳤다가 혜공왕(惠恭王)에 다시 국학(國學)이라 하였음. 고려시대에는 성종(成宗) 11년(992)에 국자감(國子監)을 두었는데, 충렬왕(忠烈王) 원년(1275)에 국학(國學)으로 개칭하였고, 동왕 25년(1298)에 다시 성균감(成均監)으로 고쳤다가 동왕 34년(1308)에 성균관(成均館)으로 고쳤음. 그리고 공민왕(恭愍王) 5년(1356)에 국자감, 동왕 11년(1362)에 다시 성균관으로 고쳐 조선으로 넘어왔는데, 조선에서는 이 이름으로 통일하였음.

(乙) 음(音) 읍(邑) ⊗[⾐] 응(凝)」의 여덟 소리[八音]는 끝소리[終聲]에 쓴다.

첫소리에만 홀로 쓰는 여덟 글자[初聲獨用八字]

ㅋ키[箕] ㅌ티[治] ㅍ피(皮) ㅈ지(之) ㅊ치(齒) △이(而) ㅇ이(伊) ㆆ히[屎]

箕 글자는 역시 본자(本字)의 풀이[釋]를 취하여 우리말로 읽는다.

가운뎃소리에만 홀로 쓰는 열한 글자[中聲獨用十一字]

ㅏ아(阿) ㅑ야(也) ㅓ어(於) ㅕ여(余) ㅗ오(吾) ㅛ요(要) ㅜ우(牛) ㅠ유(由) ㅡ응(應)[끝소리는 쓰지 않는다] ㅣ이(伊)[다만 가운뎃소리만 쓴다] ·사(思)[첫소리는 쓰지 않는다]

첫소리·가운뎃소리를 합용하여 글자를 만든 보기[初中聲合用作字例]

가 갸 거 겨 고 교 구 규 그 기 ㄱ·

「ㄱ」 첫소리에 「ㅏ」 가운뎃소리를 합하면 「ㄱㅏ」의 글자가 되니 「가(家)」자 소리이다. 또 「ㄱ」 끝소리를 합하면 「가ㄱ」의 글자가 되니 「각(各)」자 소리이다. 나머지도 마찬가지다[以ㄱ(其)爲初聲 以ㅏ(阿)爲中聲合ㄱㅏ爲字 則가此家字音也 又以ㄱ(役)爲終聲合가ㄱ爲字 則각此各字音也 餘倣此]

첫소리 · 가운뎃소리 · 끝소리의 세 소리를 합용하여 글자를 만든 보기[初中聲三聲合用作字例]

간(肝) 갇[笠] 갈[刀] 감[枾] 갑(甲) 갓[皮] 강(江)
「ㄱ」「ㅋ」이하 각 음(音)으로 첫소리[初聲]를 삼고, 「ㅏ」이하 각 음(音)으로 가운뎃소리[中聲]를 삼아 글자를 만들면 「가」「갸」같은 보기의 글자가 176자가 되고, 「ㄴ」이하 칠음(七音)으로 끝소리[終聲]를 삼아 글자를 만들면 「간(肝)」이하 「강(江)」들의 일곱 자[七字]가 된다. 오직 「ㆁ」첫소리는 세속에서 「ㅇ」자음과 비슷하게 부르므로 세속에서 쓰는 첫소리는 모두 「ㅇ」음을 쓴다. 만약 윗자에 「ㆁ」음 끝소리가 있으면 아랫자는 반드시 「ㆁ」음 첫소리를 쓴다. 「ㆁ」자의 음(音)은 코움직임 소리요, 「ㅇ」자의 음은 목구멍 가운데의 가볍고 빈 소리다. 그런고로 처음은 좀 다르나 대체는 같다. 한음(漢音)에도 「ㆁ」음 첫소리는 혹은 「ㄴ(尼)」음에 돌아가고 혹은 「ㆁ」「ㅇ」가 서로 혼동되어 구별이 없다.

무릇 자음(字音)의 높낮이[高低]는 모두 글자의 곁에 점(點)이 있고 없음과 많고 적음으로 표준을 삼는다. 평성(平聲)은 점이 없고, 상성(上聲)은 두 점, 거성(去聲) · 입성(入聲)은 모두 한 점이다. 평성은 낮고 평탄하며[哀而安], 상성은 세고 나중이 들리며[厲而擧], 거성은 맑고 멀며[淸而遠], 입성은 곧고 빠르다[直而促]. 언문으로 새긴 말[諺解]도 같다.

신증유합서(新增類合序)

　신(臣)이 엎드려 보건대, ≪유합(類合)≫ 한 책[編]은 우리 동방(東方)에서 나왔는데, 누구의 손으로 된 것인지를 알지 못하지만, 그 글자를 선정한 것이 정밀하고 적절하여 사람들이 많이 애중(愛重)하였는데, 다만 규모(規模)가 넓지 못하여 지극히 중대하고 지극히 긴요한 글자가 빠진 것이 오히려 많습니다. 신(臣)이 소문(謏聞)¹⁾을 헤아리지 아니하고서 닦고 깁고 보태어 완전한 글을 간략하게 이루니, 모두 합하여 3천 글자인데, 여기에다 언역(諺譯)²⁾을 붙였습니다.

　요즈음 옥당(玉堂)³⁾에 있으면서 또 동료(同僚) 김수(金晬)의 교정(校正)을 받아서, 삼가 동몽(童蒙)⁴⁾의 송습(誦習)⁵⁾하는 자료로 삼으려 합니다.

　선조(宣祖) 9년(1576년, 만력(萬曆) 4년) 3월 병오(丙午)에 가선대부(嘉善大夫) 동지중추부사(同知中樞府事) 신(臣) 유희춘(柳希春)은 삼가 서문(序文)을 짓습니다.

　상성(上聲)·거성(去聲)에 권점(圈點)을 한[圈上去聲] 것은 무릇 경사자집(經史子集)⁶⁾ 가운데 글자의 본 뜻[本義]에는 권점(圈點)을 하지 아니하

---

1) 소문(謏聞) : 견문(見聞)이 적음.
2) 언역(諺譯) : 언문 풀이. 곧 한글 풀이.
3) 옥당(玉堂) : 홍문관(弘文館)의 별칭.
4) 동몽(童蒙) : 어린이. 아동(兒童).
5) 송습(誦習) : 고전 따위를 암송하여 배움. 곧 학습.
6) 경사자집(經史子集) : 중국 서적(書籍)의 분류법에 의한 네 가지 부문이니, 경(經)은 경서(經書)를, 사(史)는 사서(史書)를, 자(子)는 제자(諸子) 곧 순자(筍子)·관자(管子)·장자(莊子) 등을, 집(集)은 시문집(詩文集)을 말함인데, 이 네 가지 종류를 통틀어 「경사자집(經史子集)」이라 함. 또 각종 서적을 뜻함.

고 다른 뜻[別義]에는 권점을 하는 것은 일찍부터이다. 이제 문득 상성(上聲)·거성(去聲)의 본의(本義)에 반드시 권점을 한 것은 다만 아동(兒童)들에게 글자의 고저(高低)를 쉽게 알게 하려고 하는 것이다.

평성(平聲)과 입성(入聲)에는 권점을 하지 아니한 것[平聲入聲不圈]은, 평성은 낮고 평탄하며[哀而安], 입성은 곧고 빨라서[直而促] 저절로 분변하기 쉽기 때문에 이제 권점을 할 필요가 없습니다.

신증유합발(新增類合跋)

신(臣)이 일찍이 중종(中宗) 37년(1542년, 가정(嘉靖) 임인년(壬寅年))에 춘방(春坊)1)의 요속(僚屬)2)으로 있으면서, 그윽이 보건대 동궁(東宮)3)께서 ≪유합(類合)≫을 진강(進講)4)하시는데, 그 가운데 승니(僧尼)5)를 높이고 유성(儒聖)6)을 낮추는 말은 곧 수정(修正)할 뜻이 있었으나 과루(寡陋)7) 함으로써 실행하지 못하였는데 30여년 뒤에 비로소 책을 이루었으나 감히 스스로 옳다고 못하고, 다만 동몽(童蒙)을 가르치는 데 갖추려고 할 뿐이었던 바, 마침 승지(承旨) 정탁(鄭琢)이 보고 계달(啓達)하여 명을 받들어 이를 올렸습니다.

신(臣)이 저번에 부르심을 받고 와서 또 수정본(修正本)을 올렸던 바, 성상께서 경연 석상[經席]에서 신(臣)에게 이르기를, "이 책이 진실로 좋

---

1) 춘방(春坊) : 세자 시강원(世子侍講院).
2) 요속(僚屬) : 계급으로 보아 지위가 낮은 관료붙이. 속료(屬僚).
3) 동궁(東宮) : 세자(世子).
4) 진강(進講) : 임금의 앞에서 글을 강론(講論)함.
5) 승니(僧尼) : 중과 여승.
6) 유성(儒聖) : 공자(孔子)를 가리킴.
7) 과루(寡陋) : 견문(見聞)이 적어 완고(頑固)함.

으나, 다만 언문 풀이[諺釋] 가운데 토리(土俚)8)가 많다"라고 하시니, 신(臣)이 명을 듣고 두려워하고 반성하여 물러나와 옥당(玉堂) 동료(同僚)들과 더불어 상확(商確)9)하여 개정하고, 또 여성군(礪城君) 송인(宋寅)이 자훈(字訓)10)을 많이 앎을 듣고는 인하여 그릇된 것을 지적해 주기를 요구하여 곧 고쳐서 정(定)함을 얻어서 공경히 성감(聖鑑)11)을 기다립니다. 그러나 글자의 뜻[字義]은 하나만이 아닌데, 신(臣)의 소문(謏聞)은 해석이 정상(精詳)함을 얻지 못하니, 황송함이 지극함을 이기지 못하겠습니다.

삼가 손으로 절하고 머리를 조아리면서 아룁니다.

선조(宣祖) 9년(1576년, 만력(萬曆) 4년) 10월 초4일에 가선대부 행첨지중추부사 겸 동지성균관사(嘉善大夫行僉知中樞府事兼同知成均館事) 신(臣) 유희춘(柳希春)은 삼가 교정하여 올립니다.

---

8) 토리(土俚) : 사투리.
9) 상확(商確) : 상의하여 확정함.
10) 자훈(字訓) : 글자의 풀이. 글자의 해석.
11) 성감(聖鑑) : 임금이 분별하여 아는 일.

우리 말본책 보기틀

I. 국어로 된 말본책

책 이 름	지은이	편 날 짜	편 곳	비고
국문정리 (國文正理)	리봉운 (李鳳雲)	1897년(建陽 2) 1월	국문각 목판	
조선문전 (朝鮮文典)	유길준 (兪吉濬)	1897년(光武 1) ?		필사
조선문전 (朝鮮文典)	유길준 (兪吉濬)	1904년(光武 8) 6월		필사
조선문전 (朝鮮文典)	유길준 (兪吉濬)	1905년(光武 9) 11월		필사
국문문법 (國文文法)	주시경 (周時經)	1905년(光武 9)		필사
조선문전 (朝鮮文典)	유길준 (兪吉濬)	1906년(光武 10) 5월		유인
대한국어문법	주시경 (周時經)	1906년(光武 10) 6월		유인
소리갈	주시경 (周時經)	1906년(光武 10) 8월		유인
대한문전 (大韓文典)	유길준 (兪吉濬)	1907년(隆熙 1) 12월		유인
대한문전 (大韓文典)	최광옥 (崔光玉)	1908년(隆熙 2) 1월	안악면학회 (安岳勉學會)	
국어문전음학 (國語文典音學)	주시경 (周時經)	1908년(隆熙 2) 11월 6일	박문서관 (博文書館)	
대한문법 (大韓文法)	김규식 (金奎植)	1908년(隆熙 2)		유인
말	주시경 (周時經)	1908년(隆熙 2)		필사

책 이 름	지은이	편 날 짜	편 곳	비고
대한문전 (大韓文典)	유길준 (兪吉濬)	1909년(隆熙 3) 2월 18일	융문관(隆文舘)	
초등국어어전(初等 國語語典) 1, 2, 3	김희상 (金熙祥)	1909년(隆熙 3) 3월 20일		
고등국어문전(高等 國語文典) 권일(卷一)	주시경 (周時經)	1909년(隆熙 3)		유인
국어문법 (國語文法)	주시경 (周時經)	1910년(隆熙 4) 4월 15일	박문서관 (博文書館)	
조선어전 (朝鮮語典)	김희상 (金熙祥)	1911년(明治 44) 10월 15일	보급서관 (普及書館)	
조선어문법 (朝鮮語文法)	주시경 (周時經)	1911년(明治 44) 12월 29일	신구서림(新舊 書林)·박문서관 (博文書館)	
조선문법 (朝鮮文法)	김규식 (金奎植)	1912년(明治 45) 9월		유인
조선어문법 (朝鮮語文法)	주시경 (周時經)	1913년(大正 2) 9월 27일	박문서관 (博文書館)	
말의 소리	주시경 (周時經)	1914년(大正 3) 4월 13일	신문관(新文舘)	석판
조선 말본	김두봉 (金枓奉)	1916년(大正 5) 4월 13일	신문관(新文舘)	
조선문법 (朝鮮文法)	안확 (安廓)	1917년(大正 6) 1월 20일	회동서관 (滙東書館)	
조선어법 (朝鮮語法)	남궁억 (南宮檍)	1918년(大正 7) ?		필사
현금조선어법 (現今朝鮮語法)	이규영 (李奎榮)	1920년(大正 9) 7월 12일	신문관(新文舘)	
조선어문법제요(상) (朝鮮語文法提要)(上)	강매 (姜邁)	1921년(大正 10) 3월 30일	광익서관 (廣益書館)	
조선정음문전 (朝鮮正音文典)	김원우 (金元祐)	1922년(大正 11) 4월 18일	조선도서주식회사 (朝鮮圖書株式會社)	
선문통해 (鮮文通解)	이필수 (李弼秀)	1922년(大正 11) 6월 30일	한성도서주식회사 (漢城圖書株式會社)	
깁더조선말본	김두봉 (金枓奉)	1922년(大正 11)	새글사·회동서 관(滙東書館)	
수정조선문법 (修正朝鮮文法)	안확 (安廓)	1923년(大正 12) 4월 25일	회동서관 (滙東書館)	

책 이 름	지은이	편 날 짜	편 곳	비고
신찬조선문법 (新撰朝鮮文法)	이규방 (李奎昉)	1923년(大正 12) 8월 12일	이문당 (以文堂)	
정음문전	리필수	1923년(大正 12) 8월 23일	조선정음부활회	
잘 뽑은 조선말과 글의 본	강매(姜邁)· 김진호(金鎭浩)	1925년(大正 14) 5월 18일	한성도서주식회사 (漢城圖書株式會社)	
조선 말본	김윤경 (金允經)	1925년(大正 14) 6월 21일		유인
조선어문법 (朝鮮語文法)	이상춘 (李常春)	1925년(大正 14) 10월 28일	숭남서관 (崧南書館)	
조선문전요령 (朝鮮文典要領)	홍○○ (洪○○)	1927년(昭和 2) 1월~6월	「현대시론·대중공론(現代詩論·大衆公論)」잡지연재	
울이 글틀	김희상 (金熙祥)	1927년(昭和 2) 4월 5일	영창서관 (永昌書館)	
중등교과조선어문전 (中等教科朝鮮語文典)	이완응 (李完應)	1929년(昭和 4) 1월 23일	조선어연구회 (朝鮮語研究會)	
우리 말본 첫째매	최현배 (崔鉉培)	1929년(昭和 4) 4월 13일	연희전문학교 출판부(延禧專門學校出版部)	
조선 문법 강화 (朝鮮文法講話)	이병기 (李秉岐)	1929년 9월~1930년 9월	조선강단(朝鮮講壇) 잡지연재	
정선 조선어 문법 (精選朝鮮語文法)	조선어연구회(朝鮮語研究會)	1930년(昭和 5) 1월 15일	박문서관 (博文書館)	
조선어의 품사분류론 (朝鮮語의 品詞分類論)	최현배 (崔鉉培)	1930년(昭和 5) 12월	조선어문연구(朝鮮語文研究) 소재	
조선어학 강의 요지 (朝鮮語學講義要旨)	박승빈 (朴勝彬)	1931년(昭和 6) 7월 30일	보성전문학교 (普成專門學校)	
개정 철자 준거 조선어법(改正綴字準據朝鮮語法)	박상준 (朴相埈)	1932년(昭和 7) 1월 25일	동명서관 (東明書館)	
정선 조선어 문법 (精選朝鮮語文法)	강매 (姜邁)	1932년(昭和 7) 4월 20일	박문서관 (博文書館)	
조선말본	김윤경 (金允經)	1932년(昭和 7) 7월 13일	배화 제4호 소재 (培花第4號所載)	
조선어전 초본 (朝鮮語典抄本)	장지영 (張志暎)	1932년(昭和 7)		유인

책 이름	지은이	편 날 짜	편 곳	비고
조선어 문법 (朝鮮語文法)	신명균 (申明均)	1933년(昭和 8) 12월 30일	상식보급회 (常識普及會)	
중등 조선 말본	최현배 (崔鉉培)	1934년(昭和 9) 4월 5일	동광당서점 (東光堂書店)	
조선어학 (朝鮮語學)	박승빈 (朴勝彬)	1935년(昭和 10) 7월 2일	조선어학 연구회 (朝鮮語學研究會)	
중등학교 조선어문법 (中等學校朝鮮語文法)	심의린 (沈宜麟)	1936년(昭和 11) 5월 20일	조선어연구회 (朝鮮語研究會)	
중등교육조선어법 (中等敎育朝鮮語法)	최현배 (崔鉉培)	1936년(昭和 11) 5월 21일	동광당서점 (東光堂書店)	
우리 말본	최현배	1937년(昭和 12) 2월 25일	연희전문학교 출판부(延禧專門學校出版部)	
간이 조선어 문법 (簡易朝鮮語文法)	박승빈 (朴勝彬)	1937년(昭和 12) 8월 28일	조선어학 연구회 (朝鮮語學研究會)	
조선 어문 정체 (朝鮮語文正體)	권영달 (權寧達)	1941년(昭和 16) 8월 20일	덕흥서림 (德興書林)	
한글의 문법(文法)과 실제(實際)	박종우 (朴鍾禹)	1946년(4279) 6월	중성사 출판부 (衆聲社出版部)	
국어 문법	이상춘	1946년(4279) 9월 7일	조선국어학회 출판국(朝鮮國語學會出版局)	
신편 고등 국어 문법	정렬모 (鄭烈模)	1946년(4279) 10월 20일	한글문화사	
쉬운 조선 말본	박창해	1946년(4279) 11월 1일	계문사(啓文社)	
조선 문법 연구 (朝鮮文法研究)	홍기문 (홍○○)	1947년(4280) 6월 30일	서울신문사출판부	
국어 풀이씨 가름	유재헌 (柳在軒)	1947년(4280) 7월 25일	국학사(國學社)	
중학 국문법책	김근수	1947년(4280) 8월 15일	문교당(文敎堂)	
중등 새 말본	장하일	1947년(4280) 12월 1일	교재연구사 (敎材研究社)	
중등 국어 문법	이영철	1948년(4281) 1월 13일	을유문화사	
중등 조선 말본	최현배	1948년(4281) 3월 15일	정음사	
말의 소리	주왕산	1948년(4281) 3월		유인
나라 말본	김윤경	1948년(4281) 5월 15일	동명사	
중등 말본	김윤경	1948년(4281) 7월 10일	동명사	

우리 말본책 보기틀 589

책 이 름	지은이	편 날 짜	편 곳	비고
중등 국어 문법	박태윤	1948년(4281) 8월 15일	경성인서사 (京城印書社)	
초급 국어 문법 독본	정렬모	1948년(4281) 9월 20일	고려서적주식회사	
고급 국어 문법 독본	정렬모	1948년(4281) 9월 20일	고려서적주식회사	
고어의 음운과 문법 (古語의 音韻과 文法)	이숭녕 (李崇寧)	1949년(4282) 4월 1일	문화당(文化堂)	
재미나고 쉬운 새 조선 말본	이인모	1949년(4282) 8월 20일	금룡도서주식회사	
표준 말본(2책)	장하일	1949년(4282) 8월 25일	종로서관	
표준 중등 말본	정인승 (鄭寅承)	1949년(4282) 9월 15일	아문각	
초급 국어 문법	이희승 (李熙昇)	1949년(4282) 9월 19일	박문출판사 (博文出版社)	
개편 국어 문법 (改編國語文法)	심의린 (沈宜麟)	1949년(4282) 12월 15일	세기과학사 (世紀科學社)	
국어 강의 (國語講義)	정경해 (鄭暻海)	1953년(4286) 11월 20일	한국대학통신교육 출판부(韓國大學 通信教育出版部)	
국어 문법	김민수 (金敏洙)	1955년(4288) 4월 1일	영화출판사(永和出 版社)(大學國語中)	
중등 국어 문법	이숭녕	1956년(4289) 3월 30일	을유문화사 (乙酉文化社)	
고등 국어 문법	이숭녕	1956년(4289) 3월 30일	을유문화사 (乙酉文化社)	
표준 고등 말본	정인승	1956년(4289) 4월 1일	신구문화사 (新丘文化社)	
표준 중등 말본	정인승	1956년(4289) 4월 1일	신구문화사 (新丘文化社)	
고등 문법	이희승	1956년(4289)	박문서관 (博文書館)	
중등 문법	이희승	1956년(4289) 4월 5일	박문서관 (博文書館)	
중등 말본(1, 2, 3)	최현배	1957년(4290) 2월 15일	정음사	
중학 말본(I, II, III)	최태호	1957년(4290) 3월	사조사(思潮社)	
새 고등 문법	이희승	1960년(4293) 3월 15일	일조각(一潮閣)	
고등 국어 문법	이숭녕	1960년(4293)	을유문화사	

590 우리 국어학사

책 이 름	지은이	편 날 짜	편 곳	비고
새 중학 문법	김민수·남광우·유창돈·허웅	1960년(4293) 3월	동아출판사(東亞出版社)	
새 고교 문법	김민수·남광우·유창돈·허웅	1960년(4293) 3월	동아출판사(東亞出版社)	
새 중등 문법	이희승	1961년(4294) 3월 5일	일조각(一潮閣)	
중세 국어 문법(中世國語文法)	이숭녕(李崇寧)	1961년	을유문화사(乙酉文化社)	
학교 문법 통일안 공포		1963년 7월 25일		
옛 말본	허웅	1969년 10월 9일	과학사	
국어 구조론(한국어의 형태·통사 구조론 연구)	김석득	1971년 3월 5일	연세대학교 출판부	
우리 옛말본	허웅	1975년 4월 20일	샘문화사	

II. 일본어로 된 말본책

책 이 름	지은이	편 날 짜	편 곳	비고
한어(韓語)	안영중(安泳中)	1906년(明治 39) 7월 20일	석총저남(石塚猪男)	
한어통(韓語通)	전간공작(前間恭作)	1909년(明治 42) 5월 18일	환선주식회사(丸善株式會社)	
한어문전(韓語文典)	고교형(高橋亨)	1909년(明治 42) 6월 23일	박문관(博文館)	
한어 연구법(韓語研究法)	약사사지롱(藥師寺知朧)	1909년(明治 42) 10월 15일	반선서옥(半仙書屋)	
조선 어법 급 회화서(朝鮮語法及會話書)	조선총독부(朝鮮總督府)	1917년(大正 6) 6월 15일	조선총독부(朝鮮總督府)	
응용자재 조선 어법 상해(應用自在朝鮮語法詳解)	노기주(魯磯柱)	1925년(大正 14) 4월 25일	박문서관(博文書館)	
조선어 발음 급 문법(朝鮮語發音及文法)	이완응(李完應)	1926년(大正 15) 4월 3일	조선어연구회(朝鮮語研究會)	
현행 조선 어법(現行朝鮮語法)	정국채(鄭國采)	1926년(昭和 1) 12월 25일	궁전대광당(宮田大光堂)	

Ⅲ. 구라파어로 된 말본책

(1) *Remarks on the Corean language*, by Ch. Gützlaff, Chinese Repository, Ⅰ, 1833.
(2) *Aperçu de la langue Coréenne*, par L. de Rosny, Journal Asiatique, Ⅵ, 1864.
(3) *La langue*, par Ch. Dallet, Histoire de l'Eglise de Corée Paris, 1874.
(4) *Corean Primer*, by J. Ross, Shanghai 1877.
(5) *The Corean language*, by J. Ross, China Review, 1878.
(6) *Notes on the Corean language*, by J. MacIntyre, The China Review, Ⅷ, 1879.
(7) *A Comparative Study of the Japanese and Korean languages*, by W. G. Aston, JRASGBI, August, 1879.
(8) *Grammaire Coréenne*, par les Missionnaires de Corée, Yokohama, 1881.
(9) Korean Speech, by J. Ross, Shanghai 1882.
(10) *The Corean Language*, by W. E. Griffis, Corea, the Hermit Nation, London 1882.
(11) *En-moun mal cháik, A Corean Manual or Phrase Book with Introductory Grammar*, by J. Scott, Shanghai 1887.
(12) *Mannel de la langue Coréenne Parlée*, par M. C. Imbault-Huart, Paris, 1889.
(13) *An Introduction to the Korean Spoken Language*, by H. G. Underwood, Yokohama, 1889.
(14) *Introduction*, by J. Scott, English-Corean Dictionary, Seoul, 1891.
(15) *A Corean Manual or Phrase Book with Introductory Grammar*, by J. Scott, Seoul, 1893.

(16) *Difficulties of Korean*, by J. S. Gale, Korean Repository Ⅳ, 1897.
(17) *Korean Grammatical Forms*, by J. S. Gale, Yokohama, 1893, 1903, 1916.
(18) *An Introduction to the Korean Spoken Language*, rev. ed. by H. H. Underwood, Seoul, 1914.
(19) *Koreanische Konversations-Grammatik mit Lesestücken und Gesprächen*, von P. A. Eckardt Heidelberg. 1923(2冊).
(20) *Remarks on the Korean language*, by G. J. Ramstedt, MSFO-U, 58, 1928.
(21) *A Partial Bibliography of Occidental Literature on Korea*, by H. H. Underwood, Seoul, 1930.
(22) *Grammatik der Koreanischen Sprache*, von P. L. Roth, Tokwon, 1936.
(23) *A Korean Grammar*, by G. J. Ramstedt, Helsinki, 1939.
(24) *Uber die Struktur der Altaishen Sprachen*, by G. J. Ramstedt, JSFO, 55, 1951.

참고 문헌

강신항 :「국어학사」(보성문화사, 1983. 2. 15)
       「운해훈민정음연구」(학국연구원, 1967. 12. 20)
고영근 :「국어문법의 연구」(탑출판사, 1983. 12. 5)
권덕규 :「조선어문경위」(광문사, 1923. 5. 25)
권재선 :「국어학발전사」(갖추린)(우골탑, 1990. 3. 1)
권재일 :「문법범주 실현의 다양성에 대하여」, 한글 196 (1987)
김계곤 :「현대국어의 조어법 연구」, 한글 196 (1987)
       「한힌샘 주시경선생의 이력서에 대하여」 한힌샘 주시경연구 4
       (1991)
김공칠 :「방언학」(학문사, 1983. 2. 10)
김두봉 :「조선말본」(신문관, 1916. 4. 13)
       「깁더 조선말본」(중국 상해, 1922년경)
김민수 :「국어문법론연구」(통문관, 1960. 11. 5 초판, 1962. 5. 5 재판)
       「주시경연구」(탑출판사, 1977. 8. 10)
       「신국어학사」(전정판)(일조각, 1982. 8. 30)
김방한 :「한국어의 계통」(민음사, 1983. 11. 15)
김석득 :「국어구조론」(연세대학교 출판부, 1971. 3. 5)
       「우리말연구사」(정음문화사, 1983. 12. 30)
       「우리말 형태론」-말본론-(탑출판사, 1992. 8. 30)
       「우리말연구사」(태학사, 2009. 10. 5)

김슬옹 : 「세종대왕과 훈민정음학」(지식산업사, 2010. 1. 5)
김승곤 : 「한국어 조사의 통시적 연구」(대제각, 1978. 12. 30)
         「한국어의 기원」(건국대학교 출판부, 1990. 9. 1 재판)
김영배 : 「석보상절 제23·24 주해」(일조각, 1972)
김완진 : 「향가해독법연구」(서울대학교 출판부, 1983. 5. 20 재판)
김윤경 : 「조선문자급어학사」(조선기념도서출판관, 1938. 1. 25)
         「한국문자급어학사」 증보 4판(동국문화사, 1954. 12)
         「나라말본」(동명사 1948, 1952. 2. 15 재판)
         「새로지은 국어학사」(을유문화사, 1963. 3. 25)
김일근 : 「한글 서체의 사적 변천」, 국어국문학 제22호 (1960)
김정수 : 「한글의 역사와 미래」(열화당, 1990)
김지용 : 「경세훈민정음도설 해제」(연세대 인문과학연구소, 1968)
김하수 : 「화행의 개별언어적 현상」(연세대 「인문과학 65집」, 1991)
김형규 : 「국어사」(백영사, 1959. 11. 25, 4판)
김형주 : 「국어학사」(학문사, 1990. 2. 10)
남기심 : 「국어의 격과 격조사에 대하여」, 겨레문화 5 (1991)
         「현대국어통사론」(태학사, 2001)
남기심·이정민·이홍배 공저 : 「언어학개론」(개정판) (탑출판사, 1977.
         3. 15 초판, 1982. 3. 25 개정 5판)
남풍현 : 「차자표기법연구」(단국대학교 출판부, 1981)
노대규 : 「국어의 감탄문 문법」(보성문화사, 1983. 3. 1)
노대규·김영희·이상복·임용기·성낙수·최기호 공저 : 「국어학서설」
         (신원문화사, 1991. 2. 25)
리봉운 : 「국문졍리」 (국문각, 1897(건양 2년), 1)
리의도 : 「훈민정음의 중성에 대한 새로운 해석」, 한글 186 (1984)

문효근 :「한국어성조의 분석적 연구」(세종출판공사, 1974. 9. 20)
　　　　「훈민정음의 음절 생성 규정의 이해 —범자필합이성음에 대하여—」, 국어교육론총 제1집 창간호 (연세대학교, 1981)
　　　　「훈민정음 제자원리」, 세종학연구 8 (세종대왕기념사업회, 1993)
박병채 :「국어발달사」(세영사, 1990)
박승빈 :「조선어학」(조선어학연구회, 1935. 7. 2)
박종국 :「훈민정음」(정음사, 1976. 3. 30)
　　　　「말본사전」(정음사, 1980. 8. 30)
　　　　「세종대왕과 훈민정음」(세종대왕기념사업회, 1984. 12. 31)
　　　　「국어학사」(문지사, 1994. 12. 30)
　　　　「한국어발달사」(문지사, 1996. 3. 15)
　　　　「한글문헌해제」(세종대왕기념사업회, 2003. 9. 30)
　　　　「훈민정음종합연구」(세종학연구원, 2007. 3. 30)
　　　　「겨레의 큰 스승 세종성왕」(세종학연구원, 2008. 1. 10)
　　　　「한국어발달사 증보」(세종학연구원, 2009. 2. 27)
박지홍 :「어제 훈민정음 연구」, 한글 제173·174호 어우름(1981)
박창해 :「국어 구조론 연구 3」, 연세대학교 한국어학당 (1964)
박태권 :「국어학사연구」(2008년 고친판)(세종출판사, 2008. 5. 31)
방종현 :「훈민정음 통사」(일성당서점, 1948. 1. 20)
배윤덕 :「최석정의 경세정운 연구」, 국어의 이해와 인식—갈음 김석득 교수 회갑기념논문집—(한국문화사, 1991)
서병국 :「신강국어학사」(학문사, 1983. 3. 10)
서상규 :「번역 노걸대의 어휘 색인」(박이정, 1997)
서정수 :「국어문법의 연구」(한국문화사, 1990. 8. 20)
　　　　「한·일 양국어 보조용언 비교 연구[1]」, 겨레문화 4 (1990)

성낙수 : 「우리말 방언학」(한국문화사, 1993)
소창진평(小倉進平) : 「조선어학사」(1920), 「증정보주 조선어학사」(1964)
　　　　「향가 및 이두의 연구」(1929. 3)
손보기 : 「세종시대에 엮어지고 펴낸 책」(세종대왕기념사업회, 1986. 10. 20)
손인수 : 「한국개화교육연구」(일지사, 1980)
안병희 : 「중세국어 구결의 연구」(일지사, 1978. 12. 20 재판)
양주동 : 「조선고가연구」(1942. 11. 25),
　　　　「고가연구」(1957. 3. 10 개명 재판)
　　　　「여요전주」(정정판) (을유문화사, 1954. 10. 20 삼판)
유길준 : 「서유견문」(고종 32년)
　　　　「대한문전」(융희 3년, 2월 18일)
유창균 : 「국어학사」(영설출판사, 1993. 2. 20)
유창돈 : 「국어변천사」(통문관, 1961. 4. 10)
　　　　「언문지 주해」(신구문화사, 1958. 9. 15)
　　　　「이조국어사연구」(이우출판사, 1980. 2. 10)
이기문 : 「훈몽자회 연구」, 한국문화연구총서 5 (서울대 한국문화연구소, 1971)
　　　　「훈민정음 창제에 관련된 몇 문제」, 국어학 2 (1974)
　　　　「개화기의 국문연구」(일조각, 1981. 1. 10 중판)
이길록 : 「국어문법 연구」(일신사, 1981. 2. 15)
이동림 : 「동국정운 연구」(동국대학교 국어국문학연구실, 1970. 10. 10)
이명규 : 「근대국어의 음운현상에 관한 연구」, 한양대학교 인문논총 3 (1982)
이상백 : 「한글의 기원」(통문관, 1957)

이성구 : 「훈민정음 연구」(동문사, 1985. 12. 30)
이숭녕 : 「국어학개설」(진문사, 1954)
이응호 : 「개화기의 한글운동사」(성청사, 1975. 2)
「미군정기의 한글운동사」(성청사, 1974. 1. 4)
이정호 : 「훈민정음의 구조원리」―그 역학적 연구―(아세아문화사, 1976. 6. 20 초판, 1978. 4. 5 재판)
이희승 : 「국어학개설」(민중서관, 1955. 8. 10)
「초급국어문법」(1949)
「새고등문법」(1961)
임용기 : 「훈민정음에 나타난 삼분법의 형성 과정에 대하여」, 세종학연구 7 (세종대왕기념사업회, 1992)
「세종 및 집현전 학자들의 음운 이론과 훈민정음」(「국어학」 41집, 2008. 11)
장세경 : 「고대차자복식인명표기연구」(국학자료원, 1990. 7. 15)
「이두자료 읽기 사전」(한양대학교 출판부, 2001)
장지영·장세경 공저 : 「이두사전」(정음사, 1976. 4. 30)
전재호·박태권 공저 : 「국어표현문법」(이우출판사, 1979. 3. 20)
정렬모 : 「신편고등국어문법」(한글문화사, 1946. 10. 20)
정인승 : 「이두 기원의 재고찰」, 일석 이희승 선생 송수기념논총 (1957)
「표준중등말본」(1949)
「표준고등말본」(1956)
조재수 : 「국어사전편찬론」(과학사, 1984. 2. 28)
주시경 : 「국어문전음학」(박문서관, 1908. 11. 6)
「국어문법」(박문서관, 1910. 4. 15)
「조선어문법」(박문서관, 1911. 12. 19)

「말의 소리」(1914 석판)

진태하 : 「계림유사 연구」(명지대학교 출판부, 1987. 3. 1 삼판)

최광옥 : 「대한문전」(안악면학회, 1908(융희 2년). 1)

최기호 : 「한국어의 계통 연구」, 세종학연구 7 (세종대왕기념사업회, 1992)

최낙복 : 「주시경 문법의 연구」(문성출판사, 1991. 8. 18)

최세화 : 「15세기 국어의 중모음연구」(아세아문화사, 1982. 8. 30 삼판)

최현배 : 「우리말본」(연희전문학교 출판부, 1937. 2. 20), 깁고 고친판 (1955. 2. 25, 1971, 1980. 12. 20 등)

「한글의 바른 길」(1937. 2. 8)

「한글갈」(정음사, 1942. 4. 30 초판, 재판)

「고친 한글갈」(정음사, 1971. 1. 10)

「외솔 최현배박사 고희기념 논문집」(정음사, 1968. 10. 18)

허 웅 : 「국어음운론」(정음사, 1958. 2. 20)

「개고 신판 국어음운학」(정음사, 1965)

「한글과 민족문화」(세종대왕기념사업회, 1974. 12. 25)

「우리 옛말본」―형태론―(샘문화사, 1975. 4. 20)

「언어학」(샘문화사, 1981. 2. 20)

「국어학」(샘문화사, 1983. 8. 20)

「16세기 우리 옛말본」(샘문화사, 1989. 12. 20)

허 웅·박지홍 공저 : 「주시경선생의 생애와 학문」(과학사, 1980. 3. 30)

홍기문 : 「정음발달사」 상·하 (서울신문사 출판국, 1946. 8. 30)

홍윤표 : 「국어사 문헌자료 연구」(태학사, 1993. 3. 15)

홍이섭 : 「세종대왕」(세종대왕기념사업회, 1971)

고려대학교 민족문화연구소 : 「한국문화사대계 Ⅴ」 (1967)

국사편찬위원회 : 「한국사 22」―근대―(1978. 8. 24)

문교부 :「한자안쓰기의 이론」(1948. 8. 6)
　　　　「한글전용특별심의회 회보」1~5집 (문교부한글전용특별심의회, 1962~63)
세종대왕기념사업회・민족문화추진회 :「조선왕조실록」(국역본 및 원본)
조선어학회 :「한글 마춤법 통일안」(1933. 10. 29)
　　　　「훈민정음 운해」(1938. 5. 5 초판, 1946. 6. 12 재판)
진단학회 :「한국사」(을유문화사, 1959~1963)
한글학회 :「한글학회 50년사」(한글학회, 1971. 12. 3)
　　　　「한글 맞춤법 통일안」(원본 및 고침판 모음) (한글학회, 1980. 7. 30)

찾아내기

[ㄱ]

가갸글 162
가갸날 162, 163, 501
가락찌 여린뼈 360
가로글씨[橫書] 163, 428, 486, 494, 513
가로글씨의 원리 495
가로쓰기 428, 494
가로씨기와 맞춤법 495
가로씨기와 월점 치기 495
가르월 451
가름 도움줄기 384, 385
가름 씨끝 384, 385
가운데 홀소리 363, 484
가운뎃소리[中聲] 108, 130, 146, 147, 148, 204, 205, 228, 247, 260, 566, 567, 580, 581
≪가정잡지≫ 287
가지[語枝, 接辭]=씨가지 344, 375
가지결 344
가진월[包有文] 409, 411, 412
가획 원리(加畫原理) 118, 120
각논 445
각론(各論) 502
각자병서(各自並書) 110, 124, 136, 142, 147, 149, 270, 486, 503
간경도감(刊經都監) 21, 187
≪간이사칙산술≫ 285

≪간이조선어문법≫ 453
갈[學] 21, 342
갈말[術語] 295, 335, 336, 343, 346, 433, 443, 463, 469, 557
갈말[術語]의 현대 용어 343
갈바쓰기(並書)=갈바씨기 251, 291, 456, 485
갈바씨기의 세움[並書論] 483, 485
갈이소리[摩擦音] 117, 364
갈홍(葛洪) 38
감동사 321, 443, 446, 447
감말[詞] 428, 443, 445, 446, 447, 450
감말논[詞論] 445, 446, 452
감말의 단독논 452
감말의 상관논 443, 445, 447, 452
감목법[資格法]=껌목법 386, 387, 393, 394, 411, 418
감의 몸 427, 436
감의 빛 427, 436
감탄사 303, 304, 306, 307, 309, 457, 458, 466, 470
강독(講讀) 63, 95
강론(講論) 87, 95, 583
강매(姜邁) 348
강신항 20, 21, 28, 230
강약(強弱) 339
강위 208, 265, 482
강희안 95, 97, 98, 151, 158, 542, 553

≪강희자전(康熙字典)≫ 111
갖갈이소리 422
갖은부림말 407, 408
갖은월조각 407
갖은임자말 407, 408
같은마디(맞선마디) 436, 437
같은마디월(맞선마디월) 438, 439
≪개고신판 국어음운학≫ 123
개구(開口) 220
개구음(開口音) 221
개국기년(開國紀年) 280
개념말 446, 447
개론(개설) 495
개무속성(皆務速成) 87
≪개정판 국어학사≫ 28
≪개화기의 한글 운동사≫ 162, 165, 297
객관적 꼴임자씨 380, 387, 391
객부(客部) 308, 309, 328
객부구(客部句) 309
객어(客語) 308, 309, 325, 326, 327, 328, 329, 343, 448, 449, 450
객체관계 448
거듭마디 427
거듭소리 213, 292, 338
거듭소리 글자 253, 517
거듭월 438, 439, 440
거성(去聲) 111, 112, 113, 114, 134, 139, 140, 142, 147, 148, 149, 205, 254, 256, 291, 544, 549, 550, 557, 562, 565, 567, 568, 569, 581, 583
거센소리[激音] 121, 122, 315
거이(擧頤) 247
거입성(去入聲) 229
건너닮기[越他同化] 371

걸림씨[關係詞, 토씨] 65, 372, 378, 379, 390, 391, 395, 417
겉법칙 444
겨레 문화주의 83, 85
≪겨레의 큰 스승 세종성왕≫ 84, 97
격음(激音)=거센소리 121, 314, 315
격음조(激音調)의 부호 454
격(格)의 논 445
견주는 한글갈[比較正音學] 483, 486
결 344
겹닿소리 362
겹마디월 438, 440
겹소리[複音] 290, 291, 337, 338, 339, 360, 362, 363, 364
겹씨[複詞] 375
겹월[複文] 409, 411, 412, 413, 427
겹홀소리[複母音, 重母音] 130, 131, 140, 143, 150, 315, 362, 363
겻(겻씨) 341, 376, 391, 420, 421, 425, 426, 433, 440
≪경민편(警民編)≫ 65
경사(經史) 84, 93, 165
경사(慶事) 535, 538
경서(經書) 87, 576, 582
경서구결본국정운변증설 63
≪경성도지(京城圖志)≫ 202
≪경세정운(經世正韻)≫=≪경세훈민정음도설≫ 208
≪경세정운도설≫ 237
≪경세훈민정음도설≫ 207, 208, 211, 215, 243
경순음(輕脣音) 218, 219, 338
경연(經筵) 83, 87, 90, 94
경음(硬音) 315, 454
경음조(硬音調)의 부호 454, 455

경음표(硬音標) 455
경적(經籍) 83
경주 남산신성비 54, 55
경중(輕重) 80, 90, 145, 150, 544, 552, 569
≪계림유사≫ 37
≪계명(啓明)≫ 453
「계명구락부」의 「조선어사전」편찬 489
계통론(系統論) 495, 525
계통적(系統的) 분류 476
≪고가연구≫(조선고가연구) 474
고기(古記) 43
고나(홋소리) 338
고대글자 38
고대 문자(古代文字) 기원설 178, 477
≪고등나라말본≫ 433
≪고등말본≫ 352
≪고등문법≫ 469
≪고려사(高麗史)≫ 44, 559
고려시대 국어 526
고룸소리[調音素] 385
고립어(孤立語) 46, 476
고사(古史) 42
고사(故事) 202, 239, 575
고어 연구 472
≪고어재료사전≫ 487
고유명사=홀로이름씨 36, 48, 506
고유어(固有語) 31, 47, 336, 443, 515, 523
고저(高低) 339, 583
고저변(高低辨) 291
고전(古篆) 73, 166, 171, 172, 173
고전 기원설(古篆起原說) 171, 172, 173
고조선비사(古朝鮮秘詞) 40
고증학(考證學) 72

≪고친 한글갈≫ 30, 63, 203, 215, 455, 478, 484
≪고환당집≫ 266
곡절어(굴절어, 곡미어) 476
≪공수학보≫ 287
과거(過去) 305, 319
과거동사 319
관계대명사 305, 318, 319
관형사 443, 446, 447, 457, 458, 464, 470
광견잡록 208, 268
광문회 419, 489
「광문회」의 「말모이」 만들기 489
광복 직후의 국어정책 507
≪광운≫ 241, 246, 247, 248, 249, 569
광운 36자모지도 547
광의의 이두 53, 59
광종(光宗)때의 과거제도(科擧制度) 66
광협(廣狹) 339
≪교주역대시조선≫ 474
구(句)=마디[節] 309, 321, 330, 400, 402, 403
구(이은말) 343
구개음화(口蓋音化) 502, 505
구결(口訣) 32, 36, 53, 54, 59, 61, 62, 63, 64, 65, 66, 74, 192, 477
구결식(口訣式) 표기 37, 61
구결이 이두나 향찰과 다른 점 65
구결 표기 보기 64, 65
구경(九經) 36, 63
≪구급방언해≫ 187
≪구당서(舊唐書)≫ 44
구두(句讀) 61
구두점(句讀點) 152
구루(䈽漏) 82

구변지국(九變之局)   39
구변진단지도(九變震檀之圖)   39
9씨[九品詞]   341, 376, 420, 425, 426, 427, 433
≪구약전서≫   288
구어(口語)=입말   66, 161
≪구역인왕경≫   61, 62
구조 관계의 계층 구조   451
구조론(構造論)   377, 417
구조언어학   370, 450, 526
구조주의 시대   365, 369
구조주의 언어학(構造主義言語學)   32, 441
국(局)=도국(圖局)   39
국문(國文)   162, 165, 277, 281, 284, 285, 287, 288, 292, 293, 296, 310, 334, 336, 346, 478, 480
≪국문문법(國文文法)≫   162
국문연구소   292
국문연구의정안(國文研究議定案)   293
국문의 소리(음성학)   336
≪국문정리(國文正理)≫   162, 295, 296, 297, 332
≪국민소학독본(國民小學讀本)≫   285
국성(國性)=나라의 바탕   334, 335, 346
국어(國語)   19, 21, 170, 277, 279, 298, 299, 334, 523, 525, 552, 557
≪국어교육론총≫   111
국어 낱내의 유형   370
≪국어대사전≫   469, 471
≪국어문법≫   332, 333, 335, 336, 338, 339, 340, 342, 343, 346, 362, 376, 381, 386, 420, 425, 427, 456
≪국어문법론연구≫   295, 310, 348
≪국어문전음학(國語文典音學)≫   333, 334, 335, 338, 346, 456
≪국어발달사≫   62
국어변천사   475
국어사(國語史)   19, 20, 475, 525
≪국어사≫   27
≪국어사문헌자료연구≫   260
국어 연구사   19, 20, 271
국어연구학회   499
≪국어음운론≫   526
국어의 씨(품사)   372, 417, 470
국어학(國語學)   19, 20, 21, 22, 24, 25, 26, 31, 36, 72, 73, 189, 190, 192, 207, 208, 215, 239, 273, 274, 277, 278, 279, 332, 335, 354, 369, 417, 429, 430, 442, 482, 487, 548
≪국어학≫   19
≪국어학개설≫   469
국어학사(國語學史)   19, 20, 21, 22, 23, 24, 25, 26, 30, 31, 35, 72, 475, 477, 478, 482, 487, 525
≪국어학사≫   20, 21, 27, 29
국어학 연구사   19
국어학사의 기술태도   22
국어학사의 대상   24
국어학사의 시대 구분   25, 26, 30, 31
국어학사의 편술 태도   23, 24
≪국역동국통감 2≫   63
국제 음성 기호와 한글 대조표   518
굴절어   442, 476
권덕규   198, 482, 489, 492, 500, 501, 502
권문해(權文海)   38
권점(圈點)   62, 111, 169, 213, 246, 296, 582, 583
권정선   271, 273

귀납적 기술적인 말본관 356
귀착부사 447
귀착어(歸着語) 448, 449, 450
규범 말본=규범 문법 299, 303, 309, 312, 331
규범 말본관 357
규범 말본 《대한문전》 311
규칙 용언(規則用言) 502
《균여전(均如傳)》 36, 43, 53, 58
그림글자(繪畵文字) 46
그림씨(어떻씨, 형용사) 373, 380, 381, 387, 391, 392, 393, 394, 401, 402, 404, 433, 464, 465, 467
그림씨의 도움줄기 392
그 밖의 종성(終聲) 273
근대 국어학의 시기 277
《근이산술》 285
글[文字] 430
글말[文語] 66, 354
글월[文] 296, 373, 374, 375, 397, 399, 434, 471, 472, 517
글월갈[修辭學] 357, 397, 399, 400
글자[文字] 312, 313
글자갈[文字學] 354
글자의 운[字韻] 133, 134, 146, 147, 558
글자의 운용 107, 109, 124, 132
글자의 음가 107
《글자의 혁명》 351, 494
금 344
《금강경삼가해(金剛經三家解)》 188
《금강반야바라밀경언해(金剛般若波羅蜜經諺解)》 187
금영택 207, 230
금이 344
금이듬 344

금이빗 344
금일까지 전한 문자 477
기(씨)=품사 323, 340, 341, 342, 343, 348, 349, 350, 372, 377, 417, 443, 463, 464, 470
기난갈(씨난갈, 品詞論)=씨갈 336, 340
기본 글자[基本字] 116, 117, 118, 119, 120, 121, 125, 129, 131, 143
기본문 308, 325, 329
기움말[補語] 402, 404, 405, 408, 410, 442
기움자리토씨 466
긴소리 291, 365, 366, 367
김두봉 347, 348, 349, 362, 376, 386, 419, 420, 423, 425, 426, 427, 428, 433, 482, 489, 490, 494
김두봉 14초성 551
김민수 20, 27, 55, 286, 295, 297, 310, 343, 348, 349, 350
김병제 490, 508, 510
김석득 20, 28, 127, 207, 215, 220, 221, 222, 232, 271, 274, 279, 295, 298, 302, 304, 307, 309, 313, 317, 323, 343, 355, 356, 358, 359, 360, 361, 362, 364, 365, 367, 369, 370, 372, 418, 444, 451, 467, 526, 527
김윤경 23, 26, 38, 41, 42, 43, 45, 178, 196, 197 222, 266, 269, 292, 297, 332, 347, 348, 349, 350, 428, 430, 431, 432, 433, 434, 441, 462, 475, 487, 500, 501, 502, 508, 510
김형규 27
김형주 29
김희상 332
김희상 14초성 551

≪깁더조선말본≫ 347, 362, 419, 420, 423, 425, 494, 551
꼴 임자씨(형식체언) 379, 380, 387, 391
꼴 풀이씨(형식용언) 380, 381, 387, 391
꾀임꼴(청유형) 394, 395, 415
꾀임월(청유문) 414, 415
꾸밈감[修飾語] 434, 435, 436, 437, 438
꾸밈말 404, 407, 410, 442
꾸밈씨[修飾詞] 372, 378, 379, 388, 389, 390, 391, 401, 417, 433
끗(끗토) 341, 342, 345, 376, 381, 386, 391, 426, 427
끝[語尾] 382, 470
끝난월[完結文] 386, 394
끝바꿈(활용)=씨끝바꿈 349, 373, 380, 381, 382, 384, 386, 387, 392, 393, 416, 417, 467, 470, 471
끝바꿈과 말본 범주 393
끝소리[終聲]=받침 109, 112, 113, 114, 124, 138, 139, 145, 146, 147, 148, 154, 160, 204, 205, 211, 221, 242, 243, 250, 255, 256, 257, 258, 269, 315, 316, 339, 371, 498, 499, 502, 503, 504, 505, 518, 549, 550, 567, 568, 579, 580, 581

[ㄴ]

나는 자리(조음 위치) 106, 116, 121, 123, 364
≪나라 건지는 교육≫ 352
≪나라말본≫ 347, 428, 429, 430, 431, 432, 441
≪나라사랑의 길≫ 352
나라의 바탕[國性] 334, 335, 346

나란히 씀[竝書] 107, 110, 122, 124, 136, 486
나무의 늙고 단단한 것[老壯] 119
나무의 바탕이 생긴 것[性質] 118
나무의 성히 자란 것[盛長] 118, 119
≪낙원(樂園)≫ 453
난 340
날림[飛書, 速記字體] 428
날숨[呼氣] 266, 267, 360
날적 420, 421, 428
≪남명집언해(南明集諺解)≫ 186, 188
남명집언해 해제 187
남움직씨 405
남이[풀이말, 說者, 술어체] 343, 345, 427
남이금 344, 345
남이듬 344
남이빗 343, 344, 345
남풍현 53
낫내 338, 339
낱갈이소리 422
낱내[音節]=소리마디 48, 110, 113, 114, 132, 133, 137, 138, 145, 146, 147, 149, 154, 231, 259, 262, 301, 314, 368, 369, 370, 371
낱내 글자[音節文字] 114, 132, 133, 166, 168, 259, 301, 314
낱내올림 365, 367
낱내[音節]의 뜻매김과 형성 369
낱뜻[辭] 443, 445
낱뜻논[辭論] 445, 452
낱말(단어) 304, 307, 373, 374, 375, 377, 378, 397, 400, 416, 418, 457, 458, 493, 495, 507
낱말(씨, 기, 언씨, 억씨, 감말) 331, 340,

606　우리 국어학사

343, 358, 372, 400, 425, 427, 434,
435, 436, 445
낱말 꾸밈씨　388, 389, 391
낱말올림　365, 367
낱소리[個音]　166, 360, 417
낱자의 배열 순서　155
낱자(자모)의 순서　503
낱자[字母]의 이름　152, 153, 154, 155
내포말　446, 447
《내훈(內訓)》　188
넓은 홀소리　363
《노박집람》　200
노정섭　208, 268
《노한사전》　493
논리학(論理學)　279, 331, 357, 380, 414,
417, 443
놀　341, 376, 383, 426
《농사직설》　92
《농상집요(農桑輯要)》　56
높낮이[平仄:高低]　111, 139, 143, 205,
260, 293, 365, 368, 557, 581
높임법[尊敬法]의 등분　417, 418
높힘 도움줄기=가름 도움줄기　385
높힘의 서로맞음　408
《누가복음》　288
느낌꼴　394, 395
느낌말　407
느낌씨(감동사)　373, 388, 389, 391, 401,
433, 466
느낌월[感嘆文]　440
느낌토씨(감동조사)　395
늑(감동사)=늑씨　376, 420, 421, 425,
426, 433, 443
《능엄경언해》　61, 170, 187

[ㄷ]

ㄷ바침 소리　502
다(짠말)　342, 343
단객어　326, 327
단독논(單獨論)　445, 446, 452
단모음(單母音)　130, 143
단순음(單純音)　300, 301
단순한 모음　338
단어(單語)=낱말　304, 307, 316, 374, 378,
397, 432, 454, 457, 458, 459, 460,
502, 505, 506, 507
단음　297, 299, 301, 313, 314, 338, 362,
366
단중모음(單重母音)　315
단지음(單支音)　315
닫은 홀소리　363
닫홀소리　423
닷소리(붙음소리)　337
닿소리[初聲, 子音]　107, 116, 118, 120,
124, 125, 141, 145, 147, 148, 153,
154, 155, 169, 171, 206, 233, 290,
292, 297, 301, 338, 360, 362, 364,
365, 367, 369, 370, 371, 384, 385,
418, 421, 425, 431, 483, 485, 486,
503, 505, 548, 550, 571
닿소리[初聲] 17 글자　116
닿소리(초성) 17자　120, 121, 122, 132
닿소리의 갈래　421, 423, 431
닿소리의 거듭　424
닿소리의 기본 글자　117, 121
닿소리(초성)의 기본음소　123, 142
닿소리의 닮음　371
닿소리의 법칙　476
닿소리의 분류　364

닿소리(자음) 27자 체계 124
닿소리 제작의 원리와 조직 116
대구 화상(大矩和尙) 36
대기음(帶氣音) 315
≪대동보≫ 287
≪대동야승(大東野乘)≫ 96
≪대동운부군옥≫ 38
≪대명률(大明律)≫ 55, 56
대명사 303, 304, 307, 318, 319, 447, 457, 470
≪대유대주의≫ 201, 202
대응(對應) 48, 255, 377
대이름씨(대명사) 372, 379, 380, 387, 391, 402, 464
대중말(표준말) 19, 23, 24, 140, 356, 357, 358, 491, 503
≪대한국어문법≫ 333, 335, 337, 338, 456
≪대한문전≫ 284, 295, 298, 299, 300, 301, 302, 303, 304, 306, 307, 309, 310, 311, 312, 313, 315, 316, 320, 322, 323, 331, 332, 551
≪대한유학생학보≫ 287
≪대한자강회월보≫ 287
더음[接辭] 434
덧거듭 424
덧거듭소리 338
덧마디월 438, 439
덧소리 337, 338
덧월 427
도움그림씨(보조형용사) 396, 418
도움낱뜻[補助辭] 443
도움뿌리[補助語根, 助根] 382, 383
도움움직씨(보조동사, 조동사) 396, 418
도움줄기[補助語幹] 383, 384, 385, 386, 392, 417, 426, 427, 433, 458
도움줄기와 말본 범주 392
도움토씨(보조사) 395, 466, 467
도움풀이씨(보조용언) 396, 418
도움풀이씨의 개척 395
도치구(倒置句) 309
도치문(倒置文) 329
도튼말[總論] 443
돕는 조각[뒷가지, 接尾辭] 382, 383
동국(東國) 39
≪동국정운(東國正韻)≫ 72, 85, 95, 123, 131, 147, 167, 168, 169, 182, 184, 187, 241, 242, 488, 516, 554
동국정운서(東國正韻序) 544
≪동국정운≫을 과거 과목에 넣음 186
≪동국정운≫의 음운 체계 184, 185
≪동국통감(東國通鑑)≫ 63
동궁(東宮)=세자 95, 103, 104, 105, 106, 583
≪동몽선습≫ 64
동문 동궤(同文同軌) 77, 99
≪동문선습≫ 65
≪동문자모분해≫ 208, 265, 266
동사 303, 305, 307, 317, 319, 322, 323, 443, 446, 447, 457, 458, 464, 470, 471
≪동아개진교육회회보≫ 287
≪동여지도(東輿地圖)≫ 285
동이(東夷) 38
≪동인학보≫ 287
동작동사 447
된비읍 264, 291, 456, 485, 486
된소리 122, 123, 155, 209, 236, 250, 251, 270, 273, 291, 297, 315, 455, 456, 485, 486, 502, 503, 504, 505,

518
된소리의 표시는 된시읏(ㅅㄱ, ㅅㄷ, ㅅㅈ, ㅅㄹ, ㅅㅂ, ㅆ 등의 ㅅ)이 옳고 쌍서식(ㄲ, ㄸ, ㅃ, ㅆ, ㅉ 등)은 역사적 기사법을 무시하는 것임 455
된시읏 264, 291, 455, 456, 480, 485, 486, 497
둥근 점[圈點] 111, 139, 166, 557
둥근 홀소리 363
드(월) 343, 345
듬[格] 342, 344
따로길이 366
딸림감[從屬語, 從屬格] 427
딸림마디 411
딸림말 448, 449
땅이름 37, 48, 49
떨소리 422
떨폭[振幅] 367
뜻글자[表意文字] 51, 66, 157, 228
띄어쓰기 296, 503

[ㄹ]

리봉운 162, 295, 296, 332

[ㅁ]

≪마가복음≫ 288
마디[節, 句, clause] 389, 400, 402, 403, 411, 420, 421, 427, 434, 436
마디 꾸밈씨 388, 389, 391
마주길이 366
마찰음(摩擦音)=갈이소리 117
마춤법[綴字法] 502, 504, 507
마침법[終止法] 386, 393, 394, 395, 403, 411, 412, 415, 418
막음월 440
≪만국약사≫ 285
≪만국지지≫ 285
≪만우재집≫ 207, 230
만이결 344, 345
말[言]=언어 334, 335, 342, 343, 430, 444
말갈[語學] 358
말과 말본(말본갈)의 뜻매김 354
말광[辭典] 367, 481
말모이(사전) 419, 489
말본[語法]=문법 336, 355, 419, 420, 421, 431, 442, 443, 444, 493, 503, 506, 525
말본갈[語法學] 32, 279, 294, 299, 331, 332, 354, 355, 356, 357, 358, 359, 377, 397, 399, 443, 444, 445, 451, 452
말본 갈말(술어) 346
말본갈의 본(말본의 본) 358
말본관[文法觀] 340, 354, 355, 356, 443
말본 범주 392, 393, 417
≪말본사전≫ 163, 295, 297, 347, 467, 471, 525, 570
말본 연구의 계층 설정 358
말본의 범위 452
말본의 본은 기술적 설명적임이 본색 355
말본의 연구 두레 445
말본의 위치 340
말본 체계 307, 322, 325, 332, 340, 346, 347, 348, 351, 372, 375, 416, 419, 429, 443, 452, 453, 458, 461, 472
말소리[聲音] 115, 116, 124

말소리갈[音聲學]=소리갈　354, 358, 359, 360, 417
말의 높힘　408
말의 본[法則]　354, 355, 356, 431
말의 본은 자연계의 법칙과 다름　355
말의 소리　111, 113, 133, 303, 335
≪말의 소리≫　333, 335, 337, 338, 456, 494, 551
맑은 소리[울림없는 소리, 淸音, 無聲音]　121, 122, 256, 360, 361
맞선마디　403, 412, 413, 436, 437
맞춤법[合字法, 綴字法]　132, 182, 183, 206, 211, 294, 346, 483, 501, 504, 507, 512, 513
매김꼴　393, 403, 412
매김말　404, 405, 408
매김씨(어떤씨, 관형사)　373, 387, 388, 389, 391, 393, 401, 403, 433, 464, 465
매김자리토씨　466
매는꼴[拘束形]　385, 393, 413
매임감[關係語, 關係格]　427
맺(종지토)=맺씨　376, 420, 421, 425, 426, 433, 434, 436, 447
맺음씨　433
머리더음[接頭辭]　434
명사　303, 304, 306, 307, 317, 321, 326, 372, 379, 391, 420, 433, 443, 444, 446, 447, 457, 460, 464, 470
명사구　330
명사의 수량(數量)　318
명사의 위격(位格)　318
명사절　330, 402
모(이은말)　343
모월[混文]　427

모음(母音)　125, 142, 153, 155, 252, 300, 301, 302, 309, 313, 314, 315, 316, 338, 339, 360, 421, 518, 519, 571
모음조화(母音調和)=홀소리어울림　130, 371, 432
모음체계(母音體系)=홀소리체계　131
모임씨[實辭, 虛辭結合語]　426, 433
목갈이소리[喉頭摩擦音]　121
목구멍소리[喉音]　116, 117, 119, 120, 121, 122, 123, 124, 125, 134, 142, 145, 147, 185, 250, 263, 266, 544, 558, 568
목머리(인두, 목안)　360
목적객어(目的客語)　308
목적어　460
≪목우자수심결언해≫　187
목청　360, 364, 367, 368, 422, 432
목청을 막았다가 헤치는 소리　434
몸　382, 427, 436, 441
몸말[體言, 임자씨]　426
≪몽산화상법어약록언해≫　187
≪묘법연화경언해≫　187
무형명사(無形名詞)　304
문(文)　176, 325, 333, 454, 457, 460, 534, 569
문교부 제정 14초성　552
문대명사　304, 318
문법=말본　336, 359, 453, 454, 502, 503
문법론　296
문법상 객어　327
문법상 설명어　326
문법상 주어　326
문법학(文法學)=말본갈　279, 299, 336, 443
문세영　490

문어(文語)=글말 66
문자(文字)=글자 42, 43, 44, 312, 313, 546, 555, 576, 578
문자 음운(文字音韻) 31, 208
문자(훈민정음) 창제의 이유 76, 77
문장(文章) 150, 195, 307, 323, 325, 330, 331, 454, 460, 502, 505, 507
문장구성법 51, 54
문장론(통어론, 통사론)=월갈 299, 307, 309, 311, 325, 397, 460
문장 부호(文章符號) 503
문장의 본원(本原) 311, 325
문장의 호응(呼應) 331
문전(文典, 말본) 295, 298, 299, 312, 323, 325, 359
문종(文宗)=세자(世子) 85, 97
문주(文主)의 설정 460
≪문통≫ 244
문헌학 525
문헌학적 방향의 연구 23
문형구결 62
≪문화유씨보≫ 41
문효근 111, 133, 139
물음꼴(의문형) 385, 394, 415
물음월(의문문) 414, 415, 440
미(발화) 343
미국 언어학 526
≪미군정기의 한글운동사≫ 511
미군정청의 「한글맞춤법통일안」채택 514
미래(未來) 305
미래동사 319, 322
미모(微母)「ㅇ」자 212, 213, 214, 231, 338, 550
미정명사 447

민본 정신(民本精神) 79
민본주의(民本主義) 78, 79, 83
민족주의 279, 298, 310, 311, 430
민족주의 사상의 배경 310
민족주의적 언어관 336
민주주의(民主主義) 79, 333
≪민주주의와 국민도덕≫ 351
밋몸[本體] 426
밑감[素材] 400, 401, 402
밑몸[基體] 386

[ㅂ]

바탕 임자씨(실질체언) 379, 380, 387, 391
바탕 풀이씨(실질용언) 380, 381, 387, 391
박규수(朴珪壽) 282
박병채 62
박성원(朴性源) 207, 211, 212, 230, 231, 246, 251, 482
박성원 17초성 550
박성원이 새로 만든 초성 글자「ㅇ」 212, 213, 214, 231, 550
박승빈 347, 386, 452, 453, 456, 471
박씨본[朴勝彬님 소장본] 152
박종국 25, 31, 53, 62, 65, 84, 97, 98, 152, 161, 163, 166, 167, 168, 180, 184, 187, 198, 295, 297, 347, 424, 467, 471, 489, 491, 509, 525
박팽년 95, 151, 158, 542, 553
반궁(半宮) 218, 219
반닫은 홀소리 363, 483
반닫홀소리 423
반모음(半母音) 302, 363

찾아내기 611

반상(半商) 151, 214, 218, 219, 249, 544
반설반치음(半舌半齒音) 269
반설음(半舌音)=반혓소리 114, 213, 230, 238, 239, 241, 554
반실반허자(半實半虛字) 202
≪반야심경언해≫ 187
반연 홀소리 363
반열홀소리 423
반입성(半入聲) 273
반잇소리[半齒音] 108, 118, 121, 147, 209, 544, 558
반절(反切) 161, 173, 195, 196, 197, 198, 205, 226, 227, 263, 269, 479, 546
반절(半切) 561, 565
반절법(反切法) 240, 553
반체접속사 306, 321
반체호응 331
반치(半徵) 151, 214, 218, 219, 249, 557
반치(半齒, 반이) 175, 218, 219, 547, 548, 561
반치상(半徵商) 249
반치음(半齒音)=반잇소리 108, 118, 209, 213, 230, 238, 239, 241, 289, 544, 554, 558
반혀가벼운소리[半舌輕音] 140, 150
반혓소리[半舌音] 108, 114, 118, 121, 140, 147, 148, 149, 150, 544, 558
반홀소리[半母音] 363
받침(밧침) 315, 502, 503
받침낱내(닫힌낱내) 370
받침없는 낱내(열힌낱내) 370
발생음성학 128
발성음 ㄹ의 경음(硬音) 454
발원음(發源音) 457
발음기관 본뜸 기원설 486

발음기관(음성기관)의 모양을 본뜸=발음기관 상형설 116, 117, 118, 121, 237, 267, 290
발음기관=소리내는 틀 118, 268, 359, 360, 417, 421
밝은 도움줄기 385
밝은 씨끝 385
밝은 홀소리[陽性母音] 129, 130, 144, 385
방도(方圖)의 설명 220, 221
방언(方言) 36, 63, 79, 221, 232, 269, 277, 356, 488, 525, 527
방언 이어(方言俚語) 78
방종현 26, 203, 475, 482, 487, 508
방패 여린뼈 360
배달글 162
≪배달말과 한글의 승리≫ 352
배달말글몯음[朝鮮言文會]=국어연구학회 163, 499
버릇 닿소리 372
버릇소리(습관음) 370, 372, 421, 431
버릇 홀소리 372
≪번역노걸대≫ 199
≪번역박통사≫ 199, 200
번절(翻切) 161, 173, 235
벌린월[並列文] 409, 411, 412, 413
범서(梵書) 41, 43, 166
범어(梵語) 85, 232, 234, 235
베품꼴(서술형) 394, 395, 415
베품월(서술문) 414, 415, 440
법수교(法首橋)=평양 법수교 40, 41
벼슬이름 37, 48, 51
변격동사 305, 307
변격부사 306
변격 용언(變格用言) 502

변궁(變宮) 249, 250
변궁반후음 213
변동단(變動段)=벗어난꼴 459, 460
변례(變例) 252, 253, 254, 255, 256
변로지도(變魯至道) 101
변별적 자질(辨別的資質) 364
변상(變商, 반이) 249
변성(變聲) 249
변이음(變異音) 361
변체명사 304, 307
변치(變徵) 249, 250
변치반설음 213
변형론 394
변형생성론(변형생성이론) 526, 527, 528
변형생성문법 527
변형생성언어이론 32
변화명사 317
변후(變喉) 249, 250
병서(並書)=갈바쓰기 104, 107, 110, 122, 123, 136, 142, 149, 230, 251, 264, 268, 291, 293, 456, 485
병서법(並書法) 110, 123
병서자(並書字)의 수정(修正) 273
보어 449, 460
보임말 407
보조 과학으로서의 논리학과 심리학 357
보조용언 418, 458
보족부 328
보족어(補足語) 325, 327, 328, 329, 330
보통대명사 304
보통명사 304, 317, 319
≪보한재집≫ 78
보현십원가(普賢十願歌) 58, 59

복객어 327
복모음(複母音)=겹홀소리 130, 143
복문(複文) 309, 331, 409, 411, 427
복설명어 326
복수(複數) 318
복수명사 318
복주어(複主語) 326
복중모음(複重母音) 315
복지음(複支音) 315
본국문(本國文) 162
본명사(本名詞) 447, 464
본문(本文) 141, 152, 162
본성논 443, 445
본원(本原) 311, 325, 327, 328, 329, 330
부(副) 220, 221
부는입술소리(취순음) 247, 248, 249
부록(附錄) 217, 272, 502, 503
부름말(호칭어)=부르는말 407
부림말(목적어) 343, 344, 345, 404, 405, 408, 442
부림자리토씨 466
부사 303, 306, 307, 443, 446, 447, 457, 458, 465, 470, 471, 472
부서 110
부서 기회(簿書期會) 100
부서법 110
부성논 445
부운(副韻) 220, 221
부음(父音) 300, 301, 302, 309, 313, 314, 315
부적[符] 41
부착어(첨가어) 476
부호(符號) 325, 504
≪분류두공부시언해≫ 189

찾아내기 613

분석적 언어관 307
분석적 체계(分析的體系) 322, 323, 325,
    335, 336, 340, 348, 349, 350, 416,
    419, 426, 430, 441, 452, 457
분석주의 322, 340, 348, 452, 453
분석주의 체계 428, 453, 457, 458
분석학(分析學) 279
분절(分節) 365
분절음소(分節音素：子母音) 365
분절적 닿·홀소리[子母音] 체계 359
불심불천(不深不淺) 145
불청불탁(不淸不濁) 113, 114, 119, 120,
    121, 122, 123, 124, 134, 143, 148,
    213, 249, 544, 547, 548, 549, 559,
    561
불탁(不濁) 249, 251, 255
불탁음(不濁音) 255
붙갈이소리 422
붙음감[附成分] 427, 436, 438
붙음마디월 438, 440
붙음소리(붙임소리) 336, 337, 338, 339
붙음씨[從屬語] 433
비교연구 527
비기(秘記) 39
비변사본(備邊司本) 55
비음(鼻音) 302
비점형(批點形) 169, 170
빈격(賓格) 306, 318, 321
빈격명사 318
빌어온 말(차용어) 515
빗(보람, 직권표) 343
빛[格] 427, 436, 440, 441, 443, 447
뿌리[語根]=씨뿌리 375, 382, 383
뿌리조각[根基部分] 383

[ㅅ]

사가독서(賜暇讀書) 83, 191
사기(史記) 83, 87, 576
≪사기(史記)≫ 176
≪사뇌가전주≫=≪고가연구≫ 474
사람이름 37, 48, 50
≪사민필지(士民必知)≫ 285
≪사법어언해≫ 187
사부학당 87, 184
사상(四象) 224, 273
≪사상계(思想界)≫ 20
사서(四書) 번역 159, 186
사성(四聲) 111, 112, 139, 142, 149, 206,
    254, 544, 546, 547, 549, 550, 552,
    553, 554, 555, 557, 558, 559, 562,
    563, 567, 569, 570
사성(四聲) 그림 풀이 112
사성법 111
사성점의 표시 111, 112, 114
사성 칠음(四聲七音)의 자모(字母) 104
≪사성통고≫ 200, 236, 239, 240, 241
    242, 269, 561, 571
≪사성통해≫ 200, 201, 212, 225, 235,
    240, 242, 256, 257, 260, 269, 547,
    565, 572, 573
사성통해서(四聲通解序) 569
사시(四時) 146, 554, 555
사이소리되기[間音化] 371
사이홀소리 423
사잇소리 138, 242, 257, 258, 269
사전편찬 346, 492
사정한 표준말 515
산수(刪修) 42
≪삼강행실도≫ 81, 89, 92, 93, 105,

188
≪삼국사기≫ 36, 41, 43, 49, 50, 55, 63, 233
삼국시대 국어 526
삼국시대의 사람 이름 50
≪삼국유사≫ 36, 39, 49, 55, 60
삼국의 땅이름 49, 50
삼극(三極) 151
삼대(三代) 91
≪삼대목≫ 36
삼성(三聲) 110, 132, 135, 210, 213, 216, 226, 565
36자모(字母) 217, 218, 219, 241, 562
≪삼운성휘≫ 198, 207, 225, 252, 254, 261, 264, 265, 268, 551
≪삼운성휘≫ 범례 207, 225
≪삼운성휘≫ 이후 설 198
≪삼운통고≫ 212
삼입(三入) 254, 255, 256
삼자 중성(三字中聲) 131
삼자합용중성 131
삼재(三才) 126, 143, 144, 151, 210, 273
삼절시기(三節時期) 305
삼평(三平) 254, 255, 256
삼황내문 38, 477
상 418
상관논(相關論) 443, 445, 446, 447, 452
상말글 162
상성(上聲) 111, 112, 113, 114, 134, 139, 142, 147, 148, 149, 205, 254, 256, 291, 544, 549, 550, 557, 562, 565, 567, 568, 569, 581, 582
상음(商音) 247
상음하몽법(上音下蒙法) 309, 316
상(相)의 논 445

상입성(上入聲) 229
상한(上澣) 98, 141, 151
상형(象形) 기원설 178
상형설(象形說) 227, 228, 237
상형 원리(象形原理) 116, 118
≪새고등문법≫ 468, 469, 470
새 글자를 만들어 내어야 하겠다는 생각을 갖게 됨 94
새김[訓, 釋] 35, 47, 53, 64, 104, 203
≪새로지은 국어학사≫ 26, 38, 196, 197, 266, 269, 292, 297, 348, 429, 433, 441, 476
≪새중등문법≫ 469
생각씨[觀念詞, 實辭, 槪念語] 322, 348, 378, 387, 388, 390, 391, 392, 395, 400, 401, 432, 433, 434, 442
생성 음운론(生成音韻論) 364
서구 언어학 523
서기체(誓記體) 표기 51
서기체(誓記體)=임신서기체 51, 52
서동요(薯童謠) 59
서로맞음(相應) 408, 418
서문(序文) 245
서번(西蕃) 74, 99
서병국 28, 295
서술말(작용말) 446, 447, 448, 450
서술부 328
서술 아닌 말(속성말) 446, 447
서연(書筵) 87, 95
≪서우≫ 287
≪서유견문≫ 281, 282, 310
서장문자(西藏文字) 기원설 178
서하(西夏) 74, 99
석독(釋讀)=훈독 62, 65
석독구결(釋讀口訣)=훈독구결 62

석범(石帆)   207, 259, 482
≪석보상절(釋譜詳節)≫   148, 158, 167,
　　169, 179, 180, 181, 182, 183, 184,
　　187, 481
선갑(先甲) 후경(後庚)   102
≪선종영가집언해≫   187
설두음(舌頭音)   217, 219, 241, 247, 267,
　　270, 338
설상음(舌上音)   217, 219, 241, 247, 267,
　　270, 338
설음(舌音)=혓소리   119, 120, 121, 218,
　　239, 241, 247, 249, 269, 364, 554
설총(薛聰) 이두(吏頭)   36, 63, 79, 99,
　　104, 150
설측음(舌側音) ㄹ   502
≪성기집(成己集)≫   52
≪성리대전≫   93, 146
≪성리대전어록≫   94
성분청탁도   209
성삼문   96, 151, 174, 175, 542, 553, 559
성수(成數)   129, 144, 145
성음법   110
성음운(聲音韻)   299
성장(盛長)   119
성조 표기   111, 139, 557
≪성종실록(成宗實錄)≫   40
성질(成質)   118
성현   174
≪성호사설(星湖僿說)≫   160, 175, 245
세가(世家)   44
세 소리[三聲]   110, 132, 133, 137, 138,
　　149, 205, 581
≪세조실록(世祖實錄)≫   40
세종대왕   24, 35, 71, 72, 73, 75, 77, 78,
　　79, 80, 81, 83, 84, 85, 86, 87, 88,
　　89, 92, 93, 94, 95, 97, 98, 103,
　　105, 106, 141, 150, 151, 152, 156,
　　161, 163, 165, 167, 168, 169, 171,
　　172, 177, 178, 179, 180, 181, 182,
　　183, 184, 185, 186, 188, 189, 191,
　　215, 240, 245, 280, 285, 354, 477,
　　479, 501, 523, 563
≪세종대왕과 훈민정음≫   53, 65, 84,
　　98, 152, 161
세종대왕 17초성   550
≪세종실록≫   61, 74, 75, 78, 80, 81,
　　82, 83, 84, 87, 88, 90, 91, 92,
　　93, 94, 95, 97, 98, 105, 156,
　　158, 159, 160, 166, 171, 172, 173,
　　179, 180, 184, 185, 186, 229, 537,
　　540, 545, 547, 555
≪세종어제훈민정음≫   107, 157
≪세종학연구≫   180, 187
셈씨   372, 380, 387, 391, 402
셋째 사람 월   440
소리[音, 音聲, 語音]   35, 47, 99, 133,
　　355, 421
소리갈[音學]=말소리갈[音聲學]   354,
　　358, 359, 360, 417, 420, 430,
　　431, 445
≪소리갈≫   333, 417
소리고루는데(조음부)   360, 417
소리글자[表音文字]   66, 67, 157, 228,
　　229, 240, 245
소리나는 자리   118, 364
소리내는데(발음부)   360, 417
소리내는 틀(발음기관)=소리내틀   359,
　　360, 421
소리 분류의 상황   337, 338
소리의 거듭   420, 421, 424

소리의 달라짐과 버릇소리 370
소리의 닮음 360, 371
소리의 동안 365, 366, 367
소문(蘇文) 40
소창진평(小倉進平) 23, 473, 474, 475, 481, 484, 488
≪소학(小學)≫ 188, 201
≪소학독본≫ 285
≪소학편몽(小學便蒙)≫ 201
속말 말갈(粟末靺鞨) 44
≪속첨홍무정운≫ 200
손보기 84
손인수 286
수궁(受窮) 41
≪숙혜기략≫ 285
순경음(脣輕音)=입술가벼운소리 109, 142, 143, 209, 241, 247, 248, 269, 270, 272, 432, 483, 562, 568
순독구결(順讀口訣)=음독구결 62
순음(脣音) 108, 109, 116, 117, 119, 121, 125, 142, 209, 210, 212, 238, 239, 241, 247, 267, 289, 364, 544, 554, 557, 567
순체접속사 306, 321
술어(述語, 풀이말, 설명어, 갈말) 139, 295, 404, 442, 443, 463, 469
숨띤소리[有氣音] 121, 122, 360, 361
숨쉬는데(호흡부) 360, 417
≪시골말캐기잡책≫ 351
≪신강국어학사≫ 28, 295
≪신국어학사≫ 20, 27, 28, 55
신경준 22, 45, 207, 214, 217, 220, 221, 222, 227, 232, 244, 253, 270, 456, 482, 484
신경준 36초성 550

신기사방법(新記寫方法)의 사용 454
≪신당서(新唐書)≫ 43
신숙주 95, 96, 151, 158, 174, 175, 200, 214, 236, 239, 240, 242, 269, 270, 542, 554, 556, 559, 564, 570
신정국문 288, 291, 292, 551
≪신정심상소학≫ 285
신증유합발(新增類合跋) 583
신증유합서(新增類合序) 582
신지비사(神誌秘詞) 38, 40
≪신편고등국어문법≫ 350, 442, 445
실사(實辭, 생각씨, 元語) 36, 54, 58, 348, 349, 350, 441, 442
심천(深淺) 145, 544
10씨(品詞) 372, 373, 417
십이품사 체계와 분석주의 체계 457
12품사 457
십칠성분배초성도 208, 209
쏨이 343, 345, 427
쏨이금 344, 345
쏨이듬 344
쏨이빗 343, 344, 345
씨(기)=품사 323, 331, 340, 341, 342, 343, 348, 349, 350, 358, 372, 373, 375, 376, 377, 378, 379, 391, 417, 425, 443, 446, 463, 464, 470
씨가지=가지[語枝, 接辭] 375
씨갈[詞論, 語類論, 單語學]=씨갈(品詞論, 낱말론) 340, 354, 358, 359, 372, 373, 397, 417, 420, 430, 432, 446
씨갈과 낱말 373
씨끝[語尾] 181, 182, 340, 348, 349, 350, 381, 382, 384, 385, 386, 415, 426, 433, 447, 458, 459, 467, 472

씨끝바꿈(어미변화, 끝바꿈)　381, 393,
　　417, 418, 467
씨몸[語軀, 몸]　382, 383, 426, 433
씨뿌리=뿌리[語根]　375, 382, 383
씨의 가름[分類]　376
씨의 갈래[詞의 種別, 品詞]　376, 433
씨의 분류　378, 433
씨줄기=줄기　382

　　　　　[ㅇ]

「·」음의 견해　457
아홉 가지 씨의 갈래　433
악리(樂理) 기원설　178
≪악학궤범≫　189
안병희　62
안이(按頤)　247
암클　161
≪양서≫　42
≪양잠경험촬요≫　54, 56
양주동　60, 473, 474, 508
어간(語幹)=줄기　181, 322, 344, 349,
　　382, 447, 458, 459, 470, 502, 504
어금닛소리[牙音]　107, 108, 116, 117,
　　118, 120, 121, 123, 125, 133, 142,
　　145, 147, 185, 250, 255, 263, 544,
　　557, 567, 568
어두운 홀소리[陰性母音]　129, 130, 144,
　　385
어리석은 남녀[愚夫愚婦]　81, 90, 92,
　　93
어리석은 백성[愚民]　75, 76, 79, 80,
　　81, 89, 90, 93, 101
≪어린이 국사≫　429
어미(語尾)=씨끝(끝)　181, 305, 340, 348,
　　349, 350, 382, 447, 459, 470, 502,
　　504
어법(語法)=말본(문법)　355, 502, 507
어윤적　197, 293, 482
어찌씨(부사)　373, 379, 387, 388, 389,
　　391, 393, 401, 403, 433, 465
어찌자리토씨　466
억　341, 376, 391, 420, 421, 425, 426,
　　443
언　341, 376, 391, 420, 421, 425, 426,
　　443
언문(諺文)　77, 78, 86, 93, 98, 99, 100,
　　101, 102, 103, 104, 105, 156, 157,
　　158, 159, 160, 164, 165, 170, 171,
　　172, 173, 174, 175, 176, 178, 186,
　　192, 203, 263, 277, 578
언문변증설　208, 262
언문 28자　78, 156, 158, 171
언문자모(諺文字母)　153, 161, 196, 198,
　　204, 205, 207, 579
≪언문지≫　177, 198, 207, 214, 243,
　　244, 456, 516, 551
언서(諺書)　160, 174
언어(諺語)=우리말　61, 136, 137, 160
언어의 분류　476
≪언음첩고≫　207, 259
언자(諺字)　160, 161, 174, 176, 213
언자초중성지도　225
≪언해본 훈민정음≫　547, 549, 553
얹힘 음운=음률자질　360
얼　376, 420, 421, 425 426
엇　341, 376, 391, 416, 426
여김월[肯定文]　440
≪여요전주≫　474
≪여재촬요≫　285

≪역대전리가≫ 62
역리적 원리 원칙 133
≪연려실기술≫ 194
≪연산군일기≫ 191, 192
연서(連書) 109, 123, 140, 149
연서법(連書法) 109, 123
연용말 446, 447
연체말 446, 447
연체접속사 306, 321, 325
열흘소리 423
옆갈이소리 422
예문고(藝文考) 38, 63
예사맑은소리[平淸音] 122
예사소리[平音, 常音, 中音] 121, 236, 365, 366, 367, 424
예사흐린소리[平濁音] 124
예의편(例義篇) 141
≪예종실록(睿宗實錄)≫ 40
오교(五敎) 81
오음(五音) 107, 116, 118, 121, 125, 142, 148, 206, 212, 213, 223, 224, 255, 544, 557
오전(五典) 81
≪오주연문장전산고≫ 63, 160, 262
5품사 446, 447
오행(五行) 115, 124, 125, 129, 130, 142, 144, 145, 146, 220, 223, 224
왕문(王文) 41
외래말 66, 515, 516, 517, 523
≪외솔 최현배 박사 고희 기념 논문집≫ 76, 511
외연말 446, 447
≪용비어천가≫ 39, 95, 97, 131, 167, 169, 179, 180, 182, 183, 184, 429, 456, 481, 542

용비어천가발(龍飛御天歌跋) 541
용비어천가서(龍飛御天歌序) 533
용비어천가 해제 180
용자례(用字例) 106, 142, 150
≪용재총화≫ 174
≪우리말본≫ 23, 347, 350, 351, 352, 353, 354, 355, 356, 357, 358, 359, 360, 361, 362, 365, 369, 370, 371, 372, 373, 375, 376, 378, 391, 392, 394, 400, 409, 416, 418, 452, 467, 493, 552
≪우리말본≫의 말본관 354, 356
≪우리말본≫의 씨가름 391
≪우리말본첫재매≫ 352, 417
우리말 연구사 19, 21
≪우리말연구사≫ 20, 28, 127, 215, 222, 467, 526
≪우리말 존중의 근본 뜻≫ 351
우리말 표기의 방법 32, 35
운서(韻書) 102, 104, 120, 133, 140, 146, 149, 168, 185, 199, 200, 211, 225, 229, 232, 235, 247, 253, 265, 272, 481, 488, 517, 558, 563, 569, 570, 571, 572
≪운학본원≫ 174
운회 35자모지도 547, 548, 563
≪운회옥편(韻會玉篇)≫ 201
울림소리[有聲音]=흐린소리[濁音] 360, 361, 369, 371
움 341, 345, 376, 391, 416, 420, 421, 425, 426, 443
움직씨 344, 372, 380, 381, 387, 391, 392, 393, 394, 401, 404, 433, 464, 465, 467
움직씨의 도움줄기 392

≪원각경언해≫ 61, 187
원도(圓圖) 220, 221
원방반절상형설의 주장 272
원우통보(元祐通寶) 45
월[文] 358, 373, 388, 393, 397, 421, 427, 433, 434
월갈[文章論, 文章學, 構文論]=통어론(통사론) 311, 342, 354, 357, 358, 359, 397, 399, 400, 417, 418, 420, 430, 434, 441, 445, 447
월갈과 월 397
월의 갈래[文의 種別] 409, 420, 421, 438
월의 감[文의 成分] 420, 421, 427, 434, 435, 436, 438, 440
월의 그림 풀이[文의 圖解] 441
월의 마디[文의 節] 420, 427, 436, 441
월의 밑감[文의 素材] 400, 402
월의 임자붙이와 풀이붙이 438
월의 조각[文의 成分] 374, 400, 401, 402, 404, 405, 406, 408, 442
월의 조각의 서로맞음[相應] 408, 418
≪월인석보≫ 152, 157, 158, 170, 181, 187
≪월인천강지곡(月印千江之曲)≫ 148, 167, 169, 179, 181, 182, 183, 184, 187, 481
위수(位數) 129, 144
위홍(魏弘) 36
≪유기(留記)≫ 42
유길준 281, 282, 295, 309, 310, 311, 312, 313, 316, 322, 325, 332, 347, 352, 353, 372, 482
유길준 17초성 551
≪유몽휘편≫ 285
유씨교정 초성 25모 246

유창균 29
유희 22, 177, 207, 214, 243, 244, 253, 274, 456, 482, 484, 516
유희 25초성 551
으뜸씨[主要詞, 元詞, 元語] 378, 387, 388, 391, 426, 427, 433, 435, 436
음(音)=소리 31, 47, 52, 64, 104, 133, 148, 151, 157, 173, 205, 208, 212, 213, 217, 218, 219, 223, 267, 300, 301, 313, 314, 315, 339, 542, 545, 546, 547, 553, 555, 556, 557, 561, 564, 565, 566, 567, 568, 571, 572, 574, 578, 580, 581
≪음경(音經)≫ 271, 273, 274
음독구결(音讀口訣)=순독구결 62, 65
음독자(音讀字) 54
음률자질=얹힘음운 360, 365, 369
음성관(音聲觀) 279, 300
음성학(音聲學)=말소리갈(소리갈) 255, 279, 301, 303, 336, 355, 369, 417, 454, 482, 486, 510
음소론 361, 365
음운(音韻)=소리 175, 185, 190, 207, 279, 294, 312, 313, 314, 457, 477, 495, 545, 547, 553, 554, 558, 562, 570, 571
음운학(音韻學) 165, 215, 240, 279, 557
음절=낱내 48, 110, 113, 114, 132, 138, 145, 147, 149, 154, 231, 262, 301, 314, 368, 369, 459
음차(音借) 49
음향 음성학 128, 359
음훈차표기(音訓借表記) 48
음훈차표기체계(音訓借表記體系) 49
웃듬소리[母音] 336, 337, 338, 339

≪의문해설한글강화≫ 463
이개 95, 151, 158, 553
이규경 63, 160, 161, 207, 208, 262, 482
이기문 203
이능화 174, 293, 453, 484
이덕무 44, 172, 173
이두(吏頭) 32, 36, 37, 43, 52, 53, 54, 57, 59, 63, 65, 66, 74, 79, 81, 90, 92, 99, 100, 101, 104, 150, 477, 481, 493
≪이두사전≫ 53
이름씨(명사) 372, 379, 380, 381, 387, 391, 393, 433, 442, 464, 465, 466
≪이문집람(吏文輯覽)≫ 201
이병도 52
이사질 207, 227, 271, 272
이선로 95, 151, 158
이수광 160, 174
이순지 82
이숭녕 20, 348, 350, 484, 508, 510
23자모(字母) 123, 147, 184, 240, 241, 554
23초성 109, 123, 222, 550, 551
이윤재 164, 165, 482, 489, 490, 492, 501, 502
이은말[連語, Phrase] 343, 376, 400, 403
이은소리[連音] 360, 365, 369, 417
이은월[連合文] 409, 411, 413
이음 글자[異音字] 131
이음말 407
이음자리토씨 466
이음토씨 395
이응호 162, 165, 297, 511
이익 160, 175, 245

이자 중성(二字中聲) 131
이자합용중성 131
이희승 347, 348, 349, 462, 468, 492, 501, 502, 508, 510
인시(寅時) 126
일원론적 301
일자 중성(一字中聲) 131
일합일벽(一闔一闢) 127
임 341, 345, 376, 391, 420, 421, 425, 426, 443
임신서기체(壬申誓記體)=서기체 51, 52
임신서기석명 52
임이 343, 345, 427
임이금 344, 345
임이듬 343, 345
임이빗 343, 344, 345
임자씨(체언) 181, 296, 349, 372, 378, 379, 380, 382, 383, 387, 388, 389, 390, 391, 401, 402, 405, 417, 426, 458, 470
임자자리토씨[主格助詞] 138, 466
입겿(입곁, 입겻)=토(吐) 54, 61
입굴 360
입말[口語] 66, 161, 354
입성(入聲) 111, 112, 113, 114, 134, 139, 140, 142, 147, 148, 149, 176, 177, 205, 206, 221, 222, 229, 240, 241, 242, 254, 255, 256, 269, 270, 291, 544, 549, 557, 562, 563, 565, 567, 568, 569, 581, 583
입술가벼운소리[脣輕音] 109, 123, 124, 140, 143, 149, 214, 236, 248, 483, 485
입술소리[脣音] 109, 116, 117, 119, 121, 122, 123, 125, 134, 142, 145, 147,

248, 255, 267, 544, 557, 567, 568
잇 341, 376, 391, 420, 421, 425, 426
잇소리[齒音] 108, 116, 117, 119, 120, 121, 122, 123, 125, 134, 142, 145, 147, 249, 251, 544, 557, 558, 566
잇이 344

[ㅈ]

≪자류주석≫ 208, 263, 264, 481
자리토씨 395, 466, 467
자모(字母) 104, 133, 140, 146, 149, 165, 168, 170, 203, 217, 218, 226, 228, 229, 235, 240, 241, 272, 293, 294, 454, 502, 503, 547, 548, 553, 554, 556, 559, 560, 562, 566, 567, 571, 578
자모변 207, 232, 235, 551
『자모변』에 나타난 자모의 실태 235
자모(字母)의 개혁 272
자시(子時) 125, 126
자음(子音) 125, 141, 147, 153, 300, 301, 302, 309, 313, 314, 315, 360, 371, 421, 550, 568, 571
자음(字音) 114, 137, 138, 159, 161, 203, 205, 231, 240, 300, 546, 549, 552, 553, 561, 565, 568, 578, 580, 581
자음(字音)의 높낮이 205, 581
자형(字形)의 수정(修正) 272
잡음씨 373, 381, 387, 391, 393, 394, 401, 402, 405, 417, 452, 460, 467, 471
잡음씨의 도움줄기 392
장세경 53
장소원 44
장지영 53, 347, 348, 500, 501, 508,

510
재차 나옴[再出] 128
재출자(再出字)=재출 125, 129, 143, 169
전간공작(前間恭作) 473
전기 구조주의 시대 365, 369
전문(全文) 52
전문(篆文) 41, 77, 99
전자(全字)=낱내 259
전자(篆字, 古篆) 75, 150, 166, 172
전자례(全字例) 244, 259
전청(全淸) 113, 119, 120, 121, 122, 123, 134, 143, 148, 213, 218, 230, 248, 250, 255, 544, 547, 548, 549, 559, 561, 562
전청음(全淸音) 122, 255, 567, 568
전탁(全濁) 113, 122, 123, 124, 134, 143, 148, 213, 230, 246, 248, 250, 544, 547, 548, 549, 559, 561, 562
전탁음(全濁音) 124, 147, 246, 565
전탁음(全濁音) 6자 123, 222, 264
절충적 체계(折衷的體系)=준종합적 체계 348, 349, 350, 372, 375, 416, 442, 452, 463, 467, 469, 470, 471, 472
접속사 303, 306, 307, 309, 320, 322, 323, 447, 457, 470, 471, 472
정(正) 164, 220, 221
정격동사 305, 307
정격부사 306
정동유 207, 239, 242, 243, 245, 264, 269, 270, 482
정동유 23초성 551
정렬모 347, 348, 350, 442, 443, 444, 450, 452, 510

정례(正例) 252, 254, 255, 256
정부(正副) 220
정운(正韻) 220, 221
정윤용 208, 263, 482
정위(定位) 129, 144, 145
정음(正音) 150, 157, 158, 164, 170, 177,
　　　　　180, 199, 210, 218, 240, 555, 558,
　　　　　570, 571
≪정음(正音)≫ 452, 453
≪정음발달사≫ 475
≪정음통석≫ 212, 246, 251, 254
정음통석 17초성 245, 246, 550
정인승 347, 348, 349, 461, 471, 492,
　　　　508, 510
정인지 80, 87, 98, 106, 141, 151, 175,
　　　　179, 245, 482, 537, 541, 542
정인지의 해례 서문 141, 150, 151
정인지의 ≪훈민정음≫ 해례 서문 73,
　　　　75, 78, 79, 83, 87, 94, 106, 140,
　　　　158, 166, 172, 173
정체접속사 321
정치음 107, 152, 218, 219, 229, 236,
　　　　241, 247, 270, 272, 565, 566
≪제가역상집≫ 82
제자원리(制字原理) 133
제자해 106, 115, 116, 117, 118, 119,
　　　　120, 121, 122, 123, 124, 125, 127,
　　　　128, 130, 142, 483
제작 동기 77
≪제주도방언집≫ 488
조동사 305, 319, 320, 322, 323, 324,
　　　　392, 452
조리갈(논리학) 357, 399, 400, 417
조사 418, 457, 458, 466, 470, 472, 497
조선(朝鮮) 39, 253, 476, 517, 538

≪조선고가연구≫ 473, 474
≪조선관역어≫ 37
≪조선말본≫ 347, 351, 362, 376, 386,
　　　　419, 420, 421, 425, 428, 430
≪조선문자급어학사≫ 23, 26, 429, 475,
　　　　487
≪조선문전≫ 295, 310
≪조선민족갱생의 도≫ 351
≪조선불교통사≫ 174
≪조선약사≫ 285
≪조선어문경위≫ 198
≪조선어문법(朝鮮語文法)≫ 333, 335,
　　　　336, 337, 338, 340, 342, 420, 425,
　　　　427, 456
≪조선어문법론(朝鮮語文法論)≫ 442
≪조선어문연구≫ 467
≪조선어방언의 연구≫ 488
≪조선어사전(朝鮮語辭典)≫ 489, 490
≪조선어의 품사분류론≫ 352, 460
≪조선어학≫ 386, 452, 453, 457, 461,
　　　　471
≪조선어학강의요지≫ 452, 453
≪조선어학사(朝鮮語學史)≫ 23, 475,
　　　　481
조선어학회 사건 492, 500
≪조선역대사략≫ 285
≪조선역사≫ 285
≪조선지지≫ 285
조음 음성학 223, 224, 278, 301, 359,
　　　　360, 361
조음음성학의 확립 360
조음점의 종류 431
존재사 457, 460, 470, 471
종성(終聲) 109, 110, 111, 112, 113,
　　　　114, 132, 133, 134, 135, 136, 137,

찾아내기 623

138, 142, 146, 147, 148, 149, 150,
153, 154, 159, 160, 171, 172, 174,
182, 185, 197, 206, 209, 210, 211,
213, 221, 222, 224, 226, 229, 230,
237, 240, 242, 254, 255, 256, 258,
259, 261, 262, 267, 268, 270, 273,
293, 297, 338, 456, 480, 498, 499,
549, 550, 561, 563, 567
종성례(終聲例) 254
종성법(終聲法) 109
종성해(終聲解) 106, 109, 110, 111, 113,
114, 132, 133, 134, 141, 142, 147,
148, 159, 160, 206, 216, 217, 221,
222, 255, 549
종음(終音) 302
종지음(終止音) 315
종합적 체계(綜合的體系) 325, 348, 350,
372, 442, 452
주시경 22, 162, 163, 214, 286, 293, 332,
333, 334, 335, 336, 339, 340, 343,
346, 347, 348, 349, 350, 352, 353,
354, 372, 376, 381, 386, 387, 391,
416, 419, 420, 425, 426, 427, 428,
429, 430, 433, 441, 442, 443, 452,
453, 456, 457, 462, 479, 482, 484,
489, 490, 494, 498, 499, 500, 523
주시경 14초성 551
주시경의 9씨[九品詞] 341, 342
《주역(周易)》 144
《주영편》 207, 239, 264, 551
준종합적 체계=절충적 체계 348, 349,
372, 375, 442, 452, 463, 467, 469
줄기[語幹]= 씨줄기 181, 182, 322, 344,
349, 382, 383, 384, 392, 447, 458,
467, 470

줄기결 344, 345
줄월[重文] 427
중간홀소리[中性母音] 130
중글 161
《중등교육조선어법》 351
《중등말본》 351, 429
《중등문법》 469
《중등조선말본》 351, 352
중성(中聲) 108, 110, 128, 130, 132,
133, 134, 135, 136, 137, 138, 142,
143, 146, 147, 149, 150, 153, 154,
159, 171, 174, 185, 198, 206, 209,
210, 213, 220, 221, 222, 224, 225,
226, 228, 229, 236, 241, 252, 253,
258, 259, 260, 261, 262, 267, 268,
270, 272, 273, 293, 301, 309, 457,
517, 561
중성례(中聲例) 251, 516
중성(中聲 : 홀소리) 11자 108, 125, 128,
129, 143, 260, 262, 267, 268
중성의 삼재조화와 사상채용설 273
중성해(中聲解) 106, 131, 133, 142, 147,
152, 217, 221, 227
《중세국어 구결의 연구》 62
《중종실록》 201, 202
《증보문헌비고》 38, 63, 78, 237
《지구약론》 285
《지봉유설》 160, 174
지석영 288, 289, 292, 293, 482
지석영 17초성 551
지음(支音) 315, 316
지정사 457, 458, 460
《직해대명률》=《대명률직해》 54,
55, 56, 74
《직해동자습》 96

진단(震檀) 39
진용비어천가전(進龍飛御天歌箋) 537
진서(眞書) 160
집합명사=모임이름씨 318
짧은소리 122, 365, 366, 367
짬듬갈(월갈) 336, 342

[ㅊ]

차자(借字) 57, 58, 66, 526
차자표기법 47, 51, 53, 57, 59, 61
≪차자표기법연구≫ 53
차자표기체계(借字表記體系) 37, 46, 47
차청(次淸) 113, 119, 120, 121, 122, 123,
        134, 143, 148, 213, 218, 230, 248,
        544, 547, 548, 549, 559, 561, 562,
        565
<찬기파랑가> 59, 60
창살글자 161
<처용가> 60, 61, 189
처음 나옴[初出] 127
천지인(天地人) 126, 143
첨가어 46, 476
첨부사 321
첫째 사람 월 440
청구(靑邱 : 靑丘) 38
청비록(淸脾錄) 44
청음(淸音) 121, 122, 246, 361, 544, 548,
        559, 569
≪청장관전서(靑莊館全書)≫ 44, 172
청취 음성학 128
청취 지각적 허용 규정 111, 133, 138
청탁(淸濁) 93, 123, 142, 209, 213, 216,
        224, 230, 293, 297, 544, 546, 547,
        549, 553, 554, 555, 556, 559, 563,

        565, 567, 569, 571
체언(體言) 181, 417, 458, 470, 471,
        472, 502
≪초급국어문법≫ 468, 469, 470
≪초등국어어전(初等國語語典)≫ 332,
        551
초성(初聲) 107, 109, 110, 116, 118,
        120, 121, 122, 123, 124, 132, 133,
        134, 135, 136, 137, 142, 146, 147,
        149, 150, 153, 154, 171, 172, 184,
        185, 206, 208, 209, 210, 213, 221,
        222, 223, 226, 227, 228, 229, 230,
        231, 233, 235, 236, 237, 238, 240,
        242, 245, 246, 247, 256, 259, 261,
        262, 265, 266, 267, 268, 270, 293,
        297, 301, 309, 338, 456, 544, 550,
        551, 552, 553, 554, 565, 571
초성 글자 110, 117, 134, 136, 142, 262,
        273
초성독용팔자(初聲獨用八字) 214, 290
초성례(初聲例) 245
초성 배열 순서 238, 239
초성(初聲) 17글자를 만든 방법 116
초성(닿소리) 17자 107, 121, 142
초성(初聲 : 닿소리)의 글자 107
초성(初聲)의 기본글자 116, 117
초성의 기본음소=닿소리의 기본음소
        123, 142
초성 23자 142, 143
초성종성통용팔자(初聲終聲通用八字)
        153, 204, 214, 225, 268, 289, 579
초성해(初聲解) 106, 133, 142, 146, 217
초성해(初聲解) 36자모분속(字母分屬)
        217, 218, 219
초수리(椒水里) 98

초출자(初出字) 125, 129, 143, 169
촉음(促音) 302
총론(總論) 311, 312, 316, 325, 420,
    430, 443, 454, 502, 507
최광옥 295, 298, 300, 301, 302, 303,
    304, 306, 307, 310, 311, 313, 315,
    316, 320, 331, 332, 347, 352, 353,
    372, 482
최만리 등의 상소 98
최석정 207, 208, 209, 210, 215, 237,
    243
최세진 86, 112, 153, 154, 161, 191,
    197, 200, 202, 204, 206, 212, 214,
    225, 229, 240, 242, 269, 290, 291,
    292, 477, 482, 565, 574, 576
최세진 16초성 550
최세진의 저술 199
최항 95, 151, 158, 543, 553
최현배 22, 23, 30, 63, 76, 111, 113,
    161, 163, 165, 166, 178, 186, 203,
    214, 215, 222, 260, 264, 266, 280,
    283, 286, 288, 291, 292, 297, 311,
    347, 348, 349, 350, 353, 354, 355,
    356, 357, 358, 359, 361, 362, 363,
    364, 366, 367, 368, 370, 371, 372,
    452, 455, 456, 458, 460, 462, 463,
    467, 470, 471, 475, 478, 479, 484,
    492, 493, 494, 501, 502, 508, 510
최현배 14초성 552
축시(丑時) 126
축약(縮約) 316
취순음(吹脣音)=부는입술소리 247, 248
취순자음(吹脣字音) 248
치두음 107, 218, 219, 229, 236, 241,
    247, 270, 272, 564

7종성 148, 255, 480
7씨(품사) 464, 465, 466, 467

[ㅋ]

코굴 360
코소리 360, 364, 367, 370, 422
≪큰사전(조선말큰사전)≫ 352, 463,
    489, 492, 493
≪큰사전(조선말큰사전)≫ 편찬 491

[ㅌ]

탁음(濁音, 흐린소리, 된소리)=울림소리
    [有聲音] 122, 248, 251, 270,
    296, 297, 361, 456, 544, 548,
    549, 559, 569
태극(太極) 115, 209, 224, 273
태극사상(太極思想) 기원설 178
≪태종실록(太宗實錄)≫ 39, 559
태학박사(太學博士) 42
터짐갈이소리[破擦音] 364
터짐소리[破裂音] 121, 364, 367, 370
토 181, 296, 322, 323, 340, 348, 349,
    350, 374, 379, 390, 401, 433, 464,
    465, 472, 502, 507
토(吐, 口訣)=입겿(입곁, 입겾) 53, 54,
    61, 63, 65, 74, 192, 390
토박이말(고유어) 66, 346, 463, 515,
    523
토씨(토) 322, 349, 373, 378, 379, 390,
    391, 392, 395, 400, 401, 402, 418,
    426, 427, 432, 433, 434, 435, 436,
    442, 458, 466, 467, 470, 497
토씨의 가름 395

통어론(통사론)　335, 336, 418, 525, 527
통일안 총론 비교　507
특립명사　317
특수 말본의 인식과 보편 말본의 부정　356

[ㅍ]

팔리(Pali) 문자 기원설　178
8종성　148, 197, 206, 229, 230, 237, 480
팔종성설(八終聲說)　229
팔품사(八品詞 : 8씨)　299, 303, 306, 317
평성(平聲)　111, 112, 113, 114, 134, 139, 142, 147, 148, 149, 205, 254, 255, 256, 291, 544, 549, 550, 557, 562, 565, 567, 568, 569, 581, 583
≪평양지≫　40
평입성(平入聲)　229
≪포박자≫　38
≪표준고등말본≫　461, 463
≪표준문법≫　463
표준어(標準語, 표준말)　346, 490, 491, 503, 504, 515
≪표준조선말사전≫　490
≪표준중등말본≫　461, 463
풀이씨[用言]　65, 181, 182, 349, 372, 378, 379, 380, 381, 382, 383, 385, 386, 387, 388, 389, 390, 391, 392, 393, 394, 396, 401, 402, 403, 406, 415, 416, 417, 426, 427, 458, 459, 465, 467, 470
풀이씨의 끝바꿈　386, 387, 471
풀이씨의 으뜸꼴[原形, 基本形]　385
풀이씨의 특징　349, 387

풀이자리토씨　466, 467, 471
품사　304, 317, 320, 322, 323, 348, 349, 350, 372, 376, 377, 425, 443, 446, 447, 457, 460, 463, 464, 470
품사 가름표　447

[ㅎ]

「ㅎ」받침과 「섞임거듭」(겹받침)의 부정　456
≪한결국어학논집≫　429
≪한국문자급어학사≫　26, 38, 178, 222, 292, 332, 429, 476
한국어학사　19
한글　115, 156, 162, 163, 164, 165, 171, 260, 416, 479, 480
≪한글≫　163, 297, 453, 501, 508
≪한글 가로글씨 독본≫　352
한글 가로 풀어쓰기　494
한글갈[正音學]　22, 215, 292, 296, 428, 482
≪한글갈≫　22, 23, 214, 222, 293, 351, 416, 456, 475, 478, 479, 487
≪한글과 민족문화≫　123, 127, 173
한글 글자체의 변천 도표　167
한글날　162, 163
≪한글독본≫　463
한글 마춤법 통일안　477, 499, 501, 502, 503, 507, 517
한글 맞춤법　155, 206, 347, 496, 515, 552
한글 맞춤법 통일안　148, 154, 155, 453, 491, 501, 502, 504, 506, 507, 510, 513, 514, 517, 551
≪한글맞춤법통일안 강의≫　469

한글모=배달말글몯음 163, 499
≪한글모죽보기≫ 163, 442, 499
≪한글문헌 해제≫ 180, 184
≪한글 바로적기 공부≫ 352
≪한글 첫 걸음≫ 508
한글의 기원 483, 486
≪한글의 바른 길≫ 163, 351
≪한글의 투쟁≫ 352
한글학회 154, 163, 183, 294, 347, 352, 482, 489, 491, 499, 500, 501, 506, 509, 510, 511, 517
≪한글학회 50년사≫ 163, 489, 491, 509, 510, 511
한글학회 제정 14초성 551, 552
한성주보 265, 281
한송정곡(寒松亭曲) 45
한자차용 47, 48
합벽(闔闢) 145
합용병서(合用並書) 110, 124, 131, 136, 137, 149
합음(合音) 267, 302, 338
합자해(合字解) 106, 110, 111, 113, 114, 124, 132, 135, 136, 137, 138, 139, 140, 141, 142, 149, 159, 549, 557
해례편(解例篇) 106, 142, 152
행렬 집합식(行列集合式) 133
향가(鄕歌) 36, 37, 43, 51, 53, 58, 59, 60, 74, 474, 526
≪향가 및 이두의 연구≫ 473, 474
≪향약구급방≫ 37, 60
향찰(鄕札) 36, 43, 53, 57, 58, 59, 60, 65, 66, 74, 477
향찰 표기 체계(鄕札表記體系) 51
허리더음[接腰辭] 434
허사(虛辭, 토씨, 形式語) 36, 47, 58, 348, 349, 350, 441, 442
허웅 19, 123, 127, 173, 526
헤치소리[破裂音] 422
혀의 고저(高低) 423
현대 말본 체계 372
현존하는 한글 문헌 167
협의의 이두 53, 59
혓소리[舌音] 108, 116, 117, 119, 120, 121, 122, 123, 125, 134, 142, 145, 147, 255, 544, 557, 567, 568
형용사 303, 305, 307, 317, 320, 322, 323, 330, 447, 457, 464, 470, 471
형태음소론(形態音素論) 365, 372
형태적(形態的) 분류 476
홀로말[獨立語] 404, 406, 407, 408, 442
홀로이름씨=고유명사 36, 47, 48, 51, 57, 58, 59, 200
홀로이름씨 소리=고유명사음 48
홀소리[中聲, 母音]=웃듬소리 108, 125, 128, 129, 130, 131, 142, 143, 144, 145, 147, 153, 154, 155, 206, 224, 241, 252, 253, 268, 290, 301, 337, 338, 360, 362, 363, 365, 366, 367, 369, 370, 371, 384, 385, 421, 423, 424, 483, 484, 503, 505, 548, 571
홀소리 고룸[母音調和] 432, 476
홀소리 글자 125, 127, 143, 144, 166, 169, 170, 297
홀소리 세모그림[母音三角圖] 363
홀소리(중성) 11자 108, 109, 125, 128, 129, 130, 131, 132, 142, 143, 171, 228, 252, 260, 261, 262
홀소리어울림(홀소리어울임, 母音調和) 130, 371
홀소리의 갈래 363, 421, 423, 431

홀소리의 거듭 424
홀소리의 기본 음소(基本音素) 131
홀소리의 기본음소 11자 131
홀소리의 닮음 371
홀소리의 분류 363
홀소리 제작의 원리와 조직 125
홀소리 체계[母音體系] 131, 252
홋소리 337, 338, 424
홋월[單文, 홑월] 427, 438
홍계희 207, 225, 226, 252, 264, 482
홍계희 14초성 551
홍기문 348, 475
홍무운 31자모지도 548, 559, 560, 561, 565
≪홍무정운(洪武正韻)≫ 200, 218, 225, 235, 246, 558, 559, 560, 570, 572
홍무정운 31자모지도 235
≪홍무정운역훈(洪武正韻譯訓)≫ 72, 85, 95, 96, 131, 169, 170, 184, 185, 200, 516
홍무정운역훈범례(洪武正韻譯訓凡例) 565
홍무정운역훈서(洪武正韻譯訓序) 185, 557
홍양호 207, 237, 238, 239, 290, 482
홍윤표 260
홑소리[單音] 299, 301, 309, 313, 314, 360, 362
홑소리와 겹소리체계 362
홑씨[單詞] 375
홑월[單文, 홋월] 409, 410, 411, 427, 438
홑홀소리[單母音] 130, 131, 143, 314, 362, 363
홑홀소리의 분류 363

≪화동정음통석운고≫ 207, 211, 212, 230
≪화음방언자의해≫ 207, 231, 232, 233, 456, 516
『화음방언자의해』와 우리말 말밑(어원) 연구 232
황윤석 174, 207, 231, 232, 237, 274, 456, 482, 516
황윤석 14초성 551
황찬 175, 176, 177, 245
횡서(橫書) 366, 513
≪효경(孝經)≫ 201
효뎨례의 186, 187
≪효행록(孝行錄)≫ 89, 90, 93
후기 구조주의 시대 365, 369
후사(後詞, 토) 303, 306, 307, 320
훈(訓, 釋)=새김 31, 35, 47, 53, 54, 58, 64, 104, 203, 540
훈도(訓導) 63
훈독(訓讀)=석독 62, 65
훈독구결(訓讀口訣)=석독구결 62
훈독자(訓讀字) 54
≪훈몽자회(訓蒙字會)≫ 86, 112, 153, 154, 195, 196, 197, 198, 199, 201, 202, 203, 206, 226, 227, 229, 258, 260, 261, 262, 265, 290, 291, 430, 431, 481, 550, 576, 578
훈몽자회범례(訓蒙字會凡例) 577
≪훈몽자회≫ 범례(凡例) 153, 154, 161, 196, 198, 203, 205, 206, 207, 211, 214, 226, 290, 548
≪훈몽자회≫와 그 범례 202
≪훈몽자회≫ 이전 설 197
훈몽자회인(訓蒙字會引) 203, 575
훈민(訓民) 79

훈민 정신(訓民精神) 79
훈민정음(訓民正音)　22, 24, 63, 67, 71,
　　73, 75, 79, 85, 86, 94, 95, 96, 97,
　　98, 106, 107, 112, 115, 116, 122,
　　123, 124, 125, 128, 129, 131, 132,
　　133, 135, 138, 139, 141, 142, 144,
　　146, 148, 150, 151, 152, 153,156,
　　157, 158, 161, 163, 164, 165, 166,
　　167, 168, 169, 171, 172, 173, 174,
　　177, 178, 179, 183, 184, 185, 186,
　　187, 188, 189, 190, 195, 197, 199,
　　205, 207, 208, 215, 216, 217, 222,
　　226, 228, 229, 235, 236, 237, 238,
　　239, 240, 241, 245, 259, 264, 265,
　　266, 269, 270, 273, 278, 280, 301,
　　315, 477, 478, 479, 482, 483, 485,
　　494, 501, 516, 544, 554, 555, 557,
　　558, 561, 564, 570, 571
≪훈민정음≫　72, 75, 94, 95, 106, 109,
　　110, 111, 113, 114, 115, 121, 122,
　　124, 127, 132, 133, 139, 140, 141,
　　152, 165, 167, 168, 169, 178, 206,
　　209, 213, 218, 219, 221, 224, 226,
　　227, 230, 236, 238, 242, 246, 252,
　　254, 255, 258, 265, 430, 431, 456,
　　476, 477, 478, 479, 481, 557, 566
≪훈민정음도해≫　215
훈민정음 반포　98, 106, 163, 168, 178,
　　180, 261, 516
훈민정음 반포체　167
훈민정음 서문　75, 78, 85, 93
훈민정음 서문 풀이　76
훈민정음 실용체　167, 169
훈민정음 15초성　177, 245

훈민정음 언해본　76, 79, 157
≪훈민정음운해≫　207, 214, 215, 216,
　　221, 222, 244, 253, 456, 550
≪훈민정음원본≫　75, 95, 141, 550
훈민정음을 과거(科擧) 과목에 넣음
　　186, 187
훈민정음의 음절 생성 규정의 이해 111
훈민정음 23자모　240, 241, 554
훈민정음 28자　79, 98, 109, 115, 116,
　　125, 133, 142, 150, 152, 153, 156,
　　158, 206, 227, 231
훈민정음 제자 원리　96, 116, 132, 133,
　　138, 178
훈민정음 제작 동기　77
훈민정음 제작의 대원리　115
≪훈민정음종합연구≫　152, 550, 570
훈민정음 창제의 이유　76, 77
훈민정음 (창제) 반대 상소문　74, 77,
　　85, 87, 92, 94, 96, 99, 103, 172
훈민정음 창제자들　94, 140
훈민정음 초성 설정과 그 배열 및 명
　　칭　550, 551, 552
훈민정음 초성상형도　237, 238, 290
≪훈민정음통사≫　26, 475
≪훈민정음해례≫　23, 31, 32, 35, 71,
　　73, 115, 159, 207, 208, 211, 215,
　　217, 231, 242, 243, 278, 482, 483,
　　549
≪훈민정음해례본≫　106, 141, 157, 168,
　　229
≪훈음종편≫　207, 227, 271
≪훈의소학강보≫　64
흐린소리[울림소리, 濁音, 有聲音]　122,
　　360, 361, 371, 484

박종국 약력

1935년 경기도 화성 출생, 아호 : 문원(文園).
연세대학교 문과대학 국어국문과 졸업/
건국대학교 대학원 문학석사/
세종대학교 명예문학박사/
연세대학교 문과대학 및 교육대학원 출강/
한양대학교 인문과학대학 및 사범대학 출강.
세종대왕기념사업회 부회장/세종대왕기념관 관장/
국어조사연구위원회 표준말 사정위원/
재단법인 한국겨레문화연구원 원장, 이사(현)/
한글학회 감사, 평위원(현)/
학교법인 성신학원 감사/재단법인 운정재단 이사(현)/
재단법인 외솔회 이사/외솔회 부회장, 고문(현)/
국어순화추진회 회장(현)/
민주평화통일정책자문회의 상임위원 및 위원/
연세대학교 문과대학 동창회 회장, 명예회장, 고문(현)/
한글서체개발운영위원회 위원장(현)/
한글문화단체모두모임 부회장, 고문(현)/
세종한글서예큰뜻모임 명예회장, 고문(현)/
재단법인 재외동포교육진흥재단 이사/
재단법인 한글재단 이사(현)/
세종대왕기념사업회 회장(현).

[지은책] 훈민정음 주해(1976), 말본사전(1980),
세종대왕기념사업회 25년사(1981), 세종대왕과 훈민정음(1984),
국어학사(1994), 한국어발달사(1996), 세종대왕기념관(2001),
한글문헌 해제(2003), 용비어천가 역주, 훈민정음종합연구(2007),
겨레의 큰 스승 세종성왕(2008), 한국어발달사 증보(2009)
[공 저] 세종대왕 전기, 세종대왕어록, 세종연구자료총서, 세종대왕연보,
세종문화유적총람, 한국선현위인어록, 한국고전용어사전,
한글글꼴용어사전, 세종대왕기념사업회 50년사, 기타 논문 및 번역

세종학연구원은 세종대왕의 정신을 이어받아
겨레문화 발전을 위하여 연구 출판 사업을 하는 곳으로
누구나 함께 할 수 있습니다.

우리 국어학사

2012년 11월 30일 초판인쇄
2012년 12월 5일 초판발행

지은이 박종국
펴낸이 박은화
펴낸데 세종학연구원

주소 : 서울특별시 마포구 동교동 201-50호
전화 : 02-326-0221
팩스 : 02-326-0178
전자우편 : sejongpress@gmail.com
등록번호 : 제313-2007-000053호
등록일 : 2007. 2. 27.

편집 이임
제작 박은화
인쇄 (주)신영프린팅

ⓒ 박종국, 2012

판권소유 세종학연구원
◎지은이와 협의하에 인지를 생략합니다.
◎이 책의 무단전재와 무단복제를 금지합니다.

ISBN 978-89-959405-5-6 93710

起一聲於國語無用兒童之言邊野之語或有之當合二字而用如ㄱㅣㆍㄱㅗ之類其先縱後橫與他不同

訣曰

初聲在中聲左上

挹欲於諺用相同

中聲十一附初聲

圓橫書下右書縱